U0554936

本报告为
中国社会科学院重点研究课题

国家社会科学基金资助项目

本报告的出版得到
国家重点文物保护专项补助经费资助

中 国 田 野 考 古 报 告 集
考 古 学 专 刊
丁种第八十号

汉魏洛阳故城南郊礼制建筑遗址

1962~1992年考古发掘报告

中国社会科学院考古研究所 编著

文物出版社

北京·2010

封面设计　张希广
责任印制　陆　联
英文翻译　李润权
责任编辑　杨冠华
特约编辑　张　静　顾智界

图书在版编目（CIP）数据

汉魏洛阳故城南郊礼制建筑遗址 / 中国社会科学院考古研究所编著.
—北京：文物出版社，2010.7
ISBN 978-7-5010-2989-1

Ⅰ.①汉…　Ⅱ.①中…　Ⅲ.①汉魏洛阳城—礼节—制度—古建筑
—文化遗址—发掘报告　Ⅳ.①K870.35

中国版本图书馆CIP数据核字（2010）第116982号

汉魏洛阳故城南郊礼制建筑遗址
中国社会科学院考古研究所　编著
*
文 物 出 版 社 出 版 发 行
北京市东直门内北小街2号楼
http: //www.wenwu.com
E-mail: web@wenwu.com
北京达利天成印刷有限公司印刷
新　华　书　店　经　销
889×1194　1/16　印张：42.75　插页：6
2010年7月第1版　　2010年7月第1次印刷
ISBN 978-7-5010-2989-1　定价：450.00元

Report on the 1962-1992 Excavations of the Imperial Ceremonial Sites Located in the Southern Outskirts of Han-Wei Archaic Luoyang City

Edited by

The Institute of Archaeology, Chinese Academy of the Social Sciences

Cultural Relics Press

Beijing · 2010

目 录

表格目录

插图目录

彩版目录

图版目录

前　言

汉魏洛阳故城是中国古代著名的重要都城遗址之一，位于今洛阳市区以东约15千米的伊洛河盆地中部邙山以南古洛河以北的区域（图1）。这里地处中原，气候温和湿润，节气四季分明，自然环境优越，适合人类休养生息。尤其汉魏故城地处伊洛盆地的中部，北以邙山和黄河作为天障，南有伊洛河和嵩高之山作为险阻，周围雄居“八关”，自古被誉为“天下之中”或“土中”，为历代帝王立国建都首选之地。

根据文献记载结合考古资料，该城始建于西周，废毁于唐初，经历了约1700年的建造与使用历史，其中东周、东汉、曹魏、西晋和北魏五个朝代先后都将此城作为王都或国都。由于该城历史悠久，经历朝代众多，延续使用时间较长，城市建筑经过多次的修筑、废毁、再改建、再废毁，城市形制变化极为频繁复杂，在中国古代早、中期都城的形制发展变化过程中地位十分重要。因此对于这座重要都城，新中国成立以来国家各级政府和部门都极为重视，1961年被公布为全国第一批重点文物保护单位，1962年即由中国科学院考古研究所（今中国社会科学院考古研究所）派出专门队伍长期从事考察发掘及研究，有关的科学考察工作一直延续至今。

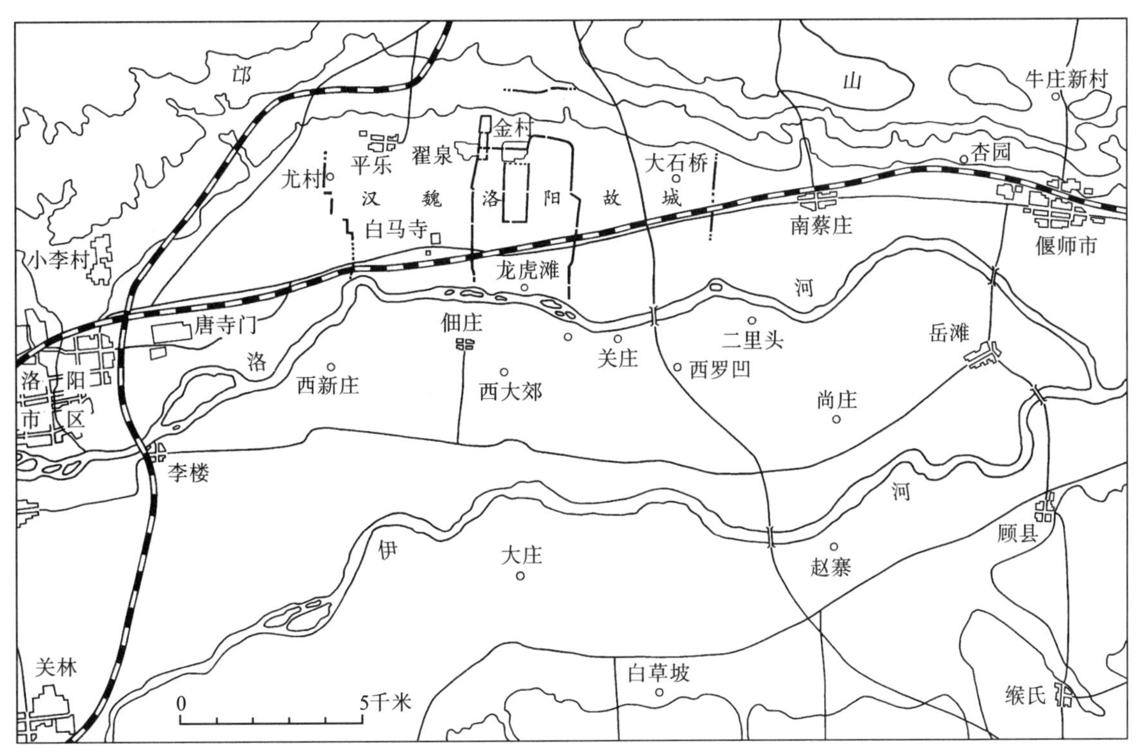

图1　汉魏洛阳故城位置示意图

汉魏洛阳故城南郊的灵台、明堂、辟雍和太学等礼制建筑遗址，皆位于该城的南郊古洛河北岸（图2），距故城南墙遗址约1000米（南墙已被洛河改道冲毁）。几个遗址由西向东有序排列：灵台遗址位居最西面，东面隔平城门外御道是明堂遗址，明堂又隔开阳门外御道与东面的辟雍遗址为邻，辟雍的东北面是太学遗址（图3）。对这些遗址，我所洛阳工作队（今洛阳汉魏城队前身）早在20世纪60年代初期就进行了详细勘探，随后在20世纪70~80年代初和90年代，又分别对辟雍、灵台、明堂和太学等遗址进行了多次的试掘或大规模发掘，获得了这些重要礼制建筑的建造时代和相对完整的建筑基址平面布局资料。

在南郊最早开始进行正式考古发掘的是辟雍遗址，1972年，考古工作逐渐恢复，后续发掘持续到1981年。关于这座遗址的定名，20世纪30年代曾在此遗址附近发现过西晋咸宁四年（278年）所立“大晋龙兴皇帝三临辟雍皇太子又再莅之盛德隆熙之颂跋”之辟雍碑[①]，20世纪60年代在此考古勘探时又发现清理了该碑之碑座，此次发掘则进一步确定该碑座的位置在

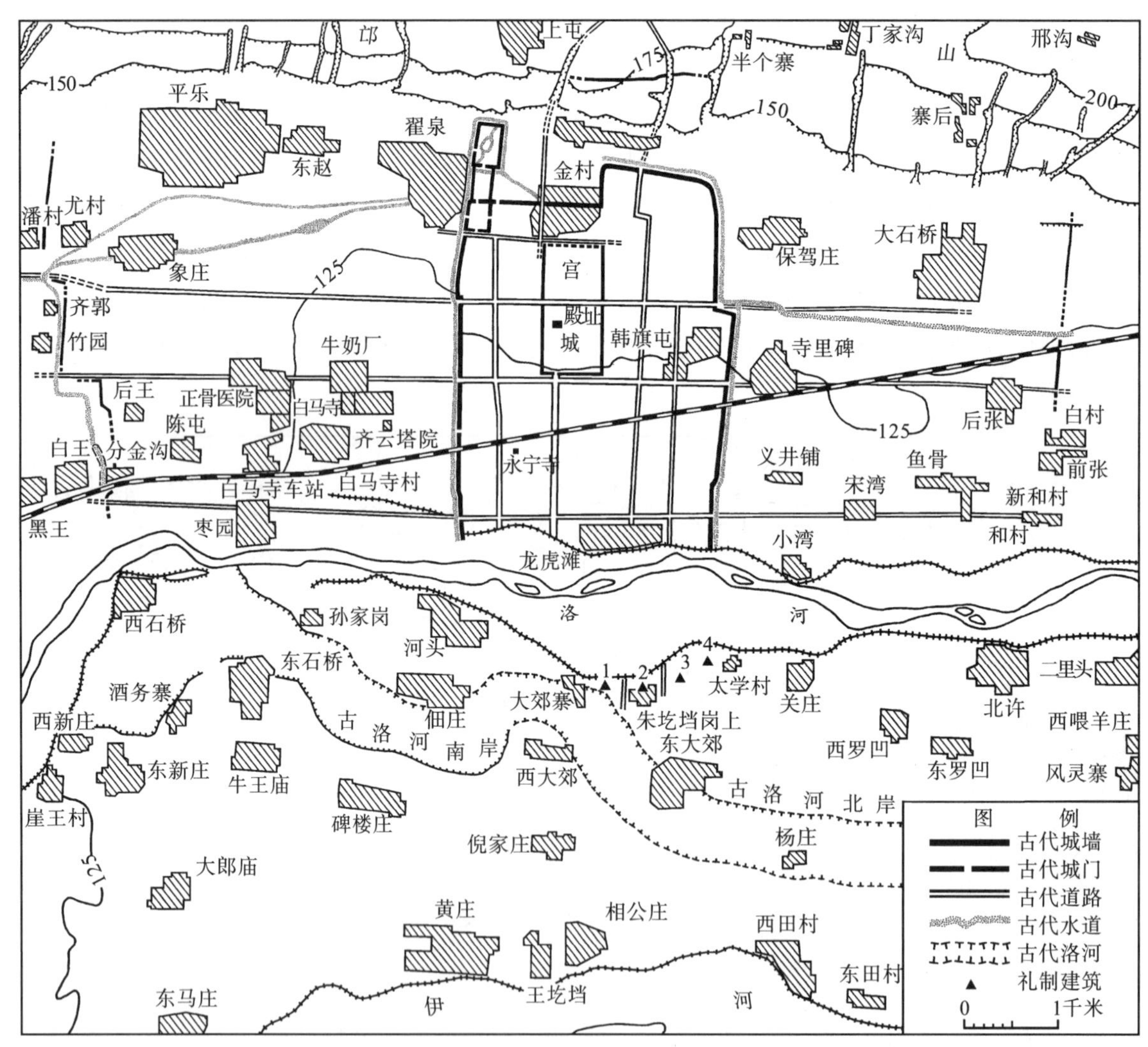

图2　汉魏洛阳故城南郊礼制建筑位置图

1. 灵台　2. 明堂　3. 辟雍　4. 太学

① 顾廷龙：《〈大晋龙兴皇帝三临辟雍皇太子又再莅之盛德隆熙之颂〉跋》，《燕京学报》第10期，民国二十年（1931年）；余嘉锡：《晋辟雍碑考证》，《辅仁学志》1932年第3卷1期。

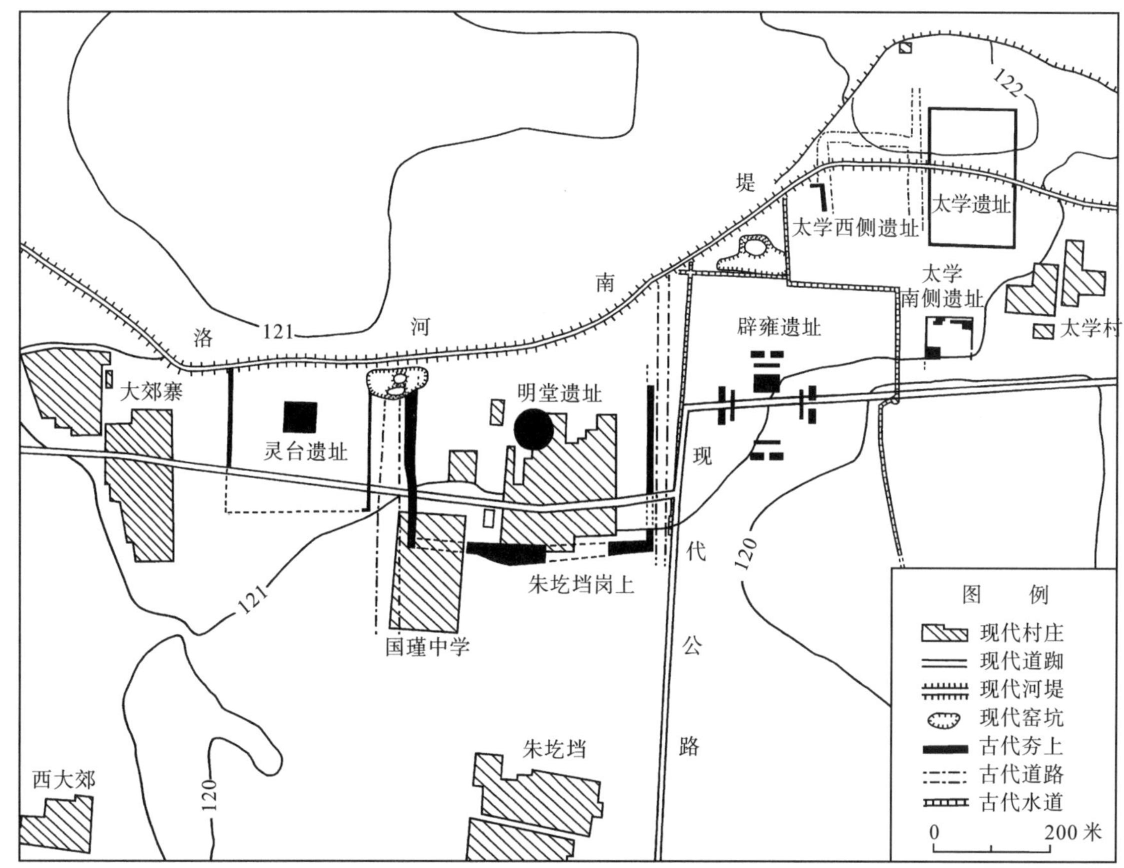

图3　汉魏洛阳故城南郊礼制建筑遗址分布图

这座遗址中心建筑台基的南边，这些对辟雍遗址的定名极为重要。由此，人们才从考古材料上逐渐认识到东汉至魏晋洛阳都城的明堂和辟雍是两个单独存在的建筑，这对研究中国古代的“三雍”礼制建筑制度十分重要。

随着辟雍遗址的发掘与位置确定，1973年又在辟雍遗址东北侧发掘了东汉至北魏时期的太学遗址。这里以往曾经大量出土过汉魏时期的石经，由此太学遗址的位置也基本得以确定。对太学遗址的发掘工作，断断续续一直持续到1981年才基本告一段落。发掘的遗址主要包括晚期的太学遗址、太学西侧遗址和太学南侧遗址三部分。

1974~1975年，开始对灵台中心高台建筑基址进行发掘。首先发掘了高台上西侧两间内室建筑，随后对整个高台基址进行全面发掘。1978~1979年，又对灵台高台基址外围有关的建筑遗迹进行补充发掘解剖，以补充相关平面资料。

1978~1979年又对明堂遗址进行大规模发掘，主要清理了明堂中心建筑基址的全部，并对明堂院落的南门基址做了一些试掘解剖。

上述这些工作，主要是在当时队长许景元先生主持下完成的，杜玉生、刘景龙等参加了前期的勘探工作，陈久恒、冯承泽、冯敏（曾名冯普仁）、段鹏琦、杨鸿勋、孙秉根、孟凡人、陈戈、屈如忠、杨虎和肖淮雁等先后参加发掘工作。这些工作极大地丰富了汉魏洛阳故城南郊礼制建筑布局复原研究的相关资料，为本报告的整理编写打下了坚实基础。

这些考古工作完成以后，由于洛阳工作队在20世纪80年代初期忙于国家重点建设工程的一些抢救配合发掘工作，另外加上某些客观原因，整理编写报告的工作未能及时开展与完成，这在目前看来是一件非常遗憾的事情。这期间最重要的工作是配合首阳山电厂建设发现了偃师商城，勘探试掘发现了西晋帝陵的陪葬墓区和北魏外郭城等。

其后在1992年配合偃师国瑾中学建设工程，又对灵台和明堂遗址之间的平城门外大道进行了发掘，补充了本报告相关资料，这项工作是由时任队长段鹏琦先生主持的，钱国祥、肖淮雁参加了发掘工作。

本报告整理编写重新提上日程，则是20世纪初的2001年，在我所刘庆柱、王巍、齐肇业等领导的关心支持下，本报告立项为中国社会科学院重大B类研究课题项目。2005年，本报告又被推举为国家社会科学基金A类资助项目。报告主持人为现任队长钱国祥和前任队长段鹏琦，参加报告整理编写的人员有肖淮雁和郭晓涛等。

时隔20多年，当时负责主持或参加发掘工作的许景元和陈久恒等老先生已先后故去，其他参加发掘的老先生或年事已高，或已离职退休多年，为本报告整理编写平添一定难度。此外本报告实施之初，恰遇2000~2002年洛阳工作队野外勘察和发掘任务繁重，课题组主要成员忙于这些野外工作。其中2000~2001年，为配合国家文物局重点保护项目——永宁寺塔基的修复保护，对塔基再次进行大面积发掘清理；2001~2002年，由于在汉魏故城遗址意外发现北魏的宫城正门阊阖门遗址，该遗址距今地表极浅，为了抢救面临农耕继续破坏的这处重要遗址，最大限度地获取遗址相关资料，对此进行了全面发掘。因此，本课题的按时实施受到一定影响。正式整理编写工作则是从2002年下半年才开始，2006年底基本结束。之后，汉魏洛阳故城遗址作为国家的大遗址保护重点项目和丝绸之路跨国联合申报世界文化遗产备选项目，又有许多的配合勘查发掘和资料整理工作，该报告的后续整理工作受此影响也颇费周折。但经过各方努力，此报告在2007年和2008年分别通过了中国社会科学院重大B类研究课题和国家社会科学基金项目的结项。2009年报告的出版经费也顺利获批。

本报告中所用插图方向，外加图框者基准方向是以两侧图框的边线为准，均为真子午北；插图中标明箭头方向标者，方向均为磁北。该地区磁偏角为3° 57′ 。

此外在整理撰写过程中，由于本报告所涉及遗址出土的建筑材料和有些器物数量较多，而且在几个遗址中同类遗物雷同甚多，因此其中的砖、瓦、瓦当和铁甲片等皆为统一分型分式。在具体叙述每个遗址这些遗物时，皆只叙述各遗址所能见到的某型某式遗物。

第一章　灵台遗址

第一节　遗址概况与勘察经过

一　遗址概况

灵台，是中国古代都城中特有的重要礼制建筑“三雍”之一，是当时观天象、望云气、察祥瑞、兴祭祀、执掌四时节气的场所。

据文献记载，汉魏洛阳故城的灵台在该城南郊的古洛河北岸，东汉洛阳城南墙正门平城门（魏晋、北魏时期称平昌门）南约一千米的御道西侧①，东面隔御道和明堂相望（见图3）。

经考古勘察，该灵台遗址现地处河南省偃师市佃庄乡朱圪垱岗上村的西侧220米、大郊寨村的东侧约70米，北面被改道后的今洛河南岸大堤占压或破坏，南面越过朱圪垱岗上村至大郊寨村之间东西向公路约30米（图4）。遗址除中心位置有一高高隆起于现地面之上的大型夯土高台建筑基址外（彩版一；图版一、二），其他的建筑遗迹包括四周墙垣等均已湮没于地下，而且残存遗迹距地表较浅，原来的地面大部分已遭到破坏。

灵台遗址中部耸立在现地面上的夯土高台基址残高8米余，平面略呈不规则方形。根据20世纪60年代初期的实测，残存高台南北长42~46、东西宽37~41米；高台顶部为一平整台面，平面略呈椭圆形，南北长11.7、东西宽8.5米。由于自然剥蚀和当地农民开垦耕作的原因，隆起的夯土高台四面边壁被破坏的较为严重（图版三，1），有些区域已被辟为阶梯台地种植庄稼。到20世纪70年代末期对灵台遗址发掘后再次实测时，残存的夯土高台范围已大不如前，南北长仅37.5米，东西宽仅31.5米。现存夯土台基的内部，有两条20世纪40年代国民党军队挖掘的隧道（彩版二，1；图版三，2），一条呈西北—东南方向，另一条则为东北—西南方向，两条隧道在台基内部呈十字相交，隧道中部仍可达一人高，由隧道内夯土壁面可清楚地观察到夯土台基内部的筑造结构。

二　勘察工作经过

（一）考古调查与勘探

第一次考古调查　时间1954年6月2日至6月5日。主要是在地面上踏查丈量了汉魏洛阳故城南郊的这座高台建筑基址，当时丈量的夯土高台南北长49.8、东西宽42、台高约9米，当时即推测这里可能是灵台遗址。参加此次调查工作的是考古研究所洛阳调查发掘团的阎文儒

① 《后汉书·光武帝纪》注引《汉官仪》曰：“明堂去平城门二里所，天子出，从平城门，先历明堂，乃至郊祀。”

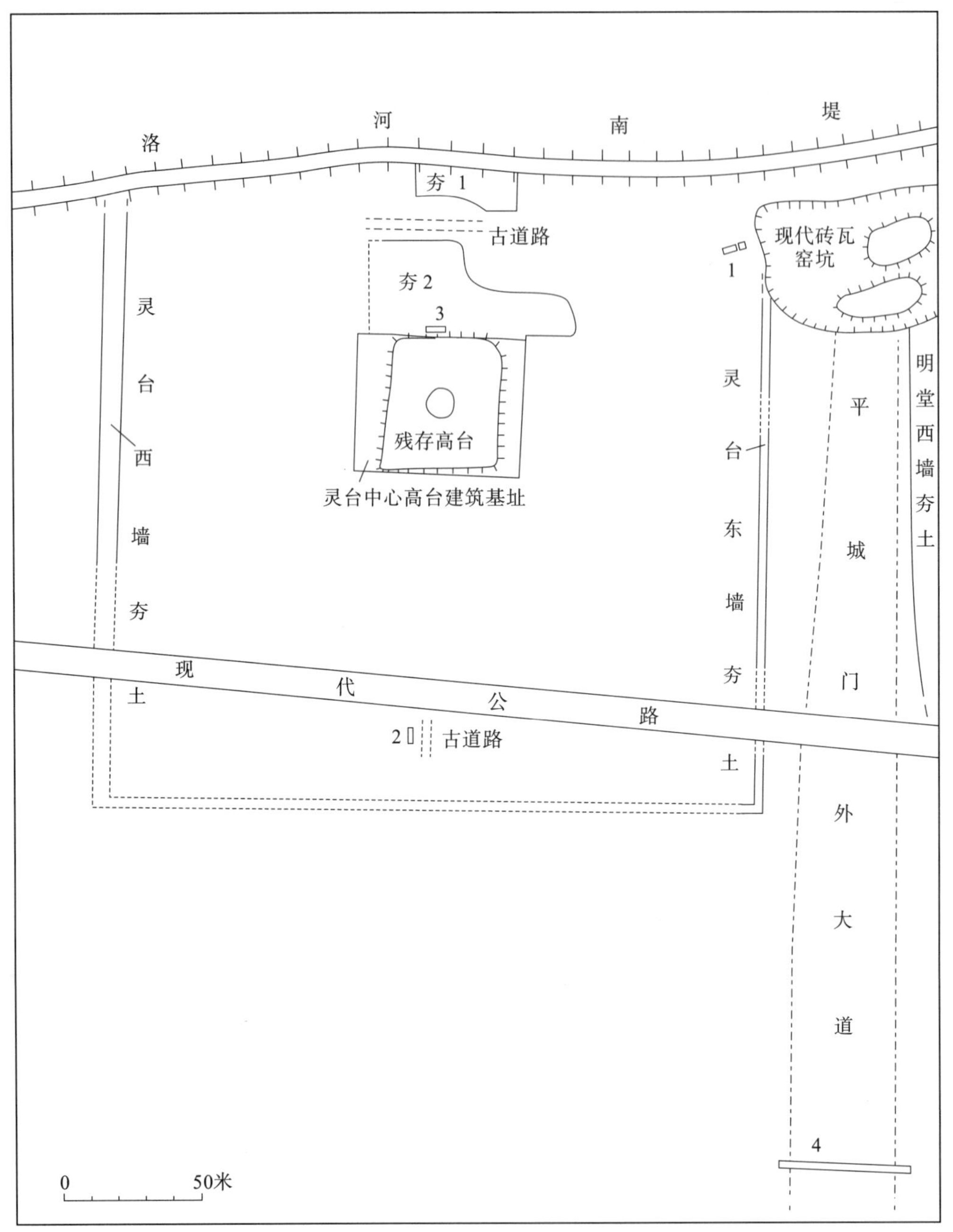

图4　灵台遗址勘探总平面图

1. 78HNL21、22探沟位置　2. 78HNLT23探沟位置　3. 78HNLT24探沟位置
4. 92YGT7探沟位置　夯1、夯2. 夯土基址

等人。①

第二次考古调查勘探　时间1963年11月24日至12月4日。此次调查对灵台遗址进行了首次正式考古勘探。主要勘探了中心高台建筑基址的范围；另在中心高台基址东西两侧各约90米处，分别发现一道南北向夯土墙垣遗迹；东墙外侧还发现了可能是北对东汉洛阳城南墙正门

① 阎文儒：《洛阳汉魏隋唐城址勘查记》，《考古学报》第9册，1955年。

平城门的道路遗迹。根据文献记载的方位，确认该高台基址就是东汉至魏晋时期一直使用的灵台建筑遗址。此次调查勘探负责人许景元，参加勘探工作的有杜玉生、刘景龙等，刘震伟测绘了遗址勘探平面图。

第三次考古调查勘探　时间1977年10月25日至12月3日。为了解灵台院落遗址范围内建筑遗迹的分布情况，主要对灵台中心高台建筑基址的外围进行了勘探。其中在高台基址北面发现了两块夯土基址和一条东西向道路遗迹，南面有一处砖瓦堆积和一条南北向道路遗迹，东墙上则发现了几处可能是门址或其他建筑基址的砖石或堆积。负责此次调查勘探的为许景元等人。

（二）考古发掘

第一次考古发掘　时间1974年11月3日至11月23日。主要清理了灵台中心高台西侧第二层平台上的两间内室建筑，编号分别为74HNLS1和74HNLS2。发掘清理至11月18日，因考古所紧急来电通知全所人员11月底以前需要回京，于是停止发掘，并立刻安排拉沙覆盖回填遗址。11月23日完成收工事宜，发掘人员均回洛返京。参加此次发掘的有陈久恒、杨鸿勋和许景元等。

第二次考古发掘　时间1975年4月1日~6月30日。对灵台中心高台建筑基址进行全面发掘。共布设探方20个，编号分别为75HNLT1~T20。发掘工作至6月14日，表面遗迹基本清理完毕，正在对一些现象进行解剖时，又接到考古所紧急来电催回。因时间关系，一些工作未及完成，发掘人员相继离开工地，6月底人员全部撤出经洛阳返回北京。此次发掘负责人许景元，参加发掘的有陈久恒、段鹏琦等，冯承泽对遗址进行了测绘与照相。

第三次考古发掘　时间为1978年10月11日至10月21日和1978年12月18日至12月26日。为了解整个灵台遗址的地层堆积和建筑布局情况，在中心高台建筑基址的外围开挖探沟4条，编号78HNLT21~T24。在灵台遗址东北部东墙内开挖的T21和T22，清理发现了一条砖石修筑的汉代排水沟遗迹；灵台遗址南部开挖的T23，则确定了一处北魏时期的砖瓦窑址遗迹和堆积；在中心高台建筑基址北侧边缘开挖的T24，则解决了这座高台建筑北侧坡道的地下基础边缘和范围。负责此次发掘的为许景元，参加发掘的有陈华州等。

第四次考古发掘　时间1979年10月25日至12月3日。为解决灵台中心高台地下基础夯土的四周边缘和四面坡道遗迹情况，在高台基址的四周边缘开挖探沟9条，编号分别为79HNLT31~T39。发掘负责人许景元，参加发掘的有黄和平和陈华州等。

第五次考古发掘　时间1992年5月5日至7月10日。为配合偃师国瑾中学建设工程，对灵台和明堂遗址南墙外的平城门外大道等遗迹试掘，探沟编号分别为92YGT7、T8、T16。发掘领队段鹏琦，参加发掘的有钱国祥、肖淮雁、张德清、王治军和郭松波等。

第六次考古复查发掘　时间2004年5月28日至6月2日。在整理本报告过程中，我们对灵台中心建筑基址进行复原研究，但发现原有发掘资料中缺少北侧廊房的前檐柱槽。为此我们特到现场进行复查解剖，获得了对复原研究极为重要的一些前檐柱槽遗迹。此次复查领队钱国祥，参加工作的有郭晓涛、张德清、王治军、郭松波和王向阳等。

第二节　灵台遗址的勘探

一　墙垣和门址的调查勘探

通过对灵台遗址周围进行勘探，其四周除北面外，东、南、西三面均发现有夯土筑造的院墙遗迹（见图4）。其北墙可能被洛河改道或修建河堤时破坏，因而没有发现任何遗迹；东墙和西墙保存较好，保存长度均超过百米以上；南墙则因为现在地势较低，遗迹可能已遭到破坏，仅在与东墙南端连接的东南角处勘探发现有一小段。由现存的三面院墙来看，灵台建筑遗址的院落平面略呈方形，南北残长220、东西宽232米，总面积5.1万余平方米。

（一）西墙

此段夯土墙保存较好，保存长度北端起自洛河南堤南面，南端到朱圪垱岗上村至大郊寨村的东西向现代公路北面约30米处中断，长度达到120米，方向磁北4°。勘探的该段墙垣较其他两面墙垣为宽，其中北段最宽处可达12米；南段略窄，宽约8米。夯土为黄褐色土筑成，质地紧密，较为坚硬。一般距地表深0.8~1.2、厚0.3~0.4米。夯土上分别为0.3米厚耕土层和0.5米厚黄褐色土层叠压，夯土修筑在红生土之上。

据1963年在此调查勘探时当地群众反映，在东对灵台中心高台中间的西墙中段位置处，即现在机井的渠道边，过去在挖机井时曾发现一块平放的大青石板，似为西墙中间的门址残存遗迹。

（二）东墙

夯土保存较好，北端起自洛河南堤南面35米处，南面到朱圪垱岗上村至大郊寨村的东西向现代公路北面约15米处中断，过这条公路约6米处又发现该墙，又向南约20米墙垣西折接南墙。东墙残存总长约190米，方向磁北4~5°。此段墙垣较西墙明显为窄，在公路以北宽仅2.5米，公路以南宽约3米。夯土距地表较浅，一般耕土层下即见，距地表深0.3~0.6米。为黄褐色土筑成，质地紧密，较为坚硬，保存厚度较薄，厚0.1~0.2米。夯土下即为红生土或白生土。

在东墙垣上勘探过程中，还相继发现几处建筑遗迹或砖瓦堆积。其中，在朱圪垱岗上村至大郊寨村的东西向公路北面不远处，相继发现一些砖瓦堆积，范围约南北长10、东西宽6米，砖瓦堆积层下即为红生土。

另在朱圪垱岗上村至大郊寨村的东西向公路北面约115米处的东墙南北一线上，还勘探发现一处砖石铺地遗迹，距现地面深约0.4米，南北长2.2、东西宽1.8米。此处的夯土墙已被破坏无存，宽度不明。但在这处铺地砖石遗迹的东侧，见有大量朱红色墙皮等建筑堆积；西侧则发现了部分路土遗迹，而且该砖石铺地的西面正对灵台中心夯土高台的中间。这些现象表明，这里很可能为灵台东墙上正中间的门址遗迹。

在上述砖石铺地遗迹的北面约55米处的东墙夯土上，也勘探发现一处砖石堆积。堆积略呈规整的方形，耕土层下即见，距地表深0.35米，范围东西长2.5、南北宽0.9米。另了解到20世纪60年代初，当地群众在此打土坯时也曾发现过类似情况，即地面下用大长方砖砌筑成东西向沟槽，上面盖有大青石板，像是排水沟槽遗迹。又据朱圪垱岗上村西砖瓦窑场工人反映，在这片砖石堆积的东侧取土制作砖坯时，曾挖掉约数十米长的夯土墙，并见有两排立石和灰土淤泥，排列整齐有序，后青石皆被取走。这些情况明显说明这是一条略呈东西向的排水沟槽遗迹，后经发掘探沟证明。

另据1963年在此地调查勘探时了解到，在朱圪垱岗上村西的砖瓦窑场西侧，勘探的灵台东墙北段前述砖石堆积北面不远，约距洛河南堤南面20余米处，当年取土时还曾挖出许多类似础石之类的方石块，石块略为平整，而且密集成排，还发现许多红烧土，见有云纹瓦当、绳纹面布纹里瓦片等遗物。经把此位置测绘成图后进行分析，其西面正对灵台北侧勘探发现的一条东西向路土遗迹，极有可能就是记载中灵台东墙北面的门址遗迹。

（三）南墙

朱圪垱岗上村至大郊寨村的东西向公路以南现在的地势较低，因此南墙的夯土遗迹大部已遭到破坏，勘探中仅在与东墙南端连接的东南角处发现了不足10米长的一段夯土墙，宽约2.7米。夯土为黄褐色土筑成，质地坚硬，夯层清楚。一般距地表深0.7~1.3、厚0.2~0.4米。夯土上覆盖有两层堆积：第1层为0.4米厚的耕土层或0.6米厚的近代路土层；第2层是0.3~0.4米厚的红褐色土层，土较杂乱，几乎不见遗物。夯土下即为白生土。

二　东墙外平城门外大道的勘探

经考古勘探，灵台东墙垣外侧（东侧）的道路南北向直行。它西距灵台东墙外侧边沿20余米，东距明堂西墙外侧边沿10余米，显然就是东汉洛阳城南墙正门平城门（魏晋与北魏时期的平昌门）外的御道（见图4）。

勘探的这条道路南北长度断断续续可达350余米，北端至洛河南堤而中断，南端超过灵台西折的南墙180米以上，超过明堂东折的南墙150米以上，方向为磁北4°。道路路土距地表深0.8~1.3、厚0.2~0.35米，路土下即为红褐色生土。路土青褐色，质地较为坚硬。勘探的这条道路的路土遗迹宽窄不一，北段较窄，宽23~28米；南段略宽，宽30~38米。

三　中心高台建筑基址的勘探

灵台遗址院落的中心，是灵台建筑的中心主体建筑基址。经过对这座现地面上仍保存有夯土高台的大型建筑基址周围进行详细勘探，得知这座高台建筑的地下夯土基址明显大于现存地面上的高台夯土，在现地面下仍有约2.2~2.6米深。该地下夯土基址在平面上略为方形，其范围南北长49~50、东西宽57~58米。其地下基址的东、西边壁分别距灵台院落的东、西墙垣内侧81米，南侧边壁则距灵台院落的南墙垣复原线约120米；地下基址的中心点则分别距院落的东、西墙垣内侧111米，距南侧墙垣复原线145米。

高台基址的夯土质量坚硬，为黄褐色土、白褐色土和红褐色土混合夯筑而成，土较为纯净，夯打坚实紧密。夯层清晰平整，层厚0.09~0.1米。勘探中发现，夯土台上四周均堆积有一层夹杂夯土块的扰土，厚0.1~1米余。该扰土堆积层下的残存夯土表面，还普遍发现一层厚0.3~0.5米的红烧土堆积。

四　中心高台周围建筑遗迹的勘探

（一）中心高台周围的地层堆积

中心高台基址周围的地层堆积较为简单。其中高台东部，耕土层下即见生土。

高台西部又以西墙垣为界，墙外侧耕土层厚0.3~0.4米，第2层灰色土厚0.8~1米，再下为红生土；墙内侧耕土层下第2层为黄褐色土，较为坚硬，厚达1.4米，下为白生土。

高台南部的地层因被晚期取土破坏，地势保存较低，而且土质较为松软。耕土层厚0.4米；第2层为杂乱的红褐色土，厚0.3~1.3米，不见遗物；再下为白生土。

高台北部，耕土层厚0.3~0.4米；第2层黄褐色土，较纯净，很少见瓦片，厚约0.8~1米；第3层红褐色土或灰色土，厚约0.2~0.3米。

洛河南堤北侧，耕土层下即为厚达1.5米的淤土，其下见水无法钻探。

（二）中心高台北侧的夯土基址

在灵台中心高台基址的北侧，勘探还发现两块夯土基址，编号分别为夯1和夯2。

夯1　位于灵台中心高台建筑基址正北方约45~60米处。夯土遗迹皆保存在现地面下，距地表深约1.2、厚0.4~0.5米。其表层耕土厚0.3~0.4米；耕土下为黄褐色土层，土较纯净，极少见瓦片，厚约0.8米，下即为夯土遗迹。

由于这块夯土基址的北半部被洛河南堤占压，基址上又为近代墓地，夯土遗迹被扰乱破坏的很严重，尤其南侧边缘不甚规整，边壁呈曲折状。因此夯土基址的南北残长9~14、东西宽34.3米。夯土质量一般，夯土的表面似还有一层路土面，夯土下即为红生土。

夯2　位于夯1的南面，中心高台基址的北面。夯土遗迹也都保存在现地面之下，距地表深1.2米左右见，厚约1米。

夯土基址的范围较大，但由于被后代扰乱破坏较厉害，形状极不规整，尤其西部未探清楚。夯土基址的范围东西残长71米；南北宽度东半部略窄、西半部较宽，分别宽14米和32米。这块夯土的南侧边缘紧接中心高台基址的北侧边缘，只是这块夯土比中心高台基址夯土低0.8~1米。

夯土由红褐色土筑成，比较坚硬，土中夹杂有黑土块，较为纯净，碎砖瓦片较为少见。该夯土基址的下面仍为灰土堆积，见有青灰色瓦片、红烧土粒等。

（三）中心高台北侧的道路遗迹

在中心高台基址正北面夯1和夯2之间，勘探还发现一条略呈东西向的道路遗迹。路土距地表深1.6~1.8米，残存长度断断续续可达29.5米，方向约为磁北94°。保存的路土宽窄不一，西段宽3.5、中间宽2.3、东段宽2米。路土质量较硬，为黑灰色，夹杂有残砖瓦片，厚0.1~0.15米。

该路土东面正对朱圪垱岗上村西的砖瓦窑场，此窑场20世纪60年代初取土时，曾在勘探的灵台东墙上发现有许多可能是属于门址础石的方形石块，因此它很可能就是灵台北部通往东墙北面门址的道路遗迹。

（四）中心高台南侧的砖瓦堆积和路土遗迹

在中心高台基址正南今朱圪垱岗上村至大郊寨村东西向公路南面5.4米处以西，勘探还发现一处范围较大的砖瓦堆积。范围南北约24米，东西超过30米。此砖瓦堆积在地层上位于第1层耕土和第2层杂乱黑土之下，砖瓦堆积一般距地表深0.9~1.3米见，包含有大量的素面布纹里板瓦片，也有少量绳纹面布纹里板、筒瓦片。在此砖瓦堆积之下，约距地表1.7米深处，个别探孔还发现有黄色夯土。

此砖瓦堆积的东边缘，另见有一条南北向的路土遗迹。路土宽1.5~2米，深距地表1.3~1.4米。该路土北面基本正对灵台中心高台夯土，从位置来看可能就是灵台中心基址通往灵台南墙中间门址的道路遗迹。

第三节　灵台东墙外平城门外大道的试掘

对东汉平城门外大道试掘的探沟，位于灵台和明堂遗址南墙以南，在此共开挖试掘探沟3条，编号分别为92YGT7、T8、T16，发掘总面积261平方米。由于T8和T16均位于T7的南面，而且探沟内的路土遗迹与T7相类似，下面仅以T7举例详细加以叙述。

T7分别位于灵台遗址南墙以南115米和明堂遗址南墙以南80米处，探沟东西长46、南北宽3米，方向为磁北95° 。该探沟完整横截平城门大道的路土，地层堆积与遗迹情况以探沟北壁为例（图5）说明如下。

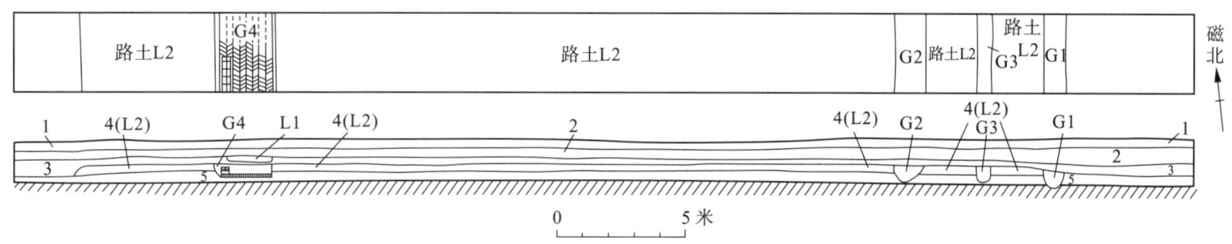

图5　灵台遗址东侧平城门外大道探沟（92YGT7）平剖面图

1. 耕土层　2. 淤土层　3. 汉魏时期文化层　4. 路土层　5. 红褐色土　L1、L2. 路土　G1~G3. 路沟　G4. 砌砖沟槽

一　地层堆积

第1层：耕土层。黄褐色土，质地松散，较杂乱。厚0.2~0.35米。

第2层：淤土层。红黄色土，质地疏松，较纯净。距地表深0.2~1、厚0.4~0.7米。含有少量黑瓷片和黄瓷片、碎小瓦片等遗物，另在该层底部与第3层相接处清理出一件莲花瓦当。从遗物来分析，该层时代为宋元以后。

第3层：汉魏时期文化层。灰褐色土，质地较松散，杂乱。距地表深0.6~1.4、厚0.45~0.65米。内含有少量绳纹面布纹里瓦片、陶器片、残砖、石夯等遗物。该层下即路土层。

第4层：路土层。有上、下两层，质地坚硬。上层路土为青褐色，较杂乱；下层路土为红褐色，较纯净。距地表深0.8~1.35、厚0.2~0.35米。路土内含有少量的绳纹瓦片、陶器片和一些碎小石子等遗物。据出土遗物和地层关系，其路土形成时代约为汉代，使用似乎延续到魏晋和北朝时期。

第5层：红褐色土，质地松散，纯净，不见遗物。距地表深1~1.75、厚0.2~0.6米。该层下即生土。

二　道路遗迹

探沟内共发现两条路土遗迹，均为南北走向，分别编号L1、L2。

L1　位于距探沟西壁8.3米的第2层下，打破并叠压在第3层和第3层下的砌砖沟槽遗迹之上。路土距地表深0.65~0.8米，厚约0.15米，宽约1.8米，青褐色，质坚硬，较杂乱。路土中含有少量绳纹面布纹里瓦片、陶器片等遗物。该层路土的时代显然略晚，大致在汉魏故城城址废弃以后。

L2　即地层堆积中的第4层，因其路面在探沟内普遍发现，故发掘时将该层路土划为一层地层。该路土被叠压在第3层下，铺设在第5层上，在探沟内东西宽达37.3米，除了道路两侧的路土分别被一些南北向的沟槽打破外，整个路面基本平整，保存较好。根据勘探和在南北不同位置试掘的三条探沟的遗迹情况，这条路土呈南北方向，道路规格显然较高，为平城门外大道无疑。

三　沟槽遗迹

在L2道路路土中，还发现4条沟槽遗迹，均为南北向。沟槽分别开凿在L2道路两侧的路土中或边侧，编号分别为G1~G4。

G1　位于探沟东段L2道路的东边缘，沟槽开口于第3层下，打破L2路土和第5层。沟槽立面呈口大底小状，口部宽0.85、底部宽0.4、深0.6~0.7米。沟内填土灰褐色，土质松散，较杂乱。填土中包含物较少，仅见一块残砖。沟槽的时代应与道路的使用时期相同。

G2　位于探沟东段G1之西约4.7~4.8米处L2路土中，也开口在第3层下，同样打破L2路土和第5层。沟槽立面也为口大底小状，口部宽1.1~1.25、底部宽0.5、深0.7米。沟内填土和时代大致与G1相同，填土中出有极少量几片绳纹面布纹里瓦片与陶器片等遗物。

G3　位于探沟东段G1与G2之间L2路土中，分别距G1和G2各约2~2.1米，层位关系也与G1和G2相同。该沟槽成直壁状，宽0.6、深0.7米，似原为暗沟，但砌砖皆已不存。沟内填土与G1、G2相同，遗物也较少，仅有少量绳纹面布纹里瓦片等遗物。沟槽时代也与道路使用时期大致相同。

G4　位于探沟西段L2道路西边缘之东约5.1米处的路土中，沟内尚存部分砌砖边墙和完整铺底砖，系一条规模较大的砌砖排水沟槽遗迹（图6）。该沟槽开口也在第3层下，打破L2路土和第5层。沟槽立面也呈口大底小状，口部宽2.3、底部铺砖宽1.95、沟槽深0.4米。沟槽底部铺砖平面为“人”字形侧立砌就，用砖皆为整砖，铺砌也整齐划一。铺砖的西侧边缘尚存有砖砌边墙，墙宽0.32、残高0.25米，用砖与底部铺砖相同，大小皆为0.31×0.155×0.055米。该沟槽内填土为灰褐色，土质松散，较杂乱，含有大量的绳纹面布纹里筒瓦和板瓦片、残砖等遗物。由这条排水沟的砌砖边壁与底部铺砖厚度、铺砌方法和用砖种类较为整齐单一等现象来分析，该排水沟规格明显较高，应是顺这条大道自城内向南排泄的一条大型排水沟设施，时代应与道路的修建和使用时期相同。这种顺道路修建排水沟的作法，在该城址的道路和城门遗迹中屡有发现，是这个时期城市供排水的一种普遍做法。

由L2道路中的这些排水沟槽遗迹分布情况，也能看出当时道路平面布置的大致安排。即在这条宽达37~38米的高规格道路上，其东西两侧设置的不同规格与需求的排水沟设施，将整个L2路土似可隔成三条不同宽度的道路路面。东侧道路位于G2以东，路面宽4.7~4.8米；西侧道路则位于G4以西，路面宽约5.1米；中间道路则在G2与G4之间，路面宽约23.9米。这种排列的三条道路情况，对文献记载中该城址重要城门和御道皆开三道，公卿尚书章服从中道，凡

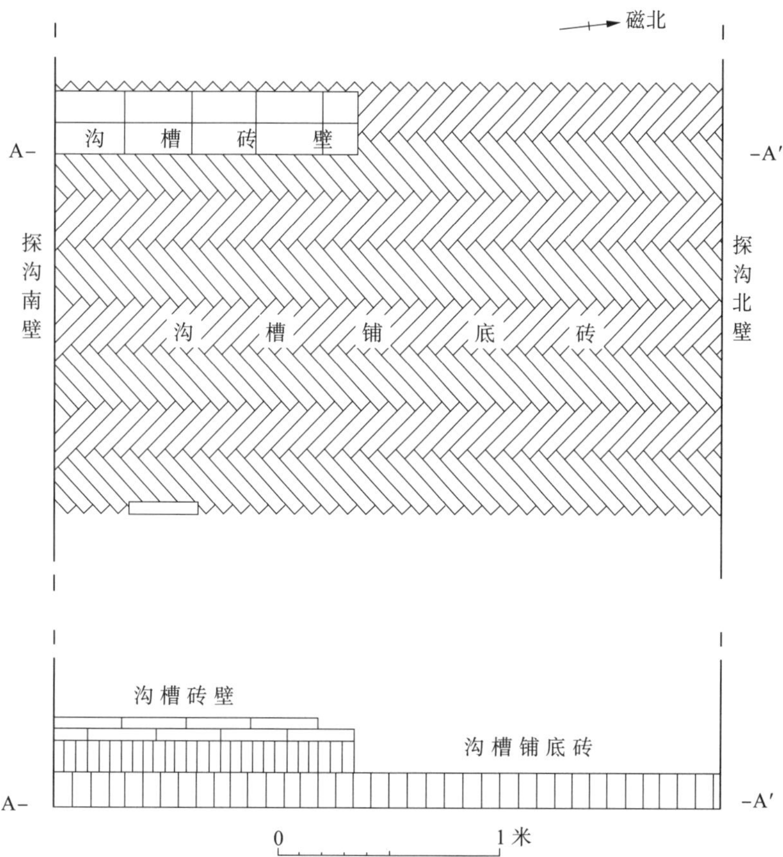

图6　平城门外大道G4砌砖沟槽平剖面图

人行左右道，在考古资料上是一种印证与补充。

第四节　灵台周围建筑遗迹的试掘

一　中心高台东北部的排水沟设施

根据在朱圪垱岗上村西砖瓦窑场西侧取土与考古勘探获得的线索，在勘探的灵台东墙北段，曾发现一条略呈东西向的砖石砌排水沟槽遗迹。为确切了解此排水沟的情况，在此开挖解剖探沟两条，编号分别为78HNLT21和78HNLT22。

两条探沟均是按照勘探获得的地下排水沟槽走向布方定位的，东西并排，相距0.5米，方向皆为磁北76°。具体位置在朱圪垱岗上村西的砖瓦窑场西南侧，灵台中心高台建筑基址东北方向约85米处，勘探的灵台东墙北距洛河南堤约30米处墙垣内侧。T21在西侧，东西长5、南北宽2米；T22在东侧，东西长3、南北宽2.2米（图7；图版四）。

1. 地层堆积

第1层：耕土层。黄褐色土，质地疏松，较杂乱。厚0.3~0.4米。

第2层：黑灰色土，质地较松软，土较杂乱。距地表0.3~1.15、厚0.85米。包含有大量汉代的绳纹面布纹里板瓦和筒瓦片、薄方砖块，少量的器物片、几何纹薄方砖块等。该层下即

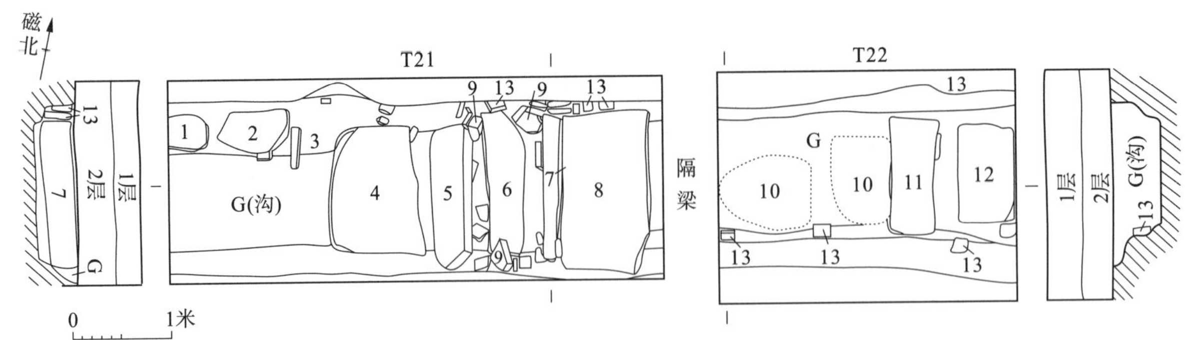

图7　灵台遗址东北部T21、T22排水沟槽平剖面图

1. 石板块T21G:1　2. 石板块T21G:2　3. 石板块T21G:3　4. 石板T21G:4　5. 石板T21G:5　6. 石板T21G:6　7. 红石板T21G:7　8. 石板T21G:8　9. 石板　10. 石坑　11. 石板T22G:2　12. 石板T22G:2　13. 砖　1层. 耕土层　2层. 黑灰色土

见排水沟槽遗迹和红生土。

2. 排水沟槽遗迹

在两条探沟内的同一深度下，均发现一条略成东西向的沟槽遗迹（编号G），方向约为磁北76°。沟槽开口于第2层下，距地表深0.6~1.2、沟槽深0.4~0.5米。沟槽两侧槽壁皆为生土壁，略呈斜坡状，使沟槽截面呈口大底小状，槽底较平。沟槽内填土也为黑灰色土，较杂乱，除了沟槽口部断断续续并排放置一些长条状或长方形的红石板，靠近生土槽壁处残存有许多乱砖、石块外，其他遗物不多。沟槽宽度不一，在两条探沟内口部宽为1.32~1.7米，槽底宽则为0.9~1.3米。这显然是一条排水沟槽的遗迹。

沟槽内的大型石板皆为红沙石，规格大小不一。石板或者平放，或者呈倾斜状，还有的已倾斜成侧立状。其石质较差，大都泛起小薄层，有些已成粉碎状。其中T21内有8块，T22内有两块，石板由西向东分别编号为78HNLT21G∶1~8和78HNLT22G∶1~2。详细规格和残存状况见表一。

从这些石板的规格形状、排列放置位置等来观察，它们应该是这条排水沟槽的顶部盖板石。而两侧生土槽壁处发现的许多乱砖块，则应该是支垫这些顶盖板的沟槽包壁砌砖。由地层和出土遗物来分析，此排水沟槽的时代约为东汉时期。其排水自西向东流向，由沟槽的

表一　灵台遗址T21、T22排水沟槽石板登记表

（单位：米）

编号	规格	状况	编号	规格	状况
78HNLT21G∶1	0.4×0.35×0.1	粉碎状	78HNLT21G∶6	1.35×0.4×0.12	较好
78HNLT21G∶2	0.7×0.42×0.11	粉碎状	78HNLT21G∶7	1.42×0.38×0.13	较好
78HNLT21G∶3	0.4×0.1×0.12	较好	78HNLT21G∶8	1.6×0.85×0.15	较好
78HNLT21G∶4	1.28×0.95×0.14	较好	78HNLT22G∶1	1.1×0.47×0.1	较好
78HNLT21G∶5	1.38×0.45×0.12	粉碎状	78HNLT22G∶2	0.95×0.6×0.13	较好

76°方向来看，来水方向正对西南方的灵台中心高台建筑基址北部。

二　中心高台南部的砖瓦窑址堆积

在灵台中心高台建筑基址的南部，勘探还曾发现一处范围较大的砖瓦堆积。为了解此砖瓦堆积的性质与时代，开挖解剖探沟一条，编号为78HNLT23。

探沟位于中心高台基址正南，今朱圪垱岗上村至大郊寨村之间的东西向公路南面5.4米处略偏西的场院内。方向为磁北0°，南北长5、东西宽2米。

地层堆积情况如下（图8）。

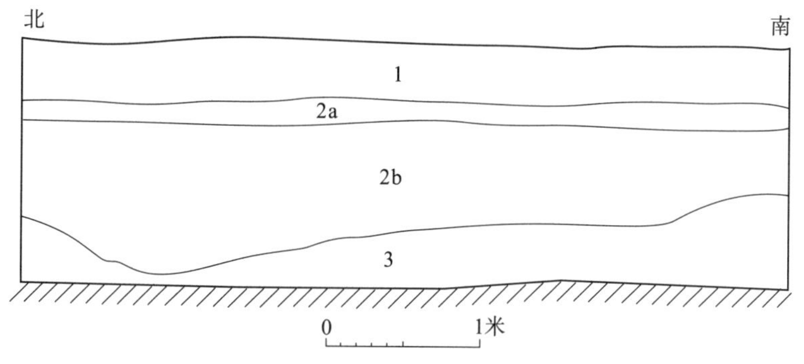

图8　灵台遗址南部T23东壁剖面图

1. 耕土　2a. 红褐色土　2b. 黑灰色土　3. 红黄色土

第1层：耕土层。浅黄褐色土，质地松散，较杂乱。厚约0.4米。

第2a层：红褐色土，质地松软，内含红烧土粒。距地表0.4~0.6、厚0.15~0.2米。遗物有素面磨光里板瓦片和花头磨光板瓦片、素面布纹里小筒瓦片、素面长方砖块和大方砖块等。

第2b层：黑灰色土，质地特松散，夹杂有大量乱砖块、碎瓦片和陶器片，还有草木灰、烧土块、河卵石子、红砂石块等。距地表深0.55~1.55、厚0.4~1米。遗物主要有素面磨光里板瓦片和花头磨光板瓦片、素面布纹里板瓦和筒瓦片、粗绳纹面布纹里板瓦片、素面陶器片，以及莲花纹瓦当、兽面砖块、绳纹小长方砖块和席纹砖块等。其中，在探沟东北角第2b层底部，残存有数量较多的素面布纹里筒瓦坯和红烧土坯等，红烧土坯厚约0.1米。该层为北魏时期文化堆积层。

第3层：红黄色土，质地坚硬，较纯净。距地表深0.95~1.65、厚0.1~0.6米。包含物较少，只见少量绳纹面布纹里筒瓦和板瓦片。约为汉晋时期文化堆积层。该层下为生土。

根据勘探获知，此砖瓦堆积面积较大，而由试掘探沟又了解到这些砖瓦堆积主要见于第2b层。从层位关系来看，该层为北魏时期文化堆积，其出土的砖瓦种类，也主要为北魏时期的砖、瓦等建筑构件，而且还有许多的筒瓦坯件和红烧土坯。这些情况表明，此砖瓦堆积应该是北魏时期的一处烧瓦窑遗址的部分遗迹。

第五节　灵台中心建筑基址的发掘

一　发掘布方概况

对灵台中心建筑基址的发掘可以分为两个大的阶段，发掘的重点先后是在现存的地上高台基址上和现已夷为平地的高台周围地基夯土边缘。

1974~1975年为第一阶段：先是1974年在中间高台基址的西侧清理了两间内室建筑（图版五），遗迹编号由北向南分别为74HNLS1和74HNLS2，清理面积约66平方米。随后1975年，又在中间高台基址上重新布设正式发掘探方20个，其中10×10米探方16个，10×3米扩方4个，编号从西南角开始由西向东、由南而北分别为75HNLT1~T20，方向均以探方东壁为准磁北10°。因发掘区东侧边缘的T4、T8、T12、T16探方和T20扩方的东隔梁未清理，此次实际发掘的范围南北长43、东西宽39米，总面积为1677平方米（图9）。

1978~1979年为第二阶段：先后在中心高台四周地下基础夯土的边缘处开挖探沟10条，编号分别为78HNLT24和79HNLT31~T39。其中在高台地基夯土西侧边缘处开挖探沟4条：T31，方向磁北16°，面积12×1.5米；T32，方向磁北6°，面积12.5×1.5米；T33，方向磁北103°，面积2.7×8米；T34，方向磁北107°，面积2×8.5米。北侧边缘处开挖三条：西北角T35，方向磁北12°，面积7×3米；正北侧T24，方向磁北100°，面积2.5×7米；东北角T37，方向磁北12°，面积10.5×8.2米。正东侧边缘处一条T36，方向磁北10°，面积15.5×8.4米。南侧边缘处两条：正南侧T38，方向磁北103°，面积1.2×8米；西南角T39，方向磁北15°，面积3×2.5米。发掘总面积347.25平方米。

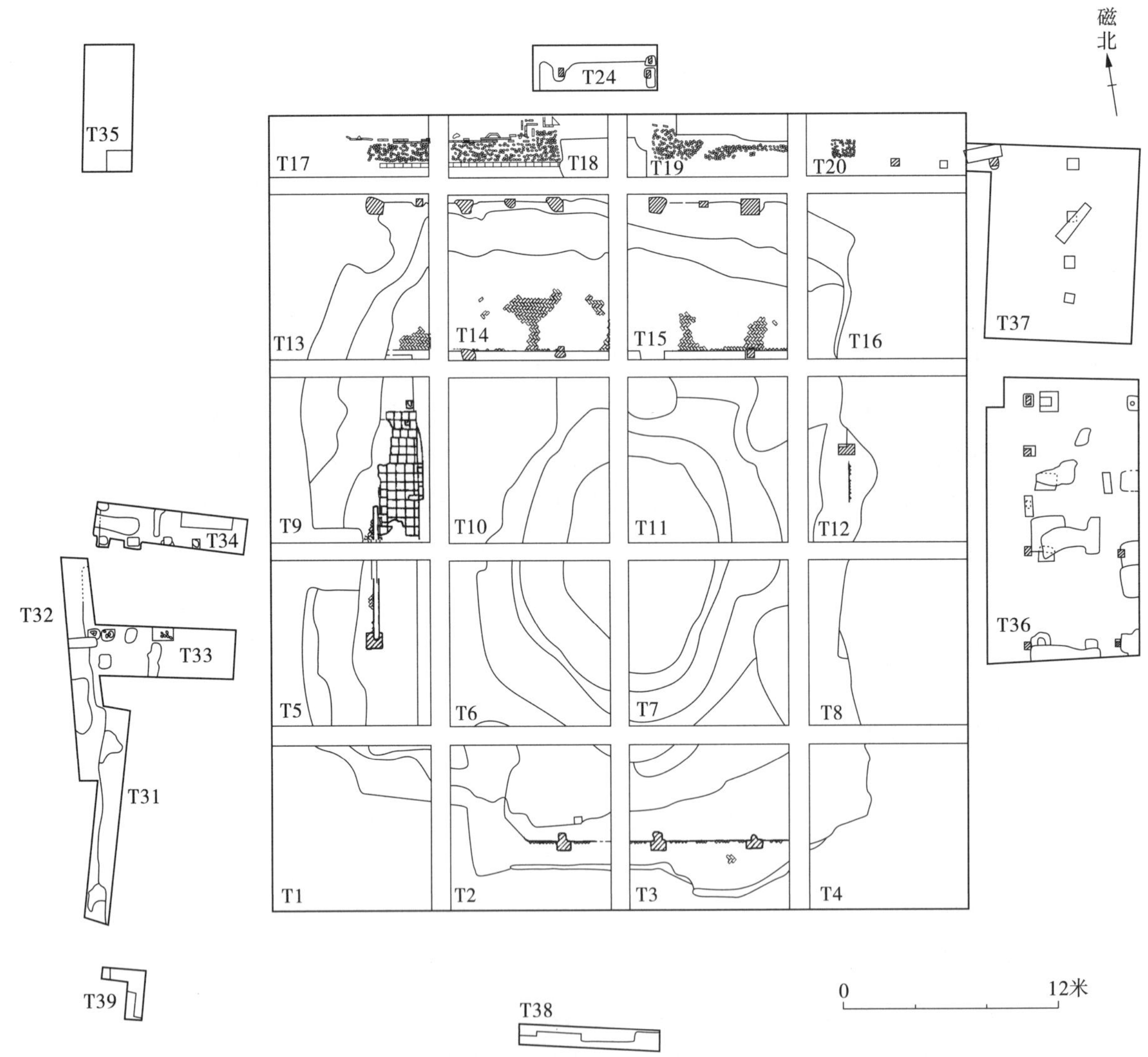

图9　灵台中心建筑基址探方与探沟分布图

T1~T20.75HNLT1~T20　T24.78HNLT24　T31~T39.79HNLT31~39

二　地层堆积

灵台中心建筑高台上和周边的地层堆积，因遗迹位置不同而有较大区别。下面根据发掘情况做一基本介绍。

（一）现存夯土高台上的地层堆积

现存夯土高台表面的地层堆积较为复杂，其残存的原来建筑遗迹表面，皆覆盖有后人耕作等活动扰乱形成的耕土或垫土堆积层。由于高台建筑本身就存在着高低不同的建筑台面，因此覆盖在上面的扰土堆积厚薄也极不均匀，堆积层次也因遗迹位置的不同而有差别。其中夯土高台原来凸起部分建筑遗迹的表面，现至少残存一层因近代耕作等活动而形成的扰乱耕土层，下面即残存的原来夯土等建筑遗迹；而高台中间凸起的方形夯土周围原低凹建筑台面上，则残存有多层堆积，而且堆积较厚，最厚可达3.14米。

1. 高台北面第二层建筑台面上的地层堆积　以T14东壁剖面举例说明（图10）。

第1层：耕土或近代垫土。青褐色土，质地松散，较杂乱。厚0.3~1.14米。

第2层：深黄褐色土，较杂乱。距表层土深0.3~1.4、厚0.15~1.2米。包含有大量的砖块瓦片，砖有素面长方砖、绳纹长方砖、素面方砖和几何纹方砖等，规格略有差别。瓦片主要为绳纹面布纹里板瓦和筒瓦片，也有少量素面板瓦和筒瓦片。

第3层：黄褐色土，质地坚硬，除了夹杂有夯土碎块，土较纯净。距表层土深0.9~2.15、厚0.1~1米。很少见有其他遗物。

第4层：红烧土堆积。土均为被火烧的通红或焦黑状的烧土，夹杂大量碎瓦片、木炭和烧红的土坯碎块等。距表层土深0.4~3.14、厚0.15~1米。遗物有五铢和剪轮五铢钱、锈蚀铁钉、陶盆和陶瓮口沿片等。该层下即高台基址北面的第二层建筑房基地面。

2. 高台南面第二层建筑台面上的地层堆积　以T2东壁剖面举例说明（图11）。

第1层：耕土或近代垫土。青褐色土，质地松散，较杂乱。厚0.1~0.65米。夹杂瓦片较多，还有近代瓷碗片。

第2层：红烧土堆积。与高台北侧T14东壁的第4层堆积相同。距表层土深0.6~1、厚0.35

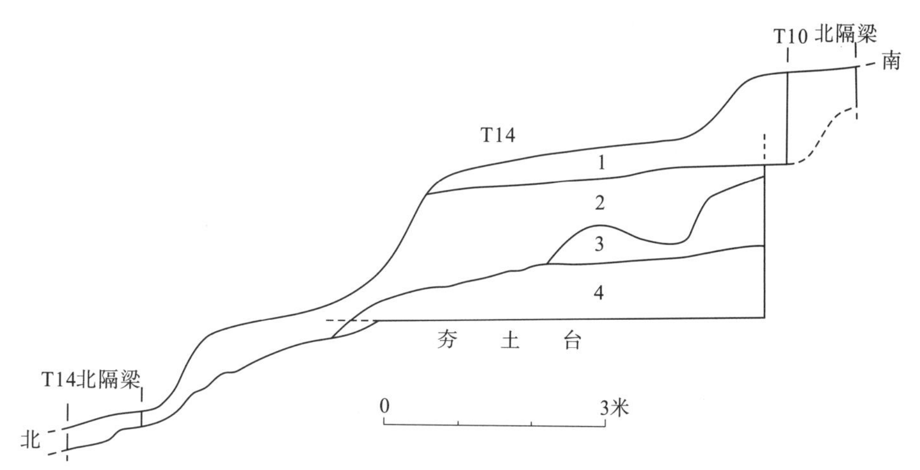

图10　灵台高台北面T14东壁剖面图

1. 耕土或近代垫土　2. 深黄褐色土　3. 黄褐色土　4. 红烧土堆积

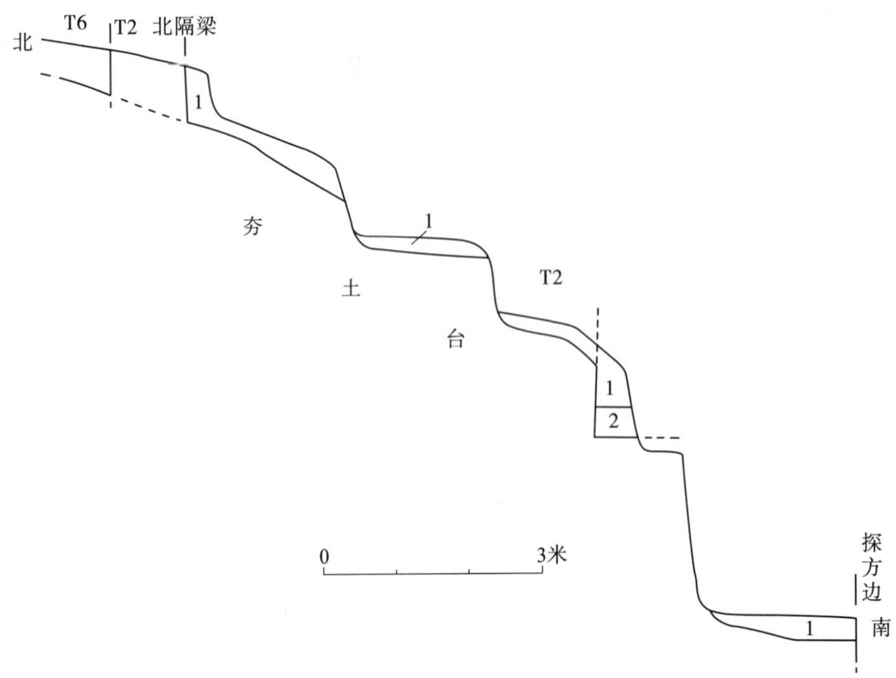

图11 灵台高台南面T2东壁剖面图

1. 耕土或近代垫土 2.红烧土堆放积

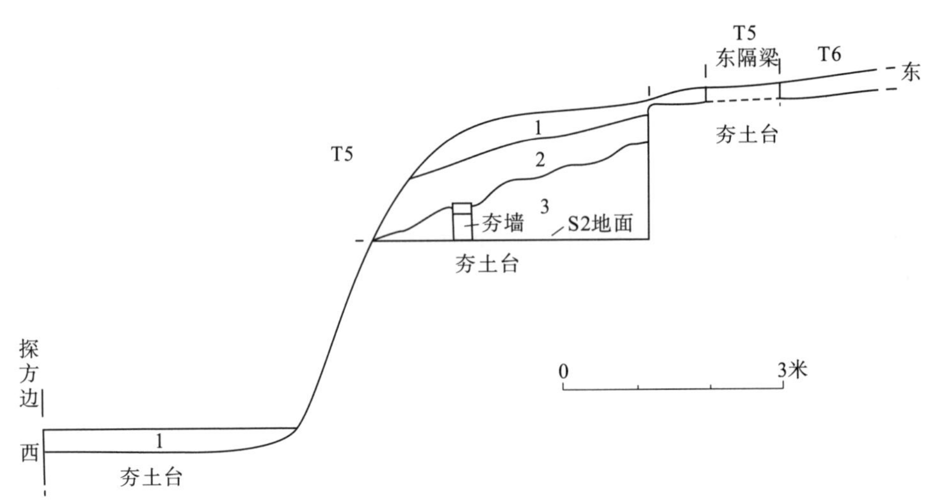

图12 灵台高台西面T5北壁剖面图

1.耕土或近代垫土层 2.黄褐色土 3.红烧土堆积 S2.第二层殿堂内侧房室

米。包含物除了大量的砖块瓦片外，极少见其他遗物。

3. 高台西面第二层建筑台面上的地层堆积 以T5北壁剖面中S2内室地面上的堆积为例说明（图12）。

第1层：耕土和近代垫土。青褐色土，质地松散，较杂乱。厚0.2~0.5米。

第2层：黄褐色土，质地较硬，杂乱。距表层土深0.3~1.1、厚0.35~0.75米。包含有大量的绳纹面布纹里板瓦和筒瓦片。

第3层：红烧土堆积。夹杂大量的碎瓦片、木炭和烧红的土坯碎块等。距表层土深

0.5~1.8、厚0.1~1.2米。包含物中数量较多的是素面方砖，还有绳纹面布纹里板瓦和筒瓦片、陶器残片和锈蚀铁钉等。

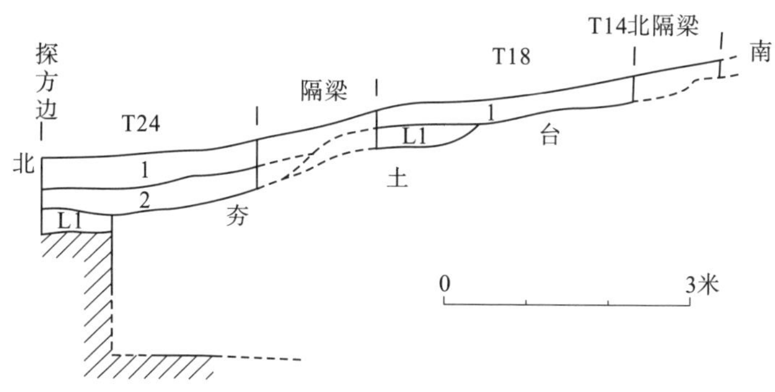

图13　灵台高台北面T18东壁和T24A-A'剖面图

1. 耕土或近代垫土　2. 红烧土堆积　L1. 路土

（二）现存夯土高台周围的地层堆积

现存夯土高台周围现耕土地面下的地层堆积较为简单，一般耕土层下即为当时建筑的地基夯土或残存地面遗迹，局部夯土或地面遗迹上还有一层夹红烧土的红褐色土层。由于高台基址四周的地层堆积略有差别，下面按方位分别叙述。

1. 高台北面现地面下的地层堆积

（1）以T18东壁和T24探沟A-A`剖面为例说明（图13）。

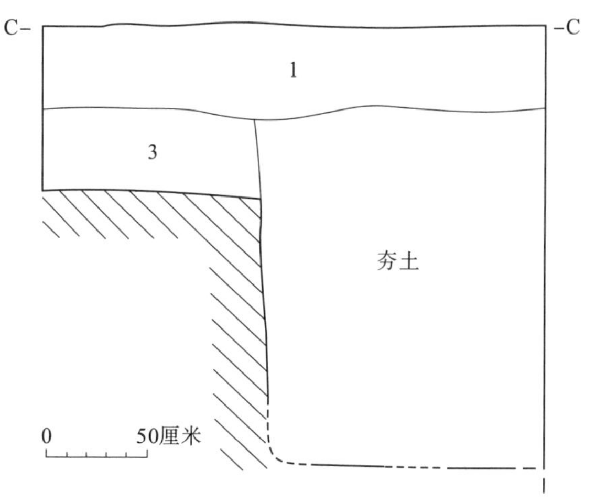

图14　灵台高台北面T24C-C'剖面图

1. 耕土　3. 黄褐色土

第1层：耕土和近代垫土。青褐色土，质地松散，较杂乱。厚0.2~0.3米。

第2层：红烧土堆积。夹杂有大量的碎瓦片、木炭和烧红的土坯碎块等。距表层土深0.3~0.6、厚0.2~0.35米。出土遗物数量与种类较多，以建筑材料为主，主要为绳纹面布纹里板瓦和筒瓦片、素面长方砖、素面方砖、几何纹方砖和云纹瓦当等，其中有一块素面长方砖上雕刻有佛像龛。还有一些陶器残片、小件铜铁器和铜钱等出土，陶器主要为罐和盆等残片，小件铜器主要有镞、帽钉、扣、铜片等，小件铁器有铠甲片、长钉、蒺藜、刀、镞、圈、钩、铁条等，铜钱则主要为五铢钱。该层红烧土堆积下即高台建筑的残存地面和河卵石砌筑的散水等遗迹。该层和第1层下为路土层L1。

路土层L1：路土青褐色，质地坚硬，较杂乱。仅见于高台建筑基址北侧坡道的外侧，距地表深0.6~0.8、厚0.2米。

（2）以T24东侧的C-C′ 剖面为例说明（图14）。

第1层：耕土层。青褐色土，质地松软，较纯净。厚0.4~0.5米。该东壁剖面耕土层下未见第2层，北部直接是第3层堆积层，南部为高台建筑的地基夯土。

第3层：黄褐色土，质地稍硬，较杂乱。仅见于基址夯土北边缘外侧。距地表深0.4~0.8、厚0.35~0.4米。包含有绳纹面布纹里板瓦和筒瓦片、陶豆残柄、陶罐器底和陶盆残片等。该层被高台建筑的地基夯土打破，下面即为红生土。

2. 高台东面现地面下的地层堆积　以T36北壁（图15）和T37东壁剖面为例说明。

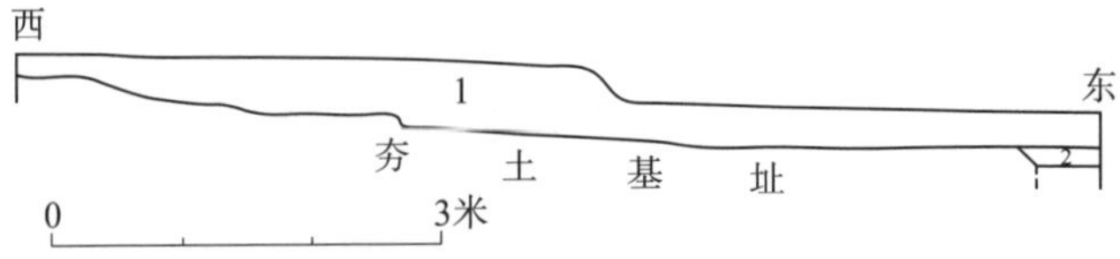

图15　灵台高台东面T36北壁剖面图
1. 耕土　2. 红褐色土

第1层：耕土层。青褐色土，质地松软，较纯净。厚0.2~0.4米。

第2层：红褐色土，稍坚硬，夹杂有红烧土、夯土碎块、河卵石、涂青蓝色的墙皮碎块、木炭灰等。距地表深0.25~0.5、厚0.1~0.2米。遗物有大量的砖块、瓦片和少量的云纹瓦当、陶器片、烧土坯、铁钉等。砖有几何纹方砖、素面方砖和素面大长方砖等，其中有些素面方砖上刻划有方格图案。瓦片则有绳纹面布纹里板瓦和筒瓦片、篮纹面板瓦片等。该层叠压在高台建筑基址的残存地基夯土和部分路面遗迹之上，路面下的地层未发掘解剖。

3. 高台南面现地面下的地层堆积　以T38东壁剖面为例说明（图16）。

第1层：耕土或现代场院地面。耕土为青褐色土，较纯净。质地松软；场院地面则较为坚硬。厚0.3~0.4米。该层下为高台基址南侧边缘的地基夯土和第2层。

第2层：黄褐色土，质地稍硬，较杂乱。仅见于高台基址南侧边缘的外侧。距地表深0.4~0.7、厚0.3米。包含物较少，只见一些绳纹面碎瓦片。该层被高台建筑的地基夯土打破。

第3层：红黄色土，质地松软，纯净而细腻。也只见于高台基址南侧边缘的外侧。距地表深0.7~1.2、厚0.5米。未见包含物。该层下为红生土。

4. 高台西面现地面下的地层堆积　以T31和T33的地层堆积为例说明。

第1层：耕土层。青褐色土，质地松软，较纯净。厚0.2~0.25米。

第2层：红褐色土，质地较硬，夹杂有红烧土、夯土碎块等。距地表深0.2~0.4、厚0.1~0.2米。包含有少量绳纹面布纹里板瓦片等。该层下即为地面遗迹和地基夯土，地基夯土外侧的地面遗迹下即为红生土。

三　高台基址上的建筑遗迹

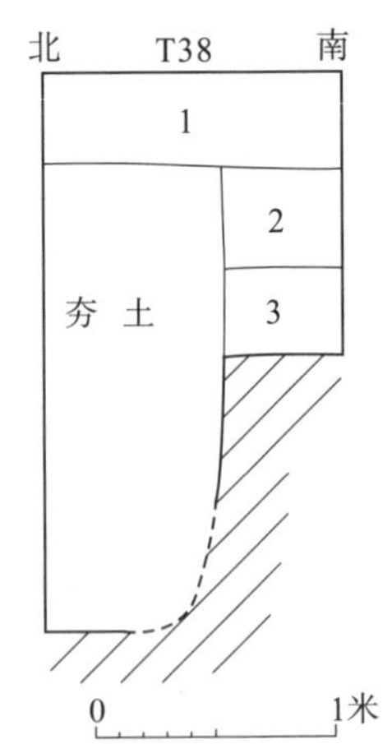

图16　灵台高台南面T38东壁剖面图
1. 耕土或现代场院地面
2. 黄褐色土　3.红褐色土

灵台中心建筑基址整体为夯土筑成，平面呈正方形（图17~19）。根据勘探和发掘解剖，现残存的夯土遗迹可以分为地上台基和地下基础两部分，夯土残存总厚度最厚约达10.8米（图20）。下面分别介绍。

（一）地下基础夯土

灵台中心建筑基址的地下基础规模较大，在当时的地面下夯土厚约1.8~2.2米（数据由钻探获得）。其地基夯土在平面上也略呈方形，南北长48.2~48.8、东西宽57~58米。由于北侧、南侧和西侧坡道处的地基夯土皆向外凸出一块，分别各延出4、0.6和1米，因此该地基夯土的范围南北最长可达到53.4、东西最宽则达到59米。由于该部分夯土未做解剖，详细的夯土结构情况不甚清楚。

（二）地上基址的范围

灵台中心建筑基址的地上台基位于其地基夯土的上面，它包括现地

图18　灵台中心建筑基址鸟瞰示意图

面上仍残存的夯土高台和高台四周现耕土下的部分建筑遗迹，整个基址平面为正方形，方向为磁北10°。该建筑基址的范围基本与地基夯土大致相当，以基址最外侧河卵石散水的外侧边缘为界限复原测算，其建筑基址的范围应为49.5米见方，如再加上四面中间向外侧凸出4米的门亭建筑，基址最大范围约为57.5米见方（见图19）。

其残存的夯土高台仍高于现在地面上8.2~8.4米，高于当时的地面上约8.6米。高台的中间顶部台面大致平整，且已不见任何建筑遗迹，其残存台面平面略呈椭圆形，南北残长11.7、东西残宽8.5米。台顶的四面坡下，则残存有上、下两层建筑平台，每层平台上均保存有当时的殿堂或廊房建筑础石或柱槽以及砖砌地面等遗迹，两层平台残存的夯土台面之间高差为1.86米（图21~24；图版六）。在第一层平台的外侧，还残存有河卵石砌筑的散水等遗迹。显然依中间方形夯土高台的四周壁面，当时至少应建造有两层楼台式殿堂建筑。

台基上的夯土系整体一次构筑而成，尤其在夯筑台基上的第一层和第二层平台时，都是按照事先设计好的台面高差和开间面积，在夯筑的同时按照规划的位置放置大型础石。

（三）第一层平台上建筑遗迹

灵台中心高台四面的第一层平台上，围绕着中间方形高台的最外侧修建有一周廊房式建筑。在这层平台上，北侧的廊房、坡道和散水等各种建筑遗迹保存较好，而东、西、南三面则保存极差，除了一些较深的柱槽遗迹，其余地面上遗迹已完全被破坏。下面分别介绍。

1. 高台北侧第一层平台的建筑遗迹　该平台残存的建筑遗迹主要为一条贯通第一层和第二层平台的坡道、坡道东西两侧廊房建筑的地面和柱础、河卵石铺砌的散水、坡道外侧的门亭柱础等（分别在T13~T16北端、T17~T20、T24和T37内）。其中，残存的廊房当时地面和外侧散水表面，略高于其北侧的现存耕土地面0.2~0.3米。

（1）坡道　位于高台北侧第一层平台上的廊房建筑中间（T18和T19内）。整个坡道由

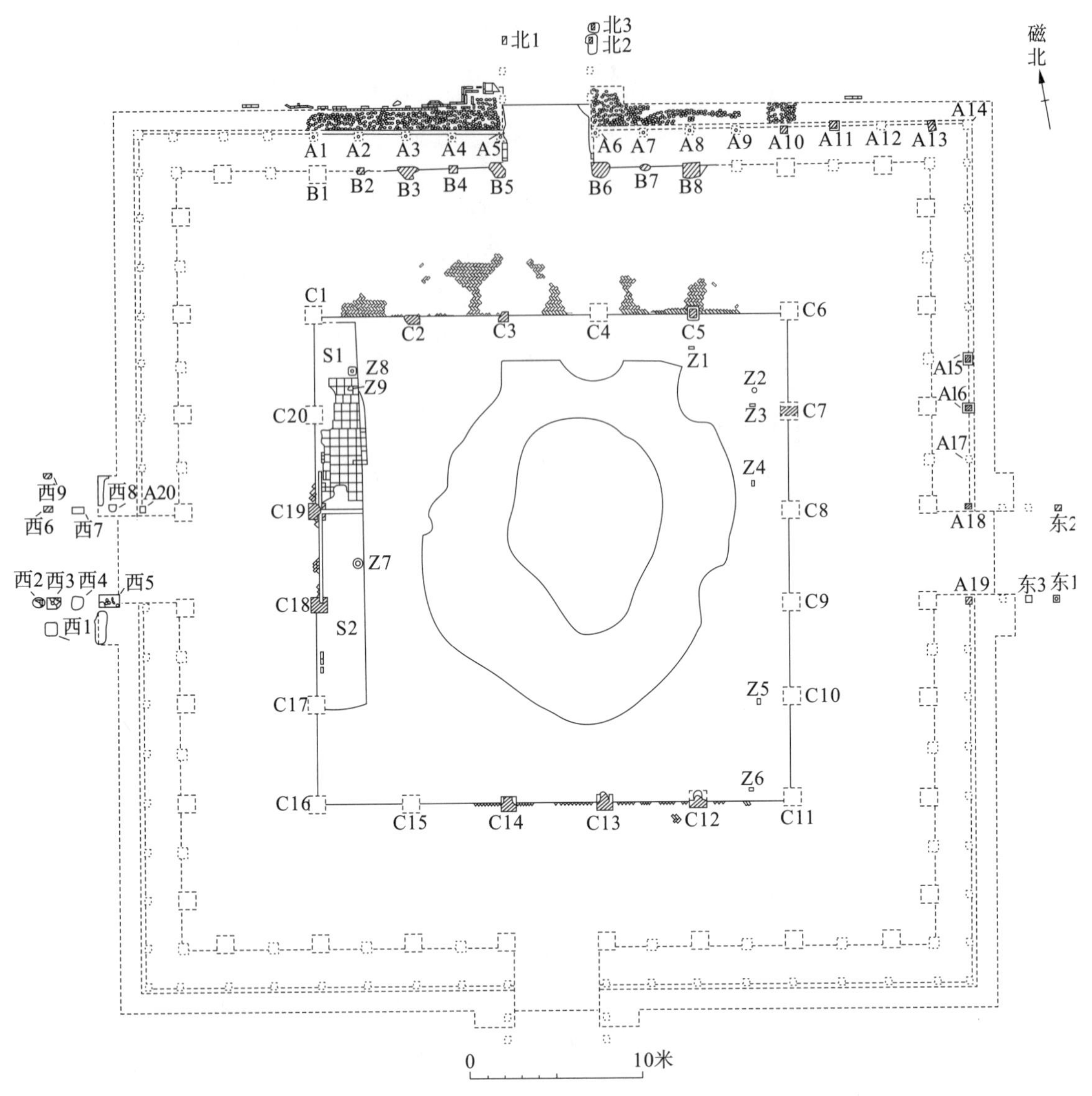

图19　灵台中心建筑基址平面复原图

A1～A20. 第一层廊房前檐柱础或柱槽　B1～B8. 第一层廊房后壁柱础
C1～C20. 第二层殿堂后壁柱础或础坑　Z1～Z9. 中间方形高台上柱槽
北1～北3、东1～东3、西1～西9. 高台北侧、东侧、西侧门亭柱础或柱槽

南向北坡下，南面坡顶端与第二层平台的地面相接，北面坡底则通至第一层平台外侧的地面，其残存的坡道北边大致与河卵石散水的外侧边缘相齐（图版七，1）。坡道也为夯土筑成，红褐色土，质地坚硬。其东西两侧夯土边壁皆用素面大长方砖错缝包砌，整砖尺寸为0.46×0.22×0.11米。西壁包砖残存三层，高0.33米，每层平砌两块半，残长1.1米（图版七，2）；东壁包砖仅残存西南角处一块整砖，其余皆被扰乱破坏。

现存坡道南北残长3.5、东西宽4.7米，如包含两侧包砖宽度则为5.1、高差1.86米，坡度约28°。由于坡道原来的表面被扰乱破坏严重，由残存遗迹已不能确定坡道原来的确切长度和坡度，也无法确认当时是以漫道或踏步的形式存在。

（2）西廊房　高台北侧第一层平台上的廊房建筑在中间被贯通第一、二层平台的坡道隔

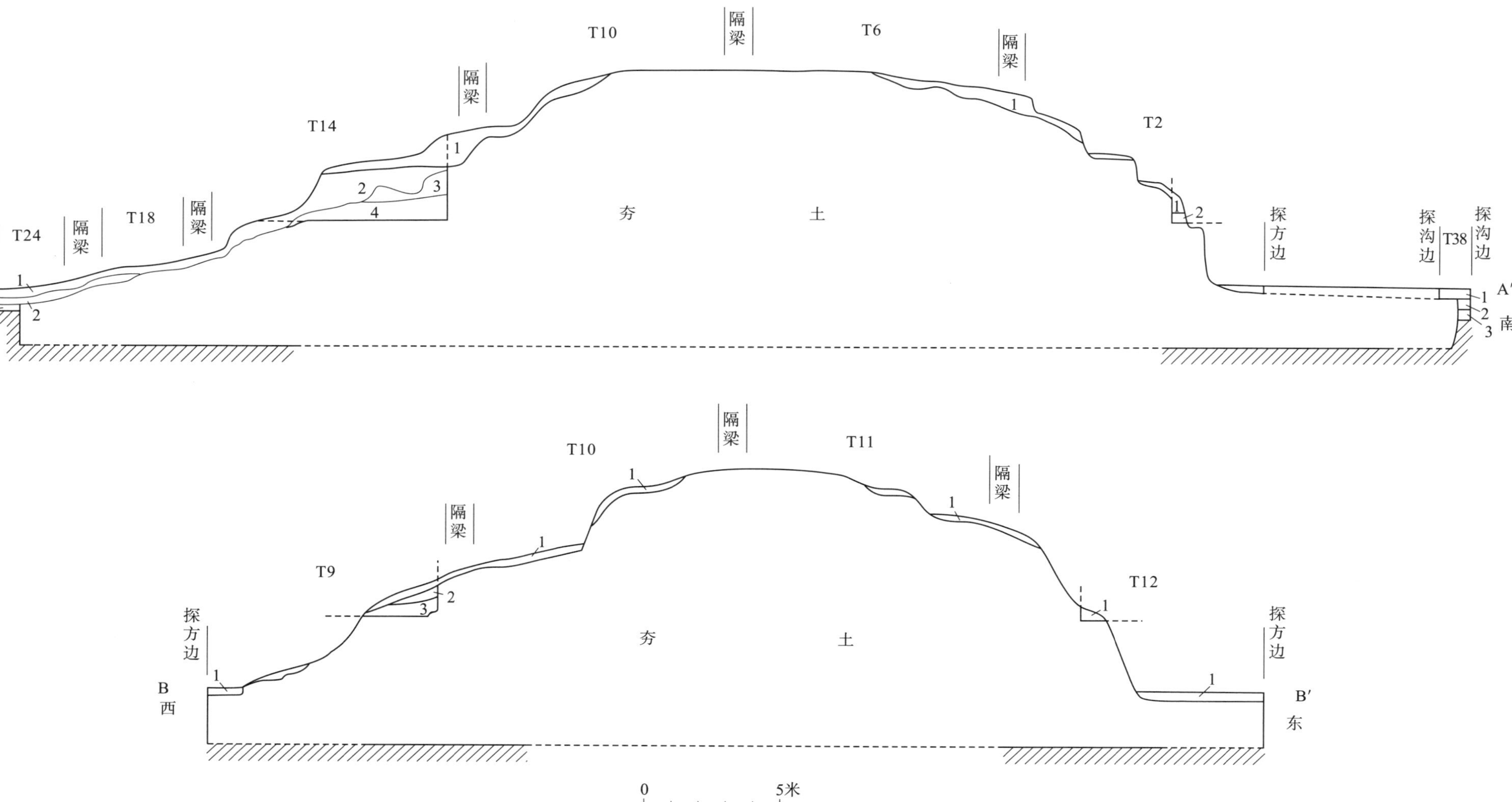

图20　灵台中心建筑基址A-A'、B-B'剖面图

1. 第1层　2. 第2层　3. 第3层　4. 第4层（各层土色不统一，参见正文）

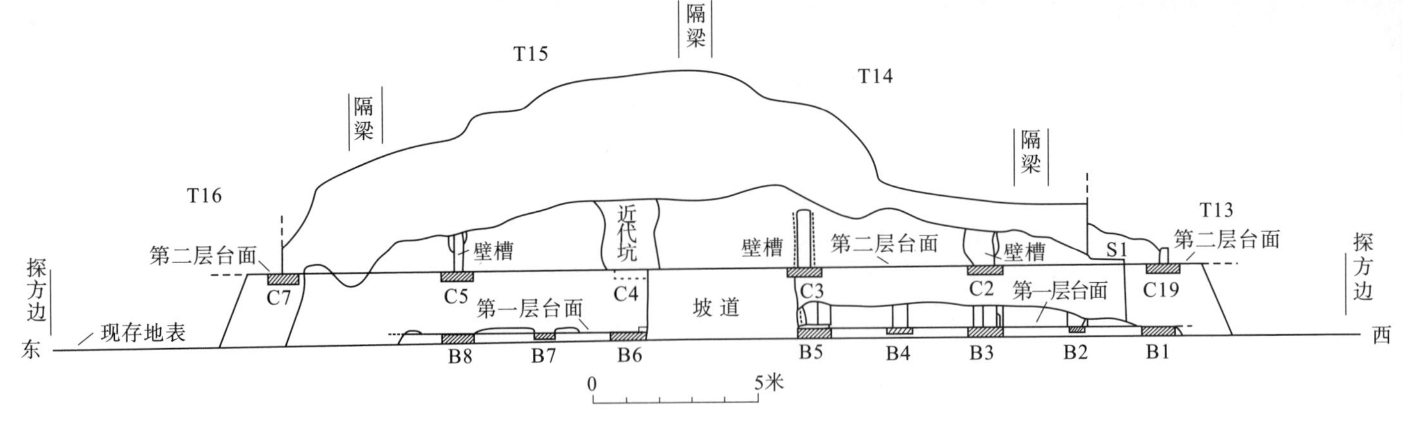

图21　灵台中心建筑基址北侧剖视图

S1. 第二层殿堂西侧内室　B1~B8. 第一层廊房前檐柱础　C2~C5、C7、C19.第二层殿堂后壁柱础或础坑

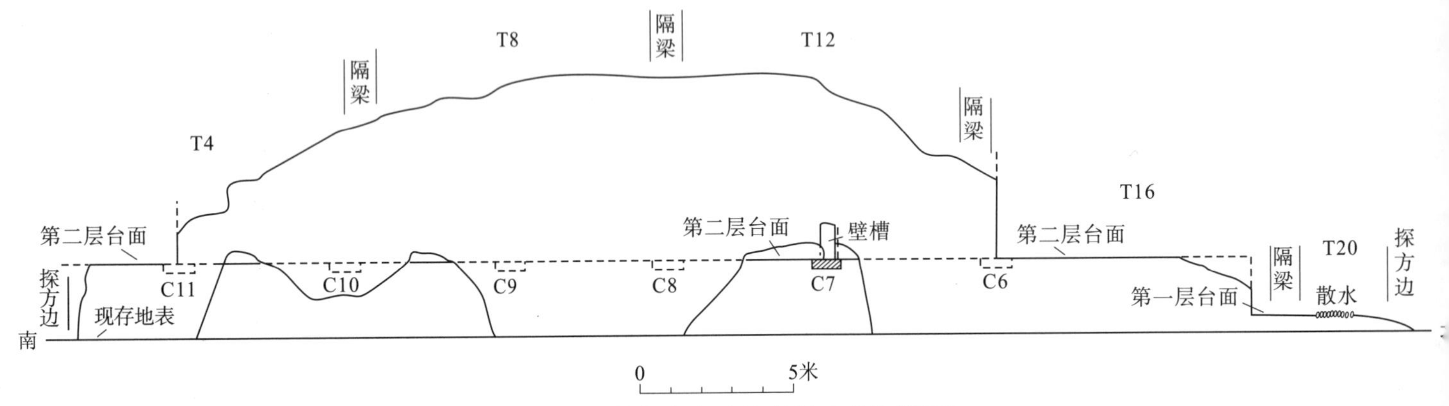

图22　灵台中心建筑基址东侧剖视图

C6~C11. 第二层殿堂后壁柱础或础坑

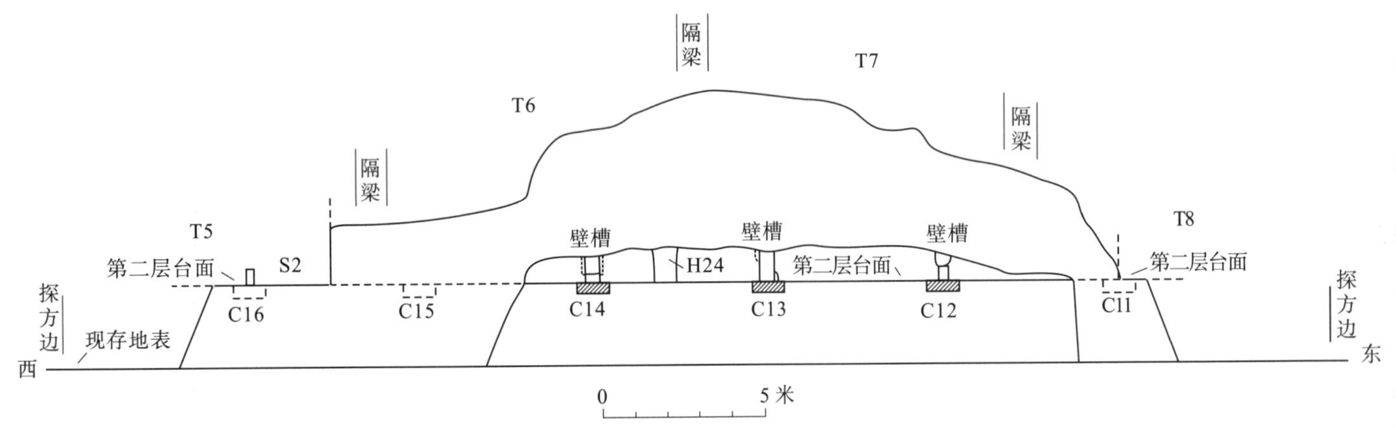

图23　灵台中心建筑基址南侧剖视图

S2. 第二层殿堂西侧内室　C11~C16.第二层殿堂后壁柱础或础柱　H24.灰坑

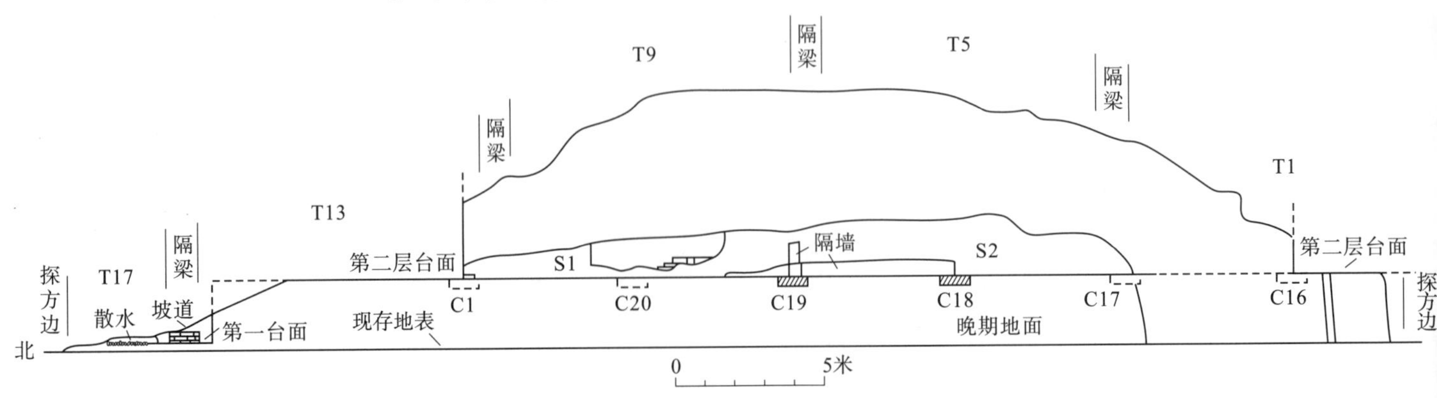

图24　灵台中心建筑基址西侧剖视图

S1~S2. 第二层殿堂西侧内室　C1、C16~C20.第二层殿堂后壁柱础或础石

断，形成西廊房和东廊房两部分房基遗迹。西廊房位于坡道西侧（T13和T14北端、T17和T18南端），东西残长12.3、南北宽2.1~2.15米（图版八，1）。现存有廊房的东壁（坡道边壁）、南壁（后壁）、北侧台基边壁前檐包砖、部分间架柱础或柱槽、铺砖地面等遗迹，但未发现隔墙痕迹。廊房的西端房基遗迹已被破坏无存；东壁即坡道西侧的包砖边壁，残存包砖三层，皆为大长方砖；南壁即廊房建筑的后壁，系利用第二层平台殿堂北侧的台基夯土边壁，壁面最大残高0.95米，墙面上的装饰材料已无存，只发现少量修补墙壁时贴补的竖立瓦片遗迹和4个木柱壁槽及5块础石；廊房北边残存有廊房的前檐台基包砖和5个柱洞遗迹，其包砖皆为大长方砖，顺东西向一排平砌，现仅存一层22块（图版八，2），残长10.1米，其砖面低于廊房已被揭去铺地砖的现存地面0.12米以上，根据这些数据复原该台基包砖原来应为三层。

下面主要介绍西廊房残存的柱础或础坑情况。

西廊房后壁柱础　在西廊房南壁残存有5块础石及相应的4个木柱壁槽，编号自西向东分别为B1~B5。其中B1础石上部由于后壁台基夯土被破坏已不见壁槽，其余4块础石上部夯土边壁上则均残存有木柱壁槽。5块础石均为暗础，其石面略低于外侧的铺砖底部夯土面。础石表面除中间立置木柱位置处外露，其余部分皆被叠压在夯土中。础石平面均为方形，四面边壁略为规整，但表面不甚光滑，显露出加工錾凿痕迹。除个别为石质较好的青石外，多数为红沙石，石面剥落严重，呈粉蚀状。5块础石的东边缘分别距坡道西壁包砖内侧夯土边壁10.1、8、5.4、2.7和0米，础石之间中心点平均间距皆为2.65米。

B1础石为红沙石，个体较大，东西长1.1、南北宽1、厚约0.23米。础石东北角上还清理出一块侧立素面长方砖，砖长0.26、宽0.13、厚0.048米。

B2础石也为红沙石，个体较小，东西长0.36、南北宽0.27、厚0.11米。石面上除了压有2块小长方砖，其余暴露在外。上部的壁槽因夯土边壁被破坏而残存较浅，壁槽宽0.46、进深0.2、南壁最高为0.6米，两侧槽壁仅高0.3米。

B3础石为青石，个体较大，南北长1.08、东西宽1.06、厚0.25米。础石除了上面外露，其余被夯筑在夯土中。础石上部的壁槽局部已坍塌，残存壁槽宽0.65、进深0.53、高0.75米。壁槽内填土为红烧土和木炭灰屑，东壁0.46米高处还填塞补砌2块半截砖。

B4础石为红沙石，个体较小，东西长0.6、南北宽0.45、厚0.11米。础石除了壁槽内的石面外露外，其余都被压在夯土中。壁槽保存较好，平截面为方形，0.3米见方，残高0.95米。槽壁被火烧烤成砖红色，槽内填红烧土和木炭灰屑等（图版九，1）。

B5础石和壁槽紧贴坡道西南角设置。壁槽平截面为方形，但由于上部坍塌，立面呈口大底小的喇叭口状。残存壁槽宽0.5~0.85、进深0.8、高0.8米。壁槽东壁底部也填塞补砌三层单砖。填土除了大量红烧土和木炭灰屑外，底部还有一些白灰渣。壁槽底部平置的础石为红沙石，个体较大，东西长0.97、南北宽0.95、厚0.25米。除了上面外露，其余皆被夯土叠压。

这5块础石虽然大小不一，但却是按照一大一小有规律间隔排列，其中B1、B3和B5皆为大型础石，B2和B4则是小型础石。5块大小不同的础石作为西廊房的后壁柱础，与前檐的A1~A5柱洞或础槽一起，构成了第一层平台上较小开间的廊房建筑间架柱网，其廊房每间面阔2.65、进深1.9~2米（皆为柱洞或础石中心点平均间距）。由于这排础石还位于第二层平台北侧的台基边缘处，尤其B1、B3和B5大型础石在南面还分别与第二层平台后壁的C1、C2和C3等大型础石相对应，它们有可能也是第二层平台殿堂建筑的前檐柱础，也可以构成第二层平台上较大开间的殿堂建筑间架柱网，其殿堂每间面阔5.3、进深约8米（础石中心点平均间距）。

西廊房前檐柱础　在西廊房北侧的前檐台基包砖内侧，经过与后壁上排列的B1~B5础石位置南北对照清理，也发现有5个柱洞痕迹，柱洞底部大多都有红沙础石或砖块，显然也是暗础。它们皆位于第二层平台殿堂后壁以北9.8~10米处东西一线，编号自西向东分别为A1~A5。5个柱洞的中心点分别距坡道西壁包砖外侧10.6、7.95、5.3、2.65和0米，柱洞之间中心点平均间距也皆为2.65米。

这些柱洞虽然仅清理了口部，下面的坑槽未做全部清理，但经过钻探确定了下面的深度和柱础情况。柱洞皆紧贴台基包砖的内侧砖壁，平面皆为圆形，直径0.18~0.21米，深距残存的台基包砖面0.55~0.6米。柱洞填土红褐色，质地疏松，较为纯净，周围皆为夯土。柱洞底部大都平铺一块红沙石或砖块作为柱础，仅个别不见砖石直接见夯土。如A1和A3底部皆为红沙础石，A4和A5底部见砖块，只有A2底部直接见夯土。

西廊房铺砖地面　西廊房内的地面原来平铺有一层大方砖，但这些铺地砖在清理时大多已不存，仅发现两块破碎方砖，砖面和周围地面上均散落一些铁甲片（图版九，2）。这两块方砖皆为几何纹方砖，正面素面，背面模印有直线和交叉直线组成的“五”字等几何形纹饰，砖边残长0.28、厚0.05~0.06米。在该廊房上部的扰乱砖瓦堆积中，还发现一些两面素面的大方砖碎块。上述两种方砖，可能都属于该廊房的铺地砖。

（3）东廊房　位于第一层平台正中坡道的东侧（T15和T16北端、T19和T20南端和T37西部），与西廊房对称分布（图版一○，1）。东西残长19.6、南北宽2.1~2.2米。现存有廊房的西壁（坡道边壁）、南壁（后壁）、南壁下的础石和壁槽、北侧台基边壁处的前檐柱础等遗迹，廊房内未发现隔墙和铺砖遗迹。东廊房东端的遗迹已不存；西壁即坡道的东壁包砖，仅存一块大长方砖；南壁即廊房建筑的后壁，系利用第二层平台殿堂北侧的台基夯土边壁，最大残高0.5米，现仅局部残存有0.1米高修补墙壁的贴补瓦片遗迹（图版一○，2）和三块础石及相应木柱壁槽（图版一一，1）；廊房北边的前檐台基包砖皆已不存，但发现有7个前檐柱础或柱槽遗迹。

下面主要介绍残存的柱础或础坑情况。

东廊房后壁柱础　该后壁残存有三块础石及相应的两个木柱壁槽（T15内），础石编号自西向东分别为B6~B8。其中B6和B7础石上部尚残存有少量壁槽遗迹，B8础石上部因台基夯土边壁被破坏已不见壁槽。三块础石也均为暗础，平面均略为方形，皆为红沙石，石面粉蚀剥落严重。其西边缘分别距坡道东壁包砖内侧的夯土边壁0、2.9和5.2米，础石之间中心点间距也为2.65米。

B6础石和壁槽，紧贴坡道东北角的夯土边壁设置（图版一一，2），础石较大，南北长1.02、东西宽0.9、厚0.32米。础石表面除中间和外侧部分外露，靠后壁部分被夯土叠压。础石上残存有部分壁槽，残高0.5米。壁槽内填土为红烧土、黑灰土和木炭屑等。

B7础石和壁槽均较小，础石表面全部暴露在外，东西长0.42、南北宽0.35、厚0.1米。础石上的壁槽遗迹残存较浅，最高仅0.1米。

B8础石较大（图版一二，1），东西长0.97、南北宽0.94、厚0.24米。础石表面靠边缘处，刻有一“十”字符号（图版一二，2）。

这三块础石同西廊房一样，也是按照一大一小间隔有规律排列，B7为小型础石，B6和B8则是大型础石。它们与A6~A12前檐柱础一起，构成了第一层平台上较小开间的东廊房间架柱网，面阔均为2.65、进深1.9~2米（柱础或础坑之间中心点平均间距）。同时B6和B8两个大型础石，在正南面还分别与第二层平台后壁C4和C5大型础石相对照，可以构成第二层平台东侧较大开间的殿堂间架柱网，面阔和进深与第二层平台西侧相同。

东廊房前檐柱础　在东廊房北侧的前檐台基包砖位置内侧（T19、T20和T37内），即残存的河卵石散水南边，经过与廊房后壁上残存础石位置南北相对应，并按照其间距规律继续向东清理，也发现8个前檐柱洞或柱础遗迹。它们皆位于高台北侧第二层殿堂后壁以北10~10.1米处东西一线，编号自西向东分别为A6~A13。其柱洞中心点分别距坡道东壁夯土壁面0.33、3、5.65、8.3、11、13.7、16.4和19.1米，柱洞或柱础中心点间距皆为2.65~2.7米。A6~A8柱洞还分别与第一层廊房后壁上B6~B8础石南北对应，南北间距约为2~2.05米（以中心点测量）。

A6~A9柱洞保存较好，仅清理了柱洞口部，下面较深的础槽未做清理，但探明了残存深度和柱础情况。柱洞平面皆呈圆形，直径一般为0.17~0.22米，仅A6直径0.26米，深距现存地面0.47~0.55米。柱洞底部均见有砖、石柱础，其中A6为砖块，其余皆为红沙石块。柱坑内填土颜色、质地和结构与西廊房A1~A5柱础类似。

A10~A13柱础由于原来的地表被破坏较深，柱洞痕迹已不存，现仅残存础石或放置础石的坑槽。其中A10础槽平面方形，边长0.5、深0.15米，槽底放置一块半截砖，东西长0.25、南北宽0.22、厚0.11米；A11础槽平面也方形，边长0.55、深0.3米，槽底平放一块方形红沙础石，东西长0.39、南北宽0.36、厚0.1米；A12仅存础槽，边长0.5、深0.05米；A13础槽北壁被一座现代墓破坏，残存平面略呈长方形，东西长0.69、南北宽0.46、深0.15米，槽底平放一块长方形红沙础石，东西长0.44、南北宽0.34、厚0.15米。坑槽内均填红褐色土，夹杂有夯土碎块，质地松散。

由东廊房残存的柱洞和础槽分布情况来看，在A6~A13之间一共有8个立柱，而如果和高台东侧第一层平台发现的前檐柱础A15~A19南北对应，在A13的东面约2米处则还应该有一个柱洞A14与之对照，但由于地势较浅该柱洞已无存。按照这些柱洞和柱础位置复原（见图20），东廊房完整的建筑开间应该为8间，除最外侧一间可能面阔略窄约2米左右外，其余面阔均为2.65~2.7、进深约2米。

（4）河卵石散水　分别位于第一层平台中间坡道东、西两侧廊房的前檐包砖外侧（T17~T20内）。散水全部用直径0.06~0.14米大小的河卵石砌筑而成，一般大头朝上，小头向下，两边分别砌筑有大长方砖作为拦边。该河卵石铺砌的散水表面，略低于南侧的廊房建筑残存地面0.1米左右。在清理时，河卵石表面还出土有少量剪轮五铢铜钱、铁甲片和长铁钉等。

西廊房北面的河卵石散水遗迹保存相对较好，东西残长12.3、南北宽1.2米。河卵石南边紧贴廊房北侧的前檐台基包砖铺砌，北边则另外埋入地下一排侧立大长方砖作为河卵石拦边（见图版八，2；图版一三，1）。在这排拦边砖北侧约0.1米处，还并排砌筑有另外两条侧立大长方砖，间距为0.18~0.27米，恰似一条排水沟槽遗迹，但槽底未见铺砖。这段河卵石散水的东端，即靠近坡道西壁包砖处，又向北侧转折突出一段（图版一三，2）。突出部分南北长1.8、东西宽1.3米，其东边紧贴坡道西壁，西边也有一条拦边侧立砖，拦边砖再向西0.56米处，也有两排埋入地下的侧立砖组成的排水沟槽。

东廊房北面的河卵石散水，铺砌方法和形制结构与西廊房北侧完全相同，两边对称分布。但这段散水遗迹较西侧保存较差，铺砌的河卵石遗迹虽然断断续续保存长度达到17米，但北侧的拦边侧立砖仅保存一小段，南边的廊房前檐台基包砖则完全不存（见图版一〇，1；见图版一一，1）。

（5）门亭建筑遗迹　在高台北侧第一层平台中间坡道以北3.2~4.4米处（T24内），还清理发现三个小型柱础或础坑遗迹（图版一四，1），它们分别位于高台北侧向北凸出的地基夯土北边缘处东西两端。

其中东面两个柱础在一条南北直线上，南面正对坡道的东侧边壁包砖，二柱槽中心点间距0.8米。南面柱础编号为北2，础坑平面呈不规则长方形，南北长1、东西宽0.55、深0.4米。坑底平置一方形红沙础石，边长0.34、厚0.09~0.13米。础石表面平整，上面还残存有立置的砖石和碎瓦片等，显然为稳固木柱所为，础石底部凸凹不平。础石中心点分别距离地基夯土北边缘0.65、东边缘1.5米，距离南面的第二层平台后壁（正对C4柱础位置）15米。北面柱础编号为北3，正处在向北凸出的地基夯土北边缘位置处，南距北2柱础0.8米（中心点间距）。础坑平面略呈长方形，东西长0.6、南北宽0.5、深0.5米。坑底平放一块席纹砖块，残长0.3、宽0.22、厚0.11米。

西面只发现一个柱础，编号为北1（图版一四，2）。础坑北半部被扰乱坑破坏，仅残存南半部，东西宽0.7、深0.4米。坑槽底部平放一长方形红沙础石，南北长0.43、东西宽0.32、厚约0.09米，石面平整，底部不平。该础石南面也正对坡道的西侧边壁包砖，其中心点分别距离地基夯土北边缘0.55、西边缘1.25米，距离南面的第二层平台后壁（正对C3柱础）15.1米，东面与北2础石正处在同一条东西直线上，础石中心点间距4.85米。由于北1柱础北面的地基夯土北边缘处被扰乱破坏，这里原来是否还有一个柱础与东面的北3柱础相对已不清楚。

根据这些柱础所处位置、柱础形制结构和排列顺序，再结合高台基址的东、西两面相同距离和位置处，也都发现有与此相类似排列而且布局更为完整的柱础或础坑遗迹等情况，它们极有可能属于灵台中心基址北侧坡道外的门亭建筑柱础遗迹。

2. 高台东侧第一层平台的建筑遗迹　该平台被后代耕种与取土扰乱破坏较为严重，其残存的夯土表面上除了个别区域还有较薄的第2层红褐色土堆积外，大部分区域都是直接被第1层耕土破坏与叠压。残存遗迹除了基址夯土和一些柱础或础坑外，还有一些晚期扰乱灰坑（T36和T37内）。其中建筑柱础或础坑的数量较多，大大小小的柱础或础坑约有23个，而且关系比较复杂，由它们的排列位置与打破叠压关系等来判断，应分属于早晚两个时期的建筑柱网。

（1）廊房和门亭柱网　在高台东侧第一层平台发现的早期建筑柱础或础坑大约有11个，皆为小型柱础，一般底部大都还残存有一块红沙础石或砖块。由这些柱础的规格特征、所处位置、排列间距和相互关系等来看，它们与高台北侧和西侧相同位置发现的廊房建筑的前檐柱础和坡道外侧的门亭柱础相一致，显然应为同一时期的同类建筑遗迹。这11个柱础根据位置即可分为廊房前檐柱础和门亭柱础两部分。

廊房前檐柱础　在高台东侧第二层平台的殿堂后壁以东10.1米处南北一线（T36内），共发现第一层平台廊房的前檐柱础5个，自北向南分别编号为A15~A19。其中A15和A16础坑底部均还残存有一块红沙础石，石质极差；A18和A19础石虽已不存，但坑槽尚保存完整；A17柱础位置处则被晚期的H9扰乱破坏。

A15柱础中心点分别距离地基夯土北边缘13.5、东边缘5.75米。础槽平面方形，南北长0.46、东西宽0.44、深0.25米。槽内填红褐色夯土，较为纯净，略微坚硬。槽底平置一块方形红沙础石，南北长0.39、东西宽0.36、厚0.1米。

A16柱础位于A15之南，其中心点东距地基夯土东边缘5.65米，西距第二层平台殿堂后壁（正对C7柱础）10.1米。础槽平面长方形，东西长0.6、南北宽0.5、深0.1米。槽内填红褐色土，较杂乱，含有夯土块等，略微坚硬。槽底平置一块方形红沙础石，其石块已风化成粉碎状，边长约0.4、厚约0.1米。

A17柱础位置处恰好被晚期灰坑H9占用破坏。该灰坑位于A16柱础之南2.2~3.35米处，其中心点东距地基夯土东边缘5.75米，西距第二层殿堂后壁10.1米。灰坑南北长1.1、东西宽0.5、深0.65米。坑内填红褐色虚土，较纯净，夹杂有碎瓦片等。该灰坑内虽然未见柱础或础槽遗迹，但坑的大小、位置和间距均与A17柱础应处的位置相吻合，极有可能就是晚期挖取柱础石时形成的破坏坑。

A18柱础位于破坏A17柱础的H9之南1.6米处，其中心点东距地基夯土东边缘5.8米，西距第二层殿堂后壁（正对C8壁槽）10.05米，东北角还被晚期灰坑H10打破。础槽平面方形，坑壁边长0.42、深0.17米。槽内填红褐色土，较纯净，表面略为坚硬，似经过夯打，下部则较为松软。槽底为坚硬夯土，未见础石。

A19柱础位于A18之南，其中心点东距地基夯土东边缘5.7米，西距第二层殿堂后壁（正对C9壁槽）10.05米，东侧被晚期柱础坑W1打破。础槽残存平面长方形，南北长0.37、东西残宽0.33、深0.15米。槽内填红褐色土，较纯净。槽底为夯土，未见础石。

这5个柱础或础槽中心点之间的距离，除了A18和A19是在第一层平台正中坡道所在位置处的南北包砖壁两侧，间距为5.2米以外，其余柱础之间均为2.65~2.7米。它们无论是础槽大小、构建方法、柱础材料、所处位置和排列间距，均与高台北侧第一层廊房建筑外侧残存的前檐柱础相类同。

门亭建筑柱础　一共发现三个，分别位于高台东侧第一层平台正中坡道位置处以东的南北两侧（T36内）。坡道南侧第一层廊房前檐柱础A19正东3.65米和5.1米处（柱础中心点间距），各残存一个柱础，编号分别为东3和东1。坡道北侧第一层廊房前檐柱础A18正东5.15米处（柱础中心点间距），也残存有一个柱础，编号为东2。其中南面的东1柱础和北面的东2柱础皆位于地基夯土的最东端边缘处，底部均残存有红沙础石，在同一条直线上南北相对，柱础中心点间距4.9米。这两个础石中心点均距离西面的第二层殿堂后壁约15.1米。这些情况同北侧门亭北1和北3柱础所处的位置和间距几乎完全相同，它们应为灵台中心基址东侧坡道外的门亭建筑柱网遗迹。下面详细介绍残存的柱础或础槽遗迹。

东1柱础位于地基夯土东边缘内0.55米处，东壁被晚期柱坑W5打破。础槽平面略呈方形，东西残长0.35、南北宽0.4、深0.15米。槽内填红褐色夯土，较纯净，质地坚硬。槽底平放一长方形红沙础石，东西长0.33、南北宽0.23、厚0.1米。

东2柱础位于东1柱础正北，地基夯土东边缘内0.5米处，东部被晚期柱础坑W6打破。础槽平面呈长方形，南北长0.45、东西残宽0.3、深0.16米。槽内填红褐色夯土，较纯净，质地坚硬。槽底斜放一长方形红沙础石，南北长0.4、东西宽0.26、厚0.1米。

东3柱础位于东1柱础正西，地基夯土东边缘内1.8~2.4米处，南部被晚期灰坑H4打破。柱础已被扰乱无存，残存坑槽平面为不规则长方形，东西长0.65、南北残宽0.5、深0.5米。槽内填红褐色土，较纯净，坚硬。

依据上述几个柱础的排列位置和间距情况，在东3柱础正北和东2柱础正西交叉处，也应该有一个此类柱础与南面的东3柱础南北相对应，但此位置处正好被一个近代扰乱坑破坏。扰乱坑南北长2、东西宽0.5~0.8、深0.6米，除破坏了柱础的位置以外，还打破了晚期灰坑H5的东壁。

此外，在上述这个扰乱坑和A18柱础之间、东3和A19柱础之间，基址的残存夯土表面保存较低。按照在高台西侧相同位置发现数量较完整的同类门亭柱础或础槽的分布排列情况，这两个位置也都应该还各有1个柱础。但根据附近区域有础石的东1和东2础槽残存深度仅0.15米的状况，其础槽遗迹可能已被完全破坏踪迹无存。

（2）晚期建筑柱网和灰坑　在高台东侧第一层平台中部坡道和廊房建筑的东面基址夯土上（T36和T37内），还发现2组平面布局规整、排列整齐有序的晚期建筑柱网遗迹和一些晚期灰坑。这些晚期建筑柱坑和灰坑往往打破早期廊房和门亭建筑的柱础或础槽，时代明显要晚于高台东侧第一层平台上的廊房建筑和门亭遗迹。其中，该晚期建筑柱网可能是汉晋时期的灵台废弃以后，该高台建筑被改作他用而在周围又修建的房基或其他遗迹，时代大约在魏晋之后的北魏时期。灰坑的时代可能更晚，当是该高台建筑基址完全废弃以后的扰乱破坏遗迹，时代在北朝时期以后。

南面一组建筑柱网　该组柱网共发现柱坑8个（T36内），分东西两排每排四个有规律的对应排列，似为一组房基建筑的柱坑遗迹。该柱网均是由一些较大的柱坑组成，柱坑中间往往有柱洞，但柱洞底部均不见础石，柱子似直接放置在夯土上。西面一排柱坑自南而北编号W1~W4，柱坑中心点间距分别为4.7、4.2、4.2米；东面一排柱坑自南而北编号W5~W8，柱坑中心点间距与西面一排完全相同。东西两排柱坑中心点间距皆为4.7米。其中，W1和W2柱坑分别位于高台东侧第一层平台中间坡道位置处的南北两侧，早期廊房建筑A19和A18柱础的东面；W5和W6柱坑则分别位于该坡道位置以东的南北两侧，早期门亭建筑的东1和东2柱础东边缘处。下面分别介绍柱坑情况。

W1柱坑紧贴早期柱础A19东侧，东距地下夯土基址东边缘约4.4米。柱坑西侧打破A19柱础东壁，坑口南部则被晚期H4打破。柱坑平面略呈长方形，东西长1、南北宽0.8、深0.55米。柱坑中间有一平面略呈圆形的柱洞，直径0.33米。坑底部未见础石，似直接利用夯土底。填土为青褐色，较杂乱，柱洞内较为松软，柱洞周围则表面较为坚硬，似经过夯打，下部松软。填土中夹杂有大量的夯土块、少量的砖块瓦片和青蓝色墙皮灰渣粒等，其中有一块几何纹方砖残块。

W2柱坑位于早期柱础A18东面0.4米处，东距地下基址东边缘约4.3米，南面3.7米正对W1柱坑，坑口北部被晚期H10和H5打破。柱坑平面略呈方形，坑壁边长0.9、深1.1米。柱坑中间也有柱洞，平面为不规则圆形，直径0.35米。填土及结构与W1柱坑相同。

W3柱坑位于W2柱坑正北面2.9米处，东距地下基址东边缘4.1米，坑口北半部被晚期H6打破。柱坑平面为长方形，东西长1.13、南北宽1、深1.3米。柱洞痕迹不明，填土及结构与W1等柱坑相同。

W4柱坑位于W3柱坑正北面3.3米处，东距地下基址东边缘4.1米。柱坑四壁完整，平面为方形，边长1、深0.5米。柱坑西部中间有一方形柱洞，东西长0.46、南北宽0.44米。柱洞内填土松软，夹杂夯土块、河卵石子等，柱洞周围柱坑内填土则表面较为坚硬，经过夯打，土中夹杂有蓝色灰渣粒等物质。

W5柱坑位于W1柱坑正东3.9米处的地下基址东边缘上。柱坑西侧打破早期东1柱础槽东壁，坑口东半部则被晚期H1破坏。残存柱坑平面略为长方形，南北长1.03、东西残宽0.6、深0.9米。柱坑内柱洞痕迹不明，填土及结构与W1等柱坑相同。

W6柱坑位于W2柱坑正东3.7米处的地下基址东边缘上，南距W5柱坑边缘3.5米。该柱坑西侧打破早期东2柱础槽东壁，南部坑口则被晚期H2打破。柱坑平面略呈长方形，南北长1.25、东西宽1、深0.9米。柱坑内柱洞痕迹不明，填土及结构与W1等柱坑相同。但坑内东半部有一虚土坑，南北长0.78、东西宽0.45、深0.47米，夹杂有数块几何纹方砖残块，可能就是扰动木柱的破坏坑。

W7柱坑位于W3柱坑正东3.6米处的地下基址东边缘上，南距W6柱坑边缘2.7米，柱坑东半部坑口被晚期H3打破。整个柱坑平面略呈方形，边长1、深1米。柱坑中间有一平面圆形的柱洞，直径0.3米。填土及结构与W1等柱坑相同。

W8柱坑位于W4柱坑正东3.8米处的地下基址东边缘上，南距W7柱坑边缘3.3米。柱坑东部压于探方外未清理，现存平面略呈长方形，南北长0.8、东西残宽0.6、深0.5米。柱坑中间有一平面圆形的柱洞，直径0.3米。柱坑内填土及结构与W1等柱坑相同。

北面一组建筑柱网　仅发现南北向一排4个柱坑（T37内），而且柱坑皆较南面一组建筑柱网略小。柱坑内填土似经过略微夯打，既未见柱洞痕迹，底部也不见放置础石，柱网的性质不好确定。4个柱坑自南而北分别编号W9~W12，柱坑中心点间距分别为2、2.65、2.65米。下面分别介绍柱坑情况。

W12柱坑位于地下基址的东北角处，分别距离地下基址北、东边缘0.2米和2.6米。该柱坑平面略呈长方形，东西长0.72、南北宽0.53、深0.45米。坑内填土红褐色，夹杂夯土块，略经过夯打，较硬，不见包含物。

W11柱坑北距W12柱坑南壁约2.2米，东距地下基址东边缘2.8米。柱坑东南部被一座近代墓破坏，仅残存柱坑的西北角。

W10柱坑北距W11柱坑南壁约2米，东距地基夯土东边缘3.1米。柱坑边壁较为完整，平面略呈长方形，南北长0.68、东西宽0.53、深0.43米。坑内填土青褐色，夹杂夯土块等，经过夯打，较坚硬。遗物有绳纹面布纹里板瓦和筒瓦片、素面和几何纹方砖碎块等。

W9柱坑北距W10柱坑南壁1.4米，东距地基夯土东边缘3.1米。柱坑边壁完整，平面略呈方形，东西长0.64、南北宽0.6、深0.23米。填土与W12相同，也未见包含物。

灰坑　在高台东侧（T36内）共发现晚期灰坑或扰乱坑10个，编号分别为H1~H10。这些灰坑或扰乱坑均开口于第1层耕土层或第2层红褐色土层下，大都时代较晚，一般都要打破与这座高台建筑有关的早晚两个时期建筑遗迹，应为该高台建筑废弃以后的扰乱破坏坑。下面分别叙述。

H1　位于T36东南角，大部分被压于探方外。该灰坑打破地基夯土的东边缘和西侧的晚期柱坑W5，南北残长1.4、东西残宽0.6、深0.9米。坑内填土上部为青褐色，较杂乱，含有绳纹面布纹里碎瓦片等；下部为红黄色淤土，较纯净，松软。

H2　位于T36东壁南段，南距H1北边缘1.8米，大部分被压于探方外。该灰坑也打破地基夯土的东边缘和晚期柱坑W6的南壁，残存平面略呈长方形，南北残长1.8、东西残宽1、深0.2米。坑内填土红褐色，较松软，纯净。遗物有绳纹面布纹里筒瓦片和砖块。砖块有素面小长方砖1块、素面大长方砖3块、素面方砖6块和刻划棋盘状方格纹方砖1块等。

H3　位于T36东壁中段，南距H2的北边缘3.5米，大部分也被压于探方外。该灰坑也打破地基夯土的东边缘和晚期柱坑W7东部坑口，南北残长2.6、东西残宽0.75、深0.25米。填土青褐色，较杂乱，松软，夹杂有河卵石子、碎瓦片等。

H4　位于T36南壁中段，东距H1西边缘1.5米，大部分被压于探方外。该灰坑分别打破地基夯土、早期柱础A19、东3和晚期柱坑W1。残存平面略呈长方形，东西长3.9、南北残宽0.8、深0.9米。坑内填土较为复杂，上部为红褐色土，较杂乱，夹杂有大量残砖瓦片和白、蓝色墙皮碎块。瓦片有绳纹面布纹里板瓦277片、筒瓦68片、篮纹面板瓦1片等，砖块有素面大长方砖3块、素面方砖2块，还有河卵石子1块、残铁钉4枚等。下部填青褐色土，较纯净，夹杂有蓝色灰渣碎粒等，似经过夯打，而且分层，较为坚硬，包含物较少。

H5　位于T36中部偏南，晚期柱坑W2和W6之间北侧，东距地基夯土东边缘2.6米。该灰坑分别打破地基夯土、晚期柱坑W2和H10，但东部被一近代扰乱坑破坏。灰坑残存平面为长条状，东西残长2.5、南北宽1.3、深1.1米。坑内填土结构及遗物与H4相类似，填土也夹杂有白、蓝色墙皮碎块，遗物主要有绳纹面布纹里板瓦752片、筒瓦203片、云纹瓦当8块、素面大长方砖21块、素面方砖1块、席纹方砖8块等。

H6　位于T36中部偏北，晚期柱坑W3东北侧，东距地基夯土东边缘2.9米。该灰坑打破晚期柱坑W3的北半部坑口，平面呈不规则形，东西长2.3、南北宽0.5~1.4、深1米。填土红褐色，较杂乱，夹杂有少量残砖瓦片和白、蓝色墙皮碎块。遗物有绳纹面布纹里板瓦15片、筒瓦3片、素面方砖1块、几何纹方砖2块、河卵石子1块等。下部填土也经过夯打，较为坚硬。

H7　位于T36北部，H6东北侧0.7米处。灰坑打破地基夯土，平面略呈椭圆形，南北长1.1、东西宽0.6、深0.12米。填土红褐色，较为纯净，松软。遗物较少，有绳纹面布纹里板瓦1片、筒瓦3片等。

H8　位于T36中部偏东，H6东侧1.5、H3西侧0.75米处。灰坑平面呈长方形，南北长1.2、东西0.5、深0.3米。填土红褐色，较松散，杂乱，夹杂有夯土块和少量的河卵石子、蓝色灰渣粒等。遗物有绳纹面布纹里板瓦11片、筒瓦6片、素面方砖9块等。

H9　位于T36中部略偏西，早期柱础A16和A18之间。该灰坑位置处原来可能为早期柱础A17所在，但柱础位置已被该灰坑完全破坏。灰坑平面为长方形，南北长1.1、东西宽0.5、深0.65米。坑内填红褐色虚土，较纯净。遗物主要有绳纹面布纹里板瓦28片、筒瓦11片、陶片2

片、素面方砖2块、红烧土坯2块和河卵石子2个等。

H10　位于T36中部，东距地基夯土东边缘3.7米，西南角紧贴早期柱础A18，南部打破晚期柱坑W2的北侧坑口，东南部则被H5打破。灰坑平面略成方形，东西长1.9、南北宽1.8、深1.1米。填土青褐色，经过夯打，质地较为坚硬，夯层厚0.07~0.1米，夯窝为圆形平底，直径约0.07米，土中夹杂有碎瓦片和蓝色灰渣粒等。遗物有绳纹面布纹里板瓦8片、筒瓦15片、云纹瓦当3块等。

3. 高台西侧第一层平台的建筑遗迹　该平台同东侧一样，也被后代扰乱破坏较为严重。其残存的当时地面上建筑遗迹虽然较少（T31~T34内），但坡道位置处外侧的门亭建筑柱网却保存相对较为完整，还清理了一个廊房前檐柱础、两条散水外侧排水沟槽、部分路土面和3个晚期灰坑等遗迹。下面分别介绍。

（1）廊房和门亭柱网等遗迹　在高台西侧第一层平台残存的基址夯土上，也清理发现了10个小型柱础。经过对这些残存柱础位置进行测算对比，它们应该与高台北侧和东侧相同位置发现的廊房前檐柱础和门亭柱础为同一类遗迹。10个柱础中，仅最东面一个是高台西侧第一层平台廊房的前檐柱础，其余9个皆为西侧坡道外的门亭建筑柱础。

廊房前檐柱础　仅发现一个（T34内），编号A20。柱础中心点东距高台西侧第二层平台的殿堂后壁（正对C19柱础）9.95米，西距地基夯土西边缘5.3米。从位置来看，应为高台西侧第一层平台中间坡道位置处北侧的廊房前檐柱础。础槽平面为方形，东西长0.4、南北宽0.38、深0.07米。槽内填灰褐色土，底部平置一块残方砖，东西残长0.39、南北残宽0.3、厚0.055米。

门亭建筑柱础　共发现9个柱础槽（T32~T34内），分别位于高台西侧第一层平台正中坡道所在位置处以西的南北两侧。这部分门亭柱础槽相对于高台北面和东面发现的同类柱础槽，不仅数量最为完整，而且柱网的排列也较有规律，其门亭建筑柱间基本上是按照南北两侧对称的形式来布置的。

坡道位置南面的柱础有5个（图版一四，3）。其中4个柱础呈一排东西排列，东面正对第二层殿堂后壁C18柱础，自西向东分别编号西2、西3、西4和西5，其础槽中心点分别东距第二层殿堂后壁（正对C18柱础）15.75、15.15、13.55和11.65米。在这排柱础西3的正南面，还增设一个柱础编号西1，其与西3础槽中心点间距1.65米。

坡道位置北面的柱础有4个。其中3个为一排东西排列，东面正对第二层殿堂后壁C19柱础和第一层廊房前檐A20柱础，自西向东分别编号为西6、西7和西8，其础槽中心点分别东距第二层殿堂后壁（正对C19柱础）15.2、13.5和11.6米。在这排柱础西6正北面，也增设一个柱础编号西9，其与西6柱础中心点间距1.75米。北面增设的西9和南面增设的西1柱础，正好在一条直线上南北对应，二柱础中心点间距则为8.5米。

坡道位置处南北两面这9个柱础，除了南面一排最西端西2柱础以外，其余柱础正好可分成南、北面各4个分别南北相对，共组成这座门亭建筑的3排南北向柱间。其中南面的西5和北面的西8柱础南北相对，中心点间距5.1米，组成最内侧一排南北柱间，这排柱间与东面的廊房前檐A20柱础中心点间距约为1.75米；南面的西4和北面的西7柱础南北相对，中心点间距也为5.1米，组成中间一排南北柱间，它们与内侧一排柱础中心点间距也约为1.75米；南面的西3

和北面的西6柱础南北相对，中心点间距5.1米，加上西3南面增设的西1和西6北面增设的西9柱础，这4个柱础则组成了最外侧的一排南北柱间，它们与中间一排柱础中心点间距约为1.7米。

下面分别介绍柱础或础槽情况。

西1柱础已被扰乱破坏，现存坑槽平面略呈方形，南北长0.65、东西宽0.6、深0.33米。槽内填灰褐色土，较杂乱，夹杂碎绳纹面布纹里瓦片等。槽底未见础石或砖块。

西2柱础位于南面一排柱础最西端，其中心点西距地基夯土西边缘0.45米，东距组成门亭建筑最外侧一排南北向柱间的西3柱础0.6米。础槽南壁被一近代墓破坏，残存平面略呈长方形，东西长0.6、南北残宽0.42、深0.52米。槽内填灰褐色土，较杂乱，夹杂碎绳纹面布纹里瓦片和砖块等。础槽中间见一圆形柱洞，直径0.19、深0.1米，柱洞底部和周围铺垫有碎砖块。

西3柱础槽平面为不规则形，东西长0.8、南北宽0.7、深0.2米。础槽内填灰褐色土，较杂乱，夹杂有绳纹面布纹里瓦片和素面方砖块。槽底平放2块长方砖，整砖尺寸0.255×0.13×0.055米。

西4柱础槽平面呈不规则形，南北长0.8、东西宽0.62、深0.4米。槽内填黑灰色土，较杂乱，夹杂有碎瓦片、砖块等。槽底有一些碎砖块。

西5柱础坑槽较大，平面呈长方形，东西长1.24、南北宽0.5、深0.15米。槽内填灰褐色土，较杂乱，夹杂有碎瓦片、砖块和河卵石子等。槽底也平铺1块残方砖，残长0.38、残宽0.35、厚0.055米。

西6柱础槽平面呈长方形，东西长0.55、南北宽0.4、深0.4米。坑槽似被扰乱，内填灰褐色土，较杂乱，夹杂有绳纹面布纹里瓦片、砖块和河卵石子等。槽底有碎砖块与河卵石子。

西7柱础槽平面也为长方形，东西长0.65、南北宽0.35、深0.5米。填土黑灰色，质地疏松，较杂乱，夹杂有绳纹面布纹里瓦片、砖块和河卵石子等。槽底有碎砖块与河卵石子。

西8柱础槽南壁被破坏，残存坑槽略呈长方形，坑壁较为规整，东西长0.5、南北残宽0.37、深0.3米。槽内填灰褐色土，较为纯净。槽底未见础石或砖块。

西9柱础槽位于西6北面的地基夯土西边缘上，平面略呈长方形，东西长0.55、南北宽0.35、深0.4米。槽内填灰褐色土，较杂乱，夹杂有绳纹面布纹里瓦片、碎砖块和河卵石子等，似被扰乱过。槽底见有碎砖块与河卵石子。

沟槽（G1、G2） 在高台西侧第一层平台正中坡道位置处西端的南北两侧，还各发现一条南北向的沟槽遗迹。南面一条沟槽编号G1，位于T33内西5柱础的西南面（T33内），东距第二层殿堂后壁（正对C18柱础南面）约12米。探沟内沟槽为南北向，残长1.9、宽0.56、深0.15米。其北端起始于西5础槽南壁外侧0.1米处，南端被压在探沟南壁下。沟槽比较规整，底部较平。槽内填灰褐色土，较杂乱，夹杂有碎瓦片、砖块和河卵石子等。北面一条沟槽编号G2，位于T34内西8柱础的西北面（T34内），东距第二层殿堂后壁（正对C19柱础北面）也为12米。沟槽南段为南北向，其南端起始于西8柱础西侧北面约0.1米处，北端至探沟北壁下向东转折。其中南北向一段沟槽残长1.35、东西宽0.3、深0.2米；向东转折一段仅长0.6、残宽0.2米。该转折处还残存有一块侧立砌砖，为素面大长方砖，残长0.25、宽0.22、厚0.11米。该沟槽内填土和包含物与G1相同。

从这两条沟槽残存遗迹现象观察，它们所在的位置、距离、沟槽走向以及南北对称分布的形制，均与高台北侧坡道北端东西两侧散水端头发现的砌砖排水沟槽相类似，应属于同一时期的同类建筑遗迹。

地面路土　在高台西侧基址夯土表面和西边缘外侧，还清理发现了一部分当时的路土地面遗迹（T31和T32内）。路土位于耕土层和第2层红褐色土层下，距地表深0.35~0.4、厚约0.1米。土呈灰褐色，较为坚硬，夹杂有绳纹面布纹里碎瓦片和砖块等。由于被扰乱破坏较为严重，这些路土地面断断续续成几片分布。其中覆盖在基址夯土上的路土较薄，在基址夯土边缘外侧的路土则略厚。其中在T31北部的基址西边缘夯土表面发现一片，在T32内的基址夯土西边缘外侧发现了三片，这些路土地面原来系一整片，但是分别被晚期的H13和一个近代墓隔开成三片。

（2）晚期灰坑　在高台西侧第一层平台基址夯土西边缘处，还清理发现3个晚期灰坑或扰乱坑（T31和T32内），编号分别为H11~H13。

H11　位于T31南部，开口于第2层下，紧贴基址夯土西边缘外侧。灰坑平面呈不规则形，南北长0.8~1.5、东西宽0.95、深0.33米。坑底较平，坑内填土灰褐色，质地松软，夹杂大量绳纹面布纹里瓦片和碎砖块。

H12　位于T31北部，基址夯土西边缘内侧，也开口于第2层下，底部打破地基夯土。灰坑平面也为不规则形，南北长0.5~1.85、东西宽1.2、深0.95米。填土与H11相同，但砖块与瓦片堆积数量较大。

H13　位于T32南部探沟西壁下，东距地基夯土西边缘0.3~0.4米。灰坑开口于第2层下，打破路土地面。残存平面略呈不规则长条形，南北长3、东西残宽0.8~1、深0.2~0.65米。坑底不平，为南深北浅。填土也同H11相同，包含物主要为大量绳纹面布纹里瓦片、碎砖块和河卵石子等。

由打破叠压关系来看，这些灰坑时代可能与高台东侧清理的灰坑大致相同，也为该高台建筑基址废弃以后的扰乱破坏遗迹，具体时代应在北朝时期以后。

（四）第二层建筑遗迹

灵台中心主体建筑四面的第二层平台位于中间方形高台的周边四面，第一层平台上廊房建筑的内侧。其残存的夯土台面高于第一层平台的夯土台面（以铺砖底面为准）1.86米，平台上修建有围绕中间方形高台的殿堂建筑。其中高台北面第二层平台上的殿堂遗迹保存相对较好，残存有部分后壁墙面、铺砖地面和开间柱网等；东、南、西三面由于高台夯土被破坏严重，遗迹保存较少，但仍可少量获得与北侧殿堂建筑柱网布局相对应的柱础等遗迹。由残存的建筑柱网分布情况来看，这层平台上的殿堂面阔和进深开间皆较为宽敞，而且殿堂之间也不见隔墙，其四面殿堂极有可能也是环绕中间方形高台的通敞式殿堂建筑。下面分别介绍。

1. 高台北侧第二层平台上的建筑遗迹　该平台残存的夯土台面范围相对较大，东西残长24.8、南北残宽3.3~5.5米。台面上现残存有5间殿堂建筑的部分南壁墙面、四个后壁柱槽和相对应的三块础石以及部分铺砖地面等遗迹（图版一五）。

后壁墙面　即殿堂建筑的南壁墙面，系利用高台的中间方形夯土台北侧边壁修铲加工而成。该夯土墙壁东西断断续续残长24.8、最大残高2.4米。由残存墙壁断面观察，其大致结构如下：最内侧为夯土壁面；外侧抹墁有多层草拌泥墙皮，最多可达4层，泥皮较厚，每层厚

0.01~0.04米，在局部墙基还用竖立瓦片黏和泥片贴补夯土壁面（图版一六）；草拌泥皮的外侧还抹有灰膏之类的外侧墙皮，较薄而且平整光滑，墙皮表面还发现有涂粉的痕迹，由于现存壁面已被火烤烧过，残存的外侧涂粉墙皮或已剥落、或被火烧成砖红色或焦黑色，原来墙皮被涂何种颜色已不清楚。在C2和C3壁槽之间后壁墙面上，还发现有5枚铁钉钉入到夯土壁面中，分上下两行排列，上面三枚，下面两枚，上下间距0.4、东西间距1.03米，用来加固墙皮与夯土壁面的结合。

后壁柱槽及础石　在残存的南壁墙面上，共发现殿堂建筑后壁的四个木柱壁槽及残存的相应三块础石。四个木柱壁槽自西向东分别编号为C2~C5，其中C2、C3和C5壁槽保存较好，底部皆残存有红沙础石；C4壁槽被破坏严重，底部础石也已不存。残存的3块础石表面皆略低于殿堂内铺地砖的底面，显然都是暗础。础石表面除了中间立柱位置处外露，其余部分皆被叠压在夯土中。由础石外露部分观察，三块础石个体均较大，平面约为方形，长宽皆在1米左右，厚0.25~0.28米。壁槽系在础石上面的夯土墙壁上掏挖而成，槽内立柱已被火烧毁，现仅残存有一些木炭屑或灰烬，柱槽周围壁面上还残存有一些土坯块和砖瓦块。上述现象说明，在夯筑台基夯土时，是按照建筑平台上殿堂建筑的开间大小来预先放置础石，然后夯打。立柱时则在预先放置有础石的夯土壁面上先开挖出壁槽，木柱在础石上竖立以后，在槽内填塞或砌筑砖块、瓦片和黄土以稳固立柱。

C2础石上的木柱壁槽残高1.18米；上部被破坏，宽0.85米；底部宽0.6米；进深0.47米（图版一七，1）。壁槽底部残存有两个东西并列的柱状木炭痕迹，西面圆形，东面为八角状，直径均为0.22米。槽内填积大量红烧土块、几何纹方砖碎块、小长方砖和瓦片等。

C3壁槽保存较好，残高2.1米；上部稍残，宽0.52米；下部宽0.33米；进深0.33米（图版一七，2）。槽内木柱已烧成木炭灰屑，填土中夹杂大量夯土块和铁钉等。

C4壁槽被破坏较为严重，扰乱坑自残存的夯土壁面上部直至础石位置底部，原来的壁槽遗迹和础石皆已无存，仅在扰乱坑底部见有一块破碎的红沙石块。夯土壁面残高2米；扰乱坑上部宽1.9、下部宽1.4米；进深0.7米（图版一八，1）。

C5壁槽保存较好，残高1.2米；上部被破坏，宽0.52、进深0.5米；下部宽0.32、进深0.3米（图版一八，2）。槽内木柱已被烧成木炭灰屑，填土为夹杂有大量烧土块的红烧土和焦黑土。遗物有4枚大铁钉和许多小铁钉，大铁钉有较大的圆钉帽，钉身为方棱体，残长0.4米，方棱体直径约0.014米。

在上述四个柱槽东西两侧，南墙壁面和地面铺砖仍继续分别向东和向西延伸，表明在C2础石西侧和C5础石东侧相等间距还应该各有一个柱础C1和C6，分别位于中间方形夯土台的角上，这两个柱础向南分别正对高台西侧和东侧第二层平台殿堂的后壁柱网。这6个柱础（C1和C6的位置是以高台东西两侧第二层平台殿堂的后壁为准复原）中心点之间的平均间距皆为5.3~5.4米，整个后壁墙面的复原总长度为26.6~26.7米。

铺砖地面　主要位于第二层平台靠近后壁的南半部，残存铺砖主要有6大片。铺地砖皆为深灰色素面小长方砖，质量坚硬，规格为0.26×0.13×0.05米。在一些砖面上，有方形戳印，印痕均为0.028米见方，由于笔道较浅，字迹辨认不清。铺地砖皆为斜向“人”字形平铺，在后壁墙脚处裁出角砖铺砌补齐，砖面还被上面的墙皮叠压。铺砖的底部还普遍发现一层黄白色细沙土，显然是作为铺地砖的衬垫层铺垫在台基夯土的表面。

第1片铺地砖，位于C2柱础以西与复原的C1柱础以东，南边紧贴后壁墙脚铺砌。东西长2.5、南北宽1.2米。共有铺地砖64块，有10多块砖面上有方形戳印痕。

第2片铺地砖，位于C2和C3柱础之间，范围较大，残存平面略呈三角形，南边紧贴后壁铺砌（图版一九，1）。南北长3.4、东西宽1.2~3.3米。共有铺地砖112块。

第3片铺地砖，位于C3和C4柱础之间，紧贴后壁铺砌。南北长1.7、东西宽1.3米。共有铺地砖33块。

第4片铺地砖，位于C3和C4柱础之间第三片铺地砖的北面，南距后壁1.9米处。东西长1.1、南北宽1米。共有铺地砖15块。

第5片铺地砖，位于C4和C5柱础之间，南边紧贴后壁墙角铺砌。南北长2、东西宽1.5米。共有铺地砖40块。

第6片铺地砖，位于C5柱础的正北面，南边紧贴后壁和C5柱槽铺砌，C5础石也被铺地砖叠压（图版一九，2）。南北长1.8、东西宽1.1米。共有铺地砖44块。该铺地砖正位于C5础石的北面，正系殿堂的进深柱间直线上，铺地砖面上未见任何殿堂柱间隔断或砌砖隔墙痕迹，这些殿堂之间显然没有隔墙。

北侧殿堂的开间布置　由高台北侧第二层平台上后壁墙面的复原长度、部分后壁和前檐柱础构成的建筑柱网遗迹，可以获得该平台上殿堂建筑的开间布置大致情况。后壁墙面复原长度约为26.65米，完整的后壁柱础一共应有6个，它们组成了北侧第二层平台上殿堂建筑的后壁柱网，础石中心点间距皆为5.3~5.4米。该平台东西两侧的夯土台基均已被破坏，两侧的相关殿堂柱础遗迹也已无法寻找。至于平台北侧，虽然北面约有1/3的夯土台面已被破坏，但在其平台的北侧台基边壁下，还残存有一排柱础B1~B8（也即第一层平台的后壁柱础）。这排有规律大小间隔排列的柱础中的大型础石（B1、B3、B5、B6和B8）间距也为5.3~5.4米，且分别正对后壁的C1~C5柱础，它们也有可能还是第二层平台上殿堂建筑的前檐柱础，和后壁柱础中心点间距7.95~8米。

由这些残存或复原的前檐和后壁间架柱网分布来看，高台北侧第二层平台上的殿堂建筑至少应该为7间。其中该平台上后壁C1至C6柱础之间以北为5间殿堂，面阔开间均为5.3~5.4米；其东、西两侧，即分别与高台东侧和西侧第二层平台最北端共用的转角处，还应该各有至少1间殿堂，面阔间距无法确定。这些殿堂的进深开间，由于平台外侧约有1/3的夯土台面已破坏，间距长达8米的前檐B圈柱础和后壁C圈柱础之间原来是否还有一排间架柱础？究竟是一间还是两间进深现已无法究明。如果存在这排柱础而形成两间进深，为使其四面殿堂的间架柱网符合对称建筑结构，其内侧1间的进深也极有可能同为5.3~5.4米，外侧一间的进深则可能为2.65米。

2. 高台东侧第二层平台的建筑遗迹　该平台残存有当时殿堂地面遗迹的夯土台面范围较小，仅在靠近该平台后壁（即西壁）墙脚位置处南北一线发现三处，同时在这几处地面遗迹靠近的后壁墙脚上均还发现少量墙皮遗迹（图版二〇）。此外，在这面平台后壁南北一线，还发现一块础石和4个残存础槽遗迹。

后壁柱槽及础石　在后壁发现的础石和础槽遗迹，自北而南分别编号C7~C11，柱础中心点间距皆为5.3~5.4米。由于C7础石北侧的后壁夯土墙面仍然继续向北延伸，该础石中心点距高台北侧第二层平台上殿堂南壁（也即殿堂后壁最东侧复原的C6柱础位置）正好也为5.4米。因此东侧第二层平台殿堂的后壁墙面也为6个柱础（即复原的C6和C7~C11），构成5间殿堂，后壁复原总长度约为26.7米。

C7础石和上面的壁槽保存较好，其壁槽在夯土后壁上开挖而成，残高1.1、宽0.55、进深0.6米（图版二一，1）。壁槽内木柱已被烧毁，内填烧土和木炭灰屑，还出土1件长铁钉，槽内西南壁面用长方砖砌筑以稳固立柱，砌砖厚约0.27米。壁槽下压的础石为红沙石质，方形，长宽各为1、厚0.27米，础石上面正中刻有“左□石”三字（图25；图版二一，2）。

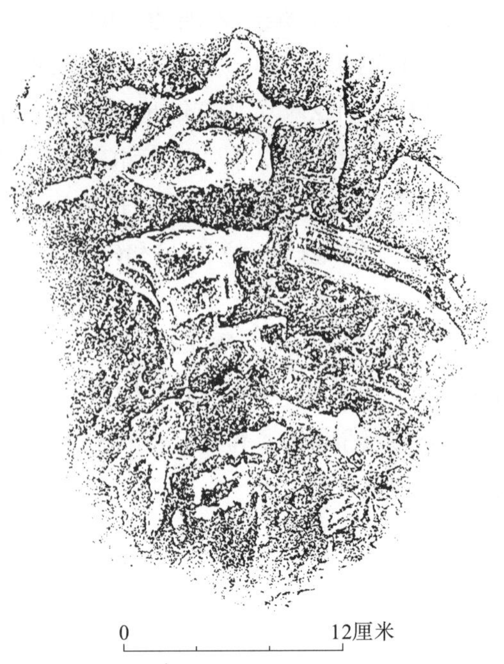

图25　灵台中心建筑C7础石刻划文字“左□石”拓本

C8础石和壁槽均已无存，仅存被挖取础石后的础槽西半部。础槽西壁长1.4、北壁残长1.2、南壁残长0.74、残深0.25米。

C9也仅存被挖取础石后的础槽西南角。础槽壁面整齐，底部平整，西壁残长1.5、南壁残长0.64、残深0.2米。

C10仅残存础槽西壁的少量遗迹，残深0.05米。

C11也仅存被挖取础石后的础槽西北角，该础槽应位于第二层殿堂内侧方形夯土台的东南角。础槽西壁和北壁均残长0.34、残深0.05米。础槽内发现有5块破碎的红沙石块，显然是础石被挖取后残留的碎块。

后壁墙面与铺砖地面　该侧平台殿堂的后壁墙面，系利用高台的中间方形夯土台东侧边壁修铲加工而成，残存较少，一共发现三处。在这些残存壁面的墙脚处，大都还少量残存有当时的铺砖地面。下面分别叙述。

第1处墙面位于C7柱础的南北两侧，南侧残长2.4、北侧残长0.6、残高约1米。壁面残留有平整的墙皮，表面呈灰色，里面为青蓝色，厚0.5~0.9厘米。这片墙壁外侧残存的铺砖地面，南北长3.8、东西宽1.3米。铺地砖大已不存，仅在墙脚处残留少量角砖和个别整砖，也系素面小长方砖斜向“人”字形铺砌，底部也衬垫一层黄白色细沙土。

第2处墙面位于C9和C10础槽之间，残长1.1、残高0.2米，墙皮遗迹与第1处墙面相同。在这处壁面墙脚下残存一片地面遗迹，南北长2、东西宽0.53米，已不见铺地砖，但残存有衬垫铺地砖的黄白色细沙土。

第3处墙面位于C10和C11础槽之间，残长1.08、残高0.3米。墙皮已脱落，仅在草拌泥墙面上残存有零星天蓝色。在这处墙面以东残存有两片地面遗迹，墙脚下一片南北长1、东西宽0.57米；靠东面一片南北长1.5、东西宽0.41米。两片地面均仅残存衬垫铺地砖的黄白色细沙土，厚0.01~0.02米，夹杂有烧土粒和天蓝色物质。

3. 高台南侧第二层平台的建筑遗迹　该平台残存的夯土台面东西残长16.5、南北残宽

1.5~3.04米。台面上现残存有四间殿堂的部分后壁（北壁）墙面、三个后壁础石和一个础槽以及部分铺砖地面等遗迹（图版二二，1）。此外还有一个晚期扰乱灰坑（H24）。

后壁墙面　即该侧平台殿堂的北壁墙面，系利用高台中间的方形夯土台南侧边壁修铲加工而成。该夯土墙壁东西残长16.7、最大残高1.2米，东段部分墙脚处仅残高约0.2米。夯土壁面的外侧抹有草拌泥墙皮，多已脱落，仅墙脚部分尚有残存，清理时可隐约看到泥壁上涂抹有朱红色。

后壁柱槽及础石　在该侧平台的殿堂后壁墙面上共发现四个柱础遗迹，自东而西分别编号C11~C14，柱础中心点间距也皆为5.3~5.4米。其中C11础槽位于中间方形夯土台的东南角，也即高台东侧第二层平台殿堂建筑后壁最南端的柱础。C12~C14础石及相应的夯土后壁上木柱壁槽则保存均较好，下面分别介绍。

C12础石上的木柱壁槽残高0.95、外侧宽0.32、内侧宽0.46、进深0.55米。槽壁被火烧成砖红色，槽内填满红烧土、焦黑土、红烧土块和木炭灰屑等。壁槽下的础石为红沙石，长宽均为0.97、厚0.26米，石面平整，表面呈剥蚀脱落状。础石表面大部分被覆盖一层黄白色细沙土，厚约0.08米，上面还残存有铺砌的角砖，显然础石为暗础。

C13础石上木柱壁槽残高1.1米，壁柱洞外窄内宽，外侧宽0.52、内侧宽0.55、进深0.5米。壁柱洞底部两侧砌筑有土坯与墙壁外侧相平，壁面均被火烧成砖红色。壁槽内填满红烧土渣、木炭灰屑等。础石也为红沙石，长宽均为0.94、厚0.29米，石面平整，四边经过修整。础石表面也铺垫有一层细沙土，残存有碎铺地砖。

C14础石上木柱壁槽残高1.5、底部外侧宽0.48、内侧宽0.62、进深0.52米。壁柱洞两侧壁面也用土坯砌平，被火烧成砖红色（图版二二，2）。壁槽内填满碎砖块、瓦片、红烧土和木炭灰屑等，其中有一块角砖，表面涂有朱红色。础石也是红沙石，长宽均为0.95、厚0.28米，结构与C13等相同。

由于C14西侧的后壁夯土墙面仍然继续向西延伸，其础石中心点西距高台西侧第二层平台殿堂东壁（也即殿堂后壁最南侧复原的C16柱础位置）为10.7米，其西侧按照间距5.3~5.4米还可以复原2个柱础，即C15和C16。由此来看，高台南侧第二层平台殿堂后壁墙面上也应该为6个柱础，并构成5间殿堂，后壁墙面复原总长度约为26.65米。

铺砖地面　残存的夯土台面上除存少量铺砖外，普遍发现一层衬垫铺砖的黄白色细沙土，上面铺砖印痕清晰，沙层厚约0.03~0.06米。残存的铺砖主要集中在复原的C11和C15柱础之间壁面墙脚处，其中有角砖49、整砖6块。砖的形制规格和铺砌方法与高台北侧第二层平台的铺地砖相同，也是斜向"人"字形平铺，在墙脚处用角砖铺砌补齐。由于墙壁表面原来曾经涂有朱红色，墙脚下多数角砖的砖面上也涂刷有朱红色。有些整砖上也有朱红色，在残存的铺砖衬垫土层表面也见有一片片的朱红色，铺地砖面上原来是否也普遍涂有朱红色无法确认。

晚期灰坑　在靠近C13和C14之间后壁处的夯土台面上，还清理1座晚期灰坑，编号H24。灰坑打破了残高1.2米的后壁墙面，底部挖至墙壁南侧的台面夯土上。灰坑口部似为不规则椭圆形，清理时已被破坏；底部略呈长条形，南北残长1.4、东西宽0.6~1、残深1.2米。坑内填黄褐色土，夹杂有大量的青石碎块。遗物主要有北魏时期的厚磨光面板瓦和筒瓦片、花头板瓦片，汉晋时期的绳纹面布纹里瓦片、几何纹方砖残块，还有少量近代的褐色瓷碗残片和河卵石块等。该灰坑为近代扰乱形成。

4. 高台西侧第二层平台上的建筑遗迹　该平台残存的殿堂夯土台面范围不是很大，南北残长15.2、东西残宽0.3~1.6米，但残存的建筑遗迹却比较复杂。在这面平台上除了残存有该侧殿堂的部分后壁（东壁）墙面、两个础石、一个础槽和少量铺砖地面外，在殿堂的内侧中间方形夯土台中还加辟两间内室，由北向南编号分别为S1和S2（图版二三、二四）。

殿堂后壁柱槽及础石　在该侧平台上的殿堂后壁（局部也为殿堂内侧的内室建筑S1和S2西墙）上发现的础石和础槽遗迹有三处，自南而北分别编号C17~C19（图版二五，1），中心点间距也皆为5.3~5.4米。由于C17础槽中心点还南距高台南侧第二层平台上的殿堂北壁（也即殿堂后壁最西侧复原的C16柱础位置）5.4米，C19础石则也北距高台北侧第二层平台上的殿堂南壁（也即殿堂后壁最西侧复原的C1柱础位置）10.7米，在C17之南还应该有一间殿堂（与C16之间），C19之北则还有两间殿堂（与C20和C1柱础之间），间距皆为5.3~5.4米。因此高台西侧第二层平台上殿堂的后壁墙面原来也为6个柱础（C16~C20和C1），也构成5间殿堂，后壁复原总长度约为26.75米。

C17础石和壁槽大已无存，仅残存部分础槽坑壁和几块破碎的红沙石块，础槽坑深约0.1米。

C18础石保存较好，为红沙石，方形，长宽均为1、厚0.27米。础石表面的北半部为高台西侧殿堂的东墙（即后壁，也为S2的西墙）叠压。

C19础石形状和大小厚薄规格与C18础石完全相同。础石表面北部和南部除了分别被高台西侧殿堂的东墙（也即S1西墙南端和S2西墙北端）叠压外，东部还被S1和S2之间的隔墙叠压。础石的中心位置也即三墙的交叉处石面外露，当为立柱的柱槽遗迹，柱槽东西长0.4、南北宽0.26、残深0.3米，内填有红烧土、碎瓦片等，但不见木炭灰烬。

殿堂后壁墙面与铺砖地面　殿堂的后墙（即东墙）也为殿堂内侧的内室S1和S2房舍西墙，系用红烧土、焦黑土掺杂黄土夯筑而成。残存的夯墙位于C18和C20之间，长7.4、残高0.05~0.46、墙宽0.24~0.28米。由于该墙体质量较差，壁面已无存任何墙皮。

在这段墙壁外侧的夯土台面上还零星发现两片铺地砖，一片位于C19础石南北两侧，部分铺砖还叠压在础石上面，南北长2.3、东西宽0.4米，有铺地砖约13块（图版二五，2）；另一片位于C18础石北面，主要为零星分布在墙脚处的角砖和个别整砖，南北断断续续长约2.6、东西宽0.32米，有铺地砖约12块。这些铺地砖的规格与高台其余三面第二层平台上殿堂内的相同，也为斜向"人"字形铺砌，底部衬垫有黄白色细沙土。

殿堂内侧的内室建筑（S1和S2）　位于高台西侧第二层平台上殿堂建筑的内侧（即东侧），系在中间方形夯土台的西侧加辟而成，之间由夯土墙隔成两间，北面一间编号为S1，南面一间编号为S2。

S1　位于该侧第二层平台殿堂后壁C19~C20和C20~C1柱础之间两间殿堂内侧的夯土台内，房室四面墙壁皆有残存。室内南北长10.25、东西宽2.3米（图版二六，1）。

东墙系利用中间方形台基的夯土修铲出壁面，残高0.5~1.5米。一般是直接在夯土壁面上抹墁细泥墙皮，墙皮厚约0.02米，局部较厚有贴补瓦片现象，泥皮外侧再涂抹白灰。墙壁中段有一段是在夯土壁面内又补砌砖壁，范围南北长约2、高0.52米，残存砌砖4层，皆为素面大长方砖，整砖规格0.46×0.23×0.12米，然后在砖壁外侧再抹墁细泥墙皮及涂抹白灰（图版二六，2）。据观察，细泥墙皮和白灰墙面均为多层，它们和补砌砖壁、贴补瓦片等现象皆表明东壁墙面曾经过多次修补。

北墙系利用了高台北侧第二层平台上殿堂建筑的后壁（南墙）西端部分，此墙由于被破坏严重，只存少量残基。东西残长1.2、宽0.24、残高0.15米。墙身用红烧土渣等杂土夯筑而成，内侧泥皮墙面上还零星残存有粉刷的白灰痕迹。

西墙即高台西侧第二层平台上殿堂建筑的东壁（即后壁）墙面，被破坏严重，仅存一小段。南北残长2.1~2.2、宽0.24、残高0.05~0.3米。也是用红烧土渣夹杂黄土夯筑而成，质量较差，已不见墙皮遗迹。

南墙也是S2的北墙，该墙保存较好，东西全长2.3、墙宽0.24、残高0.3~1.1米。墙身用土与北墙、西墙相同，但两侧墙面均残存有细泥墙皮和粉刷的白灰面。

房室内全部用方砖铺设地面，方砖有大小两种，大者边长0.48、小者边长0.44、厚均为0.06米。残存的铺地方砖主要在房间中部和南部（见图版二六，1），大约有60多块，多已破碎，南北残存14排，每排东西向平铺4块半，西边缘处还将方砖裁成条状填补空隙。按照房间的长度复原，南北共可铺设方砖21排。在南起第5排靠近东壁处，有一处铺地砖残存有两层，上层仅存1块残砖（见图版二六，2）。由东壁和南壁墙面残存的最外侧白灰面痕迹观察，其涂抹的白灰面下限比较整齐，均距下层铺砖表面约0.08米处不见白灰，即该白灰面下限正好与上层铺地砖面平齐。由此来看，S1房间内的铺地砖应该是2层。

在S1房基内的铺砖地面下，还发现两处早期柱槽遗迹，编号分别为Z8和Z9（图版二七，1）。它们显然是开辟这间内室之前中间方形夯土台基内的柱槽遗迹，这类柱槽在中间方形夯土台的其他各面夯土内也还有发现。

Z8　在南起第13排靠近东壁的第2块铺地方砖下，距南墙6.3、东墙0.35米。该方砖清理时已破碎且呈下陷状，砖面下柱槽坑壁平面呈方形，东西0.21、南北0.2米。槽内皆为木炭，清理至0.5米深露出未被火烧尽的立柱朽木屑，朽木截面略呈圆形，残存直径约0.15米，再清理至0.85米深处底部见夯土，未见础石。

Z9　位于Z8柱槽北侧0.7米处，距东墙0.15、南墙7.3米。柱槽也发现在一块铺地方砖下，距砖下地面0.15米深见坑壁，柱槽平面也为方形，口部0.4米见方，至0.2米深处缩小成0.3米见方。坑槽内也为烧成木炭的立柱，截面为圆形，直径0.2、残长0.57米，至0.72米深底部见夯土，也不见础石（图版二七，2）。

在S1房基内堆积的红烧土和扰乱土中，除了大量绳纹面布纹里筒瓦和板瓦片，还发现较多的草拌泥烧土块，一面压印有竹板条或植物秸秆的印痕，应为铺设房顶的泥背残块。此外在S1房基内，还清理出土少量陶器、铁器和一件铜镞，还有一枚西汉五铢和一枚货布钱币。

S2　位于该侧第二层平台上殿堂后壁C17~C18和C18~C19柱础之间的2间殿堂内侧夯土台内，即S1的南面。房室的东、北、西三面有墙，南端被破坏。室内南北长10.6、东西宽2.3米（图版二八）。

东墙也系利用中间方形台基的夯土削出墙壁，残高0.45~1.85米。也是在夯土壁面上略微抹墁一层细泥，使其平整，然后外侧再粉刷一层白灰，现残存的大部分墙面仅仅是一些白灰斑点痕迹。在部分墙面上发现有两层白灰皮重叠的痕迹，两层白灰之间还夹有薄薄一层黄土，显然是两次粉刷的痕迹。该墙壁的南端，部分墙壁被火烧成砖红色。

北墙与S1的南墙为同一堵墙，泥皮墙面上也残存有粉刷的白灰痕迹。

西墙与S1西墙连接，也即该侧第二层平台殿堂建筑的后壁墙面。南北残长5~5.2、宽0.26~0.28、残高0.38~0.46米。墙身夯土质量较差，内侧见有零星的白灰墙皮遗迹。

房室内的地面大致平整，普遍为一层搀和白灰的硬土地面。仅在C18础石南面2.1~3.3米处的房基西边缘处，发现三块将方砖裁成条砖的铺地砖，而且正与S1铺砖西边缘填补空隙的条状铺砖在一条直线上。参照S1房室内的铺砖和地面情况，该房室内的铺砖应该与S1基本一致。据解剖，在房室的硬地面下局部为厚约0.1米的红烧土或黑灰土；在最南端的硬地面下则是一薄层白土，下面还有一层涂有朱砂的硬面，而且不是零星现象，范围较大。这表明该房室的铺砖垫土有多层，房室至少经过两次以上修建。

在S2房室内距北墙2.5米处的东墙脚下，也发现一处下陷地面，下面也清理出一个早期柱槽，编号为Z7（图版二九）。坑槽位于下陷的硬地面下，口部为直径0.47米的圆形，坑内为红烧土或灰土。清理至0.3米深，露出0.23米见方的柱槽，槽壁距东墙0.15米，槽内填满夹杂木炭和白灰的黄土，深至0.93米底部见夯土，不见础石。

S2房基内的红烧土和扰乱土堆积中，夹杂有大量木炭、瓦片、砖块以及少量陶器碎片。木炭主要发现在接近房室地面处，而且以南部较多，伴随木炭还有许多铁钉，大小不等；瓦片均为绳纹面布纹里板瓦和筒瓦片；砖主要为素面方砖，数量较多，规格与S1的铺地方砖相同，显然应该是S2房间内的铺地砖。

（五）中间方形夯土台上的建筑遗迹

1. 夯土中的柱槽　在中间方形夯土台表面的清理过程中，还发现一些夯筑在夯土中的木柱槽遗迹。这类柱槽一共发现9个，编号分别为Z1~Z9，分布在中间方形夯土台的四周边缘（即高台四面第二层平台上殿堂建筑的后壁）内侧0.5~2.2米处。柱槽大多数为方形，壁面为夯土，较为平整，且被火烧烤成砖红色，底部无础石。槽内填土上部为红烧土或烧土坯碎块，下部则是大量的灰渣、灰烬。

Z1　位于中间方形夯土台北侧略偏东，北距高台北侧殿堂后壁1.85米（正对C5柱础），东距高台东侧殿堂后壁复原线5.3米。柱槽东西长0.36、南北宽0.3、深1.8米。

Z2　位于中间方形夯土台东部略偏北，东距高台东侧殿堂后壁1.9米，北距北侧殿堂后壁复原线4.3米。柱槽残存口部为八角圆形，直径0.19、槽深1.83米。

Z3　位于Z2柱槽南侧0.6米处，东距高台东侧殿堂后壁1.8米（正对C7柱础），北距北侧殿堂后壁复原线5.1米。柱槽东西长0.44、南北宽0.35、深1.95米。Z2和Z3柱槽距离较近，与高台西侧殿堂内侧S1室内铺砖地面下发现的Z8和Z9柱槽情况类似，也是一对双柱。

Z4　位于中间方形夯土台的东部，C8础槽西北部，东距高台东侧殿堂后壁复原线2米，北距北侧殿堂后壁复原线9.3米。柱槽南北长0.29、东西宽0.2、深2.3米未到底。

Z5　位于中间方形夯土台的东部略偏南，东距高台东侧殿堂后壁复原线1.8米（正对C10础槽），北距南侧殿堂后壁5.2米。柱槽南北长0.3、东西宽0.2、深2.1米。

Z6　位于中间方形夯土台的南部偏东C11和C12础槽之间，南距高台南侧殿堂后壁0.5米，东距东侧殿堂后壁复原线2.2米。柱槽东西长0.33、南北宽0.28、深2米。

Z7　位于中间方形夯土台的西侧S2房室的铺地方砖下，西距高台西侧殿堂的后壁（也即S2的西墙外侧）2.1米，北距高台北侧殿堂后壁13.5米。柱槽直径0.23米，在房室内地面下深0.93米（图版二九）。

Z8　位于中间方形夯土台的西侧略偏北，高台西侧殿堂内侧S1房室的铺地方砖下，西距高台西侧殿堂后壁（东墙）1.8米，北距高台北侧殿堂后壁3.9米。柱槽东西长0.21、南北宽0.2米，房室内地面下深0.85米（见图版二七，1）。

Z9　位于Z8柱槽北侧0.7米的铺砖下，西距高台西侧殿堂的后壁（东墙）2米，北距高台北侧殿堂后壁2.8米。柱槽约0.3米见方，房室内地面下深0.72米（见图版二七，2）。

这类柱槽数量较少，平面布置也无一定的顺序规律，而且夯土中的柱槽底部均不见础石，当不是建筑殿堂的承重立柱。但由于它们均出现在中间方形夯土台四面靠近边缘的相近位置处，而且每面都有残存，可能与中间方形夯土台上的立杆设施有关。

2. 晚期甬道和灰坑　在中间方形夯土台上还发现一些晚期建筑遗迹，主要有一处晚期使用的甬道和4个灰坑（H21~H23、H25）。

甬道　位于中间方形夯土台的东部和东北部。甬道整体为曲尺形，分为北、南两段（图26；图版三〇）。其中北段东西向，北壁距中间夯土台的北边缘（即高台北侧殿堂后壁）约5.6米；南段南北向，东壁距中间方形夯土台的东边缘（即高台西侧殿堂后壁）5.1米；方向基本与高台基址一致。甬道北段东西长6、残宽1.4~1.7、最深1.1米。底部有东低西高的2级台阶，台阶为坡状，每级长1.6~2、高差0.5~0.7米，西端通至台顶。甬道南段南北长18.3、宽1.8~1.9、最深2.3米。底部地面北高南低，最南端为一个似地下房舍的长方形灰坑遗迹（即

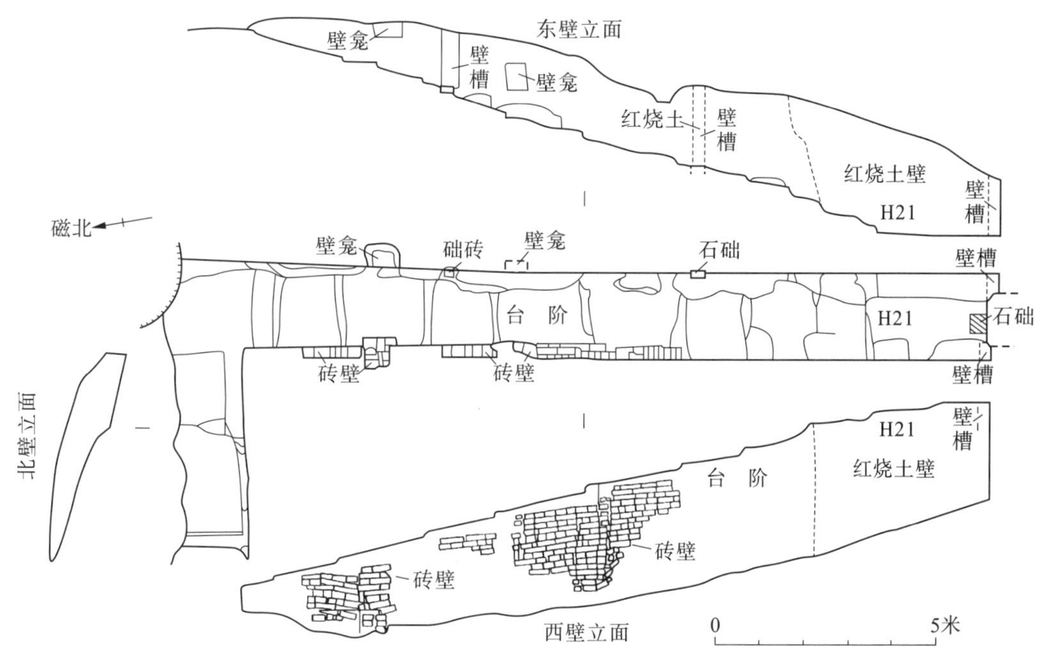

图26　灵台高台基址上晚期甬道平剖面图

H21. 灰坑

H21），北面则残存有坡状夯土台阶9级，每级长1.3~1.9米不等，高差0.4~0.5米。甬道壁面多为夯土壁，修铲的较为平整，部分被火烧成砖红色。西侧壁面局部还残存有用素面大长方砖砌筑的砖壁，整砖规格0.46×0.23×0.12米，主要有三片，似补砌形成，壁面不是很平整，局部砖壁向外凸出。在东侧壁面还存在2个壁槽痕迹，壁槽伸进墙壁较浅，显然壁柱是紧贴墙壁设置。北面一个壁槽位于北起第4级台阶的东壁上，距甬道北壁5.9米，壁槽残高1.4、宽0.4、进深0.1米，底部以半截砖为柱础，砖残长0.37、宽0.225、厚0.12米。南面壁槽位于北起第7级台阶的东壁上，距甬道北壁11.4米，壁槽进深极浅，壁面上留有木柱的烧烤痕，残高1.7、宽0.28米，底部础砖残长0.34、宽0.22、厚0.12米。这条甬道由于被后代改造或扰乱破坏的较为严重，是否与汉晋时期的灵台建筑有关已无法确定，但根据H21内的遗迹和遗物情况，至少在北朝时期就已存在，延续使用到唐代以后才逐渐废弃。

H21　位于甬道的最南端，南北长4.1米，东西宽同甬道。从清理的遗迹现象判断，H21当为这条甬道南端的一座长方形地下房舍遗迹。其东、西两侧壁面均被火烧成砖红色，西侧壁面内侧约0.2深，还发现另外一层质量较好的夯土壁面，显然这座地下房舍的壁面经过多次修补处理。南侧壁面残高1.3米左右，在东西两侧各有一个壁槽，东面壁槽宽0.39、进深0.3米；西面壁槽宽0.28米，进深0.1米。靠南壁中部墙脚下有一块方形础石，为青石，东西长0.4、南北宽0.36、厚0.1米。H21内填满了红烧土和黑灰土，夹杂有烧红的土坯块、泥皮碎片、夯土块和乱砖瓦片等。瓦片主要有汉晋时期的绳纹面布纹里瓦片、北魏时期的光面瓦片和花头板瓦片等，坑底还出土1枚“开元通宝”铜钱。这座地下房舍遗迹时代显然较晚，它应该是灵台建筑废弃以后在甬道中修建或改造的建筑遗迹，其修建或改建时代大致是在北朝，最晚使用时间至少可至唐代。

H22　位于中间方形夯土台的南部，东距夯土台东侧第二层殿堂后壁13.7米，西距夯土台西侧第二层殿堂后壁约11米。灰坑平面略呈椭圆形，东西长1.6、南北宽1.1、深0.6米。填黄褐色土，夹杂有砖块、光面瓦片、花头板瓦片、绳纹面瓦片以及陶器口沿、白瓷片、河卵石等。为唐宋时期以后形成。

H23　位于H22的南部略偏西2米处，南距夯土台南侧第二层殿堂后壁（正对C14柱础）1.5米。坑口平面略呈方形，南北长1.4、东西宽1.3、深0.9米。填黄褐色土，遗物有砖块、绳纹面筒瓦和板瓦片等。也为灵台建筑废弃后的扰乱遗迹，时代不明。

H25　位于H23西南部3米处，南距复原的夯土台南侧第二层殿堂后壁0.5米，西距复原的夯土台西侧第二层殿堂后壁5.9米。灰坑平面略呈长方形，方向303°，东西长1、南北宽0.6、深4.8米。坑内填黄褐色虚土，坑壁较直，南北壁面上残留有可以攀登上下的脚窝，脚窝皆为椭圆形，南壁6个，北壁5个。遗物除了砖块以外，主要为绳纹面布纹里板瓦和筒瓦，有个别似光面瓦，还有一件铁灯盏。有些绳纹面板、筒瓦片上也涂有朱砂，与高台南侧第二层平台上殿堂出土的建筑材料相同。此坑显然是灵台建筑废弃以后的晚期窖穴遗迹，时代不明。

四　高台基址上的晚期墓葬遗迹

在灵台中心高台基址夯土表面的清理过程中，还发现三座该高台建筑基址废弃以后的晚期墓葬。皆为小型土洞或土坑墓，编号M1~M3。

（一）**M1**　位于高台西侧第二层殿堂后壁（也即内室S2房基的西墙南段）C18柱础南侧，墓坑直接打破上述殿堂墙基和地面下的夯土。

1. 墓葬情况

墓葬仅存长方形墓穴，南宽北窄。南北长1.8~1.83、南端宽0.95、北端宽0.5、残深0.45~0.58米，墓向为磁北180°（图27；图版三一，1）。

坑内填疏松的黄土，夹带一些红烧土粒。墓坑内人骨架除头部外大部残存，葬式为仰身直肢，头南脚北。头部顶端放置一件黑釉瓷盂和一件豆青釉瓷盘，头部左侧放置一件带柄铜镜，左脚外侧放置一件小铁刀，身体右肋部还出土一枚铜棋子，其他小铜饰均出在盆骨附近。由出土的铜镜、铜棋子和瓷器等遗物来观察，此墓是一座宋墓。

2. 随葬器物

铜镜　1件（74HNLM1∶03），完整。镜面周边六出菱花形，最下端菱花接扁长柄。中心部分有一些不规则的小圆点，应是镜背面镶嵌物质脱落所致。镜通长15、菱花镜面宽8.4、厚0.4厘米（图28，1；图版三二，1）。

铜兽　2件。74HNLM1∶08，小型圆雕。雕刻一兽蹲坐，两耳竖起，脖下系铃铛。高2.2厘米（图28，2；图版三二，2）。

铜棋子　1枚（74HNLM1∶04）。圆形，两面均减地平刻一“卒”子。径2.7厘米（图28，3；图版三二，3、4）。

铜牌饰　1件（74HNLM1∶09）。长方形，中央刻一字，字不识，似为“寿”字。长1.3、宽1.05、厚0.2厘米（图28，4；图版三二，5）。

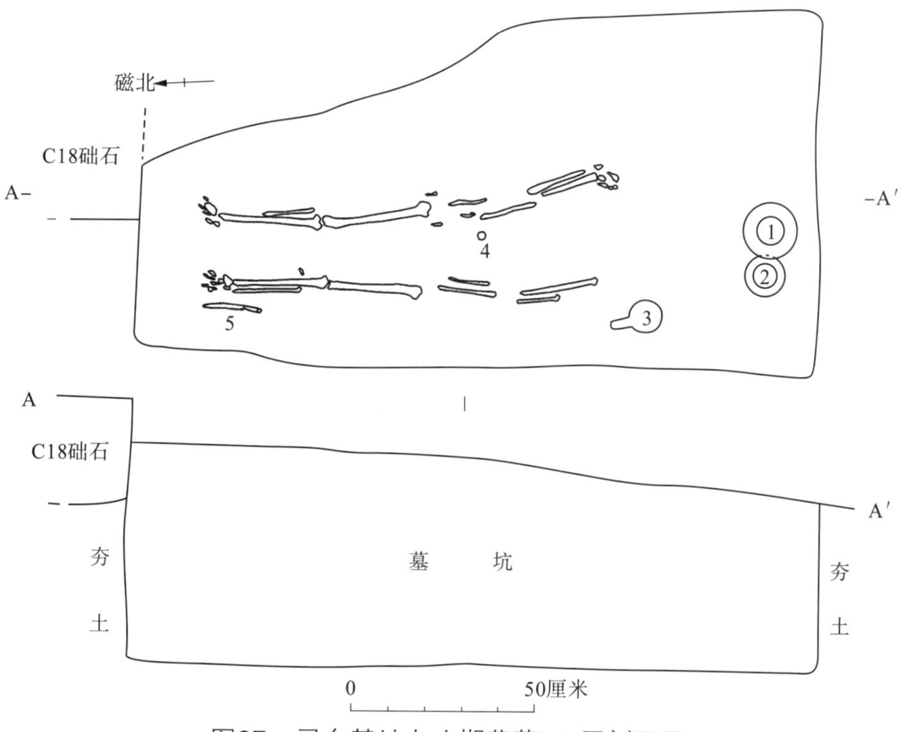

图27　灵台基址上晚期墓葬M1平剖面图

1. 瓷盂(74HNLM1:01)　2. 瓷盘(74HNLM1:02)　3. 铜镜(74HNLM1:03)
4. 铜棋子(74HNLM1:04)　5. 铁刀(74HNLM1:10)

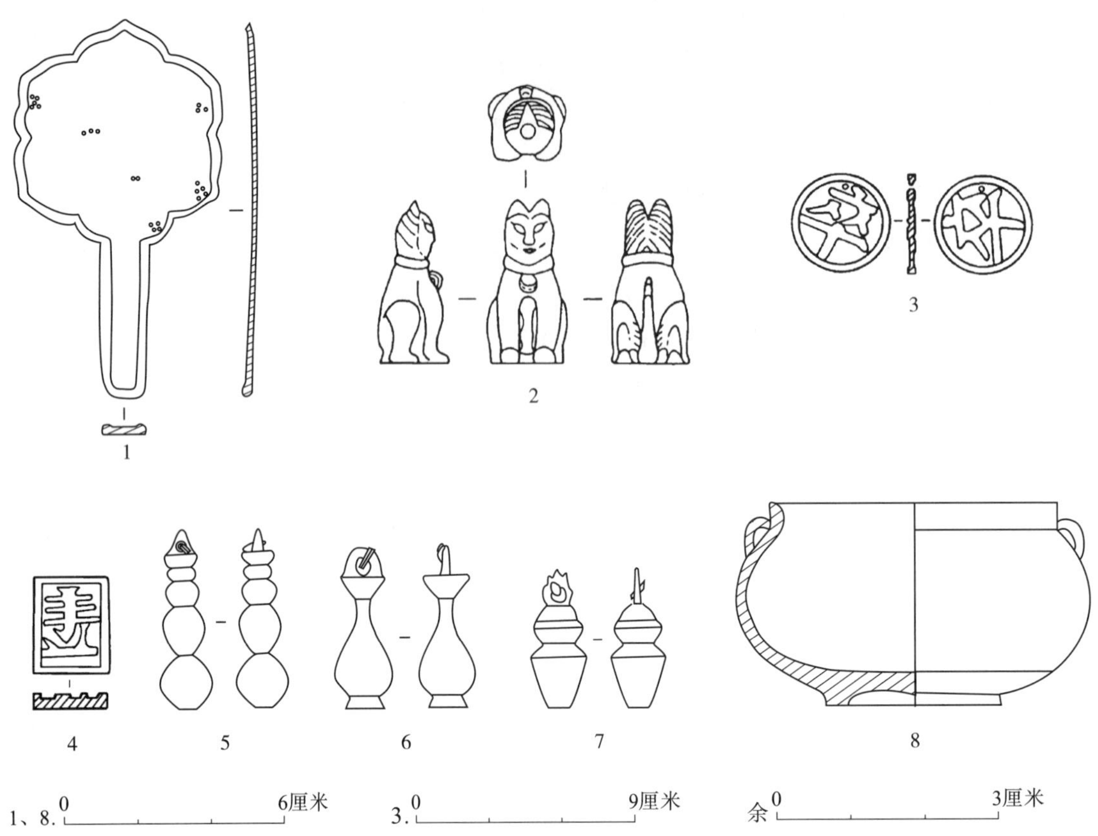

图28 灵台基址上晚期墓葬M1出土遗物

1. 铜镜（74HNLM1:03） 2. 铜兽（74HNLM1:08） 3. 铜棋子（74HNLM1:04） 4. 铜牌饰（74HNLM1:09） 5、6、7. 铜瑱（74HNLM1:05、06、07） 8. 瓷盂（74HNLM1:01）

铜瑱 3件。均为圆形葫芦状，上端均有系孔。74HNLM1:05，高2.4厘米（图28，5）。74HNLM1:06，高2.2厘米（图28，6；图版三二，6）。74HNLM1:07，高1.9厘米（图28，7；图版三二，7）。

瓷盂 1件（74HNLM1:01）。敛口，圆唇，鼓腹，圈足。口肩部外侧有双系。施黑釉，内里通釉，外侧釉不及底。内里底部有三个长方形支钉痕。口径11.8、高8.2、底径7.2厘米（图28，8；图版三三，1）

瓷盘 1件（74HNLM1:02），残。敞口，浅腹，小平底。瓷盘为豆青釉，质量较差。盘口径12.5厘米。

铁刀 1件（74HNLM1:10），锈蚀较为严重。残长16厘米。

（二）M2 位于中间方形高台的南部，东距高台东侧第二层殿堂后壁9.1米，南距高台南侧第二层殿堂后壁5.3米。

1. 墓葬情况

墓葬似一土洞墓，残存的长方形墓室头端（西北部）掏挖在高台夯土中，脚端（东南部）则已被扰乱破坏。墓室残长1.69~1.78、头端宽0.7、脚端宽0.82米，头端在夯土中掏挖的洞室残高0.57、中部墓壁残高0.15米，墓向为磁北330°（图29；图版三一，3）。墓室内也填

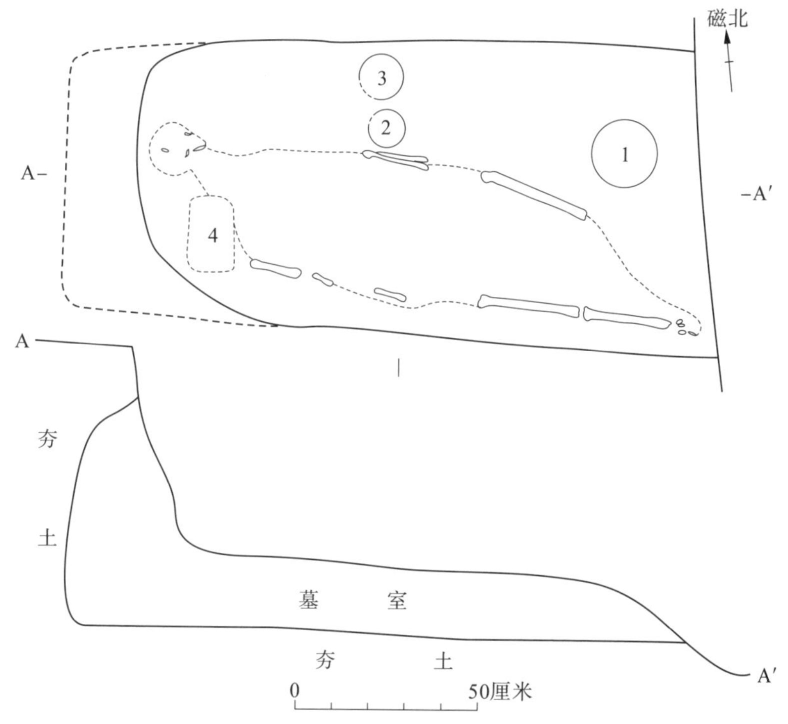

图29　灵台基址上晚期墓葬M2平剖面图

1、2. 瓷碗（75HNLM2:03、02）　3. 釉陶钵（75HNLM2:01）　4. 漆器痕迹（75HNLM2:04）

疏松黄土，夹带红烧土粒。人骨架已朽，但大致形状残存，葬式仰身直肢，头向朝北。随葬器物主要放置在人骨架的左侧，有两件瓷碗和一件黑釉陶钵等。头的右侧似还有一件方形漆器痕迹，仅存红色漆皮，有两层，贴附在泥土上。另在墓室底部还出土一枚“开元通宝”铜钱。由出土的釉陶器、瓷器和铜钱等观察，此墓应为唐墓。

2. 随葬器物

瓷碗　2件。敞口，尖圆唇，腹部有一周扉棱，圈足。75HNLM2:02，白釉，内里见有零星蓝色钴料点。口径11、高4.9、底径5.1厘米（图30，1；图版三三，2）。75HNLM2:03，白釉大部分已然脱落，圈足底部边缘处阴刻一“午”字。口径18.1、高7、底径10.3厘米（图30，3、4；图版三三，3）。

釉陶钵　1件（75HNLM2:01）。直口微敛，圜底。陶胎，黑釉，色泽黑亮。圜底中部阴刻一“青”字。口径12.1、高4.9~5厘米（图30，2；图版三三，4）。

（三）M3　位于高台夯土东南侧T4探方内基址夯土上，即复原的高台第二层殿堂东南角柱础C11南面2.5米处。

1. 墓葬情况

墓葬仅存墓坑的底部，平面略呈不甚规则的长方形，东西长1.35、宽0.5~0.57、残高0.1米，墓向为磁北267°（图31；见图版三一，2）。坑内填疏松黄土。墓坑内人骨架已朽，形状大致残存，葬式约为仰身直肢，头向朝西。遗物较少，仅出土2枚锈蚀严重的铁钉和“开元通宝”、“乾元重宝”铜钱各1枚。此墓应为唐墓。

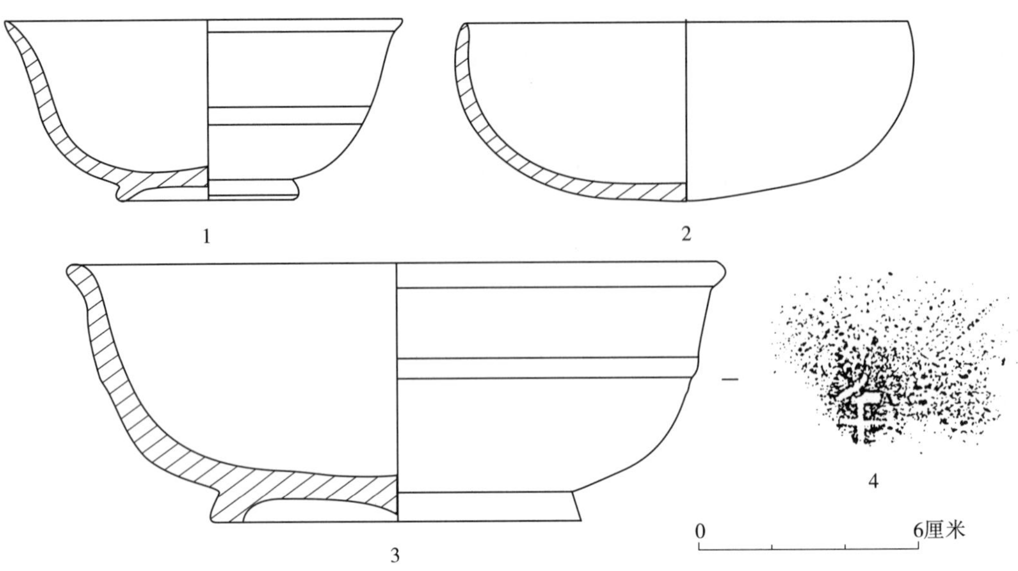

图30　灵台基址上晚期墓葬M2出土遗物

1、3. 瓷碗（75HNLM2:02、03）　2. 釉陶钵（75HNLM2:01）　4. 碗底刻字拓本（75HNLM2:03）

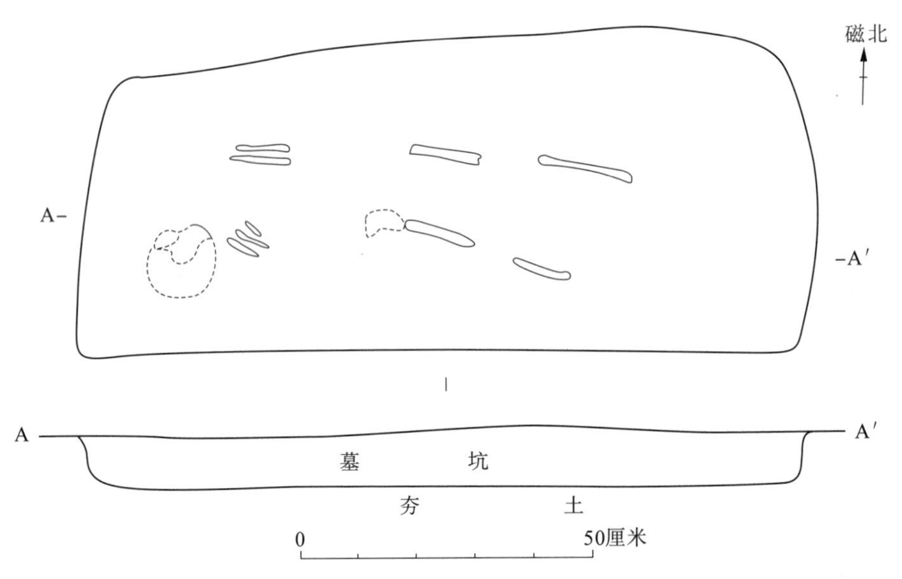

图31　灵台基址上晚期墓葬M3平剖面图

2. 随葬器物

铁钉　2件。均较短，钉帽、钉身皆为圆形。75HNLM3∶04，长4.2、径0.6厘米。75HNLM3∶05，前端弯曲，长3.7、径0.6厘米。

第六节　灵台遗址出土遗物

灵台遗址上出土的遗物数量不是很多，主要为大量的砖、瓦等建筑材料，还有少量一些陶、瓷、铁、铜器和钱币等（附表一，灵台遗址出土遗物登记表）。下面分类叙述。

一　建筑材料

灵台遗址出土的建筑材料，主要有砖、瓦、瓦当、土坯和排水管道等。由于灵台建筑主要使用于东汉、曹魏和西晋，残存的建筑材料也以汉晋时期的绳纹面布纹里板瓦、筒瓦和云纹瓦当为大宗，大小不同的素面长方砖数量也相当多。但据记载，北魏时期在此高台之上还曾修建有佛寺，因此出土的建筑材料中存在一些北魏时期的砖瓦遗物也在常理之中，但这些遗物在灵台遗址上数量不是很多。整理过程中我们结合以往获得的考古材料，对有些可以明显辨认出北魏时期的建筑砖瓦进行甄别，但有些遗物由于历代变化不大，目前还不能辨别。因此在整理这批不同时代的建筑材料时，我们还是放在一起分类，对可以分辨时代的遗物则特别予以指出。

（一）长方砖　主要有素面长方砖、席纹长方砖和绳纹长方砖三类，均为灰色。

1. 素面长方砖　砖的两面皆为素面。以砖的大小规格本报告主要可分为三型。

A型　约250块。为大型砖，一般长45~47、宽21~23、厚9~11厘米。俗称“大城砖”，东汉时期较为常见，后代一直沿用。个体较大，形体厚重。该型砖数量较多，主要用于灵台建筑基址包壁或镶边使用。75HNLT19②:10，残长29、宽21、厚9厘米。

B型　约有10余块。为中型砖，一般长30~33、宽15~16.5、厚5厘米。75HNLT2②:13，制作规整，棱角分明。残长14、宽16.5、厚5厘米。75HNLT2②：09，一面阴刻有花草纹。长30.3、宽15.6、厚5厘米（图32，1；图版三四，1）。

C型　约有400余块。为小型砖，一般长24~26、宽12~13、厚4~5.5厘米。大量用于灵台第二层殿堂铺地使用，也有一些用于他处或被晚期建筑改做他用。如79HNL柱西8:03，长25.5、宽12.3、厚4.5厘米。75HNLT18②:16，一面阴刻有佛像。佛像有舟状背光，头部似有螺髻，面目不清，佛像下半部躯体被凿破损。长26、宽13、厚4.8厘米（图32，2；图版三四，2）。此类砖中有一些被裁成三角形角砖，表面平整，或涂有红彩。75HNLT2②:08，残长11.8、宽11、厚5厘米。

2. 席纹长方砖　砖的一面压印有席纹，另一面为素面。依不同规格此类砖在本报告也可分为三型，该遗址数量不多，只见有A、C型。

A型　标本1件（78HNLT23②b:12）。为大型砖，规格与A型素面长方砖相同。残长19.5、残宽18.5、厚11厘米（图32，3；图版三四，3）。

C型　标本2件。为小型砖，规格与C型素面长方砖相同。75HNLT2②:07，砖为灰色，残损较甚。残长20、宽12.6、厚5.5厘米（图32，4；图版三四，4）。

3. 绳纹长方砖　砖一面饰有绳纹，另一面及四个侧面均为素面。此类砖属于北朝时期，依据砖面所饰绳纹粗细不同可分为两型，该遗址只见有A型。

A型　标本9件。砖面饰粗绳纹，拍印不太规整。一般长25~27、宽14~16、厚5~6厘米。75HNLT3③:01，砖灰色，砖面所饰竖直绳纹略呈弧形，砖体因烧造温度过高而裂开变形。残长20.5、宽14.4、厚5.5厘米（图33，1；图版三五，1）。78HNLT24②:03，砖灰褐色，砖面为斜向粗绳纹。残长17、宽15、厚5厘米（图33，2）。79HNLT33G1:01，砖浅灰色，砖面粗绳纹斜而扭曲。残长12.9、宽14.3、厚5.5厘米（图33，3）。75HNLT18②:51，砖浅灰色，砖面饰较

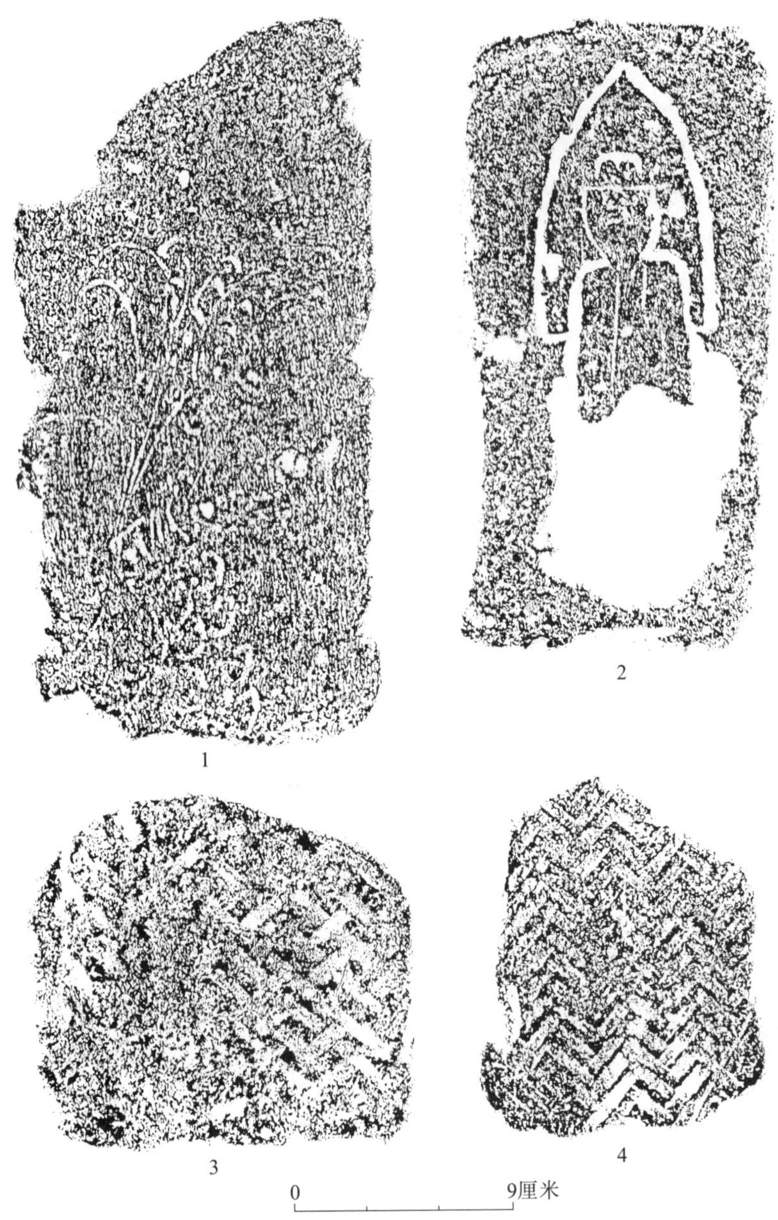

图32　灵台遗址出土素面与席纹长方砖拓本

1. B型素面砖（75HNLT2②:09）　2. C型素面砖（75HNLT18②:16）
3. A型席纹砖（78HNLT23②b:12）　4. C型席纹砖（75HNLT2②:07）

粗的竖直绳纹。残长15.8、残宽15.5、厚6.2厘米（图33，4）。

（二）方砖　砖均为灰色，有素面方砖和几何纹方砖两种。

1. 素面方砖　砖两面皆为素面，一面较平整略被抹光，另一面较为粗糙，有的方砖在较为平整的一面上刻划方格纹。此类砖主要为灵台部分房屋内铺地用砖。本报告依据砖面有无刻划方格纹将其分为两型。

A型　标本6件。砖两面皆为素面，不见刻划方格纹。79HNLH12∶07，砖灰色。残长42.2、残宽20.5、厚5.5厘米。79HNL柱W8∶03，表面似经火烧。残长28.5厘米，残宽29、厚5.5厘米。78HNLT24②∶01，浅灰色，较薄。残长25.6、残宽23、厚4厘米。

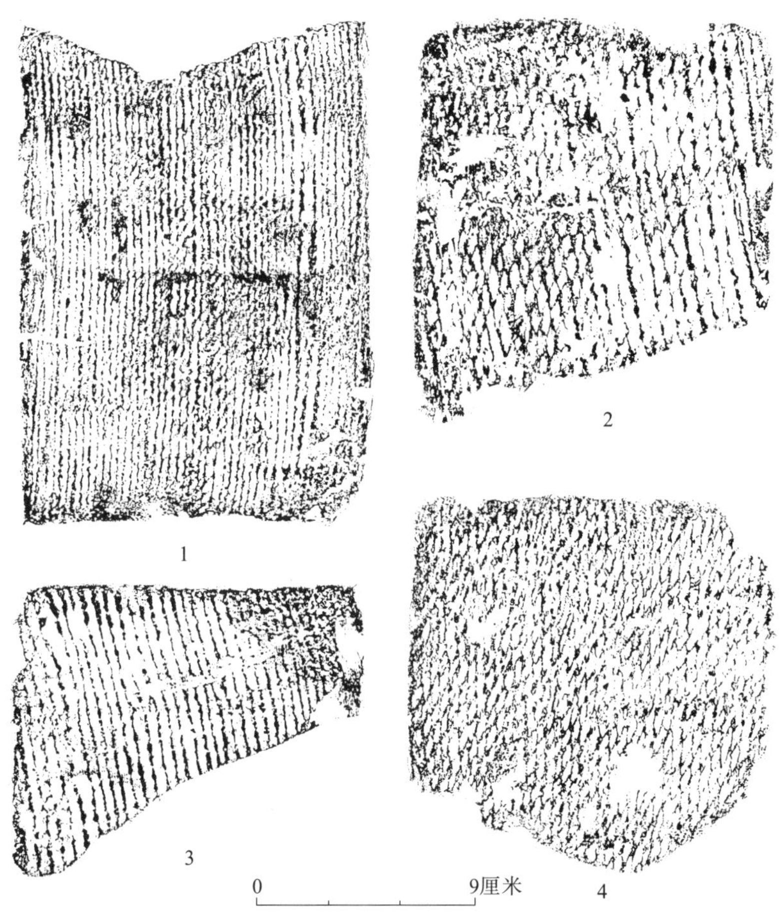

图33　灵台遗址出土绳纹长方砖（A型）拓本

1. 75HNLT3③:01　2. 78HNLT24②:03　3. 79HNLT33G1:01　4. 75HNLT18②:51

B型　标本3件。砖面阴刻有方格纹，类似于棋盘，因而俗称“棋盘砖”。75HNLT14④:14，砖的平整面阴刻方格棋盘纹，背面粗糙不平。残长35.5、残宽28.5、厚5.3厘米（图34，1；图版三五，2）。79HNLH2:01，砖灰褐色，正、背面均阴刻有横竖均为四格的方格纹，方格不太规范，对角还各引出三条斜线，形成几何图案，可能与早期弈棋或博戏有关。残长23.5、残宽18.4、厚4.9厘米（图34，2、3；图版三五，3、4）。

2. 几何纹方砖　砖的一面模印有几何纹组合纹饰，另一面为平整素面，也是铺地用砖。几何纹饰由类似篆书“五”字的长方形纹带、直棂纹和变体的方形“五”字纹等有序排列组成，一般俗称为“五”字砖。一般周边饰长方形“五”字纹带，中心部分由直棂纹和变体“五”字纹交错排列。本报告依据砖面几何纹饰组合的不同分为三型，该遗址只见A、C型。

A型　边框内左右两侧饰“五”字纹带，中间模印两排直棂纹与变体方形“五”字纹相间排列的图案，每排三个单元，交错排列。依据长方形“五”字纹带和变体“五”字纹的不同分为6式，该遗址仅见有Ⅱ、Ⅲ、Ⅳ、Ⅵ式。

Ⅱ式　标本25件。两侧长方形“五”字纹非对角线交笔，上下各有一个实心三角形；中间变体“五”字纹对角线交笔，形成的上下左右4个三角形内各为双重空心三角形。75HNLT14④:17，整砖，边长45~46、厚5.5厘米（图35，1；图版三六，1）。79HNL柱西

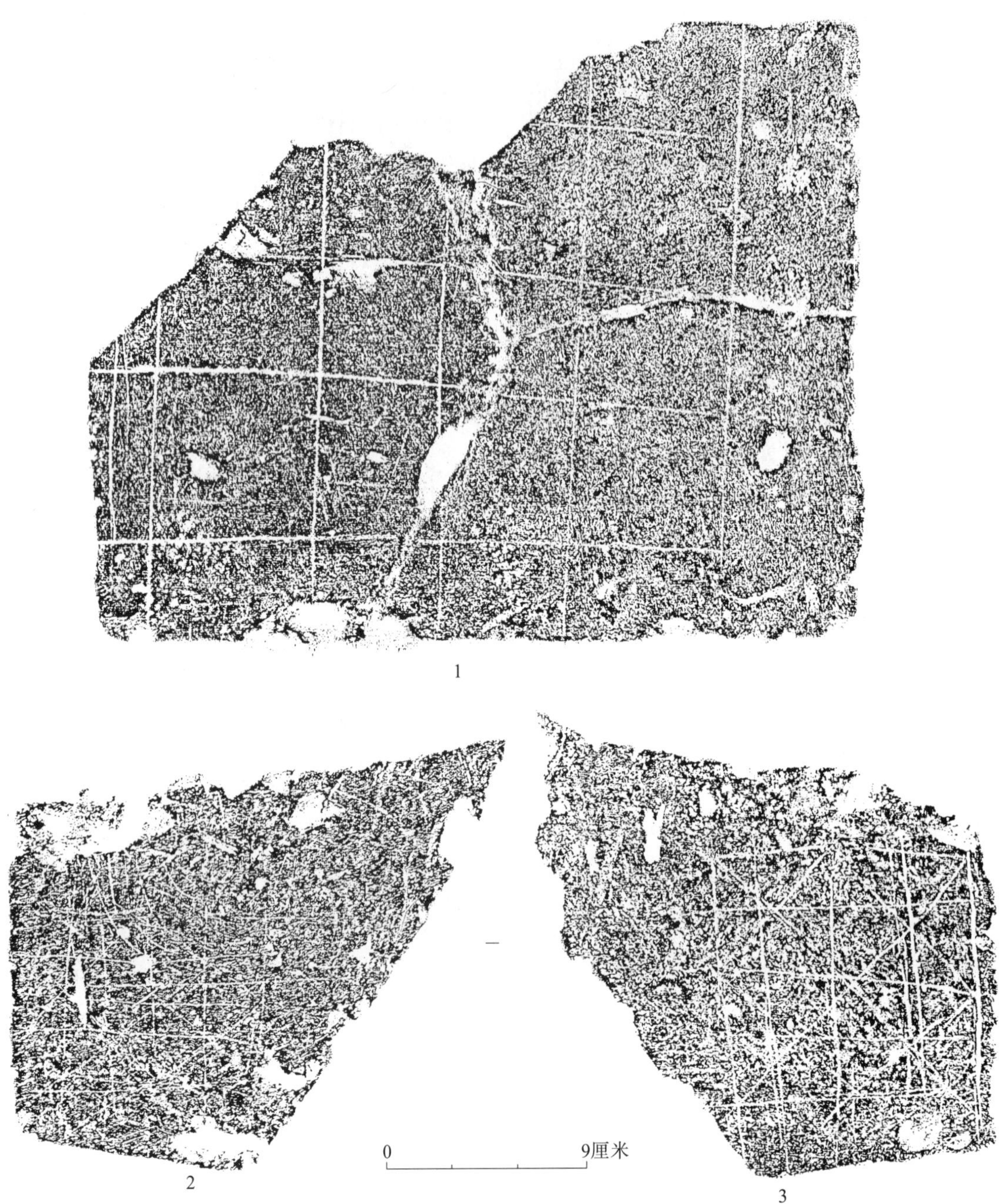

图34　灵台遗址出土素面方砖（B型）拓本

1.75HNLT14④:14　2、3.79HNLH2:01正面、背面

8:02，砖浅灰色，残长41、残宽25.6、厚3.6厘米。79HNL柱W8:02，两侧面都有切削痕迹，几何纹一面砖面略大边长46.2、素面一面略小边长45、厚4.6厘米。

Ⅲ式　标本1件（79HNL柱西4:01）。两侧长方形“五”字纹对角线交笔，上下各有一个实心三角形；中间变体“五”字纹对角线交笔，形成的上下左右4个三角形内各为一个空心三角形围绕一个实心三角形。砖浅灰色，残长15.8、残宽22.2、厚4.6厘米（图35，2；图版三六，2）。

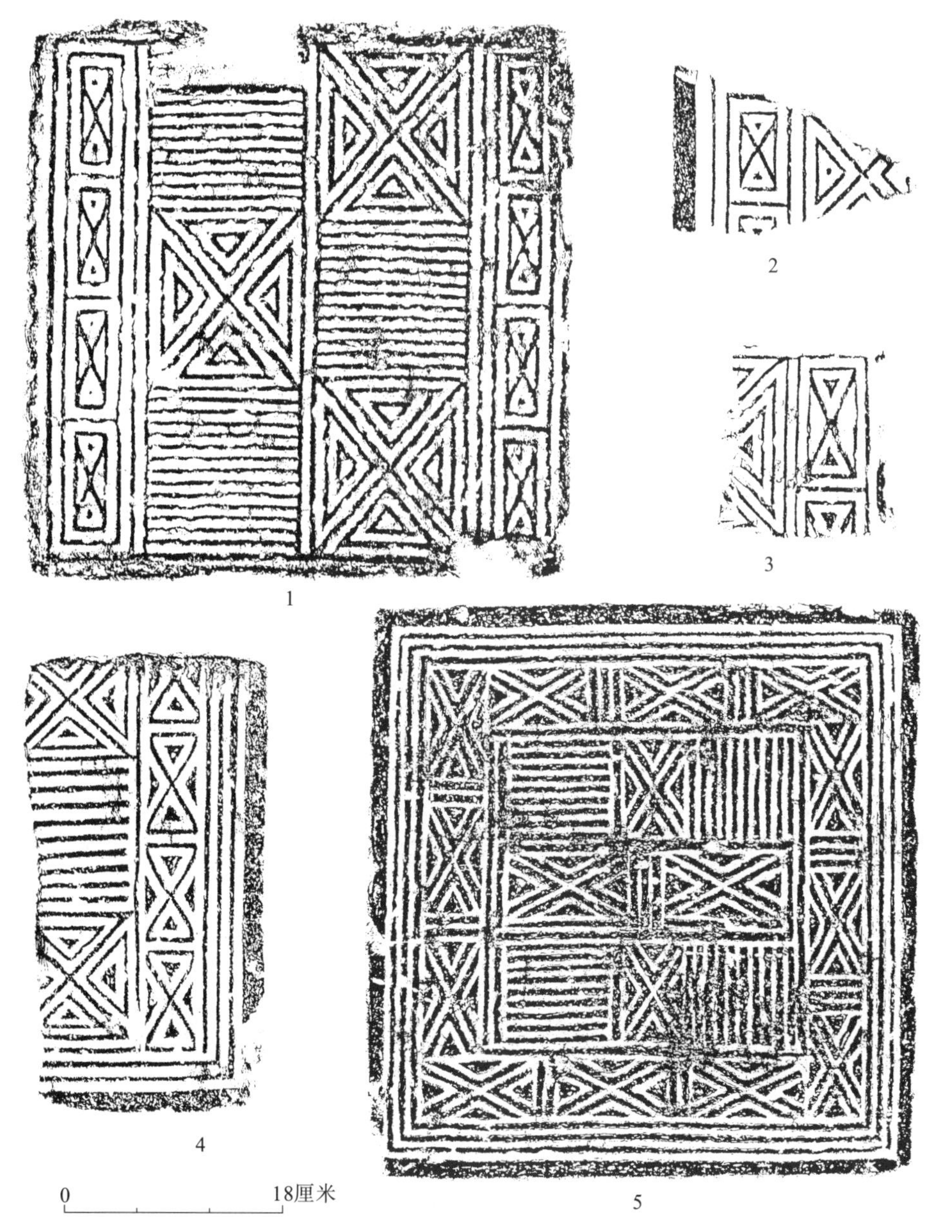

图35　灵台遗址出土几何纹方砖（A、C型）拓本

1. A型Ⅱ式（75HNLT14④:17）　2. A型Ⅲ式（79HNL柱西4:01）　3. A型Ⅳ式（75HNLT15②:02）
4. A型Ⅵ式（75HNLT18②:14）　5. C型Ⅱ式（75HNLT15②:03）

Ⅳ式　标本9件。两侧长方形“五”字纹对角线交笔，上下各有一个实心三角形；中间变体“五”字纹对角线交笔，形成的上下左右4个三角形内各为双重空心三角形围绕着一个实心三角形。75HNLT15②:02，表面涂以红彩，侧面断裂处亦涂以红彩，表明此砖断裂以后仍被切削利用。残长16.8、残宽14、厚5.2厘米（图35，3）。75HNLH21:02，形体较其他小很多，制作精细。外周凸棱紧贴砖的边缘，背面饰席纹。残长9、残宽7.5、厚4.3厘米。

Ⅵ式　标本3件。两侧“五”字纹无长方形边框，呈两个对角三角形，即篆书的“五”字，“五”字上下两个三角形内和“五”字交叉左右各有一个实心三角形尖锋对峙；中间变体“五字”纹对角线交笔，其上下左右4个三角形内各为一个空心三角形围绕着1个实心三角形。75HNLT18②:14，砖浅灰色。残长38、残宽21.2、厚5厘米（图35，4；图版三六，3）。

C型　边框内四边均饰“五”字纹带，其间布置两排直棂纹与变体“五”字纹相间的图案。依据“五”字纹饰的差异分为两式，该遗址只见有Ⅱ式。

Ⅱ式　标本1件（75HNLT15②:03）。整砖，制作规整，整体纹饰粗壮。边框四周长方形“五”字纹和中间变体“五”字纹均为对角线双线交笔，交笔部位断开，形成的上下左右四个三角形内均各有一个实体三角形。边长46.5、厚5.5厘米（图35，5；图版三七）。

（三）板瓦　灵台遗址出土的板瓦，主要为绳纹面布纹里板瓦，还有少量篮纹面布纹里板瓦和素面布纹里板瓦。

1. 绳纹面布纹里板瓦　出土数量较多，皆为残片。一般制作较为规整，形制皆为一头大一头小的头宽尾窄状，但瓦的大小差异较大。其中，瓦长就有40.8、47.8、53.2和56厘米等规格，瓦头宽则有38.6、39.8厘米等规格，瓦尾宽则有28.4、30.6、38.6厘米等规格。这类板瓦总的特征是：凸面主体纹饰为竖直绳纹，瓦头和瓦尾部分多被抹光，瓦头抹平以后多还加拍有斜向绳纹或斜向篮纹；凹面主体为布纹，有些瓦头与瓦尾还压印有菱形方格纹、方格纹、斜向绳纹和席纹等不同的纹饰，多数板瓦距瓦头和瓦尾端各约5~14厘米处还压印有横向的绳索状凹槽，凹槽宽窄不一，有的还能看出是两重绳索并在一起，绳径0.3~0.5厘米。这类板瓦使用时间较长，自汉代至魏晋时期一直沿用。本报告依据板瓦凸面所饰绳纹排列的不同主要分为五型，该遗址见有A、B、D、E型。

A型　该型板瓦主体特征是凸面饰规整的竖直绳纹，绳纹粗细不匀。因出土的板瓦大部分已为碎片，符合该型板瓦绳纹特征的瓦片数量极多，仅能依据瓦头和瓦尾端瓦面纹饰施印特征大致分为三式。

Ⅰ式　标本131件。板瓦凸面饰竖直绳纹，瓦头和瓦尾部分分别被抹平。79HNL柱W7:01，瓦为灰色，仅存瓦尾部分。凸面饰较为规整的粗竖直绳纹，绳径0.5厘米，瓦尾约2.2厘米长被抹光，抹光处呈一条横向弧形凹槽。凹面为布纹里，距瓦尾4.7厘米和11.8厘米处分别压有一道宽0.4厘米和1厘米的绳索凹槽。瓦残长24.9、残宽30.1、厚1.1~1.4厘米（图36，1；图版三八，1）。79HNLH12:02，凸面粗竖直绳纹绳径0.4厘米，瓦尾抹光部分与绳纹交界处起脊。瓦尾端面呈凹槽状。凹面为布纹，距瓦尾11.2厘米压有一道宽1.3厘米的横向绳索凹槽。瓦侧棱泥刀切痕宽约0.5厘米。瓦残长20.5、残宽10.1、厚1.2~1.3厘米（图36，2）。

Ⅱ式　标本37件。板瓦凸面饰竖直绳纹，瓦头部分压平后加拍斜绳纹，压平部分与竖直绳纹之间界限极为明显。75HNLT14④:04，瓦灰色。凸面竖直绳纹绳径0.4厘米，瓦头压抹部分长约12厘米，部分竖直绳纹被压平后仍隐约可见，近瓦头端有3~4厘米长又加拍成组的斜绳纹，每组绳纹宽1~1.4厘米，组与组间隔1~1.5厘米；凹面瓦模垫布褶皱压痕清晰可辨，近瓦头处4.5~5厘米布纹上敷泥一层，抹光后有手捏的痕迹。瓦残长22、残宽26.4、厚1.5~1.8厘米（图36，3、4；图版三八，2）。

Ⅲ式　标本3件。板瓦凸面饰竖直绳纹，瓦头部分抹平后加拍篮纹。75HNLT2②:01，瓦黑灰色，仅存瓦头。凸面饰较细的竖直绳纹，绳纹拍印极浅以至于模糊不辨，瓦头处加拍斜向篮纹，直绳纹和篮纹交接处有两道横向弦纹。凹面整体布纹，近瓦头处拍印的菱形方格纹十字交叉处皆有一圆圈。瓦头端面也拍印有篮纹。瓦残长17、残宽14.2、厚1.5~1.8厘米（图

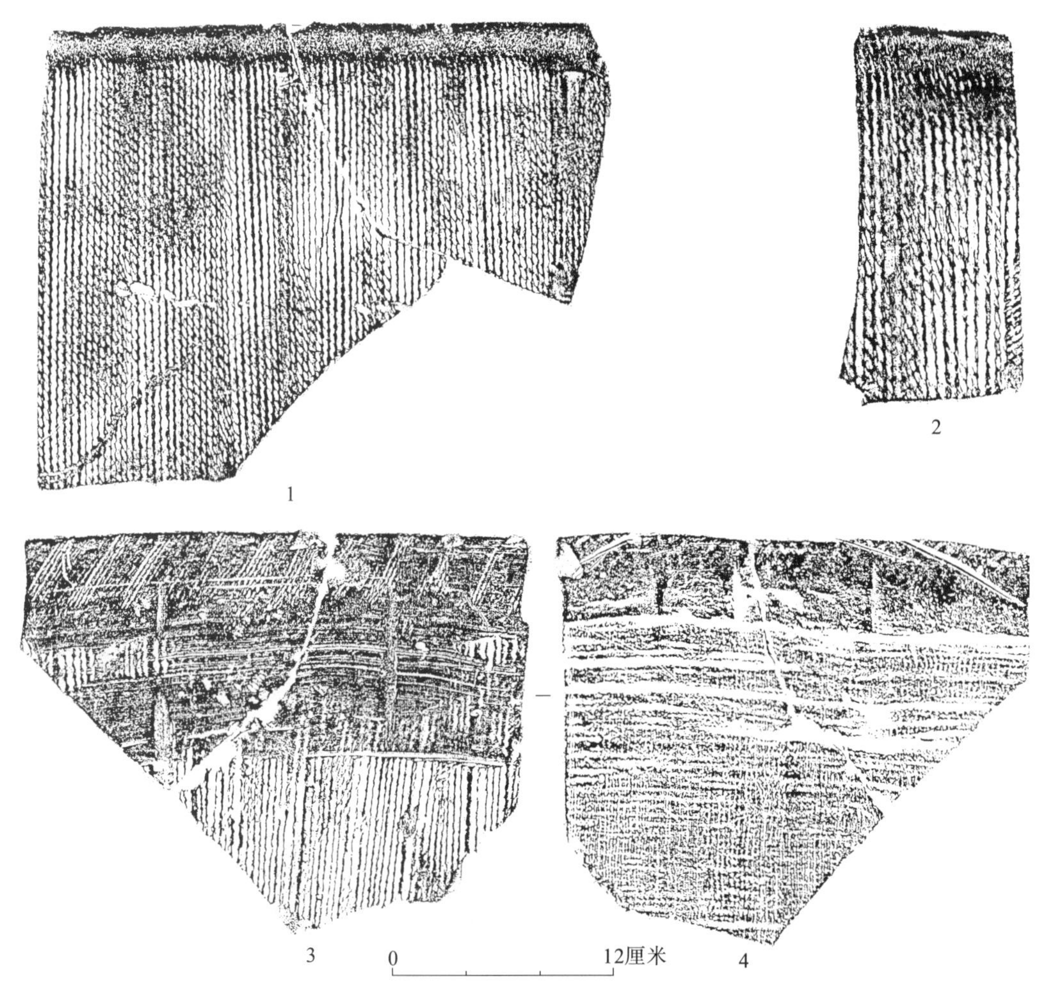

图36　灵台遗址出土绳纹板瓦（A型）拓本

1、2. Ⅰ式（79HNL柱W7:01、79HNLH12:02）　3、4. Ⅱ式（75HNLT14④:04凸面、凹面）

37，1、2）。75HNLT15④:05，瓦青灰色，仅存瓦尾。凸面细绳纹极为规整，近似于细线，绳径0.1厘米，瓦尾处抹光。瓦残长9.8、残宽13.1、厚1.7厘米（图37，3；图版三八，3）。

B型　标本1件（79HNLH12:08）。板瓦凸面饰规整的竖直绳纹，局部加印斜绳纹，绳径0.2~0.3厘米。近瓦头端约11.5厘米长为斜绳纹，局部被压抹过。凹面整体布纹，近瓦头端约3厘米长饰菱形方格纹。板瓦侧棱泥刀切痕宽约0.3厘米。瓦残长29、残宽18.5、厚1.8厘米。

D型　标本12件。板瓦所饰绳纹粗细不匀，排列也疏密不均。75HNLT14④:02，瓦呈浅灰色。凸面所饰绳纹有粗有细，绳径最粗0.35厘米，最细0.1厘米。拍印也有深有浅，造成瓦面高低不平。瓦残长10.2、残宽21.6、厚1.5厘米（图37，4；图版三八，4）。75HNLT14④:05，瓦青灰色，仅存瓦头。凸面所饰绳纹绳径最粗0.3、最细0.1厘米，近瓦头处7.6厘米加拍斜向绳纹。凹面整体布纹，近瓦头处5.2~5.5厘米压印有较大的菱形方格纹。瓦残长16.5、残宽12.5、厚1.2~1.9厘米（图37，5、6）。

E型　标本41件。该型板瓦所饰竖直绳纹排列成组，每组宽窄不等，但绳纹排列整齐。79HNL柱W7:02，瓦灰色，略泛蓝，残存瓦头部分。凸面排列成组的竖直绳纹每组宽3~3.8厘

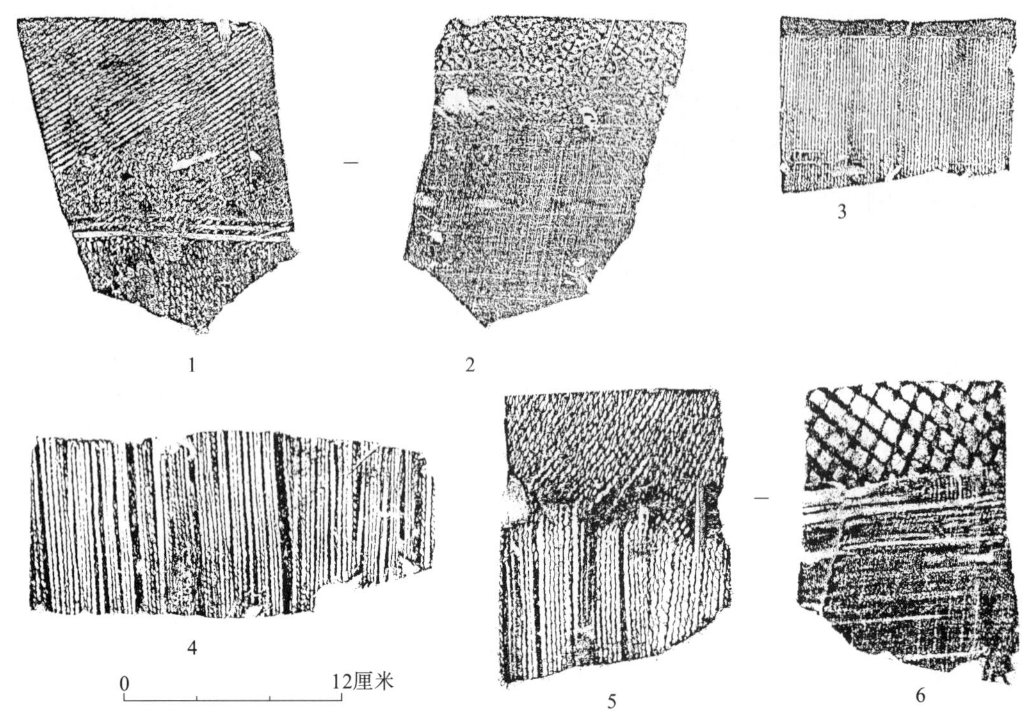

图37　灵台遗址出土绳纹板瓦（A、D型）拓本

1、2. A型Ⅲ式（75HNLT2②:01凸面、凹面）　3. A型Ⅲ式（75HNLT15④:05）
4. D型（75HNLT14④:02）　5、6. D型（75HNLT14④:05凸面、凹面）

米，绳径0.2厘米，近瓦头处13.4厘米长被压平并加拍斜绳纹。凹面整体布纹，瓦头部分压印有菱形方格纹。瓦残长35.3、残宽20.4、厚0.8~1.2厘米（图38，1、2）。74HNLS2∶01，瓦灰色，残存瓦尾部分。凸面排列成组的竖直绳纹每组宽4.8~5.8、绳径0.3厘米，近瓦尾处2.4厘米长被抹光。凹面布纹，距瓦尾9.6厘米处压有一道1厘米宽的绳索凹槽。瓦侧棱泥刀切痕宽0.4厘米。瓦残长23、残宽22.5、厚1.3~1.8厘米（图38，3；图版三八，5）。75HNLT15④∶01，残存瓦尾部分。凸面排列成组的竖直绳纹每组宽3~4.2厘米，组与组之间高低不平而起脊，拍打的绳纹上还有一道横向粗绳纹，瓦尾处2.6厘米长也被抹光。瓦尾端上翘，端面呈凹槽状。瓦侧棱保留的切痕宽0.25厘米。瓦残长20、残宽21.5、厚1.6~1.8厘米（图38，4；图版三八，6）。

2. 篮纹面板瓦　出土数量较少。这类板瓦陶质较好，火候略高，主要使用于魏晋十六国时期。本报告依据板瓦凹面有无衬垫布纹印痕分为两型，该遗址仅见有A型。

A型　标本3件。板瓦凸面自瓦头至瓦尾全部拍印篮纹；凹面则为粗布纹。瓦头端面被削成斜平面，瓦尾端面则为圆弧状。75HNLT14④∶08，瓦青灰色。残长19.9、残宽17、厚1.7~2厘米（图39）。

3. 素面或磨光面板瓦　这类板瓦凸面一般为素面，凹面则分别为布纹或磨光面，主要为北魏时期的建筑用瓦。依据瓦面的制作处理差异本报告主要分为两型。

A型　板瓦凸面素面，凹面为布纹。依据板瓦瓦头端面平头或花头而分为两式，该遗址只见有Ⅱ式，另有6件瓦片式不明。

Ⅱ式　标本5件。板瓦瓦头端面有单层花头，此类板瓦显然是檐瓦。78HNLT23②b∶04，

图38　灵台遗址出土绳纹板瓦（E型）拓本

1、2. 79HNL柱W7:02凸面、凹面　3. 74HNLS2:01　4. 75HNLT15④:01

瓦深灰色，凸面素面。凹面布纹，边缘处被捏压变薄并磨平。瓦头端面凹槽下面用泥条捏出一层水波纹状花头。板瓦侧棱还被削磨成斜面，形成凹面略宽凸面稍窄状。瓦残长12、残宽15.4、边缘厚1.6、中间厚2.3厘米（图40，1）。78HNLT23②b∶05，瓦灰色。瓦头端面下缘的花头纹饰为切刻而成，瓦侧棱也被削成斜面。瓦残长14.6、残宽11、厚1.7厘米（图40，2）。

B型　板瓦凸面素面，凹面为磨光面。瓦灰色，瓦质细密坚实，形体厚重，整体呈现为瓦头略宽瓦尾稍窄的梯形状。凹面磨光后呈现为发亮的黝黑色或稍显泛白的青灰色，似施有釉。凸面为素面，施有化妆土，较之凹面光泽度黯淡。板瓦侧棱经过切削磨光，瓦尾一般较为平齐，瓦头端面凹槽下切刻或手捏出单层或双层的水波纹状花头，它们均应该是用于檐头的板瓦。本报告依据瓦头单、双层花头差异分为2式，该遗址只见有Ⅰ式。

Ⅰ式　标本5件。瓦头端面为单层花头。78HNLT23②b∶06，瓦头端面凹槽下的单层花头系切刻而成，板瓦侧棱也被削成斜面。瓦残长13、残宽16厘米，瓦头残宽12、最厚1.8厘米（图40，3）。

（四）筒瓦　灵台遗址出土的筒瓦，主要是绳纹面布纹里筒瓦，也有少量素面或磨光面布纹里筒瓦。

1. 绳纹面布纹里筒瓦　瓦主要为灰色，亦有少量呈砖红色。筒瓦凸面主体纹饰为竖直绳纹，瓦尾一般还加拍斜向绳纹。凹面纹饰以布纹为主，瓦尾处还多被削薄抹平或者加印有菱形方格纹或席纹。一般凹面距瓦尾2~4厘米处，都还可以看到一道横向的压痕凹槽，有的明显可以看出是绳索状，绳径0.2~0.4厘米。这类筒瓦与绳纹面布纹里板瓦一样，当也主要使用在汉代和魏晋时期。本报告依据瓦面所饰绳纹差异和其他特征分为三型。

A型　筒瓦表面所饰绳纹为竖直排列。本报告分为三式，另有67件瓦片式不明。

Ⅰ式　标本116件。凸面饰竖直绳纹，肩部以上和瓦尾部分被抹平，瓦尾抹平部分还加拍斜向绳纹。79HNLH4:04，瓦唇、瓦尾俱残，仅余瓦面大部。凸面竖直绳纹较细，排列整齐密集，瓦面不起脊，绳径0.15~0.2厘米。筒瓦残长38、径16.2、厚1.5~1.8、肩高1厘米（图41，1）。75HNLT18②:03，瓦青灰色，瓦尾残。凸面竖直绳纹绳径0.25~0.3厘米，接近瓦唇部分被抹平5.5~6厘米。瓦残长28.6、残宽12.8、厚1厘米；瓦唇长3.5、厚1.4、肩高0.8厘米（图41，2；图版三九，1）。75HNLT14④:09，瓦浅灰色，瓦尾残。瓦唇圆弧形，直肩。凸面所饰竖直绳纹较粗，排列较为规整，绳索压痕也较深，绳径0.3~0.4厘米，近瓦唇处被抹平5.8~6.5厘米；凹面布纹平整，无褶皱。瓦残长19.7、残宽12.8、厚1.4厘米；瓦唇长4.1、厚1.2、肩高0.4厘米（图41，3、4）。74HNLS2:03，瓦尾残，瓦唇表面压印有一道绳纹。凸面竖直绳纹略粗，绳径0.3~0.4厘米，近瓦唇处被抹平7厘米。瓦残长19.5、残宽13.8、厚1.3~1.5厘米；瓦唇长3.5、厚1.5、肩高1.1厘米（图41，6）。

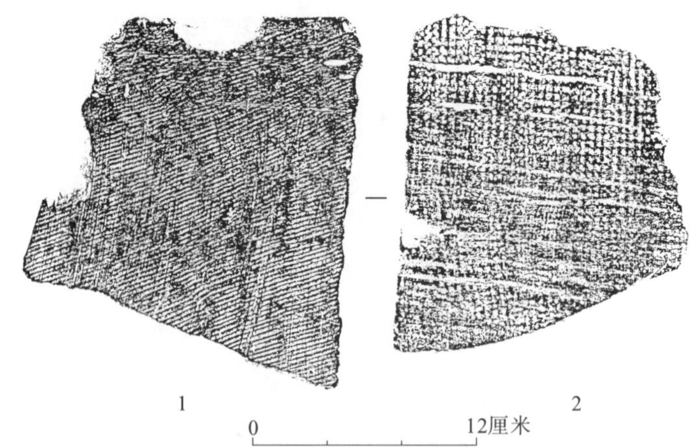

图39　灵台遗址出土篮纹板瓦（A型）拓本

1、2. 75HNLT14④:08 凸面、凹面

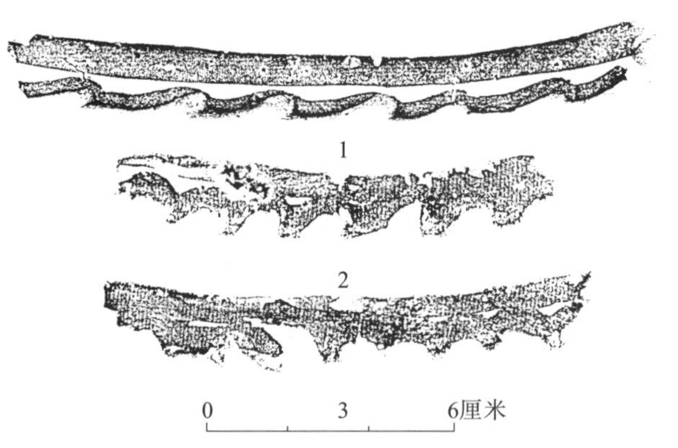

图40　灵台遗址出土素面板瓦花瓦头拓本

1、2. A型Ⅱ式（78HNLT23②b:04、05）　3. B型Ⅰ式（78HNLT23②b:06）

Ⅱ式　标本20件。筒瓦凸面饰竖直绳纹，肩部以上被刮低，刮痕明显。75HNLT15④: 07，瓦尾部分残，瓦唇稍稍上翘。凸面绳径0.2~0.25厘米，近瓦唇处8.5厘米长绳纹被刮低。瓦残长25.6、残宽10.5、厚1.8厘米；瓦唇长4.1、厚1.5、肩高0.7厘米（图41，5；图版三九，2）。

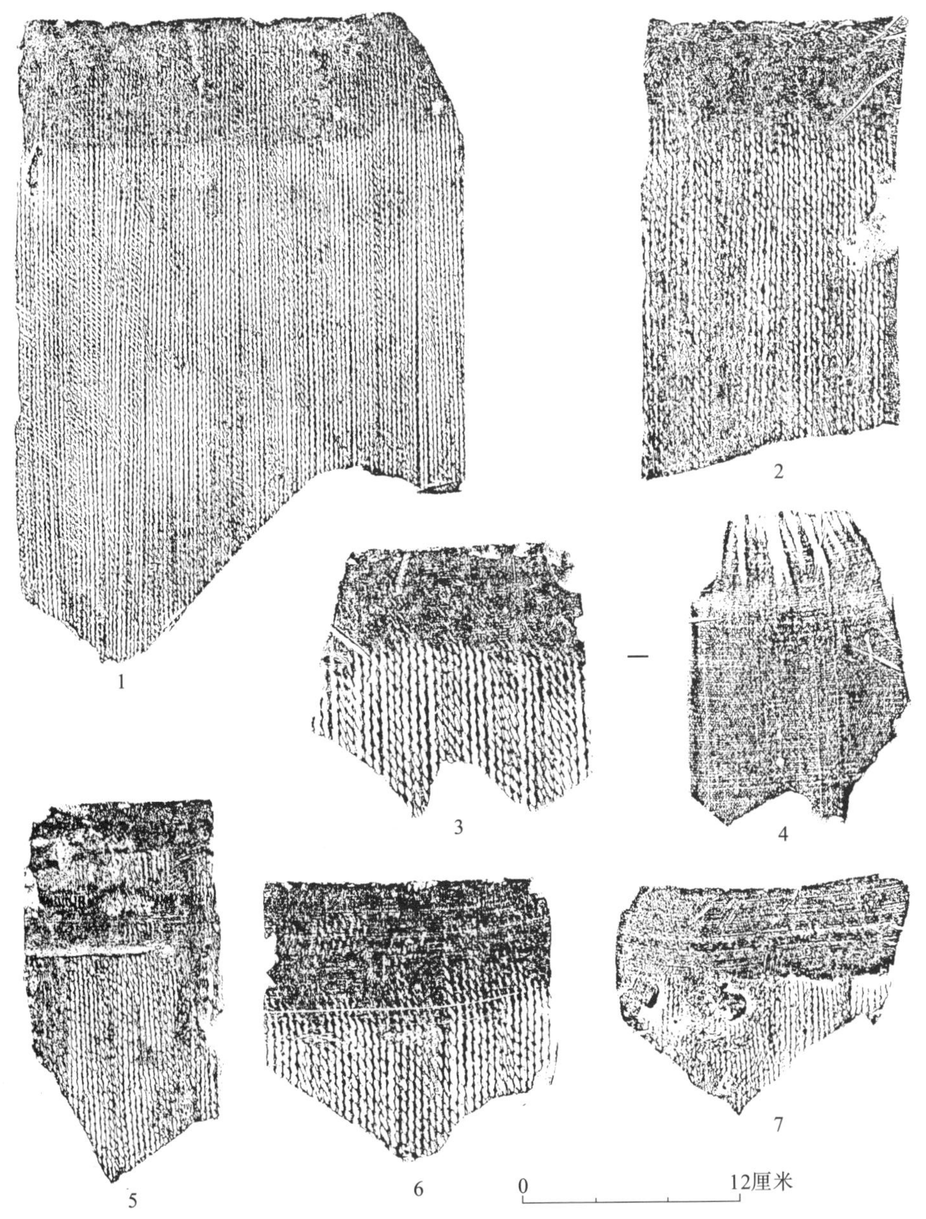

图41　灵台遗址出土绳纹筒瓦（A型）拓本

1、2、3、4、6. Ⅰ式（79HNLH4:04、75HNLT18②:03、75HNLT14④:09凸面、凹面、74HNLS2:03）
5. Ⅱ式（75HNLT15④:07）　7. Ⅲ式（75HNLT18②:04）

Ⅲ式　标本1件（75HNLT18②:04）。瓦尾部分残，瓦唇圆弧形，前端略微上翘，直肩。筒瓦凸面绳径0.2~0.25厘米，接瓦唇处约5厘米长绳纹上敷泥一层并抹平。瓦残长16.8、残宽14、厚1.2~1.4厘米；瓦唇长3.8、厚1.4、肩高0.6厘米（图41，7；图版三九，3）。

B型　筒瓦表面竖直绳纹上加拍有斜向绳纹。分为两式。

Ⅰ式　标本4件。筒瓦凸面饰竖直绳纹，局部加拍有斜绳纹，肩部以上和瓦尾部分绳纹被抹平，瓦尾抹平部分又加拍斜向绳纹。75HNLT9③:01，瓦灰褐色，完整，瓦体较薄。凸面较细的直绳纹绳径0.1厘米，局部浅拍有斜绳纹，靠近瓦唇5厘米处瓦面略被抹光，但仍隐约可见原来拍打的竖直绳纹，瓦尾处加拍的斜向绳纹长约2.1厘米；凹面所饰布纹褶皱明显，瓦尾处被削抹成斜光面，使得瓦尾部分变薄。瓦长36.7、径12~12.3、厚1.1厘米；瓦唇长3、厚1.3、肩高0.4厘米（图42，1、2；图版三九，4）。75HNLT18②:05，基本完整，瓦体较薄。筒瓦凸面竖直绳纹绳径0.2厘米，除瓦尾处3.5厘米长加拍斜绳纹外，直绳纹上局部也加拍有斜绳纹；凹面瓦尾处被削薄成斜面，并加印有模糊的菱形方格纹。瓦长37.1、径12.3~12.6、厚1.1厘米；瓦唇长3.1、厚1.1、肩高0.5厘米。

Ⅱ式　标本3件。筒瓦凸面饰竖直绳纹，局部加印斜绳纹，肩部以上瓦面被刮低，刮痕明显。75HNLT12②:01，瓦尾部分残。凸面所施竖直绳纹绳径0.2厘米，筒瓦中段局部加拍斜绳纹，近瓦唇约7.2厘米长，由于绳纹被刮抹造成瓦面略低，刮低处界限清晰。瓦残长30.5、残宽14.5、厚1.5~1.7厘米；瓦唇长3、厚1.3、肩高0.7厘米（图42，3；图版三九，5）。75HNLT2②:03，瓦青灰色，瓦面涂有红彩，瓦尾部分残。凸面竖直绳纹上局部加拍有斜向绳纹，近瓦唇处5.5~6厘米长瓦面被刮低。瓦残长18.5、残宽14.6、厚1.7~2厘米；瓦唇长3.8、厚1.5、肩高0.8厘米。

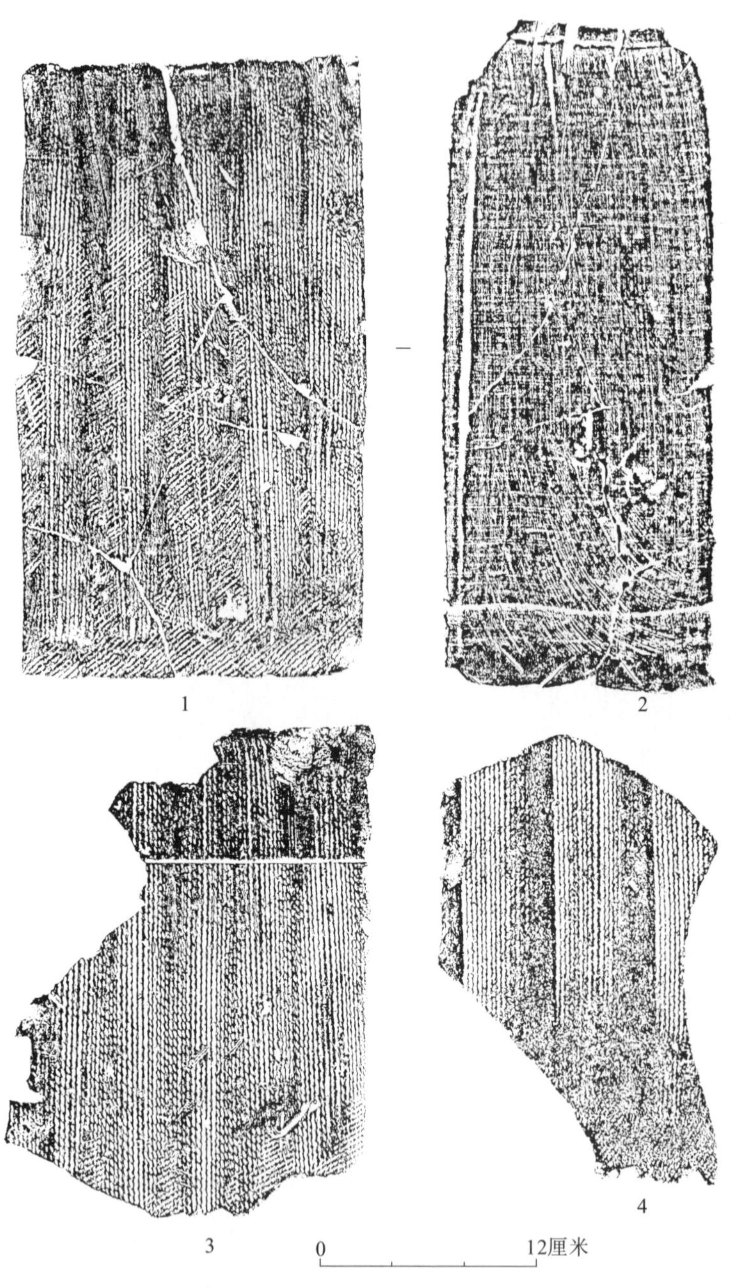

图42　灵台遗址出土绳纹筒瓦（B、C型）拓本

1、2. B型Ⅰ式（75HNLT9③:01凸面、凹面）　3. B型Ⅱ式（75HNLT12②:01）　4. C型Ⅰ式（79HNLH12:04）

C型　筒瓦表面所饰竖直绳纹排列成组。本报告分为两式，该遗址仅见Ⅰ式。

Ⅰ式　标本9件。凸面为排列成组的竖直绳纹，肩部以上和瓦尾部分被抹平，瓦尾抹平部分加拍斜向绳纹。79HNLH12:04，存瓦尾部分。凸面每组绳纹宽3.6~3.8厘米，组与组间隔1.6~1.8厘米；凹面被削薄的瓦尾处压印有菱形方格纹，还有一道横向绳索状凹槽。瓦残长25、残宽14.2、厚1.4~1.5厘米（图42，4）。74HNLS2:02，存瓦尾部分。凸面每组绳纹宽3.2~3.5厘米，拍打较乱；凹面瓦尾处也有一条横向绳索状凹槽，加印的菱形方格纹似刻划而成。瓦残长21.3、残宽13.6、厚1.3~1.5厘米（图版三九，6）。

2. 素面或磨光面筒瓦　这类筒

瓦与素面或磨光面板瓦一样，主要是北魏时期使用的建筑材料。本报告依据凸面是素面或磨光面分为两型，其中A型素面布纹里；B型磨光面布纹里。该遗址出土的此类筒瓦数量较少，而且均为残片，主要都是B型。

B型　该型筒瓦质密坚实，制作精致，整体显得比较厚重。凸面平整的素面往往都经过细致磨光，呈发亮的黝黑色或浅灰色；凹面依然是布纹。依其唇部形制，又可分为两式。

Ⅰ式　标本1件（78HNLT23②b∶13）。瓦灰色，残存瓦头部分。瓦唇呈圆弧形，唇部表面较平，肩部略呈凹槽状。瓦残长10.6、径13.2、厚1.5厘米；瓦唇长4.3、宽9.1、肩高1.2厘米。

Ⅱ式　标本3件。瓦唇圆弧形，唇部表面呈坡状向前端下斜，直肩。78HNLT23②b∶01，瓦灰色，瓦尾略残，烧制时由于温度过高稍微烧瘤。凹面泥条盘筑的痕迹比较明显，而且布纹褶皱较乱，凹面两侧瓦棱切割痕迹宽0.4~0.7厘米。瓦残长24.2、径15、厚2厘米；瓦唇长4、肩高1.2厘米。75HNLH22∶06，瓦浅灰色，残存瓦头部分，瓦唇较短。瓦残长24.5、径13.6、厚1.6厘米；瓦唇长3.2、残宽9.6、厚0.9厘米。

另有5件瓦片式不明。75HNLH24∶02，瓦灰色，较薄，残存瓦尾部分。凸面素面略经磨光，似曾施釉，局部黏有红彩，两边缘处瓦面略被削抹，侧棱则被磨平；凹面衬垫布纹缝接的针脚印痕和褶皱清晰可见，瓦尾处被削薄，也有横向的绳索凹槽压痕，但被削抹挤压的不太明显。瓦残长26.5、径13.5、厚1.5、瓦尾厚1厘米。

（五）瓦当　灵台遗址出土的建筑瓦当，主要为汉晋时期的云纹瓦当，数量较多，种类也较为复杂；而北魏时期的莲花纹瓦当则极为少见。

1. 云纹瓦当　灵台遗址出土的云纹瓦当皆为圆形，主要为汉晋时期所使用。该瓦当当面较宽的边轮内侧整体模印出四组云纹，当心饰一凸起的圆乳丁。一般边轮都略高于当面云纹，与当心圆乳丁表面大致同高。边轮与圆乳丁之间饰有两圈凸棱，四组云纹对称分布其间。四组云纹之间有的是无界格自然区分，有的则用凸棱直线将之界开，凸棱直线有一条、二条和三条的区别。根据上述特征可以分为四型。

A型　无界格云纹瓦当。组成当面主题纹饰的四组云纹两端尾线与外圈凸棱自然相接，各自成组，云纹之间无界格自然区分。由于组成各组云纹的卷曲线条构图不尽相同，或一笔构成、或中间断开，由此可分为两个亚型，该遗址只见有Aa型。

Aa型　组成单组云纹的卷曲线条为一笔构成，中间迂曲部分不断笔。由于中心圆乳丁周围的内圈凸棱在图案装饰上也有多种变化，由此可分5式，该遗址只有Ⅰ、Ⅱ、Ⅳ式。

Ⅰ式　4件。中心素面圆乳丁和周围的内圈凸棱上无任何装饰。78HNLT21②∶01，瓦当灰色，残存大半。瓦当背面敷泥上留有手抹的指痕。面径15、厚1.7~2.5厘米，边轮宽窄不甚规整，宽1.1~2厘米（图43，1、2）。

Ⅱ式　1件（75HNLT18②∶08）。内圈凸棱外侧饰有8个尖状锥点，锥尖分别指向各组云纹之间和云纹中心底部。瓦当灰色，残存大半。瓦当与残存的少量绳纹筒瓦黏接处用细泥抹平，但仍可见到接缝痕迹。面径14.8~15、厚1.4~2.8、边轮宽1.2~1.9厘米（图43，3、4）。

Ⅳ式　1件（78HNLT21②∶02）。云纹卷曲程度较大，内圈凸棱外侧饰有8个三角形镞形饰，镞尖向外散射分别指向各组卷云纹之间和卷云纹中心底部。瓦当灰色，边轮全部残缺。残存最大面径12.8、厚1.5~2.2厘米（图43，5、6）。

图43 灵台遗址出土云纹瓦当（Aa型）拓本与线图

1、2. Ⅰ式（78HNLT21②:01） 3、4. Ⅱ式（75HNLT18②:08） 5、6. Ⅳ式（78HNLT21②:02）

B型 单线界格卷云纹瓦当，四组云纹是由单直线凸棱隔开，每组云纹在各自的界格内独自成组。由局部变化分为三式，该遗址仅见Ⅲ式。

Ⅲ式 5件。卷云纹两端尾线与界格单直线凸棱相接。内圈凸棱周围饰有12个尖状锥点

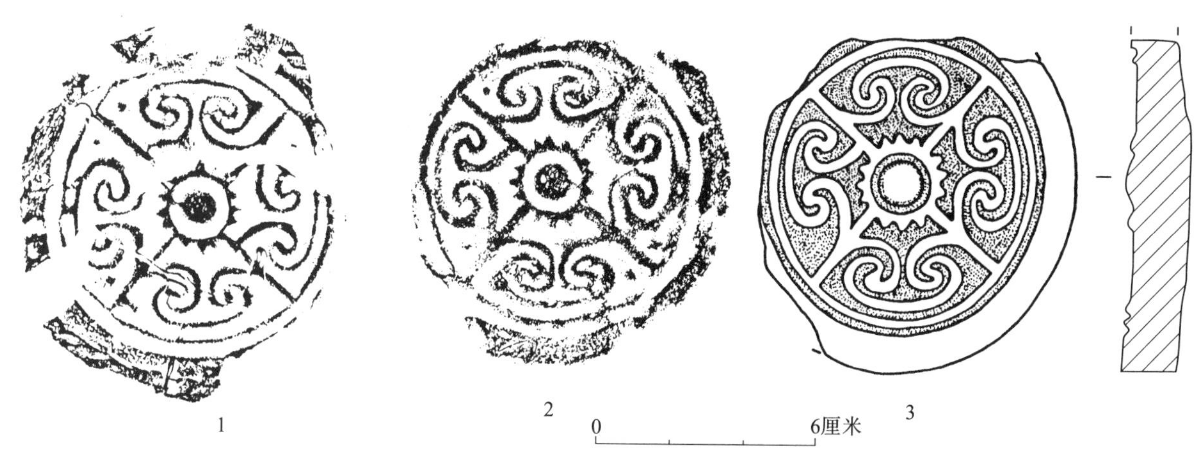

图44　灵台遗址出土云纹瓦当（B型Ⅲ式）拓本与线图

1. 75HNLT15④:10拓本　2、3. 75HNLT18②:09拓本、线图

向外散射，每界格内均分三个分别指向每组云纹底部。瓦当个体较小。75HNLT15④:10，瓦当灰色，部分边轮残。面径10.6、厚1.6、边轮宽0.8~1.2厘米（图44，1；图版四〇，1）。75HNLT18②:09，部分边轮残，当面留有敷泥抹平的指痕。面径10.5、厚1.3~1.9、边轮宽0.8~1.1厘米（图44，2、3；图版四〇，2）。

C型　双线界格卷云纹瓦当。四组云纹是由双直线凸棱隔开，每组卷云纹两端尾线与界格直线凸棱相接。此型瓦当云纹的卷曲线段在构图上也存在一笔构成和中间断开的差别，由此也分两个亚型。

Ca型　组成单组云纹的卷曲线条为一笔构成，中间迂曲部分不断笔。此型瓦当数量较多，依据当面云纹卷曲程度和一些不同点缀装饰的差异，可分为14式，该遗址中只见有Ⅰ、Ⅱ、Ⅲ、Ⅴ、Ⅸ、Ⅺ、ⅩⅣ式。

Ⅰ式　1件（78HNLT21②:03）。云纹卷曲程度较大，内卷的蘑菇状云纹近乎成2个圆形，显得图案繁复，界格内较为拥满。瓦当浅灰色，残半。中心素面圆乳丁凸出，显得大而圆滑。残存最大面径11.4、复原面径约15、厚2.2、边轮宽1~1.2厘米（图46，5）。

Ⅱ式　11件。蘑菇状云纹也呈向两侧内卷状，但卷曲程度不及Ca型Ⅰ式，当面图案较Ⅰ式简洁。75HNLT19②:04，瓦当灰色，当背黏连有一枚小五铢。面径15.4、厚1.6~2.9、边轮宽1.4~1.9厘米（图45，1、2；图版四〇，3）。

Ⅲ式　1件（75HNLT9③:02）。云纹迂曲线条最为简单，蘑菇状云纹呈平顶状，只向两侧平伸，几乎不卷曲。瓦当灰色，边轮略残。当面图案与边轮凸凹不明显，基本在同一平面，中心圆乳丁也较为平缓。残存最大面径13.6、复原面径约14、厚1.9~3、边轮宽2.2~2.4厘米（图45，3、4；图版四〇，4）。

Ⅴ式　1件（78HNLT21②:04）。蘑菇状云纹向两侧内卷，但卷曲程度不及Ca型Ⅱ式，内圈凸棱外侧有4个尖状锥点向外散射分别指向各组卷云纹中心底部。瓦当灰色，残存大半。面径15.4、厚2.2~3、边轮宽1.2~1.6厘米（图45，5、6）。

Ⅸ式　4件。云纹卷曲程度与Ca型Ⅴ式相近，各组卷云纹中心底部与内圈凸棱之间，各饰一个圆凸点。78HNLT21②:06，瓦当灰色，残半。边轮较窄而且明显高出当面纹饰；当背

图45　灵台遗址出土云纹瓦当（Ca型）拓本与线图

1、2. Ⅱ式（75HNLT19②:04）　3、4. Ⅲ式（75HNLT9③:02）　5、6. Ⅴ式（78HNLT21②:04）

平整，几无敷泥痕迹。残存最大面径15.4、复原面径16、厚1.4~2.1、边轮宽0.9~1.1厘米（图46，1、2；图版四〇，5）。

Ⅺ式　3件。云纹卷曲程度与Ca型Ⅴ式相近，内圈凸棱上有4个短棱分别指向各组卷云纹中心底部。79HNLT32②:01，瓦当灰色。边轮明显高于当面图案。面径15.6~16、厚1.4~2.1、边轮宽1~1.2厘米（图46，3、4；图版四〇，6）。

ⅩⅣ式　1件（75HNLT15②:01）。蘑菇状云纹向两侧略微内曲，卷曲程度较小。中心圆乳丁上饰有“十”字交叉的柿蒂纹。外圈凸棱有两重，其内侧一重为三角形向外的锯齿状纹带。瓦当灰色，个体较小。面径9.9、厚1.1~2.4、边轮宽0.8~1.4厘米（图46，6、7；图版四一，1）。

Cb型　组成单组云纹的卷曲线条为三笔构成，中间迂曲部分中断不连。蘑菇状云纹图案较为简洁，卷曲程度也略有差别。依据当面云纹图案中的一些不同装饰与点缀差异，本报告可分为7式，该遗址只见有Ⅰ、Ⅲ式。

Ⅰ式　5件。中心圆乳丁上和内圈凸棱外侧无任何装饰。75HNLT19②:05，瓦当灰色，残存约1/4。边轮明显高出当面图案，蘑菇状云纹略向两侧内卷。残存最大面径9.5、复原面径16、厚2、边轮宽1.4厘米（图47，1）。

Ⅲ式　2件。云纹构图较简洁，各组云纹中心底部与内圈凸棱之间，各饰有一个尖部向外的三角形凸点。75HNLT19②:07，瓦当边轮外缘拍印有绳纹，后接一部分筒瓦。面径15.8、厚1.4~2.5、边轮宽1~1.4厘米；后接的筒瓦残长17.1、厚1.65厘米（图47，3、4）。

D型　三线界格卷云纹瓦当。四组云纹之间是由三条直线凸棱隔开，每组卷云纹两端尾线与界格直线凸棱相接。该型的蘑菇状卷云纹均为一笔勾连而成，不见Ab、Cb型中的断笔云纹。依据当心圆乳丁上和内、外圈凸棱上装饰点缀的差异，本报告分为四式，该遗址只见有Ⅱ式。

Ⅱ式　4件。内圈凸棱围绕的中心圆乳丁为素面；外圈凸棱有两重，其内侧一重为三角形向外的锯齿状纹带。75HNLT14④:11，瓦当灰色，残存约1/4，表面涂有红彩。边轮略宽。残存面径10、复原面径约16.5、厚2.4、边轮宽2~2.3厘米（图47，2）。75HNLT14④:12，瓦当青灰色，残半。面径12.4、厚1.1~1.8、边轮宽1.2~1.5厘米（图47，5、6；图版四一，2）。

2. 莲花纹瓦当　本报告所涉及遗址出土的莲花纹瓦当数量不多，主要有五瓣宝相莲花纹瓦当和十一瓣窄瓣莲花纹瓦当两种，它们主要使用在北魏时期。在灵台遗址只见到前一种，本报告分之为A型。

A型　五瓣宝相莲花纹瓦当。共3件，瓦当灰色，表面也呈现出黑黝亮的光泽，似涂有一层釉色。当面主题纹饰为一朵五瓣宝相莲花图案，莲花呈明显的凸凹浮雕状。当心为凸起的素面圆乳丁，乳丁周围为一周联珠纹，似花蕊状；边轮和圆乳丁之间为较宽的双瓣花瓣。78HNLT23②b:11，瓦当背面与筒瓦连接的断茬处，有黏接前泥刀刻划的坑洼痕迹，使之便于与筒瓦黏接。面径12.6、厚1.6~1.9、边轮宽1.2~1.4厘米（图48；图版四一，3）。

（六）其他建筑材料　除了砖瓦和瓦当外，建筑材料中还有一些红烧土坯、彩色墙皮和泥背碎块、排水管道残件等。

1. 红烧土坯　遗址堆积中土坯数量较多，绝大多数都成碎块，残存的较大土坯块均被火烧

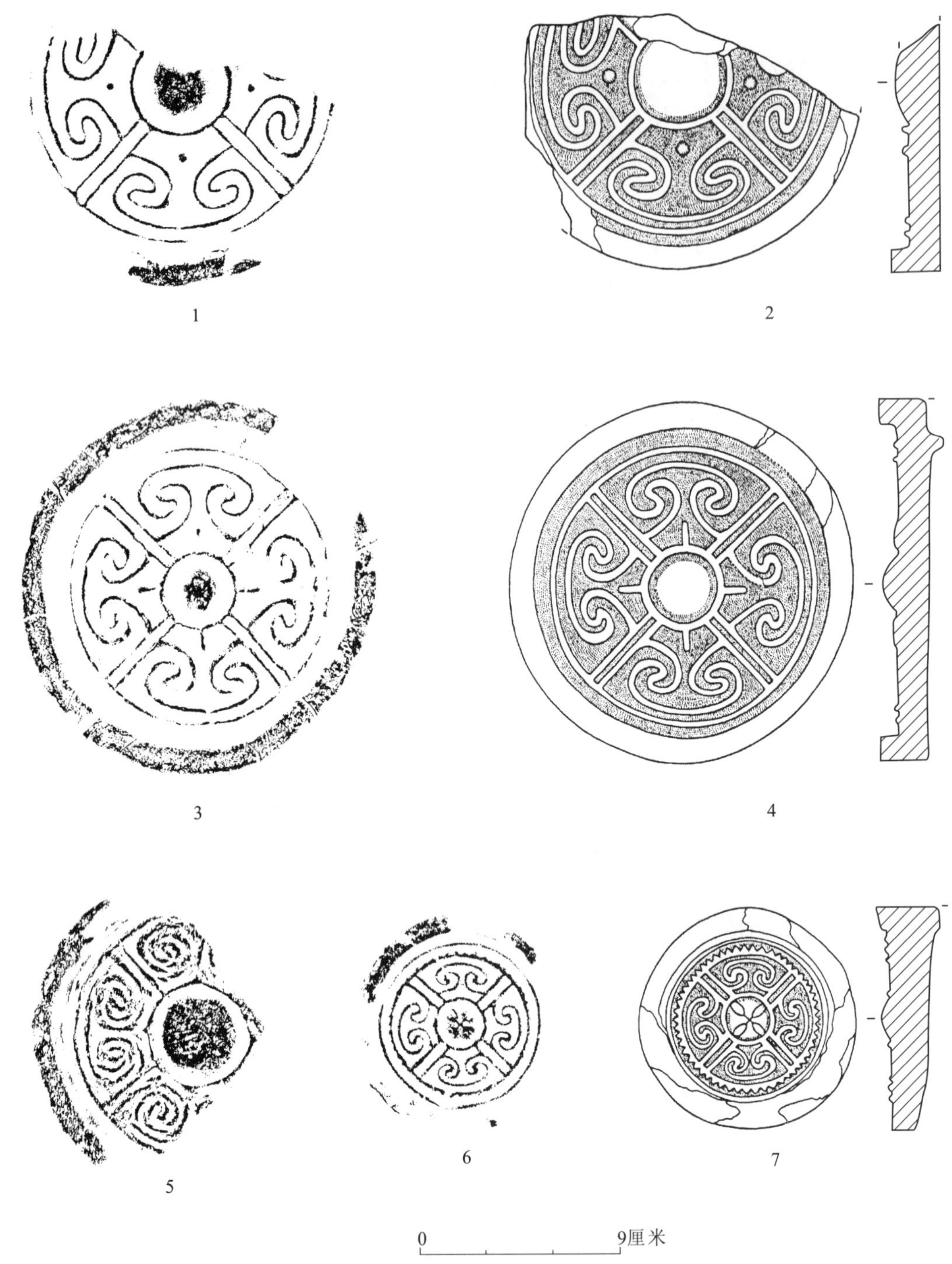

图46 灵台遗址出土云纹瓦当（Ca型）拓本与线图

1、2. Ⅸ式（78HNLT21②:06拓本、线图） 3、4. Ⅺ式（79HNLT32②:01拓本、线图）
5. Ⅰ式（78HNLT21②:03拓本） 6、7. XⅣ式（75HNLT15②:01拓本、线图）

成砖红色。75HNLT18②:49，砖红色，形体厚重。残长16、残宽18、厚7.5厘米（图版四二，1）。75HNLT18②:50，砖红色，抹泥痕迹清晰可见。残长19、残宽20~20.5、厚10.8厘米（图版四二，2）。75HNLT18②:17，砖红色，表面粗糙。残长15.5、残宽20.5、厚8.8厘米。

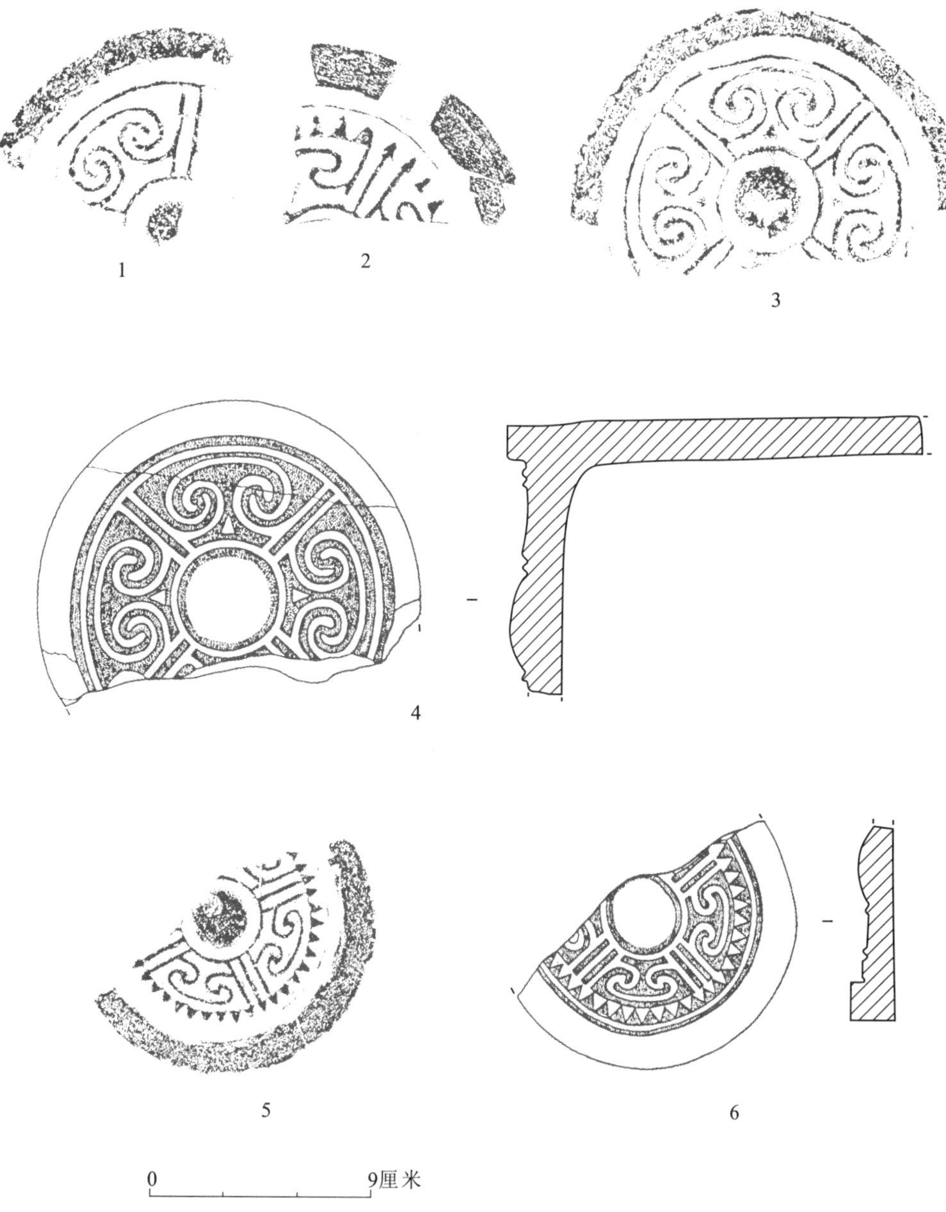

图47　灵台遗址出土云纹瓦当（Cb、D型）拓本与线图

1. Cb型Ⅰ式（75HNLT19②:05拓本）　2、5、6. D型Ⅱ式（75HNLT14④:11拓本、75HNLT14④:12拓本、线图）
3、4. Cb型Ⅲ式（75HNLT19②:07线图、拓本）

2. 涂彩墙皮　灵台遗址残存下来的墙皮主要有两种。

一种是直接在草拌泥壁面上涂抹或粉刷较薄的白灰粉或彩粉，墙皮极薄。75HNLT15采:01和采:02（图版四二，3），草拌泥块长约6~8、厚2.5~2.8厘米，墙皮厚不足0.05厘米。因被火烧烤过，该墙皮现为灰白色夹带有灰黑色，草拌泥块为红烧土色，墙皮原来是何种颜色已无法辨认。

另一种墙皮是在草拌泥墙面上先抹墁一层白灰或类似白灰的青蓝色质料墙皮，墙皮一般厚0.5~1.8厘米，然后在墙皮上再粉刷上薄薄一层较淡的青蓝色彩粉。75HNLT12采:03~采:05，为抹墁在草拌泥壁面上的脱落白灰墙皮残块，厚1~1.8厘米，表面平整，大部分壁面仍残

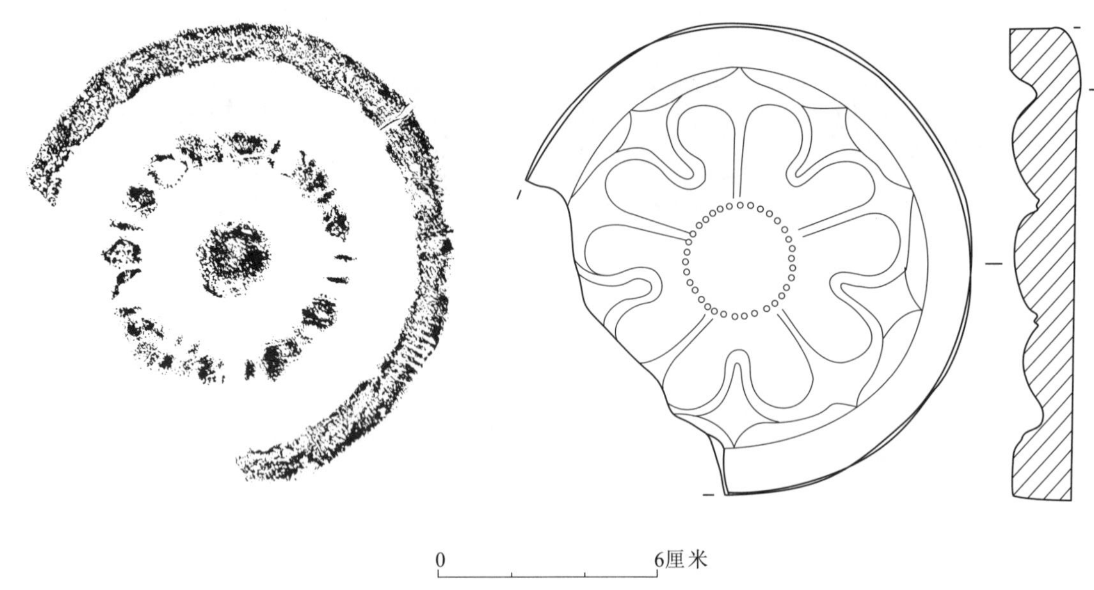

图48　灵台遗址出土莲花纹瓦当（A型）拓本与线图（78HNLT23②b:11）

留有较淡的青蓝色粉彩。75HNLT12采:06，也为抹墁在草拌泥壁面上的脱落墙皮残块，墙皮厚约0.8厘米，质料呈较淡的青蓝色，内里夹杂有少量白灰点，质地较一般的白灰墙皮略硬。75HNLT4采:07~采:09，为青蓝色墙皮已脱落的草拌泥壁面残块，厚2.5~4厘米，其平整的草拌泥壁面上残留有较淡的天蓝色痕迹（图版四二，4、5、6）。

3. 泥背残块　灵台遗址还出土一些带有竹节或植物秸秆印痕的草拌泥红烧土块，显然这些都是屋顶的敷泥残块，主要出土在S1和S2室内的砖瓦废弃堆积中。

竹节印痕泥背残块　皆为草拌泥块，被火烧烤成砖红色或黑灰色，个体较薄。一面压印有似为一根圆竹剖开两半的竹板条印痕，多数为竹板条的凸圆面，也有少量凹圆面；另一面较为平整，有的残块上还可见到一层薄泥皮，上面还涂有一层白粉。由此来看，这些泥块似为室内屋顶的敷泥残块。74HNLS1:07，黑灰色。一面压印有3根竹板条的凸圆面竹节印痕，直径3~3.5厘米；另一面平整并抹有薄泥皮和白灰。残长12.5、残宽8、厚4~5厘米（图版四二，7）。74HNLS1:08，砖红色。压印有三根竹板条的凸圆面竹节印痕，竹条略粗，直径4.3~4.6厘米。残长13、残宽10、厚2.8~4厘米（图版四二，8）。74HNLS1:09，砖红色。压印有4根竹板条的凸圆面和凹圆面竹节印痕，凸、凹圆面的竹板条为交错排放，圆竹直径3~3.3厘米。残长15.5、残宽14、厚3~4.5厘米（图版四二，9）。74HNLS1:10，砖红色。压印有2根竹板条的凸圆面竹节印痕，圆竹直径4~4.5厘米。残长10.5、残宽11、厚3~5厘米（图版四二，10）。

植物秸秆印痕泥背残块　也皆为草拌泥块，大多未经过火烧，为土黄色，形体厚重。泥块一面留有植物秸秆的印痕，秸杆印痕的宽度只有0.5~1厘米左右。这些泥块有可能是屋面上的敷泥残块。74HNLS1:11，残长23、残宽18、厚15厘米；74HNLS1:12，残长30、残宽23、厚10.5厘米（图版四二，11）；74HNLS1:13，残长37、残宽21、厚17.8厘米。

4. 陶水管道　1件（75HNLT18②:18），仅存母口处一小部分。表面饰篮纹，口部内侧削薄成母口。残长9.2、外口径32厘米（图49）。

二　陶器

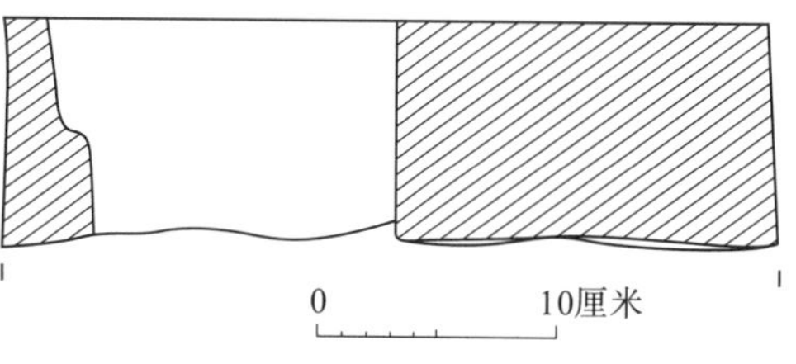

图49　灵台遗址出土陶水管道（75HNLT18②:18）

灵台遗址出土的陶器数量不多，而且大多残碎。可以辨别器形的有罐、瓮、盆、甑和豆盘等，还有一些不辨器形的口沿残片。

1. 罐　共7件，均为泥质灰陶。分为三型。

A型　1件（74HNLS1:01）。侈口，小平底。肩部有对称的双系，腹部有11道凹槽弦纹。口径18.6、最大腹径25、底径13.4、高29.6厘米（图50，1；图版四三，1）。

B型　4件，皆为口沿残片。侈口，束颈。78HNLT22②:04，复原口径13.2、残高7.8厘米（图50，2）；78HNLT22②:05，复原口径12、残高5.2厘米（图50，3）；78HNLT22②:03，复原口径15.6、残高4厘米（图50，4）；75HNLH22:02，复原口径12.5、残高4厘米（图50，5）。

C型　2件，皆为口沿残片。敛口。75HNLH22:01，复原口径37、残高4厘米（图50，6）；75HNLT2②:10，复原口径32.5、残高5.5厘米（图50，7）。

2. 瓮　共4件，皆为口沿残片。依据口沿变化分为三型。

A型　1件（75HNLT15④:11），泥质灰陶。敛口，圆唇，器体厚重。复原口径54、残高9.6厘米（图50，8）。

B型　2件。侈口，圆唇，唇下有一周鋬。78HNLT22②:06，泥质红陶，外施黑色化妆土。复原口径63.2厘米，残高12厘米（图50，9）。78HNLT22②:07，泥质灰陶。复原口径62、残高7.5厘米（图50，10）。

C型　1件（75HNLH21:01），泥质灰陶。敛口，平唇，直腹。口沿外侧施一周附加堆纹，腹部外侧饰斜向粗绳纹。复原口径34厘米，残高18.8厘米（图50，11）。

3. 盆　共5件。皆为口沿残片，泥质灰陶。依据口沿变化分为两型。

A型　4件。侈口，平沿，斜腹。74HNLS2:09，复原口径49.5、残高8.5厘米（图50，14）。79HNLT32②:02，复原口径70.4、残高11.2厘米（图50，13）。78HNLT22②:08，复原口径29.6、残高8厘米。

B型　1件（78HNLT22②:09）。侈口，尖圆唇略微外卷。复原口径26、残高4厘米（图50，15）。

4. 甑　1件（74HNLS2:10）。残，泥质灰陶。侈口，平沿，斜腹，平底，底部有10个箅孔。口径46、底径27、高17厘米（图50，17；图版四三，2、3）。

5. 豆盘　1件（74HNLS2:11）。仅存口沿，泥质浅灰陶。侈口，尖圆唇。复原口径20、残高4.6厘米（图50，16）。

三　瓷器

灵台遗址出土的瓷器，仅有一件青瓷壶残件。

青瓷壶　1件（75HNLH24:01）。腹部以上残。器表施青绿色茶叶末釉至下腹部，斜腹，腹部有一周凹槽弦纹。内侧腹壁留有轮制时的瓦棱纹。饼足底略内凹，足跟被削去一

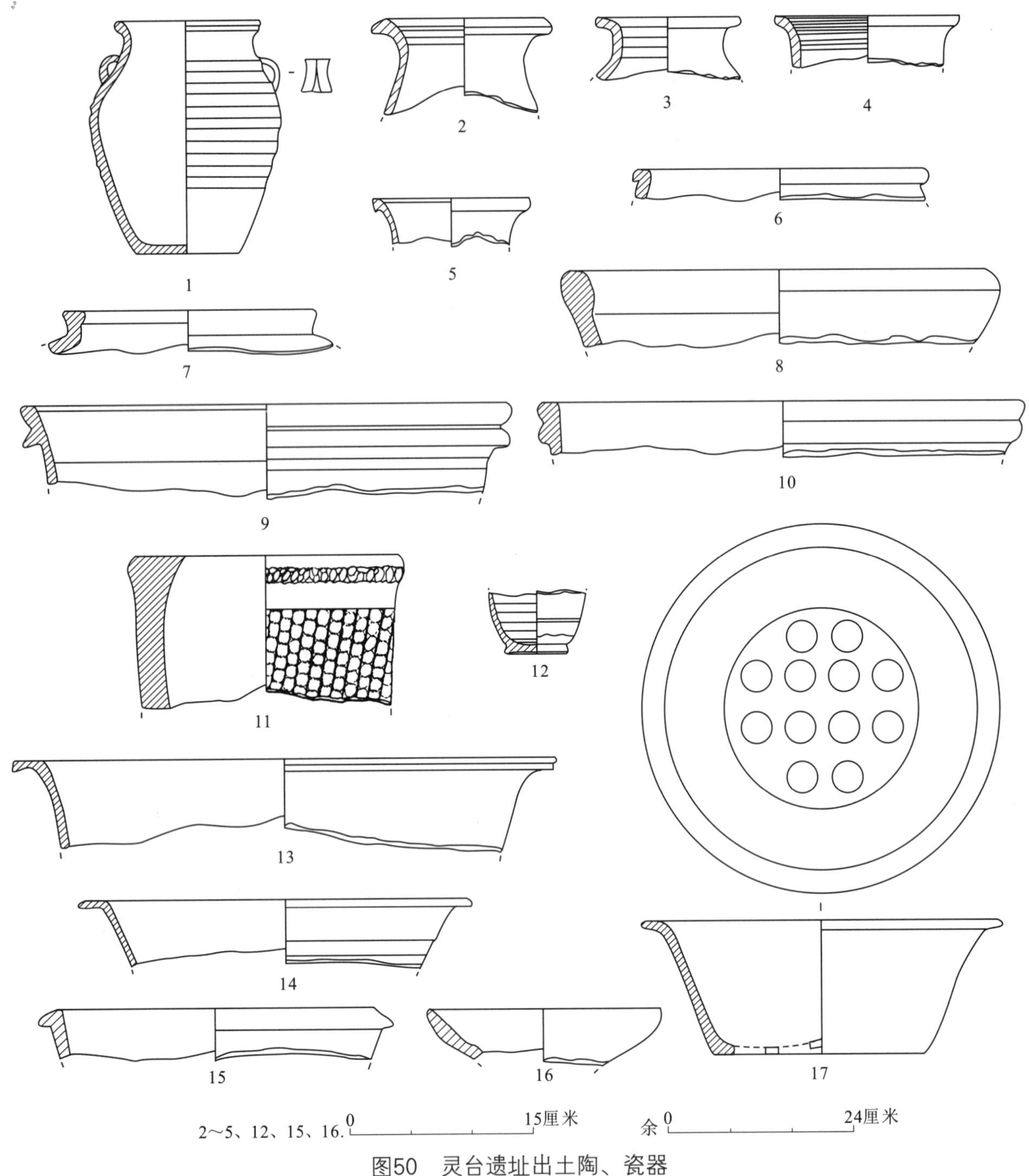

图50 灵台遗址出土陶、瓷器

1. A型陶罐（74HNLS1:01） 2、3、4、5. B型陶罐（78HNLT22②:04、05、03、75HNLH22:02） 6、7. C型陶罐（75HNLH22:01、75HNLT2②:10） 8. A型陶瓮（75HNLT15④:11） 9、10. B型陶瓮（78HNLT22②:06、07） 11. C型陶瓮（75HNLH21:01） 12. 瓷壶（75HNLH24:01） 13、14. A型陶盆（79HNLT32②:02、74HNLS2:09） 15. B型陶盆（78HNLT22②:09） 16 . 陶豆盘（74HNLS2:11） 17.陶甑（74HNLS2:10）

周。底径7.8、残高7.1厘米（图50，12）。

四 铁器

灵台遗址出土的铁器种类不多，但数量不少，主要有铁甲片、镞、刀、圈、钉、蒺藜等。以铁甲片最多，其次为铁钉，其他器物件数较少。

1. 铁甲片　共100多件。锈蚀较为严重，大多已破碎。残存较好的铁甲片，也由于锈蚀原因而使某些编缀孔无法正确辨识。由铁甲片形状可分为三型。

A型　椭圆形，状如槐叶，也有称之为槐叶形。形体较小，甲片上有6~7个编缀孔，两侧各纵列两孔，上下两端各纵列1~2个孔。按其形体的大小，本报告分为4式。

Ⅰ式　共12件，长度在3厘米左右。75HNLT19②:28，余5个编缀孔。甲片长2.95、宽2.2、厚0.1厘米（图51，1；图版四四，1）。75HNLT18②:54，余7个编缀孔。甲片长3.2、宽2.3、厚0.1厘米（图51，2；图版四四，2）。75HNLT19②:31，余6个编缀孔。甲片长3.55、宽2.7、厚0.1厘米（图51，3；图版四四，3）。75HNLT17②:03，余6个编缀孔。甲片长3.1、宽2.4、厚0.1厘米（图51，4；图版四四，4）。

Ⅱ式　共8件，长度在4厘米左右。75HNLT18②:62，余5个编缀孔。甲片长3.95、宽3.2、厚0.15厘米（图51，5；图版四四，5）。75HNLT18②:20，余6个编缀孔。甲片长4.2、宽3.2、厚0.2厘米（图51，6；图版四四，6）。75HNLT19②:50，余3个编缀孔。甲片长4.1、宽3、厚0.2厘米（图51，7；图版四四，7）。

Ⅲ式　共19件，长度4.5~4.8厘米。75HNLT18②:59，余6个编缀孔。甲片长4.9、宽3.6、厚0.2厘米（图51，8；图版四四，8）。75HNLT19②:38，余6个编缀孔。甲片长4.8、宽3.6、厚0.15厘米（图51，9；图版四四，9）。75HNLT19②:17，余6个编缀孔。甲片长4.6、宽3.4、厚0.2厘米（图51，10；图版四四，10）。

Ⅳ式　共5件，长度5~5.5厘米。75HNLT19②:18，余7个编缀孔。甲片长5.1、宽4.1、厚0.15厘米（图51，11；图版四四，11）。75HNLT19②:19，余7个编缀孔。甲片长5、宽3.8、厚0.15厘米（图51，12；图版四四，12）。75HNLT19②:34，余4个编缀孔。甲片长5、宽4.2、厚0.2厘米（图51，13；图版四四，13）。

B型　马蹄形，即一端为圆弧形，一端为直角方形。依其长短形状和编缀孔排列方式不同，本报告分为五式。

Ⅰ式　共6件。甲片呈窄长状，有8个编缀孔。两侧各纵列两孔，上端（直角方形一端）横排两孔，下端（圆弧形一端）纵列两孔。75HNLT19②:20，左上角残，8个编缀孔则保存完整。甲片长5.7、宽3.25、厚0.1厘米（图52，1；图版四五，1）。75HNLT19②:21，余6个编缀孔，上端残存一孔位于中央。甲片长5.9、宽3、厚0.15厘米（图52，2；图版四五，2）。75HNLT18②:25，8个编缀孔皆可辨识。甲片长5.9、宽3.7、厚0.2厘米（图52，3；图版四五，3）。

Ⅱ式　共11件。甲片呈短宽状，有6个编缀孔。两侧各纵列两孔，下端（圆弧形一端）横排两孔。75HNLT19②:23，6个编缀孔皆保留。甲片长4.6、宽3.9、厚0.2厘米（图52，4；图版四五，5）。75HNLT19②:25，仅辨识三个编缀孔。甲片长4.5、宽3.95、厚0.2厘米（图52，5；图版四五，4）。75HNLT19②:41，6个编缀孔皆存。甲片长4.8、宽3.75、厚0.2厘米（图52，6；图版四五，6）。

Ⅲ式　共2件，甲片也呈短宽状，有8个编缀孔。两侧各纵列两个，上端无孔，下端（圆弧形一端）呈菱形分布四孔。75HNLT18②:30，两侧各余一个编缀孔。甲片长4.9、宽3.6、

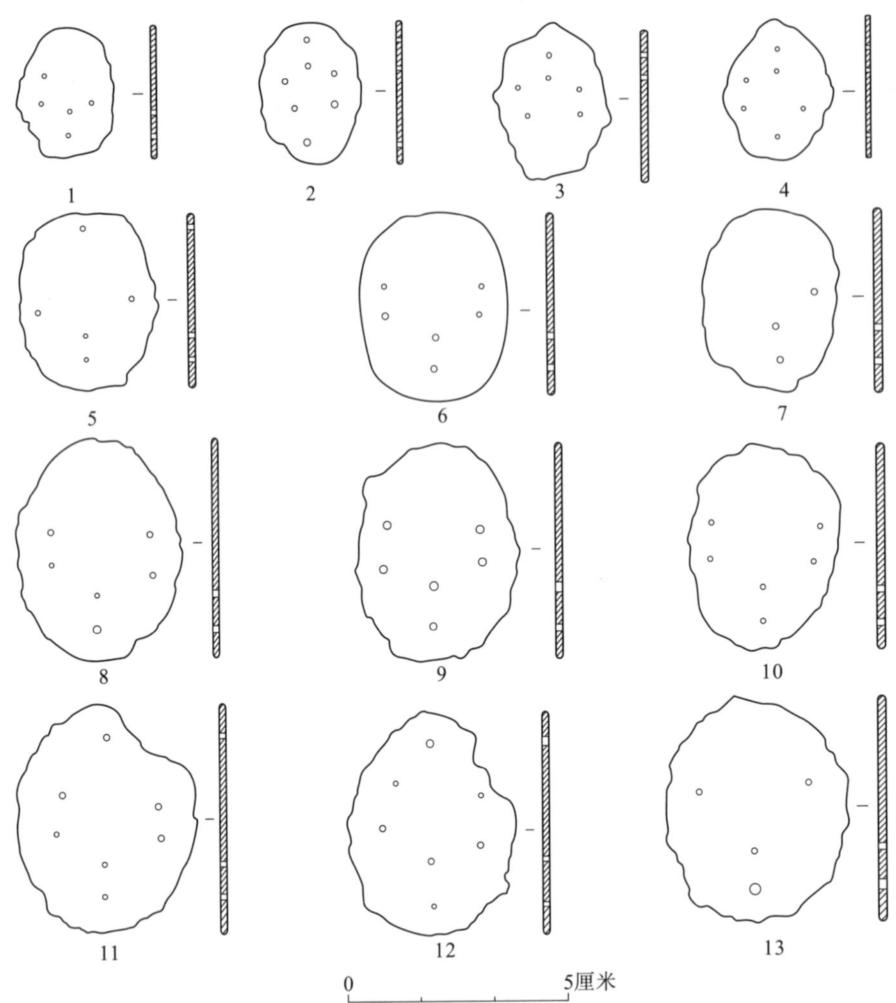

图51　灵台遗址出土铁甲片（A型）

1~4. Ⅰ式（75HNLT19②:28、75HNLT18②:54、75HNLT19②:31、75HNLT17②:03）
5~7. Ⅱ式（75HNLT18②:62、20、75HNLT19②:50）　8~10. Ⅲ式（75HNLT18②:59、75HNLT19②:38、17）　11~13. Ⅳ式（75HNLT19②:18、19、34）

厚0.25厘米（图53，1；图版四五，7）。75HNLT18②:31，8个编缀孔保存完整。甲片长4.8、宽3.9、厚0.2厘米（图53，2；图版四五，8）。

Ⅳ式　3件，甲片也呈短宽状，有6个编缀孔。两侧和下端（圆弧形一端）各纵列两孔。75HNLT18②:32，6个编缀孔保存完整。甲片长5、宽3.8、厚0.1厘米（图53，3；图版四五，9）。75HNLT19②: 36，仅余4个编缀孔。甲片长5.35、宽3.2、厚0.3厘米。

Ⅴ式　2件，甲片形体较长，应有12个编缀孔。两侧各纵列4个孔，每两个成一组；上端和下端各纵列两个孔。75HNLT18②:33，仅存10个编缀孔。甲片中央还多出一个孔，疑为后期锈蚀成孔，与甲片原有编缀孔无关。甲片长7.2、宽4、厚0.2厘米（图53，4；图版四六，1）。75HNLT18② : 35，仅余6个编缀孔。甲片长6.8、宽4.1、厚0.15厘米（图53，5；图版四六，2）。

C型　长方形甲片，可辨识的有2件。应为10个编缀孔，两侧各纵列4孔，每两个成一组；

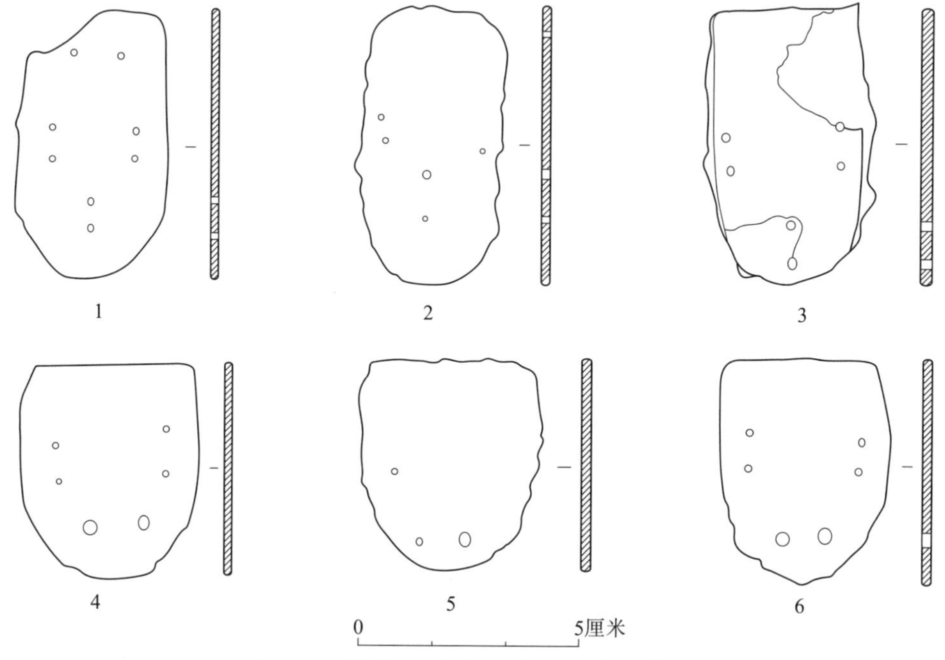

图52　灵台遗址出土铁甲片（B型）

1~3. Ⅰ式（75HNLT19②:20、21、75HNLT18②:25）　4~6. Ⅱ式（75HNLT19②:23、25、41）

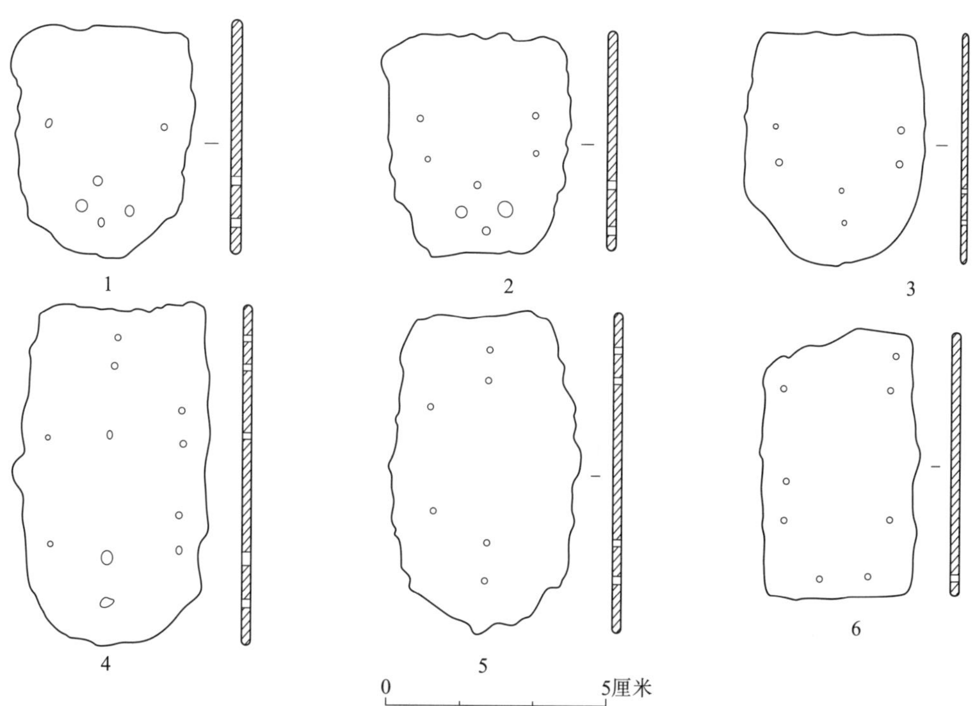

图53　灵台遗址出土铁甲片（B、C型）

1、2. B型Ⅲ式（75HNLT18②:30、31）　3. B型Ⅳ式（75HNLT18②:32）

4、5. B型Ⅴ式（75HNLT18②:33、35）　6. C型（75HNLT18②:36）

上端无孔，下端横排两个孔。75HNLT18②:36，仅余8个编缀孔。甲片长5.75、宽3.5、厚0.2厘米（图53，6；图版四六，3）。

2. 钩　1件（75HNLT18②:42）。环首。器长11.2、宽8.5厘米；钩身截面为圆形，截径

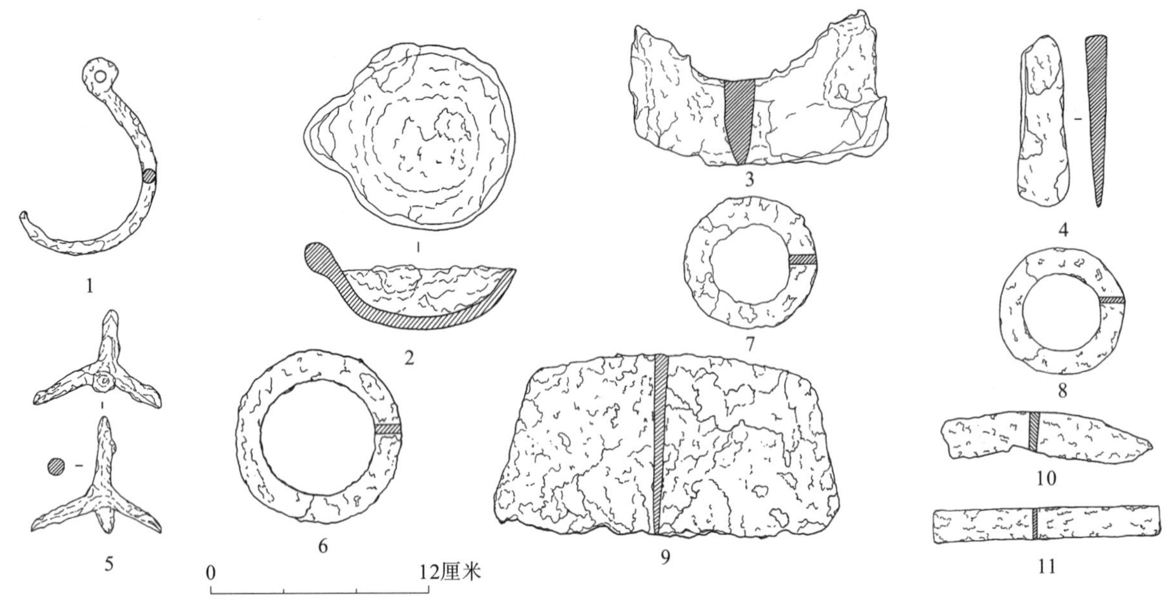

图54 灵台遗址出土铁器

1. 钩（75HNLT18②:42） 2. 灯盏（75HNLH25:01） 3. 镢（74HNLS1:03） 4. 锛（75HNLT18②:69） 5. 蒺藜（75HNLT18②:44） 6、7、8. 圈（75HNLT18②:40、39、41） 9、10. 刀（75HNLT19②:11、12） 11. 条（75HNLT19②:15）

0.5~1厘米（图54，1；图版四六，4）。

3. 灯盏 1件（75HNLH25:01）。锈蚀严重，口部残缺成不规则形，圜底略平。最大口径11.7、残高4.5、厚0.7~1厘米（图54，2；图版四六，5）。

4. 镢 1件（74HNLS1:03）。锈蚀严重，仅存刃部。残长8、宽14厘米（图54，3；图版四六，6）。

5. 锛 1件（75HNLT18②:69）。长9.3、刃部宽2.9、最大厚度1.2厘米（图54，4；图版四六，7）。

6. 蒺藜 1件（75HNLT18②:44）。形似鸡爪状，四刺各向不同方向。器高6.2、宽7厘米；刺身后端截面为方形，截径0.7厘米（图54，5；图版四七，1）。

7. 圈 共4件。均出土在灵台北部西侧的石子路面上。75HNLT18②:40，外径9.4、内径6.3、截面宽1.4~1.6、厚0.45厘米（图54，6；图版四七，3）。75HNLT18②:39，外径7.3、内径4.2、截面宽1.5~1.6、厚0.45厘米（图54，7；图版四七，4）。75HNLT18②:41，外径6.6~6.8、内径4.2、截面宽1.2~1.4、厚0.3厘米（图54，8；图版四七，5）。

8. 刀 共2件。75HNLT19②:11，为直刃大刀。长18.8、宽9.8、刀脊厚0.7厘米（图54，9；图版四七，2）。75HNLT19②:12，为曲刃小刀。残长11.7、宽2.3、刀脊厚0.6厘米（图54，10；图版四七，6）。

9. 条 共3件。分为扁平铁条和细圆铁条。

扁平铁条 2件。75HNLT19②:15，残长12.6、宽1.5~1.7、厚0.2厘米（图54，11）。75HNLT18②:45，残长11、宽1.5、厚0.2厘米。

细圆铁条 1件（75HNLT18②:46）。残长46.5、直径1厘米。

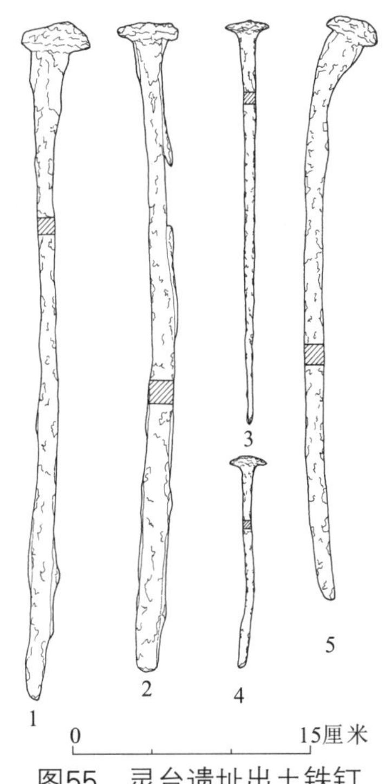

图55　灵台遗址出土铁钉

1. 75HNLT19②:46　2. 75HNL柱C5:01
3. 75HNLT19②:44　4. 75HNLT18②:65
5. 75HNLT19②32

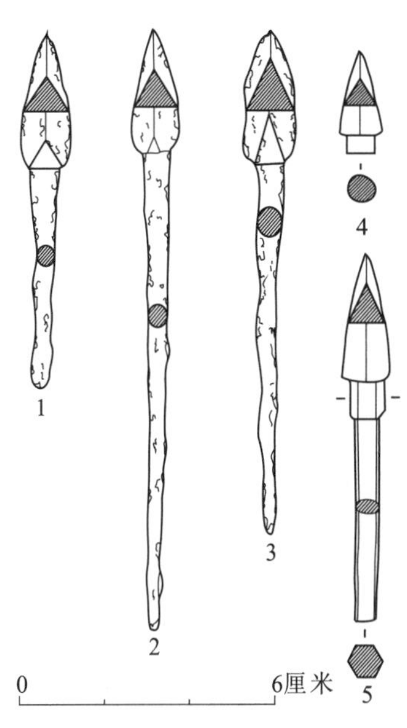

图56　灵台遗址出土铁镞、铜镞

1~3. 铁镞（75HNLT19②:13、75HNLT19②:14、75HNLT18②:43）　4、5. 铜镞（75HNLT18②:47、74HNLS1:04）

10. 钉　数量较多，大多锈蚀残断，较完整的有12件。残钉长短不一，均为圆形钉帽，钉身断面为方形。75HNLT19②:46，残长42、钉帽直径4.4、钉身截面宽1厘米（图55，1；图版四八，1）。75HNL柱C5:01，残长40.2、钉帽直径3.8、钉身截面宽1.6厘米（图55，2；图版四八，2）。75HNLT18②:37，钉身扭曲，残长36.3、钉帽直径2.4、钉身截面宽0.5~0.8厘米（图版四八，3）。75HNLT19②:44，残长25、钉帽直径2.8、钉身截面宽0.7厘米（图55，3）。75HNLT18②:65，残长13、钉帽直径2.4、钉身截面宽0.5厘米（图55，4）。75HNLT19②:32，残长36.2、钉帽直径3.5、钉身截面宽0.9~1.1厘米（图55，5；图版四八，4）。

11. 镞　共3件，三角形锥状，后接圆铤。75HNLT19②:13，残长8.1厘米（图56，1；图版四八，5）。75HNLT19②:14，残长13.7厘米（图56，2）。75HNLT18②:43，残长11.5厘米（图56，3；图版四八，6）。

五　铜器

灵台遗址出土的铜器，只有铜镞一种。

镞　共2件。镞身皆为三角形锥状，镞身尾端截面略有不同。75HNLT18②:47，尾端截面为圆形，无铤。通长2.8厘米（图56，4；图版四八，7）。74HNLS1:04，尾端截面为六边形，后端接铤，铤截面为扁圆形。残长8.4厘米（图56，5；图版四八，8）。

六　石器

灵台遗址出土的石制品，只有一件石臼。

石臼　1件（74HNLS1∶02）。青灰色，火成岩质。直口，平唇，平底。外腹部有斜向的錾痕，底部略经过打磨。外口径16.4、内口径10.8、底径13.6、高15.8厘米（图版四八，9）。

七　钱币

灵台遗址出土的钱币皆为铜钱，有西汉五铢、东汉五铢、剪轮五铢、货泉、货布和常平五铢等。

1. 西汉五铢　1枚（74HNLS1∶05）。钱径2.5、穿宽1厘米（图57，1）。

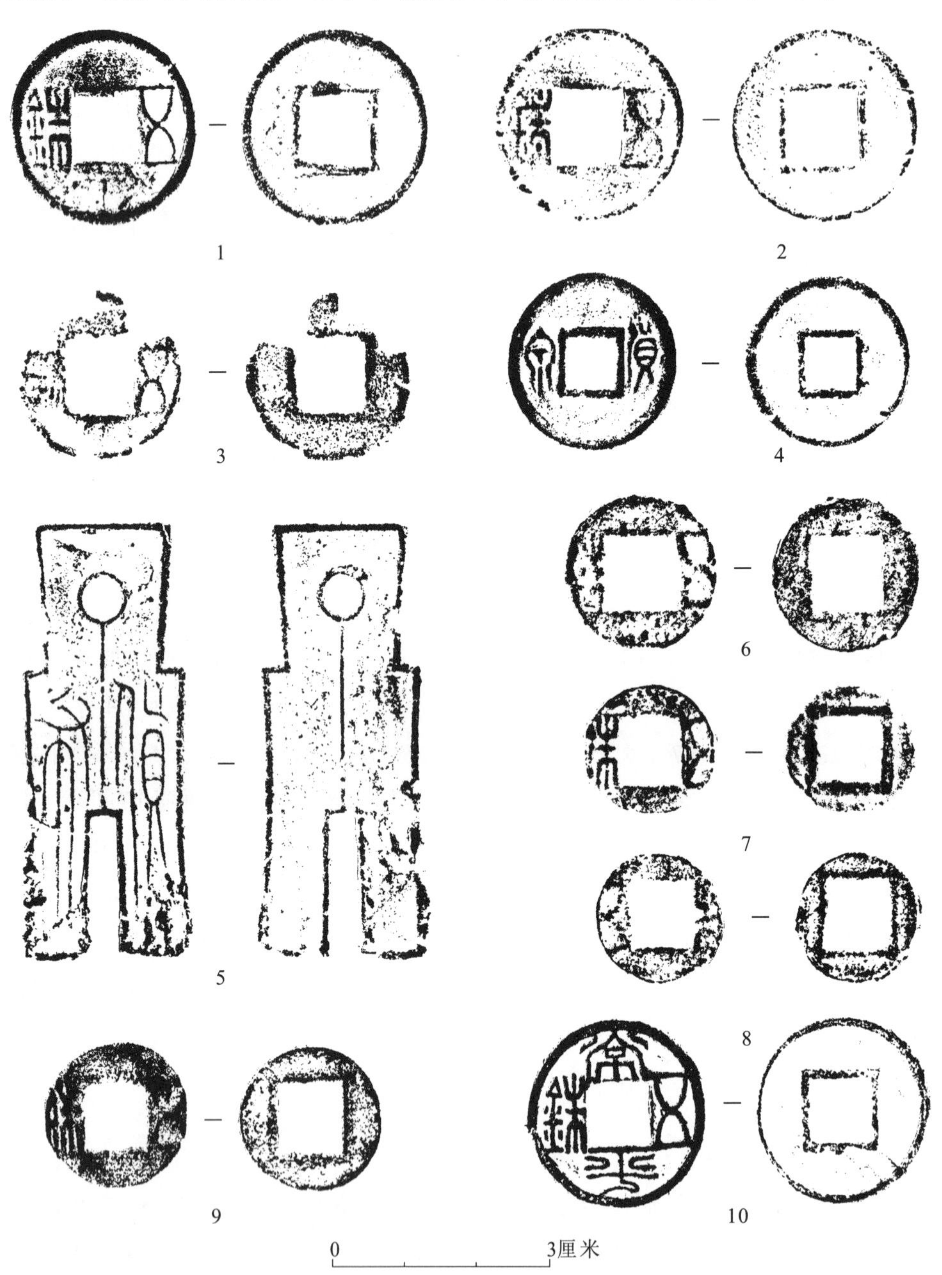

图57　灵台遗址出土钱币拓本

1. 西汉五铢(74HNLS1∶05)　2、3. 东汉五铢(75HNLT15④∶13、75HNLT18②∶70)　4. 货泉(75HNLT15③∶01)　5. 货布(74HNLS1∶06)　6、7、8、9. 剪轮五铢(75HNLT19②∶57、58、59、75HNLT14④∶18)　10. 常平五铢(75HNLT14③∶01)

2. 东汉五铢　共2枚。75HNLT15④∶13，钱径2.55、穿宽1厘米（图57，2）。75HNLT18②∶70，钱径2.2、穿宽1厘米（图57，3）。

3. 货泉　1枚（75HNLT15③∶01）。钱径2.2、穿宽0.75厘米（图57，4）。

4. 货布　1枚（74HNLS1∶06）。高5.6、穿孔径0.6厘米（图57，5）。

5. 剪轮五铢　共4枚。75HNLT19②∶57，钱径2、穿宽1.1厘米（图57，6）。75HNLT19②∶58，钱径1.8、穿宽0.9厘米（图57，7）。75HNLT19②∶59，钱径1.8、穿宽1厘米（图57，8）。75HNLT14④∶18，钱径1.9、穿宽1厘米（图57，9）。

6. 常平五铢　1枚（75HNLT14③∶01）。钱径2.4、穿宽0.9厘米（图57，10）。

第七节　小　结

通过对灵台遗址的发掘与整理研究，对这座高台的建筑形制结构、建造与沿用时代有了基本的认识。下面根据考古发掘中的一些遗迹现象和出土遗物的时代特点，对其建造与沿用时代进行一些初步判断，作为本章的小结。

一

首先由灵台遗址残存的遗迹现象和一些解剖试掘工作来观察，该高台建筑的主体基址显然是早期一次整体规划建设完成，但在后代则还有多次的修补与改造沿用。

在高台建筑基址上发现的早晚不同时期遗迹现象，除了较明显的晚期扰乱灰坑和甬道遗迹以外，在建筑遗迹上则主要表现在一些分别成组而且存在着一些叠压和打破关系的柱槽遗迹中。

其中，在高台顶部中间方形夯土台四周边缘清理发现的编号为Z1~Z9的9个柱槽，显然是该灵台高台上最早的建筑遗迹之一。由残存的这些柱槽遗迹来观察，其柱槽内的木柱皆是被夯土围筑在其中的，显然是与该夯土高台一次设计并建造完成的有关遗迹。此外可以说明这些柱槽时间较早的证据，是在高台西侧第二层平台上发现的两间内室S1和S2房室铺砖地面下，还残存有废弃的此类柱槽遗迹，显然在加辟S1和S2两间内室建筑时，这些柱槽已经废弃或者部分废弃不用了。如此也说明，在中心高台西面第二层平台殿堂内侧加辟的两间内室建筑S1和S2，应该是灵台高台建筑建成以后略晚时期又改造才形成的建筑遗迹。

此外，由该高台基址的整体布局形制和柱础分布特点来看，和上述Z1~Z9柱槽同时建造的早期建筑遗迹，还应该包括中间方形夯土台四周即第二层平台上殿堂建筑的铺砖地面和后壁C1~C20柱础，第一层平台廊房建筑的后壁B1~B8柱础、前檐A1~A20柱础和台壁包砖，第一层廊房外侧的河卵石散水，东面门亭建筑的东1~东3柱础、西面门亭建筑的西1~西9柱础、北面门亭建筑的北1~北3柱础等遗迹。上述这些不同层台上的早期柱础与地面遗迹，构成了早晚不同时期灵台中心高台建筑的基本雏形。即现考古发掘获得的这座灵台中心高台建筑基址，除了个别是经过后期略有改造形成的以外，其主体建筑形制应该是从早期建成后并且一直沿用下来的。

在基址中发现的较为明显的晚期建筑遗迹，主要是在高台基址东侧发现的W1~W12柱槽。由平面分布来看，这12个柱槽似乎可以分为两组。其中靠北面的4个柱槽W9~W12呈南北一排纵列，南面的8个柱槽则是南北两排纵列，它们间距虽然略有不同但排列似乎还是有一定的规律。这类柱槽中有的明显打破了早期的门亭柱槽，显然是晚于早期灵台建筑的晚期建筑遗迹。

此外，关于灵台中心高台上的甬道遗迹，由于被晚期建筑遗迹改造或扰乱破坏的较为严重，该甬道是否与汉晋时期的灵台建筑有关已无法确定。但根据打破此甬道的灰坑H21内的遗迹和遗物情况，此甬道至少在北魏时期可能就已经存在，延续使用到唐代以后才逐渐废弃。

二

其次，对该遗址出土的遗物进行系统地整理研究，也是我们结合文献记载正确判定这座重要建筑遗址的建造与使用时代的另一个重要方面。尤其这座高台建筑沿用时代较多，其中的砖、瓦和瓦当等建筑材料也比其他的遗物具有更为显著的时代特点，更方便我们对不同时期的建筑遗迹做出符合客观实际的判断。

由在遗址出土的砖类制品来看，主要种类有素面方砖、几何纹方砖、素面长方砖、席纹长方砖和绳纹长方砖等。数量最多的是素面长方砖，其中C型素面小长方砖有400多件，A型素面大长方砖250多件，B型素面长方砖约有10余件；其次是几何纹方砖，其中A型38件，C型1件；此外还有9件素面方砖、9件绳纹长方砖、1件A型席纹大长方砖和2件C型席纹小长方砖等。

由这些砖的形制、规格特点和用途来看，数量较多的A型素面大长方砖，主要用于包砌第一层廊房的台基边缘和高台西侧第二层殿堂内侧的内室S1破损壁面；C型素面小长方砖，主要用于第二层殿堂地面的铺地；几何纹方砖和素面方砖，则主要是在第一层廊房内及高台西侧第二层殿堂内侧加辟的2间内室内铺设地面。上述这些砖和席纹长方砖，均属于东汉时期大量使用的建筑用砖，当然后代均会继续沿用。而具有明显北魏时期特点的绳纹长方砖，在遗址上数量则不是很多，只有标本9件，而且均是见于一些修补遗迹中或晚期废弃堆积中发现。

灵台遗址出土的建筑瓦片，数量比较多。种类主要为绳纹面布纹里板瓦和筒瓦，还有少量的篮纹面布纹里板瓦、素面或磨光面板瓦和筒瓦等。

其中的绳纹面布纹里板瓦片，有A、B、D、E四型。以A型瓦片数量最多，约有171件；其次是E型瓦片，有41件；还有D型瓦片12件、B型瓦片1件。

绳纹面布纹里筒瓦片，有A、B、C三型。以A型瓦片为最多，有204件；B型瓦片7件；C型瓦片9件。

篮纹面布纹里板瓦片，数量较少，只有3件。

素面或磨光面板瓦片，数量不是很多，分为A、B二型。其中A型凸面为素面，凹面为布纹里，有瓦片标本11件；B型凸面为素面，凹面则为磨光面，有瓦片标本5件。

素面或磨光面布纹里筒瓦片，数量也不太多，共有标本9件。

上述这些瓦片，其中数量较多的绳纹面布纹里板瓦和筒瓦片，一般制作比较规整。虽然瓦的形制大都比较接近，但大小差异却比较大。应该是与这类瓦自汉代至魏晋时期一直都在使用，因此不同时期制作或者不同建筑使用的瓦之间必然存在着这种差异，只是我们目前尚未找寻到其中的规律罢了。但通过整理发现，这类瓦片主要出土在灵台中心建筑基址上，显然都是与这座高台建筑主要的建造和使用时期为东汉和魏晋时期有关的建筑材料。

出土的篮纹面布纹里板瓦片，数量比较少，而且也主要出土在高台基址上。据推测，这类板瓦可能出现于魏晋十六国时期，显然在这一时期此高台建筑也曾经得到过规模不大的增修或改建活动。

北魏时期的素面或磨光面板瓦和筒瓦，主要出土在灵台高台基址南面的北魏时期烧瓦窑遗址堆积中，在此高台基址上发现的数量也非常少，显然也是与这个时期此高台建筑的改造使用状况有一定的关系。

灵台遗址出土的建筑瓦当，主要为汉晋时期的云纹瓦当，不仅数量多，种类也比较丰富。而具有明显北魏时期特点的莲花纹瓦当，与该遗址出土的北魏绳纹砖和素面或磨光面板筒瓦情况也相类似，在此也较为少见。

该遗址的云纹瓦当，有A、B、C、D四型。其中A型本报告分为Aa和Ab两个亚型，该遗址仅见Aa亚型一种，有6件；B型有5件；C型也分为Ca、Cb两个亚型，Ca亚型有22件，Cb亚型有7件；D型均为Ⅱ式，有4件。

对照以往对汉魏洛阳故城出土瓦当进行的分期研究结果①，上述云纹瓦当中除了D型Ⅱ式为魏晋时期瓦当外，其余主要都是东汉时期大量使用的瓦当。其中的Aa型云纹瓦当属于东汉前期使用的瓦当；数量较多的Ca型和Cb型云纹瓦当，延续使用的时间较长，大致自东汉早期至东汉晚期一直都在使用。

北魏时期的莲花纹瓦当，在该遗址仅见有A型五瓣宝相莲花纹瓦当一种，有3件。而且它们主要出土在灵台高台基址南面的北魏时期烧瓦窑遗址堆积中。

由上述对灵台遗址出土的建筑材料所作的时代分析来看，该建筑基址的建造、沿用时代是大致清楚的。无论是主体建筑基址上残存的大量建筑用砖，还是基址废弃堆积中包含的大量建筑瓦片和瓦当，其所显示的建筑时代特点都表明：其主体建筑基址是一次规划并建造完成于东汉时期；在东汉建成以后一直到魏晋时期，也都还存在着继续修缮、局部改建等修建活动与沿用；至于基址上残存的少量北魏时期砖瓦，尤其是发现的北魏时期的砖雕佛像，则表明该灵台基址在北魏时期虽然也还继续存在并得到修缮与使用，但其显然已经不是作为灵台，而是与佛寺建筑有关的遗迹了。这些考古信息显然都能够与有关的文献记载相符合与对应，对此我们将在本报告第五章结语中再行叙述。

总之，通过对上述灵台遗址考古勘探与发掘资料所作的整理研究并结合文献资料，我们可以得出一个基本的结论：即目前获得的这座高台建筑基址的主体建筑形制，应不晚于东汉时期建造形成，曹魏和西晋时期都还仍然继续沿用，北魏时期虽然灵台已经废弃，但基址仍然存在并另改他用，而且其外围建筑局部还有一些大的变动。种种迹象显示，它无疑就是文献记载的东汉至魏晋时期的灵台遗址。

① 钱国祥：《汉魏洛阳城出土瓦当的分期与研究》，《考古》1996年10期；钱国祥：《云纹瓦当在洛阳地区的发展与演变》，《中原文物》2000年5期。

第二章　明堂遗址

第一节　遗址概况与勘察经过

一　遗址概况

明堂，系中国古代都城中特有的重要礼制建筑“三雍”之一，是当时帝王告朔行令祭天享祖的场所。

据文献记载，汉魏洛阳故城的明堂位于该城南郊的古洛河北岸，大城南墙之南约一千米的汉代平城门（曹魏、西晋时为平昌门）外御道与开阳门外御道之间。经考古勘察，遗址西面隔平城门外御道和灵台建筑相望，东面则隔开阳门外御道与辟雍建筑相对。

该明堂遗址现地处河南省偃师市佃庄乡朱圪垱岗上村，北临改道后的洛河南堤，南过朱圪垱岗上村至大郊寨村的东西向车道。遗址范围较大，保存较浅，现均存地下，而且主要建筑遗迹已被现代村舍占压（见图3；彩版二，2）。该遗址的中心建筑基址，位于朱圪垱岗上村北部，地势较为高亢，高出周围地面约有1米，“岗上”村一名也正是由此而来。据当地村民反映：20世纪50年代初该高地尚比现在高出1~1.5米，在农业耕作或生产活动中，经常发现地下有夯土遗迹与砖、瓦、青石块等建筑遗物；还传说这里是隋末农民起义领袖李密占据洛阳时在此修建的“看花楼”遗址，并说岗上高地南面的低洼地就是当年的“养花池”所在。

二　勘察工作经过

（一）考古调查勘探

第一次考古调查勘探　时间1963年7月8日至7月10日。当时是为了寻找汉魏洛阳故城南城垣等有关遗迹，为下一步在洛河南岸开展工作进行初步调查。主要在朱圪垱岗上村附近地势较高的地方等地进行调查性勘探，获得一些重要的夯土遗迹等线索。

第二次考古调查勘探　时间1963年11月9日至11月28日。较上一次调查勘探范围扩大，更加全面细致。勘探结果发现这里是一组包含有院墙和中心建筑等基址的完整建筑遗迹，根据文献记载的方位推测它应该就是东汉至北魏时期的明堂遗址。

负责这两次调查勘探的为许景元，参加工作的有刘景龙、杜玉生等，刘震伟测绘了遗址勘探平面图。

（二）考古发掘

第一次考古发掘　时间1978年3月28日至 4月1日。为配合朱圪垱岗上村修建仓库，进一步了解该遗址的保存现状，在明堂中心建筑遗址上开挖探沟2条，编号78HNMT1、T2。负责此项发掘工作的为许景元等。

第二次考古发掘　时间1978年6月18日至7月28日。对明堂中心建筑遗址的西北角（约占整个基址1/4）全面布方发掘，编号78HNMT3，发掘区内分为Ⅰ~Ⅵ区。先后负责工地发掘的为冯承泽和许景元，参加发掘的有屈如忠、陈华州、黄和平、郭天平、郭留通等。冯承泽对遗址进行了测绘与照相（图版四九，1）。

第三次考古发掘　时间1978年10月29日至12月24日。对明堂中心建筑遗址的东北、西南和东南角（约占整个基址3/4）进行全面揭露发掘与部分解剖，编号分别为78HNMT4、T5、T6。工地总负责人许景元，参加发掘的有孟凡人、陈戈、孙秉根、何建功、索昌、王立善、陈华州、黄和平等。冯承泽对遗址进行了测绘与照相（图版四九，2；图版五〇、五一）。

第四次考古发掘　时间1979年4月14日至5月10日。对明堂中心建筑遗址的台基夯土及台基外围地面进行试掘与解剖，并在明堂南墙的门址夯土上试掘探沟，编号79HNMQT1。工地负责人为许景元，参加发掘的有陈华州等。

第二节　明堂遗址的勘探

一　墙垣的勘探

通过在明堂遗址进行勘探，在这里发现了大面积的夯土基址，且不止一处，外围还有夯土墙垣围绕，构成一组布局较为完整的建筑院落基址（图58）。其夯土墙垣，除北墙因明堂遗址的北部被洛河改道或修建河堤破坏而不见遗迹外，东、西、南三面墙垣均有发现，以南墙保存最好，西墙次之，东墙最差。从保存的三面墙垣来看，明堂建筑遗址的院落平面大约呈方形，南北长约400、东西宽415米，总计约16万平方米。

（一）南墙　从勘探的情况来看，南墙夯土以中部保存最好；东段和西段因地处坟茔地，被墓穴破坏较甚，但均有零星或部分夯土发现，且多见碎青石渣；西南角墙垣则保存较好。南墙垣复原总长度约410米，方向约为磁北93°。南墙在平面上不很规则，即宽窄不一，两端略窄而中部较宽，中段最宽部分夯土宽28~34米，两侧较窄部分则宽14~20米。夯土一般耕土层下即见，稍深的距地表深0.5~0.8米见，因地表下1.5米左右即已见水，无法下探，仅知夯土厚度在1米以上。夯土一般为黄褐色，稍杂乱，质细密，坚硬。南墙中段夯土呈略向外的凸出状，其北面正对明堂的中心主体建筑基址，应是南门的遗迹。

（二）西墙　夯土保存尚好，保存长度自墙垣西南角起向北至砖窑取土坑达210余米，方向约为磁北3°。墙垣中间稍有曲折且略宽，北段外凸，南段内凹，中段较宽部分约18~20米，一般宽度则为12~16米。夯土为红黄色花土，较纯净，质地紧密坚实，质量略次于南墙。一般距地表深0.8~1.3米见，厚仅0.3~0.5米左右。

（三）东墙　夯土保存较好，北端为一条东南—西北走向的路土所断，南段被部分破坏，发现夯土墙长度约180米，方向约为磁北2°。东墙垣夯土在平面上呈规则的直线形，宽12米。夯土质量劣于南墙与西墙，距地表深0.3~1.2米见，厚0.5~0.8米。

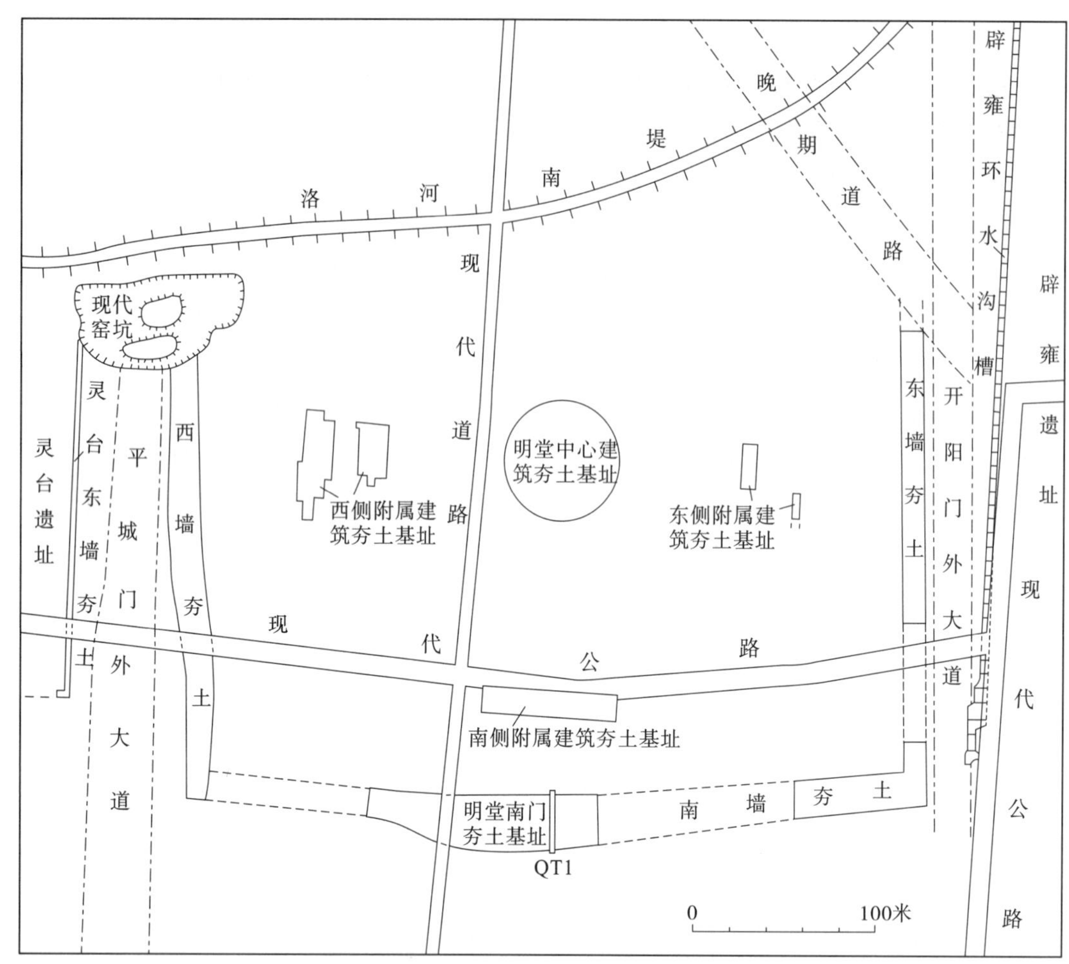

图58 明堂遗址勘探总平面图

QT1.探沟位置

二 中心建筑基址的勘探

明堂遗址的中心区域地势呈隆起状，勘察时仍较周围地面高出约1米多。根据勘探情况，在其地下发现有一规模较大的夯土基址，其大致范围南北长约64、东西宽约63米，面积约4000平方米，显然是明堂的中心主体建筑基址。

其夯土基址的四周边缘分别距明堂东墙160~172、明堂西墙163~180、明堂南墙142~175米。基址夯土保存较好，一般在耕土层下即可见到。夯土为红褐色与黄褐色的混合花土，土质较为纯净，夯打坚实细密。据在中心部位钻探贯穿夯土，深至2.7米才见黄白色含沙生土，夯土厚达2.5米以上。在夯土基址的东部，特别是东北角一带，勘探中普遍遇到碎青石块、砖块、瓦片等遗物。当地群众也反映，以往在附近生产与生活活动动土中，也经常发现残砖、碎石、青石片等遗物。

在中心夯土基址的四周，耕土下即见酱褐色胶泥土，土较纯净，质地紧密，极少见包含物。一般深至2~2.6米，才见黄白色含沙生土。

三　中心基址周围附属建筑基址的勘探

据勘探，在明堂遗址的四面垣墙内，除了中心区域有较大面积的主体夯土建筑基址外，围绕着中心建筑基址的四周除北面外，其南、西、东三面都发现有一些规模略小的夯土建筑基址存在，它们应属于明堂的附属建筑基址。这些基址与外侧墙垣、中心主体建筑基址等一起构成明堂遗址较为完整的建筑布局形制。

南侧附属建筑夯土基址　位于中心建筑基址正南面89~104米处，南距南墙夯土约37~71米。勘探的基址呈东西长条状，东西长72.5、南北宽15米，方向为磁北97°。夯土距地表深0.5~1.3、厚0.3~0.6米。夯土为红褐色与黄褐色混合花土，质地紧密，较为坚硬，与中心建筑基址夯土质量相同。夯土下即为红褐色生土或黄白色含沙生土。

西侧附属建筑夯土基址　位于中心建筑基址的正西。勘探有东、西两座并排的夯土基址，平面形状均略成南北长方形，局部略有凸凹，两座基址东西相距13.5米，方向均为磁北7°。西面一座面积稍大，南北长58、东西宽19.5米，东距中心建筑基址90米，西距西墙夯土约53~73米，与南侧附属夯土基址和中心建筑基址的距离几乎相同；东面一座夯土建筑基址略小，南北长32、东西宽18.5米，东距中心建筑基址61米，西距西墙夯土约87~105米。这两座附属建筑基址的夯土质量、颜色，皆与中心主体建筑基址相同。夯土厚1~1.5米，一般在耕土层下即可见到，但少量距地表深1~1.5米才见到，这也许是晚期破坏所致。

东侧附属建筑夯土基址　在中心建筑基址东面，也发现有与西面位置大约相同的夯土遗迹，但由于现代房舍占压较多，不易勘探。局部勘探到的夯土遗迹也分东、西两块，西面一块夯土遗迹也呈南北长方形，但面积较中心建筑基址西侧相同位置的夯土为小，南北长约24、东西宽8.3米，西距中心建筑基址67米，东距东墙夯土84~96米，方向为磁北6~7°。东面一块夯土遗迹面积较小，而且夯土遗迹范围不完整。

按照勘探到的明堂中心基址与南、西、东三面附属建筑基址的形制与布局规律，中心建筑基址的北面也应有类似其他三面的附属建筑基址存在，但由于明堂遗址北部因洛河改道及修建河堤被破坏，勘探已难以见到任何有关的建筑遗迹现象。

在这些附属建筑基址的周围，勘探初步了解到这个区域的地层堆积情况。其地层大都比较单纯，一般耕土层下有一层红土或者红褐色与黄褐色混合土层，厚约0.8~1米，内含少量的砖、瓦、陶片等遗物。再下为酱褐色土，一般深1~1.2米见，稍深的1.5米也可见到，该层土极为纯净，几乎不见文化包含物。再下则为生土。

四　明堂两侧道路的勘探

在明堂东、西墙垣的外侧，均发现有南北直行的古代道路遗迹。此外在明堂遗址的东北部还发现一条西北—东南走向的道路遗迹，打断明堂东墙及明堂东北部遗迹，并与明堂东墙外南北向直行的古道路重叠。

明堂西墙垣外侧（西侧）道路　南北向直行，它东距明堂西墙10余米，西距灵台东墙20余米，即前述灵台东墙外侧的东汉洛阳大城南墙正门平城门外御道。

明堂东墙垣外侧（东侧）道路　也为南北向直行，道路西侧紧贴明堂遗址的东墙夯土，东侧即汉晋时期的辟雍遗址。这条路土的北端接近洛河南堤而中断，南端至岗上村东南当地俗称“南城口”的低洼地，因地下水较[illegible]而无法钻探。南北残长约400、宽约30米，方向为磁北3°。路土距地表深0.8~1.4、厚0.2~0.6[illegible]为青褐色，较杂乱，质地坚硬。这条大道较宽，规格似与明堂西侧的东汉平城门外御道[illegible]，其北面又正对城内东起第一条南北向大道，极有可能就是大城南墙东起第一座城门开阳门外侧的御道。

明堂遗址东北部的西北—东南走向道路　为一条晚期道路的路基遗迹。它打断明堂东墙并破坏了明堂遗址的东北部，残长约200、宽约27米，方向为磁北325°。路土距地表深0.3~1、厚约0.2~0.6米。

第三节　明堂南门基址的试掘

对明堂南门基址的试掘选择在南墙中段较宽的夯土中间，北面正对明堂中心建筑基址，探沟编号79HNMQT1。探沟南北长32、东西宽1.8米，方向为磁北5°。以探沟东壁剖面为例（图59），说明地层堆积和夯土等遗迹情况。

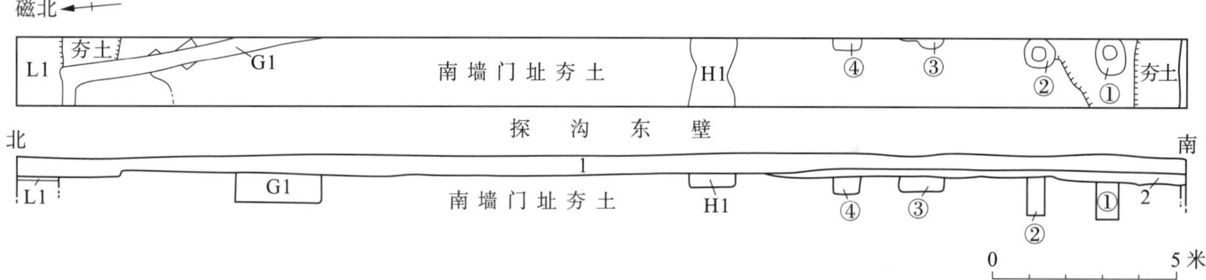

图59　明堂南门基址探沟（79HNMQT1）平剖面图

1. 表土层　2. 红褐色土层　L1. 石片路　G1. 沟槽　H1. 灰坑
①. 1号柱槽　②. 2号柱槽　③. 3号柱槽　④. 4号柱槽

一　地层堆积

第1层：表土层，即近代路土及垫土层。黄褐色土，较硬。厚0.3~0.5米。

第2层：红褐色土。土较松散，夹杂有夯土块和红烧土粒，包含物较少。该层下即见基址夯土。距地表深0.3~0.65、厚0.1~0.35米。

二　夯土遗迹

探沟内基址夯土南北长约30.6米，夯土现存表面除南部略低外，基本平整。其中南半部夯土被叠压在第2层下，北半部夯土保存较高则直接被第1层打破叠压。基址夯土在探沟内以H 1为界线分为南北两块，两块夯土颜色略有不同。北面夯土南北长约17~17.5米，夯土呈灰黄色，土质细软而且比较纯净，包含物较少；南面夯土南北长约12.4米，夯土红褐色，土质较为坚硬，含有少量碎瓦片和红烧土粒。

在南面夯土的现存表面，还发现属于门址的南北向一排4个柱槽遗迹，自南向北分别编号为1~4号柱槽，其柱槽排列的南北向方向为磁北3°~4°。柱槽皆开口于第2层下，其中北面3、4号柱槽均未见木柱洞痕且坑槽较浅，南面1、2号柱槽则均有圆形木柱洞痕且坑槽较深。

1号柱槽　位于探沟南端距夯土基址南边约1.7米处，柱槽坑呈椭圆形，南北约1.1、东西

0.85米，残深1~1.05米。槽内有一木柱洞痕迹，位置适中，柱洞痕上部平面略呈圆形，直径0.3、下部直径0.35~0.4米。柱洞内土呈红褐色，较疏松，夹杂有红烧土粒、夯土碎块等，底部尚存有少量朽木灰。坑槽内木柱洞周围填土为青褐色夯土，特别坚硬，夹杂有红烧土粒、碎绳纹瓦片9片、素面布纹里瓦片1片、陶器片1片等，下半部分的夯土质量略差。

2号柱槽　位于1号柱槽北面1.1米处，柱槽坑口略呈方形圆角，东西边长0.85、南北边长0.8、残深1.05米。柱槽内也有木柱洞痕迹，其木柱洞中心点与1号柱槽木柱洞中心点间距2米。木柱洞平面呈圆形，直径0.4~0.45米。柱槽内与木柱洞内填土和1号柱槽相同，柱槽填土中出有绳纹瓦片6片、陶器片3片、青石片1片等。

3号柱槽　位于2号柱槽北面2.15米，东半部分被压于探沟南壁下，西半部分平面呈不规则形，西壁边长0.7~1.2、残深0.4~0.55米。柱槽内未见木柱洞痕，填红褐色土，较松散，夹杂有红烧土粒、夯土碎块和碎瓦片等。其坑槽中心点至2号柱槽木柱洞中心点间距3米。

4号柱槽　位于3号柱槽北面1.05~1.65米，柱槽东半部分也被压于探沟南壁下，西半部分平面略呈方形，坑口西壁边长0.7~0.75米，坑壁略直，残深0.45~0.5米。柱槽内也不见木柱洞痕迹，填土与3号柱槽内相同，柱槽中心点距3号柱槽中心点约2.2米。

三　灰坑与沟槽遗迹

H1　灰坑位于探沟中部，南距4号柱槽2.6米，平面呈不规则长条状东西贯穿探沟，隔断南北两块夯土。灰坑直接叠压在第1层土下，坑口距地表深0.5、南北宽0.8~1.3、深0.4米，坑底不平整，呈西高东低状。坑内填红褐色土，较杂乱、松散，夹杂有红烧土粒、夯土碎块和少量碎瓦片等。

G1　在探沟北部夯土中，有一条沟槽遗迹顺夯土基址北面边缘自西而东转向东南，进入并打破夯土基址。沟槽开口也直接位于第1层土下，槽宽0.4、深0.8米，探沟内东西向一段残长1米，西北至东南向一段残长7.15米，槽壁较直。沟槽内填红褐色土，土质松散，夹杂有红烧土粒和少量碎瓦片。

四　石片路遗迹

在夯土基址的北面约1米处，有一片由散乱碎石片铺砌的地面路土遗迹。路土位于第1层土下，由略泛青的红褐色土夹杂碎石片组成，表面略低于夯土基址现存表面约0.2米。这有可能是明堂中心建筑通向南门的道路遗迹。

第四节　明堂中心建筑基址的发掘

一　发掘布方概况

在明堂中心建筑的发掘共开挖试掘探沟两条，编号78HNMT1~T2（未测位置）。正式发掘探方4个，编号78HNMT3~T6；另外为了解夯土基址的建筑结构与时代，还在夯土基址上和周边开挖解剖探沟20条，编号分别为78HNMJ4、J5、J6、J8；79HNMJ1~J3、J7、J9~J20（图60）。

正式发掘的T3~T6四个探方，涵盖了整个中心建筑基址的圆形台基，总面积约3400平方米。

T3　位于中心建筑基址的西北部，为适应圆形建筑台基在本探方内1/4圆的扇面形状，本

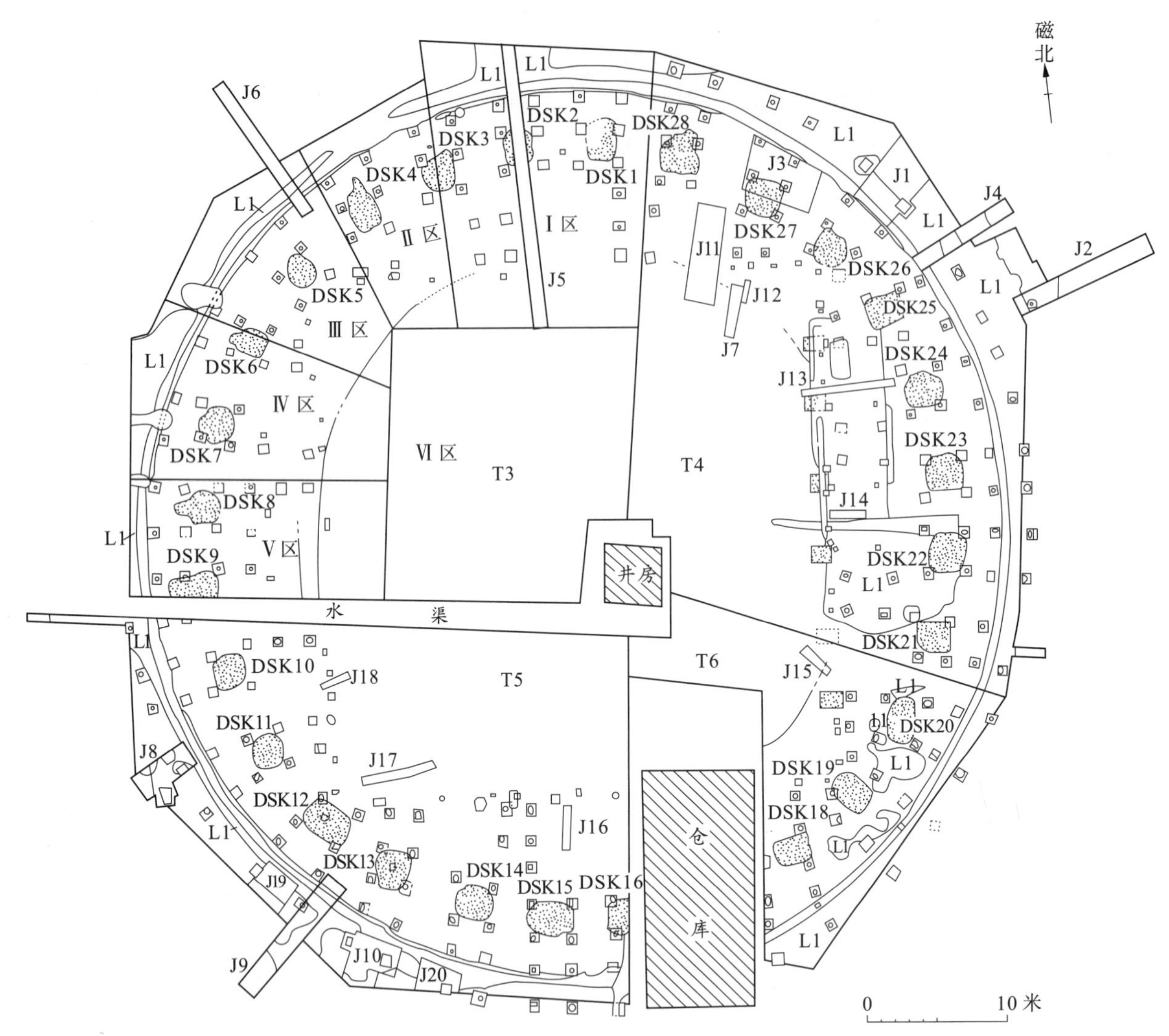

图60　明堂中心建筑基址探方与解剖沟分布图

J1～J18. 解剖沟　DSK1～DSK28. 大型沙坑　L1. 石片路面

探方布方不甚规则，略呈西北缺角的方形。南北最长39.5、东西最长36米，面积约1300平方米（图版五二）。因该探方布方面积较大，又为第一次在该遗址正式发掘，为便于在层位上控制遗迹现象，在此探方内又分成6个区分别发掘清理，编号Ⅰ～Ⅵ区。

T4　位于中心建筑基址的东北部，T3的东面。探方同T3一样，布方也不规则，略呈东北缺角的南北长方形。南北最长37、东西最宽28.5米，面积约1000平方米（图版五三；图版五四，1）。

T5　位于中心建筑基址的西南部，T3之南，T4的西南方对角。该探方略呈西南缺角的南北长方形。北边最长35.8、东边最宽25.5米，面积约780平方米（图版五四，2；图版五五，1）。

T6　位于中心建筑基址的东南部，T5之东，T4之南，T3的东南方对角。这里因朱圪垱岗上村仓库占压，探方面积较其他探方略小，呈底边位于东南的斜三角形，底边长25.5、右斜边长19米，左斜边长24米，面积约230平方米（图版五五，2）。

二　地层堆积

明堂中心建筑基址的地层堆积，可以由钻探的地下遗迹情况及开挖的多处解剖探沟得到了解。以夯土台基上和台基周边不同区域来分别叙述。

（一）夯土台基上的地层堆积

中心夯土台基上的地层堆积较为简单，一般耕土层下即见台基夯土。耕土为黄褐色，土质松散，杂乱，厚0.25~0.4米。在夯土台基上个别区域，耕土层下还有很薄一层红褐色土，该层土距地表深0.25~0.5、厚约0.1~0.2米，土质松软，较杂乱，内含少量碎砖粒、红烧土粒和木炭灰等，系晚期的扰乱堆积层。

（二）夯土台基西北侧的地层堆积

中心夯土台基西北侧地层堆积主要在T3内，堆积情况较为复杂，由J5和J6的剖面情况可大致了解。J5开挖在圆形夯土台基北部，大致南北向贯穿部分台基夯土和环状沟槽北侧的地层，解剖沟长20、宽1米，方向为磁北0°。J6开挖在圆形夯土台基西北方向，解剖沟长11、宽1米，略呈东南~西北向，方向为磁北330°（图61）。

下面以J5为例详细说明（图62）。

第1层：耕土层。黄褐色土，质地疏松，含细沙。厚0.25~0.4米。

第2层：扰乱堆积层。红褐色土，质地松软，杂乱。距地表深0.25~0.5、厚0.2~0.35米。该层包含物较少，仅见少量素面残砖、绳纹面布纹里瓦片等遗物。为晚期扰乱堆积层。

第3层：黄褐色土，质地松散，距地表深0.45~0.7、厚0.2~0.25米。包含有大量的红烧土

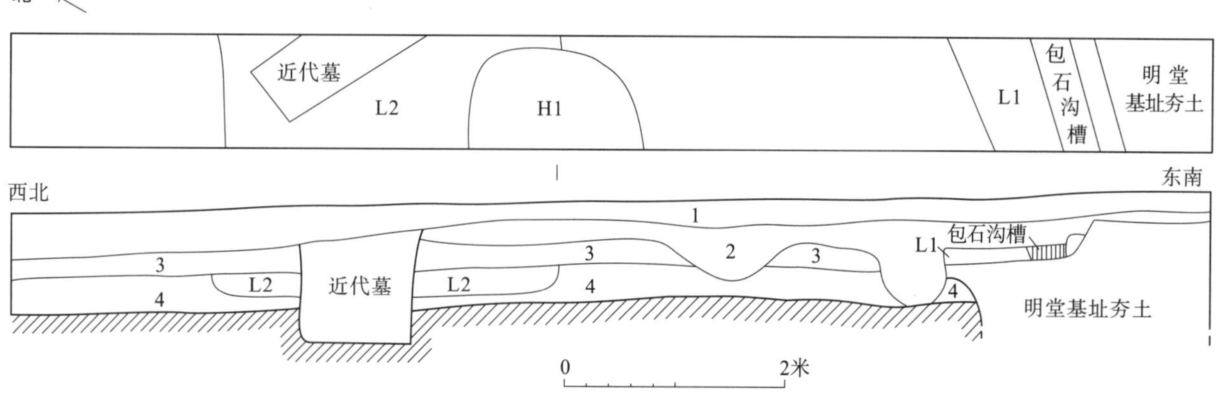

图61　明堂中心建筑基址T3J6平剖面图

1. 耕土层　2. 晚期扰乱堆积　3. 汉晋文化堆积层　4. 汉代文化堆积层　L1. 晚期石片路面　L2. 早期路面　H. 灰坑

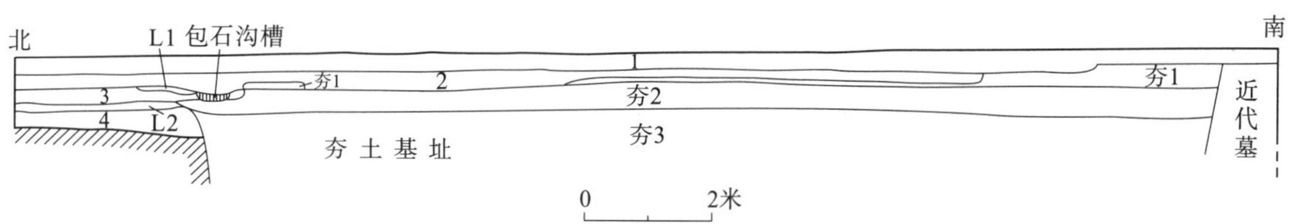

图62　明堂中心建筑基址T3J5东壁剖面图

1. 耕土层　2. 红褐色扰乱废弃堆积层　3. 黄褐色土层　4. 红褐色土层　L1. 晚期石片路面　L2. 早期路面

块、粗绳纹面布纹里筒瓦与板瓦片，以及少量陶器片等遗物。该层土靠近夯土台基的附近区域表面，大都残存有一层厚约0.05米的路土面L1，路土呈红褐色，极为坚硬，夹杂有大量碎石片。

由出土遗物及地层叠压关系来分析，第3层显然为汉晋时期的建筑废弃堆积层，而该层表面形成的夹杂碎石片的坚硬路土L1，则是北魏时期形成。

第4层：红褐色土，质地略硬，较为纯净，已接近生土。距地表深0.7~1.2、厚0.25~0.35米。中心主体建筑的大型地下夯土基槽，即打破该层及该层下的生土而修建。在第4层土的表面也有一层坚硬路面L2，路土呈青褐色，较杂乱，厚约0.1米，内含有绳纹面布纹里筒瓦与板瓦片、素面残砖与陶器片等遗物。

由出土遗物与地层叠压关系等分析，第4层堆积的时代约为汉代，而其表面形成的坚硬路土面L2，则可能是汉晋时期形成使用。第4层下即为红生土。

（三）夯土台基东北侧的地层堆积

中心夯土台基东北角外的地层堆积也较为复杂，可以由J2为例详细说明（图63）。解剖沟开挖在T4圆形夯土台基外侧东北方向的扩方东南角，略呈西南—东北向，方向为磁北70°，解剖沟长10.8、宽1.5米。

第1层：耕土层。黄褐色土，质地松软，含粉状细沙。厚0.4~0.7米。

第2层：红褐色土，质地松散，较杂乱，含有红烧土粒、白灰粒、碎石片等。距地表深0.5~0.85、厚0.2~0.3米。遗物有素面磨光里板瓦片4片、素面布纹里板瓦片2片、素面布纹里筒瓦片4片、绳纹面布纹里板瓦片4片、绳纹面布纹里筒瓦片3片等。该层为北魏以后的建筑废弃堆积层。

第3层：红色土与红烧土层。红色土，较硬，较杂乱，含有大量红烧土粒及一些木炭灰、白灰粒，还有火烧过的白、红、蓝色墙皮块。该层距地表深0.6~1.3、厚0.2~0.65米。出土遗物有铁钉2枚、素面残砖4块、几何纹残砖3块、云纹残瓦当2件、绳纹面布纹里板瓦片9片、绳纹面布纹里筒瓦片11片等。

在靠近圆形夯土台基附近，第3层土表层除了被一层石片路L1叠压，石片路下及路外侧

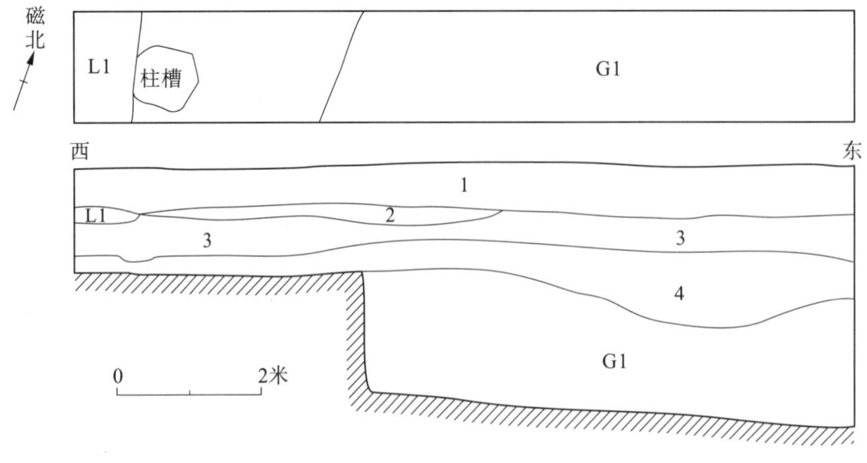

图63 明堂中心建筑基址T4J2平剖面图

1. 耕土层 2. 红褐色土 3. 红色土和红烧土层 4.灰黄褐色土 L1. 晚期石片路面 G1. 淤土沟

的第3层土中还有一片红烧土堆积，厚约0.3米，含有大量的红烧土坯碎块和一些砖块、瓦片等。石片路L1最远距夯土台边约5~5.5米，红烧土堆积最远距夯土台边10~11米。该红土和红烧土层，显然为汉晋时期的废弃堆积，石片路L1则为北魏时期形成。

第4层：灰黄褐色土，较硬，较纯净，包含物较少。距地表深1.05~2.2、厚0.25~1米。遗物只有少量的薄绳纹面布纹里瓦片，还有铜钱2枚、残铁钉3枚。该层的时代约为汉代。

（四）夯土台基西南侧的地层堆积

中心夯土台基西南侧的地层堆积，主要位于T5探方内，由发掘清理情况和J8、J9、J10等解剖沟可大致获得。其中J9位于圆形夯土台基的外侧西南方向，呈西南—东北向，方向为磁北46°，解剖沟长10.4、宽1.5米（图64）。J8在J9的西北13米处，略呈西南—东北向，方向为磁北63°，解剖沟长4.6、宽1.8米（图65）。J10在J9的东南4米处，也略呈西南—东北向，方向为磁北23°，解剖沟长约3.7、宽约2.5米。

第1层：耕土层。黄褐色土，质地松软，含粉状细沙。厚0.3~0.4米。

第2层：红褐色土，质地松软散乱，含有碎石片、素面瓦片等。距地表深0.3~0.55、厚0.1~0.2米。该层压在第3层表面的一层石片路（L1）上，石片路中出土有素面磨光里板瓦片、素面布纹里筒瓦片、陶器残片以及残铁器、铁甲片等。该层下压的L1石片路显然为北魏时期形成，此第2层则为北魏以后的建筑废弃堆积层无疑。

第3层：红烧土层。红色土，质地稍为坚硬，含有大量红烧土。距地表深0.35~1.1、厚0.35~0.7米。遗物有素面残砖2块、几何纹残砖2块、绳纹面布纹里板瓦片4片、筒瓦片5片等。该层叠压在第4层表面的L2路土之上和地下夯土基础之上，约为汉晋时期废弃堆积层。

第4层：黄褐色土，质地坚硬，纯净，包含物较少。距地表深0.8~1.35、厚0.2~0.45米。遗物有少量素面残砖和绳纹面布纹里瓦片，时代约为汉代。该层下为红生土。该层主要堆积在地下夯土基础的外侧，表面基本与圆形夯台外延的地下基础夯土表层相平，上面同时被叠压在台基夯土地基表层上的L2石片路叠压，时代略早于夯土地基或与之接近。在该层表面修筑的L2石片路面，与台基东北侧第4层表面发现的L2石片路在层位与包含物上基本相同，似在圆形夯土台基周围同为汉晋时期修筑并使用的同一层路面。

（五）夯土台基东南侧的地层堆积

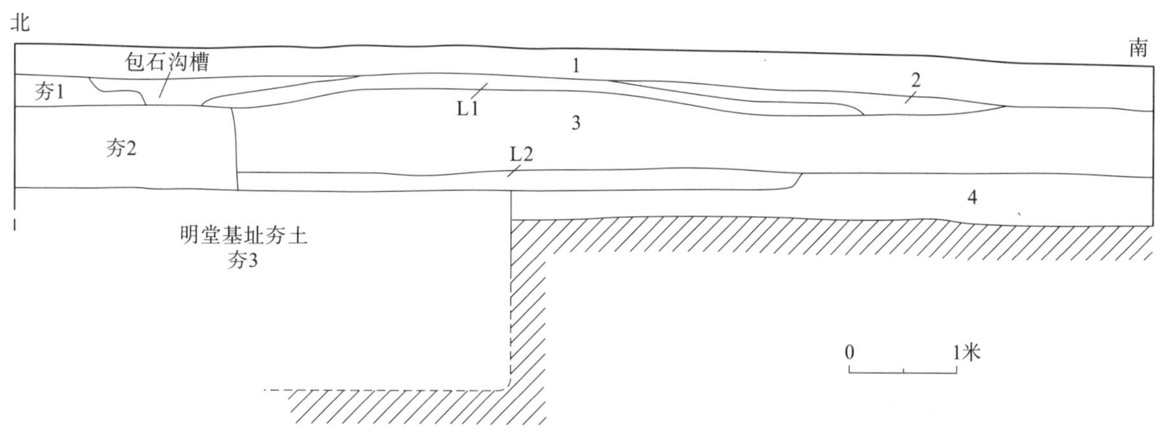

图64　明堂中心建筑基址T5J9东壁剖面图

1. 耕土层　2. 红褐色土　3. 红烧土层　4.黄褐色土　L1. 晚期石片路面　L2. 早期路面

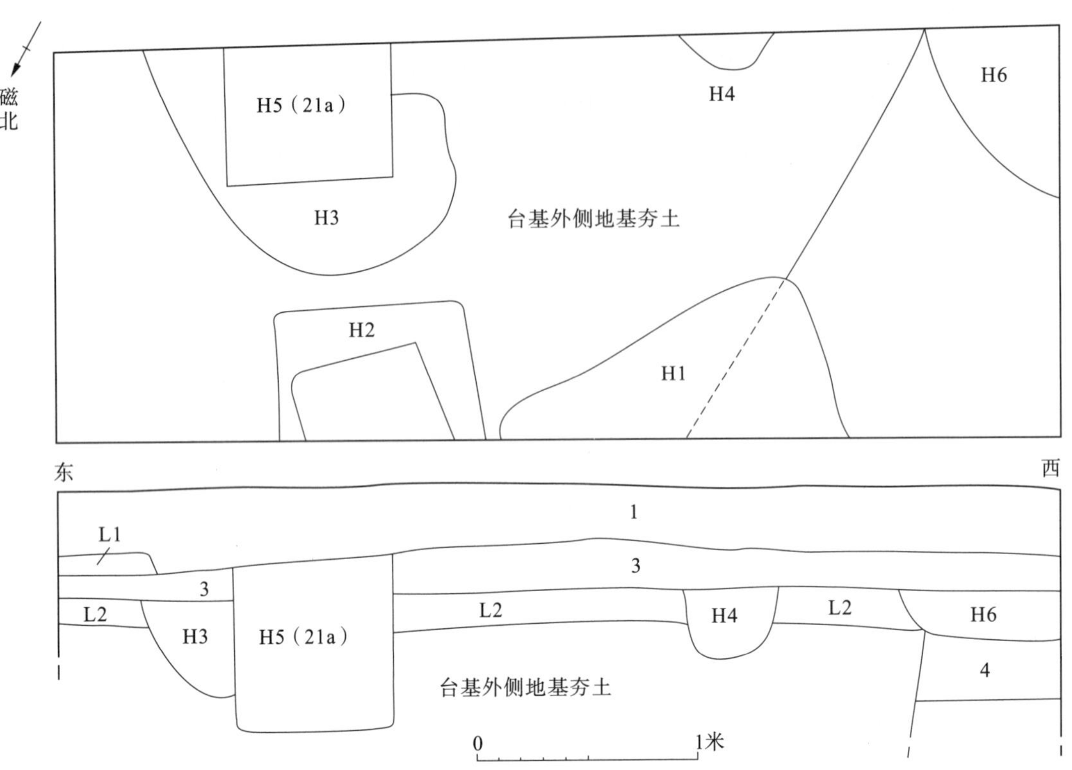

图65　明堂中心建筑基址T5J8平剖面图

1. 耕土层　3. 红烧土层　4. 黄褐色土　21a. 柱槽　L1. 晚期石片路面　L2. 早期路面　H1~H6. 灰坑

圆形夯土台基东南侧的地层堆积，主要位于T6探方内。因此处被近代开挖地下窖穴和盖房、生活取土等扰乱破坏严重，只能简要概述。

第1层：耕土层。青褐色土，质地松软，较杂乱。厚0.25~0.35米。

第2层：红褐色土，质地松散，夹杂红烧土粒。距地表深0.35~0.6、厚0.15~0.25米。包含有大量的北魏时期磨光面瓦片等遗物，为北魏以后的建筑废弃堆积层。

该层下还打破石片路L1。该石片路除了外侧被第2层打破截断，路面主要被耕土层直接叠压。该石片路面当与台基其他位置的北魏时期石片路面为同一层路面。

第3层：红烧土层。红色土，质地较硬，杂乱，含大量红烧土。距地表深0.55~0.95、厚0.2~0.4米。该红烧土层与夯土台基其他位置的同层堆积情况基本一致，应为圆形夯土台基周围的同一层堆积，时代为汉晋时期。

该层也叠压在第4层表层的L2路土面上。按照其他地段该路面的时代，应同为汉晋时期修筑使用。

第4层：黄褐色土，质地坚硬，包含物较少。距地表深0.95~1.25、厚0.2~0.3米。第4层下即红生土。

三　晚期建筑遗迹

这次发掘主要清理了明堂中心建筑基址的晚期建筑遗迹（图66~71）。但由于在清理与解剖过程中，还发现该明堂中心建筑基址周围的地层中存在着不少于两个时期的建筑堆积与地

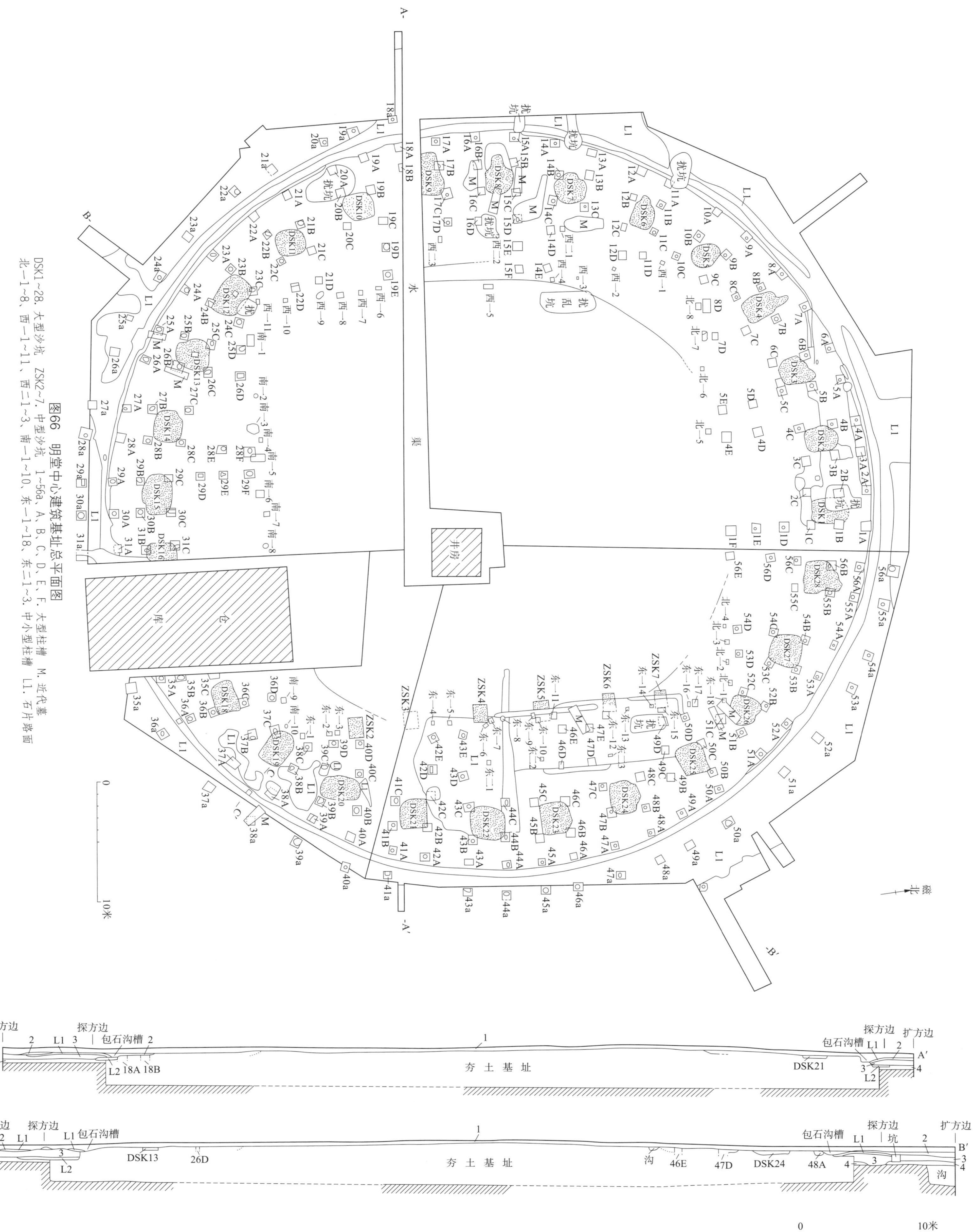

图66 明堂中心建筑基址总平面图

DSK1~28. 大型沙坑 ZSK2~7. 中型沙坑 1~56a、A、B、C、D、E、F. 大型柱槽 M. 近代墓
北一1~8、西一1~11、西二1~3、南一1~10、东一1~18、东二1~3. 中小型柱槽 L1. 石片路面

图67 明堂中心建筑基址A–A'、B–B'剖面图

1. 耕土和扰土层 2. 红褐色土 3. 红色土和红烧土层 4. 黄褐色土 L1~L2. 石片路面
18A、18B、26D、46E、47D、48A. 大型柱槽 DSK13、DSK21、DSK24. 大型沙坑

面遗迹，而建筑基址夯土本身更存在着至少三个时期建造与修补增筑的夯土遗迹，故可以得知这座明堂中心建筑基址至少为三个时期建造使用。其建筑基址可分为晚期（第三期）和早期（第一期和第二期）遗迹，这里主要介绍保存最为完整的晚期建筑遗迹。

明堂中心建筑基址的晚期（第三期）遗迹，主要残存有夯土台基、台基周边包砌石条的沟槽、台基表面残存柱坑组成的柱网和部分由石片铺筑的地面等遗迹。由于晚期明堂建筑台基是在前面两个时期残存的地下或地上建筑基址和遗迹上建造，三个时期的建筑遗迹关系密不可分，因此在介绍晚期建筑遗迹时还需要涉及早期遗迹，以起到上下连贯相互补充的作用。

晚期明堂中心建筑残存的夯土基址，可以分为地上台基和地下基础夯土两部分，夯土的残存总厚度在2.6~3.3米之间（见图67）。下面分别介绍。

（一）地下基础夯土

晚期（第三期）明堂中心主体建筑使用的地下基础夯土规模较大，在第三期使用的地面（L1）下厚2.2~2.4米（由局部勘探获得）。据在基址周围勘探与多处解剖探沟了解到，其地下基础夯土平面为不甚规则的圆形，范围略大于晚期的地上圆形台基，一般在地上圆形台基包石沟槽外侧延出0.5~3米的不等距离，其基址夯土最大直径约64~68米。

根据在多处地点解剖获得的情况，其整个地基夯土基本为早期（第一期和第二期）筑造与修补增筑，它包含有早期明堂的部分地上圆形夯土台基和完整的地基夯土等，晚期明堂的殿堂建筑和夯土台基是以其为基础建造起来的。其夯土结构与筑造情况，将在解剖的早期建筑遗迹中加以介绍。

（二）地上台基

晚期明堂中心建筑的地上台基残存遗迹，位于第1、2层堆积下。台基整体平面呈圆形，主体为夯土筑成，周边原来镶包有石条。石条大部分无存，但包石沟槽保存基本完整。现残存的圆形夯土台基直径61.7~61.8米，复原镶包石条的完整圆形台基直径约为62.8米。

台基内现存的夯土台面中间部分较高，四周则较低。台基中间现残存最高的夯土表面一般高于台基周围的晚期石片路面（L1）约0.7~0.8米，台基边缘部分残存较低的夯土表面则仅高出台基周围晚期石片路面0.1~0.2米。

经过对地上台基夯土进行的大量解剖，根据夯土的质量、颜色与包含物，以及夯窝的大小、形状等现象，了解到该地上台基夯土中至少存在着上、下二层在不同时期建造与修补的夯土遗迹（见图62）。

上层夯土（夯1），为晚期（第三期）改造修补的夯土遗迹。只局部见于现存地上台基夯土表面1~5层，厚0.15~0.4米。夯土青褐色或黑灰色，土质松软，较杂乱，含有碎砖粒、木炭灰和红烧土等，夯土质量一般。夯层较平，一般厚约0.07米。夯窝为椭圆形，长0.06~0.07、宽0.04~0.05米。遗物有较多的粗绳纹面布纹里厚板瓦片，少量细绳纹面布纹里板瓦和筒瓦片、几何纹方砖残块，以及极少量素面布纹里筒瓦片等。从夯土包含物中有少量素面布纹里筒瓦片来判断，其筑造时代约为北魏，应该是北魏时期的改造修补遗迹。

下层夯土（夯2），则为早期（第二期）建筑基址的夯土遗迹。晚期的地上建筑台基利用了其中的2~3层夯土，厚0.15~0.21米。第二期夯土的构成情况还将在解剖的早期建筑遗迹中叙述。

上述现象表明，晚期（第三期）明堂建筑的地上夯土台基，尽管有一定规模的建造与修

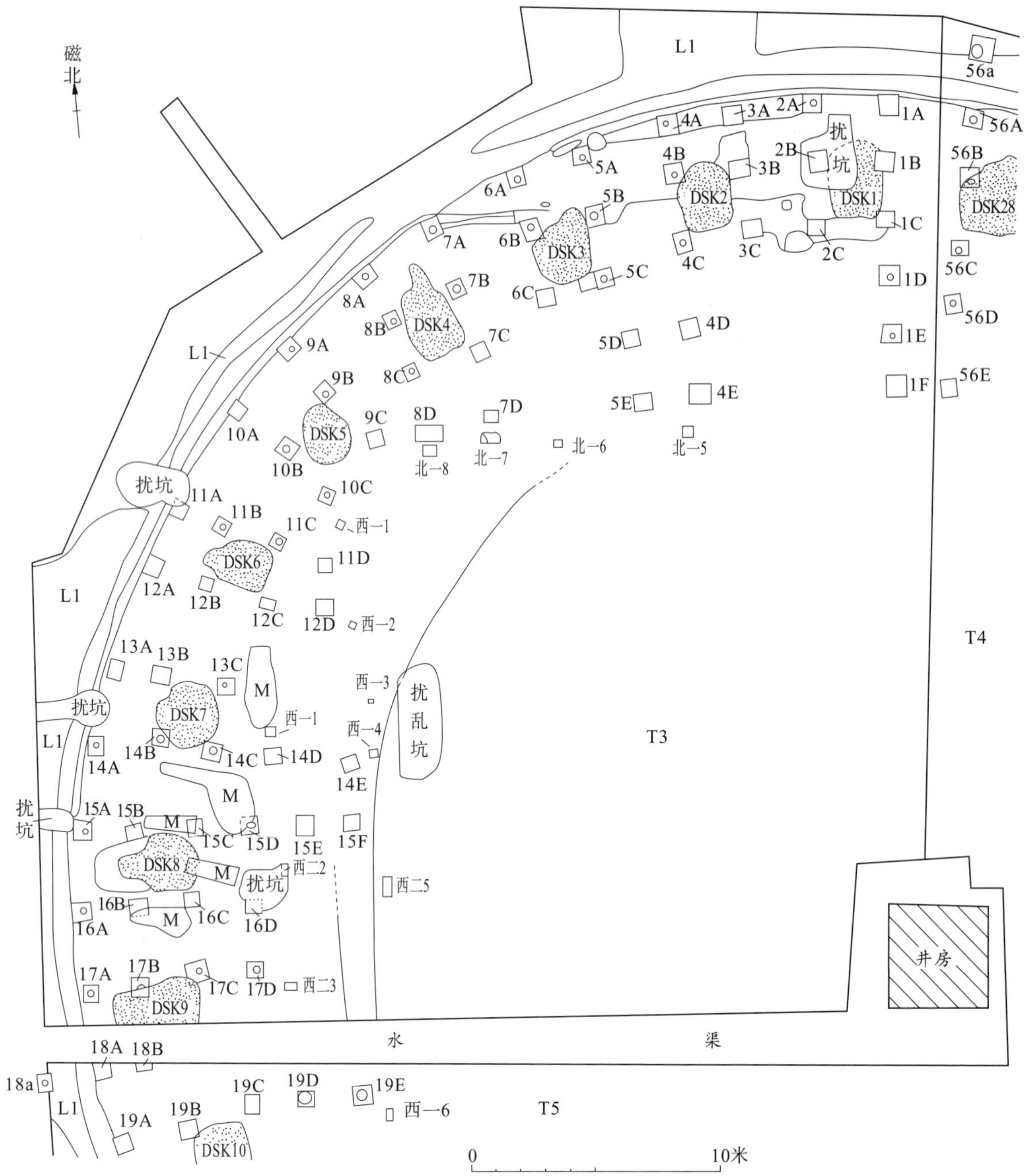

图68 明堂中心建筑基址西北角（T3）遗迹平面图

（图中遗迹编号说明同图66）

筑活动，但它是在前代已成规模的夯土建筑台基基础来建造的。

（三）台基周壁包石与包石沟槽

地上圆形台基的周围边壁，原来镶包有完整的石条。因后代破坏严重，发掘时除个别残石仍存原位外，石条大已无存，但当时砌筑石条的沟槽却基本完整的保存下来（图版五六~七〇）。

整个沟槽呈环状围绕在地上圆形夯土台基的周边，沟槽一般宽0.45~0.6米，个别处略宽，可达0.7~0.8米。沟槽残深一般0.2~0.4米。沟槽内填土为红褐色杂乱土，夹杂有碎石片和白灰

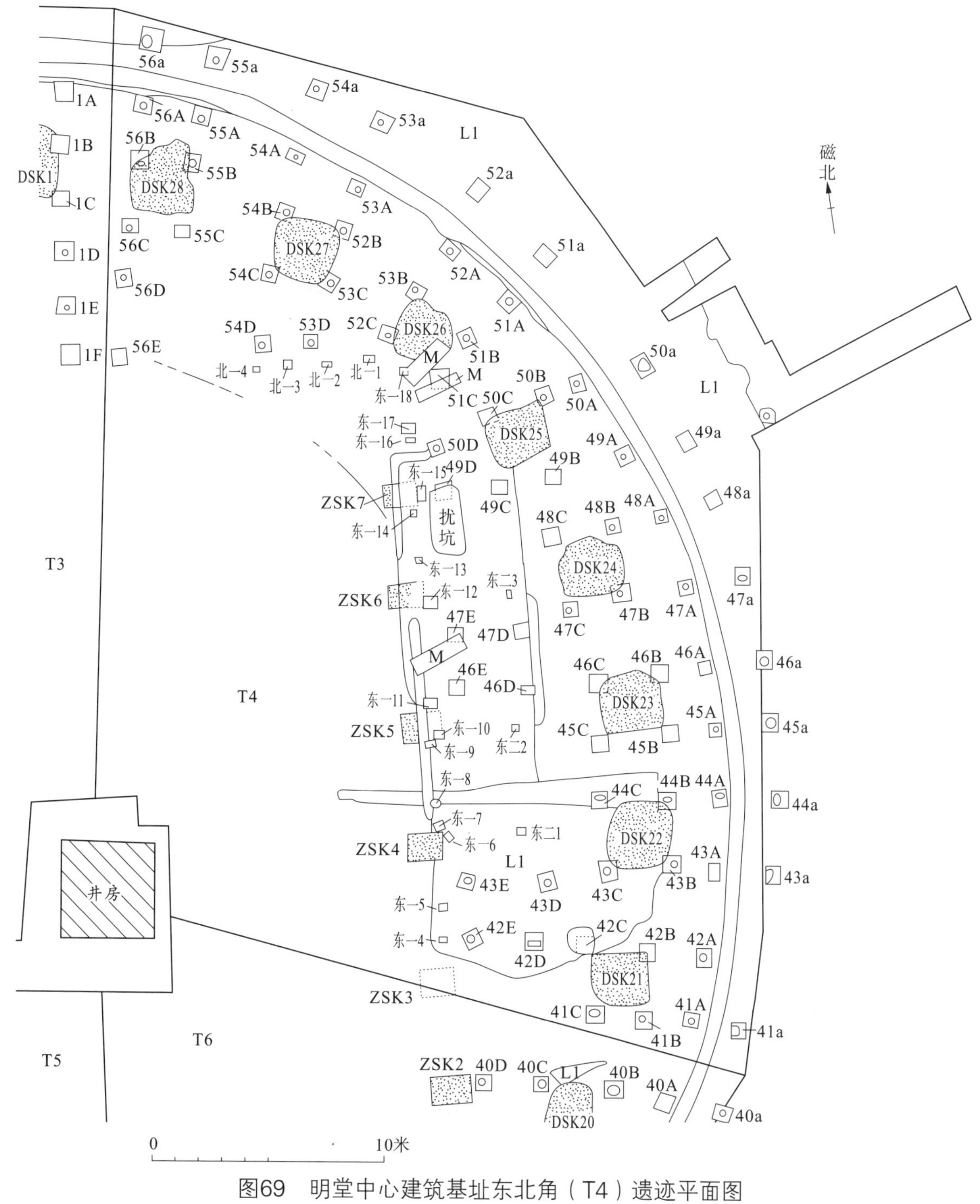

图69　明堂中心建筑基址东北角（T4）遗迹平面图

（图中遗迹编号说明同图66）

渣等，出土有北魏时期的磨光面瓦片等遗物。有的地段沟槽内尚残存有破碎的较大块石片或石块，这些石片和石块表面都黏有白灰渣，个别的平整表面上还有铁细腰榫槽，极有可能就是镶砌在沟槽中的包边石条残块（见图版七〇，2）。

在圆形台基东南部的沟槽内，还发现有两块保存在原位的长方形石条，分别位于两处。两块石条个体皆较大，稍残，长、宽、厚分别为0.4×0.5×0.2米和0.44×0.47×0.19米。石条

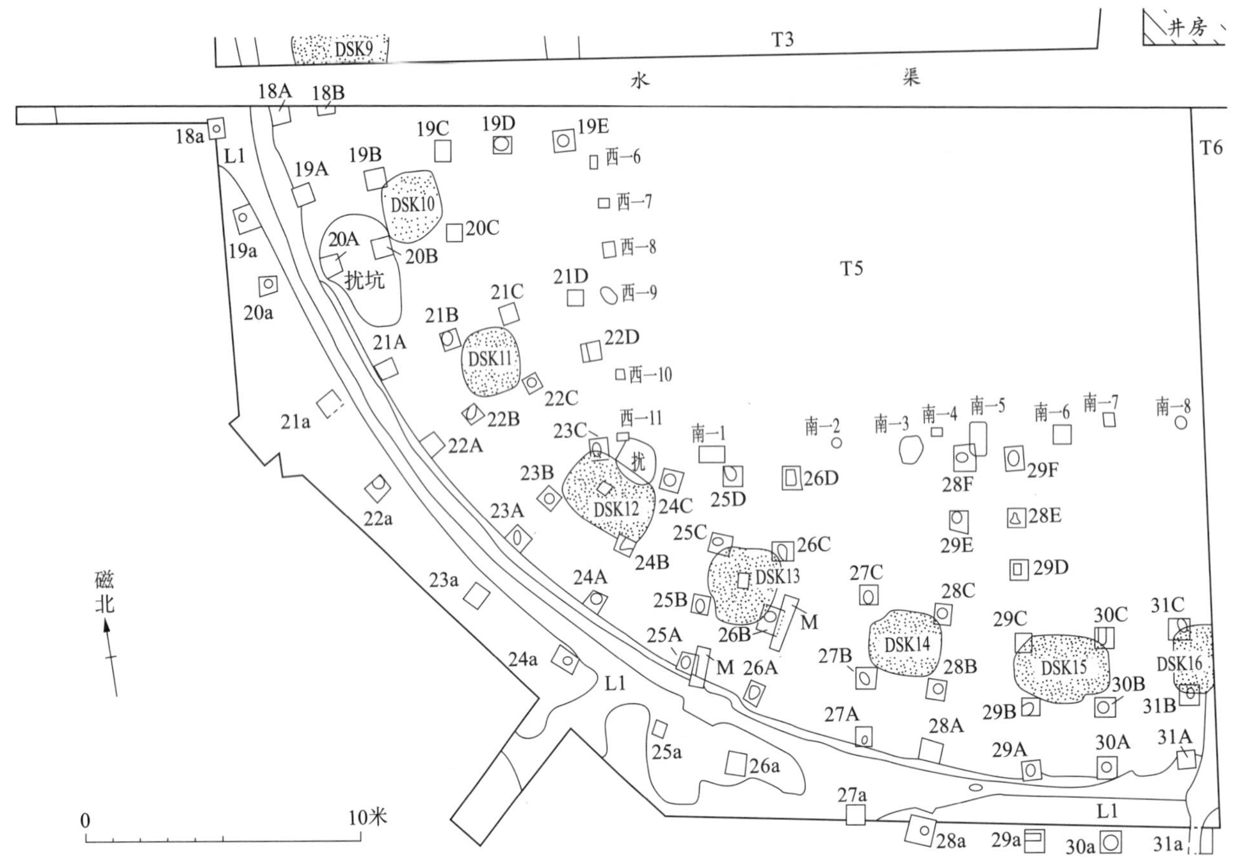

图70 明堂中心建筑基址西南角（T5）遗迹平面图

（图中遗迹编号说明同图66）

外表皆经过加工修凿，略为平整，尤其外露侧面被修磨成较细的平面齐边，显然这是为了镶包石条后整个台基外壁的平整美观。由于两块石条皆为底层石条，因此石条上部表面平整程度明显不如外露侧面，但也经过粗略凿磨，基本平整。石条表面两端还各修凿有一个铁细腰凹槽，槽口外窄内宽，长0.1、口端宽0.04、内端宽0.07、深0.05米，凹槽内尚残存有镶嵌铁细腰的白灰浆痕（见图版六三）。这些现象表明，沟槽内的包边石条显然不止1层。根据圆形台基东南部残存的石片地面距邻近的沟槽底部深度为0.6米，而单层石条的高度为0.2米等情况来推测，圆形台基的镶包石条高度也应该至少为0.6米，石条原来应砌筑至少3层（图72）。

包石沟槽内侧边壁一般紧贴地上圆形台基的夯土边壁，也有相当一部分地段沟槽边壁与内侧的圆形台基夯土之间有一条红褐色的夹层夯土，其夯土与整个圆形台基的夯土颜色明显不同，其用土较杂，略呈暗红褐色，含有很多的红烧土粒与小石片等，虽经夯打，但略为松软，夯土质量较差。这条夹层夯土，显然系石条砌筑后填充石条内侧空隙的补夯。这条补夯的宽度为0.2~0.4米，残高同沟槽的残存深度相同，也为0.2~0.4米。

在沟槽底部原来砌筑的石条下面，往往有一层厚0.1~0.15米的坚硬面。土也为暗红褐色，与补夯相同，但内含更为杂乱，有碎石片、白灰渣和红烧土粒等，系三合土层，极为坚硬，其底层为厚约0.03米的碎石片层。此系砌筑石条时，在底部铺就的经过夯实的衬垫层。衬垫层下面，即为台基的地基夯土表面或早期路土地面。

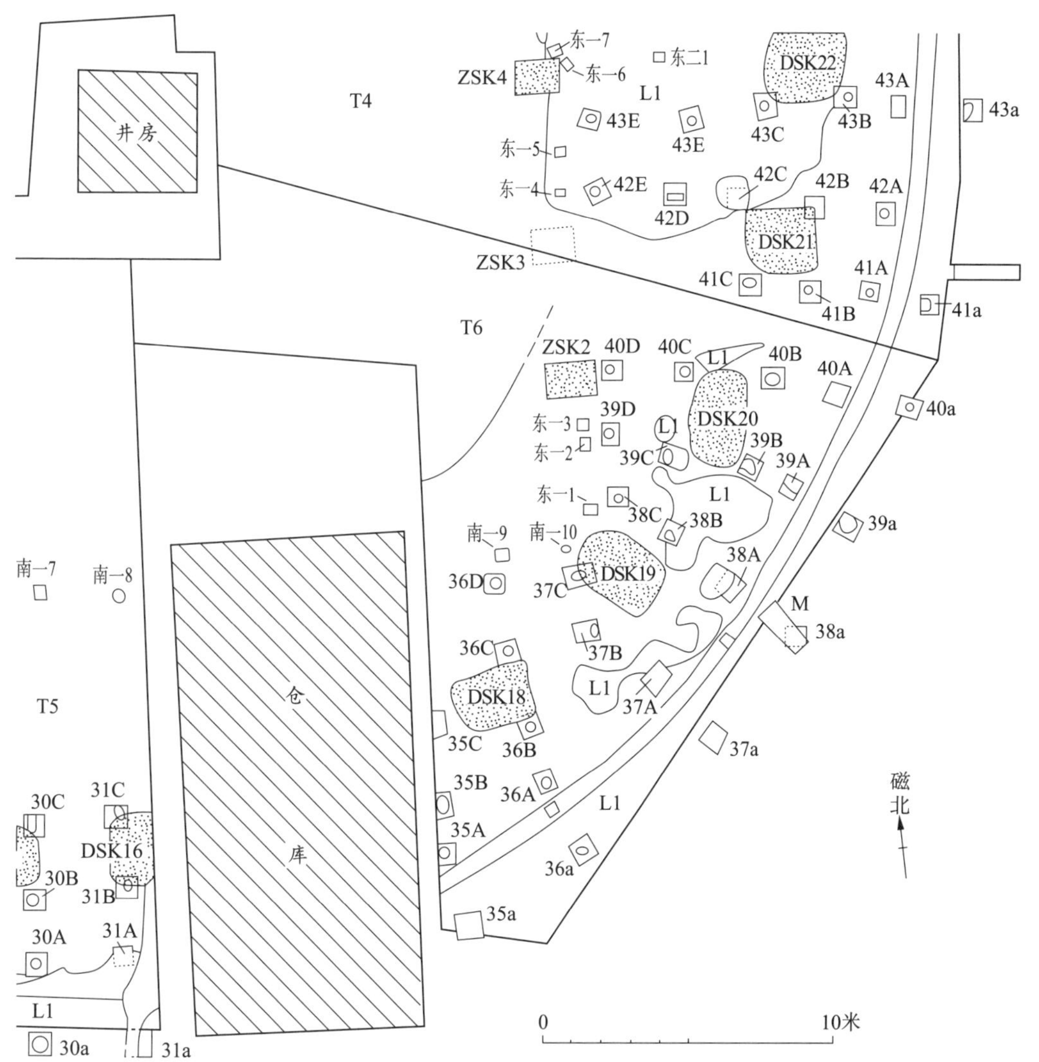

图71　明堂中心建筑基址东南角（T6）遗迹平面图

（图中遗迹编号说明同图66）

沟槽的外侧不见边壁，其底部和外侧略高的同时期石片路面（L1）相接，明显呈凹槽状。在台基的包砌石条沟槽周围外侧，没有发现似明显台阶的残存遗迹。

（四）台基上的建筑遗迹

现存圆形台基的夯土表面，中间略高，周围稍低。但在中间夯土保存较高的37米见方区域内，现存夯土表面未见任何与这座建筑有关的遗迹现象。而在这个37米见方的范围以外，尽管夯土表面明显低于中间部分，但却保存有排列井然有序能够构成完整建筑柱网的柱槽和其他建筑遗迹。这些遗迹包括一些大小不同的建筑柱槽、大小不同的沙坑、部分石片地面和一段条状红烧土遗迹等。

建筑柱槽主要可以分为大型柱槽和中小型柱槽两大类，沙坑也分为大型沙坑和小型方形沙坑两种，石片地面只在圆形台基的东部和东南部局部残存，条状红烧土遗迹则只在圆形台基的东部残存一段。下面分别叙述。

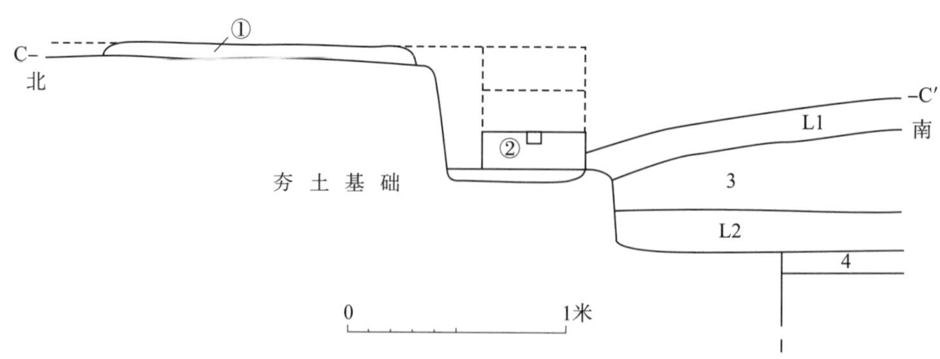

图72 明堂中心建筑基址东南部C-C'剖面图

①. 晚期台基上石片地面 ②. 晚期台基镶包石条与三层石条复原 3. 汉晋堆积层 4. 汉代文化层
L1. 晚期台基外围石片路面 L2. 早期台基外围路土地面

1. 大型柱槽 共发现清理出205个，但由于东南部和西部部分区域分别被现代仓库和水渠占压未做清理，按照已清理出的柱槽排列的组合顺序复原，仓库占压部分还应该有至少13个柱槽，水渠占压部分也应该有至少3个柱槽，总计完整数目至少应该为221个。

这些柱槽大都是方形坑槽，极少量为长方形，一般边长0.7~0.9米。坑槽大都较深，多数0.7~0.9米，也有个别深达1米以上，只有少数因扰乱破坏而略浅。

所有柱槽排列井然有序，它们基本上按照一列3~5个、最多6个纵列环绕在圆形台基中间37米见方的区域周围，按照完整的复原排列总共应该为56列（图73）。这56列柱槽虽然每列的数量不尽相同，但其在台基中间方形区域的周边四面具体数量却是按照一定规律来安排布置的。以中间方形区域东面的14列柱槽为例（编号分别为柱槽38 ~ 柱槽51），逆时针排列（以下皆同）从南至北每列的数量分别为：3、4、4、3、5、5、3、3、5、5、3、4、4、3，南北两端呈对称分布；方形区域北面的14列柱槽（编号分别为柱槽52 ~ 柱槽56、柱槽1 ~ 柱槽9），每列柱槽的数量按逆时针排列也与之基本相同，具体数目由东向西分别为：3、4、4、3、5、6、3、3、5、5、3、4、4、3，仅东起第六列柱槽的数目为6个，比台基东面相同位置即南起第六列的5个柱槽多1个；方形区域西面的14列柱槽（编号分别为柱槽10 ~ 柱槽23），每列由北向南的数目分别为：3、4、4、3、5、6、4、4、5、5、3、4、4、3，这一面每列的柱槽数量除了中间两列各为4个，比其他三面相同位置各为3个柱槽多1个外，其余的柱槽数目按逆时针顺序都与北面相同；方形区域南面的14列柱槽数量（编号分别为柱槽24 ~ 柱槽37），其数量由西向东分别为：3、4、4、3、5、6、3、3、5、5、3、4、4、3，与北面同样按逆时针顺序排列的每列柱槽数目完全相同。如此来看，这些柱槽以这种特殊的方式有规律的排列分布，当是与这座重要的大型礼制建筑独特的外圆内方建筑形制与结构有关。

环绕台基周圈的56纵列柱槽的编号，自正北面的柱槽开始逆时针绕行分别以阿拉伯数字1~56编号；每纵列由外及内的3~6个柱槽，则分别以英文大写字母A、B、C、D、E、F编号。如此，最外一圈柱槽就为A圈，它有56个柱槽，自正北面第1个柱槽开始向西绕行分别编号为1A~56A，其中32A、33A、34A三个被占压未清理；第二圈即B圈，也有56个柱槽，编号为1B~56B，其中32B、33B、34B三个也被占压未清理；第三圈是C圈，同样也为56个柱槽，编号为1C~56C，其中18C、32C、33C、34C四个柱槽被占压未清理；第四、第五和第六圈则依次

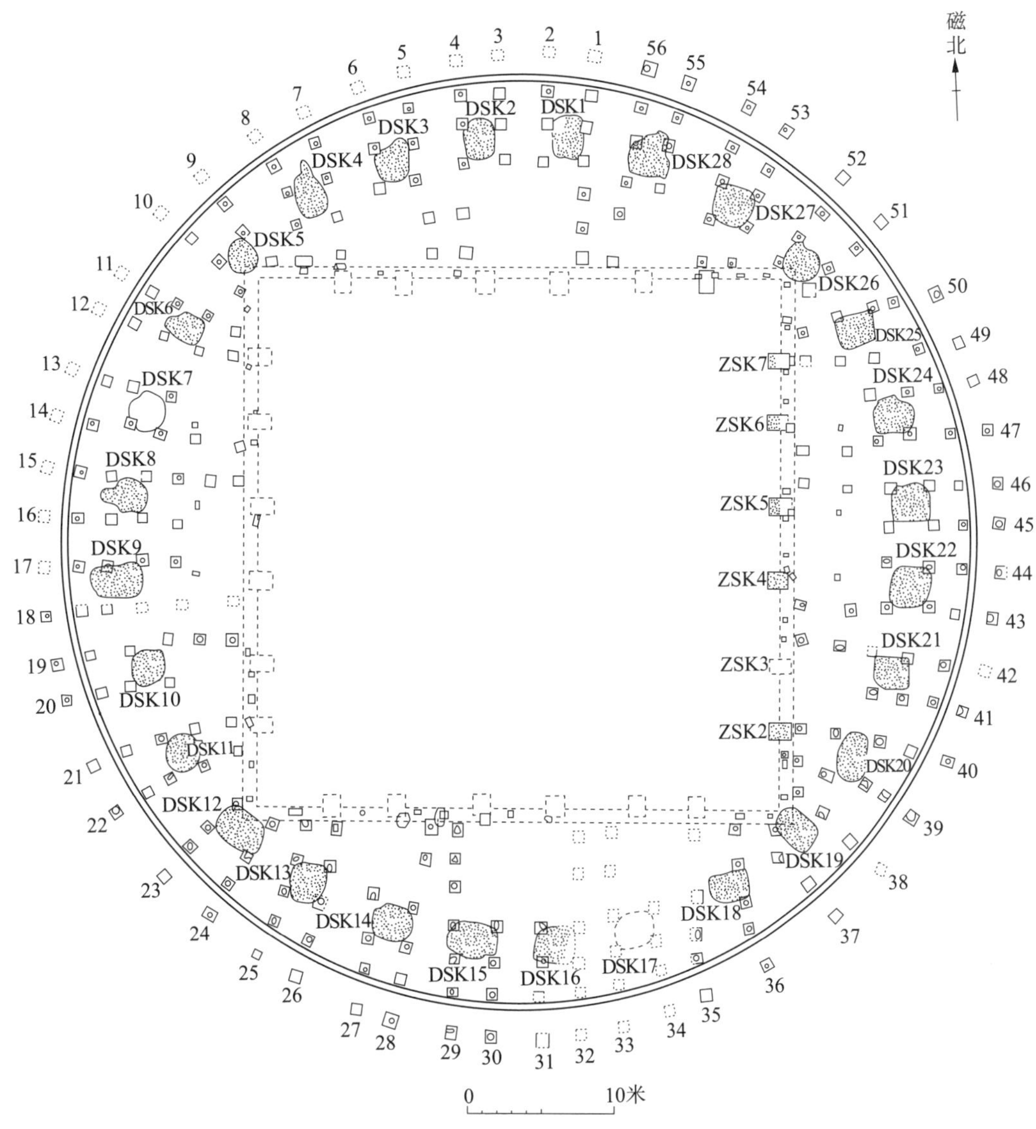

图73　明堂中心建筑基址平面复原图

1~56. 大型柱槽　DSK1~DSK28. 大型沙坑　ZSK2~ZSK7. 中型沙坑

为D圈、E圈、F圈，但由于每纵列由外及内的柱槽数量分别为3~5个，最多为6个，第四圈以内有一部分纵列不再安置柱槽，故数量逐渐有所减少。如第四圈柱槽只有33个，编号分别为1D、4D、5D、7D、8D、11D、12D、14D、15D、16D、17D、18D、19D、21D、22D、25D、26D、29D、32D、33D、35D、36D、39D、40D、42D、43D、46D、47D、49D、50D、53D、54D、56D，其中18D、32D、33D三个柱槽被占压未清理；第五圈柱槽更少，只有14个，编号分别为1E、4E、5E、15E、18E、19E、28E、29E、32E、33E、42E、43E、46E、47E，其中的18E、32E、33E三个柱槽被占压未清理；第六圈柱槽最少，只有6个，编号分别为1F、14F、15F、28F、29F、56F。

这些柱槽内的填土一般为黄褐色或深褐色，夹杂有红烧土粒或白灰渣。其填土状况主要有两种：第一种：填土经过夯打，但只是表面稍硬一些，下面的填土则较松散，也分辨不出夯层。这些柱槽填土的中间大都有明显的柱子洞痕迹，也有的位置略偏。这些柱子洞只有一部分为规整圆形，直径一般0.3~0.32米，个别0.25或0.35米（见图版五六，2）。还有一些柱洞口部较大，且呈椭圆或不规则形，长宽0.3~0.6、个别达0.75米，这可能是因为拆除柱子时用力左右或前后摇晃所致（见图版六一）。残存的柱洞深浅不一，浅者0.1~0.2、深者0.4~0.5、个别深达1米。柱洞内的填土较柱槽内的颜色深而且松软，一些柱洞底部还发现有几片平垫的小石片。据对个别柱槽解剖，在有些柱洞底部发现有铺垫的草筋拌泥，厚度约0.18~0.2米（图74）。第二种：整个柱槽内的填土一致，土质松散，未见夯打的迹象，也不见中间的柱子洞痕迹。

填土中的包含物主要有碎石片、夯土块、烧土坯块、碎砖块和瓦片，还有少量陶器与青瓷器残片、瓦当、铁钉、残铁块和小五铢铜钱等。其中有些柱槽内瓦片数量较多，有北魏时期的素面或磨光面板瓦片、花头板瓦片、素面布纹里板瓦与筒瓦片，汉晋时期的绳纹面布纹里板瓦和筒瓦片等。残砖块数量较少，而且皆成碎块，种类有素面长方砖、楔形砖和几何纹方砖等。

柱槽列与列之间、圈与圈之间的间距不尽相同，但间距尺寸却比较接近或相对集中在几种规格上。如柱槽列与列之间的横向开间间距，以柱槽中心点计算分别在2.7、3、3.5、4、4.5、5米几个尺寸之间；柱槽圈与圈之间的纵向开间间距，以柱槽中心点计算则主要在2、2.2、2.5、2.7米几个尺寸之间，个别间距较大的可达3或3.5米以上。

柱槽与柱洞的详细规格、保存状况、间距尺寸和出土遗物情况等，可参见附表（附表二，明堂中心建筑基址大型柱槽登记表；附表三，明堂中心建筑基址大型柱槽横向列间距登记表；附表四，明堂中心建筑基址大型柱槽进深排间距登记表；附表五，明堂中心建筑基址大型柱槽出土遗物登记表）。

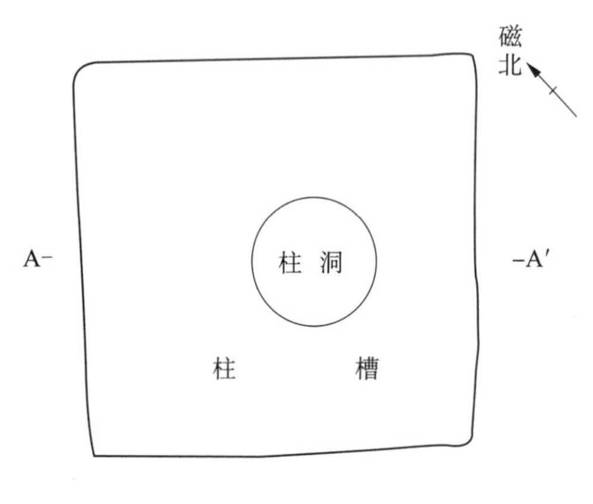

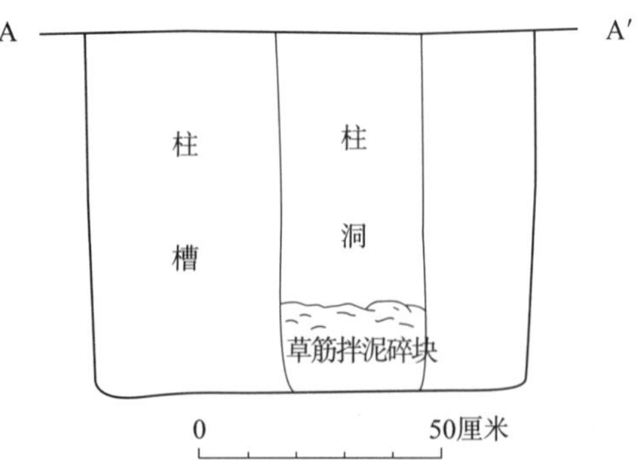

图74 明堂中心建筑基址10B大型柱槽平剖面图

2. 中小型柱槽 数量较多，大小不一，绝大多数为方形或长方形，少量为不规则形或圆形。此类柱槽一般都较浅，深度仅0.25~0.4米。小型柱槽长宽在0.2~0.4米之间，中型柱槽长宽在0.4~0.6米之间，个别长方形柱槽最长可达0.7~1米。柱槽内填土多未经夯打，较松软，杂乱。少量柱槽底部，还铺垫有2~3个河卵石。柱槽开口绝大多数和大型柱槽为同一时期，但也有少量柱槽口部被晚期的一层扰乱夯土叠压，情况似较复杂。

因该类柱槽的深度较浅，被后代扰乱破坏较为严重，保存下来的数量极不完整，共计53个。它们主要分布在圆形台基上中间37米见方区域的外围，除了在前述大型柱槽组成的柱网区域内零星存在少量外，数量较多的是排列在中间37米见方区域的四面边缘。

在方形区域的周围四面边缘，共清理发现此类中小型柱槽47个。其中在南边缘有10个，编号：南一1~10；东边缘18个，编号：东一1~18；北边缘8个，编号：北一1~8；西边缘11个，编号：西一1~11。虽然在这个方形区域四周边缘，每面保存的柱槽数量、大小都不甚相同，排列的间距也长短不等，但它们却是大致成一条直线规整地排列在方形区域边缘约1米宽的条状范围之内，显然是与中间这个方形区域内的建筑形制与结构有关的重要遗迹。

在方形区域外围大型柱槽组成的柱网区域内，仅发现此类中小型柱槽6个。尽管数量较少，且只分别位于方形区域的东、西两侧，但其排列也具有规律。如它们在方形区域东、西边缘的外面各存3个；而且位置恰好东、西两两相对，即东面的东二3、东二2和东二1分别正对西面的西二1、西二2和西二3。此外东面东二1、东二2和东二3，还分别与方形区域东边缘线上三个中型方沙坑ZSK4、ZSK5、ZSK6和这三个中型方沙坑外侧的三个中小型柱槽东一6、东一10和东一12东西对应，其中三个柱槽的中心点分别距西侧三个中型方沙坑的边缘3.4米，距东一6、东一10和东一12的中心3.1~3.2米。这些柱槽当也与方形区域外围的建筑架构密切相关。

中小型柱槽的大小规格与深度尺寸、遗迹与遗物情况、间隔距离等详细资料，可参见附表（附表六，明堂中心建筑基址中、小型柱槽登记表）。

3. 大型沙坑（DSK）　在现存圆形台基的夯土表面，除了台基东南部被现代仓库占压的区域部分外，共发掘清理出大型沙坑遗迹27个。按照这些沙坑分布和排列的间距与顺序位置情况推算，在现代仓库占压的区域下面还应该有一个沙坑，其完整排列的沙坑数量应该为28个（见图73）。

这28个沙坑呈环状整齐地排列在圆形夯土台基上第二圈（B圈）和第三圈（C圈）大型柱槽之间。沙坑的内、外侧坑壁分别距圆形台基周边的包边石条或沟槽外缘3~6米，沙坑中心点距整个圆形夯土台基中心点皆为27米。每个沙坑都正处在其四角相邻的四个大型柱槽的中间，相邻沙坑之间的距离以中心点为准6~6.2米。沙坑的编号自正北面柱槽1B、1C、2B、2C中间的沙坑开始，逆时针绕行排列分别为DSK1~DSK28。

沙坑的大小与形状基本相同，平面上大都呈圆角方形或圆角长方形，个别的不甚规则。沙坑残存遗迹一般都较浅，深0.1~0.3米，个别可达0.5米以上。坑的规格较大，长宽皆在2.4~2.8米之间，个别的可达3米以上，面积约6~7平方米（图75；见图版五七~图版七〇）。

沙坑内的填土黄褐色或深黄褐色，含有较多的碎石片和北魏时期的素面或磨光面瓦片。少量沙坑内还出土有被细致加工出平整面的残石块，有的石块表面还凿出用来安置铁细腰的凹槽，由于这些石块皆为碎小残块，原来的形制与用途不明。沙坑的底部都铺垫有一层细净的黄沙，一般厚0.01~0.03米，较厚者可达0.05米，底部较平。在DSK23内，底部沙层上还

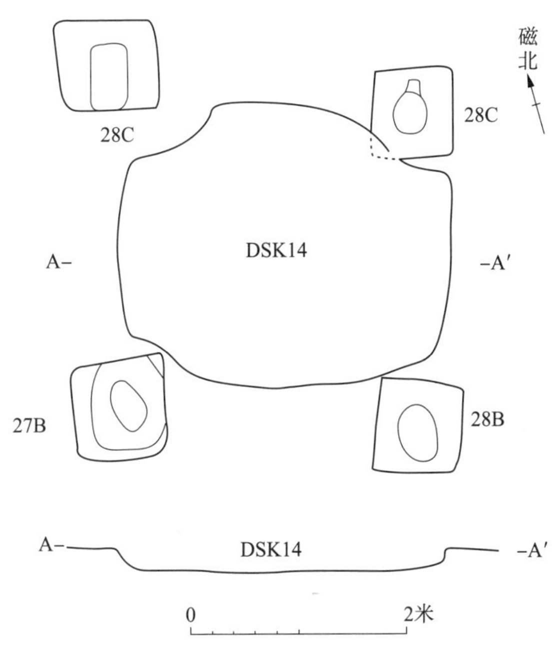

图75　明堂中心建筑基址DSK14大沙坑与周围大柱槽关系图

夹杂一层平铺的碎石片，似有意铺垫而成。在DSK19和DSK20底部铺垫的沙层中，还发现有两次铺垫的痕迹，两层垫沙之间以较硬的黄夯土相隔。上层垫沙底部呈圜状，沙层较薄，厚0.01~0.02米；下层垫沙略厚，厚0.03~0.06米，夹杂碎石片，坑底较平。

沙坑的详细规格尺寸、形状、保存状况与间距情况，可参见附表（附表七，明堂中心建筑基址大型沙坑登记表）。

4. 中型方沙坑（ZSK） 因其大小规格明显小于大型沙坑，而且平面形状皆为方形或长方形，故称其为中型方沙坑。此类方形沙坑，只在圆形台基中间37米见方区域东侧边缘残存5个，它们同该方形区域东侧边缘排列的中小型柱槽（东一柱槽）在一条直线上。此沙坑因比中小型柱槽大许多，故其外侧边缘虽然与这些中小型柱槽大致平齐，但内侧却较中小型柱槽向内深入许多（见图66、73）。

残存的5个方沙坑，自台基中间37米见方区域东南角开始向北5.4米为第1个沙坑，编号为ZSK2，东西长1.7、南北宽1.25、深0.15米；自ZSK2向北8.9米为第2个沙坑，编号为ZSK4，东西长1.45~1.5、南北宽1.15、深0.1米；自ZSK4向北3.7米为第3个沙坑，编号为ZSK5，东西长约1.5、南北宽1.25~1.3、深0.1米；自ZSK5向北4.3米为第4个沙坑，编号为ZSK6，东西长约1.5、南北宽1.1、深0.06~0.1米；自ZSK6向北3.2米为第5个沙坑，编号为ZSK7，东西长约1.5、南北宽1、深约0.06米。沙坑的底部皆铺垫有一层细净的黄沙，沙层厚0.02~0.05米，坑底较平。其中ZSK2内也发现有两次铺垫的痕迹，中间隔一层较硬的黄夯土。上层垫沙较薄，厚0.01米；下层略厚，厚0.03~0.04米。沙坑内的填土及包含物与大型沙坑基本相同，应同为北魏时期的建筑遗迹。中型沙坑的详细资料，可参见附表（附表八，明堂中心建筑基址中型沙坑登记表）。

从圆形台基上发现的这5个中型沙坑的形状、大小、排列位置和间距情况等来看，它们应该是修建在中间原来夯土台面较高的方形建筑遗迹东侧边缘的大型建筑柱础坑槽遗迹，其完整的沙坑柱槽数量应该是一排6或8个（见图73）。但由于这类沙坑现存的坑槽皆较浅，可能有些沙坑已经被破坏而无存。如南起第1个方沙坑ZSK2和第2个方沙坑ZSK4之间，间距达8.9米，之间明显缺少一个沙坑（可以复原编号ZSK3）。另外，在这排沙坑的南端现存沙坑ZSK2之南和北端现存沙坑ZSK7之北，分别距中间方形建筑遗迹的东南角和东北角各约5.5米，这两个角上原来也有可能各安排一个沙坑。如此，这处方形建筑遗迹的东侧开间就可以大致推测复原，如方沙坑的数量为6个，开间即为5间；如方沙坑是8个，开间则为7间。这5间或7间面阔的开间距离虽然不尽相同，但也呈有规律的两侧对称分布。以方沙坑柱槽中心点计算分别为：中间一间开间为5米，中间两侧的两间各为5.5米，再两侧的两间各为4.5米，两侧端头如果还各有一间的话则各为5.5米以内。这种开间布局，在这个方形建筑遗迹的四面边缘均应对称存在，即每面的开间与沙坑柱槽数量应该是相同的。

5. 石片地面 明堂圆形台基上原来的建筑地面遗迹，虽然因后代扰乱破坏的较厉害而大部不存，但在台基上原来地面较低的外围区域仍有少量残存。残存的地面遗迹主要有三片，集中在中间37米见方的方形建筑区域以东和东南角外的圆形台基上，皆为铺垫的一层碎石片地面。这些石片地面修造比较平整，表层石片大多为0.04~0.05米大小，厚0.01~0.02米。该石片地面上原来是否还铺设有铺地材料，现已无法查明。石片下为坚硬的青褐色路土，厚约0.2

米，质量较好，且较纯净。再下面则是台基的红褐色夯土。

在整个圆形台基东部（即T4东南部）的一片石片地面范围略大，位于大型沙坑DSK22与DSK21之间南北一线以西，中型沙坑ZSK4至ZSK2南北一线以东，东西长约10、南北宽约7.2米，残存面积约为72平方米。这片石片地面北面接一条东西向条状红烧土遗迹而中断，东北角和东面分别被大型沙坑DSK22和大型柱槽43B、44B的坑壁打破，西面则呈齐边中断于台基中间方形建筑遗迹的东边缘（即中型沙坑ZSK2至ZSK7之间南北一线），石片地面上则分别又被大型柱槽42C、42D、42E、43C、43D、43E、44C等打破。

在圆形台基东南部（即T6内）也发现两片石片地面遗迹，但范围皆不太大。一片在大型沙坑DSK18至DSK19之间的东南靠近圆形台基边缘处，东西长约5.9、南北宽约1.7米，这片石片地面被大型柱槽37A打破；另一片在大型沙坑DSK19与DSK20之间和DSK20的西面与北面，这片地面已连不成片，范围南北长约7.7、东西宽约4.3米。从清理的这两片石片地面保存现状来看，它们在整个圆形台基的边缘区域是当时遗迹中保存最高的。这部分石片地面的表面普遍有一层厚约0.02米的浅黄色淤土，土质纯净细腻，带有沙性，较软。上面则即是耕土层。

6. 条状红烧土遗迹　这种红烧土遗迹在整个明堂圆形建筑台基上只发现一段，位于整个圆形台基的东部，即大型沙坑DSK23、中型方形沙坑ZSK5和大型柱槽45B、45C的南面。这部分红烧土遗迹呈大致东西走向的条状，东端至大型柱槽44B西壁中断，西端则伸入到中间方形建筑遗迹的东边缘内侧约4米。残存长度约13.8、残高0.1~0.2米。其条状遗迹东端稍宽约1.2米，西端略窄约0.45米。红烧土的保存状况不好，土较细，似被火烧烤形成。红烧土遗迹的东段南侧被大型柱槽44C坑壁打破，西段则被中间方形建筑遗迹东侧边缘的中小型柱槽东一8坑壁打破。考虑到打破该红烧土的建筑柱槽等皆被后代扰乱过，这条红烧土的形成时代不好断定，其性质、用途及红烧土的形成原因，由残存遗迹也无法究明。单纯从平面布置上来看，它与台基上的建筑柱槽等建筑遗迹也没有比较紧密的关系。

（五）台基周围的石片路面与柱槽遗迹

1. 石片路面（L1）　环绕在圆形夯土台基的周边，断断续续均发现有石片和杂乱土混合铺成的石片路面。根据解剖，圆形夯土台基周围这种石片路面至少叠压有两大层，分别编号L1和L2。局部区域每一大层路面中还可分出小层，它们应至少为两个以上时期所形成。其中上层路面L1是与晚期圆形建筑台基同时期的地面遗迹，保存相对较为完整；下层路面L2则是早期建筑的地面遗迹，在解剖的早期建筑遗迹中有少量发现。

L1石片路面在第1层耕土层、第2层近代扰乱层或北魏以后废弃堆积层下面，距地表深0.4~0.55米左右。在该层石片路面的表面与路面上红烧土堆积中，有较多的北魏时期磨光面瓦片和少量的莲花瓦当、残砖块等遗物，显然该层路面为北魏时期修建与使用。

这层路面呈环状紧贴在圆形夯土台基包石的环状沟槽外侧铺垫，路面除局部被扰乱破坏外，大面积保存基本完整。因后代扰乱或其他不明原因，该石片路面在圆形夯土台基的周围残存宽窄不一。其中正东、正南、正西和东北、东南方向保存较宽，宽约5~6米，最宽可达7米以上；西北与西南方向保存较窄，最窄的路面只有0.5米宽；正北方向局部保存较宽、局部保存略窄。

这些石片路面环绕在圆形夯土台基周围，整体略呈中间高两侧低的龟背拱形。其路面中间隆起的最高点，距离圆形夯土台基周围的包石沟槽外缘约3.5~3.7米，与包石沟槽底部的高差为0.1~0.25米。路面由碎石片夹杂青褐色的杂乱土铺成，表面较为平整，极为坚硬，一般厚0.1~0.2米。所用石片皆为0.02~0.04米大小的碎片，厚约0.01米。而且这些石片主要铺在路面的表层，下面为坚硬的路土（见图版六六）。

在圆形夯土台基东北方向，该L1石片路面厚达0.25~0.3米，从中又可以区分出3小层路面。其中上面一层A路面，厚0.1~0.15米，表面为一层碎石片，下面为黄褐色路土，有的石片已不存，仅露出该路土。中间一层B路面，厚约0.05~0.1米，为夹杂有碎石片、红烧土碎块和北魏素面瓦片的黄褐色路土。下面还有一层C路面，厚约0.1米，保存较好，夹杂的碎石片较上面两层路面为小，铺垫也比较整齐，石片下有坚硬的路土。C路面整体呈中间高两侧低的龟背形，其中靠近夯土台基边一侧的坡下石片路面，几乎与包石沟槽的底部相平。

2. 柱槽　在圆形夯土台基周边的石片路面中，也清理出一圈与圆形台基夯土上发现的205个大型柱槽相同的方形柱槽遗迹。这些柱槽呈环状有规律地排列分布在圆形夯土台基的周围，而且每个柱槽均与台基上的56列大型柱槽位置相对照。这类柱槽完整数量也应该为56个，但由于T3探方因发掘较早这类柱槽未做清理，T4、T5、T6三个探方中也因个别被障碍物占压未清理，总共只清理了35个。这圈柱槽位于台基上最外一圈A圈柱槽的外侧，故编号为a圈柱槽。

其中T5探方内共清理了14个柱槽。它们分别与圆形台基上的第18、19、20、21、22、23、24、25、26、27、28、29、30、31列大型柱槽相对照，编号分别为18a、19a、20a、21a、22a、23a、24a、25a、26a、27a、28a、29a、30a、31a。

在T6探方内共清理了6个柱槽。它们分别与圆形台基上的第35、36、37、38、39、40列大型柱槽相对照，编号分别为35a、36a、37a、38a、39a、40a。该探方西侧与T5探方相接的位置，还应该有32a、33a、34a三个柱槽，也由于被现代仓库占压未做清理。

在T4探方内除柱槽42a位置处有一棵树未做清理外，共清理了15个柱槽。它们分别与圆形台基上的第41、43、44、45、46、47、48、49、50、51、52、53、54、55、56列大型柱槽相对照，编号分别为41a、43a、44a、45a、46a、47a、48a、49a、50a、51a、52a、53a、54a、55a、56a。

环绕在圆形台基外围的这些a圈柱槽，虽然与台基上排列的56列柱槽位置皆可对应，但每个柱槽与相对应的台基上最外圈A圈柱槽的间距却差异较大。其中两个柱槽边壁之间的距离一般为1.7~1.8米，最近的1.4米（柱槽41a与41A之间），最远的达到2.1米（柱槽50a与50A、53a与53A、54a与54A之间）；柱槽内柱洞中心点之间的距离一般为2.4~2.7米，最近的2米（柱槽41a与41A之间），最远的3米（柱槽50a与50A、54a与54A之间）。

a圈相邻两个柱槽的间距同台基上56列柱槽列与列之间的距离一样，也不相等。其中相邻两个柱槽边壁之间的距离一般为2.3米~2.8米，最近的1.6米（柱槽19a与20a、27a与28a之间），最远的5.2米（柱槽50a与51a之间）；柱槽内柱洞中心点之间的距离一般为3~4.6米，最近的2.4米（柱槽19a与20a之间），最远的6.2米（柱槽50a与51a之间）。这些柱槽尽管排列的间距差异较大，但其在台基周围各方位的布置上还是略有规律的。其中台基正东面、正西面和正南面三面（正北面未清理）的柱槽列间距就较近一些，中心点之间的距离在3米左右；东北角、东南角和西南角三面（西北角未清理）的柱槽列间距就稍远一些，中心点之间的距离达5米以上。这显然也与这座重要建筑在平面布置上外圆内方的建筑特点有关。柱槽的详细间距情况参见附表（见附表三，明堂中心建筑基址大型柱槽横向列间距登记表；见附表四，明堂中心建筑基址大型柱槽进深排间距登记表）。

这些柱槽与圆形夯土台基上清理出的大型柱槽，在形状、大小规格与结构上几乎完全相同。坑槽平面除极个别略为长方形外，也多为方形，边长一般0.8~1米，最大的1.1米见方（柱槽28a），最小的也达到0.7×0.75米（柱槽27a）。坑槽大部分未清理到底，据开挖解剖沟清理到底的几个柱槽来观察，坑槽较深，一般都达到1米以上，其中柱槽21a、48a和51a皆深1.1米，柱槽25a更达到1.2米。柱槽内的填土一般为青褐色或红褐色，夹杂有碎石片、瓦片、红烧土粒和白灰渣等，多数柱槽内填土经过夯打，尤其上部较为坚硬，但下部稍软。柱槽底部为坚硬夯土（圆形建筑台基外围的地下基础夯土）。坑槽内也大都发现有柱洞，一般都在柱槽中部，也有的位置略偏。柱洞多呈不规则形，少量圆形，圆径一般为0.3~0.4米，个别为0.25或0.6米左右。洞内填土上部多为灰黄色细土，较为纯净，下部则为青褐色土，夹杂碎石片、瓦片等，土质松软。柱洞深度与柱槽相同。柱槽与柱洞的详细资料和出土遗物情况参见附表（见附表二，明堂中心建筑基址大型柱槽登记表；附表九，明堂中心建筑基址台基外围柱槽出土遗物登记表）。

这些柱槽的开口一般距现地表深0.4~0.55米左右，在地层层位上则分别叠压在第1层耕土层、第2层近代扰乱层或北魏以后废弃堆积层的下面。在圆形夯土台基周围晚期石片路面（L1）保存较好的区域，还可以观察到该方形柱槽的口部还被L1石片路面叠压，而柱槽内的圆形或不规则形柱洞又打破该石片路面。表明这类柱槽内的木柱，极有可能是与晚期圆形夯土台基上的建筑与周围L1石片路面同时期修建并使用的。

四　早期建筑遗迹

在对晚期明堂（第三期）中心主体建筑基址夯土及周围地面等遗迹解剖时，还多处发现该建筑基址主体为早期修筑的遗迹现象及相应地层堆积。其早期建筑遗迹至少又可分为两个时期，即第一期和第二期。显然，这座明堂中心主体建筑基址至少为三个时期建造与修补使用。

由于这些早期（第一期和第二期）建筑基址被晚期改造重修的明堂建筑台基打破或叠压，其建筑遗迹残缺不全，完整形制已不清楚。而对这些早期遗迹的了解，也仅仅是通过开挖解剖沟获得，在此仅能根据一些地点解剖时发现的遗迹现象做一介绍。

（一）夯土台基上的解剖

为了解明堂中心主体建筑基址的建筑结构和修造情况，在圆形夯土台基上共开挖解剖探沟11条，编号分别为T4J3、T3J5、T4J7、T4J11、T4J12、T4J13、T4J14、T6J15、T5J16、T5J17、T5J18。其中，T4J3和T3J5是为解决该圆形台基的夯土构筑结构与修筑时代，对台基夯土解剖清理较深；其他解剖沟则仅仅是了解圆形台基表层夯土在不同区域的构成情况，解剖清理较浅。

从清理较深解剖沟中的遗迹现象并结合局部勘探，可以对这座明堂中心大型建筑的地下基础构筑情况有一个基本了解。即其地下基础系早期（第一期）在当时的地面以下挖出大型坑槽，坑槽打破第4层堆积，主要开挖在第4层下面的生土中。整个大型坑槽深距当时的地面（第4层表面路土层L2）约2米，底部基本平整。坑槽挖成以后，用土在坑槽内逐层铺垫夯筑，由此形成这座大型建筑的地下基础。在这个夯土基础的上面，则继续夯筑当时地面以上的台基和地上建筑遗迹，地上台基范围要明显小于地面下的基础夯土。综合来看，最早时期（第一期）的基槽坑壁大都呈竖直壁或略倾斜的直壁；略晚时期（第二期）修补改造的基槽坑壁也有呈船头形的，系在第一期呈斜直壁的基槽夯土上部沿用修筑。坑槽内用来夯筑的土，早期（第一、二期）一般都选择较为纯净的黄土，包含物较少，经过夯筑以后的夯土呈黄褐色或红褐色，质量极为坚硬，夯层较为明显；晚期用土较杂，夯土青灰色，质量一般。

下面以T4J3和T3J5为重点，分别对圆形台基的夯土构成和发现的一些早期建筑基址情况做一详细介绍。

1. T4J3　位于圆形夯土台基北部偏东，包含着大型柱槽53A、53B、54A、54B的区域。解剖沟呈不规则长方形，东西长5.2~5.7、南北宽3.2~4.1米。

从现存夯土台表面向下解剖至1.5米深，夯土青褐色，土较杂乱，含大量红烧土，质量较硬。夯层厚0.07~0.1米，层面较平。夯窝为椭圆形平底，长0.07、宽0.04米。包含物有碎小的绳纹面布纹里瓦片和陶器片等。

从1.5米深至1.8米，夯土红褐色，较纯净，包含物较少。夯层较厚，最厚的达0.15米，层面高低不平。至1.8米深发现有圆形平底夯窝，直径0.07~0.08米，此层往下夯土不太容易分层，包含有极少量的绳纹面布纹里瓦片。再向下至2.4米深见白生土。

2. T3J5　位于圆形夯土台基的正北部，第3和第4列大型柱槽之间。解剖沟呈南北方向，长20、宽1米，南北贯穿圆形台基的部分夯土和台基北侧的部分地面遗迹。

据解剖沟东壁剖面显示（见图62），该圆形台基的现存夯土表面分别被第1层耕土、第2层扰乱土打破并叠压，整个夯土基址厚2.4~2.75米，其中地上台基部分厚约0.3~0.5米，地下基础厚约2.3米。由夯土颜色、夯筑质量、夯层厚度、夯窝形状、包含物，以及层位关系、基槽形状等来观察，整个夯土基址由上、中、下三部分夯土构成，应为三个时期分别筑造而成，由晚及早分别编号为夯1、夯2和夯3。

夯1　为晚期（第三期）明堂的建筑基址夯土，在现存的地上台基夯土表面只残存了2~5层，距地表深0.25~0.6米见。其中，在保存较高的台基中部有夯层5层，残高约0.38米；在夯土残存较低的台基边缘处仅有夯层2层，残高0.1~0.15米。夯土为青褐色或黑灰色，质量一般，较杂乱，含有碎砖瓦粒、木炭灰屑和红烧土等。遗物有较多的粗绳纹面布纹里厚板瓦片，少量的细绳纹面布纹里板瓦片和筒瓦片、几何纹方砖残块，还有极少量的素面布纹里筒瓦片等。夯层一般厚约0.07米，夯窝为椭圆形平底，长0.06~0.07、宽0.04~0.05米。由夯土包含物中有少量素面布纹里筒瓦片来判断，其筑造时代不早于北魏，应为北魏时期的改造修补遗迹。

夯2　这块夯土被叠压在夯1下面，底部又打破并叠压在更早的夯3上面，应为第二期明堂的建筑基址夯土遗迹。夯2与晚期夯1的明显区别，在于表层有一层厚约0.05米的极硬路土面。这块夯土在J5中残存有5~6层，距地表深约0.5~1米见。

由解剖来看，这块夯土可分为地上台基和地下基槽两部分。其中地上台基部分残高

0.15~0.21米，有2~3层夯土，正好被晚期地上台基所利用。地下基槽厚0.21~0.25米，有3层夯土。该基槽在圆形台基的边缘处向外延出呈船头形，其外延的船头形基槽表面除了被晚期石片路面L1下的第3层堆积叠压外，还被打破第3层堆积的晚期圆形地上台基的包石沟槽打破，并用作砌筑石条的地基。基槽底部则叠压在夯3之上，并打破第3层堆积下的早期地面L2和第4层堆积。

夯土呈红褐色，土质坚硬，比较纯净，包含有少量碎瓦片和红烧土粒。夯土底部除了基槽边缘部分呈船底坡状外，修筑在早期基槽夯土上的底部则为平底。夯层较薄，一般厚0.07米；夯窝圆形平底，直径约0.05米。夯土中遗物主要为绳纹面布纹里板瓦与筒瓦片，也有少量细绳纹面方格纹里板瓦片、云纹瓦当和数枚字迹难以辨认的破碎“五铢”铜钱。

这块夯土叠压在晚期（第三期）改造修补的建筑台基夯土和第3层汉晋时期文化堆积层之下，显然是被晚期建筑所利用的早期建筑夯土遗迹。但这块夯土又打破并叠压在更早的夯3、L2路面以及第4层汉代文化堆积层上，由地层层位与包含物分析，时代应不晚于魏晋时期。

夯3　叠压在夯2的下面，应为这座明堂大型建筑最早时期（第一期）的建筑基址夯土遗迹。该夯土距地表深0.9~2.9米见，全为基槽夯土。上部被夯2打破并叠压，底部则打破第4层，并在下面的生土中挖槽筑造。在T3J5内，夯3基槽的坑壁呈斜直壁，因地下水位较浅，基槽下部未清理到底，据局部钻探总厚约2米。

夯土黄褐色，土质极为坚硬，较为纯净，红烧土粒等包含物较夯2大为减少。夯层较厚，约0.1米。在夯3的现存夯土表面，即夯2基槽底部，也有一层硬路土面，但较一般夯层明显为薄，大约厚0.02~0.03米。其硬路土面在夯土基址边缘处，呈缓坡与基槽外侧的早期（一期）L2路面基本相连。

夯土内出土的瓦片皆为绳纹瓦片，以细绳纹面布纹里板瓦为多，其次是粗绳纹面布纹里板瓦与筒瓦片，还有极少量的细绳纹面方格纹里板瓦片。该夯土下即为含细沙的白生土。由于该夯土基槽打破了第4层汉代文化堆积层，上部又被属于魏晋时期的第二期夯土（夯2）打破并叠压，推测其建造时代可能为东汉时期。

（二）台基周围地面遗迹的解剖

在圆形夯土台基周围对该建筑的晚期地面遗迹也做了大量的解剖工作，共开挖解剖探沟10条，编号分别为T4J1、T4J2、T4J4、T3J5、T3J6、T5J8、T5J9、T5J10、T5J19、T5J20。其中T3J5和T3J6是贯穿部分圆形台基夯土和外侧地面与地层堆积的解剖探沟，其他解剖沟则都是在台基外侧对当时地面与地层堆积的解剖。

据在这些解剖探沟内以及勘探了解到的情况，在这座大型明堂建筑基址的外围，与当时建筑基址相关的路面遗迹至少有两层，它们至少应该为二或三个时期分别修筑与使用，这两层路面分别编号为L1和L2。其中L1为晚期（第三期）明堂建造与使用的石片路面遗迹，保存相对较为完整，清理的面积也比较大；L2则是早期（第一期）明堂修筑并使用的路面遗迹，部分路面可能在第二期仍然被沿用，这层路面被后代破坏扰乱较为严重，发掘时也仅仅在多处解剖沟中有所发现。此外在解剖沟中，还发现了一些早期的灰坑与坑槽遗迹。

下面重点举例说明。

1. T3J5　在该解剖沟中，圆形夯土台基外侧所见的不同时期地面（路面）遗迹有2层，即

L1和L2。解剖沟内的地层情况参见夯土台基西北侧的地层堆积。

上层路面（L1） 为晚期（第三期）修建使用的地面遗迹，距地表深0.45~0.55、厚约0.05~0.1、残宽0.8米。路面由碎石片和杂乱土混合而成，是与晚期明堂圆形台基同时修建并使用的台基外围地面遗迹。该石片路面上部被第2层北魏以后的建筑废弃堆积层或近代扰乱层叠压，下面则修建在第3层汉晋时期文化堆积层上，路土中也包含有极少量的北魏时期素面瓦片。根据有关遗迹与地层叠压关系并结合相关文献资料分析，该路土遗迹当不晚于北魏时期修建使用。

下层路面（L2） 为早期（第一期和第二期）明堂建筑基址周围的地面遗迹，距地表深0.7~0.8、厚约0.1、残宽2.6米。路面为黄土铺垫而成，表面呈青褐色，土较杂乱，较坚硬，含有少量细绳纹面布纹里板瓦片等遗物。该路土底部铺垫在第4层汉代文化堆积层之上，表面则被第3层汉晋时期文化堆积层所叠压，靠近夯土台基处虽然被第二期基址的船头形夯土基槽（夯2）打破，但路土表面与船头形基槽夯土表面却基本在一个平面上。显然L2路面在层位上是早于属于魏晋时期的第二期夯土基址的，而由于第二期夯土基槽的表面又与L2路面基本平齐，说明第二期的夯土台基可能又继续沿用了第一期的路面遗迹。由此初步推测，这层路土极有可能为第一期（东汉时期）修建使用、第二期（魏晋时期）继续沿用。

2. T3J6 在这条解剖沟的汉代至北魏时期地层堆积之间，也发现有2层在不同时期为同一座建筑修建使用的路面遗迹。该两层路面不仅编号与T3J5内的L1和L2相同，而且在地层层位上也完全一致（见图61）。

上层路面（L1） 晚期（第三期）地面遗迹，仅发现在圆形台基边缘外延的基槽夯土表面上，距地表深0.45~0.6、厚约0.1~0.15米。其上部和外侧（北侧）被第2层晚期扰乱堆积叠压与破坏，路面残宽约0.8米。路土由石片夹杂乱灰土铺垫，较为坚硬。

下层路面（L2） 早期（第一期和第二期）地面遗迹，发现在圆形夯土台基北侧约5~8米处的第3层汉晋时期文化堆积层之下，底部叠压在第4层汉代文化堆积层之上。距地表深0.55~0.95、厚0.3~0.35、宽约3.2米。路土为黄褐色土铺垫，上部极为坚硬，下部稍微松软。该路土下即红生土。

这两层路面遗迹位置虽然相距稍远，但在地层层位上是与T3J5内的L1、L2路面完全对应的，因此两层路面遗迹的修筑与使用时代应与之相同。

3. T5J9 解剖沟内的地层情况参见夯土台基西南侧的地层堆积。该解剖沟中不仅发现有明堂早、晚两个时期的地面遗迹（第一、二期的L2和第三期的L1），在地层与两期路面靠近建筑基址夯土的边缘处，还发现明堂早、晚两个时期的地上台基和地下基槽遗迹（见图64）。晚期明堂的地上台基（夯1）和路面（L1）遗迹，在晚期建筑遗迹部分（T3J5）已经叙述，在此主要介绍早期明堂的地下基槽（夯3）、地上台基（夯2）和路面（L2）遗迹。

早期明堂地下基槽（夯3） 在第3层汉晋时期文化堆积层下的早期地面L2路土层之下，距地表深1.25~2.95米。该夯土基槽打破第4层汉代文化堆积层修建在生土中，整个基槽夯土厚约1.7米，坑槽壁面较直。该基槽夯土仅清理了上部边缘一部分，整体未做解剖，内涵不甚清楚，但从层位上来看当属于第一期的建筑基槽夯土。

早期明堂地上台基（夯2） 修建在早期明堂的地下基槽（夯3）之上，但外侧边缘较地下基槽向内侧收缩约2.35米。该台基夯土距地表深0.5~1.2、残高0.7米，台基边侧壁面也呈竖立直壁状。台基外侧分别为早期路面L2和第3层汉晋时期文化堆积层叠压，上部则被晚期台基夯土（夯1）和晚期路面L1打破叠压。该部分夯土台基也仅清理了边壁部分，内涵不清楚，但由层位上也可大致确定为第一期的建筑台基夯土，其上部或许还包含有第二期改造修补的夯土遗迹。

早期路面（L2）　为早期明堂建筑基址的地面遗迹，修建在早期明堂建筑基址外延的地下基槽夯土（夯3）表面和第4层汉代文化堆积层之上。路土距地表深1~1.25、厚0.15~0.25米，为黄褐色土，较为坚硬。在该解剖沟内路面宽约4.9米。该层路土在层位上也可大致确定为第一期修建使用、第二期沿用。

4. T5J8　这条解剖沟中不仅也存在着早、晚两个时期的地面遗迹，还清理了圆形夯土台基外围的一个大型柱槽和5个灰坑遗迹（见图65）。其早、晚两个时期的地面遗迹L2、L1，在地层层位、路土结构和颜色等方面皆与其他解剖沟发现的情况相同或类似。这里主要介绍清理的灰坑与柱槽遗迹，编号分别为H1~H6。

H1　位于解剖沟北部，部分压于北壁下。灰坑距地表深0.5~1米，开口于第3层下，底部则打破第4层和明堂建筑基址外延的地下基础夯土。残存的坑口略呈长方形，长1.5、残宽0.9、深0.45米，坑底为缓平的锅底状。坑内填杂乱土，夹杂有河卵石。遗物有大量绳纹面布纹里板、筒瓦片，少量素面砖块和云纹瓦当等。

H2　位于解剖沟北部H1东侧，部分坑口被北壁占压，开口层位与H1相同，底部也打破明堂建筑基址外延的地下基础夯土。灰坑距地表深0.5~1.3米，解剖沟内坑口略呈长方形，残长0.65、宽0.95、深0.8米。坑底中心部位还有一个略呈方形的小坑槽，残长0.5、宽0.6、深0.2米，槽底较平。灰坑内填杂乱土与红烧土，夹杂有河卵石、木炭灰等。遗物主要为绳纹面布纹里板、筒瓦片，此外还有篮纹面布纹里板瓦片、云纹瓦当、素面长方砖、红烧土坯等，其中有1件绳纹板瓦片上带有“南甄官瓦”字铭的戳印。

H3　位于解剖沟东南部，H2之南0.15米处，部分被压于南壁下。灰坑距地表深0.5~0.95米，开口在第3层下，部分灰坑还被H5打破，底部则分别打破早期地面L2和明堂建筑基址外延的地下基础夯土。坑口在解剖沟内呈不规则圆形，直径约1.25、深0.45米，坑底为圜底。坑内填杂乱土与红烧土，夹杂河卵石等。遗物有红烧土坯和绳纹面布纹里板、筒瓦片等。

H4　位于解剖沟南部，大部分被压于南壁下，距地表深0.45~0.8米。解剖沟内该灰坑仅露出一角，开口于第3层下，底部打破早期地面L2和明堂建筑基址外延的地下基础夯土。残长0.3、残宽0.2、深0.35米。坑底为圜底，底部淤积一层浅黄色淤土。坑内填红烧土与杂乱灰土，包含有河卵石、烧烤过的墙皮等。遗物有绳纹面布纹里板瓦和筒瓦片、云纹瓦当、素面砖块、红烧土坯等。

H5　该坑槽即环绕在圆形夯土台基外围的大型柱槽21a，位于解剖沟南部，一部分被压于南壁下。柱槽开口于第1层耕土层下，距地表深0.3~1.1米，分别打破第3层、H3、早期路面L2和明堂建筑基址外延的地下基础夯土。柱槽平面略呈方形，0.75×0.8米见方，深0.8米，槽底较平。柱槽内填土为红褐色杂乱土，略经过夯打，较为坚硬，土中包含有碎石片、红烧土块和河卵石等。遗物有少量素面布纹里筒瓦片、绳纹面布纹里板瓦和筒瓦片，以及1件“延年益寿”文字瓦当等。

H6 位于解剖沟西南角，大部分被压于西壁和南壁下。灰坑距地表深0.45~0.65米，开口于第3层下，打破早期地面L2和第4层。解剖沟内灰坑平面略呈扇面形，扇面半径约0.8、深约0.2米，坑底较平。坑中填碎瓦片、河卵石和杂乱土。遗物主要为绳纹面布纹里板瓦和筒瓦片等。

从这些灰坑的开口层位和叠压打破关系来看，只有H5开口于第1层下，且为晚期（第三期，即北魏时期）明堂建筑台基外围的大型柱槽遗迹。其余灰坑则都属于第二期（魏晋时期）的扰乱灰坑遗迹，它们均开口在第3层汉晋时期文化堆积层（第二期明堂建筑的废弃堆积层）下，但又都分别打破早期（第一期）路面L2和台基外延的地基夯土。

5. T4J2 解剖沟内的地层情况参见夯土台基东北侧的地层堆积（见图63）。该解剖沟距晚期明堂圆形建筑台基的包石沟槽边缘约4米。可能是因为距离建筑基址稍远的缘故，解剖沟内除在第4层下发现一条大型淤土沟槽遗迹外（G1），其他的建筑夯土、路面和灰坑遗迹均较少见。由于该大型淤土沟槽开口于第4层汉代文化堆积层下，因此也属于较早期的遗迹。

淤土沟槽（G1） 深距地表1.4~3.5米，被叠压在第4层下，开挖在生土中。其中沟槽西侧的生土为红生土，底部则为白生土。该沟槽的南北长度不详，在解剖沟内东西残宽6.9~7.7、深1.25~1.8米。其西侧沟壁西距晚期明堂台基的包石沟槽外缘7.1~7.9米，沟槽基本呈正南北方向，且壁面基本为直壁。沟内为土质较细的黄色淤积土，较硬，包含物较少。由地层层位分析，该淤土沟槽的形成时代大致为汉代。

第五节 明堂遗址出土遗物

明堂遗址出土的遗物，数量也不是很多，主要为大量的砖瓦等建筑材料，还有少量陶、铁、铜器等（附表一〇，明堂遗址出土遗物登记表）。下面分类叙述。

一 建筑材料

明堂遗址出土的建筑材料，主要有砖、瓦、瓦当、土坯和墙皮等。因遗址被扰乱破坏的较为严重，残存的建筑材料也多为残块或残片。由于现存明堂遗址主要为北魏时期的建筑遗迹，因此出土的建筑材料也是以北魏时期的素面或光面瓦片为大宗的，但在解剖中还发现北魏明堂是在东汉或者魏晋等早期明堂的建筑基址上重修或者改建，故在基址中还出土了一些汉晋时期的遗物。由于上述遗物中有许多目前在断代上还不能认识，因此我们在整理时将它们放在一起叙述，能够辨别时代的则分别明确指出。

（一）长方砖 有素面长方砖和绳纹长方砖两类，均为灰色。

1. 素面长方砖 砖的两面皆为素面。据砖的大小规格本报告主要分为三型，该遗址只见有A、C型。

A型 数量不多，标本10余件。为大型砖，个体较大，形体厚重，一般厚9~11厘米。即“大城砖”，东汉时期较为常见，后代一直沿用。78HNMT3Ⅱ区:06，残长18、残宽15.8、厚11厘米。

C型 数量较多，有标本23件。为小型砖，一般长24~26、宽12~13、厚4~5.5厘米。78HNMJ8③:02，浅灰色，残长15.1、宽12.4、厚4.6厘米。79HNMJ10③:08，保存完整，长

27.3、宽13.2、厚6.5厘米。此类砖中也有一些被裁成三角形角砖，表面平整，79HNMJ10③：11，残长12.5、宽10.5、厚5.8厘米。

2. 绳纹长方砖　明堂遗址发现的绳纹长方砖，只有B型一种，而且大多残成碎块。

B型　标本5件。一面饰有细绳纹，另一面以及四个侧面皆为素面。79HNM柱52a：01，灰褐色，表面细绳纹已经漫漶不清，另一面素面不太平整。残长12. 6、宽19.3、厚6.5厘米（图76，1）。

（二）方砖　有素面方砖和几何纹方砖两类，均为灰色。

1. 素面方砖　两面皆为素面，一面较平整略被抹光，另一面较为粗糙。本报告依据砖面有无刻划方格纹将其分为两型，明堂遗址出土的均为A型。

A型　标本9件。砖面上不见刻划方格纹，皆为残块。78HNMJ3②：12，残长36、残宽20.8、厚5.5厘米。78HNMT4②：22，残长31、残宽25、厚6.3厘米。

2. 几何纹方砖　方砖的一面模印有几何纹组合纹饰，另一面是粗糙平整的素面。几何纹饰一般周边饰长方形"五"字纹带，中心部分由直棂纹和变体的"五"字纹交错排列，因此一般俗称"五字砖"。此类砖本报告分为三型，该遗址只见有A型一种。

A型　边框内左右两侧饰"五"字纹带，中间模印两排直棂纹与变体方形"五"字纹相间排列的图案，每排三个单元，交错排列。本报告分为6式，该遗址仅见有Ⅱ、Ⅴ式。

Ⅱ式　标本3件。两侧长方形"五"字纹非对角线交笔，上下各有一个实心三角形；变体"五"字纹对角线交笔，形成的上下左右4个三角形内各为双重空心三角形。78HNM柱西二1：01，仅残留一个侧边，"五"字纹构图线条较细。残长14.5、残宽12.5、厚5.6厘米（图76，2）。

Ⅴ式　标本1件（78HNMDSK27：01）。两侧长方形五字纹对角线交笔，上下左右各有一个实心三角形；中间变体"五"字纹对角线交笔，形成的上下左右4个三角形内各为双重空心三角形围绕一个实心三角形。残长17.8、残宽17.5、厚4.8厘米（图76，3）。

（三）板瓦　明堂遗址出土的板瓦，主要为大量的素面或磨光面板瓦，其次有少量绳纹

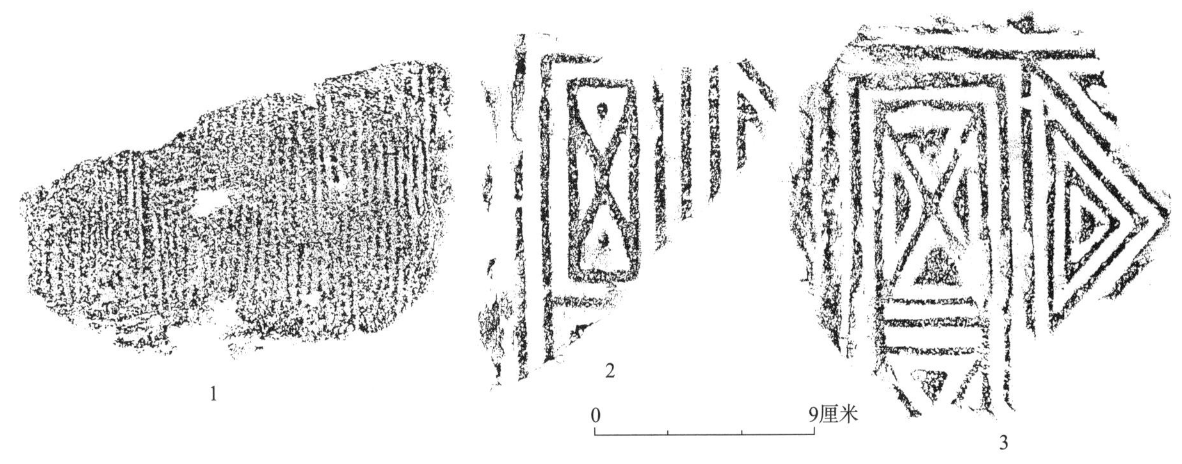

图76　明堂遗址出土几何纹方砖、绳纹长方砖拓本

1. B型绳纹长方砖（79HNM 柱52a：01）　2. A型Ⅱ式几何纹方砖（78HNM柱西二1：01）
3. A型Ⅴ式几何纹方砖（78HNMDSK27：01）

面布纹里板瓦，出土时皆为残片。

1. 绳纹面布纹里板瓦　大多为灰色，极少量呈砖红色。其总的特征为板瓦凸面主体纹饰为竖直绳纹，瓦头和瓦尾部分多被抹光，瓦头抹平部分大都加拍有较浅的斜向绳纹或斜向篮纹；板瓦凹面主体为布纹，有些瓦头与瓦尾部分分别压印有菱形方格纹、方格纹、斜向绳纹、席纹等不同纹饰。这类板瓦自汉代至魏晋时期一直沿用。依据瓦面所饰绳纹排列的差异，本报告分为五型，该遗址只见有A、B、E型。

A型　该型板瓦所饰绳纹为粗细不等的竖行排列直绳纹，本报告依据瓦头和瓦尾的纹饰施印特征差异分为3式，该遗址见有Ⅰ、Ⅱ式，另有80件瓦片式不明。

Ⅰ式　标本36件。板瓦凸面饰规整的竖直绳纹，瓦头与瓦尾部分被抹平，瓦头抹平部分加拍有斜向绳纹。78HNMJ6②:01，瓦灰色，残存瓦尾部分。凸面绳纹绳径0.3厘米，瓦尾处约5厘米长绳纹被抹光。凹面布纹，距瓦尾13厘米处有一道宽1.8厘米的横向压痕。瓦尾端面呈凹槽状。残长20.3、残宽13.2、厚1.8厘米。79HNMJ3②:14，瓦灰色，存瓦尾部分。残长21.5、残宽11.5、厚1.5厘米。

Ⅱ式　标本5件。板瓦凸面饰竖直绳纹，瓦头部分加拍的斜绳纹被抹平后仍隐约可见，压平部分明显低于绳纹面，之间界限极为明显。78HNMJ8H1:05，瓦灰色，仅存瓦头部分。凸面绳纹绳径0.3厘米，瓦头斜绳纹被压平部分长13厘米。瓦残长28.5、残宽23.8、厚1.6厘米，瓦侧棱泥刀切痕宽约0.7厘米（图77，1；图版七一，1）。

此外该型板瓦片中有1件带有戳印。78HNMJ8H2:01，瓦灰色，残长17.2、残宽14.5、厚2厘米。凹面衬垫的布纹印痕上有两方戳印，均为“南甄官瓦”。一戳印长4、宽1.9厘米（图78，1；图版七一，2）；另一方残。

B型　标本3件。该型板瓦主体绳纹为竖直绳纹和斜向绳纹交错排列。79HNMJ10③:06，瓦黑灰色，残存瓦头部分。凸面所饰竖直绳纹绳径0.1厘米，其上叠印的斜绳纹绳径0.2厘米，瓦头饰斜绳纹被抹平部分长8厘米。凹面布纹，瓦头部分抹光。瓦残长19、残宽15.8、厚1.7厘米，瓦侧棱泥刀切痕宽约0.3厘米（图77，2）。

E型　标本10件。所饰竖直绳纹排列成组，每组排列整齐，但宽窄不等。78HNMJ8H1:06，瓦灰色，略泛蓝，仅存瓦尾部分。凸面排列成组的竖直绳纹绳径0.15厘米，每组绳纹宽约3.6厘米，组与组间隔约2厘米，瓦尾处5.5厘米长被抹平。瓦尾端面呈凹槽状。瓦残长15.7、残宽11.6、厚1.5厘米（图77，3）。79HNMJ10③:10，瓦灰色，残存瓦尾部分。凸面竖直绳纹绳径0.1厘米，每组绳纹宽约3.3厘米，瓦尾处1.3厘米长被抹平。瓦残长8.8、残宽10.6、厚1.5厘米（图77，4）。

2. 素面或磨光面板瓦　这类板瓦凸面一般为素面，凹面则分别为布纹或磨光面，主要为北魏时期的建筑用瓦。依据瓦面制作情况，本报告主要分为两型。

A型　凸面素面，凹面为布纹。明堂遗址出土的此类板瓦数量很多，形制大致相同，所不同的只是大小有差异。一般制作较为规整，板瓦均为一头大一头小，即头宽尾窄，一般瓦头宽24~25、瓦尾宽19.5~25、瓦长34.5~36.5厘米。许多板瓦的凹面布纹里中部，往往有一道纵向切割的痕迹，很多板瓦残断皆缘于此道切痕。瓦侧棱均已被削平磨光，呈向凸面倾斜的坡状，在侧棱靠近凸面部位常见有泥刀的切痕。依据瓦头端面是平头或花头可分为两式，另有

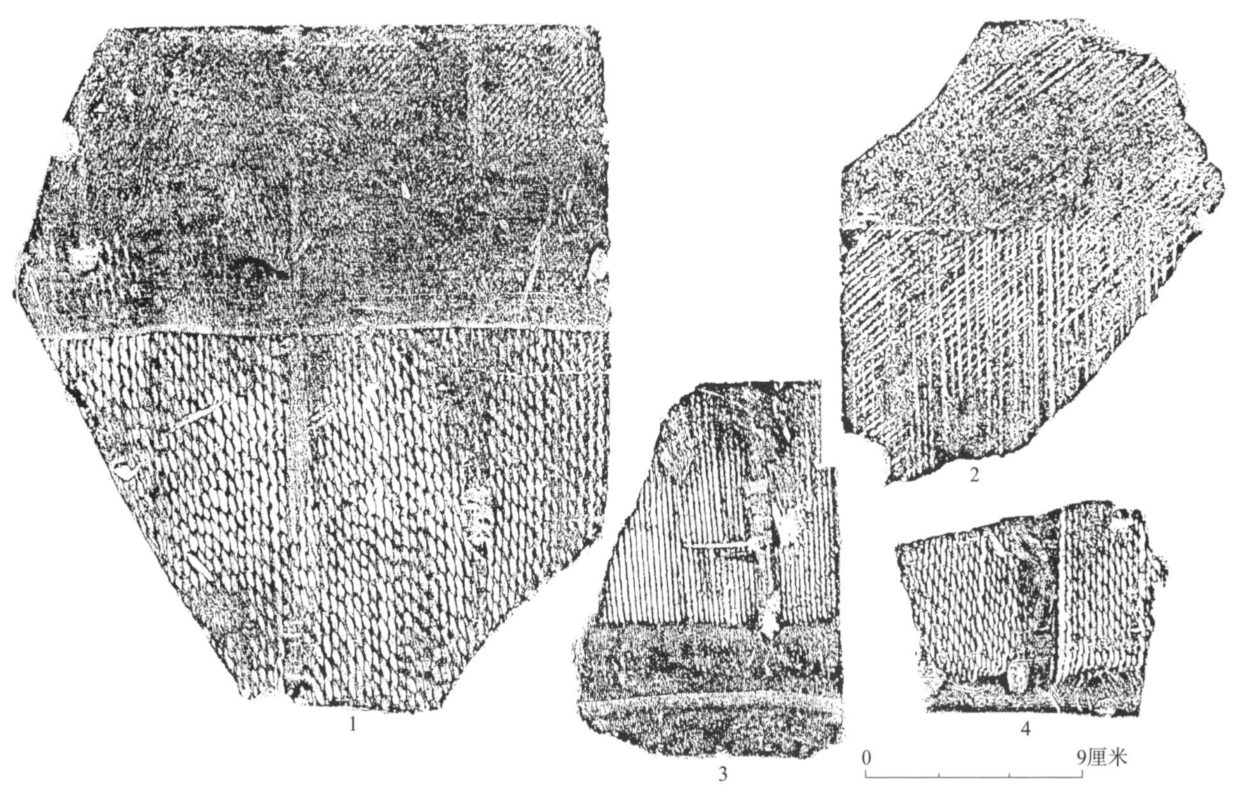

图77　明堂遗址出土绳纹板瓦（A、B、E型）拓本

1. A型Ⅱ式（78HNMJ8H1:05）　2. B型（79HNMJ10③:06）　3、4. E型（78HNMJ8H1:06、79HNMJ10③:10）

96件瓦片式不明。

Ⅰ式　标本192件。瓦头端面为平头。78HNMT6②:03，瓦灰色。凹面有泥条盘筑的痕迹，泥条宽约6.5~7厘米，所饰布纹前端印有“∧”形纹饰。瓦头端面刻有横向的弧形线条。瓦长35、残宽21.6、厚2厘米。78HNMT5②:01，可以复原，烧制时有少许变形。瓦长34.5、瓦头宽25、瓦尾宽23.8、厚1.8厘米（图版七一，3）。78HNMT4②:13，瓦长35.5、残宽16、厚2.3厘米。78HNMT4②:14，瓦长36.5、残宽15.6、厚2.2厘米。

Ⅱ式　标本8件。瓦头端面有手捏的单层水波状花头，此类板瓦应是檐头瓦。78HNMT4外L1:01，瓦灰色，残存瓦头部分。残长13、残宽14.6、厚1.8厘米。78HNMT3Ⅳ区②:04，瓦灰色，胎厚，残存瓦头部分。凸面素面上略经磨光，凹面瓦头端7.5厘米布纹被抹光。残长17、残宽16.8、厚3厘米。

B型　凸面素面，凹面为磨光面。瓦灰色，瓦质细密坚实，形体厚重，整体均为一头宽一头窄的梯形状。凹面大都经过磨光，似施有釉，表现为发亮的黝黑色或稍显泛白的青灰色。凸面为素面，施化妆土。瓦侧棱经过切削磨光。有的板瓦凸面有刻划文字或者戳印。这类板瓦瓦尾平齐，而瓦头端面则存在有无水波纹花瓦头的差异，有水波纹花瓦头的板瓦显然是用于檐头的板瓦。根据瓦头端面单、双层花纹之差异，将之分为两式。

Ⅰ式　标本11件。瓦头端面为单层花头。78HNMT5②:02，瓦头端面上半部平齐，下半部剔泥然后用手捏出水波状花纹，板瓦侧棱也被削成斜面。瓦长39.6、瓦尾宽26、厚约2.1厘米（图79，1；图版七一，4、5）。

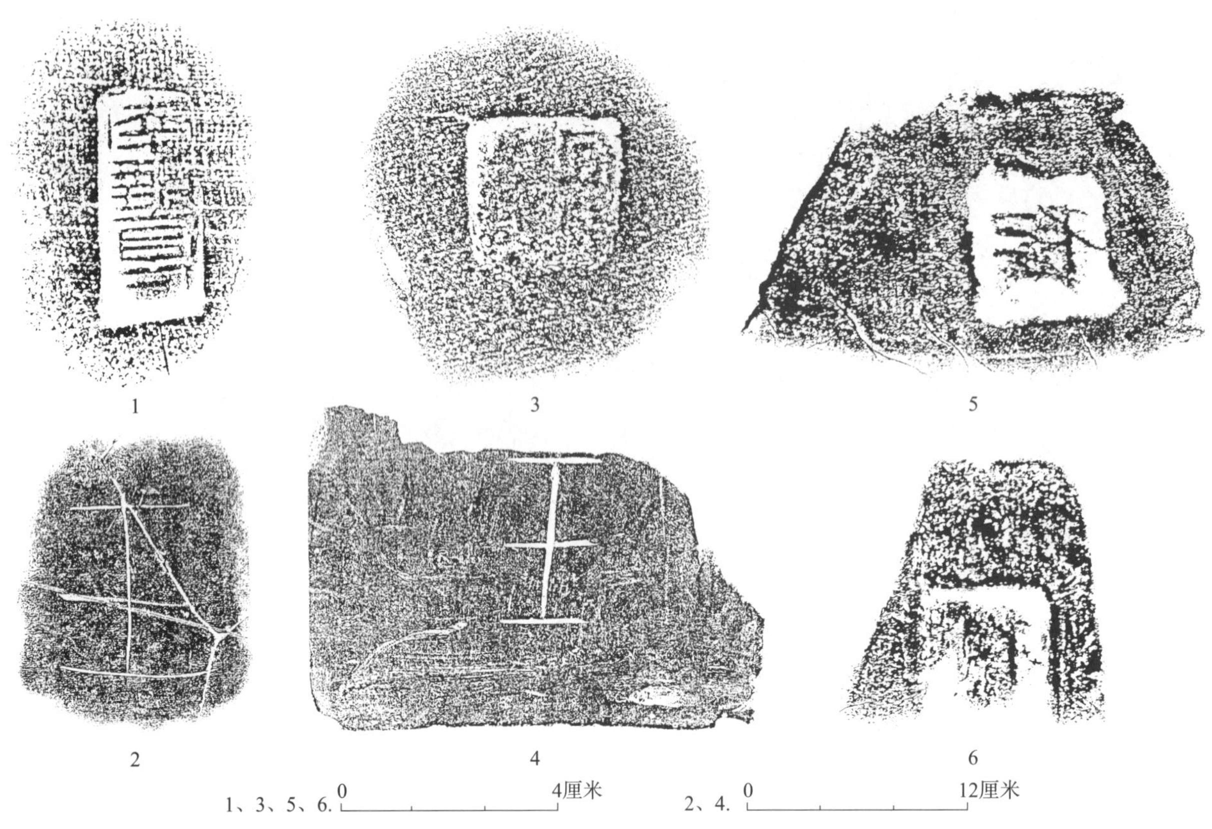

图78　明堂遗址出土瓦片戳印与刻划文字拓本

1. 绳纹面布纹里板瓦戳印（78HNMJ8H2:01）　2、4. 素面磨光里板瓦刻划文字（78HNMT4②:17、19）
3. 素面磨光里板瓦戳印（78HNMT4②:18）　5、6. 磨光面布纹里筒瓦戳印（79HNM柱24a:01、79HNM柱29a:02）

在Ⅰ式板瓦中，也有几件瓦片带有刻划文字或戳印。78HNMT4②:17，瓦浅灰色，整瓦长32.4、宽22~24、厚2厘米（图版七二，1、3）。瓦面中央刻划一“王”字，字高9.4、宽6.5厘米（图78，2；图版七二，2）。78HNMT4②:18，凸面接近瓦头有一边长2.6厘米的方形戳印，磨损较甚，隐约可见4字，辨认不清（图78，3；图版七二，4）。78HNMT4②:19，瓦青灰色，凸面中央刻划一“王”字，字高9、宽5厘米（图78，4；图版七三，1）。

Ⅱ式　标本40件。瓦头端面为双层花头。此类瓦头的制作，是先在瓦头截面的中间用泥刀横向刻一凹槽，然后在凹槽上下两部分各自的下半部剔泥以后用手捏出水波纹，由此形成双层水波纹花瓦头。此类板瓦由于瓦头被制作成双层花瓦头，因而显得特别厚重，且瓦头下翻，一般瓦头厚4厘米左右。78HNMT6②:11，瓦侧棱靠近凸面处被削成斜坡状。瓦残长30、厚2.8厘米；瓦头端宽34、厚4厘米（图79，3；图版七三，2、3）。78HNM柱21B:01，瓦残长21.5、厚1.7厘米；瓦头端宽28.5、厚2.8厘米（图79，2；图版七三，4）。

另有143件式不明。78HNMT5②:03，瓦头部分残。瓦残长30、残宽16、厚2.5~2.8厘米（图版七四，1）。

（四）筒瓦　明堂遗址出土的筒瓦，主要是素面或磨光面布纹里筒瓦，也有少量绳纹面布纹里筒瓦。

1. 绳纹面布纹里筒瓦　明堂遗址出土的绳纹面布纹里筒瓦，数量较少，且都残成碎片，

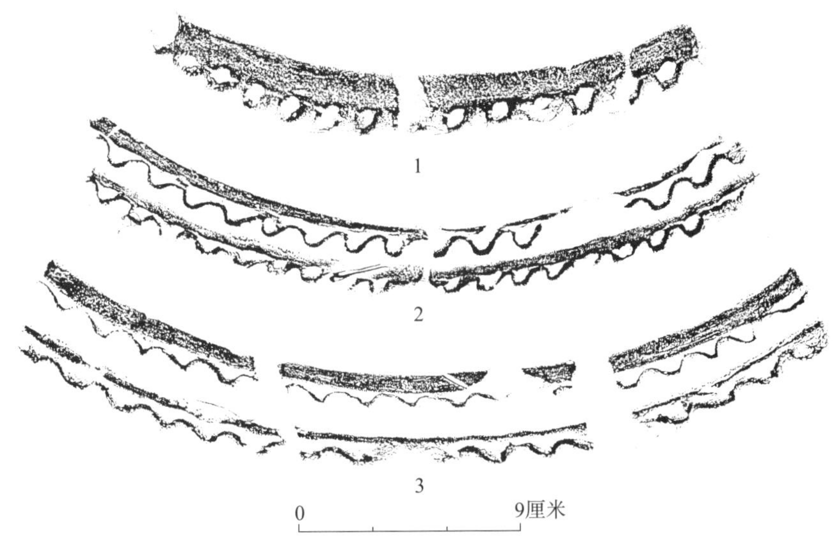

图79　明堂遗址出土素面板瓦花瓦头（B型）拓本

1. Ⅰ式（78HNMT5②:02）　2、3. Ⅱ式（78HNM柱21B：01、78HNMT6②:11）

无一件完整者。筒瓦凸面主体为直绳纹，瓦尾部分加拍斜绳纹；凹面主体为布纹，瓦尾处多被削薄抹平，还拍印有菱形方格纹或席纹。这类筒瓦同绳纹面布纹里板瓦一样，也主要为汉代至魏晋时期所使用。依据筒瓦表面所饰绳纹和其他特征的差异，本报告分为三型。

A型　筒瓦凸面所饰绳纹为竖直排列。本报告分为三式，另有57件瓦片式不明。

Ⅰ式　标本29件。筒瓦凸面肩部以上和瓦尾部分竖直绳纹被抹平，瓦尾抹平部分还加拍有斜向绳纹。78HNMJ8H2∶08，瓦灰色，残存瓦头部分。凸面竖直绳纹规整，绳径0.3厘米，近瓦唇处0.5~0.6厘米被抹光。瓦唇圆弧形，直肩。瓦残长17.5、残宽13.2、厚1.7厘米；瓦唇长4、残宽12.4、厚1.6、肩高0.8厘米。78HNMJ8H2∶09，瓦为土红色，残存瓦头部分。凸面近瓦唇处2.5厘米绳纹被抹光，绳径0.2厘米。瓦残长19.2、残宽13.4、厚1.3厘米；瓦唇长3.5、残宽10、厚1.6、肩高0.8厘米。

Ⅱ式　标本1件（78HNMJ6③∶04）。瓦灰色。筒瓦凸面竖直绳纹近瓦唇肩部被刮低抹光，刮痕明显。瓦唇前端略微上翘，肩部内侧稍下凹。瓦面绳纹漫漶不清，绳径0.3厘米。瓦残长20.6、残宽12.6、厚1.8厘米；瓦唇长3.8、厚1.3、肩高1.2厘米（图80，1）。

Ⅲ式　标本2件。筒瓦凸面接瓦唇处表面敷泥一层并抹平。79HNMJ9③∶01，瓦灰色，瓦唇前端略向下弧。瓦残长12、残宽14.2、厚1.4厘米；瓦唇长4、厚1.2、肩高0.9厘米（图80，2；图版七四，2）。

B型　筒瓦凸面竖直绳纹上加拍有斜向绳纹。本报告分有两式，该遗址仅见Ⅰ式。

Ⅰ式　标本3件。筒瓦凸面所饰竖直绳纹在肩部和瓦尾处被抹平，瓦尾抹平部分加印斜向绳纹。78HNMJ8H1∶07，瓦灰色。凸面所饰竖直绳纹较粗，绳径0.3厘米。瓦残长23、残宽12、厚1.5厘米（图80，4）。

C型　筒瓦凸面所饰竖直绳纹排列成组。本报告也分为两式。

Ⅰ式　标本25件。筒瓦凸面所饰排列成组竖直绳纹在肩部和瓦尾处被抹平，瓦尾的抹平部分加拍有斜向绳纹。79HNMJ10③∶13，瓦灰色。凸面排列成组的竖直绳纹组与组之间瓦

图80 明堂遗址出土绳纹筒瓦（A、B、C型）拓本

1. A型Ⅱ式（78HNMJ6③:04） 2. A型Ⅲ式（79HNMJ9③:01） 3、6. C型Ⅰ式（79HNMJ3②：10、79HNMJ10③:13） 4. B型Ⅰ式（78HNMJ8H1:07） 5. C型Ⅱ式（78HNMJ8H2:04）

面隆起略成脊棱状，绳纹组宽3.2~3.5、绳径0.4厘米。瓦唇为圆弧形，直肩。瓦残长26.4、径16、厚1.4厘米；瓦唇长3.6、厚1.2、肩高0.7厘米（图80，6）。79HNMJ3②:10，瓦灰色。凸面拍印成组的直绳纹较细，绳纹组宽约3.8厘米，绳径0.2厘米。近瓦唇处被抹平3厘米。瓦唇前端截面平齐，直肩。瓦残长14.8、残宽13.8、厚1.4厘米；瓦唇长2.8、厚1.2、肩高1.4厘米（图80，3）。

Ⅱ式 标本2件。筒瓦凸面所饰排列成组的竖直绳纹在肩部被刮低，刮痕明显。78HNMJ8H2:04，瓦灰色。肩部6.5厘米长瓦面被刮低，每组绳纹宽3、绳径0.15厘米。瓦残长34.5、残宽14、厚1.5厘米；瓦唇长4.4、厚1.6、肩高0.7厘米（图80，5；图版七四，3）。

2. 素面或磨光面筒瓦 明堂遗址出土的此类筒瓦，也主要都是本报告划分的B型。

B型 磨光面布纹里筒瓦。该类筒瓦质密坚实，制作精致，整体显得比较厚重。凸面平整瓦面往往都经过细致磨光，呈发亮的黝黑色或浅灰色；凹面依然是布纹。本报告依唇部形制分为两式，该遗址只见有其中的Ⅱ式，另有142件瓦片式不明。

Ⅱ式　标本71件。唇部表面呈坡状向前端下斜。78HNMT3Ⅳ区②:03，略残。凸面磨光为浅灰色，凹面为清晰的布纹里，侧棱被磨平，瓦尾处则突然变薄。瓦长44.5、径16、厚2.2厘米；瓦唇长4.8、厚1.2、肩高1.5厘米。79HNMJ10③:14，稍残。瓦凸面黝黑发亮，唇部下斜，前端平齐，瓦尾处突然变薄。瓦长44.5、径16.2、厚2.3厘米；瓦唇长4.6、厚1.2、肩高1.5厘米（图版七五，1）。78HNMT4②:20，残存瓦唇一端，凸面磨光黑亮。瓦残长28.8、径16.3、厚2.2厘米；瓦唇长4.5、厚1.1、肩高1.6厘米（图版七五，2）。78HNM柱东一15:01，瓦面上有圆形钉孔，孔径约3厘米，凹面布纹里垫布褶皱痕清晰。瓦残长24.4、径16.2、厚2厘米（图版七五，3）。78HNM柱15F:01，形体较小，残半。瓦唇为圆弧形，肩部内斜。筒瓦凹面存留大量白灰残渣。瓦残长26.5、径12.2、厚1.2厘米；瓦唇长3.6、厚1、肩高1.3厘米。

此类筒瓦中还有一些瓦面上带有戳印，但由于戳印较浅，文字不易辨认。79HNM柱24a:01，戳印在瓦唇上，方形，边长2.5厘米，文字模糊难辨（图78，5）。79HNM柱29a:02，方形戳印也在瓦唇上，边长约2.5厘米，文字也不能辨认（图78，6）。

（五）瓦当　明堂遗址出土的建筑瓦当，主要是北魏时期的莲花纹瓦当，数量较多，但种类较少，皆为11瓣莲花纹瓦当。此外还出土一些汉晋时期的云纹瓦当和文字瓦当，其中云纹瓦当虽然数量不多，但种类却较复杂；文字瓦当只有一种“延年益寿”瓦当。

1. 云纹瓦当　明堂遗址出土的云纹瓦当皆为圆形，也主要为汉晋时期所使用。其瓦当较宽的边轮内侧整体模印出四组云纹，当心饰一凸起素面圆乳丁。一般边轮都略高于当面，与中心圆乳丁同高。边轮与圆乳丁之间饰有两圈凸棱，四组云纹对称分布在两圈凸棱之间。根据四组云纹之间有无界格或界格凸棱直线的数量，本报告将其分为四型，该遗址只见有A、C型。

A型　无界格云纹瓦当。当面整体图案为四朵云纹各自成组，云纹之间无界格区分，每朵卷云纹两尾向外自然卷曲的尾线与外圈凸棱相接，各自成一整体。由组成各组云纹的卷曲线条中间是否间断，本报告分为2个亚型，该遗址只见有Aa型。

Aa型　组成单组云纹的卷曲线条为一笔构成，中间迂曲部分不断笔。由于中心圆乳丁周围的内圈凸棱在图案装饰上存在多种变化，本报告分为5式，该遗址只见有Ⅱ、Ⅳ式。

Ⅱ式　1件（78HNMJ8H1:10）。内圈凸棱外侧饰8个尖状锥点，锥尖向外散射，分别指向各组云纹之间和云纹中心底部。瓦当黑灰色，残半。瓦当背后有敷泥，并接有部分筒瓦。残长13.6厘米，复原面径14.8、厚2.5、边轮宽1.8厘米；后接的筒瓦厚1.3厘米（图81，1、2）。

Ⅳ式　2件。内圈凸棱外侧饰有8个三角形镞形饰，镞尖向外分别指向各组卷云纹之间和云纹中心底部。78HNMJ5③:01，瓦当灰色，残存少半。瓦当背后敷泥最厚约0.5厘米，中心略内凹。残长13.8、复原面径16厘米（图81，3、4）。

C型　双线界格卷云纹瓦当。四组云纹之间是以双直线凸棱为界格隔开，每组卷云纹的两端尾线与界格直线凸棱相接。由于组成卷云纹的线条存在一笔构成或中间断开的差别，本报告分为两个亚型，该遗址只有Ca型。

Ca型　单组云纹的卷曲线条为一笔构成，迂曲部分不断笔。该型瓦当依据云纹图案的卷曲程度和点缀装饰差异，本报告分为14式，该遗址只见有Ⅱ、Ⅶ、Ⅷ式。

Ⅱ式　11件。蘑菇状云纹也呈向内侧的翻卷状，但卷曲程度不及Ⅰ式，当面整体图案较Ⅰ式简洁。78HNMJ8H1:11，瓦当浅灰色，素面圆乳丁上刻划一较小“V”字符号。边轮表面

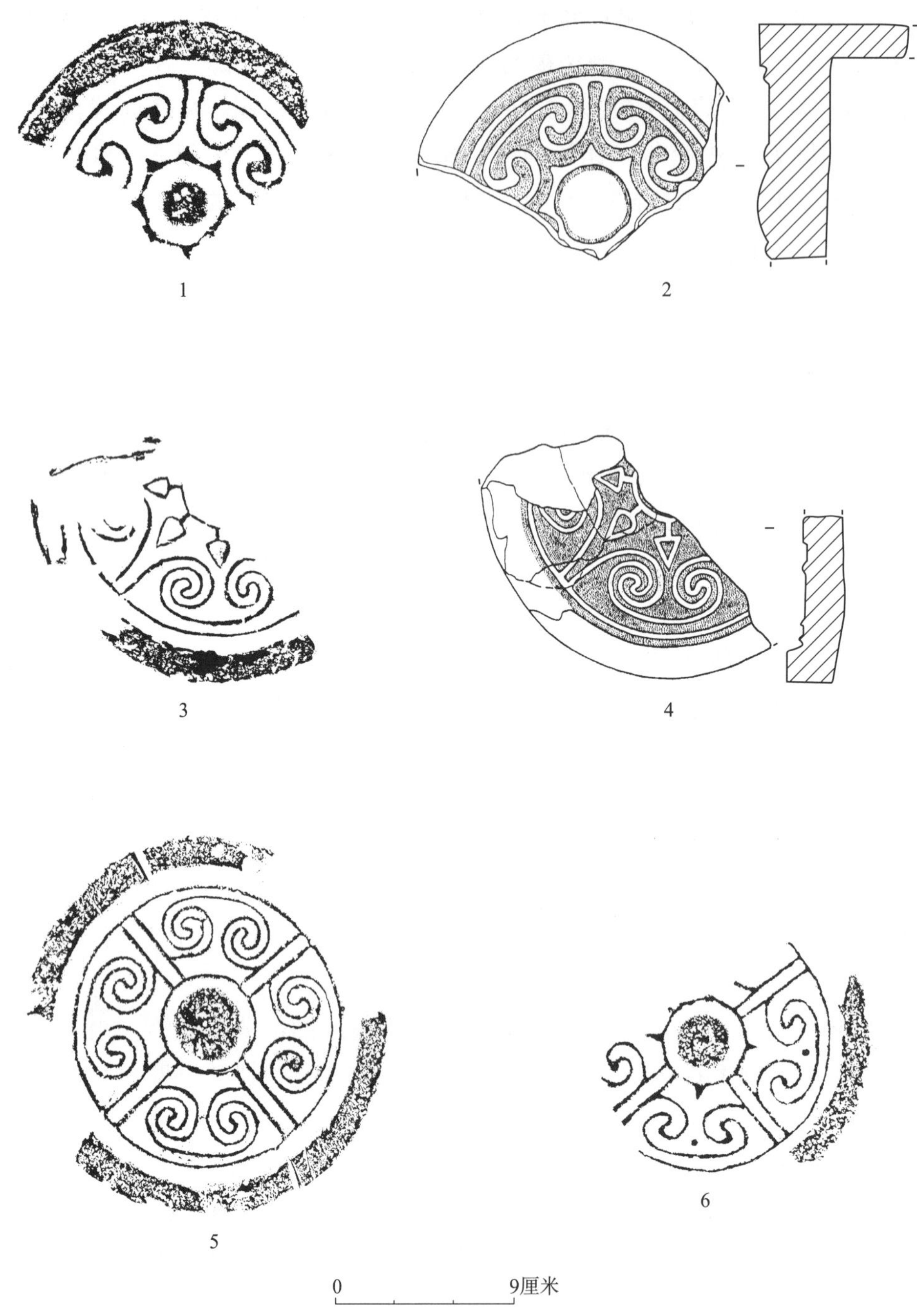

图81 明堂遗址出土云纹瓦当（Aa、Ca型）拓本与线图

1、2. Aa型Ⅱ式（78HNMJ8H1:10拓本、线图） 3、4. Aa型Ⅳ式（78HNMJ5③:01拓本、线图）
5. Ca型Ⅱ式（78HNMJ8H4:01拓本） 6. Ca型Ⅶ式（78HNMJ4③:01拓本）

向内倾斜，外缘有手抹泥痕。瓦当与后接的筒瓦间裂缝明显，瓦面为细直绳纹和斜绳纹交错有规律拍印而成，直绳纹每组宽约1.9厘米，斜绳纹每组宽约0.9厘米。从细部观察，应该是先施直绳纹再拍斜绳纹。面径15.4、厚2.2、边轮宽1.4厘米（图82，1、2；图版七六，1）。78HNMJ8H4:01，瓦当浅灰色，边轮表面向内倾斜，瓦当背面有敷泥加固，后接瓦面为细绳纹。面径15.4、厚2.3、边轮宽1.3厘米（图81，5）。79HNMJ10③:07，瓦当灰色，云纹卷曲

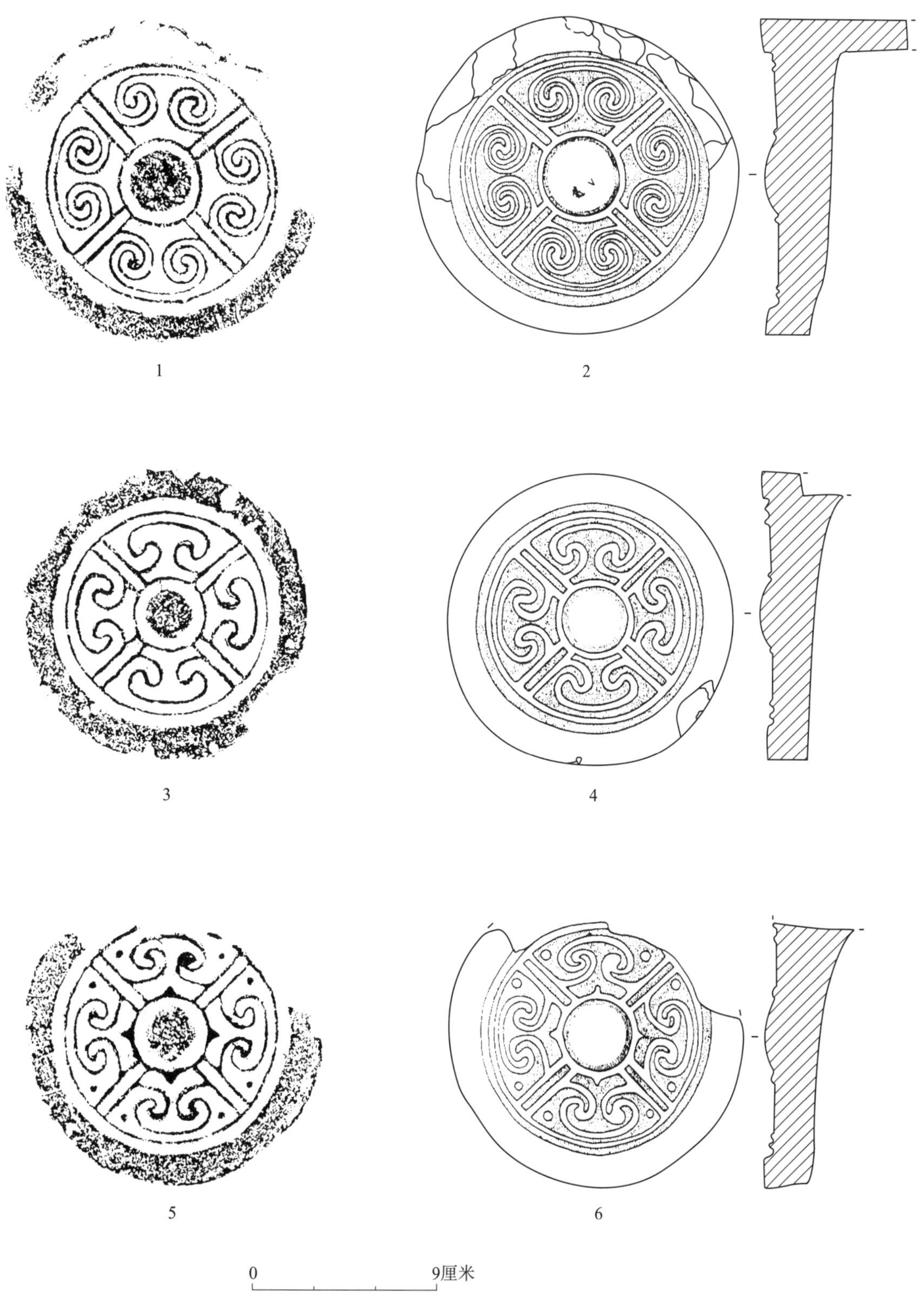

图82　明堂遗址出土云纹瓦当（Ca型）拓本与线图

1、2. Ⅱ式（78HNMJ8H1：11）　3、4. Ⅱ式（79HNMJ10③：07）　5、6. Ⅷ式（78HNMJ8H2：06）

程度较前略小。边轮基本与当面平齐，当背敷泥上有手抹痕，敷泥最大厚度1.8厘米。面径14.2、厚2、边轮宽1.5厘米（图82，3、4）。

Ⅶ式　1件（78HNMJ4③:01）。云纹相当于卷曲程度略小的Ca型Ⅱ式。各组云纹中间有一凸起小圆点，内圈凸棱上有4个尖状锥点分别指向每组云纹中间底部。瓦当灰色，表面略泛红，残存多半。残长11.6、复原面径14、厚1.7、边轮宽1.2厘米（图81，6；图版七六，2）。

Ⅷ式　1件（78HNMJ8H2:06）。云纹卷曲程度同Ca型Ⅶ式。各组云纹两侧上方各饰一小圆点，内圈凸棱上有4个尖状锥点分别指向各组云纹中心底部。瓦当浅灰色，略残。当背有敷泥，最大厚度2厘米。面径14.5、厚2.4、边轮宽1.5~1.8厘米（图82，5、6；图版七六，3）。

2. 文字瓦当　明堂遗址出土的文字瓦当仅见一例。

延年益寿瓦当　1件（78HNMJ8H5：01）。瓦当灰色，表面较为光亮。边轮较平，与当面及当心高差不大。边轮内侧最外周为一圈凸棱，凸棱内“井”字状凸棱将当面分为9区。中心为圆乳丁；乳丁上下右左四面分别为“延年益寿”凸棱四字，字体古朴；四角分别为“L”状凸棱。当背与筒瓦的结合部用敷泥加固，边轮外缘有明显的手抹痕迹。面径15~15.4、厚1.9、边轮宽1.4厘米；后接筒瓦厚1.3厘米（图83；图版七七，1）。

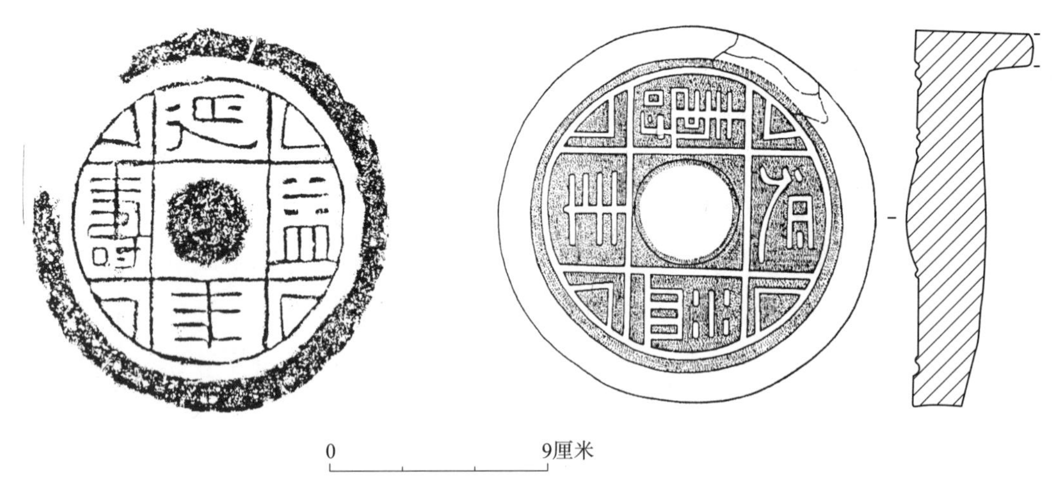

图83　明堂遗址出土延年益寿瓦当拓本与线图（78HNMJ8H5:01）

3. 莲花纹瓦当　明堂遗址出土的莲花纹瓦当数量虽多，但种类只有11瓣莲花纹瓦当，即此报告划分的B型。

B型　共有59件。当面主题纹饰为窄瓣的单瓣莲花图案，花瓣多而窄，均为11瓣。瓦当皆为灰色或浅灰色。瓦当背面较平，与筒瓦连接的断茬处有泥刀刻划的坑洼痕，以便于与筒瓦的黏接。当心为莲蓬图案，饰有7~8个莲籽状小凸点，依据莲籽状小凸点的数量不同，本报告分为两式。

Ⅰ式　24件。当心莲蓬饰有7个莲籽状小凸点。78HNMT6②:08，面径16、厚1.8、边轮宽1.9厘米（图84，1；图版七七，2）。78HNMT6②:10，面径16、厚1.9、边轮宽1.9~2厘米（图84，2）。78HNMT6②:01，面径15.6、厚1.8、边轮宽2厘米（图84，3、4）。

Ⅱ式　2件。当心莲蓬饰有8个莲籽状小凸点。78HNMT1②:01，残半，残存最大面径16.2厘米，复原面径16.4、厚1.5、边轮宽2厘米（图84，5、6；图版七七，3）。

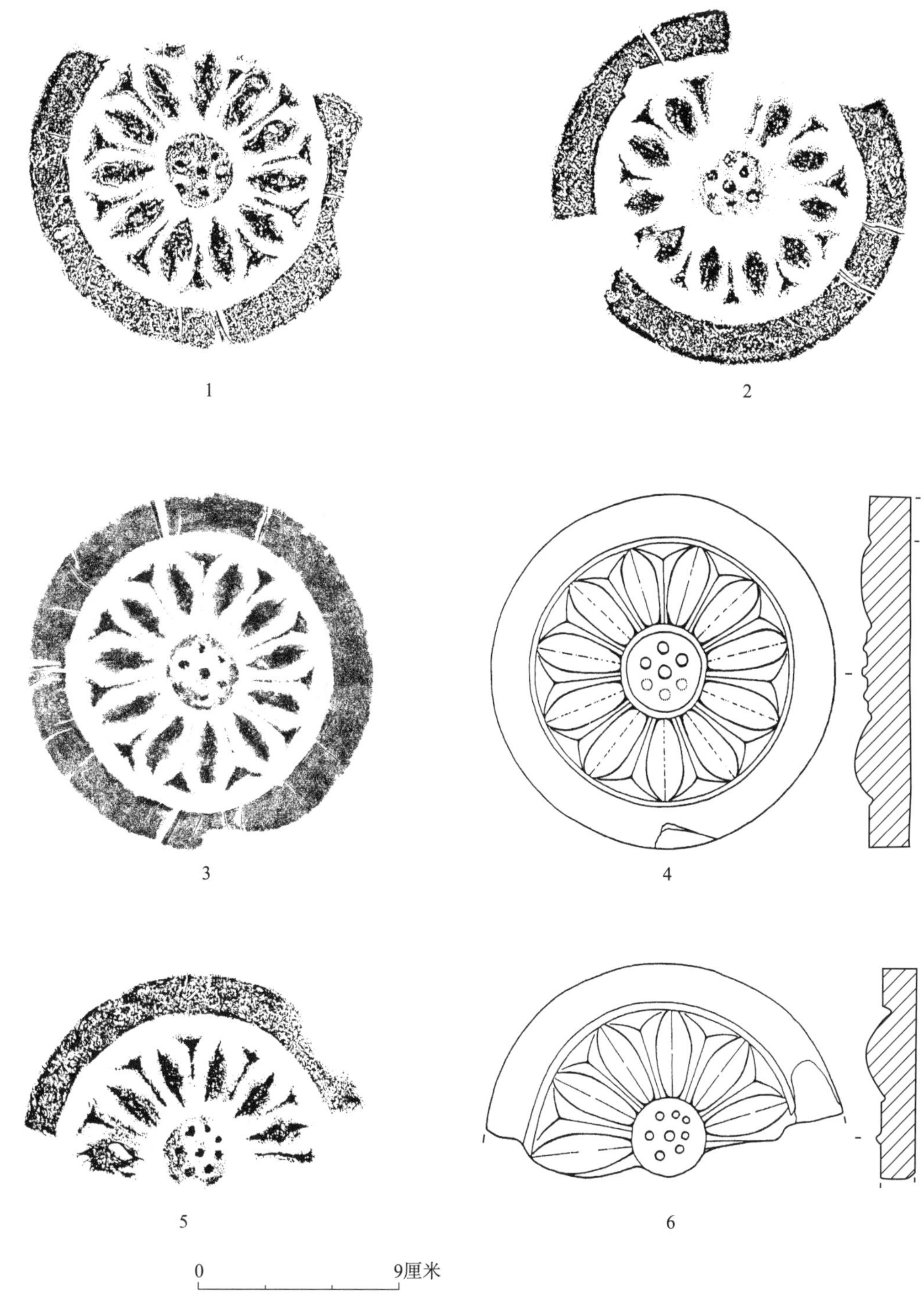

图84　明堂遗址出土莲花纹瓦当（B型）拓本与线图

1、2. Ⅰ式（78HNMT6②:08、10拓本）　3、4. Ⅰ式（78HNMT6②:01拓本、线图）
5、6. Ⅱ式（78HNMT1②:01拓本、线图）

（六）土坯和墙皮

1. 土坯　明堂遗址出土的土坯，大多是经过火烧已经成形的砖坯，厚度多在8.5~9厘米之间。砖坯的内部以草拌泥为主，烧制火候不高，显然不是经过窑烧而成。78HNMDSK5:02，土坯为砖红色，残长14.5、宽12.5、厚8.5厘米。78HNMDSK5∶01，厚8.5厘米。

2. 涂彩墙皮　明堂遗址出土的涂彩墙皮，大多出自基址东北角的解剖沟（J2）内，大部分为天蓝色。大致可以分为三种。

第一种墙皮，是直接将一层极薄的颜料涂抹在草拌泥墙体表面，颜料的颜色有白色、红色、天蓝色、黑色等，墙皮颜料的厚度仅约0.01厘米。残存的草拌泥墙体残块一般为5~8厘米大小，厚约2~3厘米（彩版四）。草拌泥残块大多经火烧烤过，呈砖红色或焦黑色。79HNMJ2③∶12，草拌泥块为砖红色，表面涂抹有天蓝色颜料。残长5.5、残宽5、厚约3厘米（见彩版四，7）。79HNMJ2③∶16，草拌泥块靠近表面的部分被烧成砖红色，内侧被烧成焦黑色，表面涂抹一层极薄的红色颜料。残长7、残宽4、厚约2厘米（见彩版四，1）。

第二种墙皮，颜料较厚，一层的厚度约为0.1厘米，颜料中似夹杂有白灰。此种墙皮一般经过多次涂抹，残存墙皮的颜色有天蓝色、浅蓝色和白色。79HNMT4②∶15，草拌泥墙皮残块被烧成砖红色，表面有直线转角，应为墙体的拐角残块，表面的天蓝色墙皮最多可达4层。残长6.5、残宽6、厚约5厘米。79HNMJ2③∶03，表面墙皮的颜色分为两种，其中内层墙皮颜色为浅蓝色，而外层墙皮则为白色。残长3.6、残宽2.3、厚约2.5厘米。

第三种墙皮，是先在墙体泥块表面抹墁一层0.8~1.6厘米厚的白灰，白灰表面抹平，然后再在其上涂抹颜料，墙皮颜色只有红色一种。79HNMJ2③∶06，墙体不是草拌泥，未经火烧。表面白灰厚约0.9厘米，白灰表面涂抹一层红彩。残长4.5、残宽3、厚约2.5厘米。79HNMT4②∶24，墙体残存泥块中夹杂有数块汉代绳纹面布纹里瓦片，表面白灰最厚处达1.6厘米。残长24.5、残宽19、厚约9.5厘米。

二　陶器

鉴于遗址的特殊性质，明堂出土的陶器极少，仅有5件可辨别器形的陶器残片、1件残断的陶环和1件陶丸。可以辨别的器形有罐、碗和豆盘。

1. 罐　共2件。根据口沿情况可以分为两型，均为泥质灰陶。

A型　1件（78HNMT1L1∶01）。为侈口罐。圆唇外卷，斜肩，肩部以下残。口径14、残高5.2厘米（图85，1）。

B型　1件（78HNMJ6H1∶04）。为敛口罐。小平沿，斜肩，肩部拍印有两行小方格纹。口径26、残高5厘米（图85，2）。

2. 碗　共2件。根据碗底的差异分为两型。

A型　1件（78HNMJ6③∶07）。泥质灰陶。平底碗，侈口，直腹。口径16.4、底径8.2、高9.2厘米（图85，3）。

B型　1件（78HNMT1L1∶02）。泥质灰陶。圈足碗。斜腹，腹部以上残。底径5.6、高3.2厘米（图85，4）。

3. 豆盘　1件（78HNMJ6夯1∶01）。泥质夹沙陶，黄褐色。侈口，圆唇。口径14.2、残高6厘米（图85，5）。

4. 环　1件（78HNMT3Ⅱ区②∶07）。泥质灰陶。直径0.5厘米。

5. 陶丸　1件（79HNMJ11夯土：01）。泥质灰陶，圆形。直径1.9厘米。

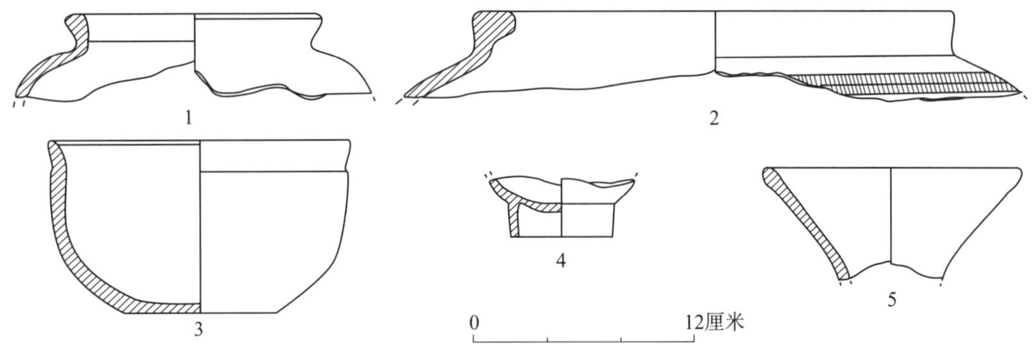

图85　明堂遗址出土陶罐、豆、碗

1. A型罐（78HNMT1L1：01）　2. B型罐（78HNMJ6H1：04）　3. A型碗（78HNMJ6③：07）
4. B型碗（78HNMT1L1：02）　5. 豆盘（78HNMJ6夯1：01）

三　铁器

明堂遗址出土的铁器很少，仅见有少量铁甲片、铁钉，一件铁锛和一件铁铧尖，还有一些不辨形制的铁块残渣。

1. 铁甲片　共4件。依形状不同，本报告分为三型，该遗址只见有A、B型。

A型　3件。椭圆形，状如槐叶，形体较小。上有6~8个编缀孔，两侧各纵列两个孔，上下两端各纵列1~2孔。78HNMT3Ⅱ区②：09，8个编缀孔保存完整。残长3.6、宽2.4厘米（图86，1；图版七八，1）。78HNMT3Ⅱ区②：10，余7个编缀孔。残长3.9、宽2.3厘米（图86，2；图版七八，2）。

B型　1件（78HNMJ6②：02）。马蹄形，即一端为弧形，另一端为直角方形。两侧各纵列4个编缀孔，两两成组，其中一侧编缀孔仅余一组两个。中间也纵列4个编缀孔，也是两两成组。长9.2、宽4.15厘米（图86，3；图版七八，3）。

2. 钉　共4件。79HNM柱18a：01，圆形钉帽，钉身呈四方体。通长10、帽径1.2厘米（图86，4）。78HNMJ6②：04，钉身前端弯曲。残长5.9厘米（图86，5）。78HNMJ6②：03，钉帽残，钉身四方体。残长4.1厘米。78HNM柱48A：01，钉帽残，钉身呈四方体。残长13.8厘米（图86，6）。

3. 锛　1件（78HNM柱56A：01）。仅残存刃部，上端断面呈“V”形分叉。刃部残宽3.9厘米（图86，7）。

4. 犁铧尖　1件（78HNMT3Ⅱ区②：01）。三角状，中间部分起脊，残长6厘米（图86，9；图版七八，4）。

5. “V”字形器　1件（78HNM柱26A：01）。铁块断面呈“V”字形。残长3.7、厚0.5厘米（图86，10）。

6. 铁片　1件（78HNMT5夯土：01）。长方形，残长3.8、残宽2.2、厚0.5厘米（图86，11）。

7. 铁块　1件（78HNM柱26A：02）。断面呈枣核状。残长2.5、残宽2厘米（图86，8）。

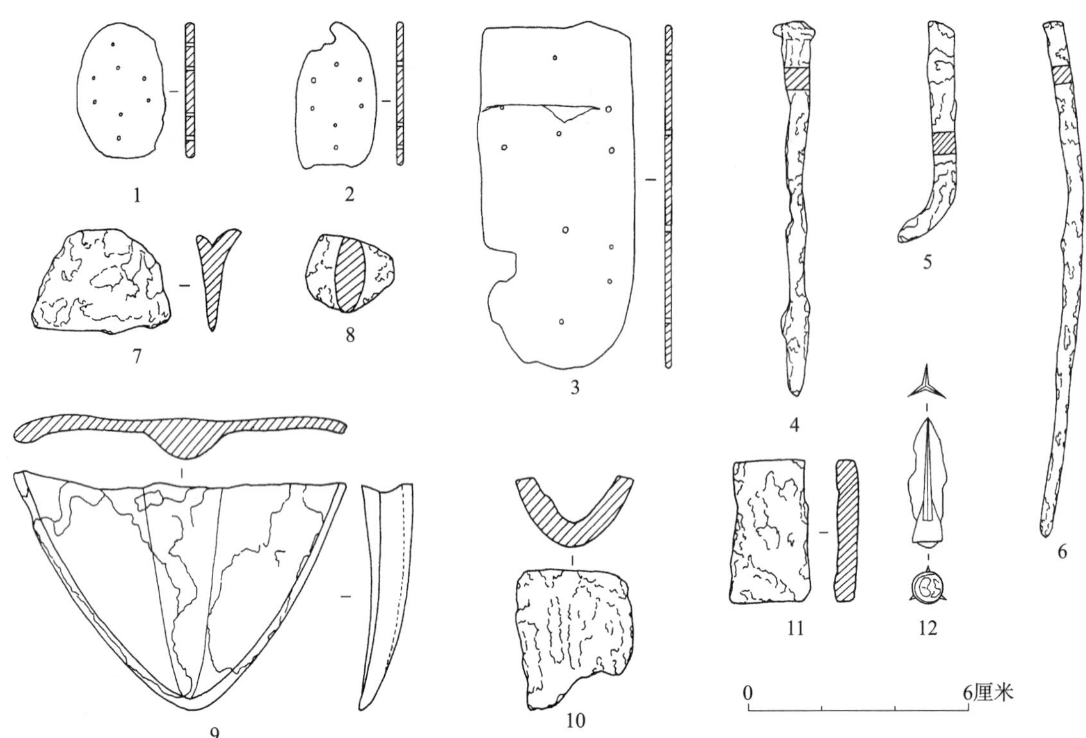

图86　明堂遗址出土铁、铜器

1、2. A型铁甲片（78HNMT3Ⅱ区②:09、10）　3. B型铁甲片（78HNMJ6②:02）　4、5、6. 铁钉（79HNM柱18a:01、78HNMJ6②:04、78HNM柱48A:01）　7. 铁锛（78HNM柱56A:01）　8. 铁块（78HNM柱26A:02）　9. 铁犁铧尖（78HNMT3Ⅱ区②:01）　10. 铁“V”字形器（78HNM柱26A:01）　11. 铁片（78HNMT5夯土:01）　12. 铜镞（78HNMDSK10:01）

四　铜器

明堂遗址出土的铜器，数量和种类较少，仅见铜镞、铜器残片和铜渣各1件。

1. 镞　1件（78HNMDSK10:01）。箭头横截面呈三棱状刃，铤部残断。长3.5厘米（图86，12；图版七八，5）。

2. 铜器残片　1件（79HNMJ12夯土:01）。厚0.3厘米。

3. 铜渣　1件（78HNM北部夯土采:01）。不规则形。

五　铅器

铅器仅见1件（78HNM北部夯土采:02）。不规则形。

六　石器

石器仅见石构件1件（78HNM柱46A:01）。残碎较甚，仅一面较为平整，且保留有斜向錾痕，錾痕间距0.4厘米。残长18、残宽12厘米。

第六节　小　结

通过对明堂遗址勘探发掘资料整理研究，对这座重要礼制建筑的基本平面布局形制、主要建筑的始建与沿用修补时代，基本有了一个符合文献记载的大致认识。下面我们根据考古发掘及解剖中发现的一些遗迹现象和出土遗物时代特点，对其建造和沿用时代做一些初步判断，作为本章的小结。

一

首先，从发掘的明堂中心主体圆形建筑基址上残存和解剖发现的一些遗迹现象来观察，以了解这座重要建筑基址中存在着不同时期的建造与重修沿用情况。

由发掘清理后该圆形夯土建筑基址上残存的遗迹现象来看，无论是砌筑在圆形夯土台基外缘的镶包石条及沟槽，还是残存在台基夯土表面的大型和中小型柱槽、大型和中型沙坑，或者是圆形台基上和周边分别残存的部分最晚时期石片路面（L1），主要都是该大型建筑基址最晚时期残存的建筑遗迹。

但由于在清理与解剖过程中，我们还发现该明堂主体建筑最晚时期基址周围的地层中，存在着不少于两个时期的石片路面遗迹和相应地层堆积；而建筑基址的夯土中，则更存在着至少三个时期建造与修补增筑的夯土遗迹。故可以得知，这座明堂中心主体建筑基址，很可能存在着不少于三个时期的建造与重修沿用活动，其最晚时期建造的明堂建筑（即第三期遗迹）是在早期（第一期和第二期遗迹）修筑的夯土基址上建造完成的。

第三期的遗迹，即该明堂中心建筑现存最晚保存相对也最完整的基址，尽管其建筑基址的主要部分皆是在早期建造的夯土基址上修建改造使用的，但由于叠压在该建筑台基现存夯土表面和台基外侧最晚时期石片路面（L1）上的地层堆积中，皆残存有大量的北魏时期建筑瓦片等遗物，因此其建造与使用时代明显为北魏时期，晚期石片路面L1显然也为同一时期的遗迹。

第一期和第二期的建筑基址，由于被第三期改造修补的明堂建筑台基夯土打破或叠压，原来的台基上建筑遗迹皆已不存，其残存遗迹主要为地基夯土和台基外侧的早期石片路面L2。因此这些早期基址已经残缺不全，其整体布局形制与建筑结构也不易搞清楚，但由包含遗物以及从地层层位关系上，还是能够对这些早期遗迹的建筑时代作出大致的推测认定。

第一期的夯土是在生土中挖槽夯筑而成，其包含的瓦片较少，皆为绳纹瓦片，但由于该夯土基槽打破了第4层汉代文化堆积层，上部又被早于北魏时期的第二期夯土打破并叠压，因此推测其建造时代可能为东汉时期。早期石片路面L2，被叠压在第3层汉晋时期文化堆积层下，底部则直接铺垫在第4层汉代文化堆积层上，在有些解剖沟内该路面遗迹还被属于第二期的夯土基槽打破，因此它也应该是属于第一期的遗迹。但由个别解剖沟内的相关遗迹打破与叠压关系来观察，第一期的石片路面也可能被第二期的建筑继续沿用。

第二期的遗迹中，其夯土叠压在第三期改造修补的建筑台基夯土和第3层汉晋时期文化堆积层之下，显然是被第三期建筑所利用的早期建筑夯土遗迹。但由于它又打破并叠压在更早的第一期夯土、早期石片路面L2和第4层汉代文化堆积层之上，由地层层位与包含物分析时代应大致属于魏晋时期。

二

其次，从这座建筑遗址出土的大量建筑材料等遗物来观察，以寻找其早晚不同时期建造与重修沿用的时代依据。

明堂中心建筑基址出土的砖类制品，虽然种类和灵台遗址相差不多，但是数量却都不是很多。从出土的遗物标本种类来看，主要有素面方砖、几何纹方砖、素面长方砖、席纹长方砖和绳纹长方砖等。其中数量最多的C型素面小长方砖也仅有23件，其余A型素面大长方砖10余件、B型绳纹长方砖5件、A型素面方砖9件、A型几何纹方砖4件。

在这些砖中，除了绳纹长方砖属于北魏时期遗物外，其他砖在汉魏洛阳故城的沿用时间都比较长，自汉晋时期一直到北魏时期都在使用。从这些砖的出土位置来看，除了少量砖是在最晚时期基址的建筑柱槽内用于填塞稳定木柱外，其中包括北魏时期的绳纹长方砖，其余砖则分别出土自最晚时期的建筑废弃堆积和解剖的早期文化层中。

由遗址出土的建筑瓦片种类来看，由于现清理的明堂中心主体建筑基址主要为北魏时期的建筑遗迹，早期的建筑遗迹和地层仅在局部区域的解剖中有所发现，因此也主要是以北魏时期的素面或磨光面瓦片为大宗，其次是汉晋时期的绳纹面布纹里瓦片。

绳纹面布纹里板瓦片，共有134件，有A、B、E三型。以A型瓦片数量最多，约有121件，其中一件瓦片上带有两方“南甄官瓦”文字的戳印；B型和E型瓦片数量不多，分别有3件和10件。

绳纹面布纹里筒瓦片，共有62件，有A、B、C三型。也以A型最多，有32件；其次是C型瓦片，有27件；B型瓦片最少，仅有3件。

素面或磨光面板瓦片数量最多，共有490件，分为A、B二型。A型瓦片数量最多，有296件；B型瓦片有194件，其中有两件瓦片上还带有刻划文字“王”字，一件瓦片上有一方印文不清的戳印。

素面或磨光面筒瓦片，共有213件。其中142件瓦片无法分型；另有B型瓦片71件，其中也有一些瓦片上带有戳印，但由于印文较浅，文字不易辨认。

上述这些建筑瓦片中，绳纹面布纹里瓦片和素面或磨光面瓦片数量都比较多，前者为汉晋时期的建筑用瓦，后者主要是北魏时期的建筑用瓦，这些时期均与这座重要建筑的建造有着密切的关系。尤其属于北魏时期的素面或磨光面瓦片，数量最多，堆积密集单纯，应该是这座建筑最晚时期的覆盖屋面材料。绳纹面布纹里瓦片，为东汉和魏晋时期一直沿用的建筑用瓦，大量出土在解剖的早期遗迹和地层堆积中。目前由于缺乏根据，尚不能对这些绳纹瓦片进行细致的时代分期。但由于在这类瓦片中，也曾发现有与辟雍遗址相同的“南甄官瓦”文字戳印。结合有关文献记载，自东汉以来至唐代掌管制作砖瓦玉石的官署为甄官署①，东汉甄官署在洛阳城南，“南甄官瓦”显然是由东汉管辖为皇家烧造砖瓦的甄官署所监造，其无疑是东汉时期皇家建筑的用瓦，与明堂建筑的皇家身份相符。当然，此类瓦在魏晋时期也仍然还在继续使用。

明堂遗址出土的瓦当种类，主要是莲花纹瓦当，其次是一些云纹瓦当和个别文字瓦当。

莲花纹瓦当，数量较多，共出土有59件，为北魏时期的瓦当。但种类较为单纯，皆为B型

① 《旧唐书·职官志三》：“甄官署：令一人……。甄官令掌供琢石陶土之事。凡石磬碑碣、石人兽马、碾磑砖瓦、瓶缶之器、丧葬明器，皆供之。”东汉甄官署，位于都城之南。见《后汉书·袁术传》：“又闻孙坚得传国玺，遂拘坚妻夺之。”注引韦昭《吴书》：“孙坚北讨董卓，顿军城南，甄官署有井，每旦有五色气从井中出，使人浚井，得汉（传）国玉玺。”《三国志·吴书·孙破虏讨逆传》注引《吴书》曰：“坚入洛，……坚军城南甄官井上，旦有五色气，举军惊怪，莫有敢汲。坚令人入井，探得汉传国玺。”《晋书·职官志》、《隋书·百官志上》也均载有甄官署。

11瓣单瓣莲花纹瓦当。主要出土在第2层北魏以后的废弃建筑堆积层中。

云纹瓦当，虽然数量不多，但是种类却较为复杂，有A、C两型，主要为汉晋时期的瓦当。其中A型仅见Aa亚型，共有3件：Ⅱ式1件、Ⅳ式2件。C型也仅见Ca亚型，共有13件：Ⅱ式11件、Ⅶ式1件、Ⅷ式1件。这些云纹瓦当，主要出土在解剖的第3层汉晋废弃建筑堆积层和灰坑等遗迹中。

文字瓦当，仅见有一件“延年益寿”文字瓦当，为汉魏时期瓦当。

根据以往对上述瓦当的时代分期研究结果[①]，其中的Aa型云纹瓦当，属于东汉前期；Ca型云纹瓦当，大致自东汉早期至东汉晚期一直都有使用；B型莲花纹瓦当，应该为北魏定都洛阳后的中晚期大量使用的瓦当。

总之通过整理研究我们发现，这座中心圆形建筑现存最晚时期、也是保存相对最完整的基址上残存的建筑材料，主要都是北魏时期的素面或磨光面板瓦、筒瓦和莲花纹瓦当等。不仅数量较多，而且遗物单纯，它们均出土在明堂最晚时期建筑基址上面的废弃建筑堆积中或柱槽填土内。汉晋时期的遗物，主要为绳纹面布纹里板瓦、筒瓦和云纹瓦当等。由于它们主要出土在解剖的早期地层、灰坑、路面和基槽夯土中，因发掘面积有限，所见数量也较北魏时期遗物为少。概括来说，该明堂基址最晚的建造使用和废弃时代，当都是在北魏；而北魏时期以前，则还存在着东汉和魏晋时期的明堂建筑基址。而无论是东汉和魏晋时期的明堂，还是北魏时期的明堂，由于发掘清理和解剖中均见到有大量的瓦片堆积，显然这一时期的明堂屋顶都是覆盖有瓦的，这也与有关的文献记载相符合[②]。

由此来看，这座明堂中心圆形建筑基址的始建时代（第一期）极有可能为东汉时期，这也是与《后汉书·光武帝纪》：中元元年（56年）“是岁，初，起明堂、灵台、辟雍，及北郊兆域”等记载相符合的。魏晋时期（第二期）曾经修补改造的夯土台基或路面遗迹，则又是与《宋书·礼志》中：“魏文帝黄初二年（221年）正月，郊祀天地明堂。是时魏都洛京，而神祇兆域明堂灵台，皆因汉旧事”的记载联系在一起的，显然在魏晋时期该明堂建筑是被继续重修延用。最晚时期（第三期）的建筑基址保存最为完整，出土有大量北魏时期的建筑材料，可以肯定是北魏时期修建的明堂基址，则也是与清人徐松从《永乐大典》中所辑《河南志·后魏城阙古迹》中“明堂。宣武八年诏建，孝明正光中始成，在辟雍之西南。上圆下方，八窗四闼”[③]的记载完全相符的。至于这座明堂在北魏时期是否工程全部都已完工，则是需要另外讨论的问题。总之，通过发掘解剖确定的这座建筑基址的始建与重修沿用时代，是与有关的文献记载基本相符合的。

---

① 钱国祥：《汉魏洛阳城出土瓦当的分期与研究》，《考古》1996年10期；钱国祥：《云纹瓦当在洛阳地区的发展与演变》，《中原文物》2000年5期。

② 《后汉书·光武帝纪》：“初起明堂、灵台、辟雍。”注引胡伯始云：“古清庙盖以茅，今盖以瓦，下藉茅，存古制也。”

③ ［元］佚名纂修，［清］徐松辑：《河南志》，中华书局，1990年。

第三章 辟雍遗址

第一节 遗址概况与勘察经过

一 遗址概况

辟雍，是中国古代都城中所特有的重要礼制建筑“三雍”之一，是当时帝王行礼乐、宣德化、释奠孔子的重要场所。

据文献记载，汉魏洛阳故城的辟雍也在该城的南郊，去明堂三百步①。

经考古勘察，该辟雍遗址现地处河南省偃师市佃庄乡东大郊村北约0.75千米、太学村西约0.5千米处。据当地老乡讲，其地原隆起，形若土冢，高于周围地面1~2米。其上传有官者茔地，故称“官家坟”；近代，东大郊村有黄姓者，以之为坟地，因之，又呼为“黄家坟”。后经考古发掘，该遗址上确实有数量相当多的近代墓坑存在。20世纪50~70年代经过多次平整土地，其地已被夷平，垦为农田（彩版三，1）。

过去在这附近曾经出土过许多石经残石，由此人们多以为这里就是太学遗址的位置所在，遗址东面的太学村也正是由此而得名。1931年民间发现的辟雍碑，即“大晋龙兴皇帝三临辟雍皇太子又再莅之盛德隆熙之颂”碑（附图一、二；图版七九、八〇），后经考古发掘在该遗址发现了碑座，由此确定了此碑即出土于此②，也确定了文献记载中的辟雍遗址位置。

二 勘察工作经过

（一）考古调查勘探

第一次考古勘探 时间1963年11月15日至11月30日。以往这里曾经出土过石经残石，为寻找太学遗址的位置，在明堂遗址勘探工作开始之后，在此也进行了全面细致的勘探，初步确定了该遗址主体建筑的具体位置、范围和建筑布局。此项工作负责人许景元，参加勘探的有刘景龙、杜玉生等，刘震伟测量了遗址勘探平面图。

第二次考古勘探 时间是1980年2月26日至3月24日。此次主要是补充探查了辟雍遗址范围内的环水遗迹。此项工作负责人许景元，参加勘探的有陈华州等人。

（二）考古发掘

第一次考古试掘 时间1963年11月22日至11月24日。在辟雍遗址中部偏北的大型夯土建筑基址南边缘，开挖4×4米解剖探沟1条，编号63HNBJ1。主要清理了勘探发现的一块大型石制

---

① 《后汉书·光武帝纪》：“初起明堂、灵台、辟雍。”注引《汉官仪》曰：“辟雍去明堂三百步。”

② 该碑出土后即被搬往东大郊村内，现已就地保护。对于其出土时间和地点，《洛阳出土石刻时地记》云：“晋龙兴皇帝三临辟雍碑于民国二十年三月廿四日洛阳东南大郊村北一里许黄瑞云墓发掘得之”。经与当地老乡核对，证实其所记出土地点即辟雍遗址中心殿基处。

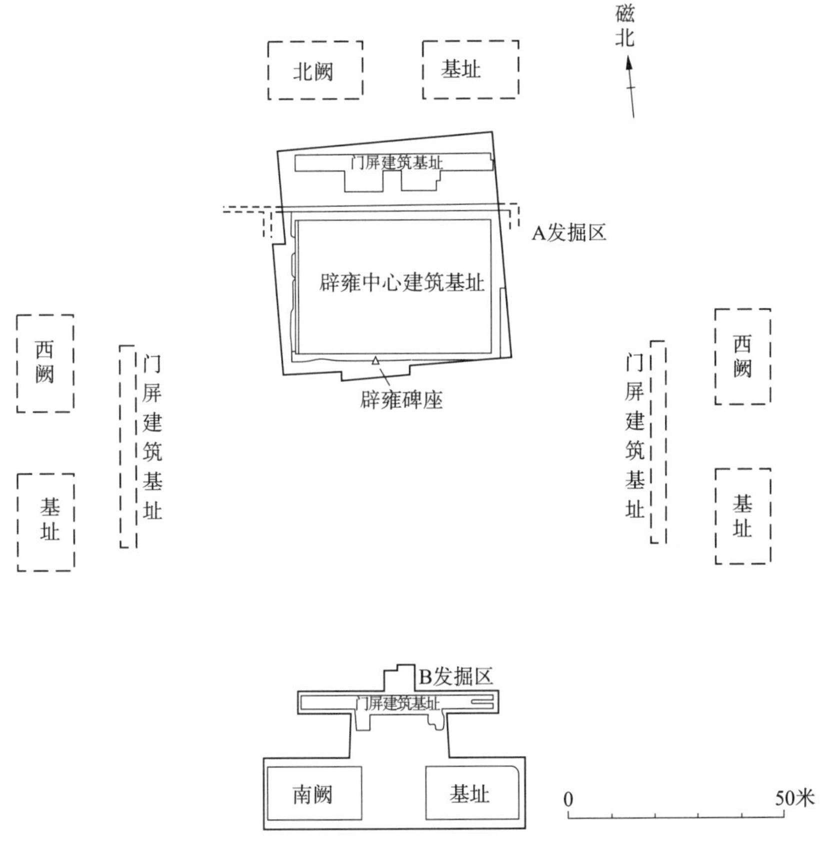

图87　辟雍建筑遗址发掘区位置图

构件，以后经丈量尺寸确认是以往曾经在此区域发现的辟雍碑之碑座。发掘负责人为许景元，参加发掘的有杜玉生等人。

第二次考古发掘　时间1972年10月9日至12月11日。主要发掘清理了辟雍遗址中部偏北的大型夯土建筑基址和南部的双阙及门屏建筑基址，发掘区分别被编为A区和B区（图87）。其中A区共布设10×10米探方25个，编号为72HNBAT1~T25。B区共布设15×15米探方3个、15×12米探方1个、44×5米探沟1条，编号分别为72HNBBT1~T5；另外在T5的北、南两侧还各扩方1个，北侧扩方6×6.5米，南侧扩方20.8×9.5米。此项发掘负责人许景元，参加发掘的有陈久恒、冯承泽、冯敏（冯普仁）、段鹏琦和刘雅东等。

第三次考古发掘　时间1981年4月4日至4月22日。主要试掘了辟雍遗址北部环水主干道砖砌涵洞等遗迹。试掘探沟东西长4.5、南北长4米，编号为81HNBJ2。发掘负责人为许景元，参加发掘的有段鹏琦和陈华州等人。

第二节　辟雍遗址的勘探

通过对这处遗址及附近地域数次调查与勘探而获知，辟雍地当汉魏洛阳大城南墙开阳门外御道东，西侧紧邻御道。其东北方向约300米有晚期太学的院落遗址；正北面是太学西侧的另外一处大型遗址；东面约200米则为太学南侧的一处院落遗址（图88）。从辟雍遗址再向西，隔开阳门外御道为故明堂遗址，辟雍的西侧门屏建筑基址距离明堂的中心圆形建筑基址约300米。由明堂遗址更西，跨过平城门外御道便是汉晋时期的灵台遗址，辟雍的西侧门屏建筑基址距离灵台的中心夯土台基约700米。

勘探结果显示，辟雍建筑群遗址坐北朝南，范围廓大，其南北长度与东西宽度相等，均为165米，方向为磁北4°~5°。遗址的东、西、南、北四面皆置双阙与门屏建筑，东面双阙与西面双阙直对，南面双阙与北面双阙直对，各阙大小相若，单阙基址各长19~22、宽11~12

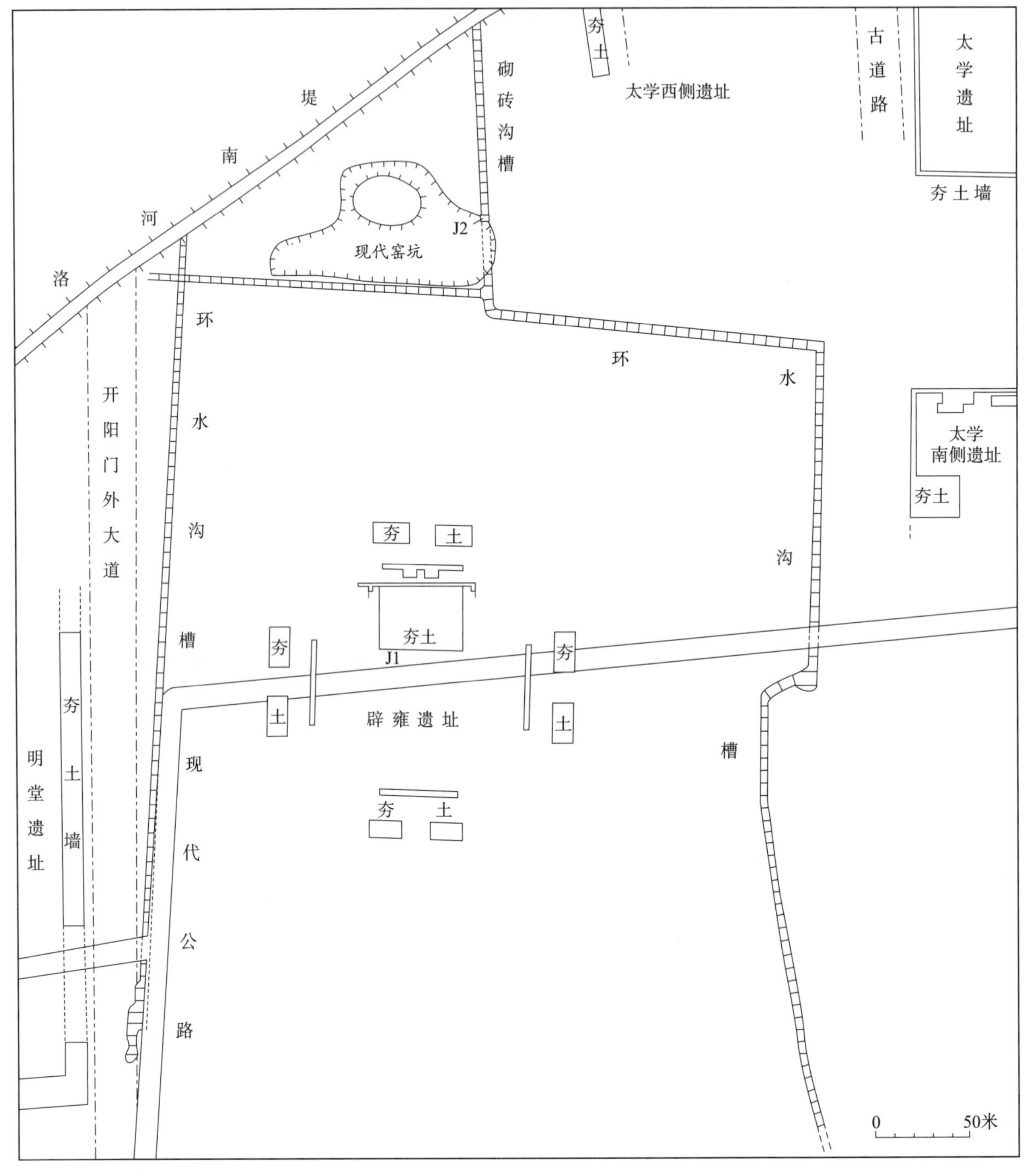

图88 辟雍遗址勘探总平面图

J1~J2. 解剖探沟位置

米，二阙之间相距约13~14米。每对阙的内侧，除北面较特殊外，皆有一长条形的门屏式建筑，各长41~45、宽3~8米，与双阙之间的距离11~12米。遗址的中心偏北处，正当贯通南、北双阙的轴线上，有一大型夯土建筑殿址，我们暂且称之为辟雍中心大型夯土建筑殿址。此中心建筑殿址呈长方形，东西长约46、南北宽32~33米。

在整个辟雍建筑群之外，还发现有环水沟槽遗迹。环水的水源来自北面，通过一条4~5米宽的南北向引水干道到达遗址北部，即中心殿基北面约156米处，方向磁北2°；然后向东、西两个方向分流，各流出180余米后折而向南，直到遗址以南，尚未显出转折闭合苗头。再南，因地势太低，地下水位过高，无法查明其确切走向。分流后的水道一般宽3~4米，个别地段不到2米。已探出北面干道长度为180米，其北端为今洛河冲毁，无法查明其全部长度和源自何处。仅此已可确认，此辟雍遗址的环水不是“水圆如璧”，与传统的建筑形制有所不同。这些工作，使我们看到了汉魏洛阳辟雍遗址的基本布局。

第三节　辟雍A区中心建筑基址的发掘

在辟雍遗址重点发掘了两个区域，其中之一就是位于遗址中部偏北的大型夯土建筑基址和邻近的北侧门屏建筑基址，发掘区编号为A区（见图87；图版八一）。在此共开挖10×10米探方25个，自东南角开始向西又向北逐个编号分别为72HNBAT1~T25。A区探方方向均为磁北0°，实际发掘总面积约2400平方米（图89；图版八二，1）。

一　地层堆积

该建筑基址受历代严重破坏，保存情况较差，建筑基址之夯土台基已被削去不少，且上面满是近现代墓、扰乱土坑和被耕作犁出的长沟。

地层堆积较为简单，原建筑之夯土台基部分，第一层耕土以下即见夯土。夯土台基周围保存有部分第二层文化堆积层。其中发掘区的东北部，第二层多为0.4米厚的红烧土层，内杂木炭渣及涂朱或不涂朱的白灰墙皮碎块；发掘区的西南部，第二层为黄褐色土，夹杂红烧土块较少。该第二层内出土大量绳纹面布纹里板瓦和筒瓦片、云纹瓦当、大小不同规格的素面长方砖、素面方砖以及几何纹方砖碎块，还有少数陶器、铜器、铁器残件和钱币、瓷片等，几乎全是汉晋时期遗物。该文化层下，即是建筑遗迹。

二　建筑遗迹

发掘结果表明，此大型夯土建筑基址是由辟雍的中心殿址、殿北门址等建筑遗迹所组成。在二建筑遗迹之间或周围，还清理出东西向大型沟槽一条、积石片坑一个、辟雍碑座及坑槽一个、灶坑46个、晚期小房基一座等（图90）。

（一）辟雍中心大型夯土殿址

位于A发掘区的最南部，殿址平面大致作长方形，方向以台基东壁为准磁北4°~5°。夯土殿址分为地上台基和地下基础两部分。

1.地下基础　系在原来的地面下挖出坑槽，而后填土夯筑而成。坑槽开挖在生土里，深约0.75米。夯土总厚1.15米，高出地下坑槽口部0.4米。地下基础范围略大于地上台基，东西

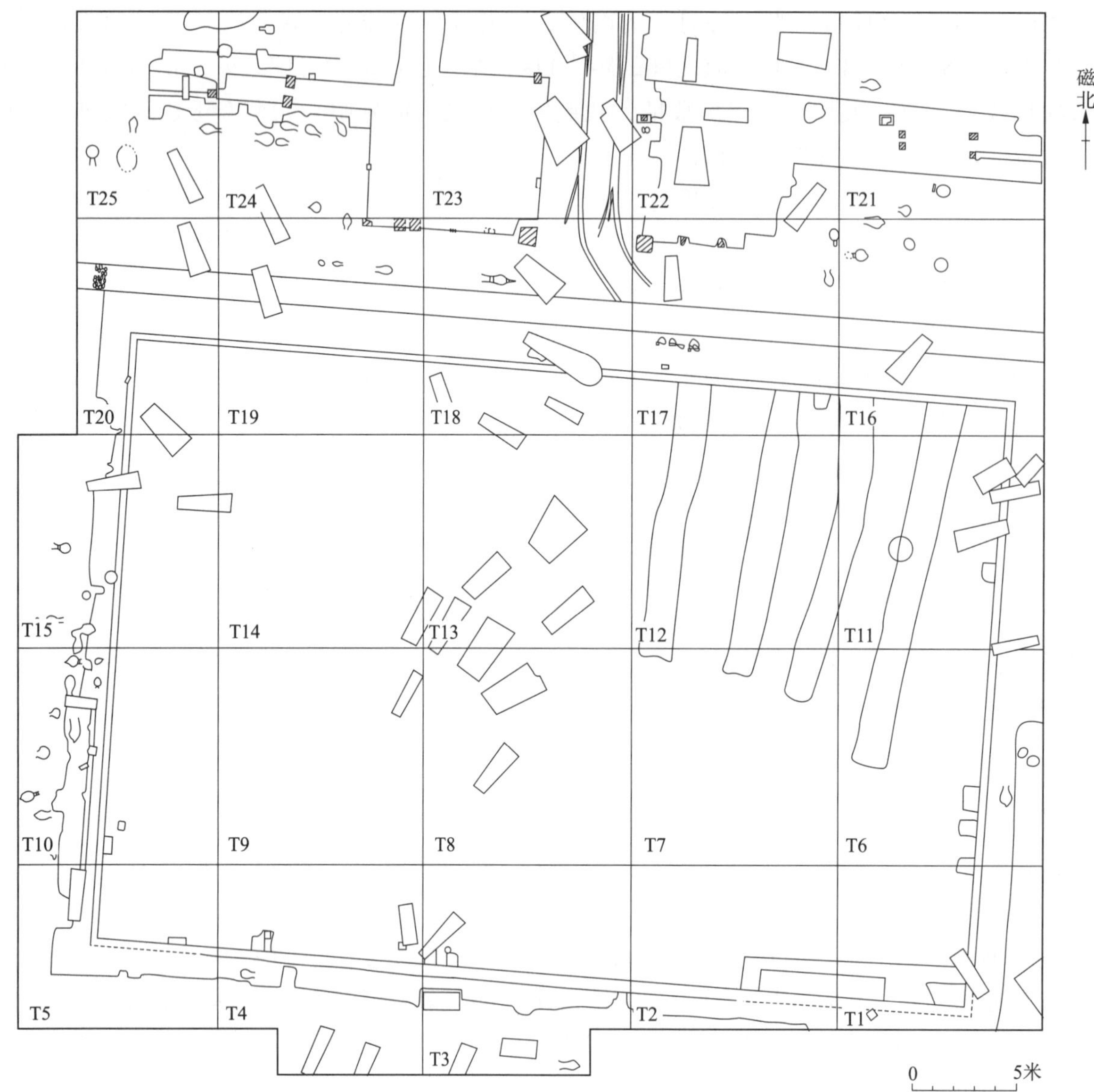

图89 辟雍A区中心建筑基址探方分布图

长45.6~46、南北宽31.8~32米。

2.地上台基 即殿堂地上夯土台基，是在地下基础夯土之上四面作不等距离内收，然后铺土夯筑而成。南面内收1~1.4、北面内收1.9、西面内收0.8~1.5、东面内收1.35~2.56米。

该殿基为规整的长方形，以台基残存夯土外缘测量东西长41.9~41.95、南北宽28.15~28.2米；以台基周边包砖沟槽外缘测量东西长42.5~42.6、南北宽28.8~28.9米。台基现存高度0.56米。

台基的底部四周包砖大部分已遭破坏，但各边均有沟槽与残砖残留。其中北边沟槽编号为G3，包砖残存最多，计有46块（图版八二，2；图版八三，1）；南边沟槽编号为G5，残存包砖17块（图版八三，2）；东边沟槽编号为G4，残存包砖13块（图版八四，1）；西边沟槽编号为G1，残存包砖15块（图版八四，2）。包砖多为或整或残之素面方砖，少数为几何纹方砖，皆为立砌，所以我们也称为贴砖。大约为求得贴砖表面效果一致，几何纹方砖有花纹一面皆朝内侧，素面朝外。贴砖的做法是：先在地下基础夯土上，沿地上台基的边壁挖出

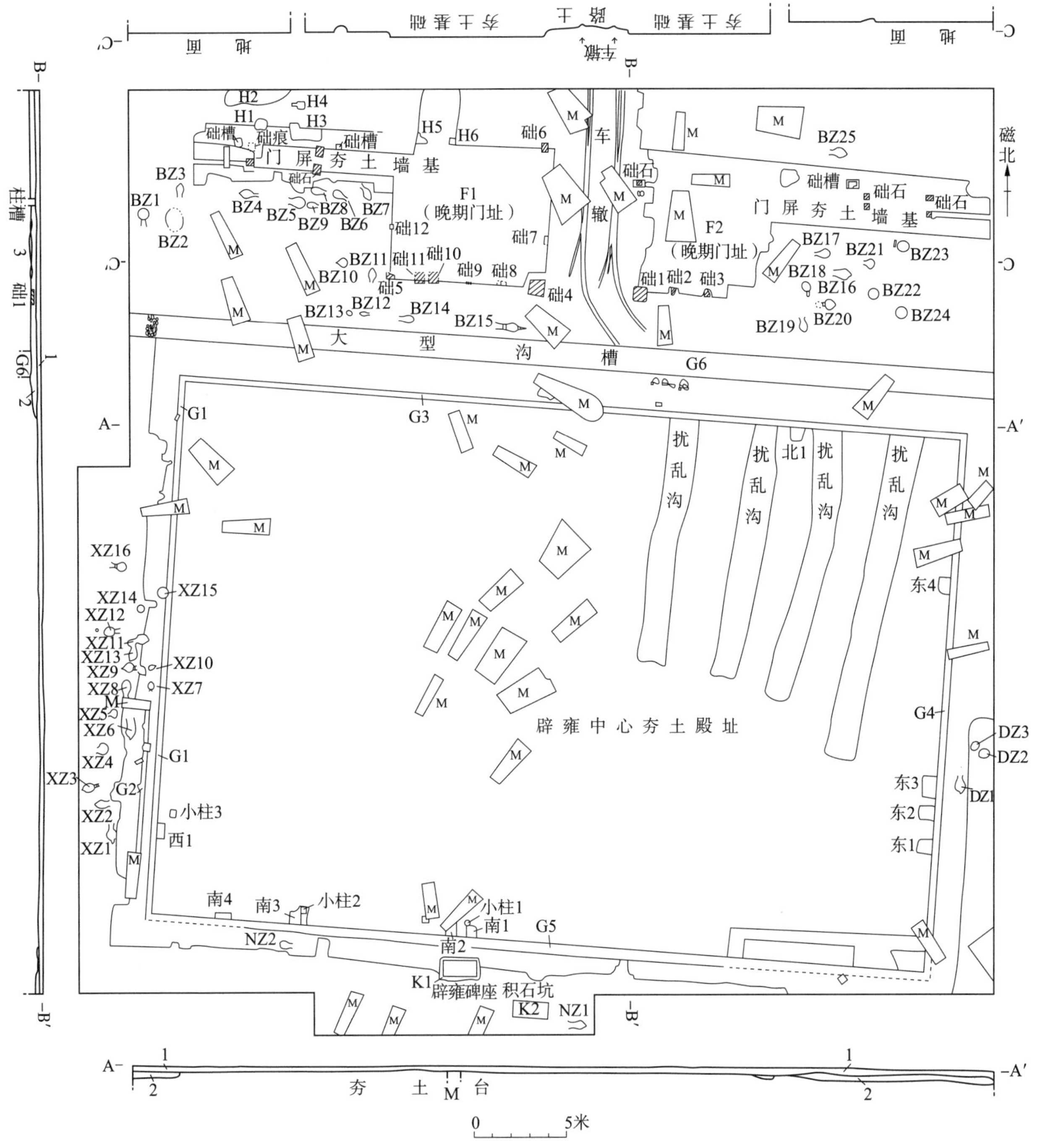

图90　辟雍A区中心建筑基址平剖面图

1. 耕土层　2. 黄褐色土和红烧土层　F1~F2. 门房基址　南1~南4、西1、北1、东1~东4. 大型坑槽小柱1~小柱3. 小型坑槽　G1~G5. 台基包砖沟槽　G6. 大型沟槽　K1. 辟雍碑座坑槽　K2. 积石坑　DZ1~DZ3、NZ1~NZ2、XZ1~XZ16、BZ1~BZ25. 晚期灶坑　H1~H6. 灰坑　M. 近代墓

宽0.2~0.35、深0.1米的浅槽，然后将方砖侧立于槽内并使之紧贴地上台基的边缘，如贴得不紧，再以残砖于外侧填塞之。现残存沟槽由于是被后代挖取旧砖而扰乱破坏，口部残存最宽可达到0.6~0.7米。

地上台基的四周，也即外露之地下基础夯土的表面上普遍有一层较硬地面，地面厚

0.05~0.1米。该地面表层起薄层，其上又无车辙痕迹。在台基北边和东边的地面之上，残留有少量摆放平整的残素面方砖或几何纹方砖，由此推测该地面上原来可能还有铺砖。此外在西边沟槽G1南段的外侧（西侧）0.4~0.5米处，还清理一条与G1走向一致的南北向沟槽，编号为G2，残长约8、宽约0.2、深约0.1米（见图版八四，2）。

殿基中心部位的夯土表面，拖拉机犁痕累累，圆形夯窝密密麻麻（图版八五），殿堂主体建筑之柱础石与础槽无一幸存，建筑原貌不得而知。唯在台基四面边缘处清理出大、小方形或长方形坑槽13个。这些坑槽分布比较零散，难以确切了解其完整布局，但根据坑槽的大小不同规格大致可分为两类：第一类规格较大，坑槽长、宽一般在0.7~0.8米左右，主要分布在台基的边缘位置处。共发现有10个：其中东面4个，编号为东1~东4；南面4个，编号为南1~南4；西面一个，编号为西1；北面一个，编号为北1。第二类规格略小，坑槽长、宽在0.6米以下，个别坑内尚残存有础石，分布位置均在距台基边缘0.5~0.6米处。此类坑槽仅发现三个：其中南面两个，编号为小柱1~小柱2；西面1个，编号为小柱3。这两类坑槽是否皆为柱础槽遗迹无法确定，即使确为柱础槽的遗迹，鉴于其位于台基的最边缘位置，恐怕也不是主体建筑的檐柱之所在，而可能是它的附属部分残迹。还应指出，这两类坑槽之间不但没有合理的对应关系，相反却存在着相互重叠或打破的现象，显然它们不是同一时期的遗存。其中小型坑槽的时间应是较晚的，大型坑槽则时间略早。各个坑槽详细资料参见附表（附表一一，辟雍中心大型殿址残存坑槽登记表）。

（二）殿北门址

门址位于中心大型夯土殿址之北，南距殿址之夯土台基边缘6.5米，由东、西二门房和一个门道构成（图版八六，1）。门址因被扰乱破坏，残存状况较差。从发掘情况看，北面双阙内侧早期也有门屏式建筑，而晚期的殿北门址正是在此一门屏式建筑的基础上扩建而成。

1.早期门屏式建筑　呈东西向长条形，夯土筑造，方向约为磁北95°。基础长43、宽3.3~3.45米。夯土较为纯净，坚实。

门屏式建筑的西半保存较好，夯土基础之上尚存有残高约0.1、宽约1.2米的夯土墙身，墙身北侧基部还断断续续保存有部分白灰墙皮。距门屏夯土基址最西端6.5米处发现础石一对，这对础石夹夯土墙身南北相对，间距0.36米。北面础石，长0.54、宽0.48、厚0.15米；南面础石，长0.46、宽0.48、厚0.15米。在这对础石西侧3.2米处，也有1块础石，长0.38、宽0.46、厚0.16米；在其北面，发现有础槽痕迹，说明这又是一对夹墙而置的础石（图版八六，2）。

门屏式建筑的东半，基址保存较差，夯土墙已残毁殆尽。距门屏夯土基址最东端3米和6.2米处，也各发现南北相对的础石一对。靠西侧一对，二础石间距0.36米。南面础石，长0.36、宽0.37、厚0.11米；北面础石，长0.35、宽0.37、厚0.10米。靠东侧一对，两础石间距0.6米。南面础石，长0.37、宽0.4、厚0.17米，础石上方保留有长0.35、高0.08米的一段涂朱白灰墙皮。北面础石，长0.35、宽0.37、厚0.12米。这两对础石，每对础石之间，夯土尚隆起0.2米，应是夯土墙身的残余。

门屏夯土基址的中部，为晚期门房基址和车路所压，未作彻底清理，故而不知其处柱槽及础石的分布规律。

此外，在门屏夯土基址的墙身北侧，还清理出柱础槽三个。其中门屏夯土基址的东段一个，距门屏夯土基址最东端7.5米，础槽内尚有红沙石质的础石1块，长0.54、宽0.4、厚0.1米。门屏夯土基址的西段有础槽两个，分别距门屏夯土基址的最西端2米和7.5米。

门屏夯土基址上所见的柱础，皆为暗础。其做法是，先在门屏夯土基址上挖出方形础槽，槽底垫红烧土及小长方砖残块，然后放置础石。

在门屏夯土基址西段距最西端12米处，由门屏夯土基址向北伸出一条状夯土。该夯土东西宽2、南北残长（已清出部分）3、厚仅0.2米。它表明此门屏的建筑形式应与辟雍遗址南阙内侧之门屏一致。如果的确如此，那么在向北伸出之条形夯土东面的门屏夯土基址东段相应位置上，还应有一条向北延伸的条状夯土，但在清理中未发现，或已被扰乱破坏而无存。

从该门屏式建筑的位置来看，它恰在辟雍北阙的南侧，在布局上正与辟雍东、南、西三面的门屏与阙门基址布局相一致。

2.晚期殿北门址　位于门屏式建筑的中部，由东、西两个门房和之间的门道组成。东、西二门房之台基，系利用门屏夯土基址的中段向南扩大而成，门道与车路叠压在早期的门屏夯土基址之上，应是晚于门屏的一组门址建筑。

门址之东、西门房台基均接近于方形，方向与早期门屏式建筑相同。西门房（F1）台基边缘整齐（图版八七，1），台基的东、西、南三面壁面上，均发现有残存的涂朱白灰墙皮。东门房（F2）台基破坏过甚，东、西两面边缘参差不齐。两门房台基大小相若，西门房（F1）台基东西长8.1、南北宽7.25米。东门房（F2）台基依残迹复原，东西长8.1、南北宽7.4米。两门房台基的东西间距也即门道的宽度为4.7米。台基现存高度，由门道内车路路面算起，约为0.3米。

东、西门房台基，因系就门屏夯土基址扩大而成，所以台基之南北两部分土质结构大不相同。其北部，即门屏基址的夯土为黄褐色，纯净而坚实。而南部，夯土为灰褐色，土较杂乱，甚至掺杂白灰墙皮。其中西门房台基除边缘部分表面有明显的稍加夯打痕迹外，台基内的土大部分似未经夯打，可能系衬垫而成；东门房台基之土质结构也大体如是。因门址台基的南部土质较杂，边壁不易保持，在清理西门房台基时还发现，其东、南、西三面边壁都曾在局部使用了贴瓦与补砖的加固措施（图版八七，2）。

两门址台基上柱础的布局都不大清楚。其中在东门房（F2）台基上，仅于台基南缘发现础石三块，全是暗础结构。西南角一块础石编号为础1，形制较大，也较规整；另外两块础石编号分别为础2和础3，分别位于础1的东面1.3米和3.1米处，础石较小且形制不规整，四边长度不等。西门房（F1）台基在东南、西南和东北角各发现础石一块，编号分别为础4~础6；西北角地势过低，已遭破坏，没有发现柱础。这三个柱础，亦为暗础结构。其中东南角的础4，础石最大，也最完整，表面未经仔细琢磨，显得有些粗糙。西南角的础5，础石较小，已残，仅存一半。东北角的础6，础石更小，石质疏松，残破尤甚。此外，在西门房（F1）台基之东、南、西三面边壁处，还都零星发现有些方石或残砖，它们有些与台基边壁平齐，有些稍稍向外突出，是否为柱础已不清楚。但根据这些砖、石的位置排列情况，似乎还是有一定规律，因此它们的大多数可能还应该是晚期门房建筑的柱础，我们暂且编号为础7~础12。上述各础石之相对位置、距离及大小规格，详见附表（附表一二，辟雍北侧门屏东、西门房台基柱础登记表）。

从门房台基之现状及残存柱础之分布，很难看出门房建筑的原状。但发掘情况显示，该门房颇为简陋，是在一片废墟上草率建造起来的。

门道，夹在东西二门房台基之间。门道内为灰褐色路土，厚约0.1米。路土正中，有南北向车辙两对，每对车辙之辙间距皆为1.6米（图版八八，1）。这两对车辙，一对较深，一对较浅。深的一对，车辙上口宽0.25、深0.2米；浅的一对，车辙上口宽0.06、深0.1米。深的一对，向南穿过门道后转向东南，愈南愈浅，至东西向大型沟槽处消失；浅的一对，向南穿过门道转向西南，刚出门道即消失。在门道路土东侧，北距东门房（F2）台基北缘1.6米处，置门础石一块，东西长0.7、南北宽0.4、厚0.13米，上面有一长0.29、宽0.23、深0.06米的方形凹槽，凹槽北面成缺口（图版八八，2）。该门础石表明，此处即门的位置所在，惜西门房（F1）台基东缘与此门础石相应位置处已为近代墓破坏，门础痕迹已无存。这块础石的发现，为研究门道两侧的构筑方法提供了一点线索。

（三）东西向大型沟槽（G6）　位于辟雍中心大型夯土殿基与殿北门址台基之间，南距中心殿基贴砖沟槽G3外缘1.9米，北距殿北门址台基边缘2.6~2.8米，编号G6。

沟槽为东西向，沟壁笔直，方向也为磁北95°（图版八九）。由铲探了解到其全长61.5、宽1.2~1.5米，东西两端出发掘区后均曾向南有转折，但都是仅转折数米即止，既不再继续向南延伸，也不与环水沟槽交会。从对大型沟槽中段的发掘进一步获知：其沟口压在红烧土层（即第2层）之下；沟槽内填土黄褐色，质地较松，上部多出砖、瓦残块，东部及中部填土中杂有沟槽边壁坍塌下来的夯土碎块；沟槽之西部与大型殿基的地下基础西缘相对应处，自沟槽口部下深0.4米，清理出平铺砖4排，每排均用素面小长方砖（规格0.25~27×0.13×0.055米）对缝横砌，上下重叠两层。平铺砖的南头，有两块残砖贴沟壁侧立，似为包砌沟槽壁砖。此类包砌沟槽壁砖，在沟槽内其他位置也有发现，且与平铺砖在同一平面上，沟槽内的一些堆积中还有很多乱砖。这些现象说明，该沟槽原先可能曾以青砖铺底和包砌边壁。平铺砖以上填土中未见淤积现象，应是晚期扰乱回填形成；平铺砖以下，据铲探下深1.2米即为白色粉状沙土，再往下，水分过重，探铲不带土。

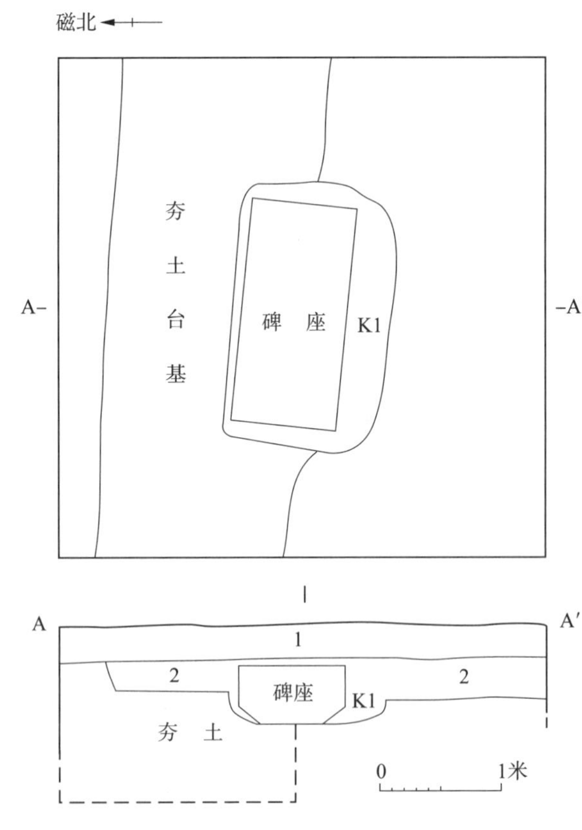

图91　辟雍遗址J1探沟与碑座平剖面图
1. 耕土层　2. 红烧土层　K1. 坑槽

（四）辟雍碑座及坑槽（K1）　在辟雍中心大型夯土殿基南缘，距台基西南角约16米，即殿基中轴线位置略偏西面3.3米处，有一个长方形浅坑槽，编号K1（见图90；图91；图版九〇，1）。坑槽开口于第2层下，北半部还打破第2层下的殿基夯土，南半部则打破第

2层下的早期地层。整个坑槽东西长2、南北宽1.35、深0.4~0.5米，其西、北二壁保存较好，方向为磁北2°~3°。在此坑槽内，出土1件底面朝上正面倒扣在坑槽内的大型石制构件，编号72HNBAT3K1∶01。石构件一半压在夯土上，一半压在松土上，与夯土坑壁之间有约0.1米的间隙，内填松软虚土。

石构件整体为长方形，盝顶，长1.79、宽0.88、高0.48米（图版九〇，2；图版九一，1）。除底面外，石构件各面加工雕琢精细。其中顶部正中有一长方形凹槽，凹槽长1.13、宽0.286、深0.176米，槽内周壁有填充的白灰块；碑座四周，以浮雕手法雕出规整的横竖界格，界格将每面分作两或三部分，每部分浅线刻划人物一身并附题名。从石构件的形制特征来看，当是一幢大型碑碣的碑座。结合以往曾在此地发现过西晋辟雍碑的情况，经过现场对辟雍碑和碑座的尺寸规格核对测算，可以断定此石构件就是辟雍碑的碑座无疑。由于该坑槽打破了台基夯土，而且碑座是倒置于坑槽内，因此该坑槽很可能是后代石碑放倒之后挖坑掩埋藏匿碑座所形成，而非原来矗立石碑的碑座坑槽。

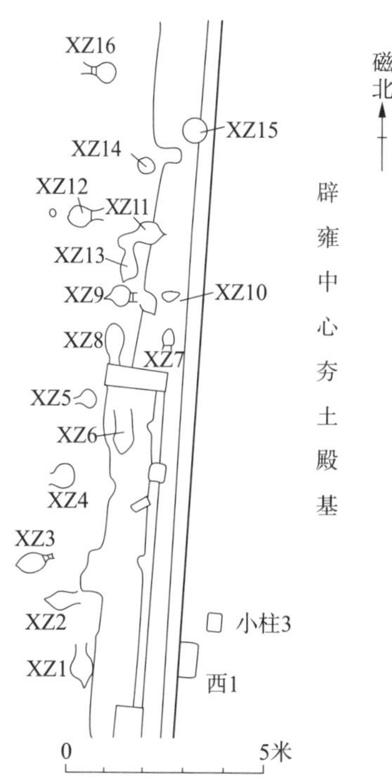

图92　辟雍中心夯土殿基西侧灶群分布图

XZ1~XZ16.西侧烧灶　西1.大型坑槽　小柱3.小型坑槽

（五）积石片坑（K2）　位于辟雍中心大型夯土殿基南缘外约3.2米处，基本正处于殿基的中轴线上，方向为磁北4°~5°。坑口压在第2层黄褐色土之下。坑作较规整的长方形，东西长1.8、南北宽0.9~1、深0.38米。坑内填黄褐色土，土质较松散，坑底积满大小不等的红沙石块，其中最大的石块长约0.48、宽0.28米；小的为碎片。石块形状不规则，摆放无序，但表层石块较为平整（图版九一，2）。视其所处位置及底部铺石情况，或许就是原来置放碑碣之处。

（六）灶坑　在该发掘区内先后清理出灶坑46个，分布于辟雍中心夯土殿基和殿北门址东、西门房台基周围的空地上。主要划分为5个灶群。

1.中心殿基以西灶群，共有灶坑16个。杂乱分布在中心殿址西侧的地基夯土上和夯土外侧，编号自南向北分别为XZ1~XZ16（图92；图版九二，1）。

2.中心殿基以南灶群，共有灶坑2个。分别分布在中心殿址南侧偏西的地基夯土上和中部的积石坑东南，编号分别为NZ1~NZ2（图93）。

3.中心殿基以东灶群，共有灶坑3个。分别分布在中心殿址东侧中部的地基夯土上和夯土外侧，编号分别为DZ1~DZ3（图94）。

4.中心殿基北侧西灶群，共有灶坑15个。主要分布在中心殿址北面、殿北西门房以西和以南的空地之上，编号自西向东分别为BZ1~BZ15（图95）。

5.中心殿基北侧东灶群，共有灶坑10个。主要分布在中心殿址北面、殿北东门房以东的空地之上，编号分别为BZ16~BZ25（图96；图版九二，2）。

这些灶群分布最密集的区域有三处：一是殿基以西，有灶群16个；二是殿基西北部，即西门房西南面，有灶坑15个；三是殿基东北部，即东门房东面，有灶坑10个。以上三处共有

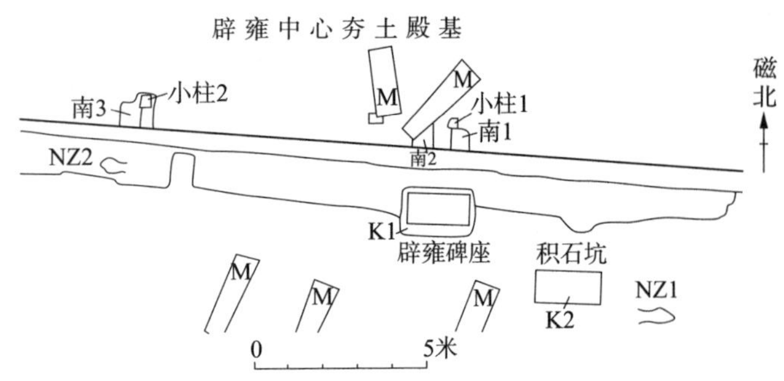

图93 辟雍中心夯土殿基南侧灶群分布图

南1~南3. 大型坑槽 小柱1~2. 小型坑槽 NZ1~NZ2. 南侧烧灶 K1~K2. 坑槽 M. 近代墓

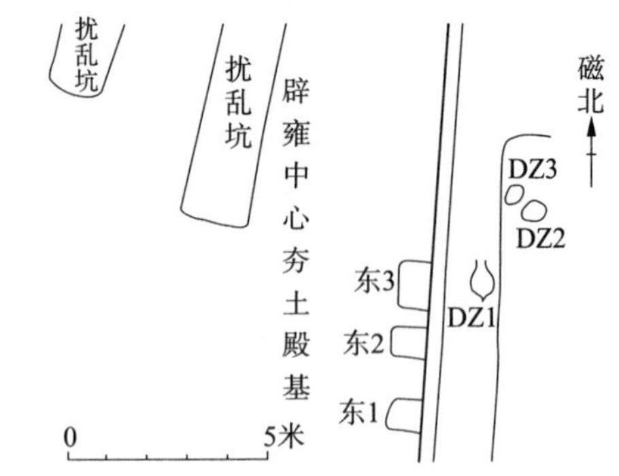

图94 辟雍中心夯土殿基东侧灶群分布图

东1~东3. 台基东侧边缘大型坑槽 DZ1~DZ3. 东侧烧灶

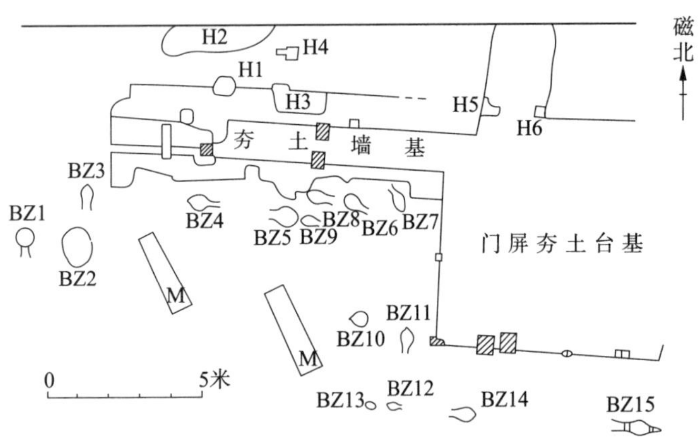

图95 辟雍中心夯土殿基北侧西灶群分布图

H1~H6. 灰坑 BZ1~BZ15. 北侧烧灶 M. 近代墓

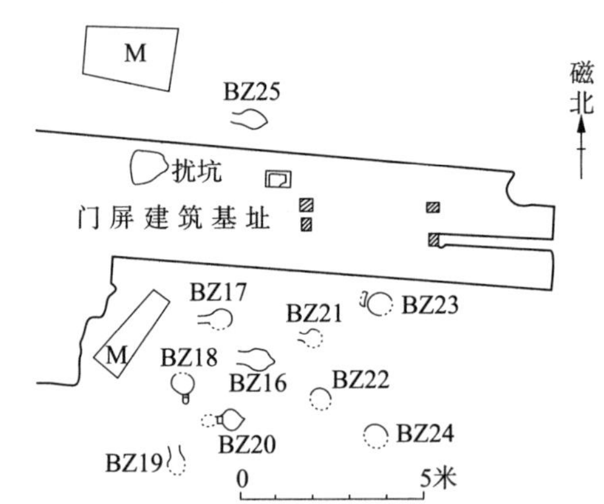

图96 辟雍中心夯土殿基北侧东灶群分布图

BZ16~BZ24. 北侧烧灶 M. 近代墓

灶坑41个。另在中心殿基的东、南两面，还零星发现有灶坑5个。

这46个灶坑方向不同，大小不等，大的全长1.58米，小的全长仅0.39米。其形制大致可分为圆形和椭圆形两种。均系就地挖成，结构完整者，具有火道、火门、灶膛、烟囱等四个部分（图97）。但完整者极少，绝大部分已残缺不全，不少仅存火门及灶膛（图98）。灶内普遍见有草木灰和木炭末，有的还残留有被烧的猪骨、家禽骨骼和成堆蛋壳。有的灶膛内还填有碎砖瓦块。灶坑详细资料参见附表（附表一三，辟雍遗址A区灶坑登记表）。

这些灶坑并非同一时期的遗迹，有直接打破中心殿基周围路土及地基夯土者，也有压在中心殿基周围路土之下的。前者数量较多；后者数量很少，仅有见于殿北基址西门房以南之BZ14和BZ15两例。

这些灶坑的残存遗迹状况表明，当修造烧灶时，辟雍主要建筑已经荒废，但殿堂及门房建筑似乎尚未完全塌毁。鉴于这些灶坑可以分为前后两个时期，那么当然可以推断，辟雍至少经历过两度的兴建与荒废。

（七）活土坑 在殿北门屏式建筑西面夯土墙基北侧，即T23~T25内，还清理出6个活土坑，

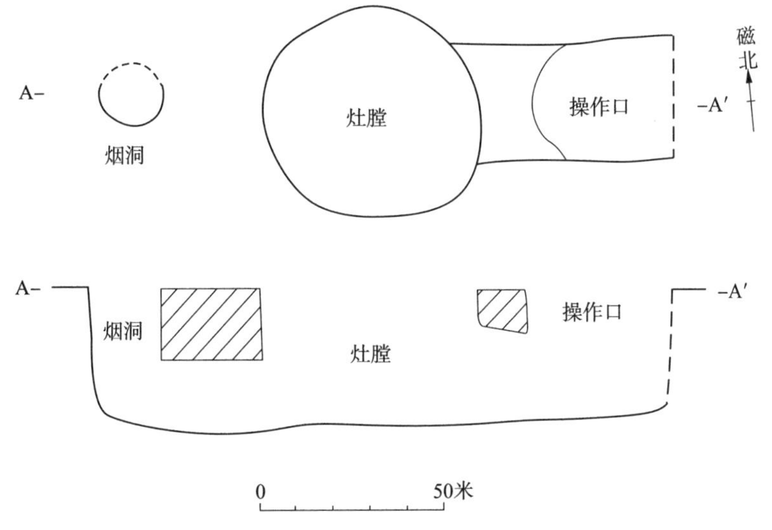

图97　辟雍中心殿基西侧XZ12灶坑平剖面图

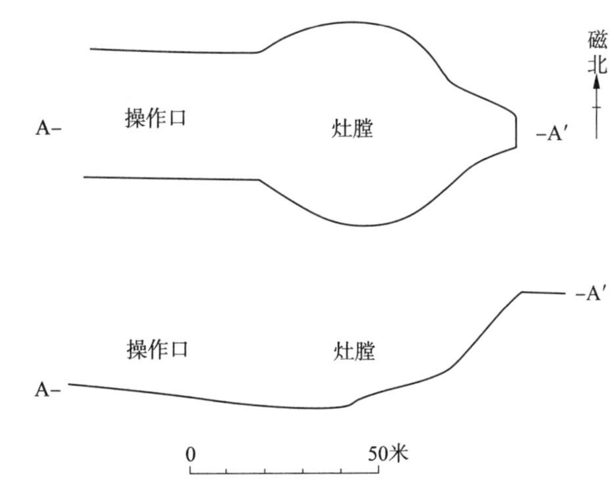

图98　辟雍中心殿基北侧BZ16灶坑平剖面图

坑口均开于第二层下，编号分别为72HNBAH1~H6（见图90、95）。

H1　位于殿北门屏式建筑（F1）西面夯土墙基的北侧T24内，坑的南半部打破墙基夯土。坑略呈圆形，直径0.54、深0.16米。坑内填土为黄褐色虚土，含有大量的涂朱白灰墙皮。出土遗物不多，有1块几何纹方砖和1件陶罐残片。

H2　位于殿北门屏式建筑（F1）西面夯土墙基的北侧，坑北半部叠压在大探方北壁下未发掘，东半部在T24内，西半部在T25内。坑的已清理部分东西长3.4、南北残宽0.9、深1.1米。坑内填大量的砖瓦堆积，并夹杂有红沙石块等。

H3　位于殿北门屏式建筑（F1）西面夯土墙基北侧T24内，H1之东1.1米处，坑的南半部也打破墙基夯土。坑的主体部分略呈东西长方形，西北角向北伸出一小部分。坑长1.85、宽0.6~0.85、深0.45米。填土灰褐色，遗物有一件小陶罐，罐内装有三枚五铢铜钱，罐口还覆盖一件已经破碎的小碗。在小陶罐周围还清理到7枚五铢铜钱。

H4　位于殿北门屏式建筑（F1）西面夯土墙基北侧T24内，即H3北面1米处。坑略呈侧卧凸字形，西窄东宽。东西长0.77、南北宽0.22~0.41、深0.14米。坑内填土黄褐色，出土一件器形较小的陶罐。

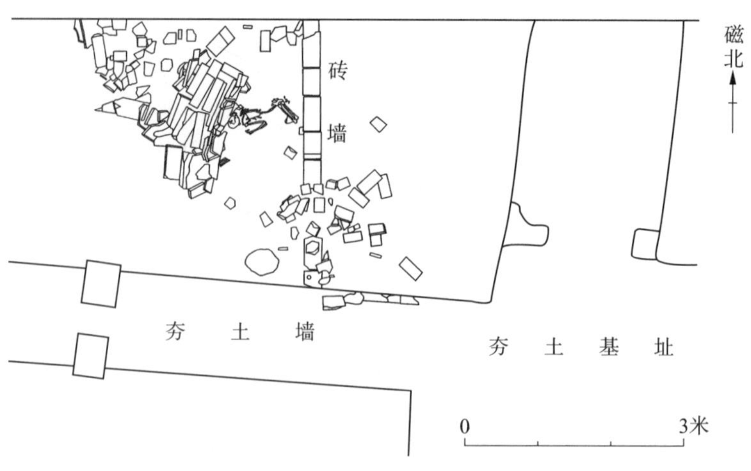

图99　辟雍A区T22内晚期房基与人骨架

H5　位于T24内，殿北门址西门房台基F1西北角向北伸出的条状夯土西南部，坑的整体部分打破条状夯土。坑口呈不规则形，东西长0.7、南北宽0.65、深0.7米。坑内填土黄褐色，出土一枚五铢铜钱和少许碎瓦片。

H6　位于T23内，殿北门址西门房台基F1西北角向北伸出的条状夯土东南角，坑的整体部分打破条状夯土。坑略呈方形，边长约0.35、深约0.55米。坑内填土黄褐色。

（八）晚期小房基　位于殿北门屏式建筑西面夯土墙基的北侧，即门屏基址向北伸出南北向条形夯土的西面。为一处利用早期门屏式建筑夯墙修建的晚期简易房基。

房基东西宽2.5、南北残长3.5米（北端出探方外）。其南墙即废弃的早期门屏式建筑墙身；东墙即由门屏基址向北伸出的南北向夯土墙体；北墙在探方外，未发掘清理；西墙系用大小与厚薄规格不同的素面长方砖垒砌而成，残高0.5米。该房基西向，门设在西墙南端，门宽0.98米，其处尚存砖门槛和一块门窝砖。屋内地面平整，局部被烧成红色或焦黑色。地面上清理出不少红烧土、草木灰烬以及砖瓦类建筑材料。门槛右侧发现一埋陶罐小坑，坑口略低于室内地面，内埋一件带盖小罐，已破碎，器高20.5、腹径15厘米，罐内放五铢铜钱9枚。西墙外有一处因砖墙倒塌而形成的砖堆，砖堆下压一成人骨架，或系墙倒时被砸死者的遗骨。这样的小房，同辟雍的地位极不相称，绝非与辟雍同时的建筑。从地层关系及其他情况来看，应是辟雍第二次荒废后，无家可归者凭借废墟搭起来的临时性简易房舍（图99）。

第四节　辟雍B区南侧阙台与门屏基址的发掘

对辟雍遗址重点发掘的另一个区域，是位于遗址南部的南侧阙台与门屏建筑基址，发掘区编号为B区。在此开挖15×15米探方3个、15×12米探方一个，编号自东向西分别为72HNBBT1~T4；44×5米探沟1条，编号为72HNBBT5；另外在T5的北、南两侧还各扩方一个，北侧扩方6×6.5米，南侧扩方20.8×9.5米，使B区整个连接起来。B区探方方向均为磁北5°，发掘总面积约1310平方米（图100；图版九三；图版九四）。

辟雍的南侧阙台与门屏式建筑基址，在辟雍中心殿基以南68~95米处。该发掘区内建筑遗迹被后代破坏更为严重，地层堆积也十分简单。一般耕土以下即见建筑基址夯土和部分残存的路土遗迹，基址周围则普遍为二里头文化至东周时期的文化层或生土，汉魏时期的文化堆

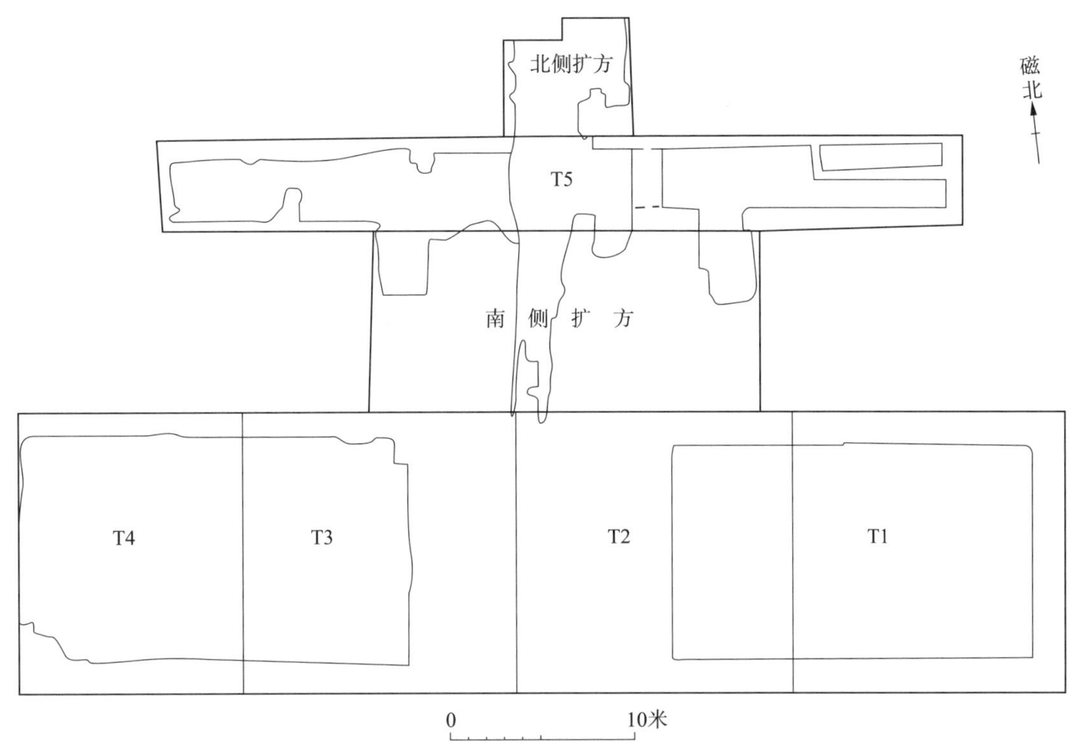

图100　辟雍B区南阙与门屏建筑基址探方分布图

积层则早已无存。在该发掘区内清理出东西对称分布的长方形阙台建筑基址两座、长条状门屏式建筑基址一座和部分南北向道路一条（图101）。

一　夯土阙基

在B 发掘区共发现两座夯土阙台基址，东西并列位于辟雍遗址的最南部，夯土筑造，现存基本为地下基础夯土。二阙台基址均作长方形，东西相对，间距约14米，方向均为磁北95°。

东面阙台基址　东西20、南北11.3米。残存夯土表面凹凸不平，既未见到柱础石，也未见到原来置放础石形成的坑槽。阙台夯土的边缘也不整齐，其中紧贴该夯土阙台的西边缘，有一南北向现代废弃水渠通过，因此该阙台边缘有少量残损。该废水渠南北走向，宽约1.3米的左右，向北穿过门屏式建筑，继续往北延伸。经访问当地群众，知其为1958年所挖引水渠道，渠成未通水即废，渠深2米左右。在该阙台北边缘距西北角1.1米处，还有一个砖瓦坑，显然为晚期扰乱破坏所形成。坑长1.2、宽0.9、深1.2米，坑内出土大量素面小长方砖及绳纹面布纹里板瓦与筒瓦碎片，还有相当数量的兽骨。

西面阙台基址　东西20.9、南北11.6米。其夯土结构与保存状况，与东面阙台大致相同。阙台夯土上也未见到任何柱础石及柱础坑槽痕迹，仅在夯土表面上清理出已残破的汉代陶盆两个。阙台上东北部有一现代墓；西南角与东北角则均为晚期扰乱坑破坏。

这两座夯土阙台，也系采用先挖槽而后填土逐层夯打的办法筑成。夯土呈灰黄色，质地纯净、坚实。现存阙台夯土总厚度在2米以上。阙台上下部的夯层厚度有所不同，上部夯层厚0.08~0.09、下部夯层厚0.15~0.2米。

由于二夯土阙台基址之上仅见一层耕土，而且残存基址夯土也已为地下基础部分，因此在

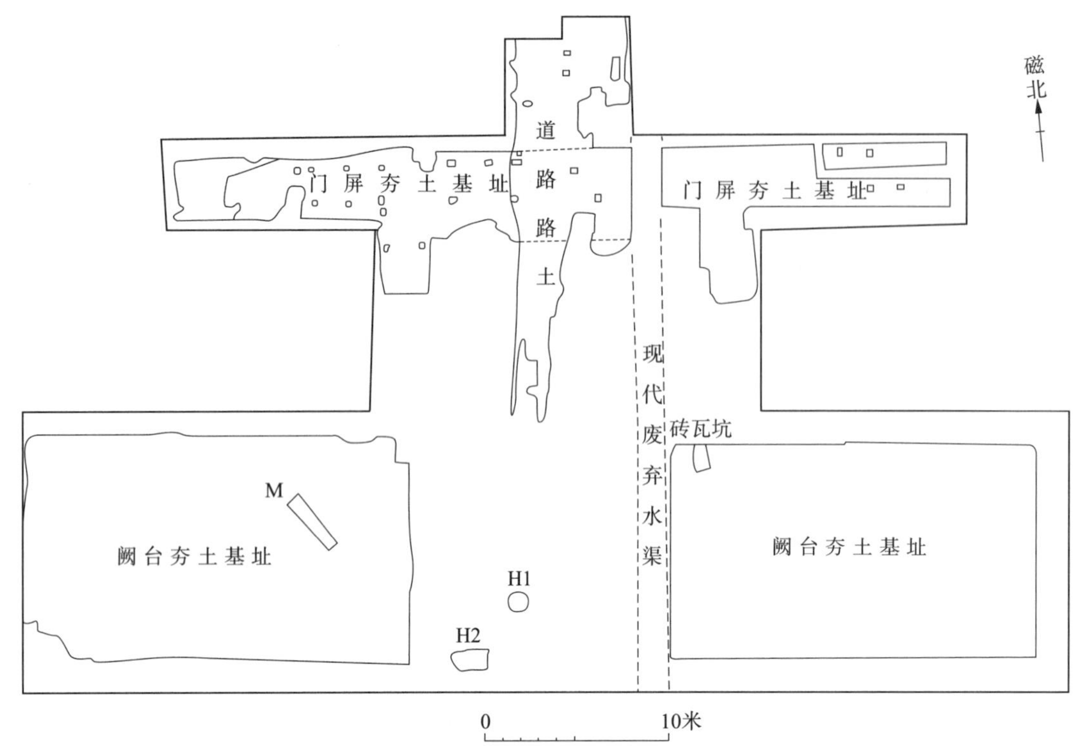

图101　辟雍B区南阙与门屏建筑基址平面图

H1~H2. 灰坑　M. 近代墓

二阙台之间及周围，汉魏时期的文化层及地面遗迹皆已无存，其耕土下即见前述早期文化层或生土，此外还有一个扰乱坑（H2）遗迹。对早期文化层未作全面发掘清理，仅局部进行了一些解剖，发现部分二里头时期的文化堆积和一个周代灰坑（H1）。H1灰坑口部呈圆形，直径1.1、深0.52米，直壁。填土深灰色，出土有细绳纹灰陶罐残片、陶网坠、骨簪及螺蛳壳等。

二　门屏式建筑基址

门屏式夯土建筑基址，位于南侧阙台基址以北12米处，夯土筑造而成，现存主要为地下基础夯土。

基址平面整体作长条形，东西长42.3、南北宽3.4米，方向也为磁北95°。门屏基址的中部，被一条南北走向的道路路土叠压。在被道路路土隔开的东、西侧门屏基址夯土的中段，各向南面伸出一块条状夯土，两条状夯土均已残破不堪，东西相距14米。东面条状夯土，南北长5、东西宽3米，表面凹凸不平；西面条状夯土，南北残长3.9、东西宽2.8米，表面比较平整。

在门屏基址夯土上，残留有数量较多、排列有一定规律的柱础槽，共计22个。其中门屏基址中部的路土上残存5个；路土以东的基址夯土上残存4个；路土以西的基址夯土上残存13个。柱础槽多作方形，大小相差不大，口部边长多在0.33~0.35米，残存深度稍有不同，一般在0.06至0.09米之间。这些柱础槽除极个别外，大多数都是按照一定间距有规律地成行成排布置。在东西向长条状的门屏夯土基址与路土上，基本为东西向两排的柱础槽有16个，排间距以中心点计算为1.8~1.9米，行间距以中心点计算除少数1.5米外，多数也在1.8~1.9米。在道路西面向南伸出的条状夯土之上，也有三个柱础槽，呈曲尺形等距离排列，排间距和行间距均为1.85米。

三 道路遗迹

该道路路土南北向纵穿南侧门屏夯土基址的中部，向北朝中心殿址方向延伸；向南则正对南侧的两个阙台基址之间，因南面的道路路土早已被破坏，路土至双阙之间北侧即不见踪迹。

在发掘区内，现存路土遗迹南北残长21、东西宽2~6.3、厚约0.1米。门屏基址以南部分，路土经翻动呈立茬；门屏基址以北部分，路土尚保存原状。路土上无车辙痕迹，但残留有零星的方形浅柱础槽，柱础槽大小规格与门屏夯土基址上发现的基本相同。

第五节 辟雍北面环水干道的试掘

为了解辟雍环水干道的建筑结构情况，1981年春在辟雍遗址北面还开挖解剖探沟试掘了部分环水干道等遗迹，从中获得了一些有关辟雍环水建筑遗迹的重要资料。

解剖探沟开挖在辟雍遗址北面的南北向环水主干道南段，现代窑坑的东北角。探沟东西长4.5、南北宽4米，方向为磁北0° ，编号为81HNBJ2（见图88）。

一 地层堆积

该解剖探沟内的地层堆积显较遗址其他区域略为复杂。

第1层：耕土层。黄褐色土，质地松散，较杂乱。厚0.2~0.3米。

第2层：深灰色土，较杂乱，略硬。距地表深0.2~2.3米，厚约2.1米。内含大量草木灰、砖瓦片、陶片以及红烧土等，较有时代特征的遗物是汉魏时期常见的绳纹面布纹里板、筒瓦片和素面长方砖残块。

第2层下即为环水干道遗迹。

二 环水干道遗迹

发掘清理表明，环水干道系先在平地挖出沟槽，然后于槽内砌筑青砖涵洞并将洞外空间填土夯实的方法建成。沟槽开口于第2层杂乱灰土下，宽约3.8米，当下挖至深0.4米时，两壁分别留出一个0.3米和0.5米宽的生土台；再往下挖，生土台以下沟槽宽度缩为2.6、深约1.1米。涵洞两侧砖壁，即砌于生土台以下的窄槽中。涵洞砖壁皆以素面小长方砖砌筑，壁厚0.26米，高约1米。两侧砖壁之间的距离，上部略大于底部，底部间距为2米左右。涵洞顶部为并列券构成的拱券顶，共有券砖三层，券顶总厚度为0.4米。下面两层券以涵洞两侧砖壁顶部为券脚，最上一层券则是从生土二层台上起券。涵洞底部原为铺砖，现铺砖已残缺不全。从残存铺砖看，铺底系用与壁砖相同的素面小长方砖随意横竖平铺，摆放无一定规律，个别地方还杂以红沙石。在建造顺序上，铺底砖晚于砌筑壁砖，故而最下层壁砖低于铺地砖约0.01~0.03米。由于发掘探沟内涵洞的券顶局部无存，尚存部分中部也已塌陷变形，因此现存券顶下缘至洞底铺砖的高度约为1.45米，但根据券顶两侧保存原状的弧度复原，涵洞原高应达到1.8米左右（图版九五）。

涵洞内堆积可分三层：上层为杂乱灰土，内含大量大小不同规格的素面长方砖、几何纹方砖残块和绳纹瓦片等；中层为淤土，土质细硬，土色黑灰发绿，包含物极少，内出五铢铜钱一枚；下层为含粗沙的杂乱土，极松散，内含碎炉渣、砖瓦碎粒、陶片、骨头和炭灰等，并出有铁斧、红沙石质磨石各一件，另有一枚五铢铜钱。

上述资料表明，此环水沟槽确为汉至晋代遗迹，与辟雍遗址建筑群的时代相同，二者属于同一组大型建筑群体。

第六节　辟雍遗址出土遗物

辟雍遗址出土的遗物，除了大量的东汉至魏晋时期建筑材料和陶、铜、铁、骨、石器与钱币，在早于辟雍遗址的文化层和灰坑中还出土了一些早期遗物，主要为陶器和骨器（附表一四，辟雍遗址出土遗物登记表）。

一　汉晋时期遗物

辟雍遗址出土的汉晋时期遗物与灵台、明堂遗址一样，也主要是以砖、瓦等建筑材料为主，另外也出土一些陶器、铜器、铁器、骨器、石制品和钱币等。以下分别叙述。

（一）建筑材料

辟雍遗址出土的建筑材料数量较多，且以砖、瓦构件为主。其中素面方砖和几何纹方砖占相当数量，瓦当则以云纹瓦当为大宗，绳纹瓦亦出土较多。这些建筑材料绝大多数为汉晋之际流行使用，详细的时代甄别还有待进一步研究来解决，同时值得注意的是该遗址几乎不见有北魏时期使用的素面或磨光面瓦片等遗物。

1.长方砖　砖均为灰色或青灰色，有素面长方砖和席纹长方砖两类。

（1）素面长方砖　砖的两面皆为素面。以砖的大小规格不同，本报告统一分为三型。

A型　标本2件。为大型砖，一般长45~47、宽21~23、厚9~11厘米。81HNBJ2G1上部填土：01，做工规整，表面平整。残长15、宽22.5、厚9.5厘米。

B型　标本5件。为中型砖。72HNBAXZ5∶01，完整，砖长31、宽15.2~15.5、厚5.2厘米。一面平整，另一面粗糙，平整一面偏一端中部有一长方形戳印。戳印长3、宽2.5、深约0.1厘米，印文不清（图102，1；图版九六，1）。81HNBJ2②∶03，残长16.7、宽16.2、厚5.2厘米。

C型　标本23件。为小型砖。72HNBAT10G2∶05，完整，长27.3、宽13~13.3、厚5.2~5.4厘米（图版九六，2）。81HNBJ2G1铺底砖：02，砖长25.7、宽12.9、厚4.4厘米。砖面角上有一方形戳印，边长2.4、深0.1厘米，印文不清（图102，2）。

（2）席纹长方砖　砖一面压印席纹，另一面素面。本报告依据砖的不同规格可分为三型，该遗址所见均为A型。

A型　标本3件。为大型砖，规格与A型素面长方砖相同。72HNBABZ4∶01，青灰色，残长16.2、残宽12.4、厚10.3厘米（图102，3；图版九六，3）。72HNBAT23②∶01，砖灰色，两面均墁有白灰。残长16.5、残宽14、厚11.5厘米（图102，4；图版九六，4）。

2.方砖　砖均为灰色，有素面方砖和几何纹方砖两种。

（1）素面方砖　砖两面皆为素面。本报告依据砖面有无刻划方格纹将其分为2型，该遗址仅见A型。

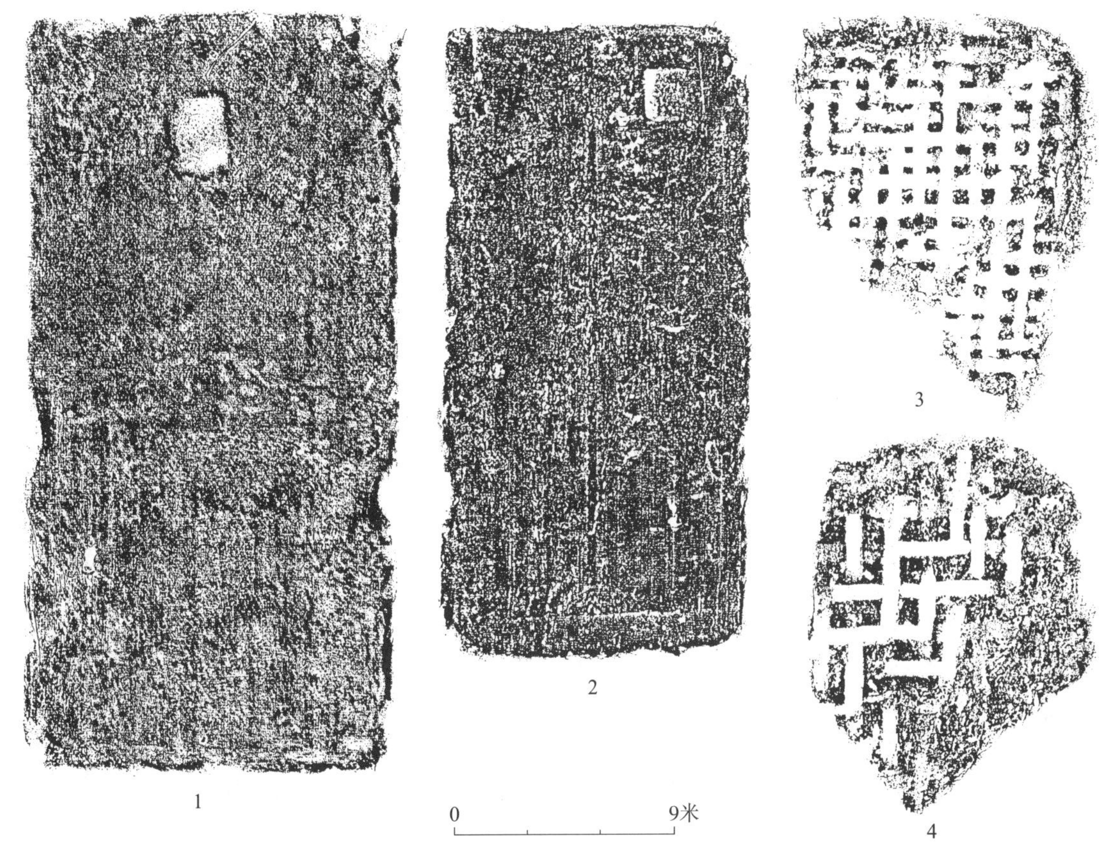

图102　辟雍遗址出土长方砖拓本

1. B型素面长方砖（72HNBAXZ5:01）　2. C型素面长方砖（81HNBJ2G1铺底砖：02）　3、4. A型席纹长方砖（72HNBABZ4:01、72HNBAT23②:01）

A型　标本9件。均基本完整，仅两个角残，似有意而为之。上面大于底面，上面平整，底面粗糙。72HNBA殿基包砖:01，长和宽均为42.7、厚5厘米（图版九七，1）。72HNBA殿基包砖:02，长45.5、残宽41.5、厚5厘米。72HNBAXZ1:01，残长15.3厘米，残宽9厘米，厚4.2厘米。砖右下角有一长方形戳印，内有印文"张竖"二字。戳印长2.9、宽1.4、深约0.1厘米（图110，1）。

（2）几何纹方砖　几何纹方砖在辟雍遗址出土数量较多，本报告划分的三型均有发现。

A型　边框内左右两侧饰"五"字纹带，其间模印两排直棂纹与变体"五"字纹相间排列的图案，每排各三个单元。本报告依据长方形"五"字纹带和变体"五"字纹的差异分为6式，该遗址见有Ⅰ、Ⅱ、Ⅳ、Ⅴ、Ⅵ式。

Ⅰ式　标本3件。两侧长方形"五"字纹对角线交笔，且内无实心三角形；中间变体"五"字纹对角线交笔，其上下左右四个三角形内各为一个空心三角形围绕着一个实心三角形。72HNBAXZ13:02，纹饰粗壮。长44.4、残宽27.5、厚4.7厘米（图103，1；图版九七，2）。

Ⅱ式　标本14件。两侧长方形"五"字纹非对角线交笔，上下各有一个实心三角形；中间变体"五"字纹对角线交笔，四个三角形内各为双重空心三角形。72HNBAXZ13:01，纹饰粗壮。一侧边框残存有三个"五"字纹，体形宽大；与之相对应一边残。边框内侧残

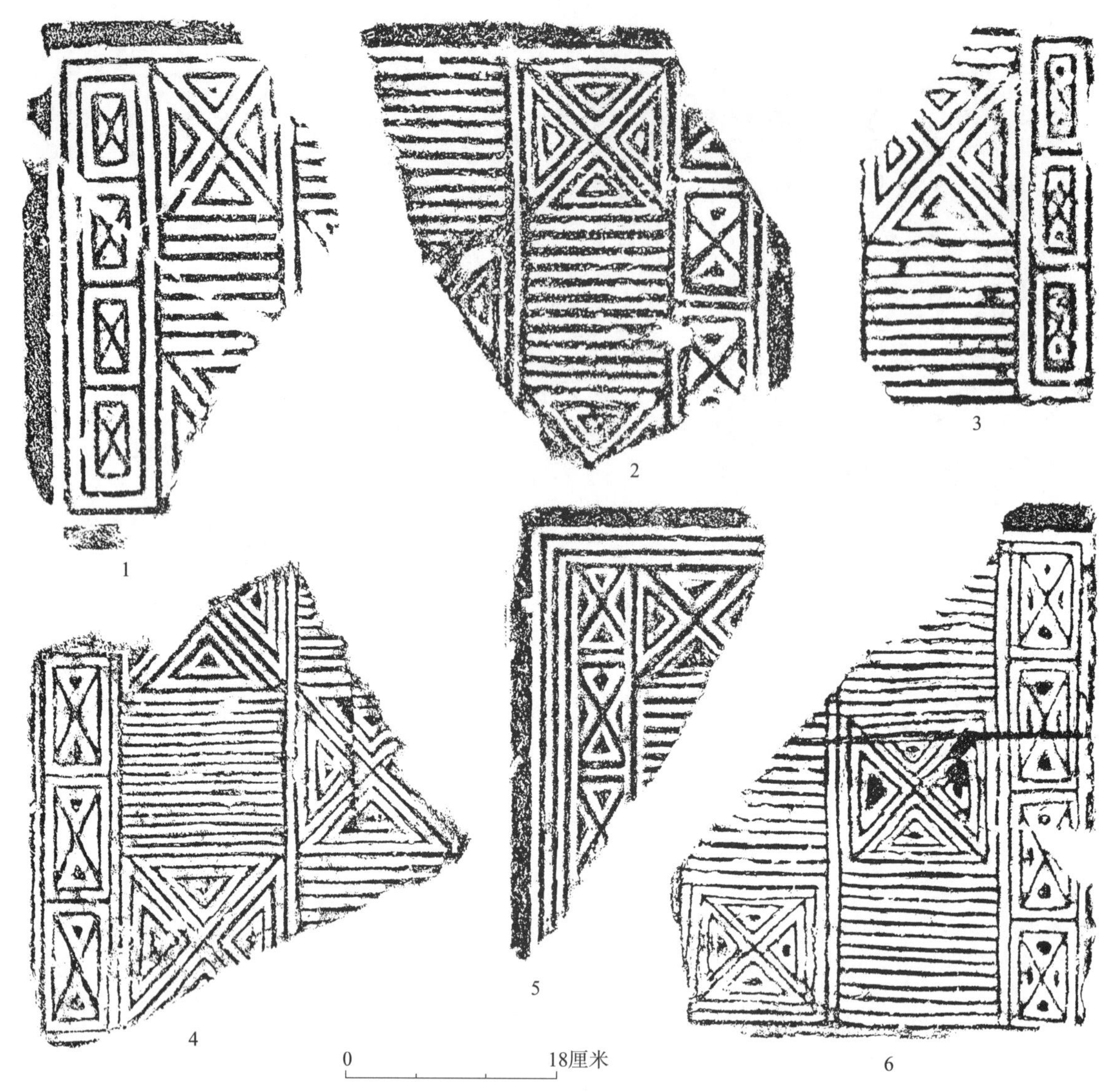

图103 辟雍遗址出土几何纹方砖（A型）拓本

1. Ⅰ式（72HNBAXZ13:02） 2、3. Ⅱ式（72HNBAXZ13:01、72HNBA殿基包砖:03） 4. Ⅳ式（72HNBAT24H1:01） 5. Ⅵ式（72HNBA殿基包砖:04） 6. Ⅴ式（72HNBA殿基台阶铺地砖:01）

存一排直棂纹及变体“五”字纹相间排列的图案，整体呈方形。残长37.6、残宽37、厚4.4厘米（图103，2）。72HNBA殿基包砖:03，纹饰略窄细。一侧边框内饰“五”字纹带，残存3个“五”字纹，体形窄长；其余三边残。残长32、残宽20.5、厚4.6厘米（图103，3；图版九七，3）。

Ⅳ式 标本5件。两侧长方形“五”字纹对角线交笔，上下二个三角形内还各加一个实心三角形；中间变体“五”字纹对角线交笔，其形成的上下左右四个三角形内各为双重空心三角形围绕着一个实心三角形。72HNBAT24H1:01，纹饰窄细。残长38.2、残宽42.8、厚5.5厘米（图103，4；图版九七，4）。72HNBABZ4:02，纹饰窄细。残长31.5、残宽23、厚4.8厘米。

Ⅴ式 标本5件。两侧长方形“五”字纹对角线交笔，上下左右各有一个实心三角形；变体“五”字纹对角线交笔，上下左右四个三角形内各为双重空心三角形围绕着一个实心三角形。72HNBA殿基台阶铺地砖:01，纹饰窄细。长44.3、残宽37、厚4.5厘米（图103，6；图版九七，5）。

Ⅵ式　标本7件。两侧“五”字纹无长方形边框，“五”字呈两个对顶角的三角形，“五”字上下两个三角形内和“五”字交叉左右各有一个实心三角形；中间变体“五”字纹对角线交笔，形成的上下左右四个三角形内各为空心三角形围绕着一个实心三角形。72HNBA殿基包砖:04，纹饰粗壮。残长38.5、宽21.5、厚4.8厘米（图103，5）。

B型　标本2件。整体纹饰由长方形“五”字纹带和直棂纹构成，不见有变体“五”字纹。72HNBAT10②:01，砖灰色，保存完整。纹饰略纤细，图案简略。两侧边框内饰长方形“五”字纹带，“五”字略宽大。“五”字纹对角线交笔，形成的上下左右四个三角形内各有一个实心三角形。中间为两排直棂纹及长方形“五”字纹相间排列的图案，整体呈长方形。“五”字纹形同边框内“五”字纹，唯较大；直棂纹饰表面呈弧形。边长均为42.8、厚5厘米（图104，1）。

C型　边框内四边均饰“五”字纹带，其间布置两排直棂纹与变体“五”字纹相间的图案。本报告依据“五”字纹的差异，可以分为两式。

Ⅰ式　标本3件。边框内四周的长方形“五”字纹非对角线交笔，上下左右均无实心三角形；中间变体“五”字纹为正方形，其对角线交笔形成的四个三角形内各为一个空心三角形围绕着一个实心三角形。72HNBA殿基北侧贴砖:01，略残，纹饰稍显粗壮。左右边框内“五”字纹分二个单元，每单元内二个五字，体形窄短；上下边框内“五”字纹也分两个单元，每单元

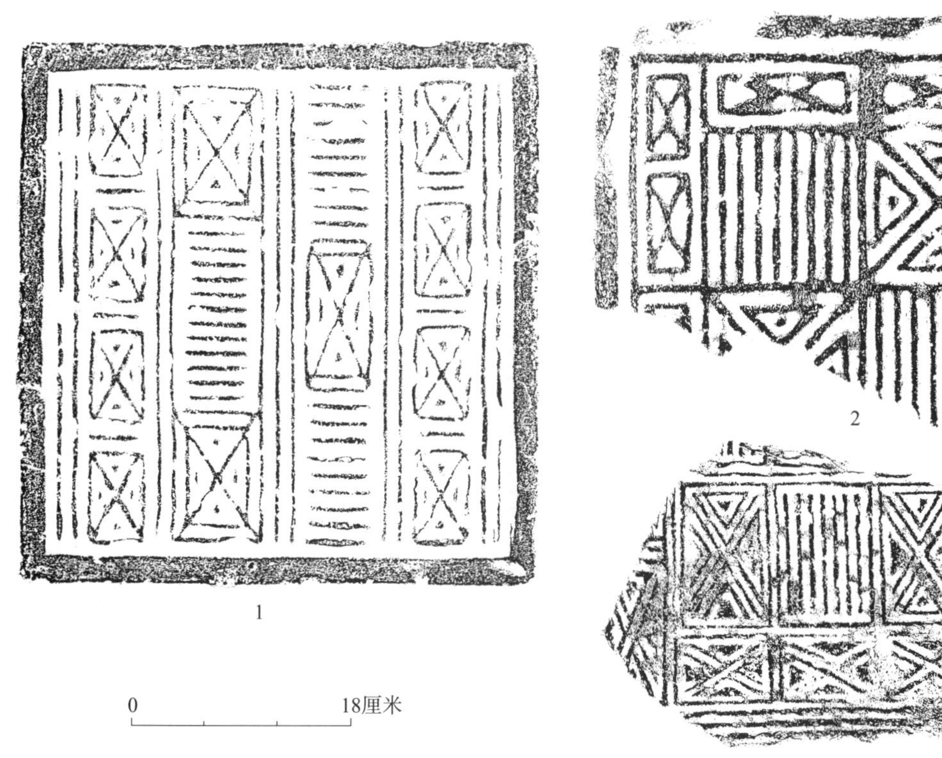

图104　辟雍遗址出土几何纹方砖（B、C型）拓本

1. B型（72HNBAT10②:01）　2. C型Ⅰ式（72HNBA殿基北侧贴砖:01）　3. C型Ⅱ式（72HNBAT20G1:01）

内一个“五”字，体形窄长。中间为两排直棂纹与变体“五”字纹相间的图案，每排只两个单元，左右排列相错，整体作方形。残长35、宽43.6、厚4.5厘米（图104，2；图版九七，6）。

Ⅱ式　标本2件。边框四周长方形“五”字纹和中间变体“五”字纹均为双线对角线，而且交笔处断开，其形成的上下左右四个三角形内各有一个实心三角形。72HNBAT20G1∶01，整体纹饰纤细。左右两侧长方形“五”字纹体形较长；上下边框内“五”字纹体形则较短。中央变体“五”字纹上下相对两个三角形内，各为一个空心三角形围绕着一个实心三角形；左右相对两个三角形内仅有一个实心三角形。残长25、残宽40.5、厚5.2厘米（图104，3）。

3.加工砖制品加工砖制品指的是以成品砖为原料，根据其建筑构筑的具体需要凿击或是打磨加工成不同形制的砖制品。共出7块，形状多不相同。可分五型。

A型　1件（72HNBABZ2∶01）。用砖较薄，上面略平整，下面粗糙。一端宽，一端窄，窄端残。砖上面相邻的两个边和背面一个边均被磨成斜坡状，正背两个被磨过的边所夹侧面也被磨成上大下小的斜坡状。残长10.5、宽8.5~12.2、厚3厘米。此砖系用A型素面方砖加工而成（图版九八，1）。

B型　1件（72HNBABZ2∶02）。砖作长方状，一端残，两个长边被磨成斜坡状，上面大于下面。残长15.2、上面宽9.5、下面宽8.4、厚4.5厘米。此砖也为A型素面方砖加工而成（图版九八，2）。

C型　1件（72HNBABZ2∶03）。砖作窄长条形，一端残，其中一个长边被磨成一端宽一端窄的斜坡面，再下转被磨成圆弧形。残长14、上宽6、下宽3.4~4.5、厚4.5厘米。此砖也系利用A型素面方砖加工而成（图版九八，3）。

D型　3件。砖作长条状，一面平整，一面粗糙，四边皆磨成斜坡状，上大下小。72HNBA殿基包砖∶05，完整，上面长25.2、下面长14.2、上面宽12.5、下面宽11.5、厚5.2厘米。此砖系用C型素面长方砖加工而成（图版九八，4）。

E型　1件（72HNBAT17G3∶01）。砖整体被切割成曲尺形，略残。上面平整，背面粗糙，两侧面磨成斜坡状，上大下小，侧面及上面局部涂朱。长35、上面宽8.5~12.5、下面宽6.5~11、厚6厘米。此砖也为C型素面长方砖加工而成（图版九八，5）。

4.板瓦　辟雍遗址出土的板瓦，主要为绳纹面布纹里板瓦，也有极少量绳纹面手捏里板瓦，但不见素面板瓦。

（1）绳纹面手捏里板瓦　标本1件（81HNBJ2②∶04）。瓦浅灰色，整体胎质较薄。瓦凸面饰较粗的斜绳纹，绳径0.6厘米；凹面除了手捏痕迹，还饰有竖向排列的编织纹。瓦残长11.5、残宽8、厚1.4厘米（图105）。这种板瓦具有明显的早期特征，应是战国秦汉之际的遗物。

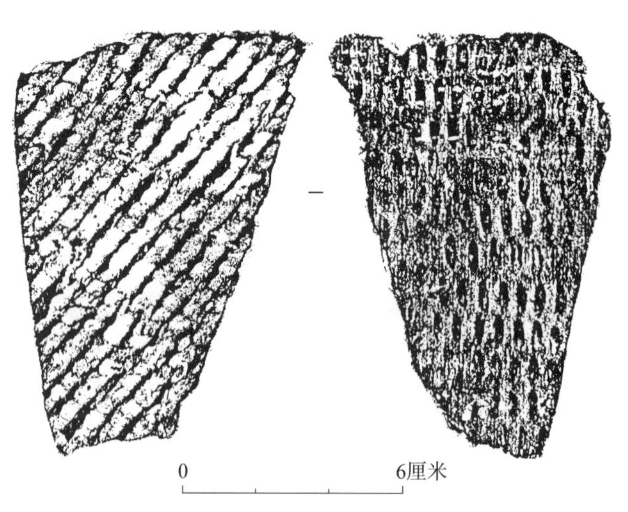

图105　辟雍遗址出土绳纹面手捏里板瓦拓本（81HNBJ2②∶04凸、凹面）

（2）绳纹面布纹里板瓦　这类板瓦总

的特征在灵台等遗址已经叙述，本报告分为五型，该遗址就见有A、B、D、E型。

A型　竖直绳纹板瓦。本报告依据绳纹在板瓦上的施印特征分为三式。

Ⅰ式　标本100件。板瓦凸面整体饰竖直绳纹，瓦头与瓦尾部分被抹平，瓦头抹平部分还加拍斜向绳纹。72HNBAT22②:03，瓦灰色，残存瓦头部分。凸面竖直绳纹规整，绳径0.2~0.3厘米，瓦头约16厘米长被抹平，加拍有斜绳纹。凹面整体为布纹，瓦头5厘米长印有菱形方格纹，布纹与方格纹之间有一条宽约0.2厘米的绳索压痕。瓦残长27.5、残宽21、厚2.4厘米，侧棱泥刀切痕宽约0.8厘米。72HNBAT15②:16，瓦灰色，残存瓦尾部分。凸面竖直绳纹规整，绳径0.1~0.2厘米，瓦尾处约5厘米长瓦面被抹低。凹面布纹，距瓦尾约15厘米处有一道宽0.2厘米的横向绳索压痕。瓦尾端面呈凹槽状。瓦残长28.5、残宽15.3、厚1.4~1.5厘米，侧棱泥刀切痕宽约0.3厘米。

Ⅱ式　标本31件。板瓦凸面整体饰竖直绳纹，瓦头部分加拍斜绳纹，被压平后仍隐约可见，压平部分与未压平竖直绳纹之间界限极为明显。72HNBAT18~20②:03，瓦灰色。凸面竖直绳纹排列均匀，绳径0.3厘米，绳纹表面刻划有不少于三个“人”字纹。瓦残长21.2、残宽22、厚1.7厘米，侧棱泥刀切痕宽约0.5厘米（图106，1）。

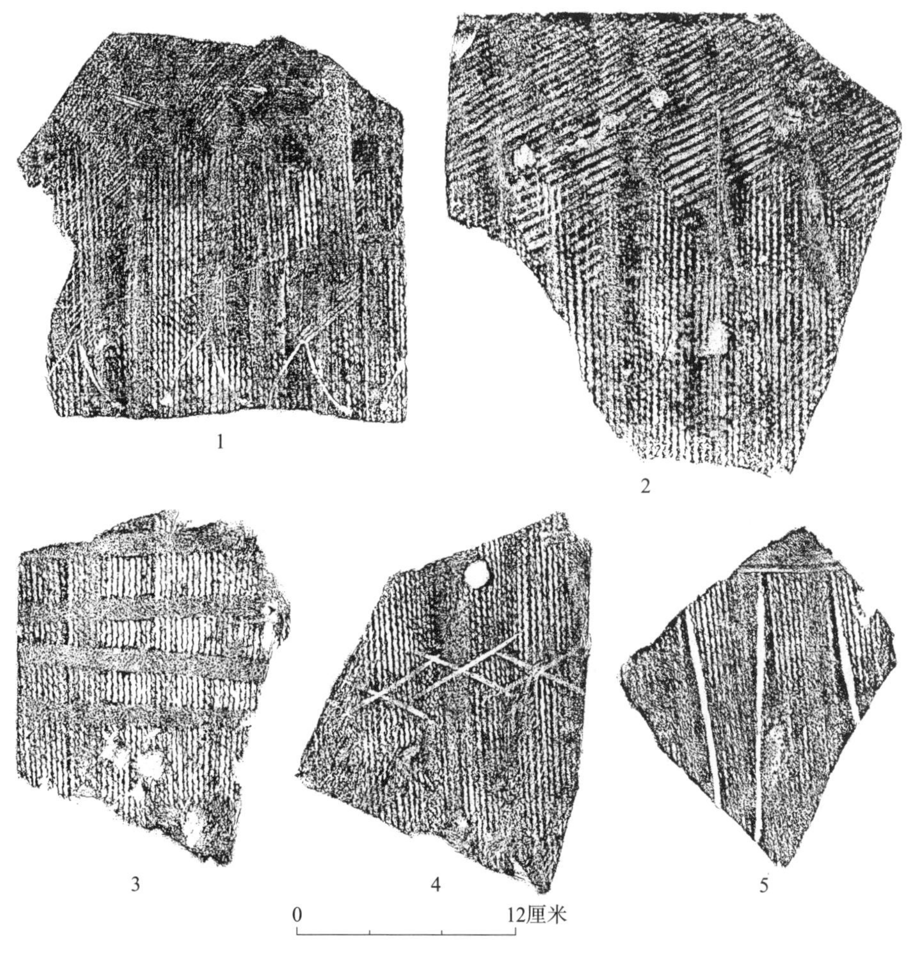

图106　辟雍遗址出土绳纹板瓦（A型）拓本

1. Ⅱ式（72HNBAT18~20②:03）　2. Ⅲ式（72HNBAT18~20②:01）　3~5. 不明式（72HNBAT18~20②:02、72HNBAT15②:03、72HNBAT20G1:03）

Ⅲ式　标本6件。板瓦凸面饰竖直绳纹，瓦头部分抹平以后印有篮纹。72HNBAT18~20②:01，瓦灰色。凸面饰排列匀称的竖直绳纹，绳径0.45厘米，接近瓦头加印有斜篮纹；凹面瓦头也饰有少许篮纹。瓦残长26、残宽25.6、厚2厘米，侧棱泥刀切痕宽约0.6厘米（图106，2；图版九九，1）。

另外还有134件板瓦片，由于残碎过甚无法分式，仅从表面纹饰判断应该属于A型板瓦。其中7件有不同的附加纹饰。72HNBAT18~20②:02，瓦灰色。凸面竖直绳纹排列均匀，绳径0.25厘米，但绳纹被等距离横向抹平数道。瓦残长19.7、残宽15.6、厚1.5厘米，侧棱泥刀切痕宽约0.35厘米（图106，3；图版九九，2）。72HNBAT15②:03，瓦灰色。凸面竖直绳纹排列均匀，绳径0.2厘米，绳纹表面刻划有连续的"×"纹。瓦残长21.5、残宽15、厚1.8厘米（图106，4；图版九九，3）。72HNBAT20G1:03，瓦灰色。凸面饰竖直绳纹，绳径0.25厘米，竖直绳纹上加印三道粗而深的直绳纹。瓦残长19、残宽16、厚1.6厘米（图106，5；图版九九，4）。

B型　标本11件。为竖直绳纹和斜绳纹交错的绳纹面布纹里板瓦。72HNBAT17②:02，瓦灰色，残存瓦头部分。凸面所饰竖直绳纹绳径0.3厘米，其上局部叠印有斜绳纹，瓦头部分7.5厘米长斜绳纹被抹。瓦残长9.5、残宽9.3、厚1.6厘米。81HNBJ2G1:19，瓦灰色，残存瓦头部分。凸面竖直绳纹绳径0.2~0.3厘米，局部叠印斜绳纹，近瓦头处4.3厘米明显被压低，并拍有斜绳纹。凹面布纹，距瓦头4.3厘米压有一条宽1.4厘米的横向绳索凹槽。瓦残长17.2、残宽10.2、厚1.2~1.5厘米，侧棱泥刀切痕宽0.2~0.3厘米。

D型　标本8件。为绳纹粗细不匀、排列疏密不均的板瓦。72HNBAT22②:01，瓦红褐色，火候较低，仅存瓦尾部分。凸面竖直绳纹绳径0.1~0.3厘米，瓦尾3.5厘米长绳纹被抹平；凹面距瓦尾15厘米处有一横向凹槽。瓦残长16、残宽17、厚1.8厘米，侧棱泥刀切痕宽0.3厘米（图107，1）。72HNBAT24H2:01，瓦灰色，凸面绳纹排列疏密不匀，绳径0.2~0.3厘米。瓦残长11.2、残宽22、厚1.7厘米（图107，2；图版九九，5）。72HNBAT23②:05，瓦灰色，仅存瓦头部分。绳纹排列疏密不匀，绳径0.1~0.3厘米，瓦头处8.5厘米长加拍斜绳纹。瓦残长18.2、残宽23.3、厚1.3厘米（图107，3）。

E型　标本41件。为绳纹排列成组的板瓦。72HNBAT15②:02，瓦灰色，凸面竖直绳纹排列成组，组宽5~6厘米，绳径0.3厘米。瓦头部分凸面加印有绳径0.45厘米的较粗斜绳纹，凹面加印有方格印纹。瓦残长37.6、残宽27.5、厚2厘米（图107，4、5；图版九九，6）。72HNBAT18~20②:18，瓦灰色，残存瓦头部分。凸面饰规整的竖直绳纹，排列成组，组宽2.5厘米，绳径0.2厘米，组与组之间起脊，瓦头部分还加拍有斜绳纹，并刻有连续的"×"刻划纹；凹面瓦头部分加印有席纹，但已漫漶不清。瓦残长21、残宽19、厚1.7厘米（图107，6、7）。

（3）带戳印与压印文字绳纹板瓦　绳纹板瓦中尚有一些戳印或压印出文字的绳纹板瓦残片。其中带戳印板瓦片有近20件（25个戳印），有压印文字的板瓦片5件。

带戳印板瓦　能辨识字文的有"南甄官瓦"、"左枚"和"向節"等戳印，还有几件戳印字迹不清不能辨识。

"南甄官瓦"戳印　15件（20个戳印）。其中A型Ⅰ式板瓦片9件，A型Ⅱ式板瓦片1件，A型式不明3件，B型和E型板瓦片各1件。戳印均作竖长方形，在板瓦凸面的8件，凹面的7

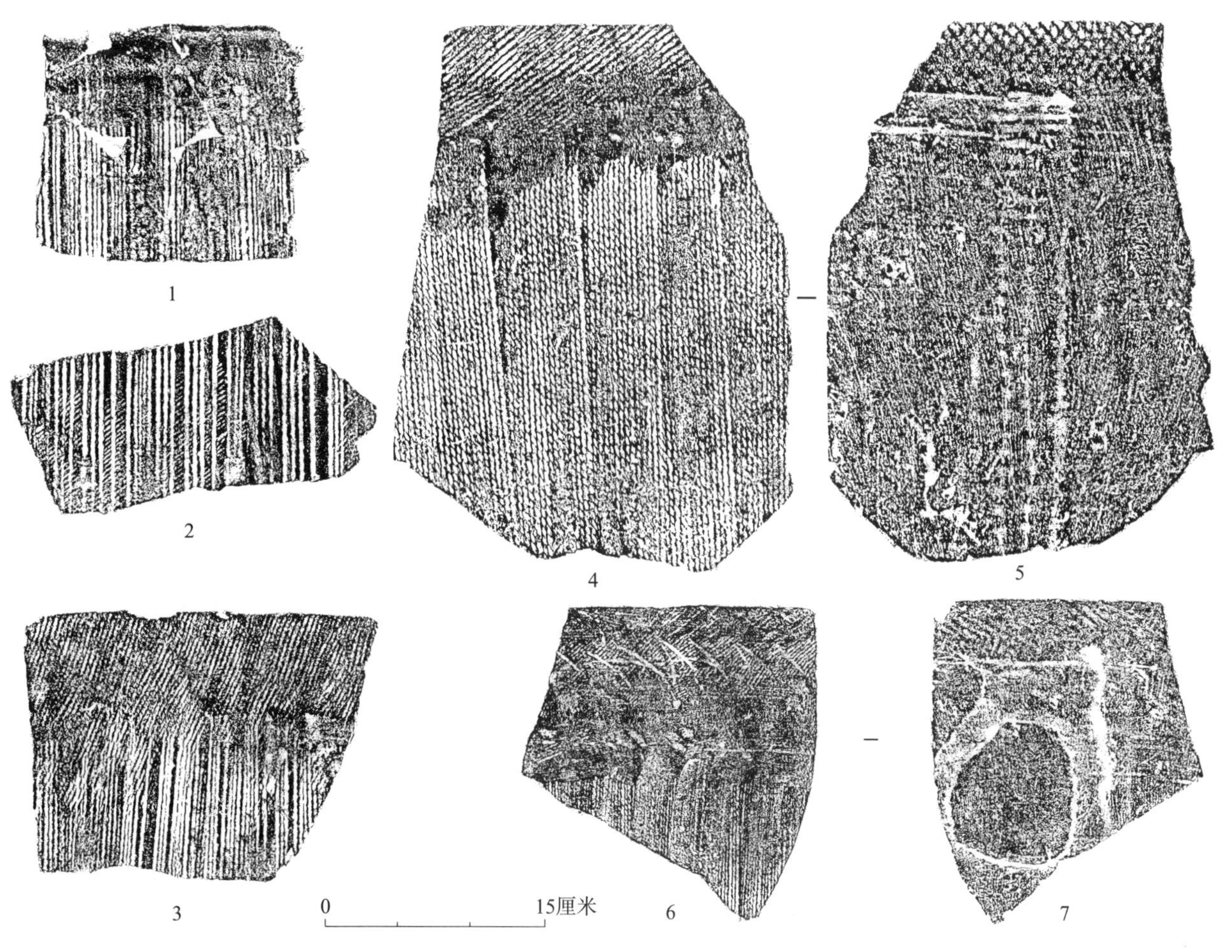

图107　辟雍遗址出土绳纹板瓦（D、E型）拓本

1～3. D型（72HNBAT22②:01、72HNBAT24H2:01、72HNBAT23②:05、）　4～7. E型（72HNBAT15②:02凸面、凹面、72HNBAT18~20②:18凸面、凹面）

件。其中凹面有3件为2个戳印，1件为3个戳印。72HNBAT15③:01，系A型Ⅰ式板瓦，残存瓦头部分。凸面为粗斜绳纹，凹面布纹。瓦残长13、残宽14、厚1.6厘米；戳印在凹面瓦头处，长4、宽1.5、深0.1厘米。72HNBAT18~20②:12，系E型板瓦，残存瓦尾部分。凸面饰规整的粗竖直绳纹，排列成组，组宽5厘米，瓦尾被抹平5.6厘米；凹面为布纹。瓦残长18.7、残宽26、厚1.5厘米；戳印在凸面瓦尾绳纹被抹平处，长3.2、宽1.8、深0.2厘米（图108，1、2）。

"左枚"戳印　1件（72HNBAT18~20②:13），系A型Ⅰ式板瓦残片。凸面为粗竖直绳纹，瓦尾1.8厘米被抹平；凹面为布纹。瓦残长16.8、残宽15.5、厚1.4~1.7厘米。在凸面瓦尾抹平处有一长方形戳印，长4.8、宽3、深约0.2厘米（图108，3；图版一〇〇，1）。

"向節"戳印　2件。戳印均在A型Ⅱ式板瓦的凸面瓦头处。凸面为粗竖直绳纹，瓦头处5厘米被抹光；凹面为布纹。72HNBAT10②:07，瓦残长15、残宽9.5、厚1.5厘米；戳印长方形，长2.5、宽2、深0.2厘米（图108，4；图版一〇〇，2）。72HNBAT10②:17，瓦残长12.1、残宽8.6、厚0.8~1.6厘米；戳印尺寸与前相同。

字迹不清不能辨识戳印　2件。戳印原皆为长方形，均残，皆施在板瓦凸面上。72HNBAT10②:16，系B型板瓦片。凸面饰粗竖直绳纹，局部加印斜绳纹，排列成组，组宽

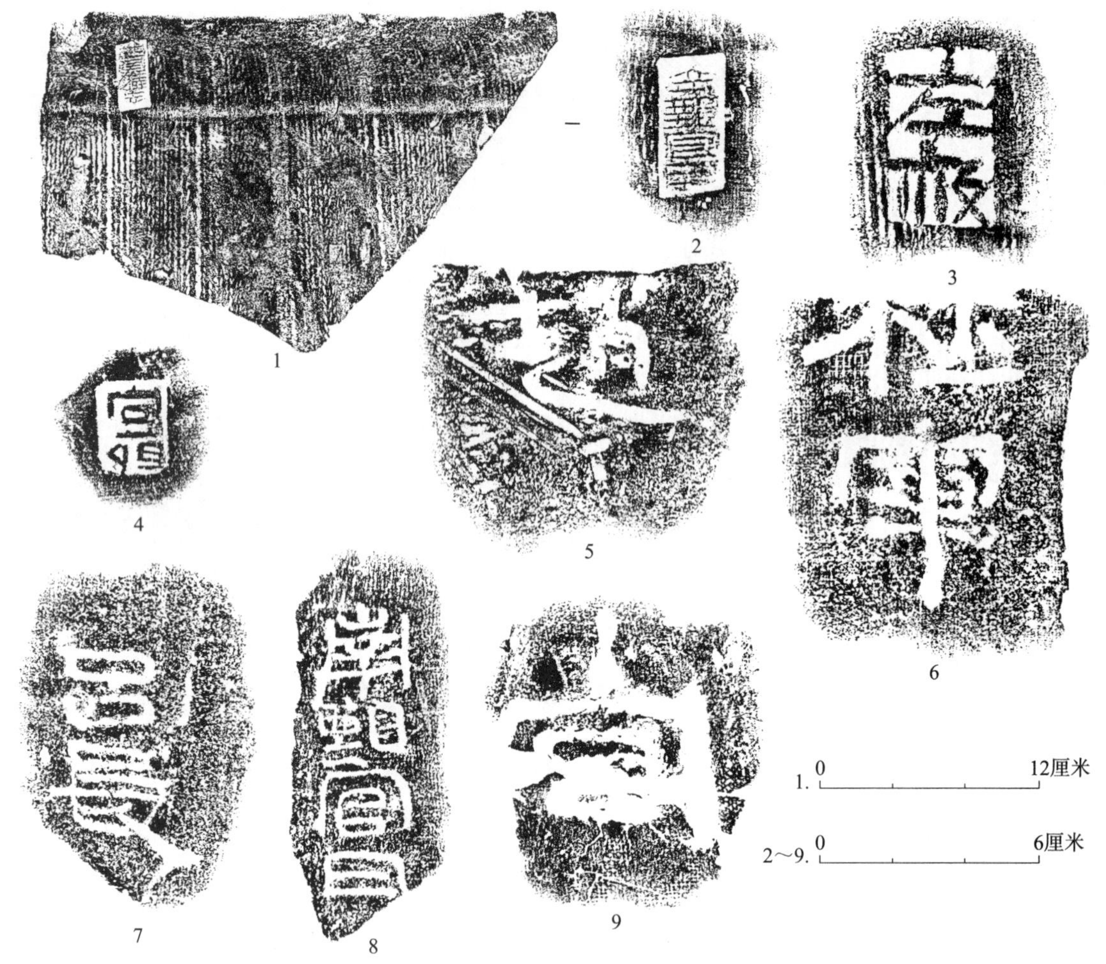

图108 辟雍遗址出土板瓦戳印与压印文字拓本

1、2. “南甄官瓦”（72HNBAT18~20②:12） 3. “左枚”（72HNBAT18~20②:13） 4. “向節”（72HNBAT10②:07） 5. “趙”（72HNBAT20G1:04） 6. “杜軍”（72HNBAT23②:06） 7. “吕長”（72HNBAT18~20②:14） 8. “南甄官瓦”（72HNBAT25②:01） 9. “官”（72HNBAT18~20②:24）

4~6厘米；凹面为布纹。瓦残长12.5、残宽25、厚3.6~3.8厘米；戳印残长1.6、宽1.7、深约0.1厘米。72HNBAT15②:08，系A型板瓦片，式不明。凸面饰粗竖直绳纹，凹面为布纹。瓦残长10.6、残宽8.2、厚1.6厘米；戳印残长1.6、宽1.6、深0.2厘米。

压印文字板瓦　板瓦上文字为绳索或条状物件压印而成，能辨识文字的有“趙”、“杜軍”、“吕長”、“南甄官瓦”和“官”字等，文字皆压印在板瓦凹面。

“趙”字板瓦片　1件（72HNBAT20G1:04）。系A型板瓦片，式不明。瓦残长9.6、残宽14.8、厚1.6厘米。凸面饰规整的粗竖绳纹；凹面布纹上有一压印文“趙”字，行书，字高3.6、宽6.1厘米（图108，5）。

“杜軍”字板瓦片　1件（72HNBAT23②:06）。系A型板瓦片，式不明。瓦残长15.5、残宽12、厚1.4厘米。凸面饰规整的粗竖直绳纹；凹面布纹上有压印文“杜軍”二字，竖向排列，“杜”字上部残，二字残高8.2、宽5.7厘米（图108，6；图版一〇〇，3）。

“吕長”字板瓦片　1件（72HNBAT18~20②:14）。系A型板瓦片，式不明。瓦残长13、残宽12.7、厚1.7厘米。凸面饰粗竖直绳纹，加印斜绳纹；凹面布纹上压印“吕長”二字，二字总高5.6、宽2.6~4.4厘米（图108，7；图版一〇〇，4）。

“南甄官瓦”字板瓦片　1件（72HNBAT25②:01）。系A型板瓦片，式不明。瓦残长13、残宽8.5、厚1.6厘米。凸面饰竖直绳纹；凹面布纹上有压印文“南甄官瓦”四字，四字总高7.7、宽2.6厘米（图108，8；图版一〇〇，5）。

“官”字板瓦片　1件（72HNBAT18~20②:24）。系A型板瓦片，式不明。瓦残长16、残宽14.5、厚1.8~2厘米。凸面饰竖直绳纹；凹面布纹上有压印文“官”字，字高6.7、宽5.9厘米（图108，9）。

5.筒瓦　辟雍遗址出土的筒瓦，均为绳纹面布纹里筒瓦，不见其他种类。另外绳纹面筒瓦中，还有一些带有戳印文字的瓦片。

（1）绳纹面布纹里筒瓦　本报告依据瓦面所饰绳纹的差异和其他特征，可分为三型。

A型　竖直绳纹筒瓦。可分为3式，另有62件瓦片式不明。

Ⅰ式　标本70件。筒瓦凸面饰竖直绳纹，肩部以上和瓦尾部分被抹平，瓦尾的抹平部分加印斜向绳纹。72HNBAT23②：02，瓦青灰色，侧棱被部分磨光。绳纹排列较规整，绳径0.25厘米，其上刻划有横向“×”纹及短斜线纹带。瓦残长32、残宽14、厚1.4厘米（图109，1）。

图109　辟雍遗址出土绳纹筒瓦（A、B、C型）拓本

1. A型Ⅰ式（72HNBAT23②:02）　2. A型Ⅱ式（72HNBAT18~20②:07）　3. A型Ⅲ式（72HNBAT17②:01）　4、5. B型Ⅰ式（72HNBAT18~20②:06凸面、凹面）　6. B型Ⅰ式（72HNBAT15②:04）　7. C型Ⅱ式（72HNBAT10②:03）

72HNBAT10②:02，瓦灰褐色。绳纹排列较规整，拍打印痕深，绳径0.3厘米。瓦残长15、厚1.3、唇长4厘米。

Ⅱ式　标本12件。筒瓦凸面饰竖直绳纹，肩部以上被刮低，刮痕比较明显。72HNBAT18~20②:07，瓦灰褐色，前端瓦唇残。筒瓦凸面绳纹排列较规整，绳径0.2厘米，绳纹被抹平，绳纹接瓦唇处刮抹出两道浅槽。残长14.5、残宽10、厚1.2厘米（图109，2）。

Ⅲ式　标本1件（72HNBAT17②:01）。筒瓦凸面接瓦唇处敷泥一层后抹平，泥条宽2.2~3厘米。瓦灰色，略泛白。绳纹排列规则，绳径0.2厘米。瓦残长9、残宽12厘米；瓦唇长3.8、厚1、肩高0.8厘米（图109，3）。

B型　竖直绳纹上加印斜绳纹的筒瓦。本报告可分为两式，该遗址仅见Ⅰ式，另有5件瓦片式不明。

Ⅰ式　标本4件。筒瓦凸面饰竖直绳纹，局部加拍斜绳纹，肩部以上和瓦尾部分被抹平，瓦尾的抹平部分又加拍斜向绳纹。72HNBAT18~20②:06，瓦灰色。凸面局部加印有斜绳纹；凹面瓦尾部分印有方格纹。瓦残长35、径15、厚1.4厘米（图109，4、5）。72HNBAT15②:04，瓦灰色。凸面饰竖直绳纹，间隔加饰斜绳纹。瓦尾部分凸凹面均饰斜绳纹。瓦残长25.3、厚1.6厘米（图109，6）。

C型　竖直绳纹排列成组的筒瓦。根据纹饰细部差异本报告分为两式。

Ⅰ式　标本9件。筒瓦凸面排列成组的竖直绳纹肩部以上和瓦尾部分被抹平，瓦尾的抹平部分加印斜向绳纹。72HNBAT10②:15，瓦灰色，残存瓦头部分。凸面排列成组的竖直绳纹较为规整，绳径0.2厘米，组宽约2.5厘米，绳纹组与组之间瓦面起脊，间隔1~1.5厘米，近瓦唇处1.8厘米绳纹被抹平。瓦唇为圆弧形，直肩。瓦残长13、残宽15.2、厚1.3~1.5厘米；瓦唇长4.5、厚1.5、肩高0.8厘米。72HNBAT17②:02，瓦灰色，残存瓦头部分。绳纹组宽2.8~3.5、绳径0.3厘米，近瓦唇处2~2.5厘米绳纹被抹平。瓦残长12.5、残宽13、厚1.5厘米；瓦唇长4.5、残宽10、厚1.2、肩高1.1厘米。

Ⅱ式　标本3件。筒瓦凸面排列成组的竖直绳纹肩部以上被刮低，刮痕明显。72HNBAT10②:03，瓦灰色。凸面绳纹组宽4、绳径0.2厘米，组与组之间瓦面起脊，近瓦唇处绳纹被刮低。瓦残长22、径15.3、厚1.2厘米（图109，7）。

（2）带戳印绳纹筒瓦　绳纹筒瓦上发现的戳印印文只有一种，均为“南甄官瓦”，共16件。瓦片均为A型筒瓦，其中Ⅰ式筒瓦9件，式不明筒瓦7件。戳印均为竖长方形，施于筒瓦凸面，其中有三件为两个戳印。72HNBAT15②:09，系A型Ⅰ式筒瓦片。瓦残长8.5、残宽9、厚1.5厘米；戳印在筒瓦凸面绳纹抹光处，长3.9、宽1.9、深0.2厘米（图110，2）。72HNBAT15②:10，也系A型Ⅰ式筒瓦片。筒瓦凸面饰细竖直绳纹，凹面布纹。瓦残长29、残宽15、厚1.5厘米。瓦唇为圆弧形，长4、厚2、直肩高0.9厘米。筒瓦凸面瓦唇一端和中部各有一个戳印，大小基本相同，均长3.6、宽1.9、深0.2厘米（图110，3、4、5）。

6.瓦当　辟雍遗址出土的建筑瓦当，皆为汉晋时期的圆形云纹瓦当，数量与种类都比较多，北魏时期的莲花瓦当则未见到。在本报告划分的四型云纹瓦当中，该遗址见有A、C、D三型。

A型　无界格云纹瓦当。分为两个亚型。

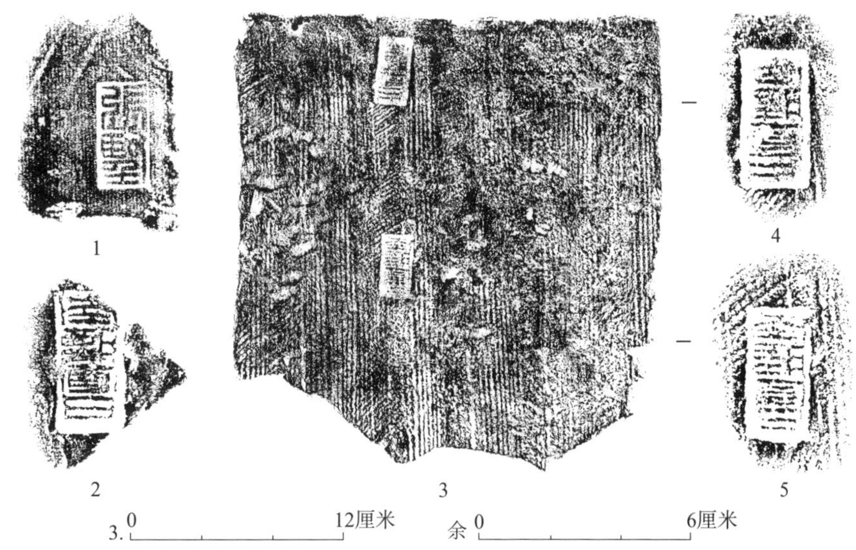

图110　辟雍遗址出土筒瓦、砖戳印文字拓本

1．"張堅"戳印砖（72HNBAXZ1：01）（文字见P143页）　2．"南甄官瓦"戳印筒瓦（72HNBAT15②：09）　3~5．"南甄官瓦"戳印筒瓦（72HNBAT15②：10）

Aa型　组成单组云纹的卷曲线条为一笔构成，中间迂曲部分不断笔。由中心圆乳丁周围内圈凸棱上点缀装饰图案的差异，本报告分为8式，该遗址仅见Ⅰ、Ⅳ式。

Ⅰ式　1件（72HNBAT18~20②：08）。中心素面圆乳丁和周围内圈凸棱上无任何点缀装饰图案。瓦当灰色，边轮基本与当面平齐。面径15.6、厚3.2厘米，边轮宽1.3厘米。瓦当背后接少许绳纹筒瓦，瓦厚1.2厘米（图111，1、2；图版一〇一，1）。

Ⅳ式　4件。内圈凸棱外侧饰有8个三角形镞形饰向外散射，镞尖分别指向各组卷云纹中心以及组与组之间。72HNBAT16②：01，瓦当灰色，边轮残，高出当面。云纹卷曲层次多，显得繁复。面径15.9、厚2、边轮宽1厘米（图111，3、4；图版一〇一，2）。

Ab型　整个云纹由三条凸棱曲线构成，云纹中心迂曲部分有断笔。本报告以内圈凸棱与云纹之间的点缀装饰差异分为三式，该遗址仅见Ⅰ、Ⅱ式。

Ⅰ式　1件（72HNBAT23②：03）。内圈凸棱与云纹之间无任何点缀装饰。瓦当灰色，边轮残，且明显高出当面。中心圆乳丁鼓起，与边轮高度平齐。当背敷泥后抹平，手抹痕迹清晰可见。残径14、厚2.7、边轮宽1.4厘米（图112，1；图版一〇一，3）。

Ⅱ式　1件（72HNBAT15②：06）。内周凸棱外侧饰四个三角形锥点，锥尖向外指向各组云纹组与组之间。瓦当灰色，略残。中心圆乳丁大而显得圆滑，边轮高出当面与圆乳丁高度平齐。面径16、厚2.3、边轮宽1.4~2厘米。瓦当背后接少许筒瓦，瓦厚1.2厘米（图112，2、3；图版一〇一，4）。从瓦当背面观察与筒瓦的衔接，边轮背后先被削薄，粘接筒瓦后在结合部敷泥抹平。

C型　双线界格卷云纹瓦当。以单组云纹构图差异分为两个亚型。

Ca型　组成单组云纹的卷曲线条为一笔构成，中间迂曲部分不断笔。根据云纹图案中的不同装饰点缀，本报告分为14式，该遗址见有Ⅰ、Ⅱ、Ⅲ、Ⅴ、Ⅵ、Ⅸ、Ⅺ、Ⅻ式。

Ⅰ式　13件。云纹中心迂曲成近圆形，图案显得较繁复，各组卷云纹几乎占满四

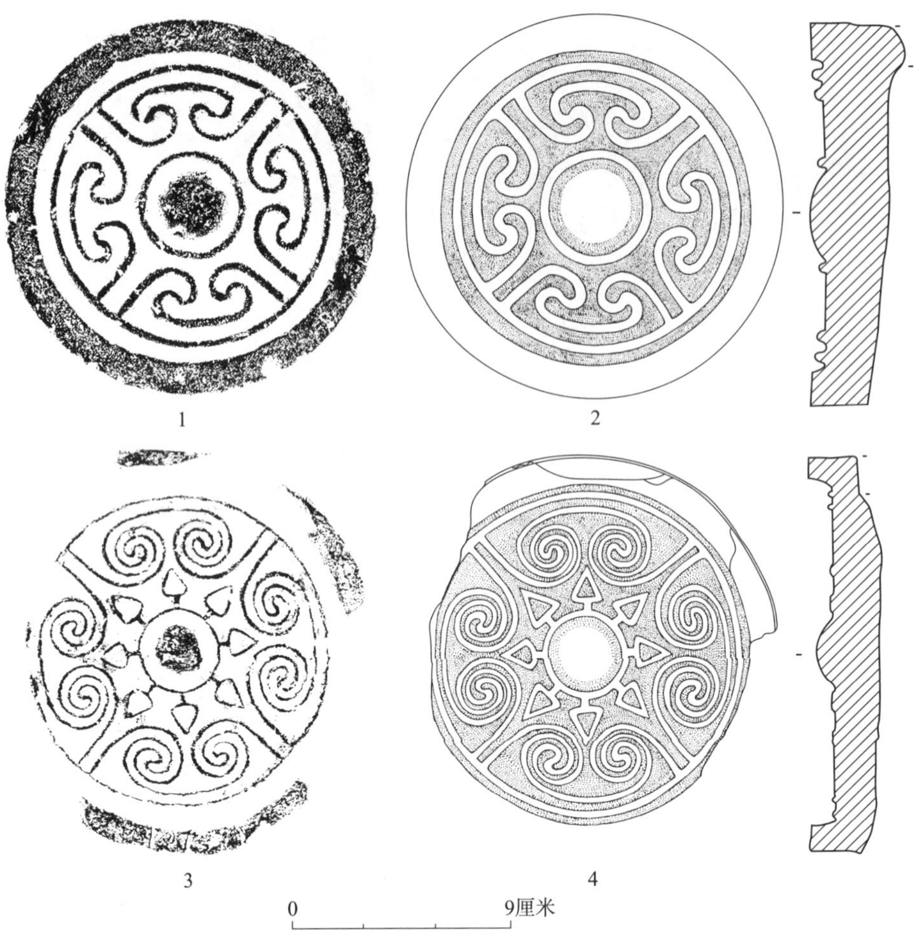

图111 辟雍遗址出土云纹瓦当（Aa型）拓本与线图

1、2. Ⅰ式（72HNBAT18~20②:08） 3、4. Ⅳ式（72HNBAT16②:01）

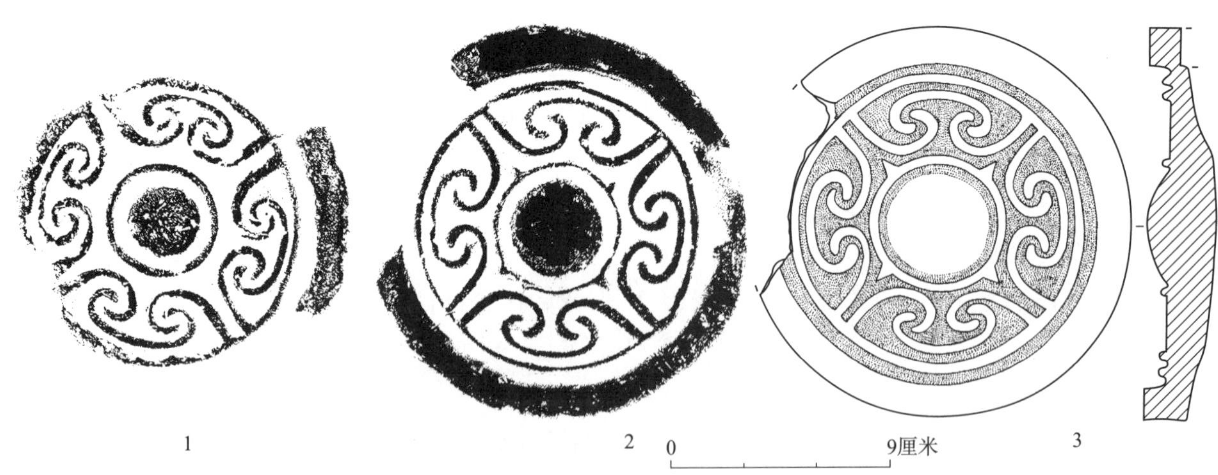

图112 辟雍遗址出土云纹瓦当（Ab型）拓本与线图

1. Ⅰ式（72HNBAT23②:03拓本） 2、3. Ⅱ式（72HNBAT15②:06拓本、线图）

分之一界格的空间。72HNBAT23~25F1∶01，瓦当灰色，完整，边轮基本与当面平齐，制作极规整。面径14.5、厚2.4、边轮宽1.1~1.4厘米（图113，1、2；图版一〇一，5）。72HNBAT10②∶04，瓦当灰色，略残。当面上残留少量白灰，白灰和当面上涂朱。复原面径14.8、厚2.6、边轮宽1.7厘米。瓦当背后残留有部分筒瓦，凸面饰规整的粗竖直绳纹，近瓦当处加印斜绳纹，凹面为布纹，瓦厚1.4厘米。72HNBAT15②∶11，瓦当灰色，残半。瓦当背面有一长方形戳印，戳印长2.7、宽1.4、深0.3厘米，内印“馬□”二字。瓦当面径14.8、厚2.4、边轮宽1.6厘米（图113，3、4）。

Ⅱ式 27件。云纹中心迂曲程度较Ⅰ式简洁。72HNBAT10②∶08，边轮残缺，在瓦当背面偏下部有一长方形戳印，戳印长4.5、宽3、深0.2厘米，内印“左仲”二字。瓦当残径13.7、厚2.9厘米，当背敷泥最厚达1.3、边轮宽1.3厘米（图113，5、6；图版一〇一，6）。72HNBAT15②∶12，在瓦当边轮上模印有字迹模糊的“大”、“富”、“贵”三字，从文意

图113 辟雍遗址出土云纹瓦当（Ca型）戳印拓本

1、2. Ⅰ式（72HNBAT23~25F1∶01拓本、线图） 3、4. Ⅰ式（72HNBAT15②∶11当面拓本、背面“马□”戳印） 5、6. Ⅱ式（72HNBAT10②∶08当面拓本、背面“左仲”戳印）

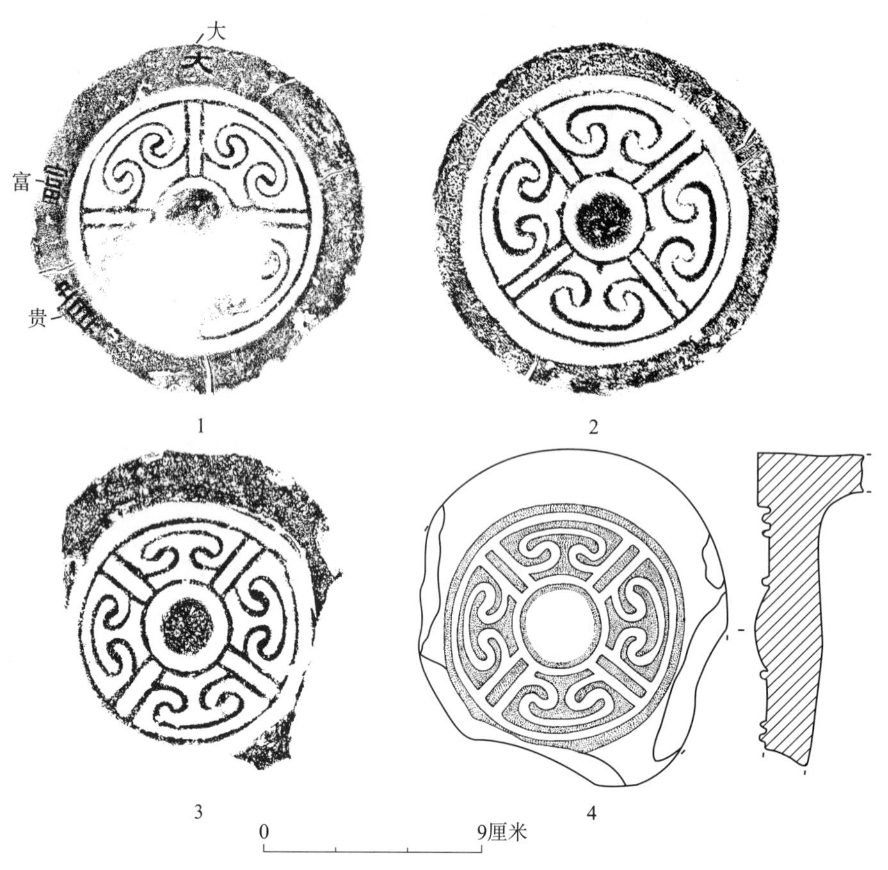

图114 辟雍遗址出土云纹瓦当（Ca型）拓本与线图

1. Ⅱ式（72HNBAT15②:12拓本） 2. Ⅴ式（72HNBAT15②:16拓本） 3、4. Ⅲ式（72HNBAT17G3:02拓本、线图）

及三个字所在位置推测，原恐不止此三字，但其他地方已不能辨认有无字迹。面径13.9、厚2.4、边轮宽1.6~2厘米（图114，1）。

Ⅲ式 3件。卷曲线条仅在云纹中心折弯后，两尾即向外与直线凸棱相接，迂曲程度最为简洁。72HNBAT17G3：02，瓦当灰色，局部边轮残。面径14、厚2.6厘米，当背敷泥最厚达1厘米，边轮宽2~2.5厘米。后接少许筒瓦，瓦厚1.4厘米（图114，3、4）。

Ⅴ式 6件。内圈凸棱外侧有四个尖锥状凸点向外散射，锥尖分别指向各组卷云纹中心。72HNBAT15②：16，瓦当灰色，完整，边轮略高出当面。面径13.8~14、厚2、边轮宽1厘米。瓦当背后接部分绳纹筒瓦，凸面饰竖直绳纹加印斜绳纹，瓦厚1.3厘米（图114，2；图版一〇二，1）。

Ⅵ式 1件（72HNBAT11②：03）。内圈凸棱外侧有四个尖锥状凸点向外散射，锥尖分别指向各组卷云纹中心底部；中心圆乳丁上印有略显模糊的四叶柿蒂纹。瓦当灰色，完整。面径15、厚2.1、边轮宽1.7厘米。后接少许竖直绳纹筒瓦，瓦厚1.2厘米（图115，1、2；图版一〇二，2）。

Ⅸ式 6件。各组卷云纹中心下方与内圈凸棱之间空隙处，各饰有一个圆凸点。72HNBAT18~20②：09，瓦当灰色，略残。面径16.3、厚2.3、边轮宽1厘米（图115，3、4；图版一〇二，3）。

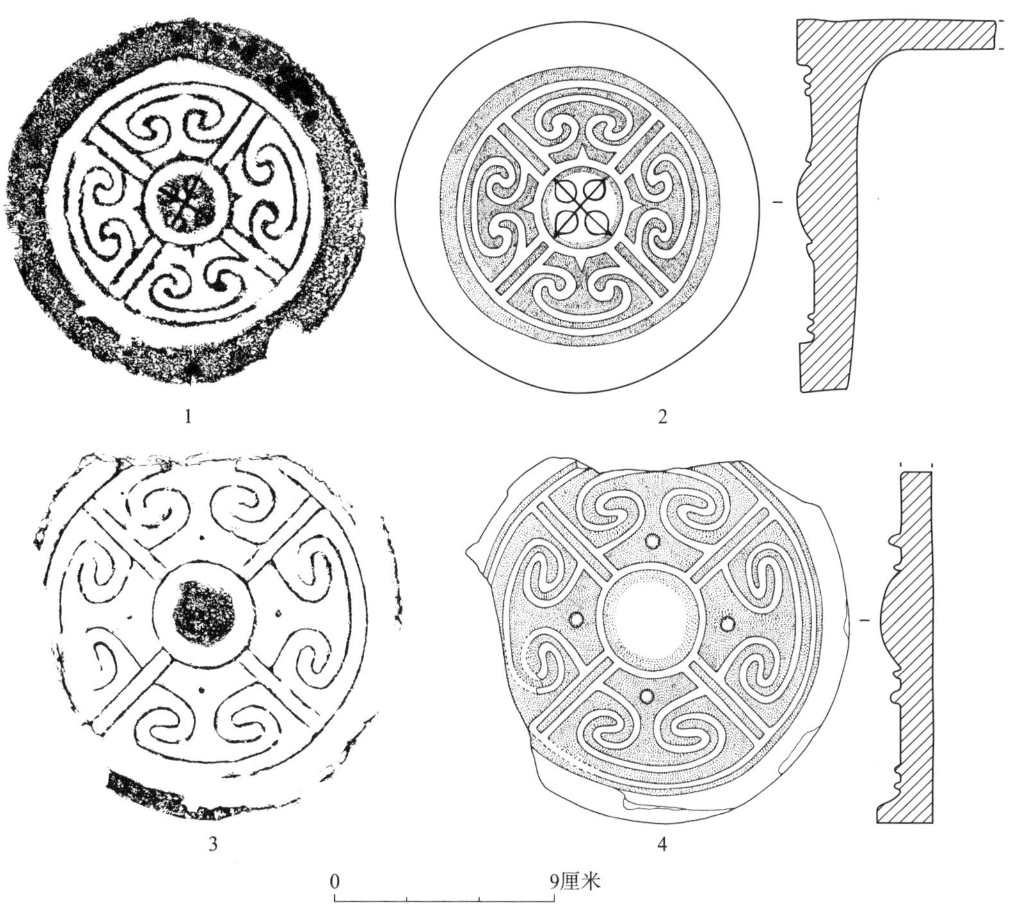

图115　辟雍遗址出土云纹瓦当（Ca型）拓本与线图

1、2. Ⅵ式（72HNBAT11②:03）　3、4. Ⅸ式（72HNBAT18~20②:09）

Ⅺ式　3件。内圈凸棱外侧接有四个短棱分别指向卷云纹中心底部。72HNBAT11②:02，瓦当灰色。面径15.8、厚2.6、边轮宽1.5厘米（图116，1、2；图版一〇二，4）。

Ⅻ式　1件（72HNBAT17G3:03）。内圈凸棱外侧有四个圆凸点，分别以一条短线与内圈凸棱相接。瓦当灰色，边轮高出当面。外圈凸棱为两周。残径14.2、厚1.6、边轮宽1厘米（图116，3、4）。

Cb型　云纹中心迂曲部分并不相连，整朵云纹由三条凸棱曲线构成。本报告依据云纹周围不同的装饰点缀分为7式，该遗址有Ⅰ、Ⅱ、Ⅲ、Ⅳ、Ⅴ式。

Ⅰ式　11件。内圈凸棱与中心圆乳丁部分无任何点缀装饰。72HNBAT23②:04，瓦当灰色，略残。面径15.6、厚2.3、边轮宽1.4厘米。后接部分细绳纹筒瓦，瓦厚1.3厘米（图117，1、2）。72HNBAT24②:06，在其中一组云纹之右上角，模印一阳文"大"字。面径15.7、厚2.6、边轮宽1.2~1.5厘米（图117，3、4；图版一〇三，1）。

Ⅱ式　9件。云纹迂曲成近圆形，各组云纹中心下方与内圈凸棱之间空隙处，各饰有一个锥尖向外的三角形锥点。72HNBAT23~25F1:02，瓦当灰色，边轮残，边轮外缘可见到拍印的斜绳纹。面径16.2、厚2.2、边轮宽1.1~1.4厘米（图118，1；图版一〇三，2）。

Ⅲ式　1件（72HNBAT10②:05）。云纹构图极为简洁，各组云纹中心下方与内圈凸棱之

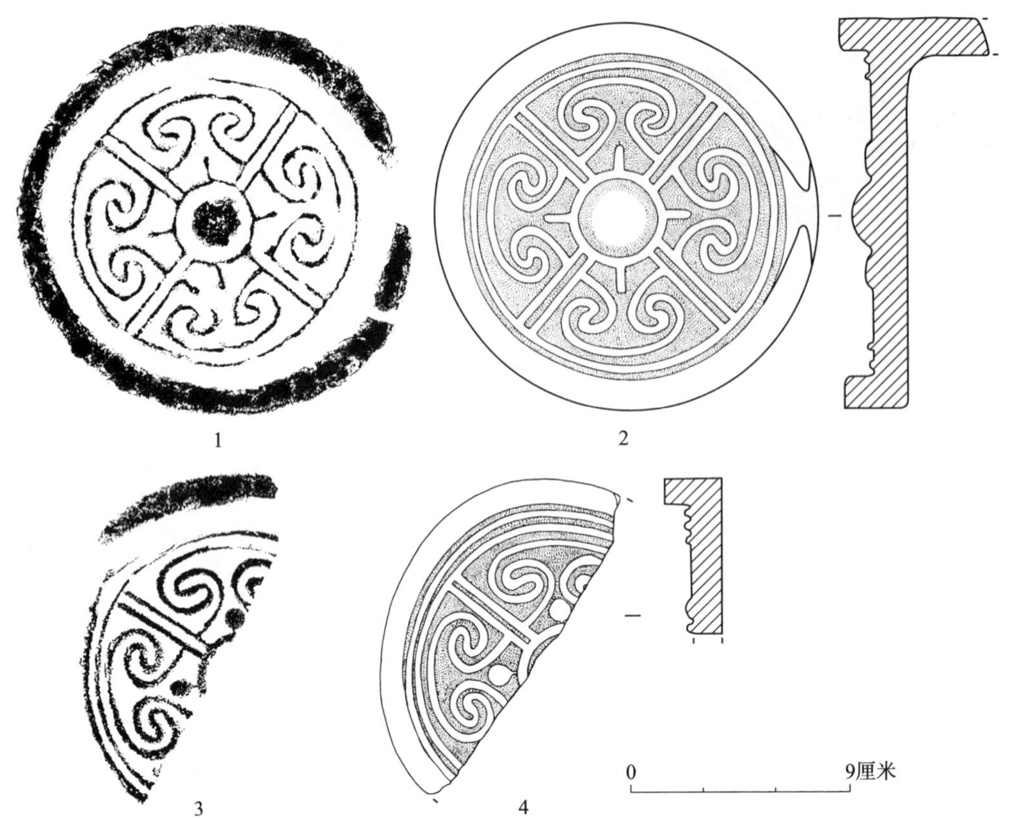

图116 辟雍遗址出土云纹瓦当（Ca型）拓本与线图

1、2. Ⅺ式（72HNBAT11②:02） 3、4. Ⅻ式（72HNBAT17G3:03）

间空隙处，各饰有一个锥尖向外的三角形锥点。瓦当灰色，略残。中心圆乳丁较小且凸起，边轮外缘与当背均拍印有绳纹，绳径最宽0.3厘米。瓦当面径15.8~16、厚2.3、边轮宽1.2~1.5厘米（图117，5、6；图版一〇三，3）。

Ⅳ式 1件（72HNBAT18~20②:10）。各组云纹中心和下方各有一凸起的小圆点。瓦当灰色，略残。边轮外缘拍印有绳纹，绳径宽约0.3厘米。瓦当面径16、厚2.4、边轮宽1~1.3厘米（图118，4、5；图版一〇三，4）。

Ⅴ式 1件（72HNBAT10②:06）。各组卷云纹中心下方与内圈凸棱之间空隙处，各饰有一个中心为菱形凸点的横弧形线条。瓦当灰色，云纹图案略有变形。残径15.2、厚2.2、边轮宽1.7~1.9厘米。边轮外缘拍印有斜向绳纹，绳径宽约0.15厘米。瓦当后接少许绳纹排列成组的筒瓦，瓦厚1.4、绳径宽约0.25厘米（图118，2、3；图版一〇三，5）。

D型 三线界格卷云纹瓦当。依据当心圆乳丁上和内、外圈凸棱上装饰点缀的差异，本报告分为四式，该遗址见有Ⅰ、Ⅲ、Ⅳ式。

Ⅰ式 1件（72HNBAT18~20②:11）。当心为一圆形凹窝，中间凸起一兽头①。圆形凹窝周围有一周较细的凸棱，棱外接有四个凸起的小三角形，尖部分别正对每组云纹中心底部。瓦当灰色，边轮残缺一半。残径13.7、厚2.4厘米，当背敷泥最大厚度为1.5、边轮宽1.3厘米（图119，1、2）。

① 汉魏洛阳城东汉墓园遗址曾经出土过与此相同的瓦当，执笔者认为，此种瓦当当与北魏及其以后各代兽面纹瓦当有一定的渊源。见中国社会科学院考古研究所洛阳汉魏城队：《汉魏洛阳城西东汉墓园遗址》，《考古学报》1993年3期。

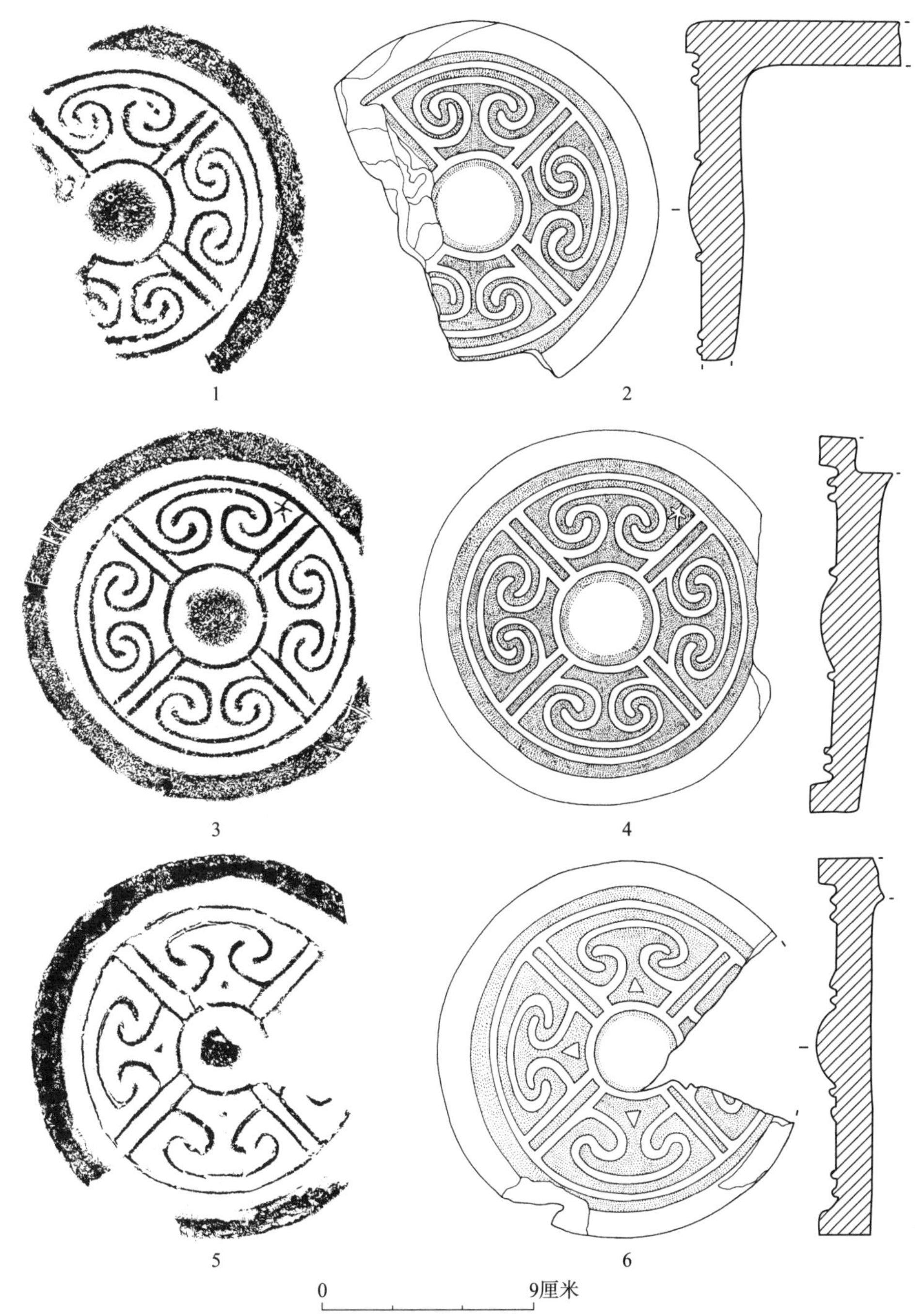

图117　辟雍遗址出土云纹瓦当（Cb型）拓本与线图

1、2. Ⅰ式（72HNBAT23②:04）　3、4. Ⅰ式（72HNBAT24②:06）　5、6. Ⅲ式（72HNBAT10②:05）

Ⅲ式　3件。内圈凸棱围绕的中心圆乳丁为素面。外圈凸棱有两周，内周为三角形向外的锯齿状纹带。各组云纹两侧上方和云纹中心下方各有一个小三角形凸点。72HNBAT15②:07，瓦当灰色。面径14、厚2、边轮宽1.3厘米（图119，3、4）。

Ⅳ式　1件（81HNBJ2G1南部扰土中:01）。内、外圈凸棱皆为两重。内圈内侧一重为锯齿状三角形向外散射的太阳纹；外侧一重则外接有四个小三角形凸点，分别指向圈外各组云纹中心底部。外圈内侧一重凸棱也为三角形向外的锯齿状纹带。瓦当灰色，略泛青。当体较

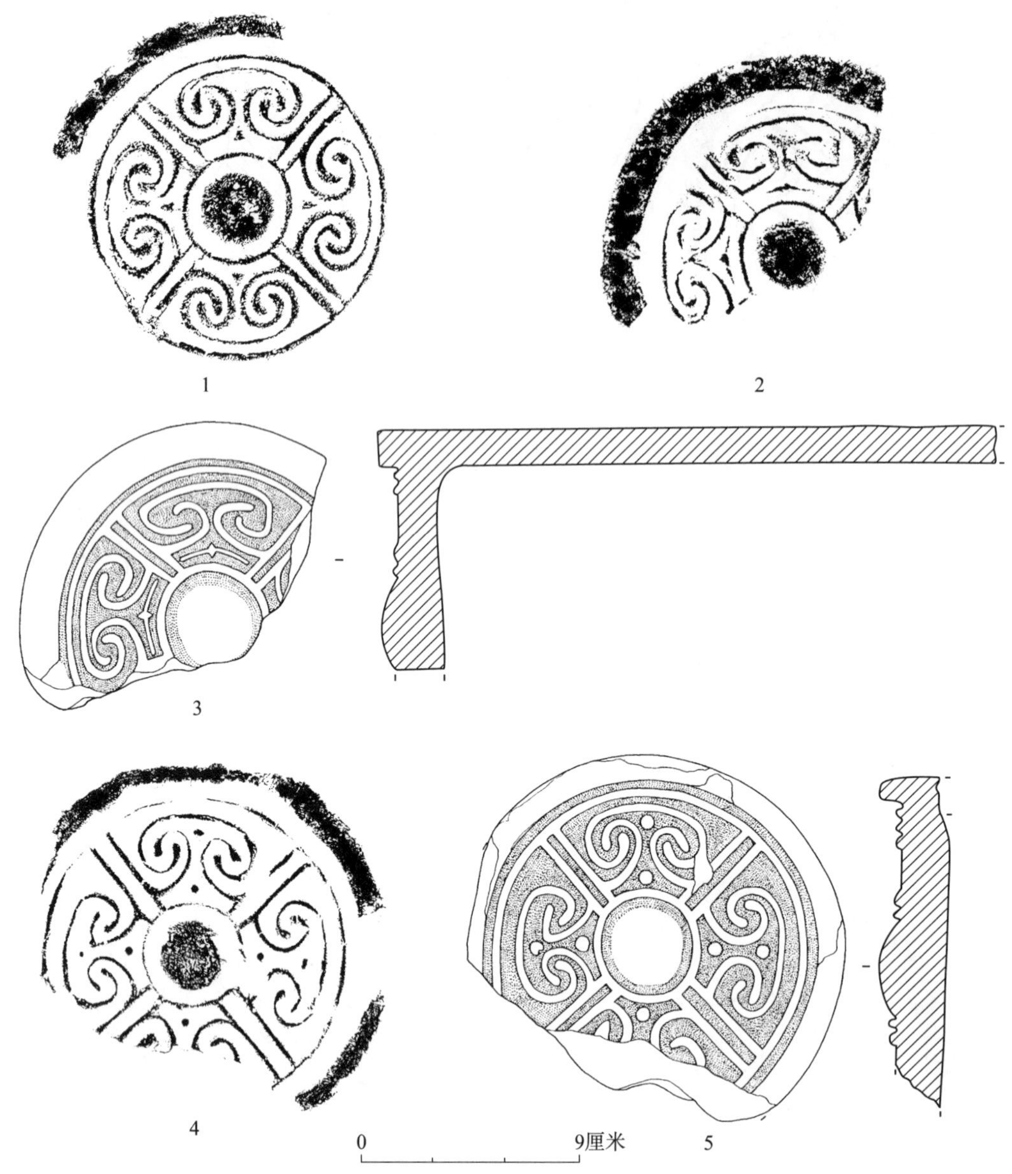

图118　辟雍遗址出土云纹瓦当（Cb型）拓本与线图

1. Ⅱ式（72HNBAT23~25F1:02拓本）　2、3. Ⅴ式（72HNBAT10②:06拓本、线图）
4、5. Ⅳ式（72HNBAT18~20②:10拓本、线图）

小，中心圆乳丁亦小。瓦当面径12.4、厚2.4、边轮宽1.4~1.6厘米（图119，5、6；图版一〇三，6）。边轮背后黏结筒瓦的部分被削薄0.5厘米，削薄部分宽1厘米，黏结筒瓦后再以敷泥加固，敷泥最厚0.6、瓦厚约1厘米。

（二）陶器　辟雍遗址出土的汉晋时期陶器数量不多，而且主要为残片，可以辨别器形的有碗、罐、盆、瓮和器盖等。下面分类叙述。

1.碗　完整器7件，其余为残片。器形较小，均为泥质灰陶。依口沿差异可分为A、B、C三型。

A型　共4件。尖唇，大口，弧腹，平底。又根据器物的其他特征分为三式。

Ⅰ式　1件（72HNBAT24H3：02）。唇稍外折，口沿下有一道阴弦纹。口径13.2、底径

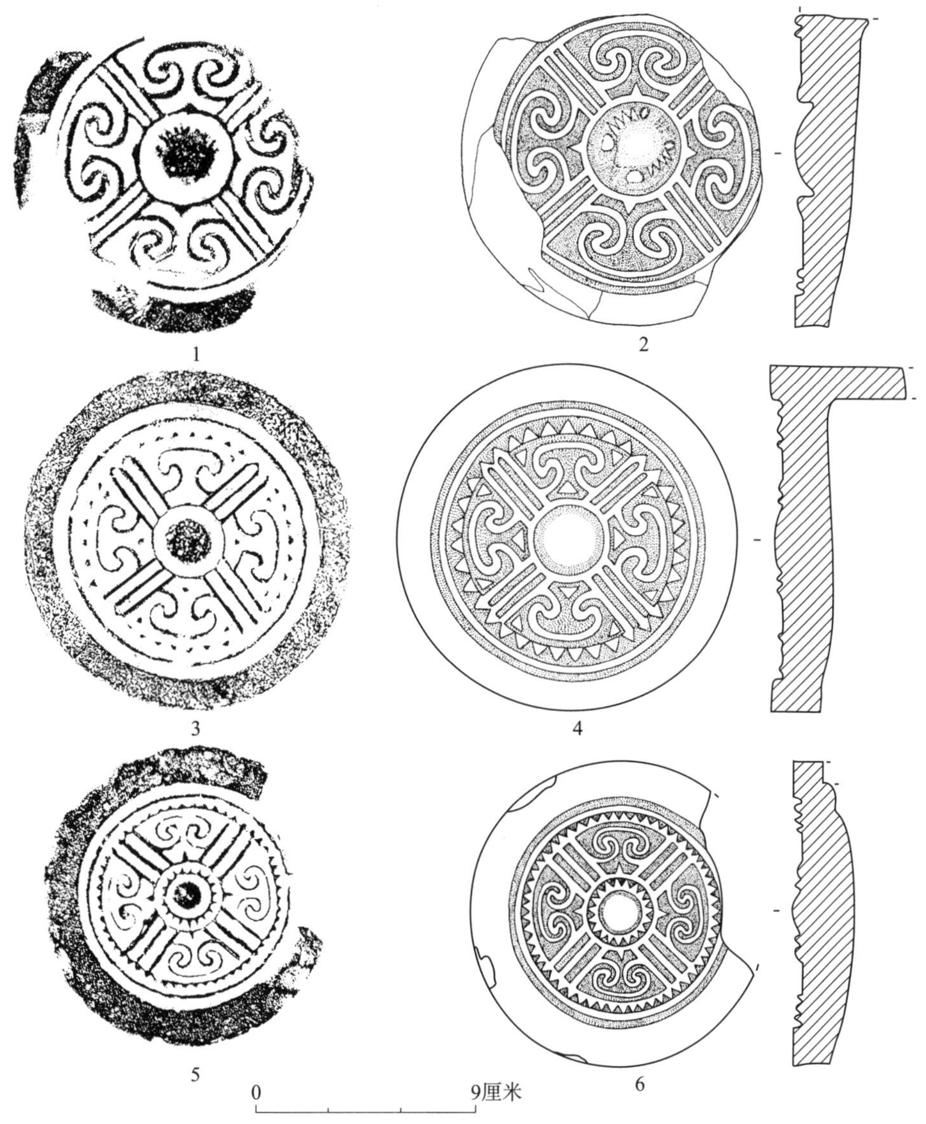

图119　辟雍遗址出土云纹瓦当（D型）拓本与线图

1、2. Ⅰ式（72HNBAT18~20②:11）　3、4. Ⅲ式（72HNBAT15②:07）

5、6. Ⅳ式（81HNBJ2G1南部扰土中:01）

8.8、高4.8、壁厚0.6厘米（图120，1；图版一〇四，1）。

Ⅱ式　1件（81HNBJ2G1∶16）。唇外翻，近口部有一条阴弦纹，腹部略有压纹。内底中心区域下凹。口径10.5厘米，底径6厘米，高4.1厘米（图120，2；图版一〇四，2）。

Ⅲ式　2件。唇外翻，平底稍内凹。72HNBAT23②∶08，口沿下有一道阴弦纹。口径19、底径12、高7.4、壁厚0.8厘米（图120，3）。81HNBJ2G1∶15，口径9.8、底径4.8、高3.6厘米（图120，4；图版一〇四，3）。

B型　共2件，其中完整器1件，口沿片1件。尖圆唇，大口，浅腹较弧，腹底收缩成平底。81HNBJ2G1∶13，近口部一周阴弦纹。口径12.2、底径7.4、高4厘米（图120，5；图版一〇四，4）。72HNBAT23②∶09，底部残。口径12、壁厚0.6、残高4厘米（图120，6）。

C型　1件（81HNBJ2G1∶14）。圆唇，大口，近口部饰一周阴弦纹。浅腹较弧，腹底收缩成平底。口径10.5、底径5.5、高3.2厘米（图120，7；图版一〇四，5）。

D型　1件（72HNBAT3②:01）。直唇，口微敛，口沿下有一道阴弦纹。弧腹，底微内凹。口径22、底径18、高9.2、壁厚0.6厘米（图120，8）。

2.罐　完整器4件，其余为残片。泥质灰陶，轮制。依器口差异分作三型。

A型　2件。侈口，沿外卷，椭圆腹，平底。72HNBAT24H1:02，腹壁中部有数条瓦棱纹。口径16、底径10.2、高33.2厘米（图121，1）。72HNBAT23~25F1:04，完整。腹壁有瓦棱纹。口径11、腹径13.7、底径7、高20.4厘米（图121，2；图版一〇五，1）。

B型　1件（72HNBAT24H3:01）。唇外翻，唇面斜向外，腹椭圆，腹壁有数周宽而浅的瓦棱纹。至下腹部急收成小平底。口径11.5、腹径14、底径5.8、高20.4厘米（图121，3；图版一〇五，2）。

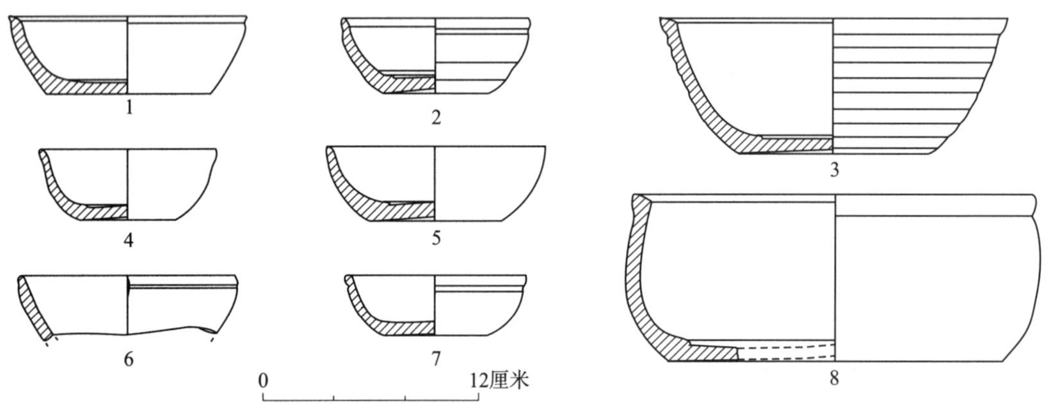

图120　辟雍遗址出土陶碗

1. A型Ⅰ式（72HNBAT24H3:02）　2. A型Ⅱ式（81HNBJ2G1:16）　3、4. A型Ⅲ式（72HNBAT23②:08、81HNBJ2G1:15）　5、6. B型（81HNBJ2G1:13、72HNBAT23②:09）　7. C型（81HNBJ2G1:14）　8. D型（72HNBAT3②:01）

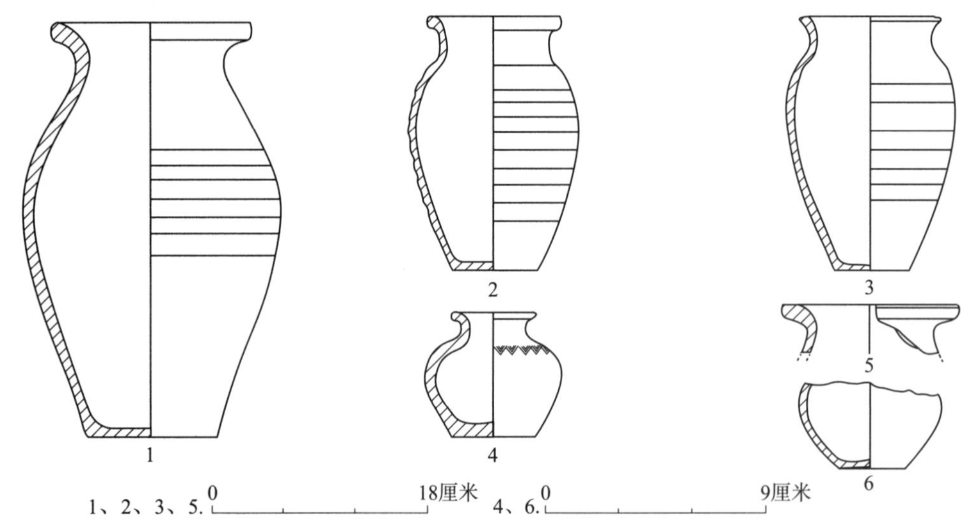

图121　辟雍遗址出土陶罐

1、2. A型（72HNBAT24H1:02、72HNBAT23~25F1:04）　3. B型（72HNBAT24H3:01）　4. C型（72HNBAT24H4:01）　5、6. 不明型式（72HNBAT23②:07、81HNBJ2G1:12）

C型　1件（72HNBAT24H4∶01）。小口，唇外翻卷，鼓腹，平底。肩部有一周三角印纹。口径3.5、腹径5.6、底径3.5、高5.2厘米（图121，4；图版一〇五，3）。

其他均为口沿残片，型式不明。72HNBAT23②∶07，侈口，唇稍外卷，斜面内向，转角处圆缓。口径约14.5、壁厚0.5厘米（图121，5）。有的口沿残，仅剩腹部、底部。81HNBJ2G1∶12，上部残缺，腹鼓，收缩成小平底。腹径5.8、底径2.5厘米（图121，6）。

3.盆　件。多为泥质灰陶。依口部不同分作8型，又据口沿的细微差异分两式。

A型　2件。大口，尖唇。可以分为两式。

Ⅰ式　1件（72HNBAT16②∶02）。沿外折近平、短小，斜壁，腹壁有不甚明显的瓦棱纹。复原口径36、底径18.4、高16.6、壁厚0.9厘米（图122，1）。

Ⅱ式　1件（81HNBJ2G1∶08）。尖唇断面呈三角形，宽沿微翻卷、外弧折，深腹直壁，腹部有数周压纹。复原口径64、残高22.4厘米（图122，2）。

B型　3件。大口，方唇。可以分为三式。

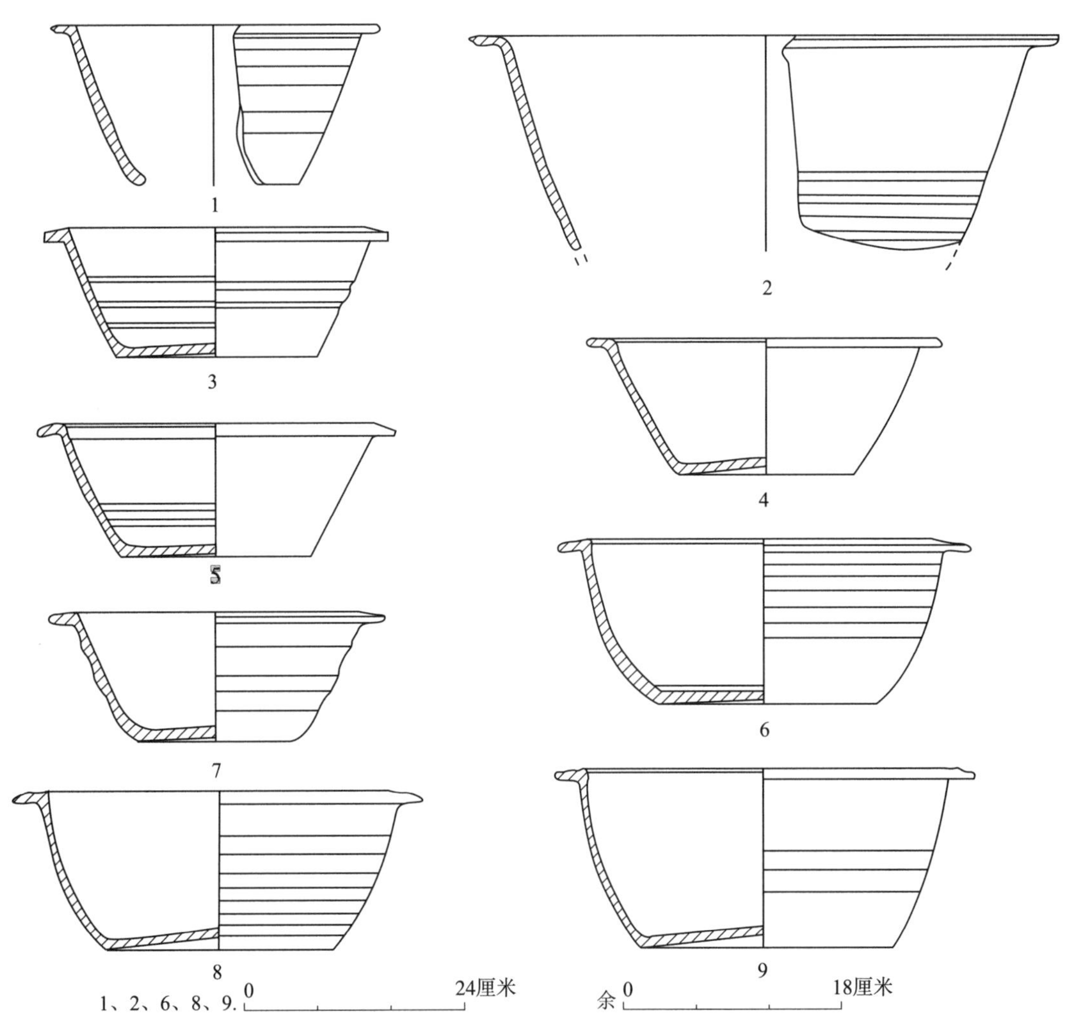

图122　辟雍遗址出土陶盆（A、B、C、D型）

1. A型Ⅰ式（72HNBAT16②∶02）　2. A型Ⅱ式（81HNBJ2G1∶08）　3. B型Ⅰ式（81HNBJ2G1∶06）　4. B型Ⅱ式（81HNBJ2G1∶07）　5. B型Ⅲ式（81HNBJ2G1∶02）　6. C型Ⅰ式（81HNBJ2G1∶01）　7. C型Ⅱ式（81HNBJ2G1∶03）　8、9. D型（72HNBBT2阙基上∶01、02）

Ⅰ式　1件（81HNBJ2G1∶06）。平宽沿外折，深腹斜直，腹部略有压纹，小平底。口径28.5、底径14、高10.1厘米（图122，3；图版一○五，4）。

Ⅱ式　1件（81HNBJ2G1∶07）。平宽沿略弧形外折，深直腹，腹底收缩成小平底。口径29.3、底径14.2、高11厘米（图122，4）。

Ⅲ式　1件（81HNBJ2G1∶02）。宽弧沿弧形外折，深腹，壁较直微曲，平底，底略凹。口径29.2、底径16、高10.5厘米（图122，5；图版一○五，5）。

C型　2件。圆唇，宽沿，深腹。分为两式。

Ⅰ式　1件（81HNBJ2G1∶01）。泥质黑陶。大口，宽弧沿弧形外折，深腹弧度较大，腹部有数周压纹，小平底。口径45.4、底径23.5、高17.3厘米（图122，6；图版一○六，1）。

Ⅱ式　1件（81HNBJ2G1∶03）。泥质灰陶。侈口，宽沿微弧形外折，深腹壁直，腹表面磨光，存有数周压纹。平底。口径27.5、底径14.5、高10.3厘米（图122，7；图版一○六，2）。

D型　2件。大口，沿外折向下斜。72HNBBT2阙基上∶01，腹壁稍有弧度，底内凹。口径43.8、底径24.8、高16.9、壁厚0.8厘米（图122，8）。72HNBBT2阙基上∶02，器壁及腹壁留有涂朱痕迹。口径46.3、底径28、高18.9、壁厚0.7厘米（图122，9；图版一○六，3）。

E型　2件。大口，双唇，作平宽沿弧形外折，深腹直壁，腹底收缩成平底。81HNBJ2G1∶04，腹壁内外均饰有数周压纹。口径29.1、底径15.7、高9.9厘米（图123，1；图版一○六，4）。81HNBJ2G1∶05，腹部略有压纹。口径26.5、底径14、高9.7厘米（图123，2）。

F型　1件（81HNBJ2G1∶09）。口微敛，梯形唇，颈部饰一周凸弦纹。深腹微弧，平底。口径24.4、底径14.7、高8.8厘米（图123，3；图版一○六，5）。

G型　2件。方唇，沿下有一周凸鋬。

Ⅰ式　1件（72HNBAT10②∶09）。直口，斜壁，平底。口径25.6、底径13.6、高8.8、壁厚0.6厘米（图123，4；图版一○六，6）。

Ⅱ式　1件（81HNBJ2G1∶10）。侈口，方唇，深腹直壁，平底。接近口沿处饰一周凸弦纹，腹部略有压纹和轮制痕。口径27.5、底径14.5、高10.5厘米（图123，5；图版一○六，7）。

H型　2件。侈口，双唇。81HNBJ2G1∶11，平沿上有一周凹槽，微弧形外折，深直腹，收缩成小凹底。口径27.3、底径14.3、高10.5厘米（图123，6；图版一○六，8）。

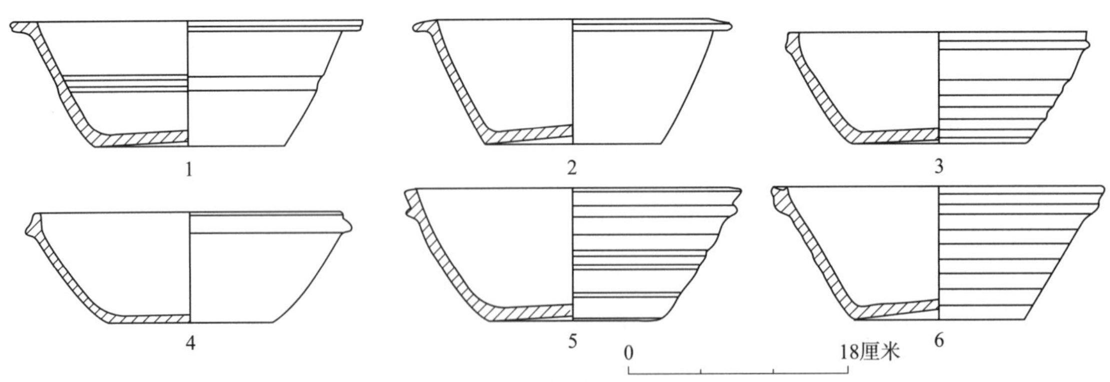

图123　辟雍遗址出土陶盆（E、F、G、H型）

1、2. E型（81HNBJ2G1∶04、05）　3. F型（81HNBJ2G1∶09）　4. G型Ⅰ式（72HNBAT10②∶09）　5. G型Ⅱ式（81HNBJ2G1∶10）　6. H型（81HNBJ2G1∶11）

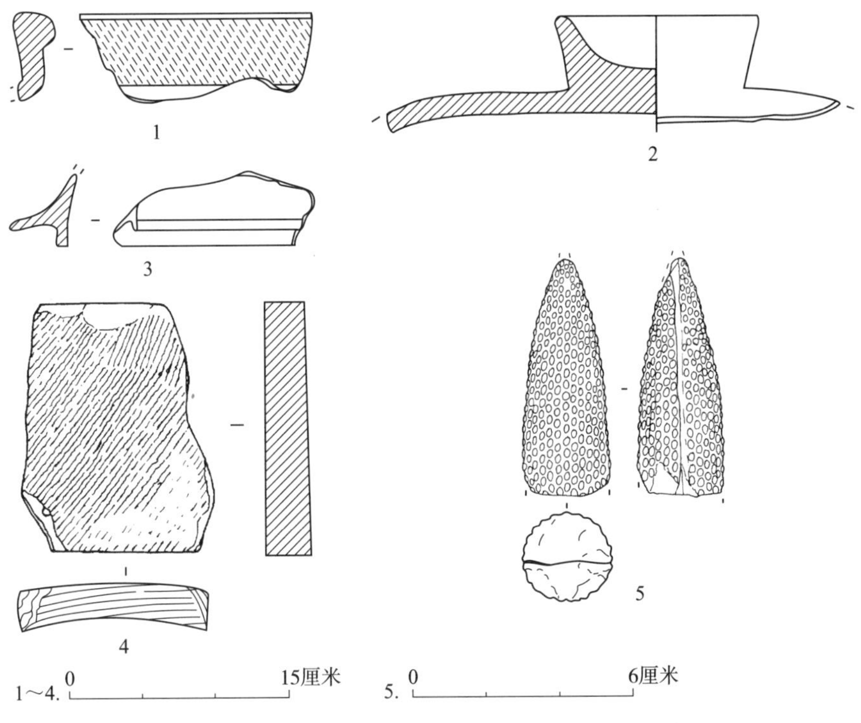

图124　辟雍遗址出土陶器

1. 瓮（72HNBAT17③:01）　2、3. 器盖（72HNBAT21②:04、72HNBAT1②:03）
4. 草拌泥制品（81HNBJ2G1:17）　5. 锥形器（72HNBAT18~20②:25）

4.瓮　1件（72HNBAT17③:01）。泥质灰陶。短直颈，唇内卷。颈部外表饰刻划斜条纹，内壁饰刻划楔形点纹。残长16、壁厚1.5厘米（图124，1）。

5.器盖　2件。泥质灰陶，均残。72HNBAT21②:04，仅存纽部，穹隆顶，纽作倒喇叭形。壁厚1.5厘米（图124，2）。72HNBAT1②:03，纽部残，子口。残高5、子口厚0.8厘米（图124，3）。

6.锥形器　1件（72HNBAT18~20②:25）。泥质灰陶。器身为一圆锥体，表面满饰圆形棘突。残长6.3厘米（图124，5）。

7.草拌泥制品　1件（81HNBJ2G1:17）。草拌泥制成。表面饰粗斜绳纹，凹面素面，一端截面上为横向绳纹。长16.3、残宽12.9、厚3.1厘米（图124，4）。

（三）铜器　共7件。均为小件铜器，体量较小，有圈、钗、顶针、环、带钩等。

1.钗　1件（72HNBAT18~20②:15）。双股，股断面扁圆。长12.8厘米（图125，1；图版一〇七，1）。

2.带钩　1件（72HNBAT15②:13）。素无纹饰，整体略作琵琶形。长3.9厘米（图125，2；图版一〇七，2）。

3.圈　1件（72HNBAT1②:02）。已变形成不规则椭圆形。圈丝断面为扁圆体，丝径约0.3厘米（图125，3）。

4.顶针　2件。均略成椭圆形，表面有三行小凹，2件大小相若。72HNBAT25②:02，最大径1.6厘米（图125，4；图版一〇七，3）。72HNBAT24②:02，最大径1.58厘米（图125，5；

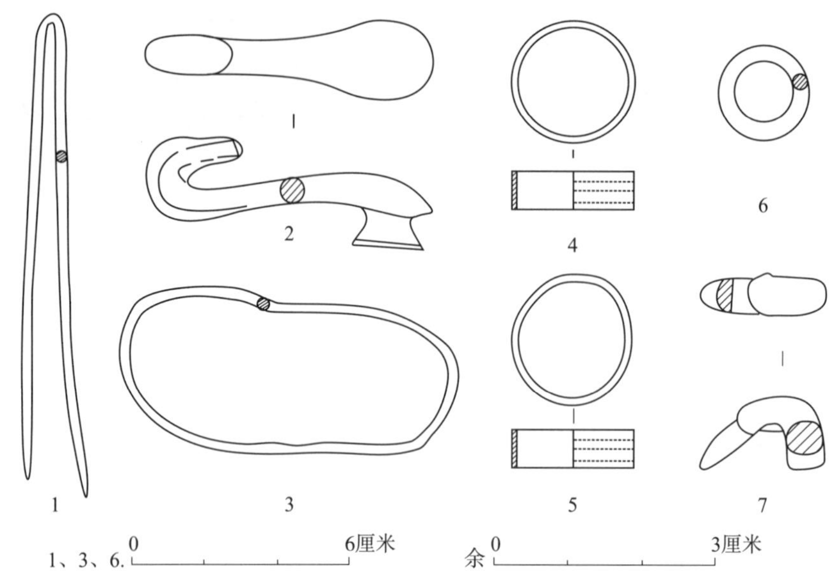

图125　辟雍遗址出土铜器

1. 钗（72HNBAT18~20②:15）　2. 带钩（72HNBAT15②:13）　3.圈（72HNBAT1②:02）　4、5. 顶针（72HNBAT25②:02、72HNBAT24②:02）　6. 环（72HNBAT24②:03）　7. 残鸟头饰（72HNBAT18~20②:16）

图版一〇七，4）。

5.环　1件（72HNBAT24②:03）。圆形，无纹饰，环断面作扁圆体。环直径2.5厘米（图125，6；图版一〇七，5）。

6.残鸟头饰　1件（72HNBAT18~20②:16）。长喙，弯颈，残长1.7厘米（图125，7）。

（四）铁器　共9件。

1.镜　1件（72HNBAT25②:05）。镜面圆形，扁圆形纽。因锈蚀太甚，镜背纹饰不清，似为柿蒂纹。直径16.5厘米（图126，1；图版一〇七，6）。

2.斧　1件（81HNBJ2G1:18）。长14.9、宽9.4、厚2.6厘米（图126，2；图版一〇七，7）。

3.矛　1件（72HNBAT19②:01）。尖残。骹部圆形，两侧各有一圆孔，孔径0.45厘米。方铤，矛叶扁平，中起脊。矛残长35.5、骹径2.4厘米；矛叶残长21.5、宽3.1~1.9厘米（图126，3；图版一〇七，8）。

4.不知名铁器　1件（72HNBAT24②:05）。长杆，末端扁平，杆断面四棱形。残长24厘米（图126，4；图版一〇七，9）。

5.钉　锻造。出土数量较多，多数已经残断。钉多为方柱体，圆形钉帽。钉的大小不等，残长11.2~40厘米。72HNBAT23②:19，体形大，钉身略弯曲，前段残，残长39.5厘米。钉帽为圆形，中间隆起，直径约3.2厘米。钉身为四方体，宽约0.9厘米（图126，8；图版一〇八，1）。72HNBAT18~20②:31，前端残，残长19.2、钉帽直径约2.2、钉身宽0.6~0.7厘米（图126，6；图版一〇八，2）。72HNBAT10②:14，前端残，残长10.8、钉帽直径1.6、钉身宽0.3~0.4厘米（图126，5；图版一〇八，3）。72HNBAT18~20②:32，钉身弯曲，呈“L”形。前端残，残长约12、钉帽直径1.6、钉身宽0.3~0.5厘米（图126，7；图版一〇八，4）。

6.环首刀　1件（72HNBAT21②:02）。环首，直背。长12.5、刃宽1.6厘米（图126，9；

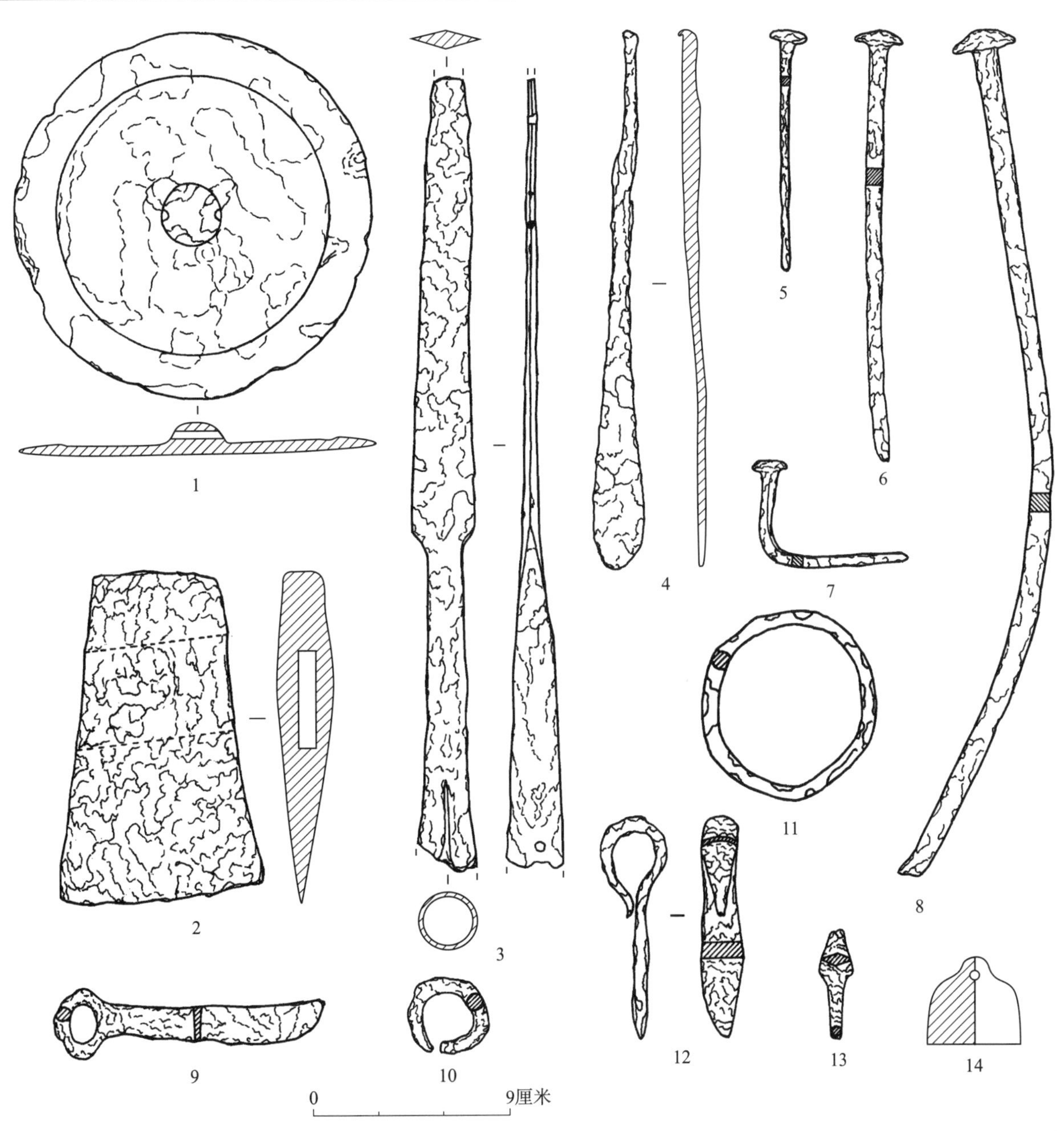

图126　辟雍遗址出土铁器

1. 镜（72HNBAT25②:05）　2.斧（81HNBJ2G1:18）　3. 矛（72HNBAT19②:01）　4. 不知名铁器（72HNBAT24②:05）　5、6、7、8. 钉（72HNBAT10②:14、72HNBAT18~20②:31、72HNBAT18~20②:32、72HNBAT23②:19）　9. 环首刀（72HNBAT21②:02）　10、11. 环（72HNBAT6②:01、72HNBAT18~20②:17）　12. 鼻形器（72HNBAT24②:01）　13. 镞（72HNBAT25②:03）　14. 杈（72HNBAT25②:04）

图版一〇八，5）。

7.环　2件。圆形，均系以一根铁丝弯曲接合而成，接合痕迹犹存。72HNBAT6②:01，铁丝较粗，环径3.7厘米（图126，10；图版一〇八，8）。72HNBAT18~20②:17，铁丝较细，环径8.2厘米（图126，11）。

8.鼻形器　1件（72HNBAT24②:01）。体扁平，上端曲为环状。长10厘米（图126，12；图版一〇八，6）。

9.镞　1件（72HNBAT25②:03）。镞身作三角形，中部起棱，铤圆柱形。残长4.9厘米（图126，13）。

10.权　1件（72HNBAT25②:04）。整体作馒头形，上有桥形纽。器高3.9、底径4.6厘米（图126，14；图版一〇八，7）。

（五）玉、石器　共3件。其中1件玉器、2件石器。

1.玉片　1件（72HNBAT15②:14）。灰白色，长方形。四边皆磨出斜面，残一角，其余三角各钻一孔。琢磨精细，表面光滑。长3.6、宽2.6、厚0.2厘米（图127，1；图版一〇八，9）。

2.石臼　1件（72HNBAT23②:10）。青石。上部作半圆形，壁厚3.5厘米，下部呈方形。外壁口部1.5厘米磨光，其他部位留有錾痕。口径20.5、腹径22.6、底面边长16.8、高17.7厘米（图127，2；图版一〇八，10）。

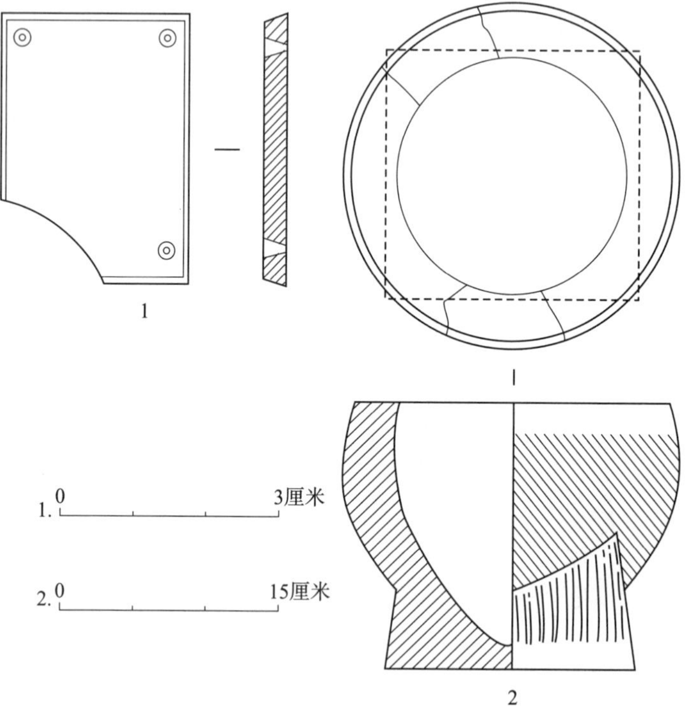

图127　辟雍遗址出土玉、石器
1. 玉片（72HNBAT15②:14）　2. 石臼（72HNBAT23②:10）

3.石碑座　1件（72HNBAT3K1:01）。碑座青石质，长方形，盝顶，顶部正中有一长方形凹槽。整体长1.79、宽0.88、高0.48米；凹槽长1.13、宽0.286、深0.176米（图128；见图版九〇，2）。槽内周壁有白灰痕迹。碑座四周，以浮雕手法雕出规整的横竖界格，界格将每面分作三或两部分，每部分线刻人物一身并附题名。全碑座共刻人物10个，即孔子及9个门人。所有人像，线条细浅，且经后来铲过，已然漫漶不清。但从残存之零星线条看，原刻相当精细。人物题名，皆隶书体，只有半数尚可辨认。碑座人像的布局是正面三人，左为“门人仲由（？）”（图129，1），中为孔子，题名“先圣泥父像”（图129，2），右为“门人颜渊”（图129，3）；右侧面二人，其中左为“门人冉耕”（图129，4），右为“门人闵损”（图129，5）；后面三人，左为“门人仲□”（疑为仲弓）（图129，6），中间一人题名不清（图129，7），右为“门人卜商”（图129，8）；左侧面二人，题名不清（图129，9、10）。人物之冠戴服装不可详知，仅可大致看出模样。孔子为坐像，坐于床上，脚下有足榻。门人们似为立像。

（六）钱币　辟雍遗址共出铜钱100余枚，铁钱一枚。铜钱中能够辨识钱文者77枚，其中五铢铜钱70枚、綖环铜钱1枚、货泉铜钱5枚、大泉五十铜钱1枚。

1.五铢铜钱　大致分为3型。

A型　普通五铢。此型五铢为遗址中最常见之钱币。依其字体与穿、郭情况分为14式。

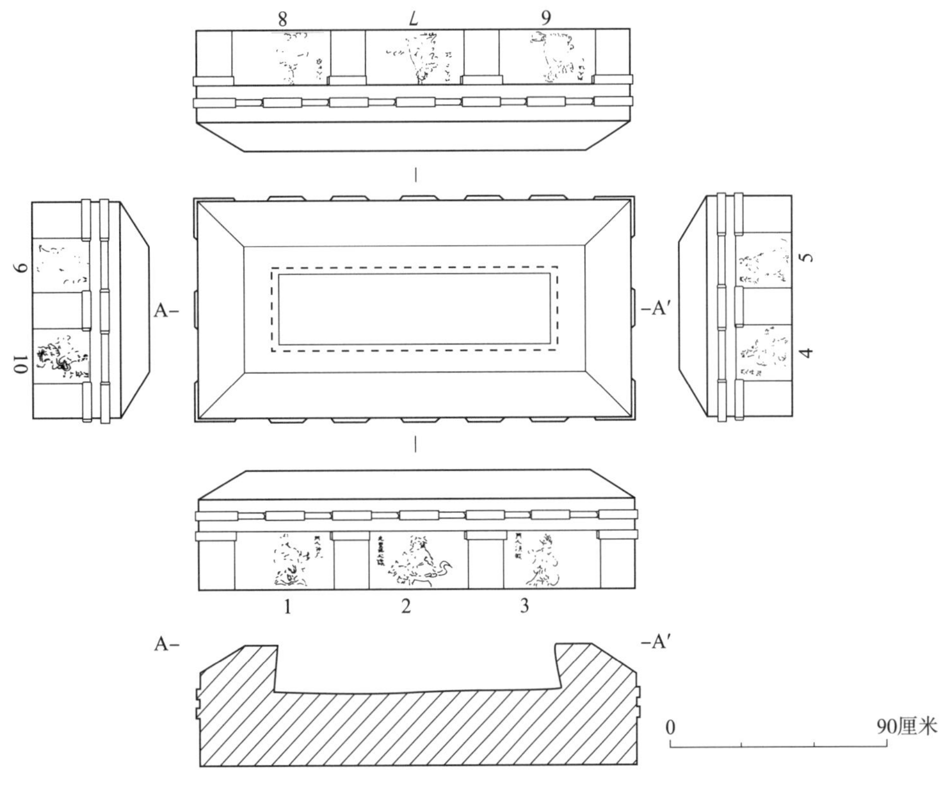

图128　辟雍碑座平剖面与四壁正视图

Ⅰ式　2枚。面、背周郭较背穿郭为窄。“五”字篆文（下同），中间两笔微带弯曲；“铢”字之“金”字头呈镞形，“朱”字上方折、下略圆。面穿四角有决纹。72HNBAT22②:02，钱径2.5、郭宽0.1、厚0.2、穿宽1厘米。重3.25克（图130，1）。

Ⅱ式　1枚（72HNBAT16②:07）。面、背周郭清楚，背穿郭为方郭。字体严谨，钱文清晰。“五”字上下两划均出头；“朱”字上下均方折。钱径2.55、郭宽0.1、厚0.1、穿宽0.9厘米。重4.1克（图130，2）。

Ⅲ式　1枚（72HNBAT23~25F1:06）。面、背周郭清楚，背穿郭小于周郭。字体规整，笔划纤秀。“金”字头为三角形；“朱”字上方折、下圆折。钱径2.55、郭宽0.1、厚0.15、穿宽0.9厘米。重3克（图130，3）。

Ⅳ式　2枚。周郭不均匀。“朱”字下端较“金”字旁长，并超过穿郭下沿；“朱”字上、下都为方折。72HNBAT10②:13，周郭宽处达0.1厘米，窄处成线。钱径2.5、郭宽0.1、穿宽0.9厘米。重2.8克（图130，4）。

Ⅴ式　9枚。面、背周郭及背穿郭皆圆郭，肉面平整。字体规整，钱文清晰而粗壮。“金”字头为等腰三角形；“朱”字头圆折而带方；“五”字中间两笔较垂直。72HNBAT18~20②:26，钱径2.5、郭宽0.15、厚0.12、穿宽0.9厘米。重3.2克（图130，5）。

Ⅵ式　4枚。面、背周郭及背穿郭皆圆郭，肉面不平整。钱文笔划较浅。“五”字上、下两笔皆出头；“金”字头为三角形，四点长条形；“朱”字上、下皆圆折。72HNBAT23②:11，钱径2.6、郭宽0.15、厚0.15、穿宽0.9、重2.75克（图130，6）。

Ⅶ式　5枚。面、背周郭及背穿郭皆圆郭。钱文结构不紧凑，“五”字较宽放；“朱”字

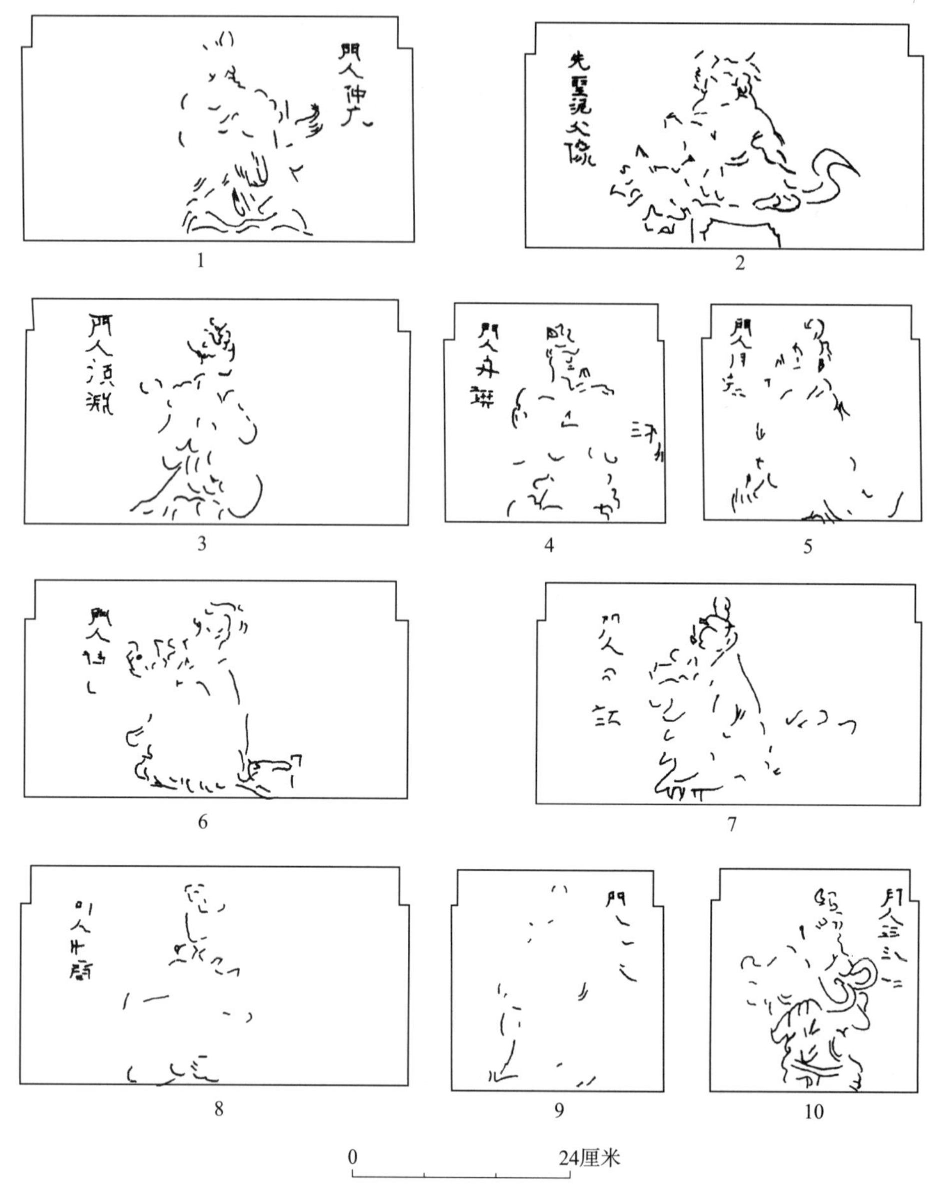

图129　辟雍碑座四面刻像摹本

上、下均圆折，腰间之横划与上、下圆折间距离较大。72HNBAT23~25F1∶09，钱径2.5、郭宽0.1、厚0.1、穿宽0.9厘米。重3.1克（图130，7）。

Ⅷ式　2枚。面、背周郭及背穿郭皆圆郭，钱文笔划特粗壮。“金”字头作三角形，四点靠内贴；“朱”字上、下均圆折；“五”字中间两笔较外放。72HNBAT24H3∶03，钱径2.5、郭宽0.15、厚0.12、穿宽0.9厘米。重3.1克（图130，8）。

Ⅸ式　1枚（72HNBAT24H3∶04）。周郭及背穿郭均较低平。钱文清晰纤细，“五”字上、下两横出头；“金”字头为镞形；“朱”字上、下均圆折、外放。钱径2.5、郭宽0.1、厚0.1、穿宽1厘米。重2.2克（图130，9）。

Ⅹ式　7枚。周郭较低平，背穿郭为圆郭。钱文清晰纤细，字体瘦长，笔划较浅。“五”字中间两划垂直交叉；“金”字头为等腰三角形；“朱”字上、下均圆折。

72HNBAT24H3：05，钱径2.5、郭宽0.1、厚0.15、穿宽1厘米。重3.3克（图130，10）。

Ⅺ式　2枚。面、背周郭及背穿郭皆圆郭。“五铢”二字特征同A型Ⅹ式，但“五”字错范。72HNBAT13②：01，钱径2.5、郭宽0.1、厚0.12、穿宽0.9厘米。重2.7克（图131，1）。

Ⅻ式　1枚（72HNBAT23②：12）。面、背周郭较低平。“五”字上、下两笔出头；“朱”字上、下均圆折。钱径2.6、郭宽1.5、厚0.12、穿宽0.9厘米。重3克（图131，2）。

ⅩⅢ式　2枚。背穿郭较周郭低，背肉不平整。字体严整，笔划清晰。“朱”字头折笔方中见圆。72HNBAT18~20②：27。钱径2.5、郭宽0.1、厚0.1、穿宽0.9厘米。重3.4克（图

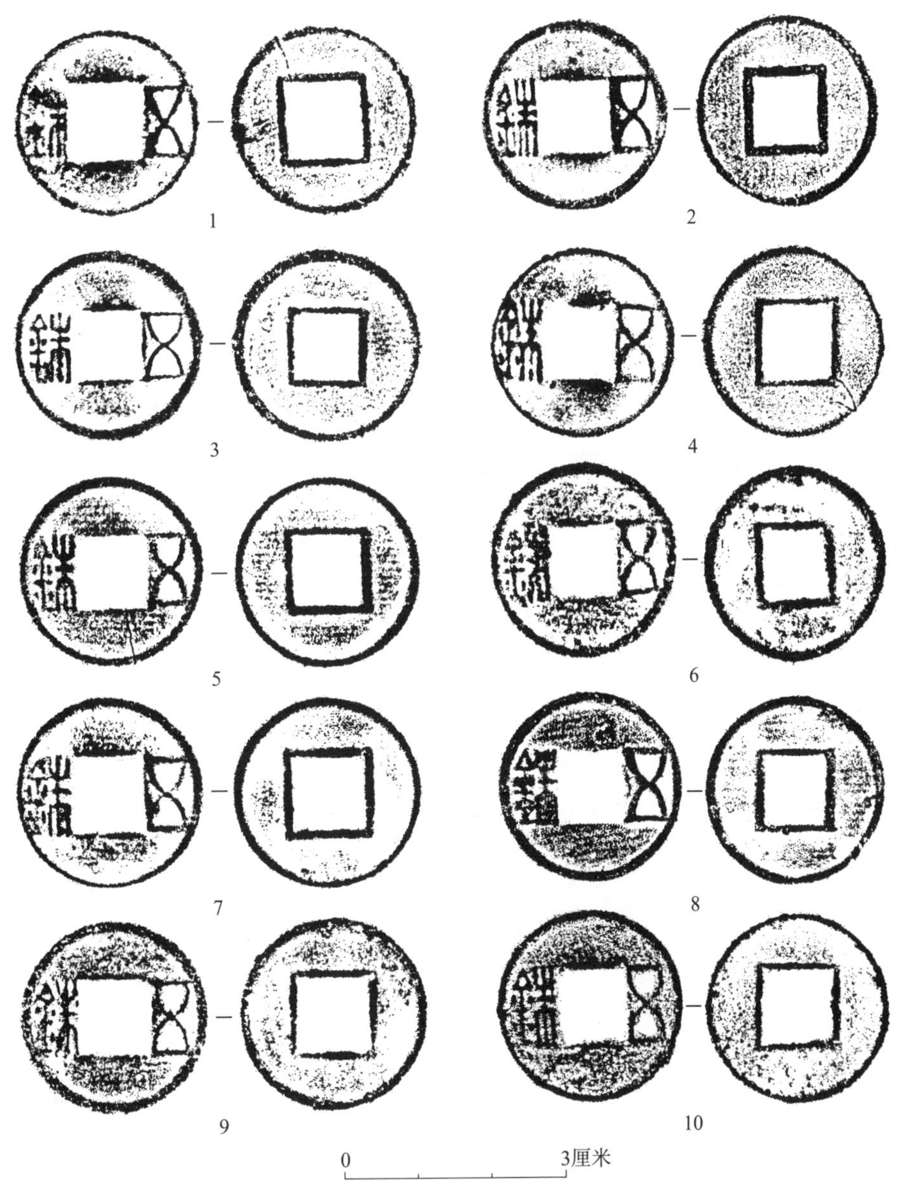

图130　辟雍遗址出土钱币（五铢铜钱A型）拓本

1. Ⅰ式（72HNBAT22②：02）　2. Ⅱ式（72HNBAT16②：07）　3. Ⅲ式（72HNBAT23~25F1：06）　4. Ⅳ式（72HNBAT10②：13）　5. Ⅴ式（72HNBAT18~20②：26）　6. Ⅵ式（72HNBAT23②：11）　7. Ⅶ式（72HNBAT23~25F1：09）　8. Ⅷ式（72HNBAT24H3：03）　9. Ⅸ式（72HNBAT24H3：04）　10. Ⅹ式（72HNBAT24H3：05）

131，3）。

XIV式　2枚。面郭宽度不匀，背穿郭极低平。制作质量较差，钱文笔划较浅。“五”字中间两笔较外放；“金”字头及“朱”字头特小。72HNBAT23~25F1∶07，面郭宽处达0.1厘米，窄处成细线。钱径2.4、郭宽0.1、厚0.1、穿宽0.9厘米。重2克（图131，4）。

对照《洛阳烧沟汉墓》五铢钱编年，上述各式五铢，Ⅰ式~Ⅳ式属西汉时期，共6枚。其余各式属东汉时期，共35枚。但据文献记载，东汉以后一个相当长的历史时期，即魏晋南北朝时期，各代铸币不多，而杂用古钱。所以这些五铢钱的使用年代，可能越出两汉的时间范围。

B型　剪轮五铢，共24枚。剪轮，背穿郭未磨。其中9枚钱文不清，其余15枚可分为三式。

Ⅰ式　6枚。“铢”字之“朱”字旁上、下皆方折。72HNBAT23②∶16，钱径1.9、穿宽1厘米（图132，1）。72HNBA T23②∶18，背面残留未透之凿印。钱径1.4、穿宽0.6厘米。

Ⅱ式　6枚。“朱”字头方折，下圆折。72HNBAT15②∶15，钱径1.7、穿宽0.9厘米（图132，2）。

Ⅲ式　3枚。“朱”字旁上、下皆圆折。72HNBAT23②∶15，钱径1.5、穿宽0.8厘米（图132，3）。

对照《洛阳烧沟汉墓》五铢钱编年，I式、II式剪轮五铢约属西汉时期，共12枚；III式属

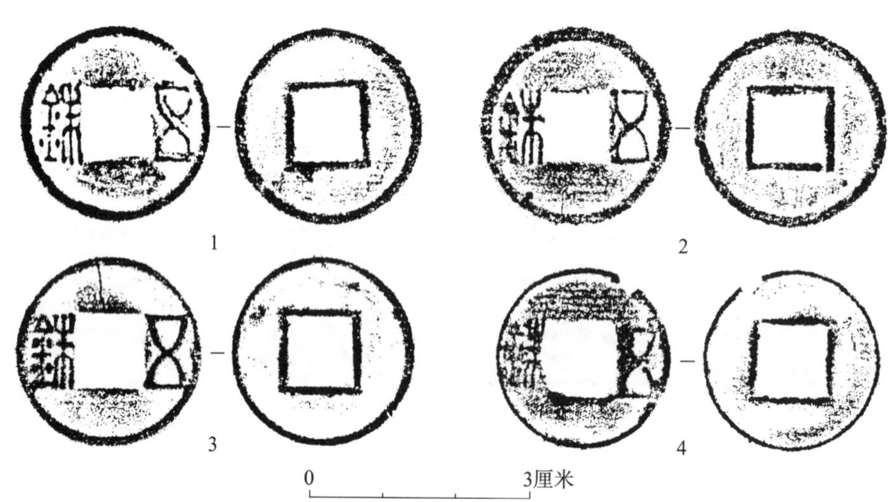

图131　辟雍遗址出土钱币（五铢铜钱A型）拓本

1. XI式（72HNBAT13②:01）　2. XII式（72HNBAT23②:12）　3. XIII式（72HNBA T18~20②:27）　4. XIV式（72HNBAT23~25F1:07）

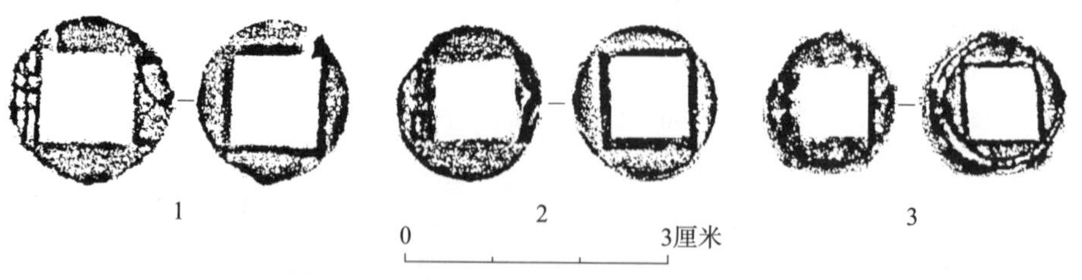

图132　辟雍遗址出土钱币（五铢铜钱B型）拓本

1. Ⅰ式（72HNBAT23②:16）　2. Ⅱ式（72HNBAT15②:15）　3. Ⅲ式（72HNBAT23②:15）

东汉时期。钱文不清的9枚无法确定其具体时代。剪轮五铢实际使用年代，也可能超出两汉的时间范围。

C型　记号五铢，共5枚。时代应属于东汉时期。72HNBAT17G3：04，周郭及穿郭完好，钱肉有透孔，背穿右侧、左侧分别作出阴文“亠”字及“十”字记号。钱径2.5、郭宽0.1、厚0.1、穿宽0.9厘米（图133，1）。72HNBAT23~25F1：08，周郭均匀，钱文特征同普通五铢的A型Ⅴ式钱。“铢”字下边有一阳文弧线。钱径2.5、郭宽0.1、厚0.1、穿宽0.9厘米（图133，2）。72HNBAT18~20②：29，周郭被磨，背穿郭几乎磨平。钱文字迹模糊，背穿郭上有阳文“土”字记号。钱径2.4、穿宽0.9厘米（图133，3）。72HNBAT23②：13，周郭被磨，成细线。“铢”字之“金”字头作镞形，“朱”字旁上、下均圆折。背穿右侧有阴刻三横。钱径2.3、穿宽0.9厘米（图133，4）。72HNBAT18~20②：28，周郭及背穿郭已磨掉。钱文笔划粗浅，字迹模糊。正面穿上有阳文“⊢”字记号。钱径2.3、穿宽1厘米（图133，5）。

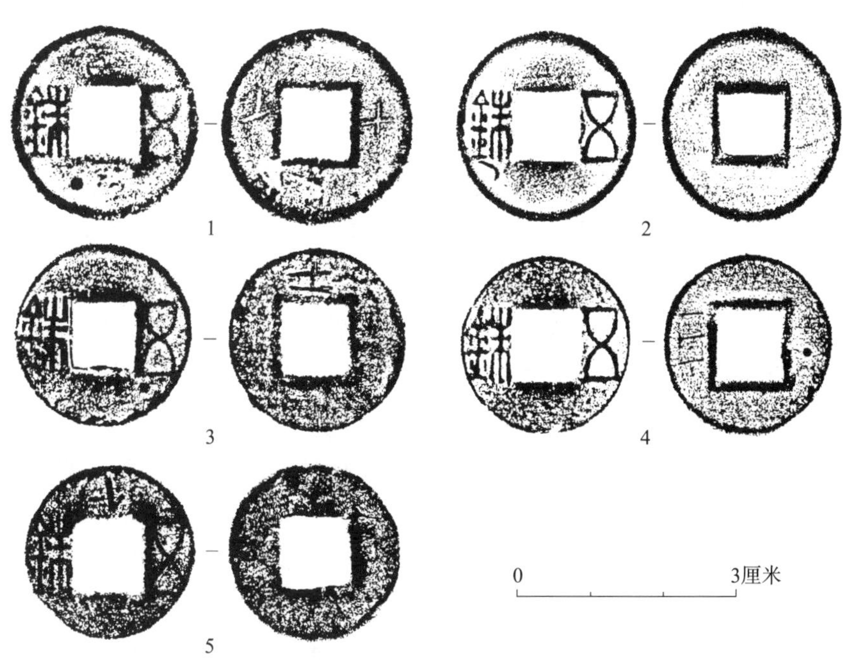

图133　辟雍遗址出土钱币（五铢铜钱C型）拓本

1.72HNBAT17G3：04　2.72HNBAT23~25F1：08　3.72HNBAT18~20②：29　4.72HNBAT23②：13　5. 72HNBAT18~20②：28

2.綖环铜钱　1枚（72HNBAT23②：20）。已破为两半，钱文模糊不清。钱径约2.6、剪孔径约1.8厘米。

3.货泉铜钱5枚。均为普通货泉，可分为三式。

Ⅰ式　1枚（72HNBAT3②：02）。面、背周郭皆为斜郭，背穿有郭，面穿无郭。正面穿两侧有篆文“货泉”二字。钱径2.1、郭宽0.1、厚0.1、穿宽0.7厘米（图134，1）。

Ⅱ式　1枚（72HNBAT23②：14）。周郭一面为圆郭，一面为斜郭，两面穿均有郭。钱之正、背两面穿两侧均有篆文“货泉”二字。钱径2.3、郭宽0.15、厚0.2、穿宽0.6厘米。重4.6克，为货泉中最大最重者（图134，2）。

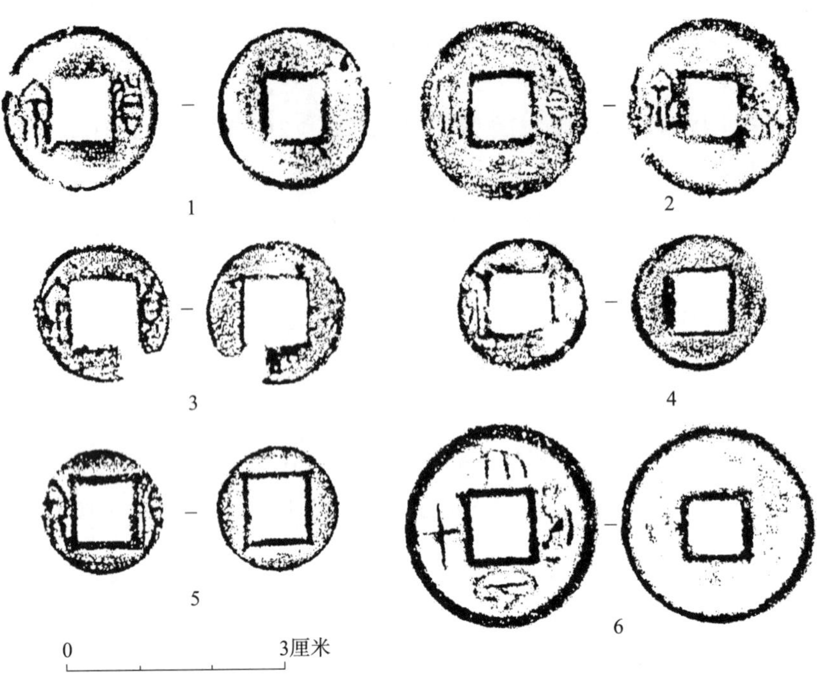

图134　辟雍遗址出土钱币（货泉、大泉五十铜钱）拓本

1. Ⅰ式货泉（72HNBAT3②:02）　2. Ⅱ式货泉（72HNBAT23②:14）　3、4. Ⅲ式货泉（72HNBAT7②:01、72HNBAT3②:03）　5. Ⅳ式货泉（72HNBAT23②:17）　6. 大泉五十（72HNBAT3②:04）

Ⅲ式　2枚。形制较小。72HNBAT7②:01，面、背周郭皆成细线，背穿有郭。钱径1.85、穿宽0.8厘米。重1克（图134，3）。72HNBAT3②:03，面、背周郭皆圆郭，背穿有郭。钱径1.75、穿宽0.7厘米。重0.75克（图134，4）。

Ⅳ式　1枚（72HNBAT23②:17）。剪边，穿正面方郭，背面圆郭。钱径1.6、穿宽0.7厘米（图134，5）。

4.大泉五十铜钱　1枚（72HNBAT3②:04）。钱体厚重。正、背面周郭皆为圆郭，穿之正、背两面也为圆郭。钱径2.6、郭宽0.2、厚0.2、穿宽0.6厘米。重4.9克（图134，6）。

货泉及大泉五十系新莽货币，但新莽之后，它可能同样与其他古币一起在社会上起流通作用。

5.铁钱　1枚（72HNBAT18~20②：30），已残破。因锈蚀太甚，钱文莫辨。

二　汉代以前遗物

辟雍遗址的汉代以前遗物，主要出自辟雍南阙基址（发掘区编号72HNBB区）周围的早期文化层或灰坑中。包括从二里头文化至东周时期的多个时代遗物，其主要种类为陶器和卜骨等。

（一）陶器　B区所出的陶器及残碎陶片，由质地上可以分为泥质陶和夹砂陶两类；从陶色上可以分为灰黑陶、灰陶及黑陶三种。器表或为素面，或饰绳纹。器形计有大口尊、圜底罐、澄滤器、豆等。这里仅将其中可复原或可大部复原的器物予以介绍。

1.大口尊　2件。泥质黑灰陶或灰陶。72HNBBT3:02，灰陶，仅存肩以下部分。斜腹，腹壁稍向外弧，圜底中部内凹，腹壁饰阴弦纹及斜绳纹。残高29.7、底径9.5、壁厚0.5~0.8厘米

（图135，1）。72HNBBT3:01，黑灰陶，残。侈口，折肩，斜直腹，小底，底中部内凹。口大于肩，肩部有两道附加堆纹，颈、腹部饰阴弦纹，下腹部阴弦纹之间加饰绳纹。复原口径40、残高38.8、壁厚0.5~0.7厘米。

2.圜底罐　2件。皆夹砂灰褐陶，形制大小基本相同。72HNBBT3:04，方唇，长腹，腹壁稍向外弧，圜底残。颈部以下器表饰竖行粗绳纹。残高17、口径18、壁厚0.5~0.7厘米（图135，2）。

3.澄滤器　1件（72HNBBT1:01）。泥质灰黑陶，器表上部土红色，下部黑褐色，底部残。侈口，翻沿，圆唇。腹部外表饰横向细浅绳纹，里面刻划竖行粗条纹。复原口径27、壁厚0.8厘米（图135，3）。

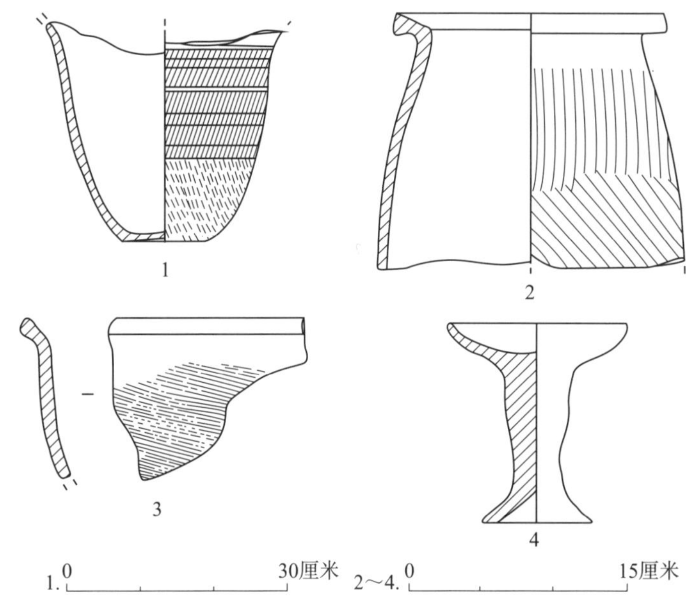

图135　辟雍遗址（B区）出土早期陶器

1. 大口尊（72HNBBT3:02）　2. 圜底罐（72HNBBT3:04）
3. 澄滤器（72HNBBT1:01）　4. 豆（72HNBBT2:05）

4.豆　1件（72HNBBT2:05）。泥质灰陶，器表素无纹饰。浅盘，圆唇，柄略作竹节形。通高13.3、盘径12、底径7厘米（图135，4）。

（二）骨器

卜骨　1件（72HNBBT1:03）。在B区T1早期地层中出土。骨料为羊肩胛骨，已残，残存钻穴6个，一个有明显灼痕，余皆钻而不灼。钻穴大者直径1.1厘米，小者直径0.9厘米。

此外，在二阙基之间，曾清理出成堆的螺蛳壳。

上述汉以前遗物中，器身粗胖的残大口尊、圜底罐、澄滤器等，显然是二里头文化的遗物；口大于肩的大口尊，是二里岗上层文化的典型器物；浅盘豆则是东周时期遗物。

第七节　小　结

通过对辟雍遗址的发掘与整理研究，对这座建筑遗址的平面形制、建造与沿用时代可以有一个大致基本的认识。下面结合考古发掘中发现的一些遗迹现象和出土遗物的特点，对其建造与沿用时代作一些分析推断。

一

首先由发掘的建筑基址本身存在的遗迹现象进行一些观察，以剖析平面布局中可能存在着早晚不同时期的建筑遗迹这一复杂现象。

从勘探的遗址总体布局来看，除了辟雍的中心大型长方形殿基是位于遗址中心略偏北部，不在整体建筑的中心位置外，其四面的双阙与门屏基址，在平面形制上都是左右或南北成组对称分布的，而且每面双阙与门屏的形制与大小都是基本相同的。由此显示出该大型殿基和四面的双阙与门屏基址，可能是一次规划修建而成的整组建筑。

但是在实际发掘中，我们由在A区和B区分别发掘清理出来的北侧门屏基址和南侧门屏基址的平面形制来看，则明显存在着一定的差别。通过对这两处基址的残存遗迹细致辨别与对比分析，这种差别显然是由于两处门屏基址的现存遗迹分别为早晚不同时期建造或改建形成的缘故。

其中，南侧门屏基址被扰乱破坏的比较严重。虽然尚少量残存有一些晚期的道路遗迹，但其现存长条状夯土基址基本上都是原来建筑的地下基础夯土，显然都是早期修造的建筑基址的遗迹。

而北侧门屏现残存的夯土基址，平面形制明显与南侧门屏基址不同。其基址中部是由东、西两个门房台基和中间一个门道组成，门道的路土之上尚存有南北向两对车辙，由门道路土的东侧尚残存有一块表面带凹槽的门础石来看，该门道应当设置有门。由发掘所见残存遗迹和勘探资料来观察，该门房和门道基址显然是晚期建筑。但该晚期门房和门道基址的下面及东西两侧发现的条状夯土基址，则明显是与南侧门屏基址形制规格相同的早期门屏式建筑，晚期门房是在该早期门屏基址的中段向南改造扩建而成的。

在中心大型长方形夯土殿基及周围遗迹的清理中，也多处发现有早晚不同时期的建造修筑与活动遗迹。其中长方形殿台的现存夯土表面，由于原来的夯土殿台较高，其殿堂主体建筑的柱础石或础槽早已被人们的耕作等生产活动所破坏而无存。但在殿台的四周边缘，还是零星发现有13个大、小不同规格的方形或长方形坑槽。由位置来看，虽然这些坑槽分布较为零散，由残存坑槽已无法看出它们之间的合理对应联系与布局规律，但由于它们均排列在夯土殿台的外缘处，还是有可能与这座大型殿堂建筑有一定关系。由于这些坑槽的大小规格相差极为明显，而且两种规格坑槽还存在着相互重叠和打破关系，其中较大的坑槽时代较早，小型坑槽则时代略晚，显然它们应该是两个时期的建筑遗迹。

由长方形殿台的夯土及周围残存的贴包砖及沟槽等遗迹来观察，其殿台夯土的夯筑质量极好，土质纯净，夯打坚实，显然不是征战不息的曹魏时代所夯筑，它应该是东汉旧基。而夯土台基周围的贴包砖，则明显系仓促修筑而成，不仅用砖较杂，素面方砖和几何纹方砖混杂在一起使用，而且用砖既有整砖也用残砖，极有可能是魏晋时期对东汉夯土台基的修补改造遗迹。

在长方形殿台周围的地面上，还清理发现许多的灶坑遗迹，不仅数量较多，而且在地层关系上也明显存在着早晚两个不同时期的区别。其中，压在中心长方形殿基周围路土下面较早的灶坑，发现的数量较少，仅在殿基北面清理了BZ14和BZ15两座；时代较晚的灶坑，数量较多，直接打破中心方形殿基周围的路土及夯土基址。这些不同时期的灶坑，显示出此辟雍至少也经历了两度的荒废与重修沿用。

如此来看，在辟雍现存的建筑基址之中，是明显存在着早晚两个时期建筑遗迹的。它们的建筑时代，还需要我们根据出土遗物，分别做出与文献记载相符合的大致判定。

二

其次，从辟雍遗址出土的各种不同种类、不同时期遗物来观察，以了解其中的建筑时代差别。在该遗址，除了南阙基址附近的早期文化层和灰坑中发现一些早期陶器和卜骨外，其余遗物主要是大量的汉晋时期砖、瓦和瓦当等建筑材料；而具有明显北魏时期特点的砖、瓦和瓦当等建筑材料，在此却几乎不见。这一现象对我们结合文献记载，判定该建筑遗址的建造与使用时代、遗址定名都有着重要的意义。

由遗址出土的砖类制品来观察，种类比较多，主要有几何纹方砖、素面方砖、素面长方砖和席纹长方砖等。数量最多的是几何纹方砖，图案也有许多的变形，标本共计有41件，其中A型34件；B型2件；C型5件。其次是素面长方砖，标本计有30件，其中以C型小砖数量为最多，计有23件；B型砖有5件；A型大砖数量最少，仅有2件。此外还有9件素面方砖、3件席纹长方砖和7件加工砖制品。9件素面方砖皆为A型，砖面上均没有刻划方格纹；3件席纹砖则都是A型大砖。

由这些砖的特点来看，主要都是东汉至魏晋时期大量使用的品种。虽然这些砖制品在后代可能都还会继续沿用，但由于在该建筑基址上未曾见到一件北魏时期建筑遗址中常见的绳纹长方砖，因此该建筑基址的时代显然不会晚到北魏，应该主要为东汉至魏晋时期。

由遗址出土的数量较多的建筑瓦片种类来观察，主要为绳纹面布纹里板瓦和筒瓦，此外还有极少量的绳纹面手捏里板瓦，素面或磨光面板瓦和筒瓦则未见到。

发掘出土的绳纹面布纹里板瓦片，有A、B、D、E四型。其中，A型瓦片的数量最多，约有270多件；其次是E型瓦片，有41件；再其次则是B型和D型瓦片，分别为11件和8件。此类瓦片中，还有25件瓦片上发现带有戳印和压印文字，主要为A型瓦片，极个别为B型和E型瓦片。带戳印瓦片以“南甀官瓦”文字戳印为最多，约有15件，其中一件瓦片上有三个戳印；其余还有“左枚”、“向節”等文字戳印各一件。压印文字瓦片数量不多，文字分别有“趙”、“杜軍”、“吕長”、“南甀官瓦”和“官”字等。

绳纹面布纹里筒瓦片，有A、B、C三型。也是A型瓦片数量最多，有145件；C型和B型瓦片数量较少，分别只有12片和9片。这些筒瓦片中，也有一些瓦片上带有戳印，计有16件，均为A型瓦片，戳印皆为“南甀官瓦”，其中有3件瓦片上有两个戳印。

出土的绳纹面手捏里板瓦片数量较少，仅有一件标本。其使用时代主要为东周战国时期，但也不排除在汉代前期仍然有少量继续使用的情况。

上述数量占绝大多数的绳纹面布纹里板瓦和筒瓦，细致的时代分期目前尚缺乏根据，但其主要使用时代可以大致确定在东汉至魏晋时期这一较大范围之内。其中的“南甀官瓦”和“官”字戳印较为重要，一方面表明使用这些建筑材料的建筑基址规格较高，明显是为皇家所建造，而且具体是由管辖为皇家烧造砖瓦的甄官署所监造；另一方面，我们以往曾在汉魏洛阳故城的东南郊外，发现过一处规模和范围较大的东汉时期砖瓦窑场①，正位于该辟雍遗址的东面1800~2000米处，根据窑场位置和文献资料推测，很有可能就是东汉甄官署管辖下的官府窑场，这些“南甀官瓦”也许就是这处窑场的产品。由此我们也可以间接做出判断，这类绳纹面布纹里板瓦和筒瓦应该主要属于东汉时期，当然在魏晋时期同类型的瓦件也会仍然继续使用。由于北魏时期建筑遗址中较为常见的素面或磨光面板瓦和筒瓦，在该建筑基址上基本没有见到，由此我们还可以基本断定该建筑基址在北魏时期没有被重修与使用。这一时代推断，也明显与前面对遗址出土砖类制品使用时代的断代分析基本一致，即主要为东汉时期，魏晋时期仍然重修并继续使用。

① 中国社会科学院考古研究所洛阳汉魏城队：《汉魏洛阳城发现的东汉烧煤瓦窑遗址》，《考古》1997年2期。

该遗址出土的建筑瓦当，数量比较多，虽然在当面图案总的分类上只有一种云纹瓦当，但当面具体图案细节上还有着很多的差异，可以结合以往不同时代遗址出土的同类瓦当，在时代上进行一些细致的具体分期。

这些云纹瓦当可以分成若干不同的型、亚型和式，在该遗址分别见有A、C、D型云纹瓦当。其中的A型云纹瓦当可以分为两个亚型，Aa亚型有标本5件，Ab亚型有标本2件；C型云纹瓦当也分为两个亚型，Ca亚型有标本60件，Cb亚型有标本23件；D型云纹瓦当则分别有Ⅰ、Ⅲ、Ⅳ式，Ⅰ、Ⅳ式各有标本一件，Ⅲ式有标本3件。

对照以往曾经对汉魏洛阳故城出土瓦当的分期研究结果①，上述Aa型和Ab型云纹瓦当均属于东汉前期的瓦当；而数量较多的Ca型和Cb型云纹瓦当则使用时间较长，大致自东汉早期至东汉晚期一直都在使用。D型云纹瓦当使用时间可能略微复杂一些，其中的D型Ⅲ式和D型Ⅳ式，都是属于魏晋时期使用的瓦当。D型Ⅰ式则在汉魏洛阳城西的东汉墓园遗址中出土不少②，此墓葬和墓园建筑的时代约为东汉晚期，因此该式云纹瓦当的时代至少也为东汉晚期，但其使用时间也可能沿用到魏晋时期。值得注意的是，该式云纹瓦当的当心圆乳丁处是一个凸起的兽头，这一做法也可能与北魏及其以后各代流行使用的兽面纹瓦当有一定的渊源关系。

从上述对建筑瓦当所作的分期断代来看，在该遗址出土的各型云纹瓦当中，主要是东汉时期瓦当，此外也有一些魏晋时期瓦当，而以往我们在北魏时期建筑遗址中常见到的莲花纹瓦当和兽面纹瓦当却一件也没有见到。显然这座建筑基址的建造和沿用时代，也和前面对出土板瓦、筒瓦和砖类制品使用时代的推断相一致。即该建筑遗址始建时代明显为东汉，魏晋时期仍然有所修建与沿用，北魏时期则没有任何恢复重建和大规模使用该建筑基址的迹象。

对照《洛阳烧沟汉墓》五铢钱编年，辟雍遗址出土的钱币中，Ⅰ式~Ⅳ式五铢钱属于西汉时期；其余各式五铢钱属于东汉时期；货泉与大泉五十则系新莽货币③。但据文献记载，东汉以后一个相当长时期内，也即魏晋南北朝时期，各代铸币不多，而杂用古钱。所以，这些五铢钱、新莽钱的使用年代，可能超越出两汉的时间范围，与其他古币一起在社会上继续起着流通作用。但较为明显的是，我们在辟雍遗址没有发现明确的北魏时期钱币，从侧面也表明了该建筑基址的建造与沿用时代应该是早于北魏时期的，即北魏时期不曾增修或沿用这座建筑。

这一时代判断，由出土的陶器器形特点也可以得到佐证。如陶器中的A型Ⅱ式盆、A型和C型罐、B型碗等，在洛阳地区的汉代遗址及墓葬中均有器形接近的器物出土，它们显然为汉代遗物④。还有一些器物时间或许略晚，但其时代也不晚于魏晋时期。

在南阙基址当时地面下的早期文化层和灰坑中，还出土一些早期遗物，虽然数量不是很多，但它包括了从二里头文化至东周时期的历代遗物，主要种类为陶器和卜骨等。其中，器身粗胖的残大口尊、圜底罐和澄滤器等，显然是二里头文化的遗物；口大于肩的大口尊，是

---

① 钱国祥：《汉魏洛阳城出土瓦当的分期与研究》，《考古》1996年10期；钱国祥：《云纹瓦当在洛阳地区的发展与演变》，《中原文物》2000年5期。

② 中国社会科学院考古研究所洛阳汉魏城队：《汉魏洛阳城西东汉墓园遗址》，《考古学报》1993年3期。

③ 中国科学院考古研究所：《洛阳烧沟汉墓》，科学出版社，1959年。

④ 中国科学院考古研究所：《洛阳中州路》图二〇、2，Ⅱ式大口陶罐器形略同于辟雍遗址的A型Ⅱ式盆，但通体较高，科学出版社，1959年；《洛阳烧沟汉墓》图四九、10、11，Ⅱ③式陶罐与辟雍遗址的A型罐近似；同书图四九、12，Ⅲ①式陶罐与辟雍遗址的C型罐近似，科学出版社，1959年；黄展岳：《1955年春洛阳汉河南县城东区发掘报告》图二二、2，307：17陶铜与辟雍遗址的B型碗中底残者72HNBAT23②：09器形近似，《考古学报》1956年4期。

二里岗上层文化的典型器物；浅盘豆则是东周时期遗物。由此可见，在辟雍南阙一带的早期文化堆积，时代连续性是比较强的，说明这里原来地势可能就比较高，应是一处遗存较为丰富的古文化遗址。

由以上对出土遗物所作的分析结果来看，该建筑基址的建造和延续使用时代是基本清楚的。首先，我们在发掘遗址上所可以见到的大量建筑材料，无论是瓦件、瓦当、砖制品，时代特点都是比较明显的，主要为东汉至魏晋时期遗物。其次，由该建筑基址打破的早期文化层和灰坑中出土的遗物来看，虽然时代延续较长，包含了从二里头文化至东周时期的历代遗物，但有一点是可以确定的，其最晚期遗物为东周时期。第三，由于在该建筑基址出土的建筑材料中，几乎没有见到任何的具有明显北魏时期特点的遗物，遗址时代有着相对的单纯性，这对我们结合文献资料判定这座建筑遗址的最晚修筑与使用时代是极为重要的依据。第四，也是最重要的一点，这次发掘还确定了以往曾经出土过的西晋咸宁四年（278年）所立之辟雍碑的碑座与位置，它属于汉晋时期的辟雍遗址更加无疑了。

综合以上对该建筑基址残存遗迹现象和出土遗物所进行的分析研究结果，我们可以基本确定，这个建筑基址的始建时代不会早于东汉，魏晋时期则进行了部分重修与沿用，北魏时期在此则未进行任何的重修或改建活动，这一结果显然也是与文献中对辟雍的记载大致相符合的。

第四章 太学遗址

第一节 遗址概况与勘察经过

一 遗址概况

太学，是中国古代都城中的皇家学府，也是当时重要礼制建筑的一部分。

据文献记载，东汉至北魏洛阳都城的太学，建于汉魏洛阳故城南墙最东端的城门——开阳门外三里的御道东侧[①]。

经考古勘察，该太学遗址位于今洛河南岸，河南省偃师市佃庄乡太学村的西北，与其西南面的辟雍遗址相距不远（图136；见彩版三，2）。遗址分布在今洛河南堤的南北两侧，这里地形较为高亢、平坦，显然当时选择的地形是比较讲究的。

综合文献资料来看，该太学遗址远应包括东汉太学在内。但由于汉代的太学太大，目前因勘察工作所限，尚没有找到它的准确范围，能够说清楚的只是魏晋以降的晚期太学遗址。另外，据在晚期的太学院落遗址以西约300多米处，即辟雍遗址正北的近代窑场附近翻地及钻探，也曾发现如同东部晚期太学院落内的排房基址相类似的遗迹，或许它是另一处学校或早期太学的地点，本报告暂称之为太学西侧遗址。而在晚期太学南侧约100米处，经过勘探和发掘还发现一处时代略早于晚期太学遗址的大型院落与殿堂遗址，它也可能是另外一种性质的建筑遗址，目前尚无法确定它的定名，暂称之为太学南侧遗址。

二 勘察工作经过

（一）考古调查勘探

第一次考古勘探　时间1972年11月15日至11月26日。据当地农民反映，在洛河南堤北侧农耕时曾发现过较多的大块础石，为印证这一情况进行了勘探，发现一处东西向排房建筑遗迹。此项工作领队许景元，负责具体勘探的为段鹏琦、冯承泽等。

第二次考古勘探　时间1973年5月23日至6月24日。本年春季的发掘结束后，为进一步了解该遗址的范围，又在洛河南堤两侧调查勘探，发现晚期太学的东、北院墙遗迹，另外在太学村西北部还发现一些夯土建筑基址。领队许景元，负责勘探的有陈久恒、冯敏（冯普仁）和段鹏琦等。

第三次考古勘探　时间1973年12月11日至12月16日。本年秋季的发掘，又发现了可能是

---

① ［北魏］杨衒之：《洛阳伽蓝记·城南》：“报德寺，高祖孝文皇帝所立也，为冯太后追福，在开 阳门外三里。开阳门御道东有汉国子学堂。”此“汉国子学堂”，按所述文字理解，当包括太学和国子学在内。引自范祥雍：《洛阳伽蓝记校注》，古典文学出版社，1958年。后皆同。

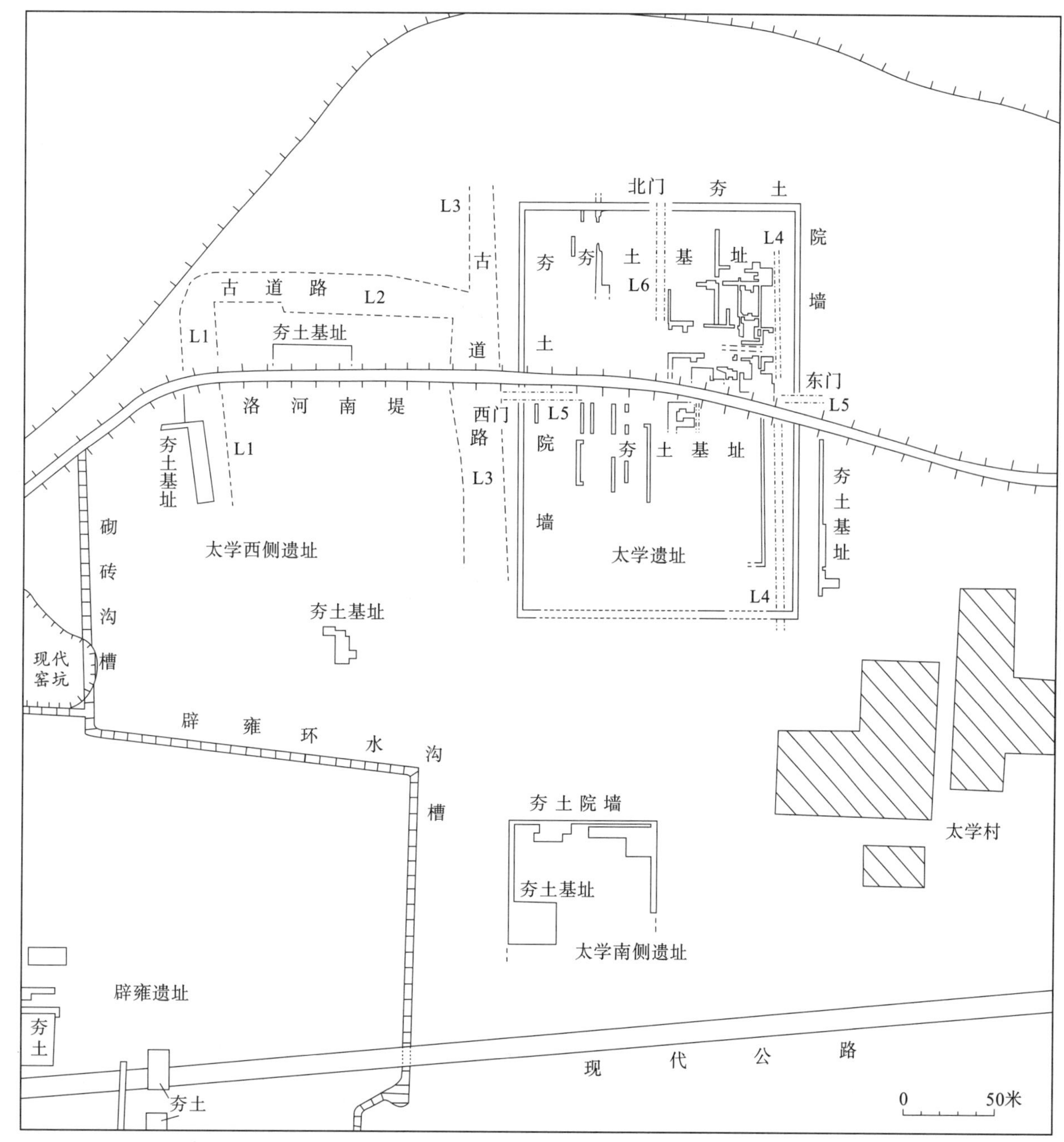

图136　太学及周围遗址勘探总平面图

L1~L6. 古代道路

晚期太学的东墙和东南转角遗迹，随之在洛河南堤两侧对其东墙和南墙进行了追探。领队许景元，负责勘探的为冯承泽、冯敏和段鹏琦等。

第四次考古勘探　时间1974年10月31日至11月20日。为了解太学的建筑布局情况，勘探发现了晚期太学院落中间的东西主干道路、西门和10余处夯土建筑遗迹。领队许景元，负责勘探的为冯承泽等。

第五次考古勘探　时间1977年10月23日至11月17日。此次勘探是重点了解晚期太学院落内东北部的建筑遗迹分布情况，因特殊原因工作半途停工。领队许景元，负责勘探的为冯承泽等。

第六次考古勘探　时间1978年3月28日至4月13日。继续勘探1977年未完成的工作，主要发现了晚期太学院落中间的南北向主干道路、北门、东门和其他一些夯土建筑遗迹。领队许景元，负责勘探的为冯承泽等。

第七次考古勘探　时间1980年3月25日至4月4日。对晚期太学东墙外侧进行勘探，发现太学东门外的东西向道路和一些早期太学的夯土基址。领队许景元，负责勘探的为陈华州等。

第八次考古勘探　时间1981年2月24日至3月30日。对晚期太学院落南侧和西侧的两处遗址进行了勘探，在太学南侧发现一处由多块夯土基址组成的大型院落遗址；在太学西侧（辟雍北侧）发现夯土建筑基址多处、南北向道路1条。此项工作领队许景元，负责勘探的为陈华州等。

（二）考古发掘　在太学遗址主要进行过7次考古发掘工作。

第一次考古试掘　时间1973年3月29日至5月18日。位置在洛河南堤北侧，主要发掘了晚期太学院落西北部的一组东西向排房建筑基址。共开挖14×8米探方5个，编号由东向西分别为73HNTT001~T005。此项发掘领队许景元，参加发掘的有陈久恒、冯承泽、段鹏琦和冯敏等。

第二次考古发掘　时间1973年10月17日至12月19日。位置在洛河南堤南侧，晚期太学院落的东南部内外，主要发掘了早晚不同时期太学的墙垣、房基和道路遗迹若干。共开挖10×4米探方6个，编号由东向西分别为73HNTT101~T106；20×4米探沟1条，编号为73HNTT107；15×5米探沟1条，编号为73HNTT108；19×3米探沟1条，编号为73HNTT109。此项发掘领队许景元，参加发掘的为冯承泽、段鹏琦和冯敏等。

第三次考古发掘　时间为1974年10月12日至11月20日和1975年4月3日至5月12日。位置在晚期太学院落的中部，北面紧贴洛河南堤的南缘，主要发掘一座面向朝东的大型廊庑庭院基址和一座浴池。共开挖20×8米探方3个，编号由东向西分别为74HNTT201~203。此项发掘领队许景元，先后参加发掘的有冯敏、段鹏琦和冯承泽等。

第四次考古发掘　时间1979年10月27日至11月17日。在紧临洛河南堤的南侧，发掘了晚期太学院落的西门基址。开挖14×8米探方1个，编号79HNT西门T1，另在探方西北角扩方3.5×1.4米。此项发掘领队许景元，参加发掘的为段鹏琦、杨虎和肖淮雁等。

第五次考古发掘　时间1980年4月16日至5月17日。在晚期太学院落东南角外，发掘出土一批垫地用石经残石。共开挖探方3个，编号分别为80HNTT301，面积5.5×3米；80HNTT302，面积3×5米；80HNTT303，面积2×2.3米。此项发掘领队许景元，参加发掘的有段鹏琦和陈华州等。

第六次考古发掘　时间1980年10月17日至12月14日。对春季发掘出土石经的地点重新扩大发掘，清理一处东西向排房建筑基址。共开挖10×8.5米探方5个，编号由东向西分别为80HNTT401~405，部分探方局部有所扩方。此项发掘领队许景元，参加发掘的有段鹏琦、肖淮雁和陈华州等。

第七次考古发掘　时间1981年10月31日至12月8日。分别对晚期太学院落南侧和西侧（辟雍遗址北侧）的2处遗址进行发掘。在太学南侧遗址主要发掘一处大型殿堂基址，共开挖11×9米探方3个，5×24米扩方1个，4×3米加6×1米扩方1个，编号分别为81HN太南T1~T5。在太学西侧遗址开挖10×13米探方1个，编号为81HN太西T1，发现有夯土建筑基址、砖砌沟槽和路土等。此两项发掘领队均为许景元，参加发掘的还有段鹏琦和陈华州等。

第二节　太学及周围遗址的勘探

太学遗址的考古勘察从1972年开始，一直延续到1981年基本告一段落，其间除暂停一段时间外，经过了大约8年时间。在这期间，除了每年春、秋季节较完整的时间主要用于考古发掘外，在其余时间进行了大量的勘探工作，为下一次发掘作准备。正是这些勘探工作，除了给发掘提供准确地点，还发现了许多考古发掘无法解决的问题，极大地丰富了对太学遗址的认识。

据勘探获知，晚期太学（魏晋以降）遗址的院落整体为南北长方形，东西约156、南北约220米，方向约为磁北3°～4°。遗址的四面墙垣断续残存，基本能够完整连接起来。其中在西、北、东三面墙垣的中段，均发现有院门；南墙由于夯土遗迹保存较差，门址遗迹无法探寻。此外在院落内外还勘探发现一些主干东西向和南北向道路，还有大量的排房和殿堂建筑基址（见图136）。

一　墙垣与院门的勘探

（一）院墙

晚期太学的墙垣遗迹四面均有残存，但保存状况差异很大。其中南墙保存最差，墙两侧布满了刨挖石经残石形成的扰乱坑，夯土墙基遗迹也是时断时续；东墙的堤北部分保存也较差；西墙和东墙南段保存比较好。由勘探和试掘探沟了解到，其院墙夯土墙基宽约3米，一般距地表0.8~1米见，保存最好的东墙南段夯土厚约1米，保存最差的南墙西段夯土仅厚0.2~0.3米。夯土为灰黄色，夹杂有草木灰和少量红烧土粒，夯土质地坚硬。不同区域夯土的颜色也还略有差别，可能是当时修筑时就地取土所致。

（二）院门

在对院墙和院落内道路的勘探过程中，在遗迹保存相对较好的西、北、东墙中段，均还发现各有一处被道路横穿的门址缺口。南墙中段由于墙垣和道路遗迹被破坏严重，门址未能找到，可能已被破坏。下面分别叙述。

西门　在西墙的中段，即洛河南堤南侧约4~10米处。门址缺口中间有一条东西向道路（L5）穿过，路土遗迹宽约3.1米。此门的南、北两侧墙基，均向西面伸出有墙垛夯土，长、宽均为约2~2.5米。院墙与门垛夯土距地表0.8米左右见，厚约0.4米。此门址及附近，勘探所见砖瓦不多。

北门　在北墙的中段。门址缺口宽约15米，中间有南北向道路（L6）穿过，路土遗迹据地表深0.7~0.9米。该门缺口较大，可能为后代扰乱破坏所致，具体门址形制和结构无法探明。

东门　在东墙的中段，即洛河南堤北侧4~8米处。门址缺口也为一条东西向道路（L5）穿过，路土遗迹距地表深约0.9米。由于此处为近代坟地，又因早年修河堤取土破坏，地势已成低洼，除了路土遗迹，南北两侧夯土墙基均已被破坏无存，门址形制和结构不清楚。

二　道路的勘探

据考古勘探，在太学遗址发现的道路遗迹不仅数量多，而且比较复杂，时代差异较大。通过对勘探资料进行整理归纳，其主要道路有6条，编号分别为L1~L6（见图136）。这些道路皆为主干道路，除L4为早期道路，晚期可能废弃不用以外，其余5条道路至少晚期太学均还在使用。

L1　位于晚期太学院落外西侧，辟雍遗址北侧的东西向环水沟槽正北面120~248米处。路土为南北走向，中段被洛河南堤截断破坏。河堤以北长约66、宽约20米；河堤以南残长约70、宽约12.5米。路土灰褐色，较杂乱，距地表深0.8~0.9、厚0.1~0.2米。

L2　同样位于晚期太学院落西侧，洛河南堤北侧30~35米处。该道路为东西走向，西端接L1北端，东端与L3南北向道路相接，显然为从开阳门外御道通往太学的主干东西道路。该道路全长约170、宽12~20米，两端略窄中间稍宽，路土厚约0.2~0.4米。西段路土为黑色杂乱土，距地表深约0.5米；东段路土为黄褐色，距地表深约0.8米。

L3　位于辟雍遗址东北方向，紧邻晚期太学院落的西墙外侧。该道路为南北走向，北端超过晚期太学北墙，向北未继续追探，南端接近太学南墙因被扰乱未发现遗迹，但其方向正对辟雍遗址东侧环水沟槽的东面和太学南侧院落遗址之间。该道路在河堤南、北两侧，分别与东面贯穿晚期太学院落中间的东西主干道路L5、西面从开阳门外御道方向而来的东西向道路L2相交汇。路土在河堤的南、北两侧分别残长100余米，为深褐色，较杂乱，内含木炭屑及白灰渣等。堤北L2以北路土宽约12米，L2以南宽约26、距地表深0.9~1.1、厚约0.1米；堤南北端宽约33、南端宽约24、距地表深0.8~1、厚0.1~0.2米。

L4　位于晚期太学院落内，紧贴太学东墙内侧。道路为南北走向，方向比东墙略向西偏出1.5°，因此北段距东墙稍远，距离约10米；南段距东墙较近，距离约3~6米。整个道路南北断续残长200余米，向南穿过晚期太学的东墙。河堤以北部分路土宽2.5~3、距地表深约0.6~0.7、厚约0.4米；河堤以南部分路土宽约4~6、距地表深0.8~1.2、厚0.2~0.6米。路土较为坚硬，上部为黑褐色杂乱土，下部为比较纯净的黄褐色路基夯土。从T108探沟试掘来看，该道路有车辙，而且被南墙打破，显然应为早期太学的道路遗迹。

L5　为横穿整个晚期太学院落中间的东西向主干道路，其道路中段大部被修筑的洛河南堤占压或取土破坏，仅残余贯穿太学东墙和西墙院门位置处的一小段道路。贯穿太学东墙院门位置处的道路残长约10、宽2.5~3米，距地表深约0.6~0.9米，出太学东墙后向东未进行追探。此外据当地农民反映，修筑河堤前在接近太学东墙位置处取土时，还曾发现有几块条石和一块1米余见方的青石块，联系到勘探的道路情况，这有可能是晚期太学东门的残存遗迹。

L6　为纵穿整个晚期太学院落中间的南北向主干道路，分别距太学东、西院墙75米和70.5米，但由于河堤南面被扰乱破坏严重，道路未能探明，仅残存河堤北面一段。其北端出太学北墙缺口外约5米处中断，向南在距河堤约30米处探寻不见。路土残长约60、宽约4.5、距地表深约0.7~0.9、厚约0.1~0.2米。路土黑褐色，较坚硬，内含砖渣瓦砾等。路土下压黄褐色土，距地表约1.3米见生土。

三　夯土建筑基址的勘探

在太学遗址勘探还发现大量的夯土建筑基址（见图136），除了在已经探明范围的晚期太学院落中遍布外，许多夯土基址还远远超出这个院落范围的东西两侧，显然它们还可能存在着时代上的差异。

（一）晚期太学院落内的勘探

从勘探情况来看，晚期太学院墙范围内文化层堆积较厚，砖、瓦、陶器碎片和灰渣等各种建筑废弃物到处可见，条状夯土建筑基址和道路等遗迹现象也比较多，而且有一些复杂的叠压和打破关系。显然这个区域不仅仅是晚期太学的范围，而且很可能也是早期太学的重要中心区域。

在院落内西北部和西南部，均发现许多条状夯土基址，而且主要为南北向，其间或还有较窄的零星道路路土遗迹。其中院落西北部主要有4块南北向条状夯土，西南部主要有10块南北向条状夯土。夯土一般距地表深多在0.7~1.2米之间，厚0.4~1.1米。夯土为黄褐色或灰黄褐色，土质较为坚硬。这些条状夯土的残存长度不等，多在8~20米之间，个别较短或较长；宽1.3~2米，多为1.5米。条状夯土排与排之间排列比较密集，一般相距5~10米，很可能都是太学校舍的排房基址。

院落的东南部，由于被扰乱破坏严重，规整的夯土遗迹不多，主要有一处大型夯土建筑基址和一条较长的南北向夯土墙基。大型夯土基址位于院落东南部的西北角，即靠近院落中心十字街的东南部，北面紧贴洛河南堤。据勘探该基址遗迹较为复杂，有夯土、地面、路土和砖石等，范围东西约18米，南北约20米。夯土主要为灰褐色，较杂乱，距地表深1.1~1.6、厚约0.5米。基址南部和西部，普遍发现有平铺砖的遗迹，距地表深均为0.9米。南北向夯土墙基位于晚期太学院落东墙内侧约15米处，也即L4道路西侧7米处。墙基南北残长约85、宽约1.5米，北端中断于河堤南缘，南端距晚期太学南墙约30米处转折向西，向西约5米夯土中断。夯土灰黄色，较杂乱，坚硬，距地表深约0.9~1.1、厚约0.6米。

院落的东北部，勘探发现的夯土遗迹相对保存较好，而且同院落西北部和西南部多发现似排房建筑的南北长条状夯土基址略有不同。其夯土基址虽然也多为条状夯土，但其东西向和南北向条状夯土是相互交错连接的，可以组成多个单体院落，而且还有一些面积较大的块状夯土。这些条状和块状夯土主要分为9组，编号分别为夯1~夯9（图137）。其条状夯土残存长度一般在30~50米，宽均为1.5~2米；块状夯土大小差别较大，小的长宽在6~15米之间，大的长宽则达到20~45米。夯土多为灰褐色或黄褐色，比较坚硬，较杂乱，含有木炭灰、红烧土和碎瓦片等。一般距地表深0.4~1米见，厚0.5~1米。

（二）晚期太学院落外围的勘探

晚期太学院落外的周边区域，夯土遗迹分布与保存状况都有很大的差别，可能还分布着早期太学或其他遗址的一些建筑遗迹。

院墙外西侧，即为一条南北向主干大道L3，显然是联系太学的主要通道，该道路再向西一直到另一条南北向大道L1位置处，东西约120、南北200余米。这一区域我们暂且称为太学西侧遗址，遍布着与晚期太学院落内相似的夯土建筑遗迹，有长方形基址，也有不规则条状基址。长方形夯土基址位于洛河南堤北侧，L2的南面，东西长约42、南北残宽12米。夯土黄褐色，较杂乱，距地表深0.6~0.8、厚0.7~0.9米。不规则条状夯土基址较大的主要有2块，皆位于洛河南堤南面。一块在辟雍北侧环水的东北面，其夯土西北部和东南部各向外凸出一块，整个基址东西和南北最长均接近20米。夯土黄褐色，夹杂有红烧土和木炭灰屑等，距地表深

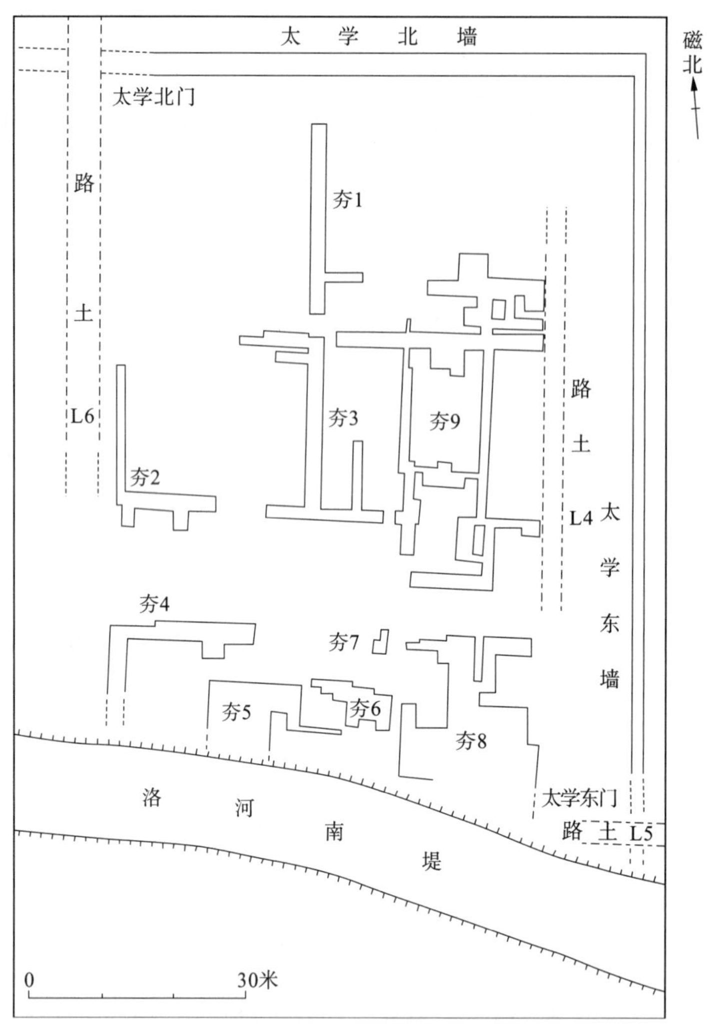

图137　晚期太学院落东北部勘探平面图

0.5~0.7、厚0.3~1.4米。另一块紧贴L1西侧，整体作曲尺形。其主要部分为南北向条状夯土，残长约45、宽约9米，夯土黄褐色，距地表深0.9~1.1、厚约1.7米；其北端另向西折拐一段条状夯土，东西残长15、宽约2.5米，夯土灰褐色，距地表深约0.8、厚约0.35米。此外据当地农民反映，以往耕地在此也曾发现过长条状的排房基址。由于这个区域过去曾经是盗挖石经残石的地方，有关遗迹被破坏极为严重，而且勘探和发掘工作也较少，详细的遗迹分布情况和建筑时代、性质皆不清楚。

院墙外北侧，基本没有发现建筑遗迹，一般距地表深1.3米左右即是生土。

院墙外东侧和东南侧，发现有较丰富的夯土建筑遗迹，主要也是一些东西向或南北向的条状基址。其中东墙南段外侧6米处，有一南北向条状夯土，南北残长约88、宽2.5~4.5米。接近南端夯土向东凸出一块，东西长20、南北宽7米。夯土黄褐色，较杂乱，距地表深0.7~1.2、厚1~1.5米。根据试掘探沟判断，这些条状夯土可能是早期太学的建筑排房遗迹。

院墙外南侧，靠近院墙附近可能由于被扰乱破坏的缘故，也未发现有关的建筑基址。但在远距院墙南侧约110米处，则另外发现一处布局较为完整的建筑院落，我们暂且称之为太学南侧遗址。其中除了围绕院落的长条状夯土墙基，还有3块面积较大的块状夯土基址。其院落墙基呈南面缺口的半包围状，编号为夯1，其东、北、西三面夯土院墙均保存完好，南面可能已被破坏，整个院落方向为磁北5°（图138）。东墙残长50、北墙长78、西墙残长67米。墙基一般宽2.5~3米，距地表深0.6~1米见，厚0.6~0.9米。夯土为黄褐色，坚硬，较纯净，含有少量草木灰和红烧土粒。在院落西南角，有一长方形夯土殿基，编号为夯2。基址东西约25、南北约22米。夯土与夯1相同，距地表深0.5~0.7米见，厚0.8~1米。该基址北面，还普遍发现一片平铺砖，距地表深0.5米见。此外在夯2之东约10米处，还发现一块同类夯土，具体形状与范围因故未及探清。院落西北角，为一不规则形状夯土基址，编号为夯3，东西最长18、南北最宽10米。夯土与夯1、夯2相同，一般距地表深0.7~1米见，厚0.7~0.9米。该夯土基址南侧，有较多的乱砖瓦堆积和白灰粒。院落的东北角，还有一块较大面积的曲尺状夯土基址，编号为夯4。该基址东西最长约34、南北最宽约16米。夯土与夯1、夯2、夯3相同，一般距地表深0.8米见，厚约0.8米。根据发掘情况，该院落基址时代略早，大约建造使用于东汉时期，可能到魏晋时期仍有沿用。

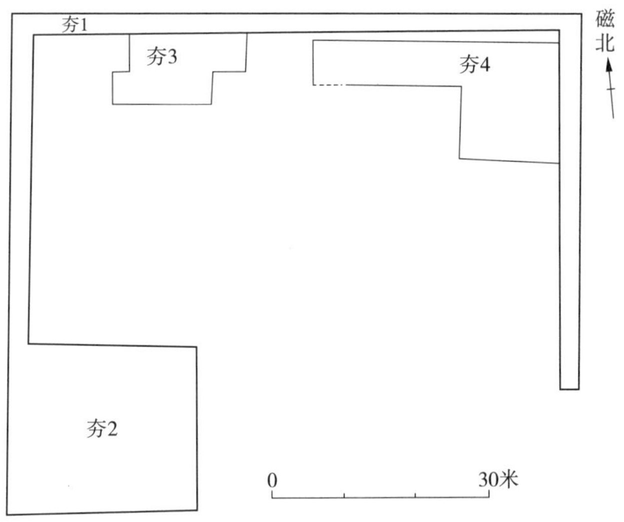

图138　太学南侧遗址勘探平面图

第三节　太学遗址的发掘

由勘探资料来看，太学遗址主要位于开阳门外辟雍遗址的东北面，今洛河南堤的南北两侧。在这一区域内长条形房屋和院落廊庑基址随处可见，而且每一个建筑都是有一定的规格，作为校舍，一般以相邻房子距离较近、平行排列，而且较密集。

发掘工作主要围绕着勘探的晚期太学院落来进行。由于该遗址面积较大，各种建筑遗迹残存较多，而且有复杂的早晚叠压关系，因此发掘主要采用开挖长条形探沟或探方的方法来进行，对单体基址没有进行较大面积的全部揭露。

发掘重点选择了5个地点（图139），即太学院墙西门（西门T1）、太学院落内西北部（T001~005）、太学院落东南部墙垣内外（T101~109）、太学院落中部（T201~203）和太学院落东南角外侧（T301~303、T401~405），下面分别叙述。

一　西门基址

（一）发掘与布方概况

太学西门基址位于院落西墙的中部，紧贴洛河南堤的南侧。在勘探的西门位置处布设长方形探方一个，编号79HNT西门T1，方向为磁北6°。探方南北长14、东西宽8米；另在探方

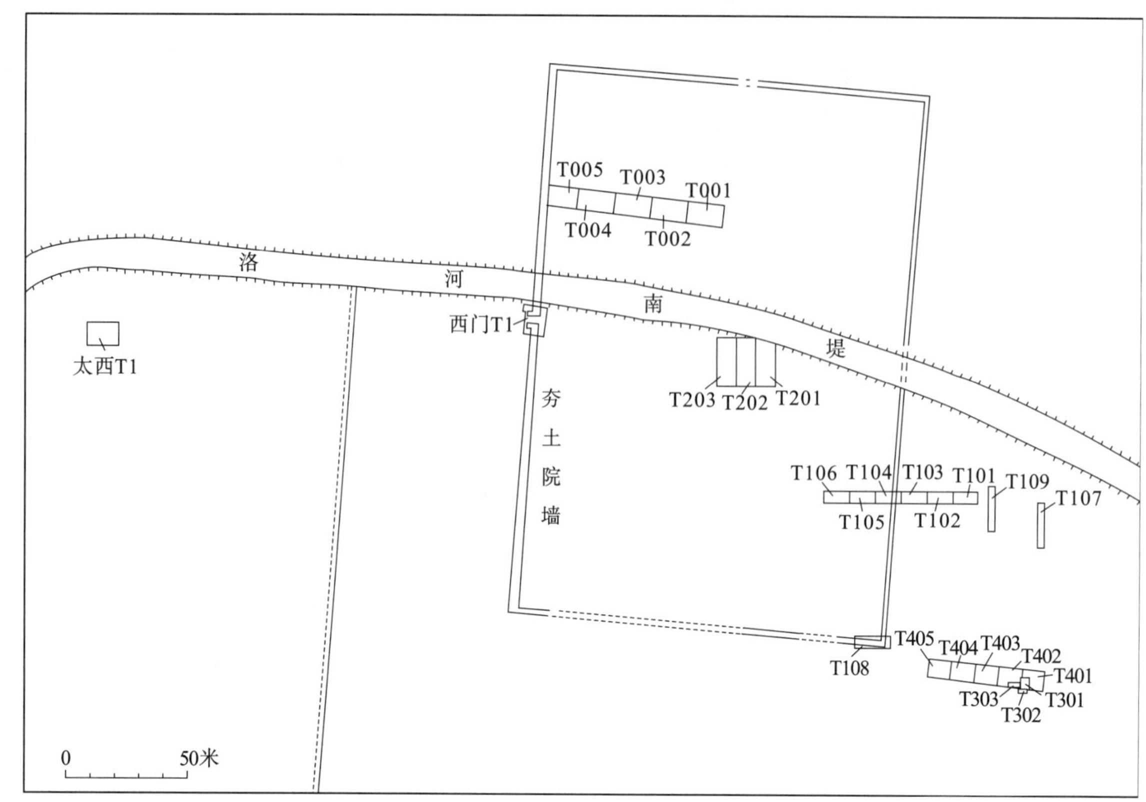

图139 太学遗址探方分布图

西北角向西扩方，南北长3.5、东西宽1.4米。发掘总面积约117平方米。

（二）地层堆积

第1层：耕土及扰土层。黄褐色土，含沙，质地松散。厚0.35~0.6米。

第2层：红褐色土，土质紧密，坚硬，夹杂有红烧土、木炭屑等。距地表深0.35~0.8、厚0.2~0.5米。含有绳纹面长方砖、素面板瓦片、篮纹面板瓦片、绳纹面板瓦与筒瓦片、云纹瓦当以及陶盘、陶瓮和青瓷器等器物残件，另还出有铁镞、铜环和五铢、货泉、大泉五十等钱币。从遗物来分析，该层为北魏以后废弃堆积层。

第3层：黑灰色土，土质较硬，内含大量草木灰屑、砖瓦块和陶片等。该层仅在探方东北角和西北角扩方内局部发现，距地表深0.65~0.8、厚约0.1米。遗物与第2层大致相同，时代约为北魏。

第4层：灰色夯土，表层似为路面，极为坚硬，似经过夯打。该层仅在探方东北角第3层下发现，距地表深0.75~1、厚0.15~0.2米。依据地层关系判断，该层应为院门基址外侧的地面夯土遗迹，最晚使用时代应早于北魏。

（三）晚期门址遗迹

根据勘探，晚期太学唯有西门保存较好。由此，我们在紧贴洛河南堤南缘的太学西墙中段开挖此探方。

发掘显示，该门址保存较差，仅存院墙及门垛夯土的基础部分（图140；图版一〇九，1）。院墙墙基在探方内基本呈南北向，宽3~3.1米，方向为磁北3°。墙基为夯土筑成，夯

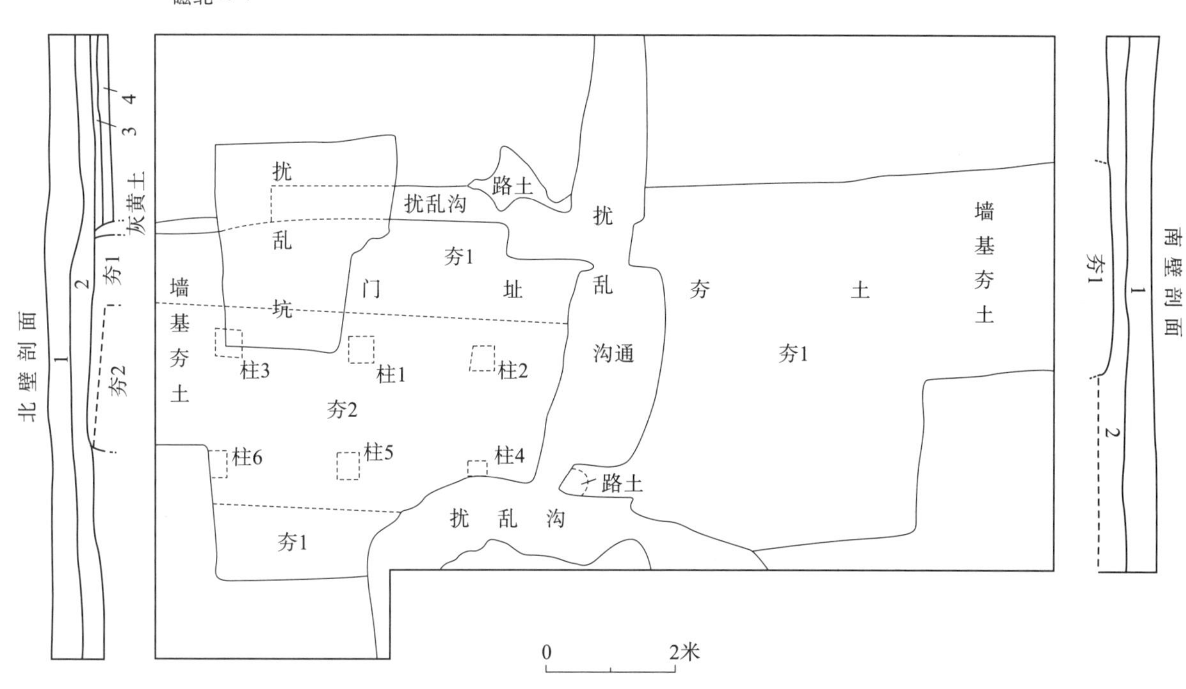

图140　太学西门基址平剖面图

1. 耕土及扰土层　2. 红褐色土层　3. 黑灰色土层　4. 灰色夯土层

夯1. 晚期门址与墙基夯土　夯2. 早期房基夯土　柱1~6. 早期房基柱槽坑

土灰黄褐色，质地较差，中部夯土内含有较多的砖瓦残块。门址位于院落西墙的中段，夯土编号为夯1，门垛向西凸出院墙以外2.1~2.5米，整个门基南北长11.1~11.3、东西宽5.6米。门址中部和北段，夯土基址被几条互相连通的扰乱沟或扰乱坑打破。门址表面未发现柱础遗迹，仅于门址中部之东西两侧，各发现一小片路土，其保存高度略高于门址夯土，或为最晚时期使用的门道位置所在。

在门基和墙基夯土的东侧，北端门垛夯土的西面，普遍发现有一层灰褐色夯土，比较薄，最厚约0.2米，似为门址两侧的地面夯土遗迹。

遗物有唇部带戳印的素面筒瓦片、篮纹板瓦、绳纹筒瓦和板瓦片等。门基和墙基的建筑与使用时代，大致为魏晋至北魏时期。

（四）早期建筑遗迹

在清理门址时，在门基北部夯土中下挖约0.1米深，还发现一条早期的南北向夯土建筑基址（图140），编号为夯2。南北残长6.3、东西宽2.9米，夯土呈黄褐色，质地坚硬。该早期夯土表面，尚残存有6个方形柱础坑槽，排成两排，两两相对，编号分别为柱1~柱6。对柱1和柱2坑槽进行了解剖清理，柱础坑槽一般0.4米见方，深约0.2米。详细尺寸参见表二。

在墙基的东侧，院墙夯土和院墙东侧的灰夯土之下，还发现大面积的路土遗迹，并被早期墙基打破。在探方东北角揭露了一片，南北长9、东西宽4.3米。路土呈红褐色，土质极为坚硬，厚约0.1米。

表二　太学遗址墙基上所留柱础大小尺寸表

（单位：厘米）

编号	大　小	深　度	备　注
柱1	37×37	20	
柱2	40×43	18	
柱3	40×43	?	
柱4	30×19	?	残
柱5	35×43	?	
柱6	?	?	

这两处早期夯土基址和路面遗迹，显然都是魏晋时期以前残存下来的建筑遗迹。

二　西北部排房基址

（一）发掘与布方概况

太学院落西北部的排房建筑基址，是根据当地农民提供的线索又经过勘探复查发现的。在此东西向布设一排5个探方，编号由东向西分别为73HNTT001~T005。这排探方基本横贯了整个太学院落的西北部，每个探方均东西长14、南北宽8米，方向均为磁北96°。发掘总面积560平方米（图版一〇九，2）。

（二）地层堆积

第1层：耕土层。黄褐色土，质松散。厚0.35~0.55米。

第2层：北魏废弃堆积层。灰黄色土，较杂乱，普遍见有红烧土粒、炭灰屑，并有少量兽骨。距地表深0.35~1、厚0.15~0.65米。遗物有绳纹和素面长方砖，素面板瓦、篮纹板瓦和绳纹筒瓦残片，以及陶甑、盆、罐、瓮等器物残片。此层下即为房基等建筑遗迹。

第3a层：红褐色垫土，质地较松，夹杂有碎夯土。该层主要在T005西北部分布，距地表深0.75~1.1、厚0.1~0.35米。该层土下面为Y1的窑室内填土，填土中出土较多的篮纹板瓦，证明其为烧造篮纹筒瓦的窑址。该层显然为魏晋或晚于魏晋的废弃堆积层。

第3b层：灰褐色土，土色较深，质地细密，在多数探方内该层表面为一层硬地面。距地表深0.35~0.85、厚约0.15~0.25米。遗物较为丰富，主要为绳纹板瓦与筒瓦片，还有一些陶盆、罐、钵、瓮、器盖残片和陶纺轮、陶饼等。该层时代约为魏晋时期以前。

在第3b层下发现有早期的地面、砖砌水道、砖砌水池和南北向夯基等遗迹。

（三）晚期建筑遗迹

在该探方内，主要为两座房址（F1、F2）和1座烧瓦窑（Y1），还有一些零星的建筑柱础、砖墙、排水沟槽、渗坑和灰坑等遗迹（见图141；图版一一〇；图版一一一）。

1.F1房基

房基为面向朝北的东西向长条状排房，东西总长约65.5米，方向磁北5°。房基仅东西两端和南面（后墙）有夯土墙，北面砌筑砖墙作为前檐墙。根据完整排列的18个柱础可获知其

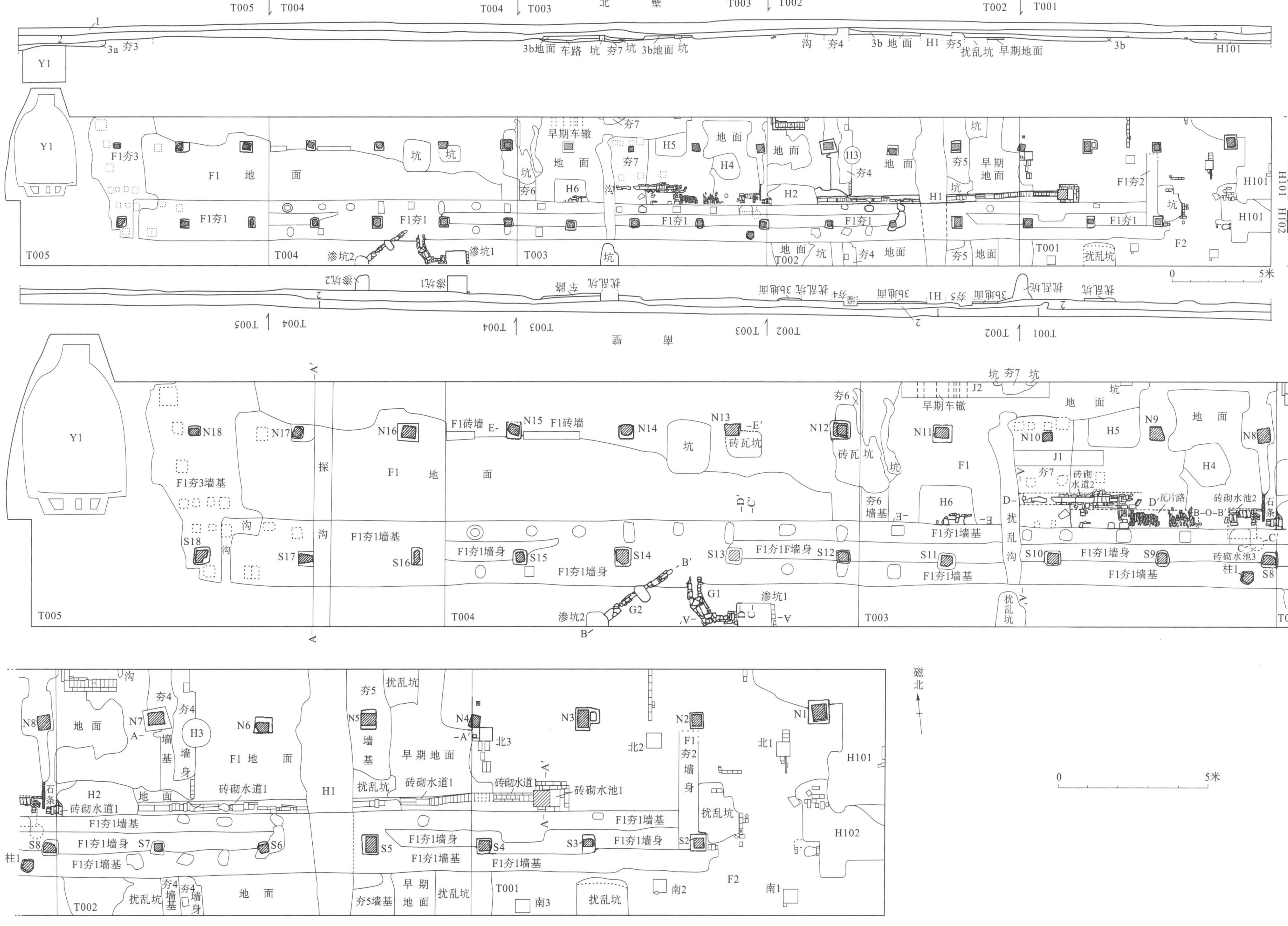

图141　太学遗址T001~T005平剖面图

1. 耕土层　2. 北魏堆积层　3a. 红褐色垫土层　3b. 灰褐色土层　4. 灰色夯土层　夯1~夯7. 夯土基址　Y1.窑址N1~N18、S2~S18、北1~北3、南1~南3、柱1. 建筑柱槽坑　H1~H6、H101、H102. 灰沟与灰坑　J1.解剖沟

开间为17间，包括东端南北向夯墙（夯2）外侧的一间。

房基墙身和墙基夯土截面作“凸”字形，夯筑而成（图142、143）。南面墙基编号夯1，东面墙基编号夯2，西面墙基编号夯3。墙基一般宽1.9~2.1、个别处宽3、厚约0.7米；墙身宽0.68~0.8米，残高约0.2米。在后墙墙身和前檐墙位置处，各排列有一排柱础槽，南面一排编号为S1~S18，北面一排编号为N1~N18，排间距3.6米；排内柱础之间的距离，一般为3米左右，但东西两端各有两间距离稍大，约为3.5米。柱础槽内除极个别外，绝大多数均有础石残存。础石一般长宽在0.4米左右，个别稍小或稍大，厚0.1~0.4米不等。柱础槽较柱础石略大，多数长宽在0.5~0.7米，个别较大（图144~146；图版一一二，1）。详细尺寸参见表三。

在T004~T005内，前檐柱础N14~N16之间，尚残存有两段砖砌的前檐墙遗迹。砖墙是用半块小砖并列平铺，宽0.27、残高0.12米。砖多为素面长方砖，少数用绳纹长方砖，残存两层，上层大多或缺，下层基本完好。其中东面一段在N14~N15之间，残存长度约1.94米（图版一一二，2）；西面一段在N15~N16之间，残长约1米。

另在夯1墙身两侧的墙基夯土上，还零星发现有相对独立的柱础，时有时无，多数成对放置，间距也不一致，多在1.6~1.7米，个别为1.5米或1.9米，柱础内多有较小的础石。也有个别础石做法较为特殊，如T003东南部柱1础石表面周围还立置有两个筒瓦，呈圆形合抱在一起，直径0.34~0.38米（图版一一三，1）。似原来围护在木柱周围，木

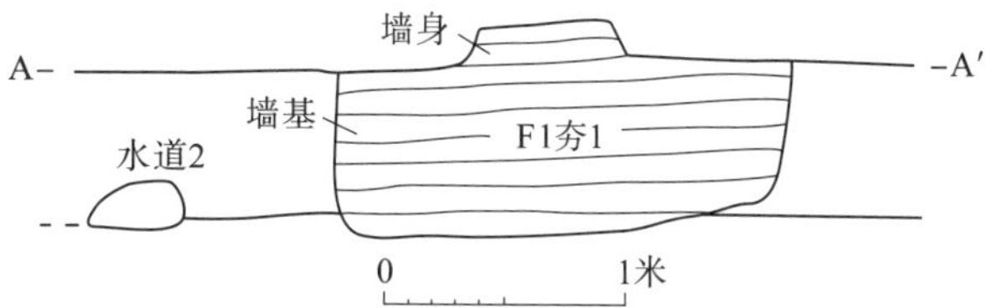

图142　太学遗址T003A-A'F1夯1墙基剖面图

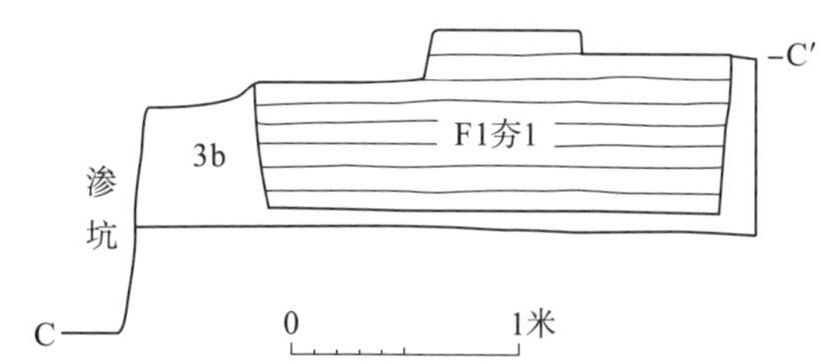

图143　太学遗址T004C-C'F1夯1墙基剖面图
3b. 灰褐色垫土层　夯1. 夯土墙基

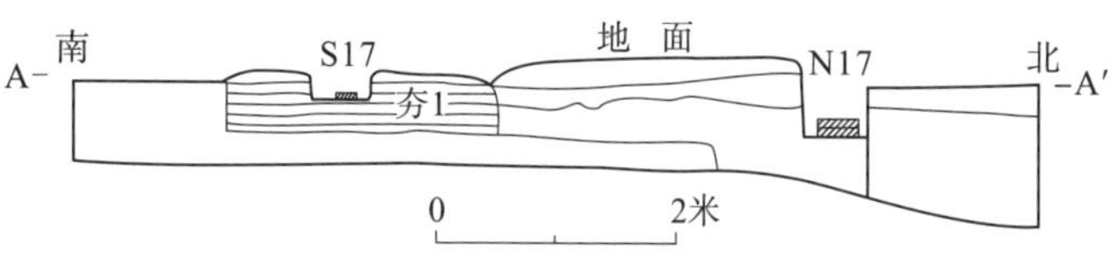

图144　太学遗址T005A-A'F1房基剖面图
夯1. 夯土墙基　S17、N17. 建筑柱础石与础槽

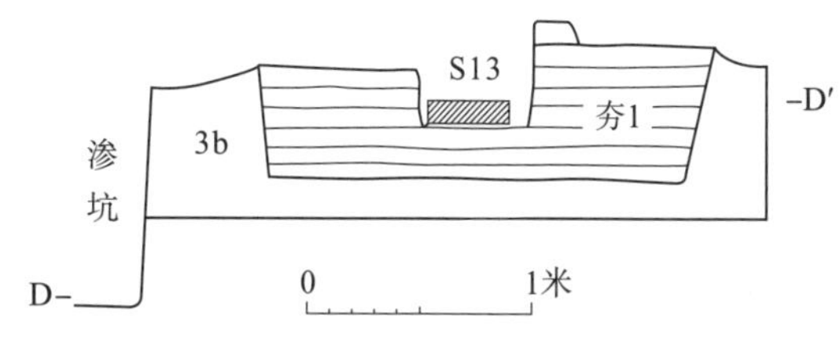

图145　太学遗址T004 D-D'F1夯1墙基与础槽剖面图
3b. 灰褐色垫土层　夯1.夯土基址 S13. 建筑柱础石与础槽

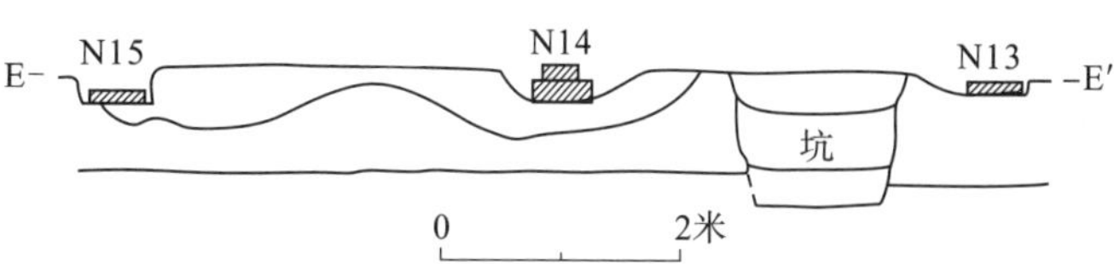

图146　太学遗址T004 E-E'F1前檐柱与础槽剖面图
N13~N15. 建筑柱础石与础槽

表三　太学T001~T005F1房址础石与础槽尺寸登记表

（单位：厘米）

编号	柱础槽			柱础石			备　注
	长	宽	深	长	宽	厚	
N1				52	42	40	石仅存斜半，出土时斜放在槽内
S1							已破坏无存
N2				40	40	12	石下面似经夯打
S2				35	35	10	红沙石质
N3				60	40	6	石东侧放大城砖半截
S3				25	30	12	此石较小
N4				35	45	16	向东北偏斜，整个础石都在灰土中
S4				40	40	7	
N5	65	50	38	38	46	15.5	打破夯土墙3
S5	65	52	32	60	37	9	
N6	50	61	30	36	40	5	打破灰褐色路土
S6	55	?	33	36	36	13	柱槽东边被破坏
N7	70	80 ~ 90	10	43	57	7	打破夯土墙2
S7	42	42	55	32	38	12	
N8	64	70	12	49	50	13	
S8	43	48	23	34	40 ~ 26	10	
N9	74	74	24	50 ~ 36	49	16	石半个压在夯土上，北端下边垫瓦片
S9	48	40	29	42	31	8	
N10	48	47	?	34	37	9	
S10	47	50	26	38	42	11	
N11	60	67	33	35	43	8	
S11	50	55	21	37	36	11	
N12	60	63	20	38	34	5.5	石为上下重叠，石质皆青石，表面粗糙
S12	42	43	30	36	34	11	石南部凿为斜条纹
N13	?	?	?	40	45	12.5	柱槽已破坏无存
S13	52	54	43.5	39.5	41	12	石为红沙石，表面平整光滑
N14	?	?	?	34	39	11	柱槽已被破坏。石上下重叠，上为红沙石，表面平整，下为青石表面粗糙
S14	63	53	28	45	38	14	石表面粗糙
N15	55	50	64?	39	41	11.4	石表面较平整，南部向下倾斜
S15	54	54	15	38	34	12	石为红沙石，表面略平整
N16	76	62	38	51	30	9	
S16	38	60	13	29	47	10	
N17	52	50	58	32	38	9	在础石的东与南侧，见有残砖填缝
S17	42	37	13	17	34	6	

（续表三）

编号	柱础槽			柱础石			备　注
	长	宽	深	长	宽	厚	
N18	42	39	12	32	33	9	
S1	59	58	20	44	38	7	
柱1	T003“础石上立置筒瓦”，础石略呈圆形，红沙石，直径34、厚7厘米						

柱腐朽后留存下来此种现象。在夯3夯土基址上，也残存许多此类柱础坑槽，约有6排11个，每排1~4个不等。坑槽的大小有0.25×0.25、0.3×0.4、0.55×0.6米几种规格，不知用途为何。

2.F2柱础

在F1房基的东端3间房址下，经过清理还发现有另一组略早于F1排房的房址柱础遗迹，柱础排列也为东西向。说明在此房基下原来曾经建过一组房子，F1房基将其叠压。

这排房址柱础坑槽均发现在T001内，南面和北面各一排三个，由东向西分别编号为：南1~南3、北1~北3，排间距5~6米。但南北两排柱础，并不严格对照，尤其是南3和北3东西偏差约1米。在北1的南北两侧、北2的北侧、北3的南侧，均还发现有砖砌的隔墙残迹，该建筑遗迹的性质尚难确定。

3.排水沟

在T004中部南壁下，F1南墙（夯1）的南侧，还并排发现2条排水沟槽。东面一条排水沟槽编号为G1，西面一条排水沟槽编号为G2（图版一一三，2）。沟槽北端均修建在夯1南侧的墙基夯土上，南端分别汇入一个渗坑中。

G1　排水沟槽用小砖砌筑而成，自西北向东南坡下，残长约2.5米（图147；图版一一四，1）。用砖主要为素面长方砖和绳纹长方砖，还有一块席纹砖。残存的北端入水口在F1墙基夯土上，沟口宽0.19米；沟槽自北向南约1米向东南转折，此段沟槽两侧砖壁均平砌两层，底层用不甚规整的半截小砖，上层用整砖或较完整的小砖错缝砌筑；沟槽自向东南转折0.5米后，再向东转折，沟槽南壁用5块、北壁用三块小砖竖立砌筑，而且两壁均向内侧倾斜；沟槽最东端两壁均用半砖错缝平砌4层，砖间还以绳纹面瓦片填缝，东端沟口宽0.13米。沟槽顶部原来均用砖石铺砌盖顶，但北端沟口约1米长被破坏。盖顶用砖主要为素面小长方砖，石板则只见一块方形青石和两块不甚规整的红沙石。青石的规格为0.35×0.32×0.06米；红沙石的规格分别为0.35×0.25×0.1米和0.39×0.28×0.09米。沟槽底部除东端沟口内0.7米长平铺有绳纹面长方砖外，其余沟底均为灰褐色土铺垫成硬面。沟内填满水浸土，质松散，略杂乱。

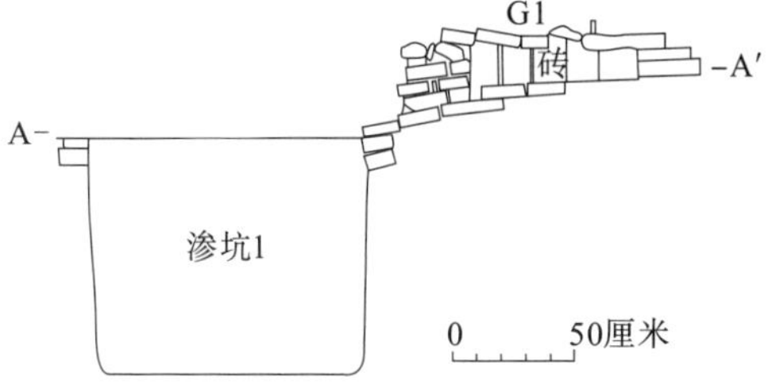

图147　太学遗址T004A–A'G1剖面图

沟槽东端出口汇入渗坑1。该渗坑平面略呈长方形，东西长1.16、南北残宽0.9、深0.95米，底部略小，为生土底。渗坑东壁和西壁口部均还用砖错缝平砌2~3层，砌砖下为土壁；北壁未见砌砖；南壁在探方外，有无砌砖不清楚。渗坑内也填满水浸土，土呈黄绿色，质松散。遗物有大量砖瓦碎片，瓦多为黑色素面筒瓦，砖有素面和绳纹面小长方砖，还有一块残席纹砖和一件云纹瓦当以及少量陶片和铁钉等。沟槽的建造与使用时代可能为北魏时期。

G2　沟槽位于G1的西侧，其北端入水口东距G1北端入水口0.5米。沟槽为砖瓦砌筑，自东北向西南坡下，西南端汇入渗坑2，残长2.7米，方向约为磁北60°（图148）。沟槽底部，北端用素面小长方砖及席纹长方砖残块铺底，南端用空心砖残块和板瓦铺底，西南端出口处为一完整板瓦，瓦向下呈30°倾斜。在沟槽底部铺砖两侧，并列竖砌素面小长方砖残块为沟壁，沟口宽0.12米。沟槽顶部未见盖顶砖。

渗坑2南半部被压在探方外，现平面略呈半圆形，直径约0.8、深0.83米。坑壁均为土壁，底部为生土。坑内填满水浸土，土质松散。遗物主要为大量的篮纹面板瓦片，还有一个卷云纹瓦当等。沟槽的使用时代约为魏晋时期。

4.火炉

位于T003最东端F1夯1墙基北侧，瓦片路东端与砖砌水池2之间。系在房基地面下修筑而成。火炉平面呈圆形，口部稍小，直径约0.16米；炉膛内较大，直径约0.2米；深约0.11米。火炉口部残有炉篦，周围被烧成厚约0.1米的红烧土壁（图149；图版一一四，2）。炉底部散乱有许多炉篦残块和陶盆残片，经修复系一件原来带有炉篦的火盆。

5.Y1烧瓦窑址

Y1位于T005最西端，F1夯3基址的西侧。开口于第2层和第3a层下，距地表深0.8~1.1米见残存窑壁。

该窑坐南朝北，主要由操作区、窑门、火膛、窑床和烟道等组成。整个窑室南北长5.6、东西宽3.4米，方向约为磁北5°。窑室南壁和烟道保存较好，最高1.6~1.8米；东壁残高1.63米；西壁约1.68米。因窑顶已塌，窑室原来高度不详（图150；图版一一五）。

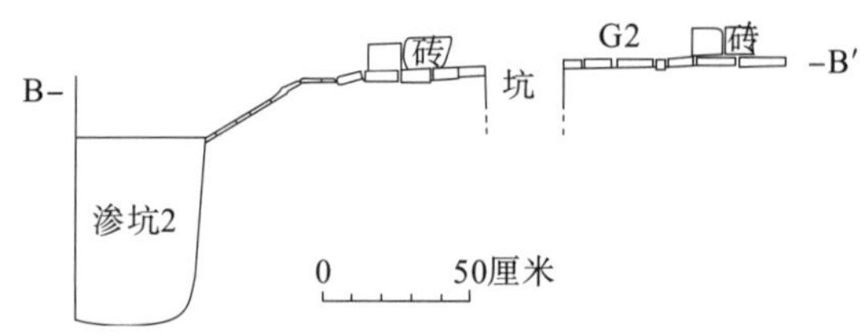

图148　太学遗址T004B–B′G2剖面图

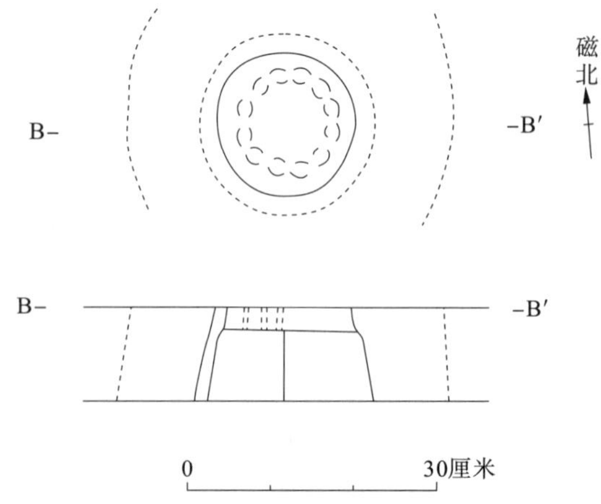

图149　太学遗址T003B–B′火炉平剖面图

操作区位于窑址北部，因大部分在探方外未经发掘，范围和形制不清楚。窑门是用土坯砖垒砌成拱券门，外侧拱券残高约1.78、内侧券门高约1.2、门宽0.93米，门上券砖尚存五层。窑门内火膛南北长1.7、东西宽2.6米。火膛地面平整，系用泥加工抹平，被烧得红一块、青一块，呈青灰色硬面或烧琉状，地面上残留有草木灰及木炭屑等。窑床比火膛略高，在窑床与火膛之间形成一道高坎，高低相差约0.2米。窑床南北长2.4、东西宽约3米。窑床的东西两壁下部各有0.6~0.7米高的生土壁面，均被火烧成琉质状，厚达0.2米；上部壁面则是用土坯砖垒砌，外抹草拌泥，也被烧得十分坚硬；窑室顶部也可能是用土坯砖封券。南壁上烟道有三孔，中央一孔垂直，两边两孔弯向

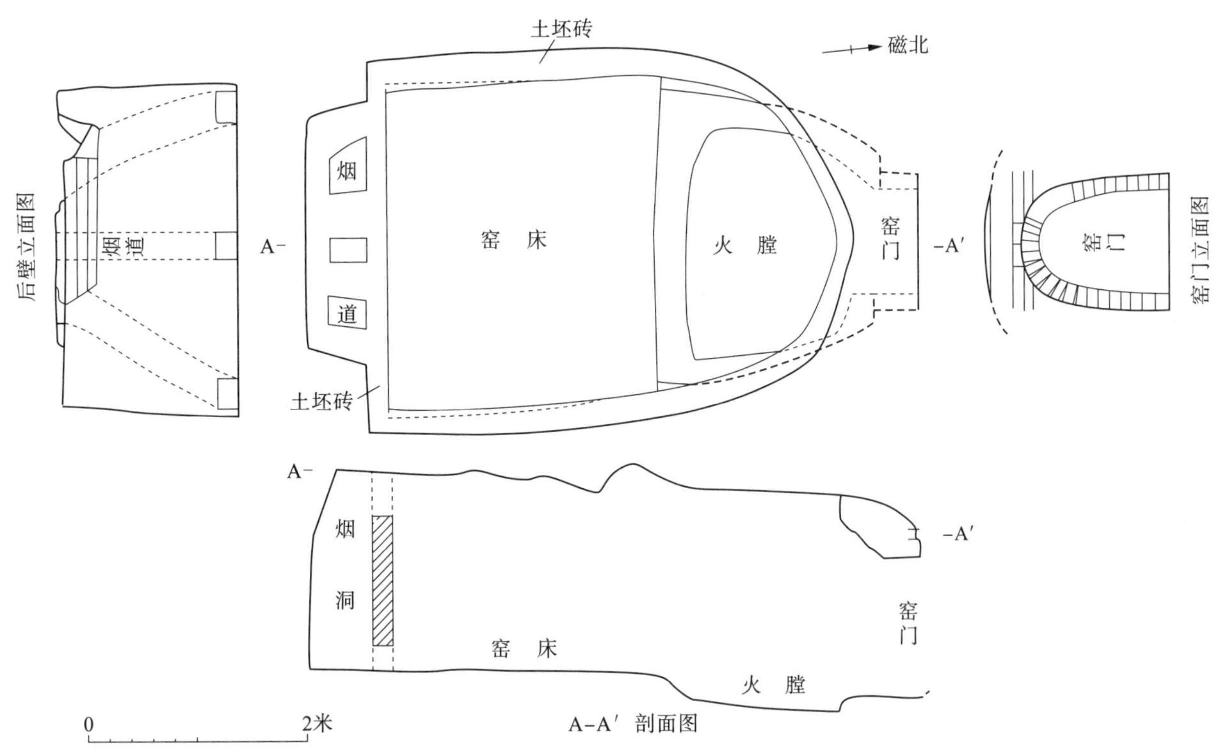

图150　太学遗址T005Y1窑址平剖面图

中间，系先在土壁内侧开挖出槽，然后外侧用土坯垒砌封口，再以草拌泥抹平。从残存迹象看，三个烟道到顶部可能汇成一个烟道，向上排烟。

窑内填土厚约1.8米，大致分为3层。上层是黄褐色土，较杂乱，土质松软，厚约0.7米；其次是窑顶坍塌土，有较多的灰渣、券顶土坯砖和绳纹瓦片等，该层厚约0.8米；最下一层是纯灰渣土和破碎的篮纹面板瓦片，厚约0.3米，它应该是原来烧窑内留下的遗物。从遗物来看，这座烧瓦窑的时代约为魏晋至十六国时期。

6.灰坑

这组排房基址中，还清理了6个灰坑遗迹，编号为H1~H6。

H1　位于T002中部略偏东，从残存长度来看应该是一条灰土沟。该灰土沟开口于第2层下，但被F1夯1墙基打破叠压。沟的南北两端均伸出探方外，宽1.05~1.8、深0.6~0.8米，底为生土。沟内填深褐色土，较杂乱。出土有篮纹板瓦片、绳纹板瓦和筒瓦片，以及陶瓮、钵、缸等器物残片。

H2　位于T002西部，为一处杂乱土坑。此坑开口于第2层下，打破早期的砖砌水道，南部又被F1夯1墙基打破。灰坑南北残长约1.2、东西宽2.6~2.8、深0.85米。坑内填黄褐色土，杂有大量木炭灰屑以及红烧土粒等。遗物有五角形陶水管道残片、素面瓦片、绳纹面板瓦和筒瓦片，以及陶甑器底、陶盆口沿等。在坑的上部还出有一个门轴砖，为一块半截长方砖制成，长和宽均为0.14、厚0.06米。砖的两面都刻有一小圆凹，可能是二次使用的痕迹。一面门轴窝较大，直径0.06、深0.04米；另一面门轴窝较小，直径0.03、深0.02米。

H3　位于T002北部略偏西，H2的东北面，为一圆形坑。此坑开口在第1层下，打破早期夯4墙基。坑直径0.9、深0.5米。填黄褐色土，较净。坑内出土物较少，仅有少量绳纹面筒瓦与板瓦片，还有半块素面长方砖。

H4 位于T003东部，为一不规则圆形坑。此坑开口于第2层下，打破F1房址居住面和第3b层。坑直径1.45、深0.35米。坑内填灰色土，土质松软。遗物有篮纹面板瓦片、素面板瓦与筒瓦片、绳纹面板瓦与筒瓦片、陶盆和陶碗残片以及大泉五十和五铢钱币等。

H5 位于T003北中部，为一长方形坑。此坑开口于第2层下，局部被晚期地面叠压。坑口东西长1.7、南北宽0.9~1.2、深0.5米。坑为直壁，四壁为夯土或水浸土。坑内填红褐色土，夹杂有红烧土粒等。遗物有绳纹面板瓦与筒瓦片、陶碗与陶盆残片等。

H6 在T003西部，为一长方形坑。坑开口于第2层下，被压在晚期灰色地面下。坑口东西长1.75、南北宽1.2、深0.38米。坑为直壁，底部稍小于口部。坑内填灰褐色土。遗物主要为大量砖瓦，包括素面板瓦片、绳纹面板瓦与筒瓦片，以及陶碗、罐、盆等残片，还有加工的骨料和铁片等。

在此灰坑的底部，依其南壁有简易的灶坑三个（图151；图版一一六，1）。西边1个灶口向北，以墙基作后壁，东西两边各立半截砖一块作侧壁，砖面有灰痕，灶底有0.02~0.03米厚的草木灰烬。灶膛后部宽0.18、前部宽0.14、高0.15米。中间一个，灶口也向北，同样以墙基作后壁，东壁系三层素面长方砖平砌而成，西壁用一土坯为壁，表面残存有一层红烧土，底部平铺有素面长方砖和席纹砖，但皆已成碎块，上面也存有一层草木灰烬。灶膛后部宽0.16、前部宽0.3、高0.14米。此灶东边约0.16米，还有一块红烧土壁面，惜被破坏，不知其全貌，应也是一个简易灶坑。

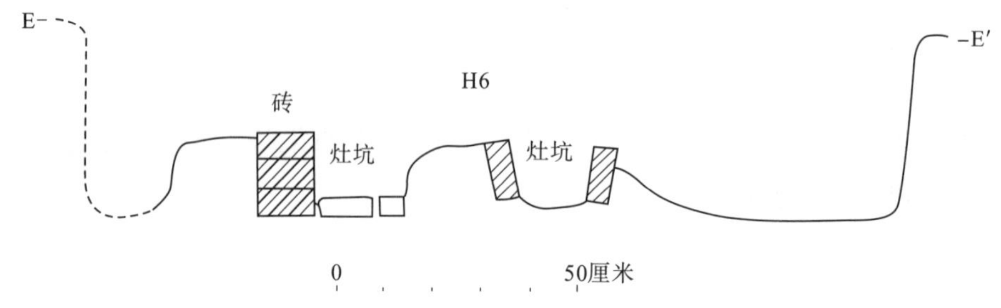

图151 太学遗址T003E-E'H6内灶坑剖面图

（四）早期建筑遗迹

在晚期F1房基的地面之下，经过解剖清理还发现一些早期的建筑遗迹和灰坑，具体时代应当早于魏晋时期。主要为三条南北向夯土墙基、一处夯土基址、一条东西向瓦片路、两条东西向砖砌水道和三个砖砌水池等。

1.夯土建筑基址

在晚期F1长条状房基后墙（夯1）的北面，共发现了三条南北向夯土墙基和一处南北向建筑基址，均被晚期F1夯1打破，编号分别为夯4~夯7。

夯4 位于T002中部略偏西，北端和南端均已伸出探方外，方向约为磁北3° 。该夯土基址时代较早，分别被H3、F1夯1和F1前檐柱槽、砖砌水道1等打破（图152）。基址分为墙身和墙基两部分，墙身位于墙基中部偏东，宽0.7、残高0.2~0.5米；墙基宽1.4~1.7、深0.45~0.55

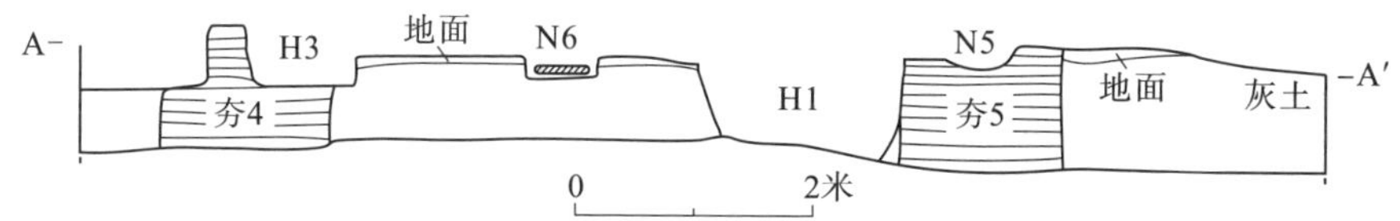

图152　太学遗址T002A–A′早期墙基剖面图

夯4~夯5. 早期夯土墙基　H1、H3. 晚期灰坑　N5、N6. 晚期柱础或柱坑

米。夯土均为黄褐色，较纯净，土质坚硬，平夯，夯层厚0.05~0.1米，内含少量绳纹瓦片。在其中部有一段墙基上不见墙身，靠东边南北向平砌三块素面小长方砖。中间一块为门轴砖，约0.13米见方，厚0.046米；门轴窝直径0.046、深0.013米。此处墙基上有灰褐色路土，可能是房门痕迹，可惜南面被晚期遗迹破坏，仅知残宽0.6米。

在夯4西面约3.9米处，T003最东端的F1夯1墙基北侧，还南北向埋设有一块长石条，方向与夯4墙基平行。石条长0.85、厚0.12米，侧立栽于地下，外露部分仅高出地面0.12米，外露部分加工规整。从立石向北，还有一条宽0.3、深0.25米的小沟槽直通探方北壁下，显然此沟槽处原来也曾埋设过同样的石条，但已经被挖取而不存。由解剖知，该石条宽0.36米。沟槽内有绳纹板瓦与筒瓦残片以及碎石片。这块石条和太学遗址内发现的房址前檐墙外台基的拦边石相似，表明它也可能就是与夯4墙基有关的早期房址台基边缘拦边石遗迹。

夯5　位于T002东部，夯4之东约5米处，与之平行，北端和南端也都伸出探方外，西面被H1打破。此墙被后代破坏严重，已无法区分墙身。墙基宽1.5、厚约1米。夯土土色、质量和包含物均与夯4相同。

夯6　位于T003最西面，仅残存2块，南段中断于F1夯1墙基下，北端接近探方北壁被破坏。夯土黄褐色，质量坚硬，较纯净。该夯土遗迹走向与夯4和夯5基本一致，也为磁北3° 左右，当也是一条早期的南北向墙基遗迹。

夯7　位于T003中部，南端中断于F1夯1墙基下，北端除探方北壁下残存少量外，被晚期铺垫地面破坏严重，西面被扰乱沟破坏，东面界限明显。南面一块夯土保存面积较大，南北残长3.7、东西残宽1.65~2米。夯土黑灰色，较杂乱。在这片夯土上，发现有比较密集分布的柱础坑槽遗迹，主要有东西向三排。最北面一排四个，两边两个稍大，口部0.3~0.4米见方，深0.12~0.16米，间距1.4米；中间两个较小，口部0.2~0.25米见方，深0.07、间距0.55米。由此向南1.8米，中间一排有两个柱础坑槽，口部0.3米见方，深0.14~0.17米。再向南1.5米为第三排，有两个较小的柱础坑槽，均略作长方形，长约0.2、宽约0.15、深0.12米。这些柱槽大小不匀、每排数量不等、排列也不严格规整，但其基本上是南北对应的，或许它们也是一座早期房基所在。

为了解该夯土的情况，在此开挖解剖沟一条，编号J1，东西长3、南北宽0.5米，方向磁北96° 。通过解剖，得知夯土在不同位置厚度略有区别，一般厚0.4~0.5米，最厚达0.63米。夯层厚度也不一样，每层0.05~0.16米不等。夯土下仍为坚硬的灰色杂乱土，厚约1.3米。遗物有绳纹面板瓦与筒瓦残片、陶盆和陶罐残片等。

2.瓦片路

该道路发现于T003中部晚期F1房基地面以下，早期夯7房基最南面一排柱槽的东面，南面被F1夯1墙基打破。道路东端距东面的早期砖砌水池2约0.8米，东西残长2.85、南北残宽0.6

米，方向约为磁北5° ~6° 。路面主要以瓦片修砌，其做法是用碎瓦片紧密排列竖立于土层中，瓦片为绳纹面板瓦和筒瓦，还有少数陶器残片，如宽沿盆片等；中段部分瓦片路面被破坏，则用残砖补齐，砖块为素面长方砖（图版一一八，1）。

该道路的西端有两个方形坑，相距0.2米。东边一个打破瓦片路面，坑长0.3、宽0.2、深0.07米；西边一个打破早期黄夯土，长和宽各约0.2、深0.15米。

3.砖砌水道与水池

在T001~T003内晚期F1夯1墙基以北的地面和墙基夯土下，还清理发现两条东西向砖砌水道和三个砖砌水池遗迹。前者编号分别为：砖砌水道1和砖砌水道2；后者编号分别为：砖砌水池1~砖砌水池3。

砖砌水道1　其西端起始于T003东端的砖砌水池2中，东端终止于T001西部的砖砌水池1内。东西全长17、宽0.28~0.3、深约0.2~0.23米，方向约为磁北3° 。砖砌水道是用素面长方砖和五角形陶水管道等分别砌筑而成，水流自西向东，部分沟槽被H1和H2破坏。砖砌水道用砖全为青灰色素面长方砖，规格为0.25×0.13×0.045米。其做法首先用长方砖并列铺底，然后在两侧立壁，顶部再用砖横向平铺盖顶。与砖砌水池1相接处，北壁则立石板为之。水池与沟槽相接处还盖有一块石板，显然当时是盖在砖砌水池上的，发掘时已被移动原位。五角形陶水管道是相互套接而成的，有些陶管道已经破碎，上面则用各种长方砖或石板平铺盖顶，也有的是在残破的五角形陶管道内顺铺两个筒瓦、上下相对（图版一一九）。

砖砌水池1　位于T001西部，砖砌水道1的最东端，为砖砌的方形水池（图153；图版一一七），用砖与砖砌水道1相同。发掘时有一规格0.45×0.55×0.16米的石块盖压着池口上面西半部，但并没有直接压在砌砖之上，中间还隔着0.45米厚的黄土，显然它经过后来移动。沟槽与水池交接处，还用小砖横堵在沟口，使水道与水池不能相通。砖池南北长0.52、东西宽0.44、深0.6米。池壁是并排用两行长方砖错缝平砌，故其四壁砌砖宽0.26~0.27米。砖池四壁现共残存12层砌砖，除残存的池口1~2层个别是对缝或立砌外，其余均是错缝平砌。池内填黑灰色土，夹杂有碎瓦砾及木炭灰屑等，遗物有少量绳纹面筒瓦片等，池口砖缝中还出1枚锈蚀铜钱。

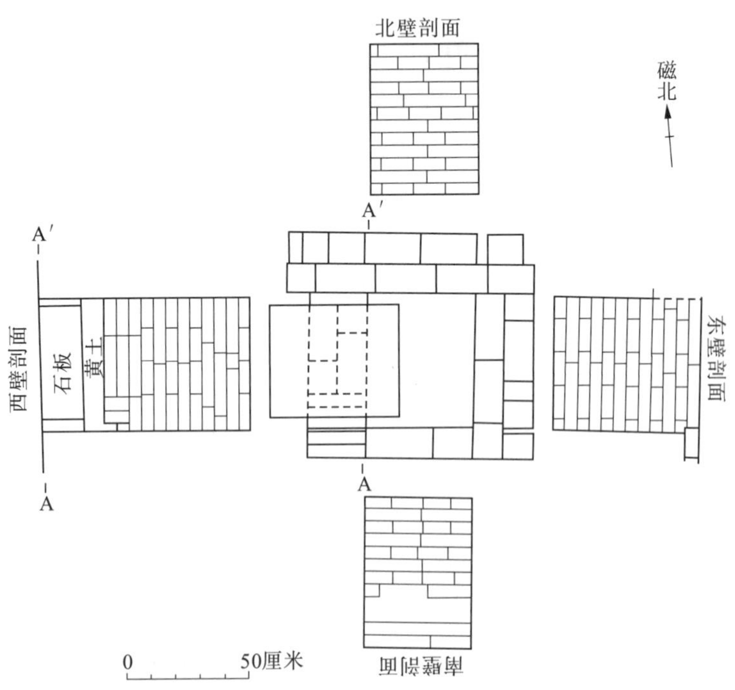

图153　太学遗址T001A–A'砖砌水池1平剖面图

砖砌水池2　位于T003最东端F1夯1墙基北侧，南半部分还被夯1墙基叠压。该水池也为砖砌方形水池（图154；图版一一八），东面似应该与砖砌水道1的西端相接，虽然接口处已被破坏，但在扰土中还发现许多五角形陶水管道残片。

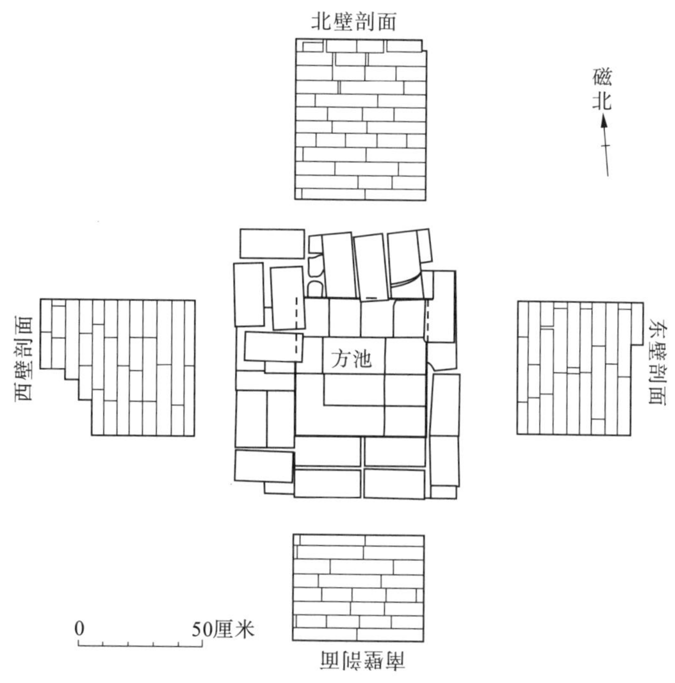

图154　太学遗址T003砖砌水池2平剖面图

水池用砖与砖砌水道1和砖砌水池1相同，池口由于被破坏，部分砌砖已被错动或者欠缺至少4层。砖池口部与底部大小相同，长和宽均为0.52米，深0.62米。北壁保存最好，共有砌砖12层，多为平砌。底部也用砖平铺。池内填深灰色土，夹杂有木炭灰屑和红烧土粒等，靠近四壁，有厚约0.01~0.02米的灰黄色土，填土下部有水浸痕迹。填土中遗物有绳纹面板瓦与筒瓦片，红陶罐、灰陶盆和陶碗等残片。

砖砌水道2　位于T003中部，晚期F1夯1墙基北侧瓦片路的北面，走向与瓦片路相同。该水道东端被晚期的灰褐色居住地面叠压破坏，西端开挖砌筑在早期的夯7中。东西残长约4、槽内侧宽约0.2、深约0.15米。水道自东向西明显坡下，最大高差约0.45米，坡度约10°~12°，该水道显然是从东往西流水（图155；图版一二〇）。沟槽是以残砖瓦片砌筑，其中沟底是用素面小长方砖和绳纹面板瓦片铺底，槽壁是用素面大长方砖与小长方砖、席纹长方砖和绳纹面筒瓦片等砌筑，沟槽顶部是以素面小长方砖盖顶。

砖砌水池3　为口部呈六角形的砖砌水池（图156；见图版一一八，2），位于T003东端，晚期F1夯1墙基下，方形砖砌水池2的东南角打破了该水池东北部。水池上口内径0.38米，残深0.32米。共用三层砖砌成，用砖大小一致，规格均为0.25×0.13×0.045米。下层是用约10块半截砖砌成多边圆形，砖均为平砌，现仅残存半截砖8块；中层和上层应各是用6块素面长方砖侧立对角砌成六角形，中层现还残存四块，上层仅存一块。水池底部不见铺砖，为较硬的青灰色水浸土。池内填深灰色土，较松软。遗物有席纹大长方砖和素面小长方砖残块，还有少量绳纹面筒瓦与板瓦片等。

4.灰坑

在T001东部探方东壁和北壁下，有大量的瓦片堆积，开口于第2层下，与T001~T002内第

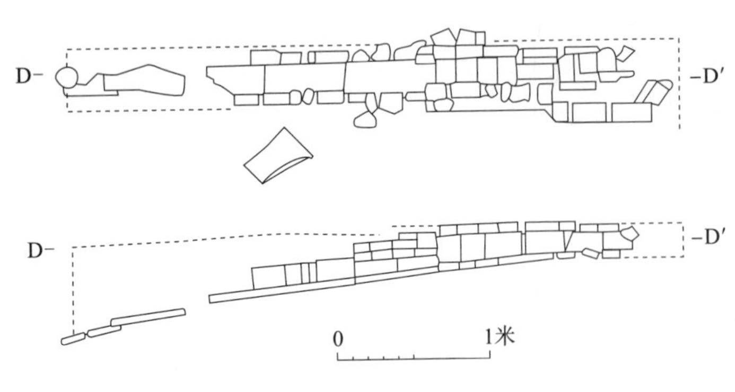

图155 太学遗址T003D–D'砖砌水道2平剖面图

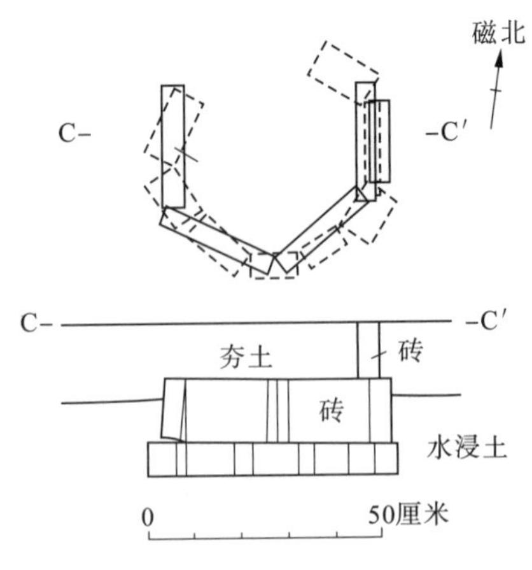

图156 太学遗址T003C–C'砖砌水池3平剖面图

3b层应为同一时期堆积。这片堆积经过清理，可以分为两个灰坑，分别编号为H101和H102。

H101 位于T001东北角，南面打破H102。灰坑南北残长4.65、东西残宽4.5、深0.2米。该坑东壁下还发现一块柱础石，因大部压于隔梁下，未全部清理。坑内填土为夹杂大量砖瓦的灰渣土，较松散。遗物有大量的绳纹面瓦片和陶罐、盆、碗等残片，其中有1件较为完整的小口扁腹平底罐，此外还有2件陶器盖、2件石砚和1件石研磨器等。

H102 位于T001南面，东面被压在探方下，其整体呈倒“凸”字形。东西最长2.8、南北最宽1.7米，深0.2米。该坑似为一座半地下穴式的房址。在其西南角西侧边壁上，有一挖入土壁中的红烧土灶坑，火门是用两块半截砖为壁，1块半截砖为底。灶坑长0.5、宽0.3、深0.23米，火门宽0.2米。灶的西北部有一个煤坑，范围东西0.85、南北0.45米，煤堆积厚度约0.1米。坑内填土主要为包含有大量碎瓦砾的灰褐色杂乱土。遗物有陶甑的器底等残片。

5.南北向车路

为了解T003北壁下残存的早期夯7基址修筑结构，在T003北壁下开挖有一条解剖沟，编号J2。东西长5、南北宽0.5米，方向磁北96°。

结果在夯7的西侧，清理了晚期路面土下约0.1米厚的灰夯土后，发现了压在下面的早期南北向车路与车辙遗迹（见图版一一六，2），在探方南壁剖面上同时也有发现。

该车路路面总宽约为3.65米，方向自北向南稍向东南倾斜，约为磁北3°。路土为深褐色，夹杂有小石子和碎瓦砾。在路面上清理出8条车辙痕迹，车辙沟宽一般为0.15、深0.05~0.15米。这8条车辙间距较近，似为4条车道相互交织留下的痕迹，通观其走向与距离，把4条车道搭配起来，则知每车的二轨间距约在1~1.1米之间。车路的中段被晚期F1夯1墙基切断，并压在房基地面下的灰夯土之下，可知它是比F1墙基和地面灰夯土更早的遗迹。从J2内解剖的情况来看，该车路和夯7建筑基址的灰夯土面似乎同时。

三 东南部墙垣与墙外排房基址

（一）发掘与布方概况

太学院落东南部的发掘，在墙垣内外一共布设探方9个。其中横跨太学东墙布设东西向一排6个长方形探方，编号由东向西分别为73HNTT101~T106（图157；图版一二一）。每个探方

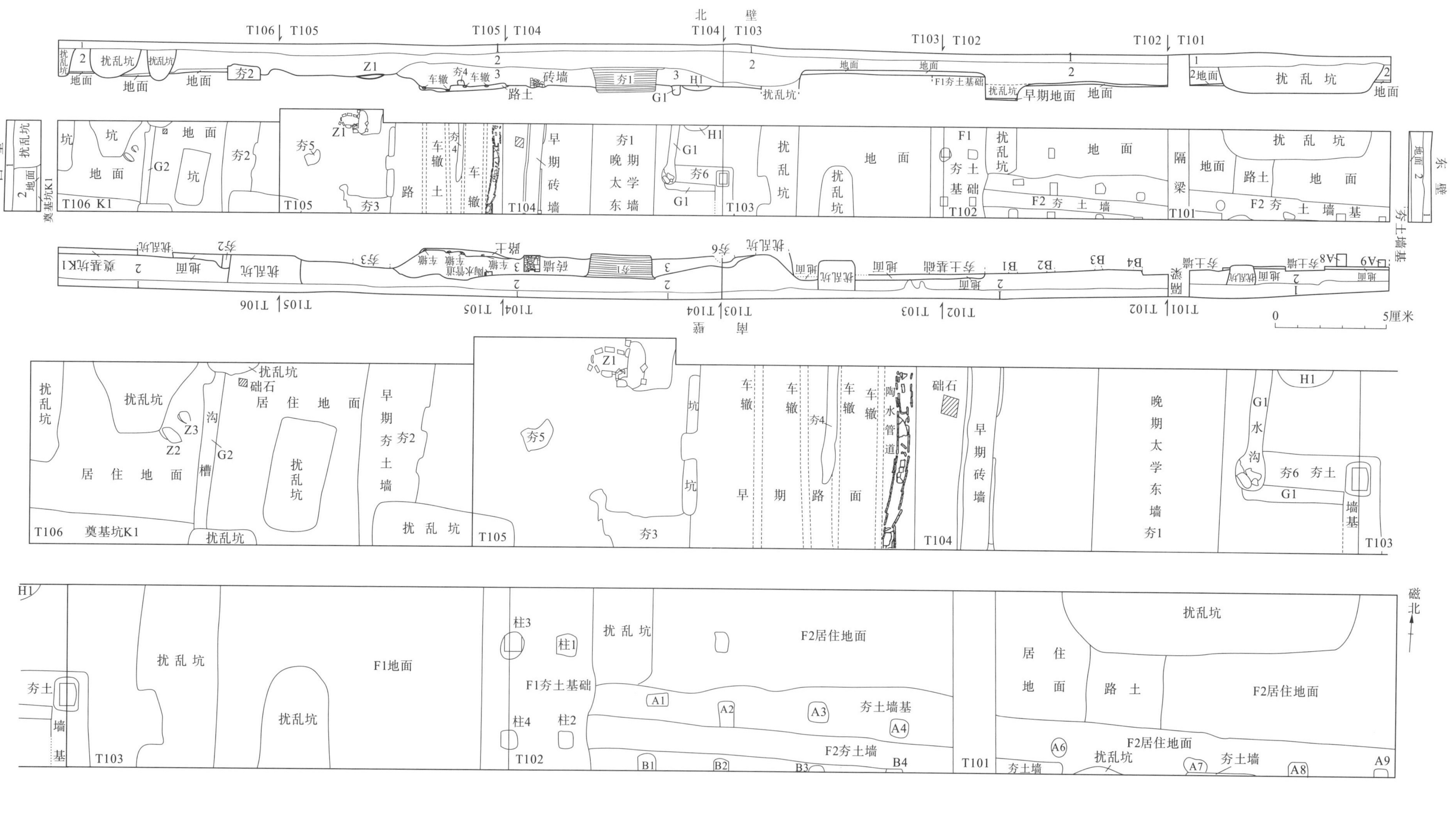

图157　太学遗T101~T106平剖面图

1. 耕土层　2. 北魏堆积层　3. 灰褐色土层　F1~F2. 房屋建筑遗迹　夯1~夯2. 夯土墙基　夯3~夯6. 夯土遗迹　G1~G2. 沟槽　Z1~Z3. 灶坑　A1~A9、B1~B4、柱1~柱4. 建筑柱槽坑　H1. 灰坑

均东西长10、南北宽4米，方向均为磁北90°。在T101~T106东面，另开挖两个南北向长方形探方，由东向西分别编号为73HNTT107和73HNTT109，方向均为磁北0°。T107南北长20、东西宽4米（图158）；T109南北长19、东西宽3米（图159）。在T101~106南面，即院墙东南拐角处，还开挖一个东西向长方形探方，编号为73HNTT108，东西长15、南北宽5米，方向为磁北90°（图160）。发掘总面积约452平方米。

在这个区域的发掘，也发现有早晚两个不同时期的夯土墙基、房基、地面、道路、排水沟槽、灶坑和灰坑等遗迹。

（二）地层堆积

这个区域地层堆积较为复杂，由于需要照顾到清理的建筑遗迹，一般仅清理三层堆积，更早的地层未进行清理。下面分别以T101~106和T108内的地层堆积举例介绍。

1.T101~T106内的地层堆积，以T104最为典型。

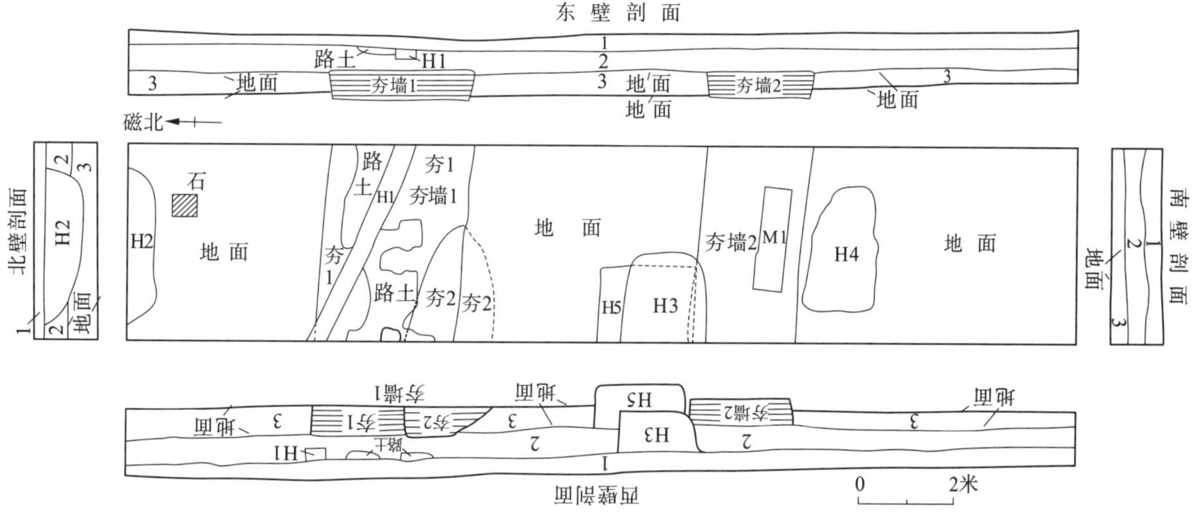

图158　太学遗址T107平剖面图

1. 耕土层　2. 北魏废弃堆积层　3. 灰褐色土层　夯墙1~夯墙2. 夯土墙基　H1~H5. 灰坑　M1.墓葬

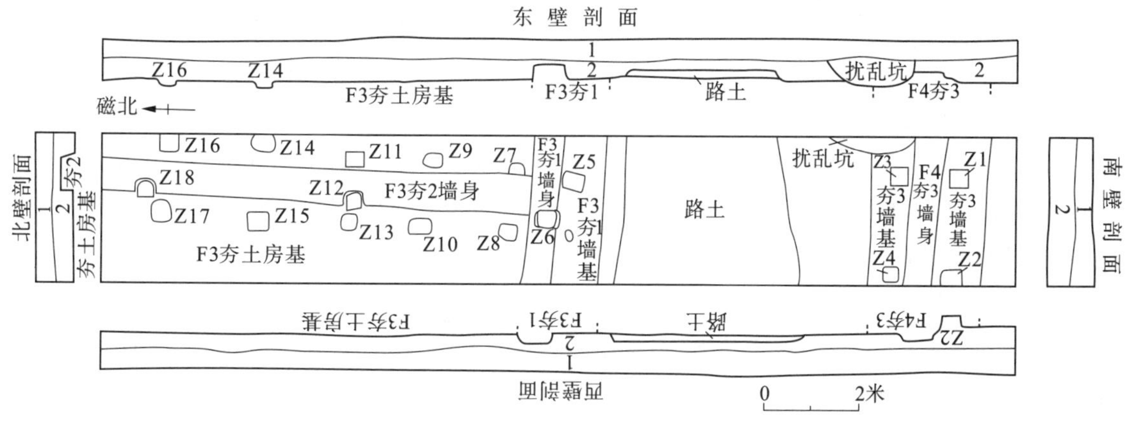

图159　太学遗址T109平剖面图

1. 耕土层　2.北魏废弃堆积层　F3~F4. 房址　夯1~夯3. 夯土墙基　Z1~Z18. 建筑柱槽坑

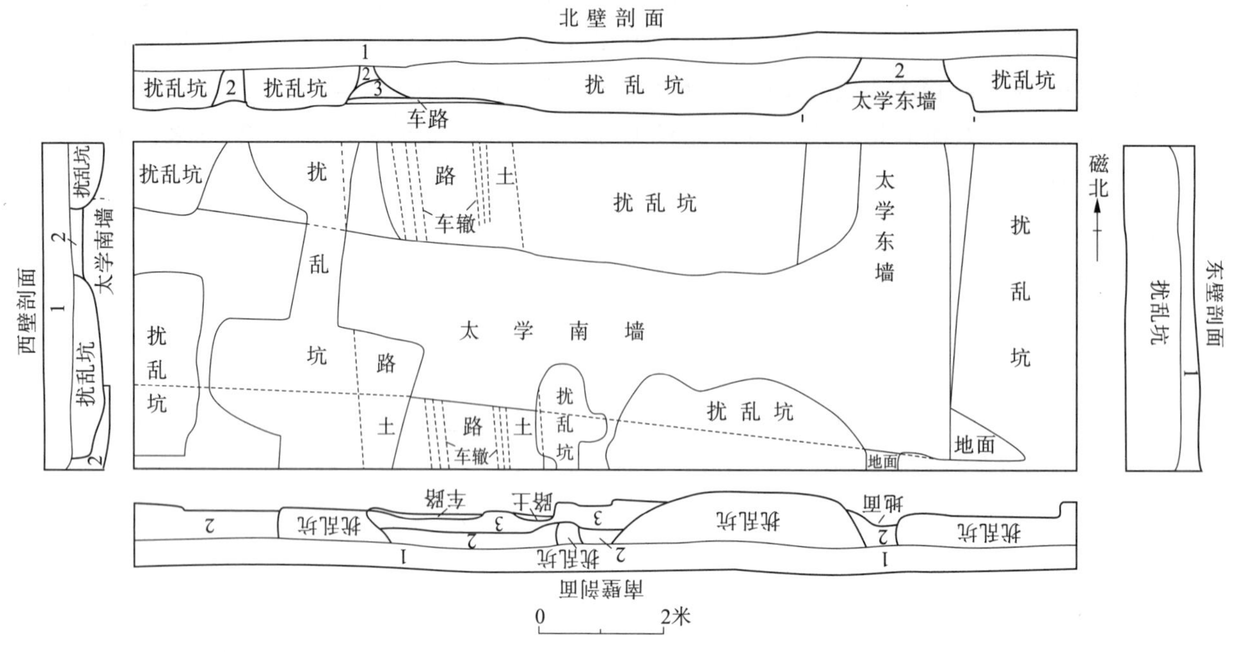

图160 太学遗址T108平剖面图

1. 耕土层 2. 北魏废弃堆积层 3. 灰褐色土层

第1层：耕土层。黄褐色土，质松散。厚0.25~0.3米。

第2层：北魏废弃堆积层。为红褐色或灰褐色土，较杂乱，夹杂有红烧土粒、炭灰屑等。距地表深0.25~1.5、厚0.3~1.25米。遗物有素面筒瓦与板瓦片、细绳纹面板瓦片，以及陶罐和盆的残片等。该层下发现有夯土院墙、房基、地面、路土、沟槽和灶坑等遗迹。

第3层：灰褐色土，该层仅局部发现，土较杂乱，且松软，夹杂有大量红烧土粒、木炭渣、草木灰和黄褐色土块。遗物有粗细不同的绳纹面筒瓦与板瓦片，以及陶罐、盆、瓮等残片。该层应为魏晋时期以前的文化堆积层，下面压着早期的1条南北向车路和1条砌砖墙基。

2.T108内的地层堆积，也主要清理了三层，与前述探方大致相当。

第1层：耕土层。黄褐色土，松散。厚0.35~0.5米。

第2层：北魏废弃堆积层。为红褐色土，质较硬。距地表深0.3~0.9、厚0.3~0.55米。遗物很少，以素面筒瓦和篮纹面板瓦片为主，还有少量绳纹面瓦片、陶弹丸、铜钱和铜器残片等。该层下为夯土院墙及两侧的地面遗迹。

第3层：灰褐色土。距地表深0.6~1.1、厚0.15~0.5米。遗物有绳纹面筒瓦与板瓦片、云纹瓦当、铜盖弓帽以及铜钱等。该层为魏晋时期以前的文化堆积层，下面也压着与T101~106内第3层下相同的南北向车路。

（三）晚期建筑遗迹

晚期建筑遗迹主要有，太学的夯土院墙（东墙）、院墙外侧的多处长条状房基与路土、院墙内侧的排水沟槽和灶坑等。

1.太学院墙

晚期太学的东墙和东南角，分别位于T104中部和T108内，均残存在第2层下，打破第3

层。院墙用夯土筑成，在T104内编号夯1，墙基宽2.65~2.9、距地表深约0.5~1.05、厚约0.55米。院墙的东南角为直角，墙两侧布满了近代刨挖石经形成的“刨石坑”，把院墙也挖得百孔千疮（图版一二二，1）。

院墙夯土为灰褐色，质量较好，夯层较平，厚0.07~0.09米。院墙墙基的做法：系先在生土或地层土中挖槽，而后逐层填土夯筑而成。院墙两边还残存有一些居住地面，土色为灰黄色和灰色，其残存高度与残存墙基表面相平或略低，地面表面平坦，比较坚硬。

2.院墙东侧长条状房基、墙基和道路

在太学院墙的东面，第2层堆积的下面，发现多处长条状夯土房基和墙基，还有地面和道路等遗迹。在T101~106内，夯土房基有两处，编号分别为F1、F2（图版一二二，2）。在T109内，夯土房基也有两处，编号分别为F3、F4；另外在F3和F4之间，还有一条东西向道路（图版一二三，1）。在T107内，有两条东西向夯土墙基，编号分别为夯墙1和夯墙2（图版一二三，2）。

这些房基、墙基等遗迹的建筑时代，单从地层关系和出土遗物来看，大约不会晚于魏晋时期，至北魏时期可能还在继续沿用。

（1）F1　位于T102的最西端，为南北向条状夯土基址，方向约为磁北1°。该夯土基址宽约2.2、厚约1米。夯层较薄，一般厚约0.06米。夯土灰黑色，极杂乱，内含红烧土、木炭灰屑等。遗物有绳纹面瓦片、陶盆和罐残片等。

基址表面未见地上墙身，但发现有4个柱础坑槽，编号分别为柱1~柱4。坑槽长宽在0.3~0.44米不等，深0.3~0.33米。该基址东面被略晚的东西向夯土房基F2打破并利用。西面是一片平整的地面遗迹，东西宽约6米，但未发现柱础坑槽，再西面被一条状扰乱坑打破，此地面也有可能就是以F1夯土基址为后墙的房屋前檐地面遗迹。

（2）F2　为一条东西向长条状夯土房基，位于T001和T002的南部，部分被压在探方南壁下，西端则打破F1南北向墙基。墙基东西残长18.4米，方向为磁北94°。夯土黄褐色，质量较差，夹杂红烧土粒、砖瓦碎块等。夯层较F1略厚，一般在0.08~0.11米。墙基宽约2米，横截面作“凸”字形，中间尚残存有部分地上墙身。墙身宽0.6~0.7、残高0.2~0.25米，墙身上未见柱槽。但墙身两侧相距1.2~1.4米的墙基夯土上，却残存有成对排列的柱槽，在探方内墙身北侧有8个，南侧部分被压于探方外，仅发现4个。柱槽间距1.6~2.3米，个别达到3米。柱槽为方形或长方形，长宽0.3~0.5米不等，深约0.4米。槽内填灰褐色土，较松软，杂有少量碎瓦片。

该墙基的北面似为居住地面遗迹，但北面3.6米即出探方外，有无前檐柱槽也不清楚。另外，夯土墙身在A6和A7柱槽之间有一宽约2.8米的缺口，缺口内有1个扰乱坑，缺口的北面还正对1条南北向路土，因此这里也可能是一处门址所在。这座房基也可能是利用早期的房基建成，具体使用时代当在魏晋至北魏时期。

（3）F3　位于T109的北半部，房基的东、西、北三面分别伸出探方外。探方内该房基有东西向和南北向2条夯土墙基，二墙呈“丁”字状交接，分别编号夯1和夯2。夯土均为灰褐色，较坚硬。

夯1　为东西向墙基，在探方内长3、宽1.8~2米，方向为磁北94°。其墙身修筑在墙基北侧，宽0.55~0.75、残高0.15~0.35米。墙身上有柱础1个，编号Z6，础槽长0.35、宽0.45、深

0.45米；础石为青石，长0.35、宽0.34、厚0.12米。墙身南侧墙基上也有1个础槽，编号Z5，长0.45、宽0.35、深约0.2米。

夯2　为南北向墙基，南端接在夯1墙身北侧，探方内残长9米，方向为磁北3°。墙身修筑在F3房基夯土上，横截面作“凸”字形，墙体宽0.65~0.75米。在墙身上有两个柱础，编号分别为Z12和Z18，二础石中心点间距4.4米。础槽均为方形，0.4米见方，深0.23米见础石；柱础为青石，长宽均为0.35、厚0.13米。这两个柱础恰与夯1墙体上的Z6也在同一条直线上，仅间距略小一点为4.3米。在夯2墙身两侧，相隔1.3米还对称排列着5对10个础槽，编号分别为Z7~Z11和Z13~Z17。这些础槽长宽0.3~0.5米不等，深0.1~0.27米，柱础中心点间距1.7~1.9米不等。

由于此T109与西面的T101~106仅相距6.5米，从这两个探方内的长条状房基位置和走向来判断，T109内的F3夯1东西向墙基与T101~102内的F2东西向墙基，应该是同一座大型排房建筑的墙基。

（4）F4　位于T109南端，北距F3夯1东西向墙基约5.5米。探方内该东西向夯土墙基残长3、宽约2.55米，方向约为磁北94°，编号为夯3。

夯3墙基横截面也作“凸”字形，中间墙身宽0.6~0.7、残高0.1~0.15米。夯土灰褐色，质量较硬。探方内墙身上未见柱础或础槽，但两侧墙基上则有两对础槽，编号分别为Z1~Z4。础槽均为0.4米见方，深0.13~0.28米，在墙身两侧间距1.3米，排间距约2米。

（5）夯墙1　位于T107北半部，为东西向夯土墙基，方向约为磁北94°。据钻探，此墙基与T109内F3夯1、T101~102内F2东西向墙基在同一条直线上相连接，可能为同一座房址的墙基遗迹。

该墙基宽3~3.7、距地表深0.7~0.8、厚约0.6米，未见墙身和柱槽，皆应为地下墙基。由探方西壁来看，该墙基有早晚2期夯土组成。晚期夯土编号夯1，残存在第2层下，打破第3层，夯土灰黄褐色，较杂乱，质量稍差，夹杂有红烧土粒、木炭灰屑和碎砖瓦砾等，夯层厚0.08~0.12米；早期夯土编号为夯2，分别被第3层和夯1打破叠压，夯土黄褐色，质量较好，夯层厚0.1~0.12米。

墙基的两侧均为灰黄褐色硬地面，表面较硬，与墙基应为同时期的建筑遗迹。此外在夯1打破的第3层下，还发现一层早期的硬地面遗迹，土为灰褐色，分布范围与上层硬地面基本相同，当为与早期夯2同时的地面遗迹。该墙的建筑时代，夯1约为魏晋~北魏时期，夯2则可能早于魏晋时期。

（6）夯墙2　位于T107南半部，夯墙1南面5米处，走向与夯墙1平行。据钻探，此墙基与T109内F4东西向墙基相连接，当为同一条房址墙基。该墙基残存在第2层下，打破第3层，也为地下墙基，未见墙身与柱槽。墙基距地表深0.9、宽2.2、厚约0.55米，夯土灰黄褐色。该夯土墙周围与夯墙1周围一样，也分布有上下两层硬地面遗迹，具体时代应与之大致相同。

在该墙基上还清理出一座小墓，编号M1（图161；图版一二四，1）。墓口距地表深0.5米，墓向朝西，磁北275°。墓坑南北长2.08、宽0.58~0.65、深0.12米。填土灰褐色，较硬，含有磨光面和绳纹面瓦片等。骨架保存较好，葬式为仰身直肢，头骨面部偏向南面。骨架下面尚存有板灰，骨盆下出有一把铁刀。墓葬时代不详，应晚于北魏。

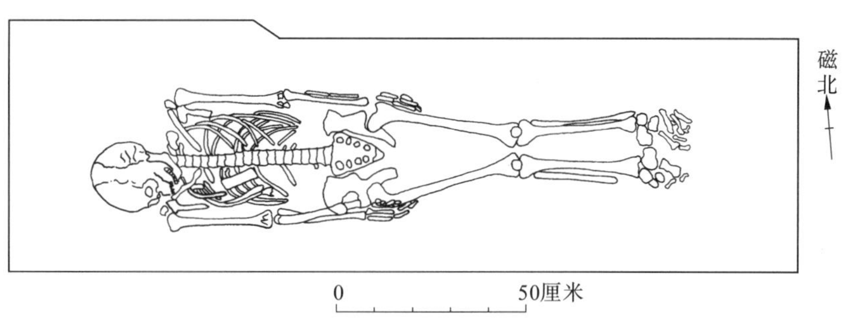

图161　太学遗址T107M1平面图

（7）道路　在T109中部，F3夯1东西向墙基的南面，F4东西向夯土墙基的北面，为一条东西向道路。该道路走向与F3夯1和F4东西向夯土墙基方向相一致，当为同一个时期的建筑遗迹。路土宽3.2~3.9、厚约0.2米。路土暗褐色，呈多层薄饼状，较为坚硬。

3.院墙西侧夯土房基、灶坑和陶水管道

在太学院墙西侧，第2层堆积下，主要清理一处夯土房基、三个灶坑、一个奠基坑（K1）和一条南北向陶水管道等遗迹。

（1）夯土房基　位于T105~T106内，主要由1条南北向夯土墙基（夯2）、墙基西侧的房址地面与拦边石沟槽（G2）、东面的凌乱夯土（夯3、夯5）等组成（图版一二四，2；图版一二五，1）。

夯2墙基南北端均伸出探方外，北端宽1.5、南端宽1.24米，方向约磁北4°。墙身残高0.7米，夯土呈深红褐色，夯层平整，包含有绳纹面筒瓦片和陶盆残片。墙身东侧边壁有两个凹槽，二者相距0.5米。北面凹槽南北长0.52、东西进深0.22米；南面凹槽南北长0.35、东西进深0.1米。

在夯2墙基西面为面积较广的房址地面遗迹，地面红褐色，低于夯2墙体0.2米，略经夯打，厚0.4米。在夯土地面上发现柱础一个，础槽长宽约0.4米，础石为红沙石，约0.39米见方，厚0.13米。该柱础与夯2墙基北面凹槽在一条直线上，二者相距3.9米，推测上述凹槽亦应为放置柱础所设。该础石西面0.4米处，还有一条南北向长条状沟槽，编号G2。沟槽方向与夯2墙基相同，东距夯2墙基西缘3.1~3.2米。沟槽宽0.2~0.5、深约0.25米，沟内填灰褐色土，松软且杂乱，内夹杂红烧土粒、碎瓦砾和兽骨片等。参照发掘的同类遗迹，此沟槽应为房基边缘立拦边石条的沟槽。在G2西面，还清理出两个灶坑和一个奠基坑。

在夯2墙基东面，有一片广阔区域，东西长约6米。在此除发现一座灶坑外，仅清理出两片范围不大的夯土遗迹，编号分别为夯3和夯5，也可能是与夯2墙基同一房址的建筑遗迹。

该房基虽然主要在第2层下，但并未被第3层叠压，其始建时代也可能较早。

（2）灶坑　3个灶坑分别编号Z1~Z3。

Z1　位于T105北部，部分被压在探方北壁下，经扩方后方才清理完整。灶坑在当时的地面下修筑而成，由火膛、炭灰坑和操作区3部分组成（图162；图版一二五，2）。火膛平面略呈椭圆形，口部朝东，长0.74、宽0.4米。火膛顶部已毁，两侧坑壁砌筑砖块3层，残高0.28米，底部未铺砖，有一薄层红烧土。火门已残破，宽0.23米。火门前横着一个炭灰坑，南北0.9、东西0.4、深0.2米，里面堆满了草木灰。操作区在灰坑以东，南北长约1、东西宽约0.6

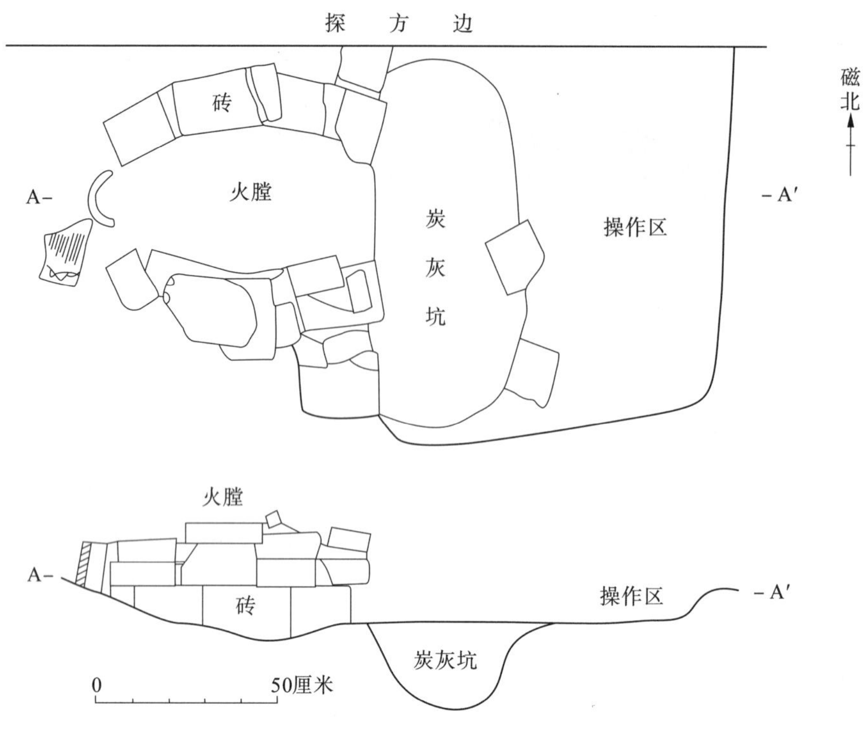

图162　太学遗址T105Z1灶坑平剖面图

米，中间平坦，南、北、东三面稍隆起，表面极为坚硬。

Z2和Z3　分别位于T106中部略偏北，夯2墙基西侧的拦边石条沟槽西面。灶坑平面皆呈椭圆形，灶口皆朝向东南。Z2直径0.5、Z3直径0.3、深皆为0.2米。火膛底部均残留有草木灰痕迹，Z3的南壁还以素面小长方砖纵砌。

（3）奠基坑（K1）　在T106西南部，打破房址居住地面，坑的西边和南边均出探方外，现存为一长条形坑，编号为K1（见图版一二四，2）。东西残长3.6、南北残宽0.8米，坑底低于居住面0.25米。坑内仅发现东西并排3个小口陶罐，均用陶碗覆盖，3罐式样均不相同，西边罐内盛有五铢钱6枚，其余两罐内盛放五铢钱3枚。坑内填红褐色土，较纯净，上部似经过夯打。此坑叠压在第2层下，从遗迹现象观察似在建造房基时专为埋置盛放五铢钱的陶罐而挖筑，很可能是当时建造房子时奠基的一种形式。

（4）陶水管道　位于T105的最东端，表面被第2层叠压，开挖修筑在第3层中。该水管道南北向，南北残长4米，方向约磁北3°。水管道的左右两壁用素面板瓦和篮纹面板瓦砌成，宽约0.28米，壁高0.17米。顶部原来用板瓦盖顶，但均已塌毁，底部为硬面（图版一二六，1）。

（四）早期建筑遗迹

早期遗迹主要见于晚期太学院墙东西两侧的第3层下，主要有一条南北向车路、一条南北向砌砖墙基、一条夯土墙基、一条排水沟槽和一个灰坑等，应为早于魏晋时期的建筑遗迹。

1.南北向车路

位于T105最东端，南北走向，和T108晚期太学南墙下发现的早期车路（图版一二六，2）为同一条道路，即勘探的太学东墙内侧L4。该车路在T105内东距晚期太学东墙约4.7米；西距夯2墙基7.3米，方向约磁北1°~2°。车路被叠压在第3层下，在东面T104内的早期南北向砖墙和西面的夯3之间，东西宽约4米。整个路面低于两边的地面0.2~0.9米，截面呈低洼路沟状，路土比较坚硬，土色灰白而泛红。路土表面尚残存有车辙沟槽两对四条，每车二轨间距1~1.1米（图版一二七，1）。

在车路废弃以后，利用上述路基还建造有房基。系先以灰土垫平路沟，而后在硬灰土面上筑窄夯土墙（夯4）。夯土墙修筑在两道车辙之间，南北向，残长近3、宽仅0.2~0.26、残高0.12米。墙基部分垫有砖块瓦片，两侧壁面均有红褐色的泥质墙皮，墙皮中似杂有云母粉，厚约0.01米。

2.南北向砖墙

位于T104西端，在晚期太学院墙西边2.1~2.2米处，西面即南北向车路。砖墙南北向，南北两端均出探方外，方向约磁北4°。砖墙宽0.66、残高0.36~0.64米。底部用素面小长方砖平砌一层，平砌砖之上东壁用小砖竖砌，西壁用各种规格的素面残砖斜砌作“人”字形，二砖壁中间则填以碎砖、瓦片、红烧土块和炭渣等（图163；图版一二八）。

3.夯土墙基（夯6）

位于T103~T104之间第3层下，西面紧贴晚期太学东墙，编号夯6。夯土墙北段东西向，距探方北壁约2米，长约1.3米；南段南北向，南端伸出探方外，残长2.2米（图版一二七，2）。墙基系灰褐色土夯筑而成，较杂乱，宽0.7~0.8、残高0.1米。在二墙连接的东北拐角处，有一个柱础，础槽方形，长宽约0.7米；柱础为青石，制作粗糙，大体为方形，长0.42、宽0.38米，表面留有錾凿痕迹。夯土墙两侧，均为含有大量草木灰的灰褐色地面土。

4.水沟槽（G1）

位于T104东部，紧贴晚期太学东墙的东面，编号G1，打破夯6墙基夯土。该水沟东端起于夯6夯土墙东北拐角内侧，顺夯6东西向墙体向西坡下，至墙体西端折拐向北，北端伸入到探方北壁下（见图版一二七，2）。水的流向是由东向西，折拐又向北。水沟东西向一段长2.3、南北向一段长2.7、宽0.4、深0.1~0.4米。沟内填土较杂乱，含沙，稍见水锈。遗物主要是绳纹面瓦片，还有少量陶片和三枚锈蚀铜钱。在水沟向北拐弯处，沟身加宽至0.65米，而且贴西南

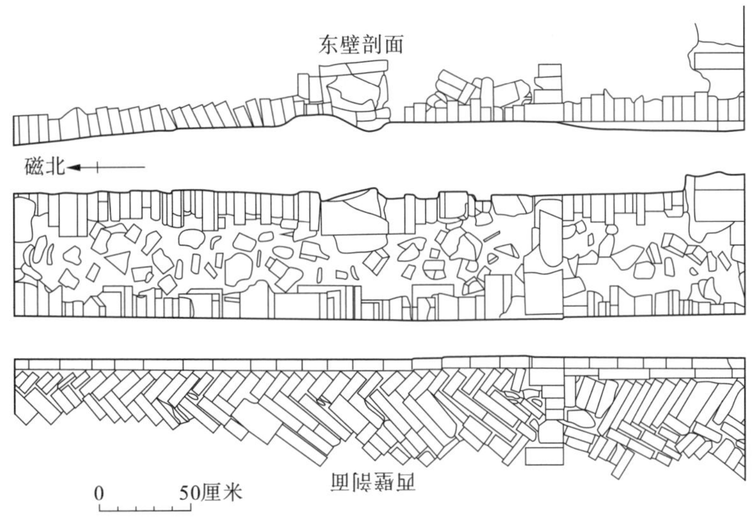

图163　太学遗址T104早期砖墙平剖面图

沟壁放置一件破碎的大陶盆，可能是为缓解流水对沟壁的长期冲刷。

5.灰坑（H1）

位于T104东北角，北部被压于探方下，编号H1。该坑开口于第3层下，打破夯6北面的地面。残存直径约1.2、深0.2米。坑底不平，坑内填灰土，土质松软。遗物有绳纹面瓦片和破碎的陶器片等。

四 中部廊庑庭院基址

（一）发掘与布方概况

在太学院落中部，主要发掘了一座大型廊庑式房基，房基内还清理出一个砖砌浴池。位置在晚期太学院落中心十字街的东南，紧贴洛河南堤的南面。在此并排开挖三个南北向长方形探方，编号由东向西分别为74HNTT201~T203，方向皆为磁北0°。每个探方均南北长20、东西宽8米，总面积约480平方米（图164）。

（二）地层堆积

这个区域的地层堆积较为简单，一般第2层下即为当时的建筑基址。

第1层：耕土层。黄褐色土，较松散。厚0.4~0.75米。

图164 太学遗址T201~T203探方分布图

J1.解剖沟

第2层：北魏废弃堆积层。红褐色土，较硬，内含大量砖块瓦片和少量红烧土粒、木炭灰屑等。距地表深0.4~1.2、厚0.15~0.7米。遗物有绳纹和素面长方砖，素面筒瓦、篮纹面板瓦、绳纹面板瓦与筒瓦残片，云纹瓦当和研磨器等。该层下即晚期房基和地面遗迹。

第3层：深灰色土。探方内普遍存在，但皆在房基夯土和院落地面之下，仅局部稍有解剖，未作大量清理。土较第2层松软且杂乱，夹杂有木炭灰屑、碎砖块瓦片和陶片等。遗物有素面长方砖、绳纹面板瓦、筒瓦片和一枚五铢钱币等。该层应为东汉文化堆积层。

（三）廊庑庭院基址

在这个区域的第2层下，清理出两组正房坐西朝东、两侧带廊庑、中间有庭院的院落建筑基址。主要遗迹有各类墙基和墙身、柱础或础槽、夯土地面、圆形水池、台基拦边石条、庭院砖铺地、渗坑、道路、砖砌水槽等。由于基址受到严重破坏，遗迹保存很差（图165；图版一二九，1）。

按照勘探的太学院落内遗迹整体布局情况，此廊庑庭院建筑的西面应该就是晚期太学院落中心十字街向南的主干道路L6位置所在，北面则应该是十字街向东的主干道路L5位置所在。

从各种遗迹现象来观察，此院落建筑基址虽然主要为晚期（魏晋至北魏时期）建造使用，但魏晋时期以前的建筑遗迹颇多，它应该是在早期的建筑基址上沿用重建的。

1.庭院西侧的排房式正房基址与浴池　主要有各类墙基、柱础、台基拦边石条和一个圆形浴池等遗迹。

这排正房均坐落在每组院落基址的最西面，面向朝东，为后面筑夯土墙、前面立前檐柱并砌砖墙的南北向长条状房基，方向约为磁北3°。这排房基南北较长，探方内残长20米，南端被现代机井打断，北端在探方以北的河堤之下，均无法扩大发掘。

从残存现象来看，该长条状排房基址至少被分隔成两组，南北毗连，编号分别为F1和F2。北面一组由4间房子组成，南面一组开间数量不详。每组房子的东面皆有庭院和南北庑，庭院的东面则邻着一条较窄的南北向道路，分别组成各自的完整院落。

后墙和壁柱柱础　该南北向排房式正房的后墙系夯土筑成，墙基宽2.6、夯土厚0.8~0.9米。墙身部分仅存两段，残高约0.1米。北面一段残长6.3、宽0.9~1米；南面一段残长约2、宽0.8米。夯土较杂乱，各层颜色相异，夹杂有红烧土粒、木炭灰屑和碎砖块瓦片等。质量较硬，而且下部比上部好，夯层厚度不一。遗物有绳纹砖块、素面瓦片、绳纹面板瓦与筒瓦片、陶器残片等。

紧贴后墙墙身的外侧壁面，南北向设置一排壁柱，探方内残存6个，由北向南编号分别为X1~X6，柱础中心点间距3.6米。柱础多半部伸入到夯土墙身中，系包砌在墙身夯土中的壁柱。其中除X3础石不存外，其余均有青石柱础，形状多呈方形，也有长方形或不规则方形。加工粗糙，边缘不整齐，仅将础石上面大致凿平，凿痕明显。

另外，从对X2的清理解剖还可以获知其壁柱作法，即先在夯土或居住地面上挖出方坑，放入础石，然后立柱，在柱子周围缝隙处则填以砖块瓦片和碎土，使立柱牢固。个别础槽和础石较大，立柱后，在柱子周围加夯。X2柱洞保存完整，平面呈圆形，残深0.28、直径0.19米（图版一二九，2），洞内还残存有木炭，边缘清晰，这为我们了解同类房基的用柱尺度提供了实据。础石与础槽的详细规格，参见表四。

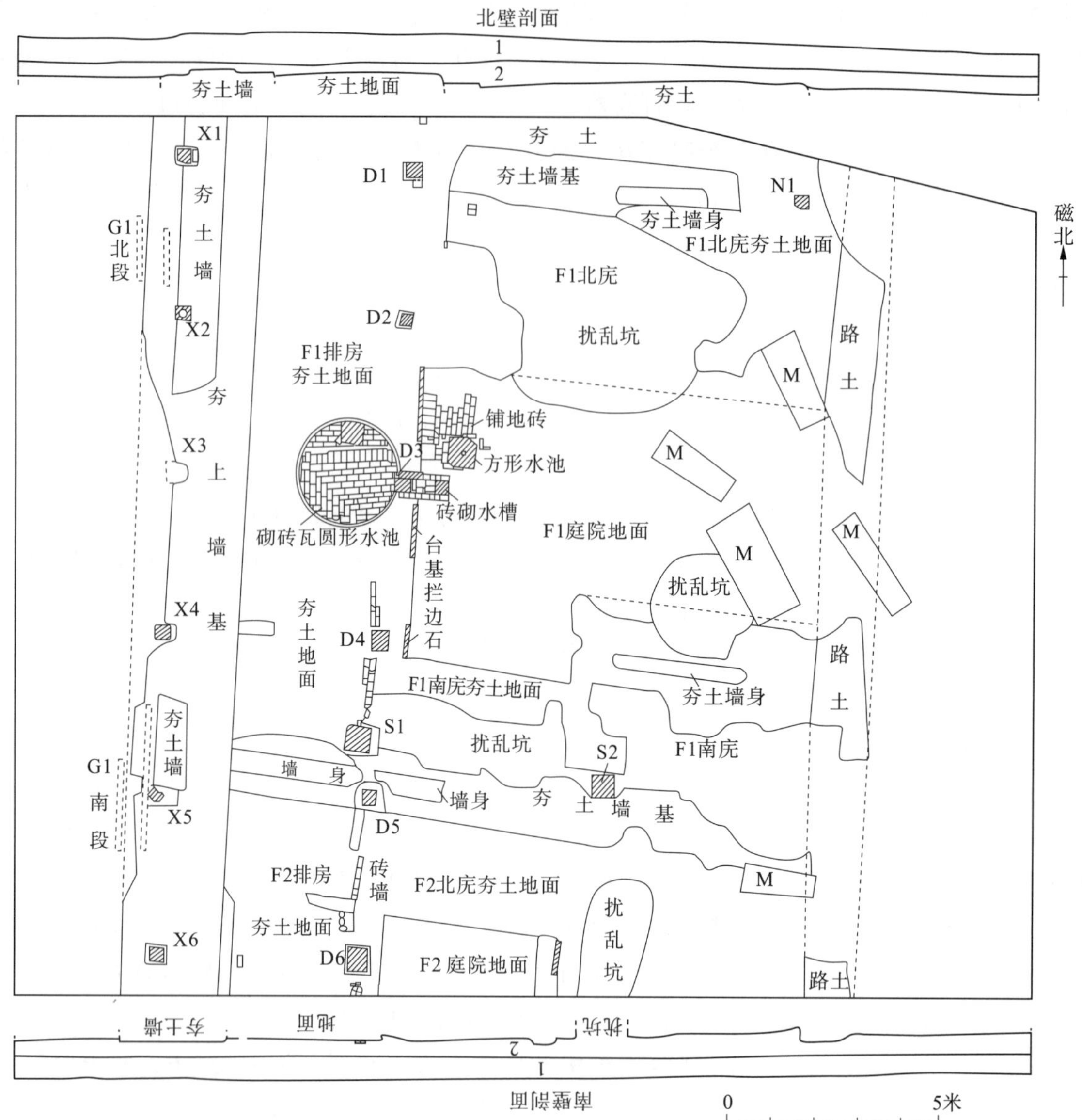

图165　太学遗址T201~T203建筑基址平剖面图

1. 耕土层　2. 北魏废弃堆积层　D1~D6、X1~X6、N1、S1~S2. 础石或础槽　G1. 砖砌水沟槽　M. 近代墓

前檐柱础和前檐墙　在后墙柱础的东面5~5.1米处与后墙平行，为该排房基址的前檐柱础和前檐墙，墙体大已不存，但柱础基本存在。柱础也为南北向一排6个，与后墙的6个柱础相对应，由北向南分别编号D1~D6。前檐柱础除D3础石被扰乱不存外，其余都存础石，石质与形制和后墙础石相同（数据参见表四）。残存的前檐墙体多为素面长方砖砌筑的砖墙，也有少量是夯土墙。在前檐墙的北半段，除探方北壁处见有两块残砖外，基本无存；而前檐墙南段的D3至D6之间，各个柱间则均有残存。砖墙有平砌单砖墙和双砖墙2种，用砖大小也不一致。如D5~D6之间，是素面小长方砖砌筑的单砖墙，砖规格0.25×0.12×0.04米；D4以北，虽然也用小长方砖，但砌筑的是双砖墙。D4和D5之间，砌双砖墙，最多残存3层，用砖则较大，砖规格0.3×0.14×0.05米。夯土筑造的前檐墙，仅在D5之南发现一段，夯土浅黄褐色，

表四　太学房基柱础石与柱槽尺寸登记表

（单位：厘米）

编号	柱础槽			柱础石			备注
	长	宽	深	长	宽	厚	
X1	55	45	30	36	36	10	石面上叠放整砖二块，上为绳纹面长方砖，下为素面长方砖，规格26×12×5
D1	50	47	40	47	45	13	
X2	40	35	40	40	33	12	保存有柱洞
D2	41	40	31	40	39	12	
X3	?	50	45				无础石
D3	44*	42*	35	40	41	11	础槽打在砌砖瓦圆池内，坑内填砖瓦片，故四壁不齐
X4	?	40	17	37	35	12	
D4	40	45	33	35	50	10	础石斜放，南高北低，石面北端平置一素面长方砖，规格31×14×5
X5	70	45	11	27	33	8	础石为不规则长方形
D5	65	65	16	43	40	13	
X6	45	44	26	36	36	15	石面上置一残方砖，规格28（残）×21（残）×5
D6	55	65	15	52	61	13	

长0.9、宽0.25、残高0.06米。

房间隔墙　房间内隔墙残迹不多，残存的均为夯土墙。在前檐柱础D5东西一线，即向东至房址最东面的南北向道路，向西直至后墙，有一条东西向夯土墙基。墙基宽约1.4米，中间残存有部分墙身，宽0.5~0.6、残高0.17米。由整个布局来看，此墙不仅是西面排房的房间隔墙，也是F1和F2两组院落建筑的中间隔墙。另外，在后墙柱础X4以东，残存有一小段东西向夯土墙，夯土浅黄褐色，残长0.85、宽0.3~0.35、残高0.1米。前檐柱础D6以北0.9米处，也保存一小段东西向夯土，且有小片烧土墙皮，残长11、宽0.3、残高不足0.1米。这2段夯土或许都是房间的隔墙遗迹。

由上述残存墙体的间距和柱网布局，我们可以大致获知这排建筑每间的柱间面阔约为3.6米，柱间进深约为5.1米。

前檐台基　在F1西面排房中间2间的前檐墙东面0.75米处，是西面排房的台基东边缘，部分地段尚残存有拦边石条3块（图版一三〇）。最南面一块，在前檐柱础D4以东，南北长0.78、高0.32、厚0.08米，埋入地下0.1米，高出地面0.22米。中间一块，南距前述石条1.45米，石条长1.26、高0.35、厚0.11米，埋入地下0.12米，高出地面0.23米。最北面一块，南距中间石条1.45米，石条长1.7、高0.42、厚0.1米，埋入地下0.27米，高出散水铺砖地面0.15米。在F2前檐柱础D6东面0.3米处，也残有夯土台基边沿，但拦边石条已无存。

圆形水池　在F1西面排房中间2间的室内，晚期的居住地面之下，还清理出一个用砖瓦砌造的圆形水池（图166；见图版一三〇，1）。池口直径2.4米，底径比口径略小。池壁以素面残砖和瓦片砌筑，一般采取一层砖块隔一层瓦片相间砌筑。池壁用材虽然较杂，但砌

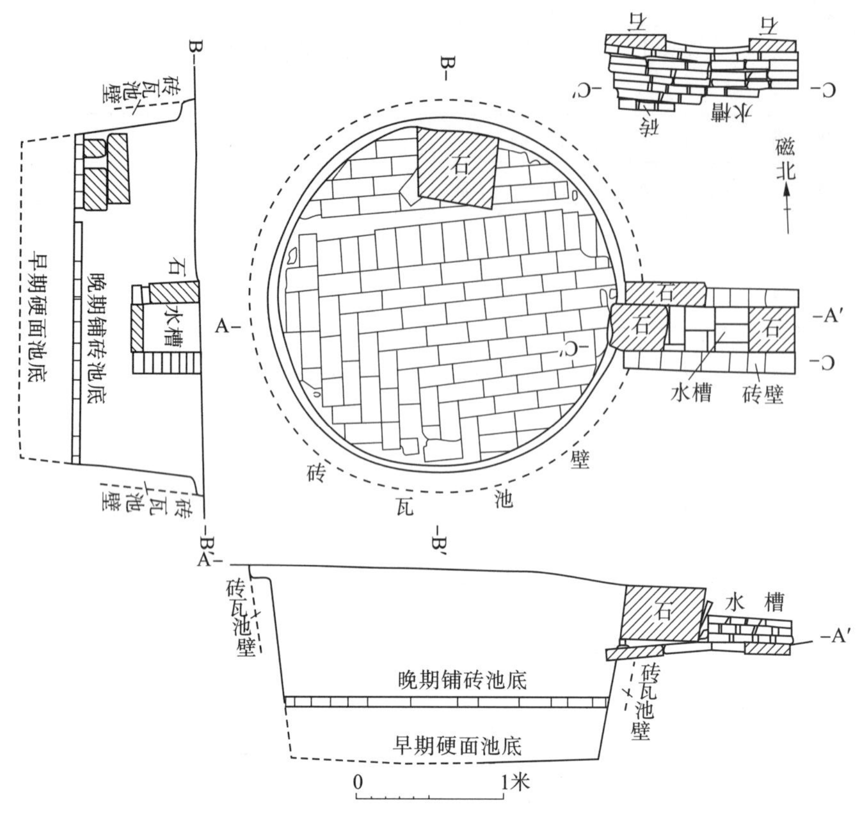

图166 太学遗址T202~T203圆形水池平剖面图

工却比较精细，相当坚固。距池口0.75~0.85米深，池底平铺有一层素面长方砖，砖规格为0.255×0.125×0.045米，个别砖厚0.06米。铺砖之上紧贴坑池北壁，平置方形青石板一块，下面用两块石头和一块半截素面大长方砖垫底。青石板约0.5米见方，厚0.13米，经过加工凿平，表面较光滑，中部用隶书刻有“任”、“王（？）”二字。石板前的池底铺砖，有一条东西向的小沟槽，宽0.08~0.12米，槽底无砖，填土灰褐色，夹杂少许木炭灰屑。

据对铺砖底部解剖，在铺砖之下还有一层早期的池底硬面。此铺砖地面显然是晚期遗迹，是在早期砌成的池壁内侧又垫土0.4米铺设而成（图版一三一，1）。晚期铺砖地面以上的填土，为红褐色土，夹杂有大量砖块瓦片。主要有绳纹面板瓦与筒瓦片、素面筒瓦和篮纹面板瓦片、绳纹长方砖等。近水池底部，有一层厚0.07~0.08米的青灰色水浸土。

早期池底硬面为平整的红褐色硬土面，距池口深1.15~1.3米，夹杂有木炭灰屑，砖瓦坑壁就是在此硬面之上砌筑。贴坑北壁也平置一块青石板，规格为0.45×0.35×0.1米。晚期铺砖以下的填土，可分为二层。上层厚约0.2米，灰褐色土，质较硬，似为铺砖专门垫筑而成，垫土内夹杂有篮纹面板瓦片和绳纹砖块等。下层堆积也厚约0.2米，灰绿色土，土质松软，呈疏松的米粒状，似长时间浸泡形成。

在池壁东侧，还有一条用素面长方砖和方形石板砌筑的东西向水槽，槽底坡度东高西低，显然是向圆形坑池引水的沟槽，入水口即砌筑在坑池东壁上部。该水槽长1.25、残高0.42米，水槽东半部已出排房的前檐台基外侧，与土沟相接。

从上述残存遗迹来看，该砌砖瓦水池应该是一座较早的建筑遗迹，晚期在底部垫浅一些，并且铺设砖底继续沿用。从铺砖地面上残存一层较厚的水浸土和铺砖下面填土似经过长期浸泡来看，池内显然是作盛水使用，坑池东壁上的砖石水槽应该就是为池内注水而设。种种迹象显示，这座圆形水池是一座浴池遗迹，而相应的F1排房也就是一座浴室建筑。

由残存遗迹和遗物来看，该水池遗迹虽然明显早于房基地面，但在最晚的使用和废弃时间上应相差不远。即最后废弃可能在北魏，晚期使用在魏晋至北魏时期，早期则在魏晋时期以前。

2.F1庭院及南、北庑

该庭院位于F1西面排房中间2间的东面，即前檐柱础D2~D4之间以东0.5~9.8米处。庭院东西长约9.3、南北宽约4.7~6.6米，略呈曲尺形。庭院的西边，尚残存有西面排房的台基拦边石条三块；东面紧邻一条南北向道路；南面和北面分别为F1的南庑和北庑夯土基址。由于庭院内地面和南、北庑夯土基址均被扰乱破坏严重，残存遗迹不多。

庭院内，仅在西北角残存有一片铺地砖和一个砖砌方形水池（见图版一三〇，2）。这片铺砖西面紧接在D2~D3东面的台基拦边石条铺砌，南北残长1.5、东西残宽1.2米。用砖皆为素面长方砖，大小有两类。紧贴拦边石条一排用砖较大，规格为0.32×0.15×0.055米；其他用砖略小，规格为0.25×0.125×0.045米。铺砖地面略作坡水状，即西北略高、东南略低，以便于积水流向这片铺砖东南角的方形水池内。这片铺砖地面以外的区域，几乎不见一块铺砖，但局部尚残留有青灰色的铺砖印痕。

方形水池在庭院的西北部，也即上述残存铺砖地面的东南角，其西面1.2米即F1排房内的圆形浴池。水池平面为方形，口部上盖以0.7米见方的青石板，石板厚0.1米。石板正中，有0.1米见方的进水孔，显然是一个渗坑。渗坑上半部为砖砌，下半部是土壁。口部砖壁已经残破，由土壁上残留砌砖痕迹可知其砖壁长宽各为0.5米（图167；图版一三一，2）。砖壁是用素面长方砖砌筑，共砌筑有10层，总高0.56米，采用单砖平砌的作法。自坑口下深至0.9米左右，土壁被水涮大，而且填满黄色淤土。淤土厚约0.4米，下部呈软泥状。淤土下是灰色地层土，应为坑底。总计坑深约1.3米。

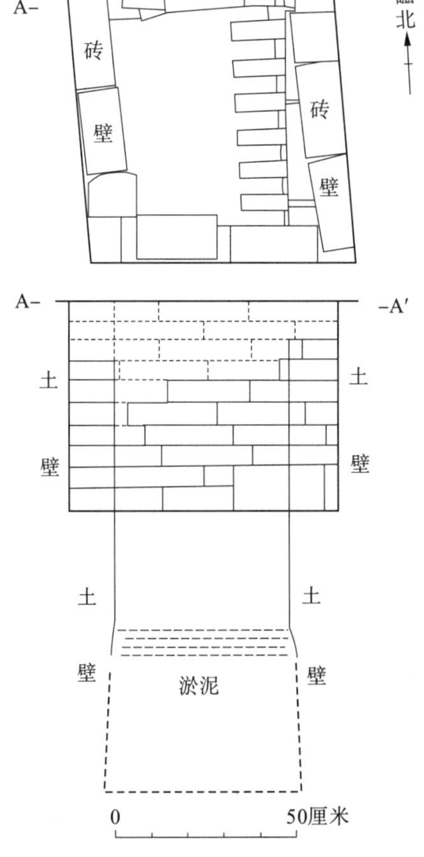

图167　太学遗址T202方形砖砌水池平剖面图

南庑位于西侧排房的前檐柱础D4~D5之间以东，夯土基址东西长约9.8、南北宽约2.8~5.7米（以后墙中心为准）。夯土红褐色，夹杂有碎瓦砾，坚实，厚约0.8米（钻探获知），夯层厚0.04~0.075米，夯窝直径0.075~0.08米。其后墙即F1和F2之间D5东西一线的夯土隔墙，其西接西面排房后墙，东面至院落最东面的南北向道路。墙基东西长约13.6、宽约1.4米；墙基西段尚残存部分墙身，长约5、宽0.5~0.6、残高0.17米。在墙身北侧的墙基夯土边缘上，还残存有两个柱础，编号分别为S1、S2，二者中心点间距5.7米。柱础均存础石，S1规格0.61×0.58×0.15米；S2规格0.57×0.53×0.145米。在南庑夯土基址向北凸出的东半部，也残存部分地上墙身，东西残长2.9、宽约0.3、残高不足0.1米。其向西正对西面排房前檐柱础D4，从对应位置来看应该为南庑房基的前檐墙。

北庑位于西侧排房的前檐柱础D1~D2之间以东，夯土基址东西长约9.7、南北宽约5.5米（以夯土墙身中心为准）。夯土红褐色，比较纯净，总厚约1米（钻探获知）。在北庑基址上，也残存有一条东西向夯土墙身和一个柱础，向西均正对西面排房的前檐柱础D1。夯土墙身东西残长1.9、宽约0.3、残高不足0.1米。夯土红褐色，较纯净。残存的柱础编号为N1，正位于上述夯土墙身的正东面，础石西距D1础石8.9米，规格0.35×0.32×0.12米。从对应位置来看，该墙基和柱础可能也都与F1北庑的后墙有关。

3.F2庭院及北庑

该庭院位于F2西面排房北起第2间的东面，即前檐柱础D6以南的东面。因该庭院在探方内仅露出北面一小部分，具体范围不清楚。该庭院的北部，可能与F1庭院向南庑西半部凸进一块大约相似，也向F2的北庑西半部凸进一块，即可能也呈曲尺形。这部分凸进去的庭院东西长约4、南北残宽1.4~1.8米。庭院的西边和北边虽然均未见到台基的拦边石条，但台基夯土边缘清楚；庭院的东边则残存有一块拦边石条，南北长约0.8、高0.33、厚约0.1米，埋入地下0.12米，高出地面0.21米。

该庭院北面也有北庑的夯土地面基址，位于F2西侧排房的前檐柱础D5~D6之间以东。该北庑基址的后墙也即F1南庑的后墙，即D5东西一线的夯土隔墙。夯土基址东西长约9.9、南北残宽2.9~5.1米（以后墙中心为准）。此夯土基址上未见夯土墙身和柱础遗迹。

4.房址东面的南北道路

在T201的中部，即整个院落房基的东面，是一条较窄的南北向道路。由于被后代盗挖石经扰乱破坏，此道路和西面的房址一样也保存较差，但在发掘探方内断断续续基本保存。道路宽1.2~1.4米，南北两端均出探方。路土红褐色，较坚硬，起大片。

5.房址西面的砖砌水槽

该砖砌水槽位于T203的中部南北一线，西面长条状排房后墙西侧的墙基夯土下，是在解剖房基后墙夯土时发现的，编号为G1。该水槽南北向，在探方内一共发现两段，在一条直线上南北对应，方向为磁北3°。水槽是用素面长方砖砌筑，北段残长1.7米，残存有砖6层，最高0.28米（图168；图版一三二，1）；南段残长3.6米，有砖7层，残存最高0.35米（图169；图版一三二，2）。砖槽侧壁是用单砖平砌，槽内

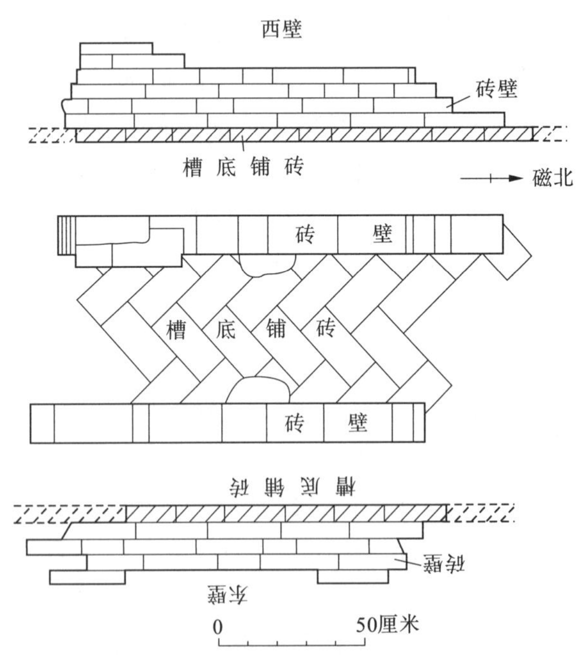

图168 太学遗址T203G1砖砌水槽北段平剖面图

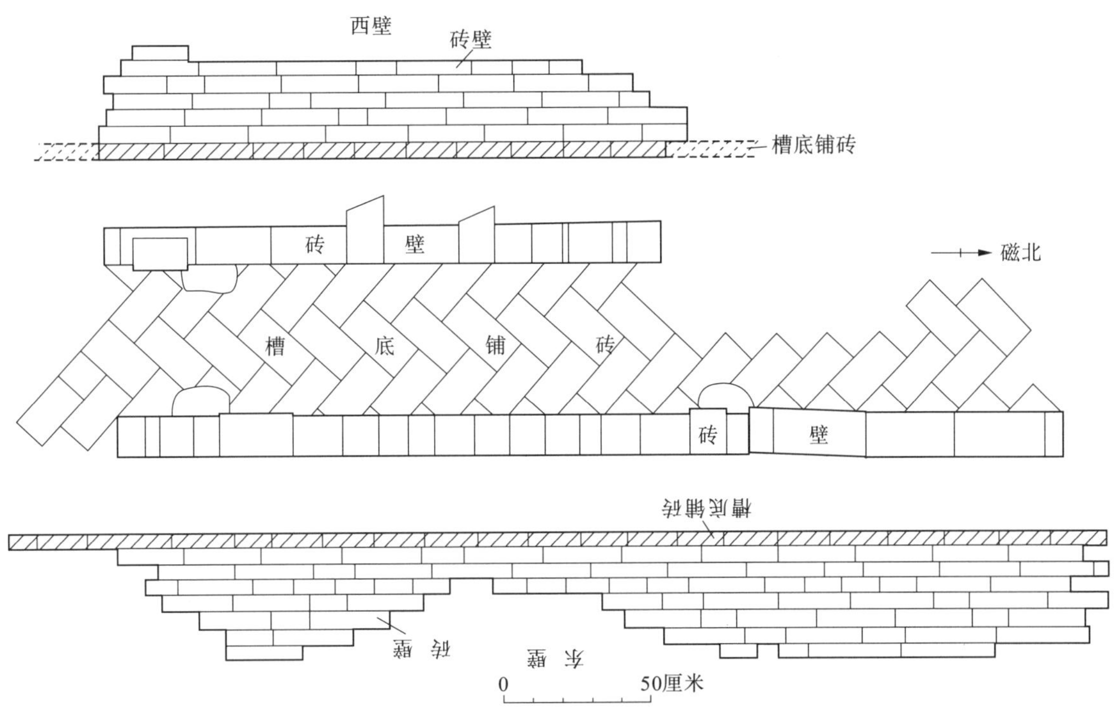

图169　太学遗址T203G1砖砌水槽南段平剖面图

侧宽0.5、外侧宽0.78~0.8米。沟槽底部南高北低，但高差相差极小，显然是从南向北流水。

水槽做法，是先在地下挖一条宽约1.1米的沟槽，然后按照砖槽约0.8米的宽度，在底部用砖作“人”字形平铺，然后在铺底砖上砌筑沟槽侧壁，并在砖壁外面填土夯实。用砖规格多为0.25×0.125×0.045米，个别为0.3×0.14×0.045米。

砖槽均发现在西侧排房后墙的墙基夯土之下，且皆未见盖顶砖，可能早已被破坏。砖槽内填土分为2层，上层是红褐色土，约与第2层堆积相同；下层为深灰色水浸土，内含绳纹面瓦片、素面砖块和陶器残片等。

由所处地层和出土遗物来判断，该砖砌水槽在晚期房基修筑时已经废弃，明显比晚期房基要早，应是早于魏晋时期修造的一条砖砌水槽遗迹，最晚废弃则可能在北魏时期。

五　东南角外石经残石及排房基址

（一）发掘与布方概况

在晚期太学院落东南角外侧，今太学村内南北车路西侧11米处，南面紧邻村民房基，先后两次开挖探方进行发掘。

第一次发掘是根据当地农民反映，此区域以前犁地时经常发现有一些带字的石经碑石碎块，为此在这里有选择地开挖探方三个，编号由东向西又向南分别为80HNTT301~303（图170）。T301为南北长方形，长5.5、宽3米；T302为东西长方形，长5、宽3米；T303是T301和T302南面的扩方，为不规则东西长方形，长2.3、宽1.5~2米。3个探方方向均为磁北0°（均以探方东壁为基准线），发掘总面积约35平方米。这次发掘主要清理出土了大量石经残石，石块皆为破碎状，不仅数量多，而且个体小，字数不多。这些石经残石，皆出土在一层垫土中，在垫土层上还发现一组排房建筑基址。

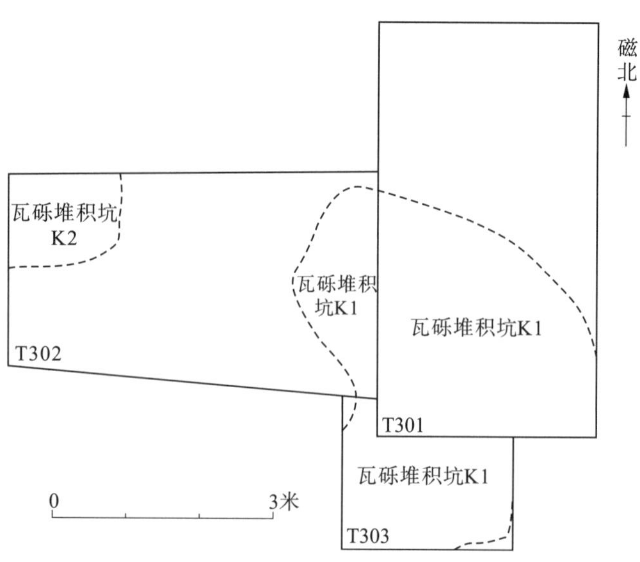

图170　太学遗址T301~T303探方分布图

第二次发掘，即对清理石经残石时发现的排房基址进行发掘。在原来清理石经残石的探方位置，顺着排房走向又东西向布设一排5个探方，编号由东向西分别为80HNTT401~405（图171）。探方皆东西长10、南北宽8.5米，方向磁北6°。此外在T401、T402和T403的南部，为了完整清理遗迹，局部各有少量扩方。此次发掘总面积约431平方米，主要清理了一组排房的夯土墙基、部分砖砌前檐墙与隔墙、硬地面，以及一座烧灶、两座烧窑、两口水井和5个灰坑等。

（二）地层堆积

从发掘情况看，这一带地层稍微复杂，主要地层有4层。

第1层：耕土或扰土层。黄褐色土，质松散。厚0.3~0.5米。

第2层：红褐色土，土质稍硬，较杂乱，夹杂有红烧土粒、草木灰屑、夯土块和碎瓦片等。距地表深0.3~0.8、厚0.15~0.4米。遗物有绳纹和素面长方砖、素面方砖、素面板瓦与筒瓦片、篮纹面板瓦片、绳纹面板瓦与筒瓦片、云纹瓦当、陶瓮残片、青瓷器残片、铁钉、五铢和剪轮五铢铜钱，以及少量石经残块等。该层下，局部即见排房基址的晚期居住硬地面和夹杂大量石经残石的瓦砾堆积坑K1和K2。该层应为北魏时期废弃堆积层。

第3层：灰褐色垫土，主要分布在T401~403南部的一条东西向沟中，表面似经过夯打，质地坚硬，夹杂有草木灰屑等。距地表深0.6~2.7、厚0.1~2.2米。遗物有几何纹方砖、素面长方砖、素面板瓦与筒瓦片、篮纹面板瓦片、绳纹面布纹里板瓦与筒瓦片、汉代石经残块等。该层表面经过夯打的硬面，应就是长条状排房基址的晚期居住地面，其中也包括表面坚硬夹杂大量石经残石的瓦砾堆积坑K1和K2，下部较厚的垫土则也是为了衬垫排房的居住地面而形成。该层时代约晚于魏晋时期，在该层下还叠压着Y1、Y2、井2、夯2等早期遗迹。

第4层：灰黑色土，表层较硬，下部松软，较杂乱，夹杂有木炭灰屑、碎瓦片等。距地表深0.7~1.3、厚0.1~0.5米。该层表面基本上也为一层硬地面，地层大部分未向下清理。遗物有素面长方砖、几何纹方砖、绳纹面布纹里板瓦与筒瓦片、陶器残片等。该层约为东汉的废弃堆积层。

（三）石经残石的清理

对石经残石的清理，主要是在T301~T303第2层下的两个瓦砾堆积坑中，编号分别为K1和K2，这里石经残石较为集中。此外在这两片堆积以外的第2层和第3层中，也有出土，其中尤以T402内为最多。在这个区域的发掘，共出土石经残石153块，统一编号001~156（中间缺号4

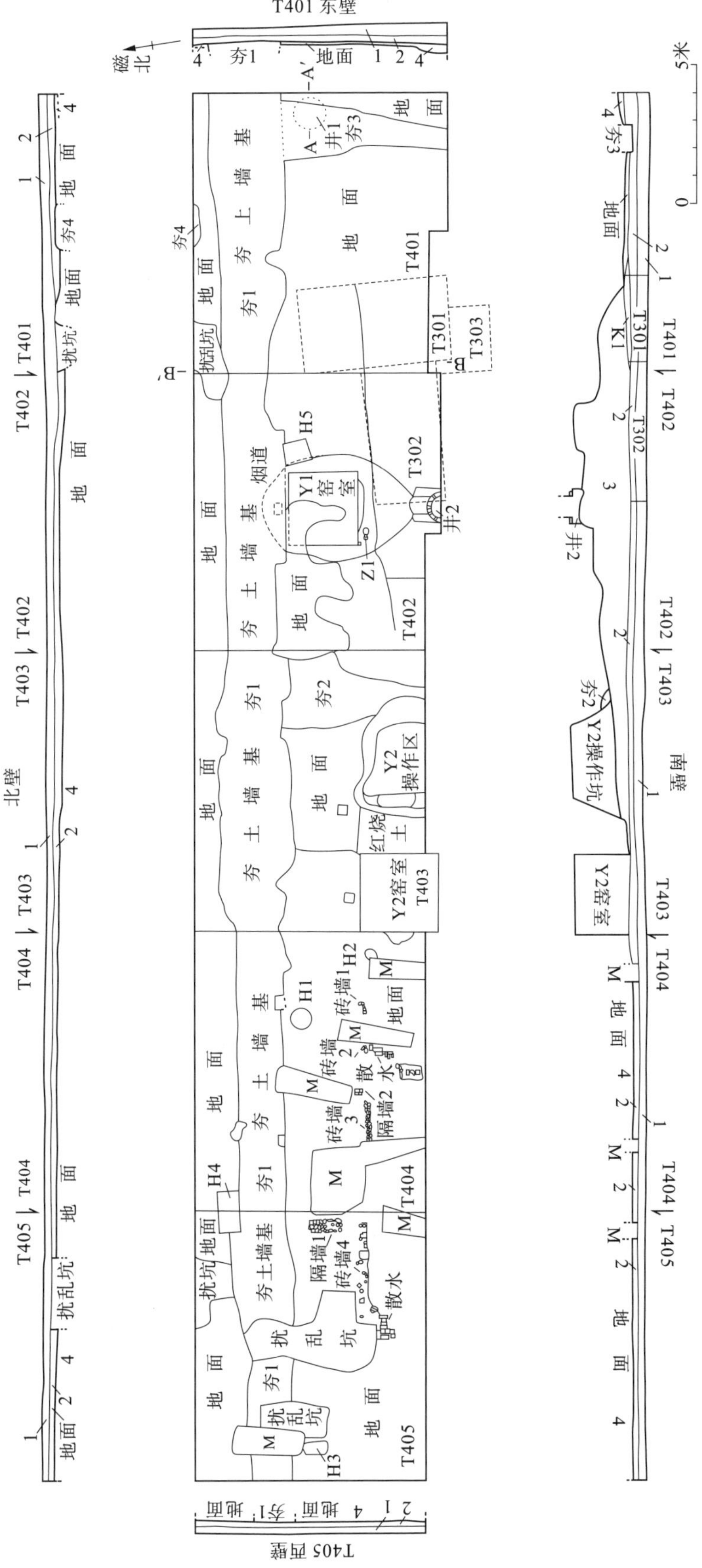

图171　太学遗址T401~T405平剖面图

1. 耕土和扰土层　2. 红褐色土层　3. 灰褐色垫土层　4. 灰黑色土层　夯1~夯4. 夯土基址　砖墙1~砖墙4. 前檐砖墙　隔墙1~隔墙2. 砖隔墙　H1~H5. 灰坑　Y1~Y2. 窑址　井1~井2. 水井　Z1. 灶坑　M. 近代墓

件）。除了个别系采集品出土位置不明确外，绝大多数都有具体出土地点，详细位置参见插图。

K1　分别位于T301西南部、T302东部和T303内。该瓦砾堆积被叠压在第2层下，为第3层垫土表层的一层堆积，但由于其中包含较多的砖石瓦砾残块，尤其石经残石较多，故单独编号K1（图版一三三）。

瓦砾堆积南北长约4.8、东西宽约4.1、厚约0.1~0.2米。堆积有明显的层次，每层上部砖块瓦片较为平整，砖瓦间所夹填土，因受强力挤压，硬度近似夯土，即表面形成一层硬面，也即排房内最晚期的居住地面。在K1中共出土石经残石86块，其中T301内37块（图172），T302内8块（图173），T303内41块（图174）。此外，堆积中的遗物还有素面长方砖块、素面板瓦片、绳纹面板瓦与筒瓦片，以及陶盆、瓮残片和五铢铜钱等。

K2　位于T302的西北角。瓦砾堆积东西残长1.5、南北残宽1.25、厚也为0.1~0.2米。此坑与K1情况大致相同，堆积中共清理出石经残石5块。

此外，在T301~T303内K1和K2之外，还零星出土石经残石4块；T401内也零星出土4块（图175）；T402内出土39块（图176）；T403内出土7块（图177）；T404内出土2块（图178）；不明位置采集6块。

这些石经残石全部是用隶书写成，亦即一体石经。其中有的能辨识属于某经者，又有只存个别字或仅存字的一两画、而不能辨识其所属者；有的属于经之正文，也有不属于经之正文而属于校记或其他内容。详细情况将在出土遗物部分予以叙述。

（四）建筑遗迹

在第2层或第3层下，清理出一座排房基址的夯土后墙（夯1）、砖砌前檐墙和隔墙、铺砖散水，以及两条南北向夯土基址（夯2、夯3）、一座烧灶（Z1）、5个灰坑（H1~H5）、两座烧窑（Y1~Y2）和两口水井

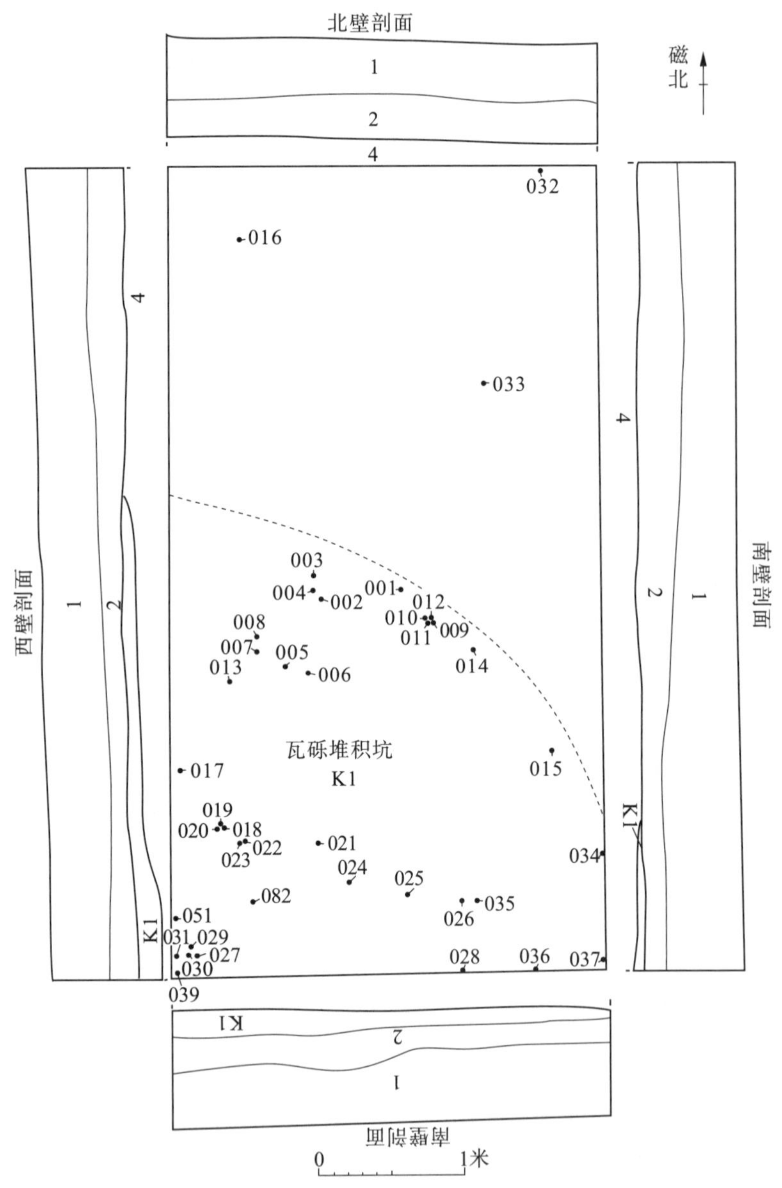

图172　太学遗址T301石经残石出土位置图

1. 耕土和扰土层　2. 红褐色土层　4. 灰黑色土层　K1. 瓦砾堆积坑　001~082. 石经编号

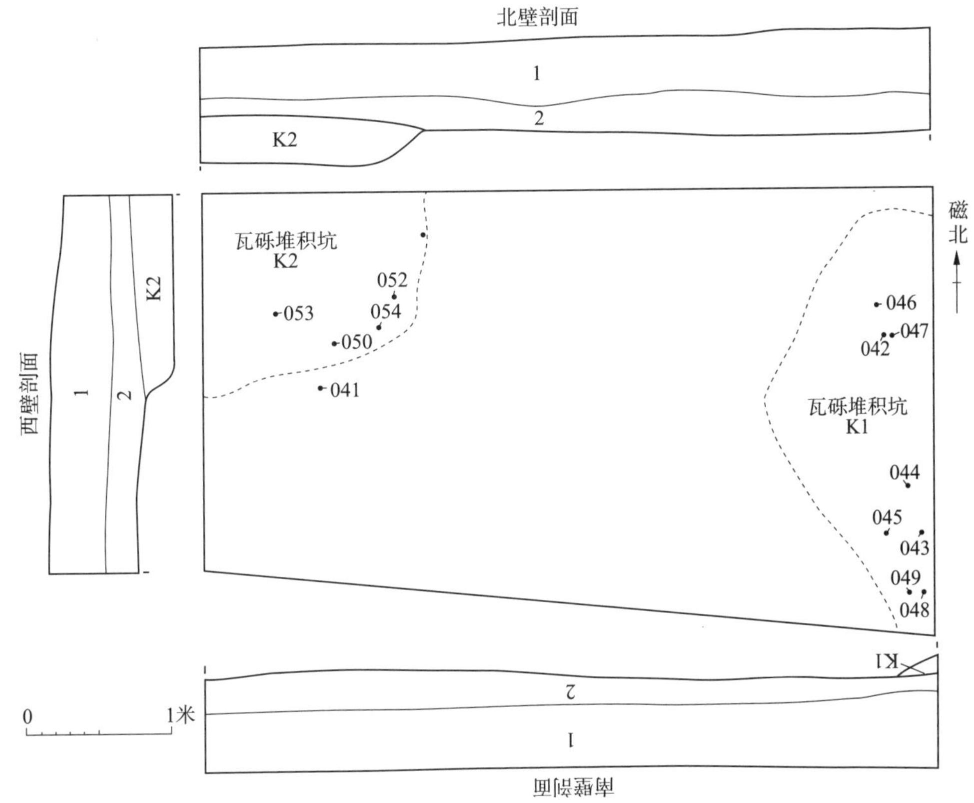

图173　太学遗址T302石经残石出土位置图

1.耕土和扰土层　2.红褐色土层　K1~K2.瓦砾堆积坑　041~055.石经编号

（井1~井2）等遗迹。下面分别叙述。

1.长条状排房基址

该长条状排房为东西向，面向朝南。主要残存有夯土后墙（夯1）、砖砌前檐墙、砖砌隔墙、铺砖散水等遗迹（见图171；图版一三四）。

（1）后墙（夯1）　为夯土筑造，东西向，方向约为磁北95°。该墙基残存在第2层下，修筑在第4层上，东西两端均出探方外，残长超过50米。其地上墙身均已不存，所存均系地下墙基，残存宽窄厚薄不一，宽1.6~2.6、厚0.5~0.8米，墙基两侧均未发现柱础和础槽。夯土灰黑色，夹杂有少量夯土碎块。在后墙往南3米余的范围，有一层土色略黄的硬地面，较为坚硬，应为排房最晚期的居住地面，时代约为北魏时期。

从解剖沟来看，该夯土墙也有上下两层，可能为两个时期所修筑。上层夯土土色稍杂，夹杂黄褐色土，夯层和夯窝不清晰，厚仅0.1米。下层夯土土色单纯，夯打坚实，宽约1.9米，略比上层夯土为窄，厚约0.5米。夯层与夯窝清晰，夯层厚0.07~0.1米，夯窝为圆形平底，直径0.07米。遗物有素面长方砖块、绳纹面板瓦与筒瓦片、陶瓮口沿、剪轮五铢铜钱等。从地层叠压关系和出土遗物来看，该房基的延续使用时间较长，下层夯土不晚于魏晋时期，上层夯土则在魏晋至北魏时期。

（2）前檐墙　均为砖筑，是用素面长方砖残块和石块砌筑而成。仅在发掘的房址西部（T404~405内）残存四段，分别编号砖墙1~砖墙4。砖墙中心距后墙中心约3.8米，二墙走向

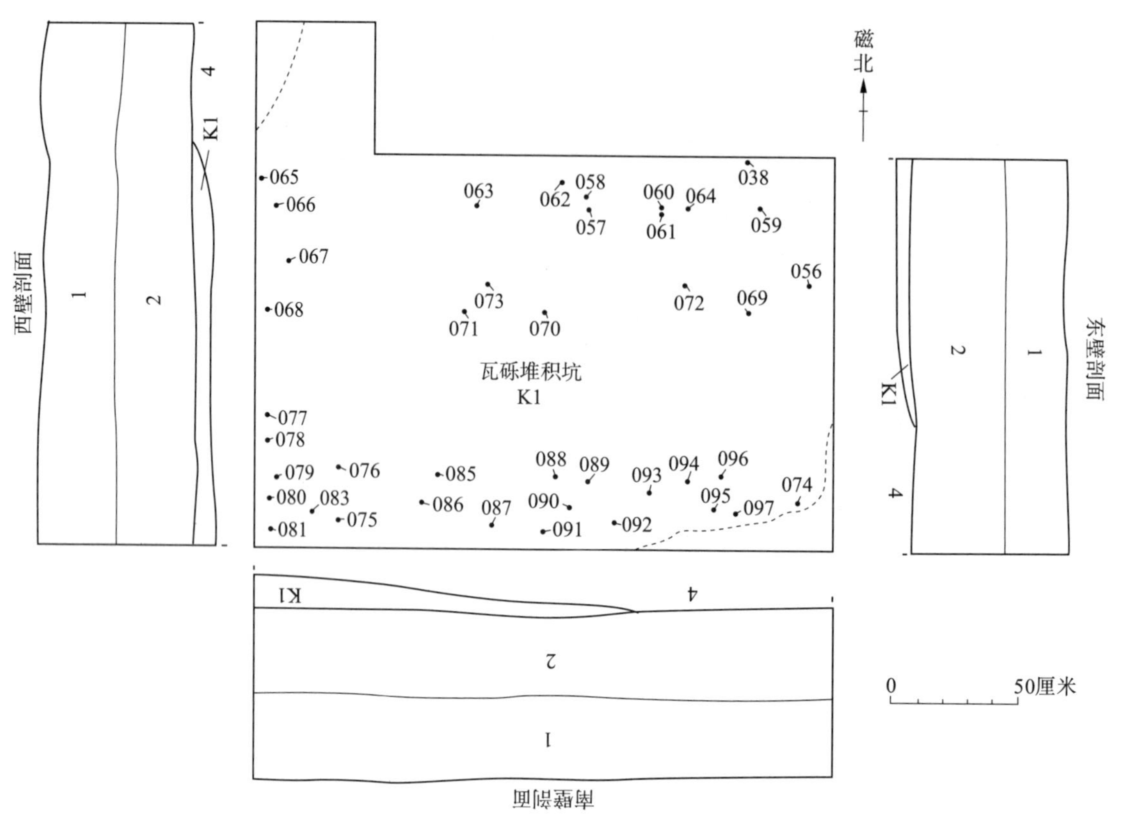

图174　太学遗址T303石经残石出土位置图

1.耕土和扰土层　2.红褐色土层　4.灰黑色土层　K1.瓦砾堆积坑　038~097.石经编号

平行。在前檐墙位置处，也未见到柱础。

砖墙1　位于T404东壁之西2.68米，残存砖墙一层，有砖5块。东西残长0.45、南北宽0.22、残高0.065米。

砖墙2　位于砖墙1之西1.15米，残存一层，有两块残砖与一块残石。东西残长0.3、宽0.25、残高0.06米。

砖墙3　位于砖墙2之西1.75米，砌砖残存两层。东西残长1.4、宽0.2~0.25、残高0.14米。

砖墙4　位于T405东南，仅剩一层。东西残长3、宽0.2、残高0.06米。砖墙为破碎的砖块砌筑而成，而且残破不堪，砖块均以黄泥砌作。

（3）砖砌隔墙　在排房基址内，还发现两段砖砌隔墙，残存较短，均为南北向，编号分别为隔墙1和隔墙2。

隔墙1　位于T404中部，东距探方东壁5.56米。残存两层，以素面长方砖残块错缝平砌，比较整齐。残长0.34、宽0.25、残高0.13米。

隔墙2　在T405的东端，距探方东壁约0.6米处。由三行残砖砌成，残存三层。长约1.45、宽约0.5、残高0.2米。

由这些隔墙的位置可以大致获知，这座排房每间房子的面阔大约为4.55米。

（4）砖铺散水　在前檐墙外还残存两处铺砖散水，范围不大，分别位于T404和T405内。从残迹来看，散水铺砖南北宽约0.7米，用砖为绳纹长方砖（规格0.295×0.15×0.055米）和素

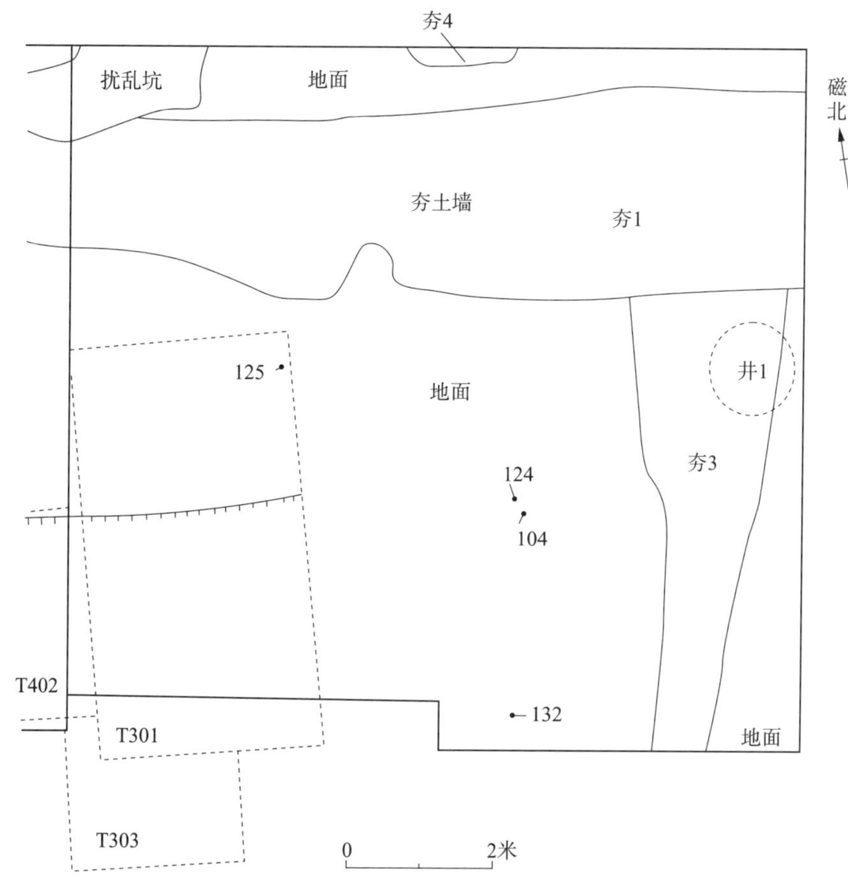

图175　太学遗址T401石经残石出土位置图

夯1、夯3、夯4. 夯土基址　井1. 水井　104~132. 石经编号

面长方砖（规格？ ×0.16×0.055米）。在未铺砖的地方则补以瓦片，南北宽约1米，瓦片有素面和绳纹面两种，皆比较碎小。瓦片下为厚0.02~0.05米的红烧土及黑灰土，再下为含料礓的沙性夯土。由用砖来看，该铺砖散水铺砌时代应为北魏。

2.南北向夯土基址

在T401和T403内，还分别发现两条南北向夯土基址，编号分别为夯2和夯3。

夯2　位于T403东南部，叠压在第3层下，北端被晚期房基后墙（夯1）打破，南端被早期Y2操作坑打破（见图177）。夯土略呈南北向，北部略宽，约2.6米；南部稍窄，约0.4米；残厚0.3~0.4米。夯土颜色与夯1东段相近，所含料礓较少，较为坚硬。该夯土基址与夯1东西向墙基呈丁字衔接，应为早期房基的夯土墙基遗迹。

夯3　位于T401东端，叠压在第2层下，北端被晚期房基后墙（夯1）打破，南端伸出探方外（见图175）。夯土也为南北向，同样北段较宽，约2.2米；南部较窄，约0.82米。

夯土有上下两层，上层残存在北段，南北长2.7米，土质较杂乱，灰黑色土中夹杂有红褐色土、红烧土粒和灰色夯土块。这块夯土在接近夯1处，逐渐升高，呈坡状向上倾斜，而且夯层也与夯1夯层连接，说明它们是同一时期的房屋基址，即应该是晚期排房的一道南北向夯土隔墙。

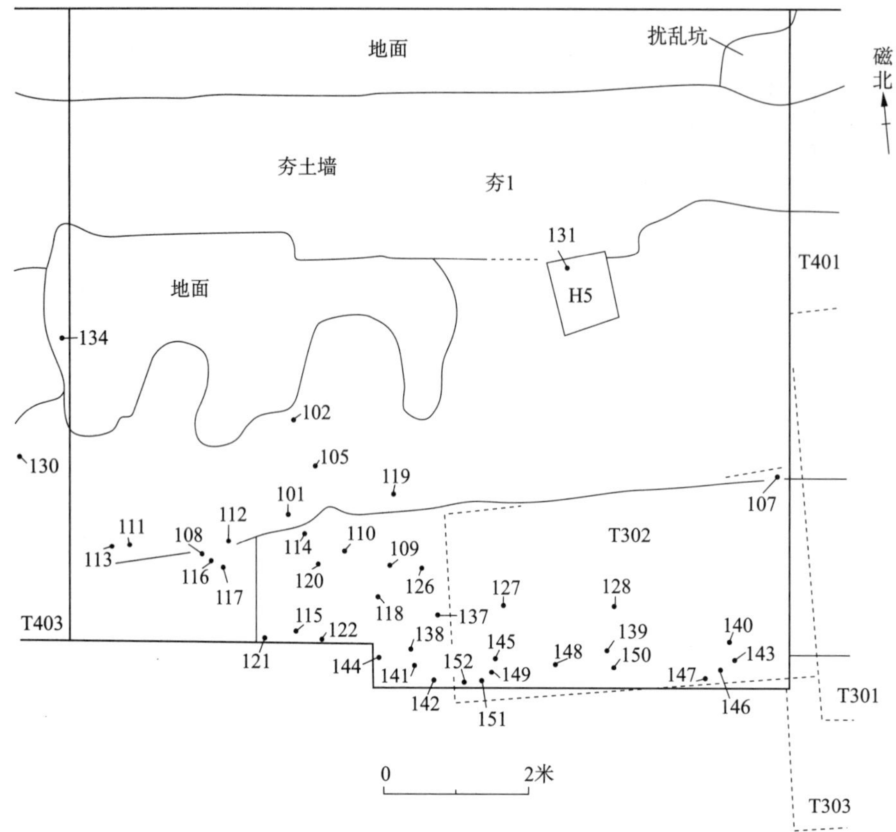

图176 太学遗址T402石经残石出土位置图

夯1. 夯土基址 H5. 灰坑 101~152. 石经编号

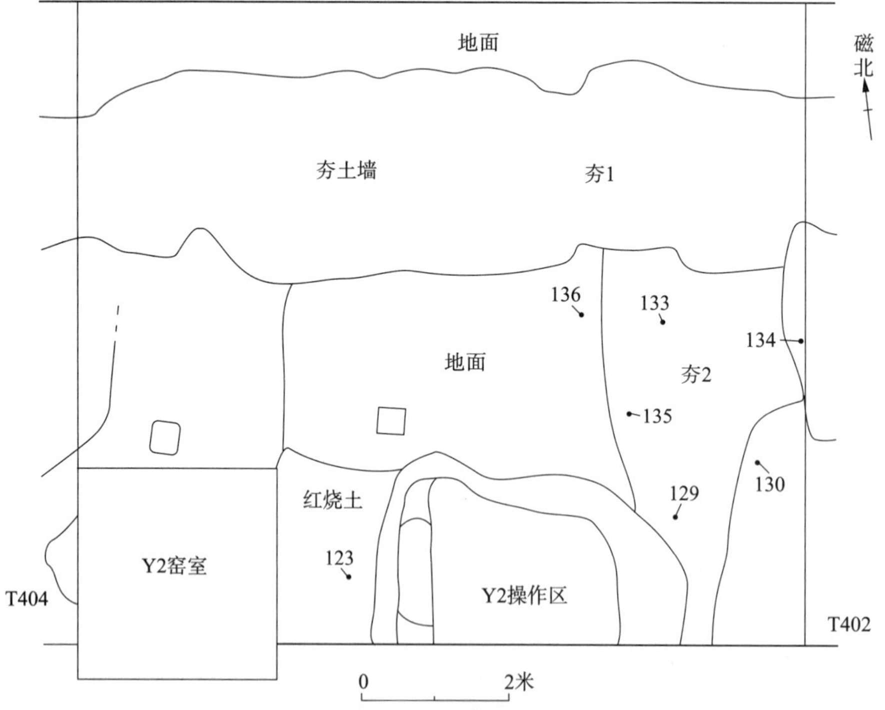

图177 太学遗址T403石经残石出土位置图

夯1~夯2. 夯土基址 Y2. 窑址 123~136. 石经编号

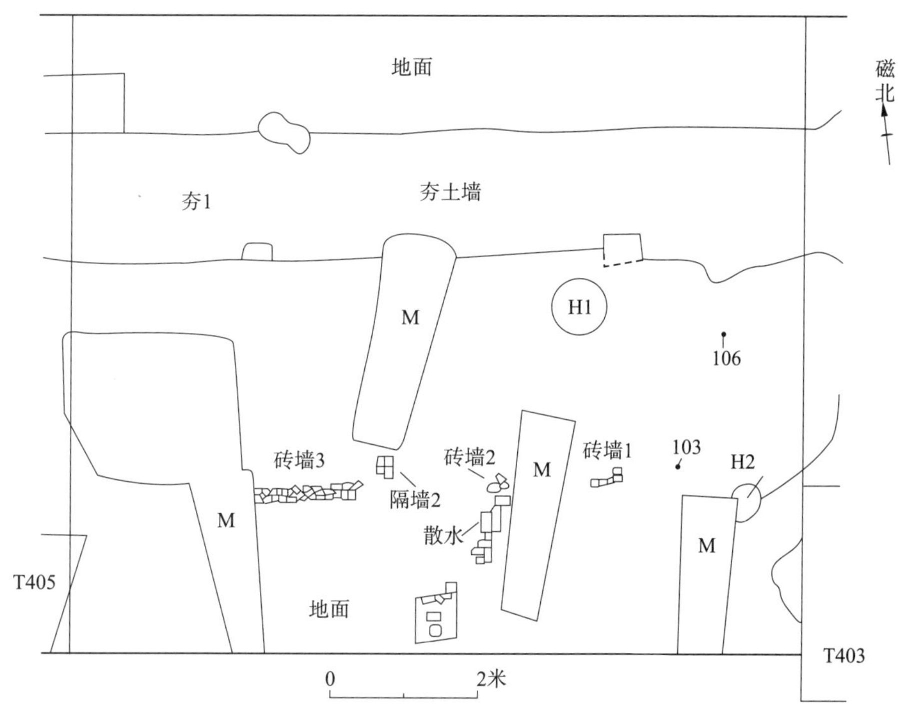

图178　太学遗址T404石经残石出土位置图

夯1. 夯土基址　H1~H2. 灰坑　砖墙1~砖墙3. 前檐墙　M. 近代墓　103、106. 石经编号

下层夯土为灰黑色土，夹杂有煤渣，质地坚硬，层次清晰。在与后墙夯1相接处，有一条缝隙，缝隙内为疏松的灰色土。该下层夯土显然是早期夯土，其上面又被与夯1相连的上层夯土叠压，应被晚期重修继续沿用。

3.烧灶

仅发现一座，编号Z1。位于T402排房后墙南面3米处，第2层下，晚期居住地面之上。烧灶东西向，灶口朝西，通长0.56米。灶膛长0.3、宽0.35、深0.12米。灶膛底为斜坡状，前低后高，通过0.12米宽的灶桥（已残）与灶口连通。灶口长0.14、宽0.17、深0.15米。灶内填红褐色土，质地松软，较杂乱，夹杂有草木灰屑、少量砖块瓦片和陶器残片等。遗物有绳纹长方砖块、素面和篮纹面板瓦片等，时代约为北魏时期。

4.灰坑

共有5个，编号分别为H1~H5。

H1　位于T404中部略偏东，排房夯1墙基南侧，距探方东壁2.6米处。坑为圆形竖穴，开口在第2层下，打破排房的晚期居住地面。直径0.75、深0.65米。填红褐色土，参杂灰色土，质松软，夹杂大量瓦片和陶器残片等。遗物有素面板瓦与筒瓦片、篮纹面板瓦片、绳纹面板瓦与筒瓦片，以及陶瓮、缸、甑、碗、盆残片和剪轮五铢铜钱等。

H2　位于T404内，H1东南部3米处，距探方东壁0.85米。坑为圆形竖穴，同样开口在第2层下，打破排房晚期居住地面，西半部还被近代墓打破。直径0.46、深0.43米。除遗物较少外，其他与H1相同。

H3　位于T405西部，排房夯1墙基南面。坑为不规则长方形，开口也在第2层下，同样打破排房居住地面，北壁还被近代墓打破。南北长约1、东西宽约0.5、深约1.5米。填灰黑色土，土质松散，夹杂有木炭灰屑、夯土碎块、砖块瓦片和陶器残片等。遗物有素面筒瓦片、篮纹面板瓦片、绳纹面板瓦片，以及陶瓮、盆、罐、甑等残片。

H4　位于T404与T405交界处，排房夯1墙基北侧。坑为长方形，开口在第2层下，南壁打破夯1墙基。东西长约1.5、南北宽约0.75、深0.4~0.45米。填土为灰褐色，土质较硬，夹杂有少量木炭灰屑、砖块瓦片等，遗物有绳纹和素面长方砖、素面和绳纹面瓦片、陶器残片以及綖环铜钱等。

H5　位于T402东部，排房夯1墙基南侧。坑平面略呈方形，开口在第2层下，分别打破排房夯1墙基、居住地面和Y1东北角窑壁。坑南北长1.04、东西宽0.93、深0.75米。坑壁基本为直壁，底部较平。填土为红褐色，较硬，夹杂有大量乱砖和少量瓦片。遗物有绳纹长方砖、素面长方砖、席纹长方砖、素面板瓦与筒瓦片、篮纹面板瓦片、绳纹面板瓦片以及铁犁铧等。

5.烧窑

在排房的居住地面和第3层堆积下，还清理出两座烧窑，编号分别为Y1~Y2，显然为早于排房基址的早期遗迹。

Y1　在T402中部，排房夯1墙基的南面。残存最高的窑壁耕土下即见，残存较低的遗迹则分别被第2层、第3层和夯1墙基打破或叠压。该烧窑南北向，窑门朝南，方向为磁北185°，由操作道、窑门、火膛、窑床和烟洞等5部分组成（图179；图版一三五，1）。

操作道　位于窑门之南，作南北向长条沟状，南端被井2打破。探方内残长1.05、宽1.24、残深1.24米。窑道系在生土中挖成，下部与窑门同宽，东西侧壁较直；窑道上部向外展

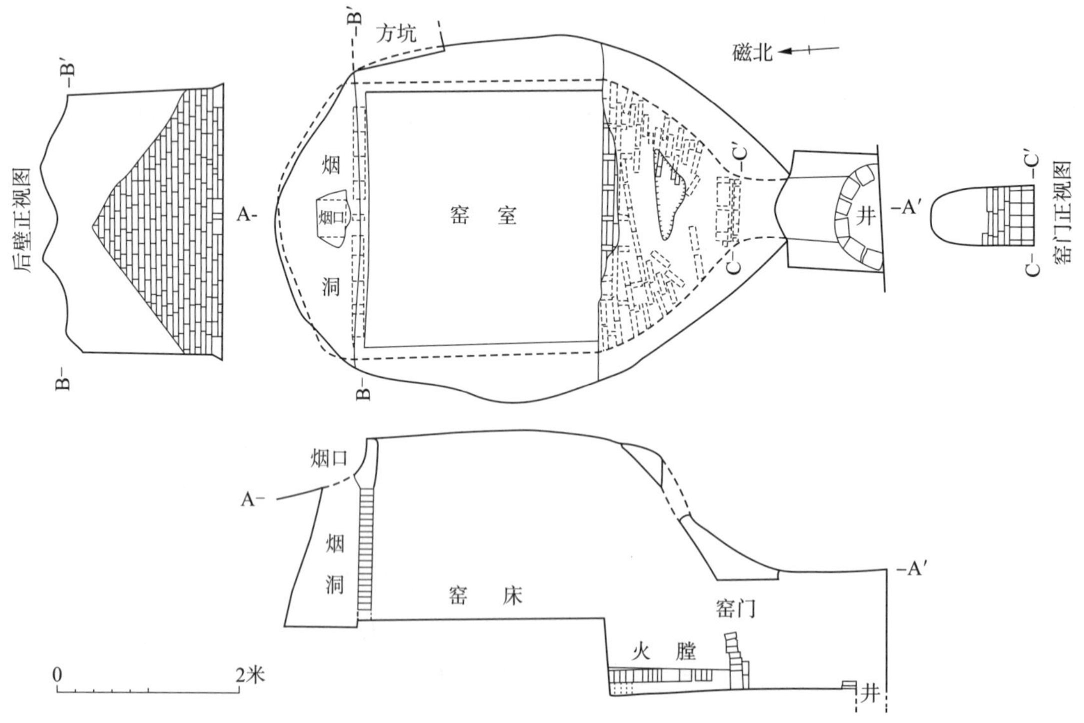

图179　太学遗址T402Y1（汉代窑址）平剖面图

宽，使两边各形成台面平整的二层台，展宽部分东侧0.26~0.3、西侧0.23~0.28、高0.53米。窑道内填土，上部填与窑室内相同的黄褐色花土；其下与封门砖墙平，为一层厚约0.1米的煤渣和灰渣堆积；再下为红褐色土，较细且松软，夹杂有红烧土粒、绳纹面手捏里瓦片等。

窑门　南接操作道，北接火膛，也系在生土中挖成。顶部已被烧成砖红色，上为半圆弧状拱顶，下为竖壁，总高1.15、宽0.62米。门道长0.68米，底较平，窑门内侧较低，与火膛相平。与火膛交接处，有封门砖墙6层，为错缝平砌。该墙砌筑在上层炉箅之上，墙宽0.13、高0.38米，砖墙已倒塌变形向火膛内倾斜。紧贴砖墙南侧有8块横向放置的侧立砖，分上下2层，每层4块，砖长0.13~0.15米，为整砖1/2，宽0.13米，厚0.053~0.06米。填土略同窑道。

火膛　南接窑门，北接窑床。顶部呈漫圆状，抹有泥浆，与窑床相接处顶高2.65米。火膛地面略低于窑门外地面，二者相连处稍呈斜坡状。火膛平面为半圆形，东西最宽2.9、南北进深1.4米。底部有2层炉箅残存，炉箅均用素面长方砖坯砌成，已烧成砖红色，规格与窑室后壁用砖相同。上层箅面中间低而周围高，中间低于窑床面0.5米，周围低于窑床面约0.45米，窑箅均用砖坯侧立丁砌而成，相邻两砖间留有空隙。下层箅砖（即支撑窑箅之砖），因地下出水未完全弄清结构，从西部上层砖孔向下探索，发现有南北向侧立丁砖。由此推测，下层箅砖可能是以南北向为主，与上层箅砖呈十字交错，既坚固又合乎通风原理。火膛填土与窑室同，唯紧贴窑床南沿下0.3米深见有炉渣土，厚约0.2米（图版一三五，2）。

窑床　平面呈方形，东西2.64、南北2.53米。窑室壁面残高2.03米，四壁均为中间高两端低，微呈弧形，可能与顶部券顶有关。窑室系就地在生土中挖成，四壁铲齐，上部用泥抹平，留有手抹痕迹，东、西、南三壁下部铲痕明显，铲宽0.16米。东、西二壁上部微向内收约0.1米，沿底部向窑壁内挖出截面呈三角形的小凹槽，槽宽0.02~0.03、高0.06~0.1米，其长度与窑床相等。南壁正中间为火膛顶部，两侧有竖直壁，该壁往下与火膛交接处做一小圆抹角，高0.1米。北壁上部被夯土墙基打破约0.1米高，下部壁面垂直。该壁在建窑时下部被挖开，挖开部分立面呈等腰三角形，中间高1.44、两侧高0.42米，外侧壁面用素面长方砖坯补齐，错缝平砌23层，砖坯规格0.255~0.26×0.125~0.13×0.055~0.06米。该砖壁底部留有三个进烟口，高均为0.12米（2层平砖高）。中间进烟口宽0.38米，中间侧立一丁砖，隔成两个小口。两侧进烟口均开在紧靠东西窑壁处，正对三角形小凹槽，各宽0.2米。窑床面高于火膛地面0.8米，高于火膛炉箅0.5~0.54米。床面平整，经火烧烤坚硬如砖，表面留有架砖走火的砖痕，颜色有红有黑，各成南北条形，特别在三个进烟口处极为明显。其烧红者应为走火烤痕，宽0.06~0.13米；黑色者为立砖处，最宽为0.6米（其中可能有架砖痕但辨不清）。靠火膛边正中一片，南北0.6、东西约1米，全为黑灰色。在清理填土时，在此曾堆积有一层厚0.15米左右的炉渣和煤块，此黑灰色应为当时烧火加煤用力过大被扔到窑床上所致。

窑床和火膛的填土，可分为三层。上层为杂乱花土，厚约0.1米，土质较硬且杂乱，夹杂有大量草木灰屑、红烧土块，遗物有大量绳纹面布纹里板瓦与筒瓦片、绳纹面手捏里板瓦与筒瓦片，以及一片素面筒瓦、一片篮纹面板瓦、一件云纹瓦当和一块小炉箅等。中层仍为杂乱花土，厚约0.8米，较松软，遗物有素面长方砖、绳纹面布纹里板瓦与筒瓦片、绳纹面手捏里板瓦与筒瓦片、云纹瓦当、残石臼等。下层为黄褐色花土，厚约1米，土质较软，夹杂有少量红烧土粒。该层表面有一层乱砖堆积，或整或残，数目甚多，应为坍塌的窑室券顶砖坯。遗物主要有绳纹面布纹里板瓦与筒瓦片、绳纹面圆麻点里板瓦与筒瓦片等。

烟洞　位于窑床之北0.2米处，表面被夯1墙基打破并叠压。烟洞上部为出烟口，据复原平面应为方形，东西0.46、南北0.3、残深1.62米。烟洞南壁即窑床后壁之砖壁（图版一三六，1），中部高1.4、两侧高0.42米。烟洞底面平整，平面略呈半圆形，低于窑床面0.06~0.08米，东西长与窑床面等宽，南北纵深0.83米。烟洞底部向南通过窑床后壁三个进烟口与窑床相通。烟洞内填土与窑床的中、下层堆积类似。

从地层叠压关系和出土遗物分析，该烧窑的建造与使用时代约为东汉，废弃约在魏晋至北魏时期。

Y2　在T403南部，窑门朝东，方向为磁北98°。窑址被第2层和第3层垫土层叠压，窑的南部一小部分被压在探方外，因距离民房太近无法扩方，仅探明窑南壁位置而已。另外该窑内因地下出水，未能清理到底，有些遗迹现象则依靠钻探等方法大致获得。综合来看，它也和Y1一样，是由操作坑、窑门、火膛、窑床和烟洞等五部分组成（图180；图版一三六，2）。

操作坑　位于窑门东面，长约2.5米。近窑门部分与窑床宽度相当，向东逐渐变窄。操作坑口大底小，其东端为陡坡，未见有踏道，不清楚是否向南有折拐。

窑门　窑门上部用砖砌筑有护坡，共12层，上窄下宽，高约0.9米。砌砖大都是素面长方砖或砖坯残块，顶层斜砌，每下一层依次向外错出0.02~0.04米。窑门两侧壁面和顶部圆拱券，皆用素面长方砖砌筑两层。内侧一层用砖宽0.17、厚0.08米；外侧1层用砖宽0.13、厚0.065米。外侧券拱部分高0.48米，拱落在外侧砖墙上。窑门内壁宽0.8、高1.55米，底部为生土。

火膛　火膛东接窑门，西接窑床。东面顶部也呈半漫圆状，南北二壁也呈弧形由下向上内收。壁面均涂有一层泥浆，厚约0.08~0.1米，大部分已剥落，外露面不太整齐，但也很坚硬。因地下水面较高，窑膛底部的情况未能了解。

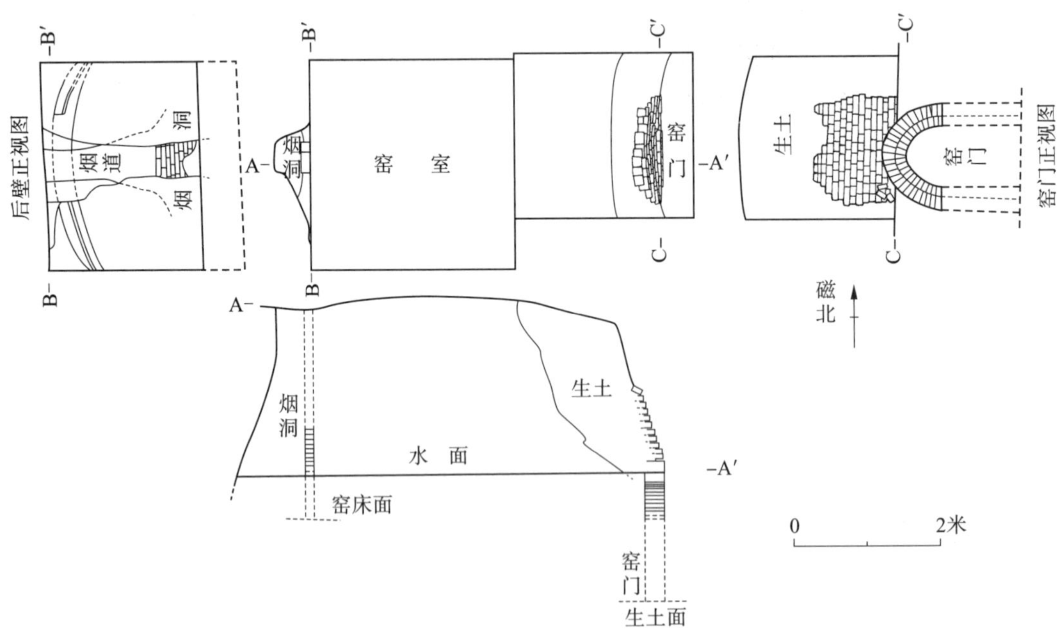

图180　太学遗址T403Y2（汉代窑址）平剖面图

窑床　平面呈方形，东西长2.82、南北宽2.75米。从现存窑壁向下2.4米见水面，再向下0.55米至窑床面，即现存深度约2.95米。窑壁除东壁外，其他三壁上下垂直，均为土壁，表面涂有一层泥浆，现呈青灰色，表面平整坚硬。残存的窑壁上部分别有一横贯周壁的圆弧状浅槽，槽作三角形，宽0.26~0.28、深0.18~0.2米。从窑床东北角槽内残存砌砖观察，窑室的封顶券砖即是从此槽开始向上起券。

烟洞　在窑床西壁，从上到下有一宽0.4~0.5米的砌砖墙，现水面以上还残存10层，该砖壁的西面即为烟洞。烟洞顶部的出烟口已经残毁，距现存窑壁0.7米深，方可见到0.4米见方的方形直洞，再往下向左、右、后方分别扩大成袋状烟洞。整个烟道在生土中挖成，表面未作进一步加工，现壁面呈青灰色，坚硬。

窑膛内自上而下分别为红烧土、烧窑灰土及砖瓦堆积等填实，质地松散。窑道内则为烧窑灰土和大量煤渣、烧变形的素面长方砖等填实。主要遗物有大量烧变形的素面长方砖、绳纹面布纹里板瓦片，以及空心砖块、几何纹方砖、席纹长方砖、卷云纹瓦当、铁刀、铁镞、五铢和剪轮五铢铜钱等。估计其时代也为东汉。

6.水井

在晚期房址下，还发现早期水井两口，编号分别为井1和井2。

井1　位于T401东部，排房夯1墙基与南北向夯3交接处，井口压在夯3下层夯土之下，打破第4层。

水井为小口圆形竖井，上部砌砖，下部为红生土壁，周壁圆而平整，深5.3、中部内径1米（图181）。清理时，口部叠置青灰色石板两块。上层石板形状不规则，长宽在0.65~0.7米之间；下层石板略作长方形，长0.4、宽0.22米（图版一三七，1）。此二石板，纯系为封闭井口而设，与水井本身的结构无关。自井口往下0.85米，井壁砌砖14层，采用平砖抹角叠砌方法砌筑。最下一圈用砖9块，往上逐渐递减，收缩成小方口。井口用砖4块，约0.24米见方（图版一三七，2）。井内现水深约3.7米，甚为清澈，以镜反射日光入井内，

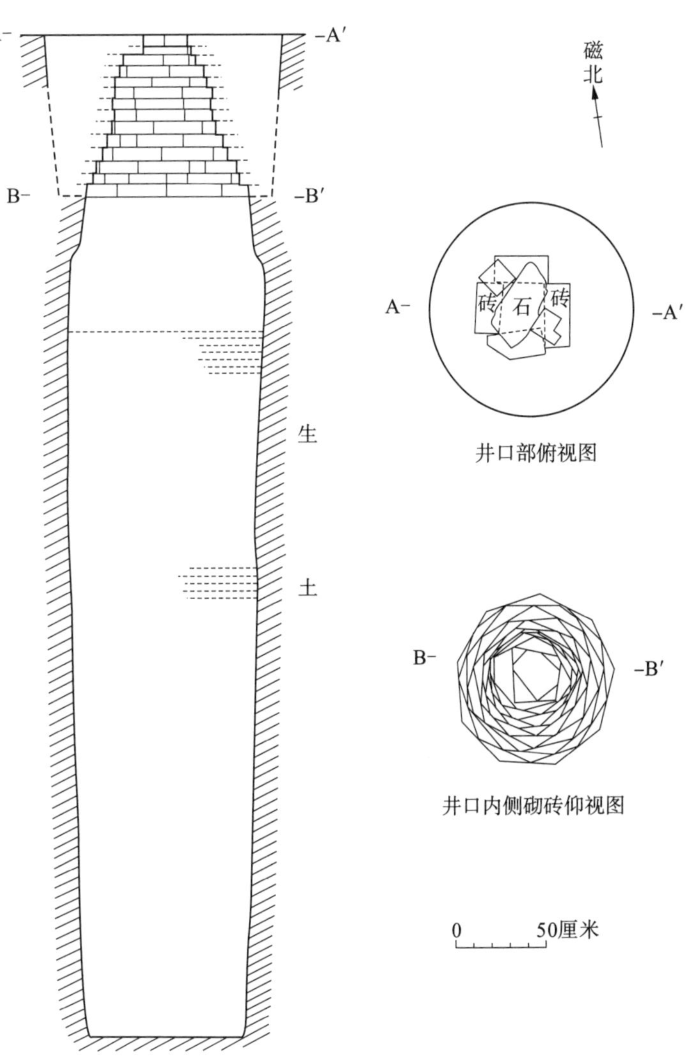

图181　太学遗址T401 A–A'井1平剖面图

可洞察井底之一切，井底未见任何遗物。此井砌砖皆为素面长方砖，规格较为整齐，均为0.31×0.155×0.048米。据在井口砖壁周围解剖，围绕砌砖井壁有一直径1.3米的圆形穴迹，由此可以获知该井是先在地下挖出口大（直径1.3米）底小（直径1.2米）的竖穴，然后于上部砌砖加固，形成砌砖井壁。从地层叠压关系与用砖来看，它的时代约为东汉至魏晋时期。

井2　位于T402南部的扩方部分，南半部被压在探方南壁下。井口残存在第3层下，正好打破Y1窑门外侧的窑道。井为圆形竖穴，围绕井口砌砖一层，为单砖平砌，砌砖下井壁为土壁。井口砖壁外径1.12、内径0.7米。用砖皆为素面长方砖残块，大小规格不一，主要有两种，一种规格为0.17（残）×0.168×0.055米，另一种规格为0.2（残）×0.154×0.052米。该井距井口1米多深即见地下水，水下情况不明。从地层叠压关系来看，该井明显晚于Y2，时代应不晚于魏晋时期。

第四节　太学西侧遗址的发掘

一　发掘与布方概况

在太学西侧遗址的发掘，由于以往在此勘探较少，可供选择的发掘地点也不多。据在洛河南堤南侧L1道路附近勘探，发现紧邻道路路土还有一处夯土基址（见图136），地表还有大量碎青石片。当地农民还反映，这里过去曾经出土过石经碑座。

为验证上述说法，并进一步了解这个区域地下夯土基址的情况，在此开挖探方一个，编号81HN太西T1（图139；图版一三八，1）。探方东西长13、南北宽10米，方向为磁北0°，总面积130平方米。

在此探方内发掘清理，发现早期的一条南北向砖砌水道沟槽、早晚不同时期的建筑夯土遗迹和路土遗迹等（图182）。

二　地层堆积与遗迹情况

据发掘，此处地层堆积和残存遗迹较为复杂，其上层为耕土及近代扰乱土层，厚约0.7米，此扰乱土层显然是近代刨挖石经残石所形成。该层下刨挖石经残石的扰乱坑密布，再下则为早晚不同时期的夯土、路土及沟槽等遗迹。主要有夯土基址两处、路土遗迹三处、沟槽遗迹一处。

夯1　灰褐色夯土，位于探方南部，东西向贯穿探方。由灰褐色细土筑成，宽2.2~2.6、厚约0.35米。内含遗物较少，有质量坚硬的直绳纹长方砖、厚重的黑灰色素面板瓦片、绳纹面板瓦与筒瓦片，以及少量青石碎片。该夯土打破黑褐色路土（L1）、早期黄褐色路土（L3）、G1沟槽等，时代为北魏时期。

L1　黑褐色路土，位于探方西部，南北向，南部被夯1灰褐色夯土打破。东西残宽7.2~7.3、厚约0.1~0.2米。该路土下还叠压着L2黄褐色路土。在黑褐色路土内，夹杂有残碎的绳纹面板瓦片，另在路土面上还出土一块质量坚硬的直绳纹长方砖块。其时代大约也为北魏时期。

L2　上层黄褐色路土，分布于探方东部，南北向。西部叠压在L1黑褐色路土之下，南部被夯1黑褐色夯土打破，东南部则与L3下层黄褐色路土邻接。路土东西残宽6.1~6.3米，表层

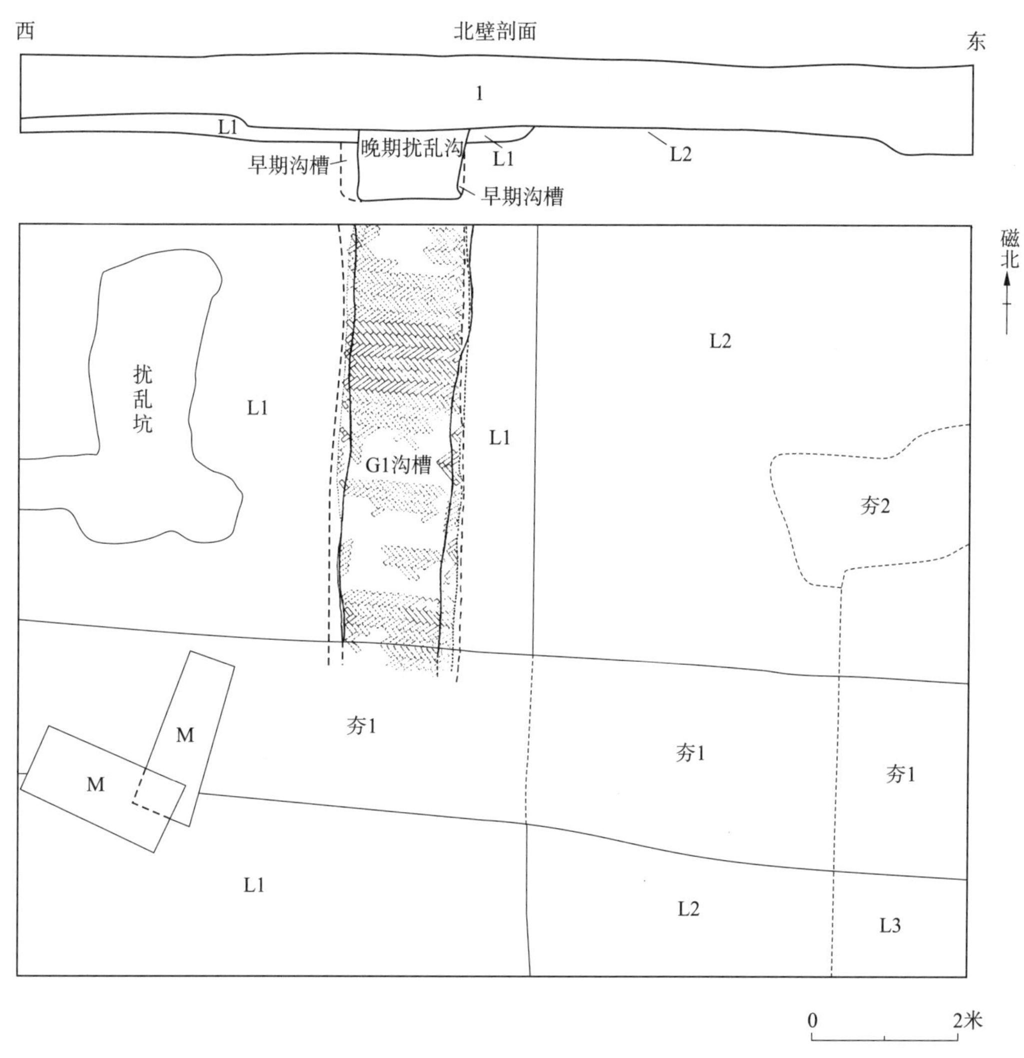

图182　太学西侧遗址T1平剖面图

1. 耕土和近代扰乱土层　L1. 黑褐色路土　L2. 上层黄褐色路土　L3. 下层黄褐色路土夯　1. 灰褐色夯土　夯2. 下层黄褐色夯土　G1. 水沟槽　M. 近代墓

起大片，内夹杂碎瓦片。遗物较少，有质量坚硬的直绳纹长方砖、素面长方砖、篮纹面板瓦片、绳纹面板瓦与筒瓦片等。时代略早于L1，但也为北魏时期。

L3　下层黄褐色路土，分布于探方东南部，紧贴在探方东壁和南壁下。该路土被叠压在其西面的L2上层黄褐色路土下，探方内残长5.8、宽1.8~1.9、厚约0.1~0.2米。路土较L2纯净，表层也起大片，但不含碎砖瓦片。该路土时代约为魏晋时期。

夯2　下层黄褐色夯土，该夯土分布在探方东部，残存在L2上层黄褐色路土和L3下层黄褐色路土之下。该夯土范围基本遍布探方内东南部，但由于被叠压在夯1、L2、L3等遗迹下，未作大面积清理，仅在探方东壁中段局部清理少部分。夯土用近似生土的黄褐色土筑成，比较纯净，发掘仅清理至该层表面，未向下做进一步解剖。结合钻探获知，该夯土厚1.7米以上，内含极少量绳纹面碎瓦片。该夯土时代约为魏晋时期。

G1　南北向沟槽，位于探方中部，分为早、晚两期。早期沟较宽，沟壁较直，保留初建之原状；晚期沟较窄，沟壁略为弯曲，系在早期沟内掏挖而成。

晚期沟槽　系晚期挖取早期沟槽内遗物或砌砖的扰乱沟，叠压在第1层下，打破L1黑褐色路土，其南端被夯1东西向夯土打破。该沟残长5.8、宽1.4~1.65、残深0.96米。沟内填土，上层为浅灰色土，下层为黑灰土和黄褐色土混成的花夯土，夯层清楚。接近沟底残存较多散乱的素面长方砖（图版一三八，2），填土中夹杂有素面长方砖残块、绳纹面板瓦与筒瓦片、云纹瓦当等。此沟应为北魏或北魏以后形成。

早期砌砖沟槽　南北向，方向约为磁北2°。沟口被叠压在L1晚期黑褐色路土下，南端被晚期夯1东西向夯土打破。清理部分南北残长5.8、宽1.75~1.85、残深0.5~0.8米。两壁较直，西壁为生土，东壁为早期黄褐色夯土（夯2）。沟底原有侧立"人"字形铺底砖，几乎全部被挖走，但有规律排列的侧立"人"字形铺砖痕迹仍然存在（图版一三九，1），两侧壁下尚残存少量（图版一三九，2），铺砖下面即为生土。早期沟内的填土仅剩边壁处有少部分残存，为黄褐色，与早期夯2颜色接近，甚难区分，质地坚硬，但未见夯层，内含碎夯土块及少数碎砖块瓦片。遗物中砖与铺底砖相同，皆素面长方砖，规格为0.26×0.13×0.055米；瓦片皆为绳纹面瓦片。由地层叠压关系和出土遗物来分析，该早期砌砖沟槽时代当不晚于魏晋时期。

第五节　太学南侧遗址的发掘

一　发掘与布方概况

在晚期太学院落遗址南侧100米及今太学村西南约70米处，勘探还发现一组比较完整的院落遗址（见图136），我们暂且称呼其为太学南侧遗址。该遗址现存地貌，较东、西、北三面的地面都高，尤以西、南两面较为明显，南面地表最大高差达0.58米，当地群众称之为"半坡"地。在这组遗址中，有数块面积较大的夯土殿基，我们选择院落西南角最大的一处，即勘探编号为夯2的基址进行大面积发掘（图183；图版一四〇）。

首先在这座大型夯土殿基的北半部布设东西向一排三个探方，编号由西向东分别为81HN太南T1~T3。探方皆南北长11、东西宽9米，方向皆为磁北0°。然后向南扩方发掘，编号为81HN太南T4，扩方东西长24、南北宽5米。随后又再次向南分别扩方4×3米和6×1米，编号为81HN太南T5。发掘总面积约435平方米（图184）。

二　地层堆积

第1层：耕土层。黄褐色土，质松软。厚约0.3米。

第2层：红褐色土。该层堆积主要分布于探方的东、北、西三面，质地较硬，较杂乱，夹杂有大量红烧土粒、碎砖块和瓦片等。距地表深0.3~0.85、厚0.2~0.5米。堆积层大部经人踩实，并有零星的较差路土遗迹。遗物有素面长方砖、几何纹方砖和空心砖残块、绳纹面板瓦与筒瓦片、云纹瓦当、带字瓦片和瓦当、铁钉及墙皮等。从遗物来看，该层为汉晋时期的废弃建筑堆积层。该层下即见殿堂建筑基址。

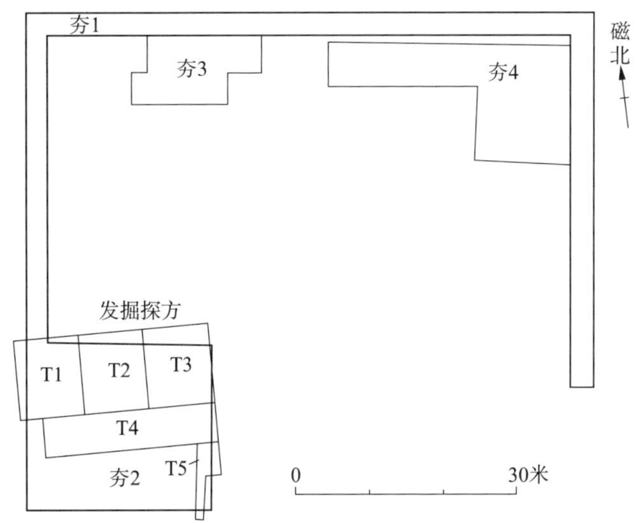

图183　太学南侧遗址发掘位置平面图

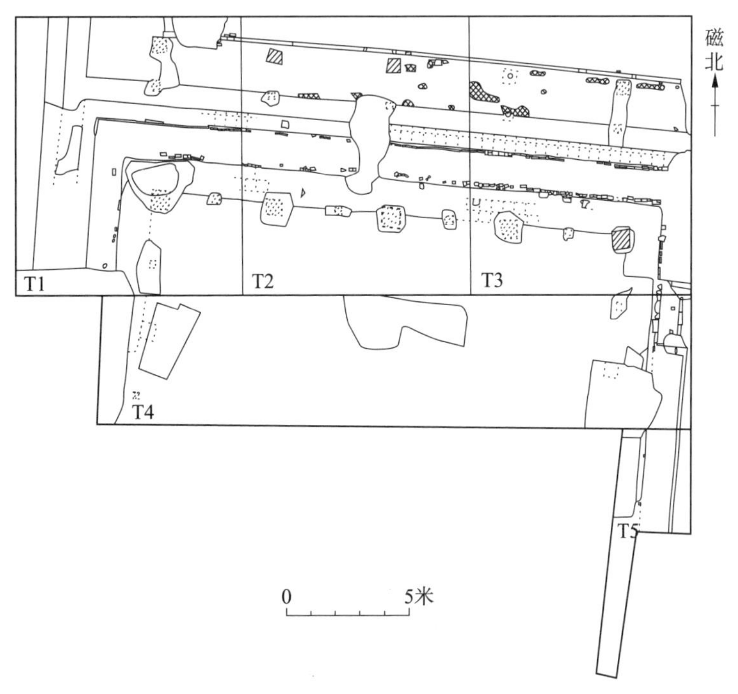

图184　太学南侧大型殿堂建筑基址探方分布图

因早期挖取建筑材料和近代平整土地，遗址多次遭受破坏，现夯土表面尚残留有犁铧印等破坏痕迹，柱础石和铺地砖大多被起走，较高的夯土台基原来地面也早已不存。因此殿堂大部分遗迹一般耕土层下即见，第2层堆积则主要残存在较高基址周边的低凹地带。

三　建筑遗迹

发掘所见到的残存建筑遗迹，主要为部分院落围墙、一座大型方形殿堂和一排东西向廊房，此外还清理了四个砖瓦堆积坑（图185；图版一四一）。

（一）院落围墙（夯1）

因发掘面积限制，仅在T1西部发现了院落的一小段西围墙，编号夯1。北端被压在探方北壁下继续向北延伸，南端被H2打破。

墙基南北向，方向为磁北5°。墙基残长10.2、宽2.2米；墙基中间残存有部分地上墙身，墙身宽0.84、残高约0.08米。夯墙的土质较净，呈黄褐色，夯打坚固。墙基的东西两侧均未见包砖，也未见残存的散水痕迹，但在墙身的东侧墙基表面稍见类似路土的硬地面遗迹。

（二）殿堂基址（F1）

殿堂基址位于T1~T3的南部和扩方T4、T5内，平面约呈长方形（南半部未全部发掘，据勘探整个殿址约为方形），面向朝东，编号F1。在发掘探方内，整个F1殿堂夯土台基南北最大残长18、东西宽20.25、夯土厚约1.4米（据钻探获知）。据当地农民介绍，20世纪60年代末深翻土地时，这里曾被起走很多砖石构件。

1.柱础与开间　在殿堂台基的周边，还整齐排列有大小相间放置的柱础，柱础均位于殿堂台基边壁一线，其中北侧边壁尚残高约0.05米。柱础石均略微伸出此边壁外，而础石上中间放置的立柱则应该是与台基边壁外缘平齐。础石大多无存，仅存础石留下的痕迹和部分残碎的红沙石块。因础石是被挖取起走，现存础槽坑壁多被破坏，坑大且不规则。由这些柱础坑槽或础石痕迹的不同大小形状，可以看出其排列是每两个大柱础之间夹一个小柱础，大础槽坑较深且大，小础槽坑浅而小。各个柱础坑槽或础石痕迹的详细规格及保存状况，参见表五。

此类柱础坑槽一共发现14个，由于殿堂台基南半部未发掘，皆为台基北面和东、西面北半部边壁的柱础坑槽。北面边壁柱础坑槽保存比较完整，共有东西一排9个础槽，5个大的，4个小的，编号由西向东分别为础1~础9，础槽中心点间距皆为2.4米；东面边壁只见有台基北半部的三个柱础坑槽，除台基东北角的础9外，向南还有两个础槽，一小一大，编号分别为础10和础11，这三个础槽中心点间距皆为2.7米；西面边壁也只见有台基北半部的四个柱础坑槽，除西北角的础1外，向南还有三个础槽，两小一大，编号分别为础12~础14，础槽中心点间距同东面一样也为2.7米。

现存殿堂台基中部的夯土表面，已是凹凸不平，被犁地留下的犁铧印、现代墓、扰乱坑等破坏的较为严重，当时的殿堂地面、间架柱网础石或础槽均早已无存。台基夯土系较纯净的黄褐色土，夯打较为坚硬，夹杂有早期的陶器残片，主要有陶豆、夹砂红陶片和绳纹缸片等。

台基上的殿堂开间情况，可根据台基边壁整齐排列的前檐柱础坑槽痕迹进行大致推测。其中南北面阔的开间数量不详，仅存北面三间，以础槽中心点计算间距约为2.7米；东西进深开间则有8间，以础槽中心点计算间距为2.4米。

2.散水　在台基的东、北、西三面外侧，均残存有铺地砖的痕迹，铺地砖的外缘还包砌有砖壁，总宽1.5~1.6米。从所在位置来看，这些铺地砖或包边砖壁应该都是台基周围的散水地面（图版一四二；图版一四三，1）。由北面保存较好的散水痕迹来看，铺地砖皆为素面方砖，规格为0.425×0.425×0.05米，沿台基边壁并排铺设三排。散水外缘的包砖，可能是使用的时间很长，似经过多次修补。其中主要是用素面长方砖，砖规格为0.265×0.132×0.06米，

表五　太学南侧遗址殿堂础石与础槽尺寸登记表

（单位：厘米）

编号	柱础槽			柱础石			保存状况	备注
	长	宽	深	长	宽	厚		
础1	126	102	22	96	72	?	仅存红沙石残迹，北部被破坏	被扰乱坑破坏
础2	58	58	11	35	35	9	东南角尚存一块残红沙石	柱础南边被破坏
础3	120	134	23	87	88	?	仅存础石压的痕迹	础槽破坏，坑口大
础4	62	30	9				础槽不完整，又无础石痕迹	破坏较甚
础5	112	104	20				无础石痕迹	础槽已破坏，较大
础6	58	60	7	40	41	5	仅存红沙石块，础石底不平	础槽口部清晰
础7	115	111	19	60	75	15	仅存红沙石块	础槽形状不规整
础8	45	43	17	34	32	8	仅存红沙石块，础石底不平	础槽南边被破坏
础9	104	111	26	84	90	20	仅存红沙石块	础槽较完整
础10	56	58	18	32	37	7	存红沙础石	被扰乱坑破坏
础11				65	64	8	仅存红沙石碎块	被扰乱坑破坏
础12							无础石痕迹	被扰乱坑破坏
础13	残35	72	15	残30	63	10	仅存红沙石块	东边被现代墓破坏
础14	42	43	10	32	33	8	仅存红沙石块	

少数是用素面方砖残块，还有一些是用残砖块。砖壁断断续续残缺不全，为单砖平砌，最大残高0.3米，最多砌有5层。在东面边壁踏步的北面，残存有散水外缘的包边砖7块，均为侧立，并且有两块残砖平砌在侧立砖上，估计可能是压栏砖。

3.踏步与漫道　殿堂台基的北面，未见有踏步或漫道的痕迹；南面因台基南半部未发掘，不知有无踏步或漫道；东面和西面则均残存有可能是漫道或踏步的遗迹。

（1）殿堂东面的漫道与踏步

殿堂台基东面边壁，自台基东北角向南1.6米后，夯土台基又向东面凸出1.3米。由残存遗迹来看，在凸出的夯土台基外侧，中间残存有一条较宽的漫道，漫道的北面则还残存有一条踏步。

漫道约位于台基东面边壁的中部，其北端接北侧踏步，南端出探方外。南北残长7.7、东西宽约1.6米（图版一四三，2）。漫道北边和东边皆有包砖沟槽，北边沟槽东西长1.04、宽0.27、深0.2米，槽内残存有一块南北向平砌的长方砖；东边沟槽南北残长7.7、宽0.18、深0.15~0.18米，即北段较深南段略浅。沟槽内填土主要为红烧土、灰土和碎砖块瓦片等。漫道西边与台基东边相接处，也有一条南北向沟槽，呈高坎状，高差约0.1米，此沟槽内零星残存有侧立长方砖两块。

踏步位于中间漫道的北面，即凸出的夯土台基最北端，西面正对台基东边的础10。踏步南北宽2.45、东西进深长1.25米，略呈西高东低的坡状，残存高差约0.2米（图版一四四，1）。踏步北边残存有砌筑包砖的沟槽和一块侧立大长方砖，沟槽东端出探方外，残长0.95、宽0.26、深0.2米；踏步南边接近中间漫道处被一个扰乱坑破坏，但中间漫道北侧仍残存有三块包砖，一块侧立、两块平铺；踏步西边紧贴台基东边缘，南北向平铺有7块残砖，其中一块为几何纹方砖残块，4块是素面方砖残块，另有两块仅剩砖痕，该铺砖面略低于台基残存台面约0.12米，应为踏步台阶铺砖下面的衬底砖；踏步东边也残存有南北向一排平铺砖，南北长1.36米，三块砖皆为方砖残块，该铺砖面略低于西边南北向铺砖0.07米，东面与踏步外侧的路土地面相平。

如果是对称分布的话，在中间漫道的南侧还应该有一条踏步与漫道北侧的踏步相对称，但因南半部未发掘，情况不明。

（2）殿堂西面的踏步或漫道

殿堂台基西面边壁，在础13南面约0.65米处，夯土台基也向外侧（西侧）凸出。凸出的夯土和北面的散水硬地面区别明显，可能也是一处踏步或漫道位置所在。但由于凸出的夯土西边被晚期H2破坏，确切情况不清楚。

（三）廊房基址（F2）

该廊房基址编号为F2，位于F1殿堂基址之北，之间隔以1.3米宽的庭院地面。整个廊房面向朝北，东西残长25、南北宽3.6米，东端接近T3东壁被扰乱坑破坏，西端与院落西围墙夯1相接，廊房转折向北（图版一四五）。

廊房后墙编号为夯2，东端伸出T3东壁外，西端紧接院落西围墙夯1，夯土质量、墙身宽窄均与院落西围墙夯1相同。夯土墙基厚约1.4米，墙身位于墙基中部，东西残长25.5、宽0.75米，北面残高0.08~0.14米，南面残高0.14~0.18米。墙身北侧壁面上，尚局部残存涂抹有朱红色的白灰墙皮多处。

夯2墙基南面还有宽约0.8米的砖铺散水，散水除了平铺砖外，外缘还有拦边砖和压栏砖（图版一四四，2）。散水铺砖除极少量残存外，大部已被起走或破坏，但残留的铺砖痕迹清晰，排列整齐有序。铺砖是以素面大方砖东西向平铺两排，南北对缝铺设，靠拦边砖的南面一排平铺整砖，靠墙边的北面一排平铺半砖，所用方砖与殿堂北侧散水铺砖相同。自H1以东长12.3米，略见上述铺砖痕迹25组，H1以西也有一小片。散水的拦边砖主要是用素面长方砖侧立，也有用砖平砌，个别部位被破坏变形或局部短缺。靠中部有一段约1米长，是用长方砖双层侧立砌筑，表面一层多已无存。从整个拦边砖的残存状况来看，可谓西高东低，西部基本上已与散水砖底面平，东部稍差。在个别侧立拦边砖上，还残存有压砌平砖，即压栏砖的迹象。

廊房基址主要在夯2墙基北面，建筑在略高于外侧地面的夯土台基上。此台基地面较外边地面高约0.4米，在此地面上还断断续续残存有专门铺设的白灰地面和倒塌下来的白灰皮。台基的北面边壁，位于廊房后墙（夯2）北面1.9~2.2米处，现残存部分包砖和完整的包砖沟槽，沟槽宽0.17、深约0.1米，包砖系用素面长方砖平砌。

在廊房内后墙墙身上和后墙北面约1.25米处，还有东西向南、北两排柱础或础槽，每排均残存5个，南北两两对应，柱础中心点间距1.65米。南面一排即后墙上的柱础或础槽，建于墙身北侧，由西向东分别编号为南1~南5，少半在墙身外，大半在墙身内，其中南4础石表面柱洞北侧还抹有白灰面；北面一排即前檐柱础，建在廊房台基夯土上，础石表面除柱洞外

表六　太学南侧遗址廊房础石与础槽尺寸登记表

（单位：厘米）

编号	柱础槽			柱础石			备注
	长	宽	深	长	宽	厚	
北1	80	72	15.5	52	51		
南1	60	58	18	43	35		
北2	62	52	16	65	47	15	
南2	67	62	16	33	27.5	6	
北3	88	70	14				
南3	56	57	11				
北4	91	84	8	62	56	14	
南4	40	34	19	37.5	32.5	11	
北5	77	66	24	59	55	8	
南5	78	46	27	38	37	9	

露，其余部分皆被垫土与地面土叠压，由西向东分别编号为北1~北5。上述柱础，除了南3柱础被H1破坏无存外，其余柱础或者完整保存有红沙础石或者残存有粉碎的红沙础石痕迹。所存柱础石和础槽坑均为方形或长方形，南面一排后墙上的柱础稍小，北面一排的前檐柱础个体较大。详细柱础石与础槽规格参见表六。

由上述柱础或础槽的分布情况，可知F2廊房的已清理部分东西开间在4间以上，每间的面阔柱间距约4.8米，进深柱间距约1.65米。

廊房北侧为当时的院内地面，残存的堆积主要为第2层。

廊房后墙南侧的散水和F1殿堂北侧的散水之间，为宽约1.3、深0.2米的庭院地面，该地面还围绕在F1殿堂的西面和东面。此庭院地面由于地势较低，呈低洼的凹槽状，残存有大量的红烧土块、草木灰屑和碎瓦片等原来的建筑废弃堆积。其地面由于低洼，底部残留有一些淤积土，可能也起着为殿堂排水的作用。堆积中的遗物，主要有素面长方砖和几何纹方砖残块、带几何图案的空心砖残块、粗细绳纹面布纹里板瓦与筒瓦片、云纹瓦当和铁钉等。砖瓦中有数量不少的“南甄官瓦”、“左仲”和“官”字款戳印，表明这一建筑应是皇家的一座重要建筑。建筑与使用时代约为东汉至魏晋时期。

（四）砖瓦坑

对F1殿堂和F2廊房等主要建筑基址清理后，基址上由于晚期扰乱破坏，还留存下来许多的扰乱坑。其中一些坑内残留有大量的建筑砖瓦堆积，对此也分别进行了清理，编号分别为H1~H4。

H1　位于F2廊房基址的北3柱础之南，平面为不规则形状，底部不平。南北长3.9、东西宽0.85~1.65、深0.57~0.62米。填土堆积主要为红烧土、夯土碎块、碎砖瓦等。坑的东北角挖掉了廊房后墙上的南3柱础，但在柱础位置发现有破碎的红沙石块。遗物有素面长方砖和席纹长方砖残块、空心砖残块、素面板瓦与筒瓦片、素面花头板瓦片、粗细绳纹面布纹里板瓦与筒瓦片、云纹瓦当等。时代为北魏时期以后或更晚。

H2　位于整个发掘区的西南角，大部分压在隔梁下，仅清理了一部分。东西残长4.9、南北残宽6.2、深0.7米。填土中夹杂有大量的红烧土块、白灰墙皮、碎砖块和瓦片等。主要遗物有素面长方砖和几何纹方砖残块、带几何图案的空心砖残块、粗细绳纹面布纹里板瓦与筒瓦片、铁钉等，其中板瓦片中有“官”字款戳印。该坑打破院落西围墙和F1殿堂台基，时代为北魏时期以后或更晚。

H3　位于T1东北部、廊房向北的转折处。北半部压在T1北壁下，探方内平面略作倒梯形。东西长1.6~2.3、南北残宽1.3、深0.4米。填土基本与H2相同，遗物有素面长方砖残块、粗细绳纹面布纹里板瓦与筒瓦片、铁钉等。该坑打破F2廊房的台基北部及包砖沟槽，时代为北魏时期以后或更晚。

H4　位于H1之南约4米处，F1殿堂夯土台基的中部。坑平面为不规则形状，它将殿堂台基的中部地面破坏，未作全面清理。坑东西长5.1、南北宽1.1~2.1米，深度不明。填土及遗物与H1基本相同，素面花头板瓦较多，还有席纹长方砖残块等。其时代应同H1相类。

第六节　太学及附近遗址出土遗物

一　太学遗址遗物

太学遗址出土的遗物较为丰富，除了大量的建筑材料，还有数量较多的陶器、铜器、铁器、石经残石和铜钱，此外还有少量的石器、骨器、釉陶器、瓷器、琉璃与云母器等（附表一五，太学遗址出土遗物登记表）。下面分别介绍。

（一）建筑材料

太学遗址发掘出土的建筑材料，主要有长方砖、方砖、板瓦、筒瓦和瓦当等几大类，不仅种类较多，而且数量也比较大，时代也不尽相同。其中砖类中，主要有大量不同规格的素面长方砖，还有少量绳纹砖、席纹砖和方砖。瓦类中，则主要为大量汉晋时期流行的绳纹面布纹里板瓦、筒瓦以及云纹瓦当，同时也有一些魏晋时期到北魏时期使用的素面筒瓦出土。下面按类型分别叙述。

1.长方砖　主要有素面长方砖、席纹长方砖和绳纹长方砖等类型。

（1）素面长方砖　砖两面俱为素面，以大小规格可以分为三型。

A型　标本10件。为大型砖，规格见灵台遗址A型素面长方砖。80HNTT402②:53，砖长39.2、宽19.7、厚9.4厘米。80HNTT402②:54，砖残长24.5、宽23.7、厚11.2厘米。80HNTT402②:55，砖残长27.2、宽18.8、厚8.8厘米。

B型　标本25件。中型砖，规格见灵台遗址B型素面长方砖。80HNTT303K1:06，砖长33.3、宽17、厚6.4厘米（图版一四六，1）。74HNTT202②:53，砖长32.6、宽16、厚6.2厘米。其中一侧砖面上有两个不甚规整的圆形印痕。73HNTT107④:10，砖长31.6、宽15.8、厚5.6厘米。

C型　标本103件。小型砖，规格见灵台遗址C型素面长方砖。73HNTT002②∶44，做工规整，一侧素面较平整，另一侧素面较粗糙。砖长26、宽12.8、厚4.6~4.8厘米（图版一四六，2）。74HNTT202②∶54，做工不太规整。砖长25.9、宽11.8~12.8、厚5.7厘米。73HNTT106G2∶05，砖长25.3、宽13.5、厚5.9厘米。

（2）席纹长方砖　砖的一面压印有席纹，另一面为素面。依据其规格大小本报告分为三型，该遗址仅见有A、B型，数量不多。

A型　标本3件。为大型砖，规格与A型素面长方砖相仿。74HNTT202②∶52，砖面席纹线条较粗，局部印痕不清。砖残长14、残宽22、厚12.5厘米（图186，1）。80HNTT402②∶56，磨损较重，边角基本磨掉，席纹不甚明显；另一侧素面较为粗糙。砖残长23、宽24、厚11.3厘米（图186，2）。80HNTT402③∶04，席纹线条较细，规整。砖残长15、残宽13.3、厚12厘米（图186，3）。

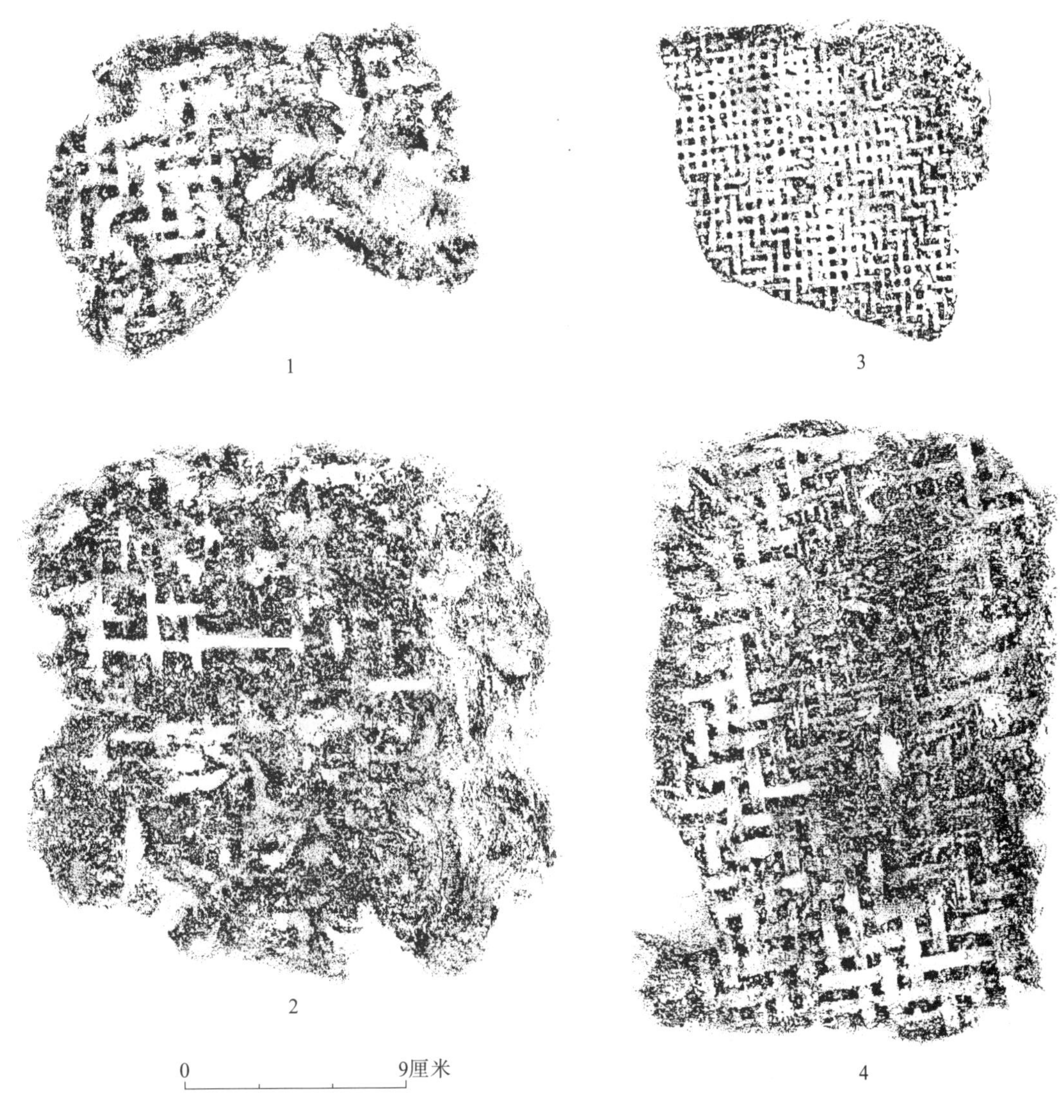

图186　太学遗址出土席纹长方砖（A、B型）拓本

1、2、3. A型（74HNTT202②∶52、80HNNTT402②∶56、80HNTT402③∶04）　4. B型（80HNTT402②∶57）

B型　标本1件（80HNTT402②:57）。为中型砖。素面一面为斜面，造成一侧较厚，一侧较薄。砖浅灰色，席纹线条较粗。砖残长25.6、宽18.1、厚6.6~8厘米（图186，4；图版一四六，3）。

（3）绳纹长方砖　形制特征见灵台遗址绳纹长方砖。根据与汉魏洛阳故城其他遗址出土同类建筑材料对比，此类砖应属于北魏时期遗物。可分为两型。

A型　标本35件。为粗绳纹长方砖。73HNTT102②:09，一面饰排列不匀的粗直绳纹；另一面素面，较为粗糙。砖残长21、宽14.8、厚5.9厘米（图187，1）。73HNTT003②:63，完整，制作规整。一面饰稍斜的粗绳纹，另一面为平整素面。砖长28.3、宽14、厚4.8厘米（图187，2；图版一四六，4）。73HNTT003②:62，砖面斜绳纹因磨损过甚而不太清楚，素面一面较粗糙。砖长28.4、宽14.2、厚5.2厘米（图187，3）。

B型　标本12件。为细绳纹长方砖。73HNTT004渗坑1:02，一面饰较细的直绳纹，排列规整，局部略抹；另一面素面。砖长29、宽14.5、厚6.5厘米（图187，4；图版一四七，1）。

2.方砖　方砖均为灰色，有素面方砖和几何纹方砖两种。

（1）素面方砖　本报告根据一面砖面有无刻划方格纹分为两型，该遗址仅见有A型。

A型　标本4件。73HNTT107④:09，正面平整，背面较粗糙，不见刻划方格纹。砖长44.8、宽44.5、厚4.6厘米（图版一四七，2）。

（2）几何纹方砖　本报告依据几何纹构图差异分为三型，该遗址仅见A型。

A型　依据长方形五字纹带和变体五字纹的变化差异，本报告分为6式。该遗址仅出Ⅱ、Ⅴ式。

Ⅱ式　标本3件。同明堂遗址A型Ⅱ式几何纹方砖。73HNTT004②:52，砖面素面一面平整，纹饰一面略微拱起。纹饰边框较宽，竖框界隔内“五”字纹宽短。砖残长18厘米，残宽18.8、厚4厘米（图188，1；图版一四七，3）。80HNTT402②:52，素面一面平整，纹饰一面略微拱起，边框较宽。砖残长16、残宽12.5、厚4.4厘米（图188，2）。

Ⅴ式　标本1件（73HNTT004G2:02），同明堂遗址A型Ⅴ式几何纹方砖。为整砖的一角，带纹饰一面砖面略微拱起。砖残长18.2、残宽17.6、厚5.2厘米（图188，3；图版一四七，4）。

此外，这类方砖还出土有10件残块，由于残破过甚，无法辨明型式。

3.异形砖

异形砖是指在形制上与长方砖和方砖略有不同的砖，从表面有无纹饰大致可以分为素面异形砖和绳纹异形砖两类。

（1）素面异形砖　仅见有素面扇形砖一种。标本1件（80HNTT405②:22），砖整体为顶端稍宽、底端略窄的扇形。砖顶端长32.5、底端长29.5、高16.5、厚5.2~5.7厘米（图版一四七，5）。

（2）绳纹异形砖　标本6件。砖体较薄，一面有绳纹，另一面素面。均为顶端弧形、底端平直，中间高、两侧低的半圆形砖。73HNTT001②:20，完整。一面平整，为素面；另一面粗糙，印有横向排列不甚规则的直绳纹。砖长29.8、高11、厚2.4厘米（图版一四七，6）。73HNTT102②:14，残长11.5、高10.2、厚2.4厘米。74HNTT203②:17，砖面粗绳纹排列较

图187　太学遗址出土绳纹长方砖（A、B型）拓本

1、2、3. A型（73HNTT102②:09、73HNTT003②:63、73HNT T003②:62）　4. B型（73HNTT004渗坑1:02）

乱。残长13.8、高18、厚3.2厘米。80HNTT405②:20，砖面上加印排列较规整的斜绳纹。残长10、高9.8、厚2.2厘米。80HNTT405②:21，砖面较粗的直绳纹排列规整。残长10、残高8.2、厚3.3厘米。

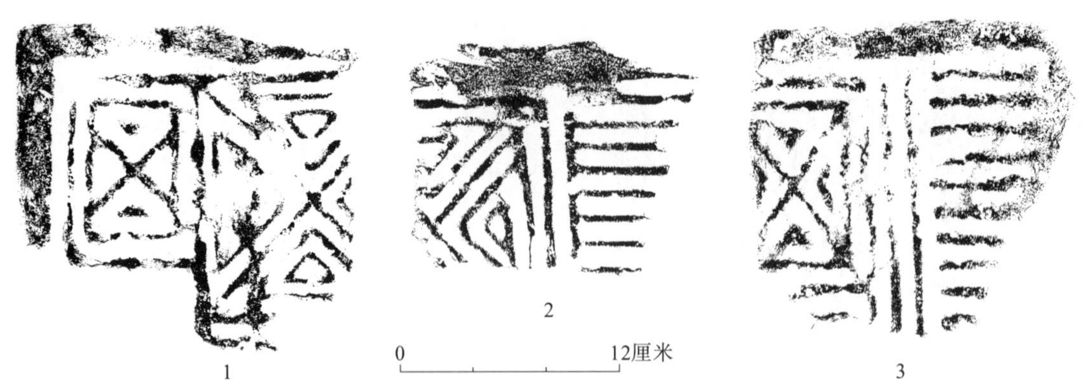

图188　太学遗址出土几何纹方砖（A型）拓本

1、2. Ⅱ式（73HNTT004②:52、80HNTT402②:52）　3. Ⅴ式（73HNTT004②G2:02）

4.加工砖制品

加工砖制品指的是将长方砖或方砖经过加工改作它用的砖制品，大多是在砖体上刻磨或钻凿出榫窝。根据形成榫窝的方式及形制，大致可以分为门窝砖、凿孔砖、带凿窝砖和带榫窝砖等。

（1）门窝砖　门窝砖是在素面砖块的一侧砖面上凿出圆窝，然后被用于支垫门轴底部。依据门窝的底部形状可分为两型。

A型　5件，门窝为圜底。依其圆窝大小和圜底尖圆程度分为四式。

Ⅰ式　3件。80HNTT402③:02，为素面大型长方砖残块，残长14.6、残宽13、厚10.5厘米。圜底圆窝口径7.8~8厘米，深约2.2厘米，做工粗糙，不甚规整，壁面上留有凿痕。80HNTT405②:29，砖体被削凿成不规则圆形，残长13、残宽12.6、厚6厘米。在一侧有残长2、宽4.2、厚4厘米的长方形把。窝内壁面被磨光，口径约7.7、深约2.5厘米（图版一四八，1）。

Ⅱ式　1件（73HNTT001②:18）。为中型长方砖的残半，残长16.4、宽13、厚6.7厘米。圜底圆窝口径6.8~7、深约2.2厘米，做工细致（图版一四八，2）。

Ⅲ式　1件（74HNTT202②:41）。为中型长方砖的残半，残长13.7、宽12.6、厚6厘米。圜底圆窝口径5.8、深约2.1厘米，窝内壁面被磨光（图版一四八，3）。

Ⅳ式　1件（73HNTT002②:42）。为中型长方砖残半，残长13.2、宽12.8、厚4.6厘米。圜底圆窝口径约4.6、深约1.3厘米，做工较规整，窝内壁面被磨光（图版一四八，4）。

B型　2件，门窝为平底。73HNTT002②:43，残存中型长方砖的少半，残长10.2、宽13.4、厚6厘米。砖面凿有平底圆形窝，口大底小，口径6、深约1.2厘米，窝内壁上留有凿子痕（图版一四八，5）。73HNTT004②:53，为中型长方砖的残半，一面较粗糙，另一面略平整，残长12、宽13.2、厚5.6厘米。平整砖面上凿有平底圆窝，口径约5.5、深约1.3厘米。

（2）凿孔砖　共2件。系利用素面中型长方砖的残砖，从一面凿孔。分为二式。

Ⅰ式　1件（74HNTT201②:31）。整砖，长25.6、宽13~13.2、厚6厘米。将一头削薄，使之一端厚一端薄，在厚的一端凿有1个圆形穿透孔，直径3.9厘米，孔壁留有凿痕（图版一四八，6）。

Ⅱ式　1件（73HNTT003②:68）。为长方砖残半，残长15.5、宽14.2、厚6.3厘米。砖面上穿1个方形透孔，一面口部2.5×2.3厘米，另一面2.2×2.3厘米（图版一四九，1）。

（3）带凿窝砖　1件（74HNTT202②:40）。系利用素面大长方砖残块凿窝，砖体形大而厚。残长20.2、残宽13.7、厚9.7厘米。在一侧砖面上，凿有一个方形窝，略为圜底，口部大小为4.6×5厘米，深约3.4厘米，壁上留有凿痕（图版一四九，2）。

（4）带榫窝砖　1件（73HNTT002②:40）。系利用素面中型长方砖残块凿成，砖的一面粗糙，一面平整。残长7.3、宽13.4、厚4.7厘米。在较为平整的一面砖面上凿出一个细腰形榫眼，因砖残半，榫眼也仅存一半。榫眼残长2、宽1.6~2、深1.5厘米（图版一四九，3）。

5.板瓦　太学遗址出土的板瓦，主要为绳纹面布纹里板瓦和篮纹面板瓦，数量较多；其次有少量绳纹面手捏里板瓦，素面布纹里板瓦较少。这些板瓦出土时几乎都为残片，整瓦极少。

（1）绳纹面手捏里板瓦　标本21件。板瓦整体胎质较薄，凸面所饰绳纹为较粗的斜绳纹；背面为手捏里，局部有麻点纹和编织纹等，应该是板瓦制作过程中使用不同物品垫附泥条内侧而成。这类板瓦具有明显的早期特征，应是战国秦汉之际的板瓦。80HNTT402③:03，瓦浅灰色，胎质薄，残存瓦头部分。系泥条盘筑而成，凸面较粗的斜绳纹绳径约0.5厘米；凹面饰有乱麻点纹，并有高低不平现象。瓦头端面较平，端面饰同样绳纹。瓦残长11.8、残宽10.4、厚0.8~1.1厘米（图189，1、2）。80HNTT402③:06，凸面斜绳纹布局凌乱，绳径0.35厘米；凹面麻点纹凹凸不平。瓦残长10、残宽9.3、厚9.3厘米（图189，3、4）。80HNTT402③:07，凸面饰斜绳纹较规整，绳径0.35厘米；凹面饰不规则麻点纹，高低不平。瓦残长10.4、残宽13.5、厚1.2厘米（图189，5、6）。

（2）绳纹面布纹里板瓦

绳纹面布纹里板瓦的数量较多，其总的特征板瓦凸面主体纹饰为竖直绳纹，瓦头抹平以后加拍斜向绳纹或斜向篮纹；板瓦凹面整体为布纹，瓦头则压印有菱形方格纹、方格纹、斜向绳纹、席纹等不同纹饰。这类板瓦的使用时间较长，自汉代至魏晋时期一直沿用。本报告

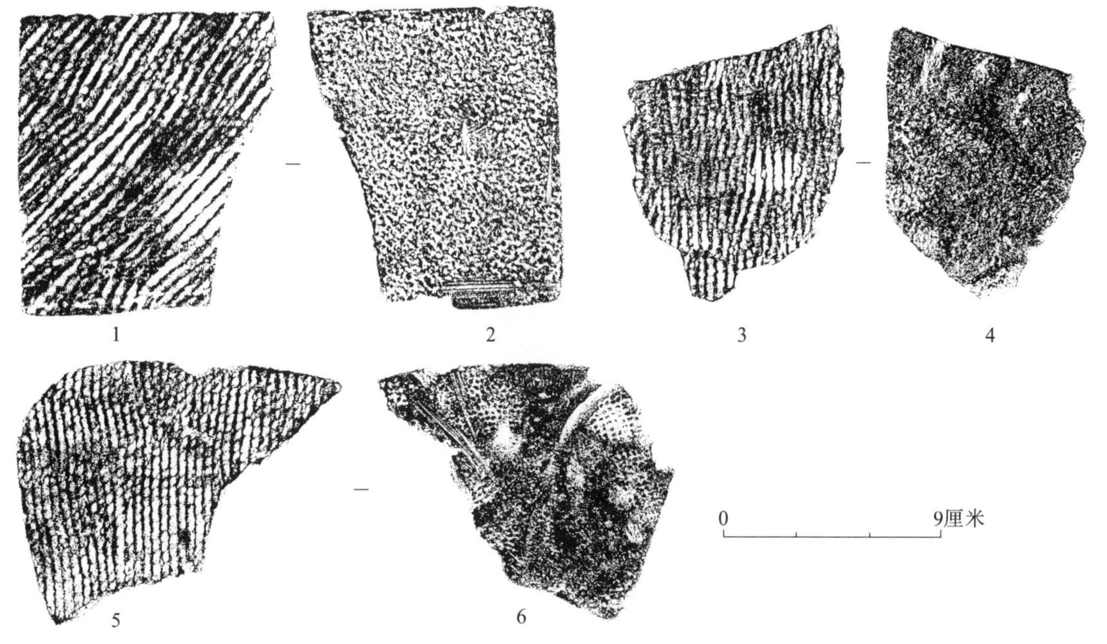

图189　太学遗址出土绳纹面手捏里板瓦拓本

1、2. 80HNTT402③:03凸、凹面　3、4. 80HNTT402③:06凸、凹面　5、6. 80HNTT402③:07凸、凹面

依据瓦面绳纹的差异，可以分为五型。

A型　竖直绳纹板瓦，具体特征同明堂等遗址A型绳纹面布纹里板瓦。根据绳纹在板瓦上的施印特征，可分为三式，另有389件瓦片式不明。

Ⅰ式　标本222件。板瓦凸面饰竖直绳纹，在瓦头和瓦尾处分别被抹平，瓦尾的抹平部分还加拍斜向绳纹。74HNTT202②:51，瓦灰褐色，残存瓦尾部分。凸面所饰竖直绳纹较为规整，绳径0.2厘米，绳纹上有数道竖向抹划痕和一条横向压痕，瓦尾抹光部分长5.8厘米。凹面距瓦尾13.2厘米有一道横向绳索凹槽。瓦尾端面成凹槽状。瓦残长27.5、宽32.6、厚1.4~1.7厘米（图190，1）。73HNTT003砖砌水道1:01，瓦灰色，残半。凸面较为规整的竖直绳纹绳径

图190　太学遗址出土绳纹面布纹里板瓦（A型）拓本

1~2.Ⅰ式（74HNTT202②:51、73HNTT003砖砌水道1:01）　3.Ⅱ式（73HNTT105③:24）　4.Ⅲ式（80HNTT401③:02）

0.2厘米，靠近瓦头有一道宽约0.7厘米的横向粗绳纹印痕，瓦头部分加拍斜绳纹，瓦尾部分抹光不平。瓦头端面较平。凹面瓦头部分加印有菱形方格纹，距瓦尾10.5厘米处有一道宽1.7厘米的横向绳索凹槽。板瓦侧棱泥刀切痕宽约0.2厘米。板瓦长57、宽19.5~22.5、厚1.2~1.8厘米（图190，2；图版一五〇，1）。

Ⅱ式　标本67件。板瓦凸面饰竖直绳纹，瓦头部分饰斜绳纹，被压平后仍隐约可见，压平部分与绳纹之间界限极为明显。73HNTT105③:24，瓦青灰色，基本完整。凸面绳纹绳径约0.3厘米，瓦头长11.5厘米被压平并加拍斜绳纹，瓦尾抹光后仍存绳纹痕迹。凹面布纹，距瓦尾10.4厘米处有一道宽约1厘米的横向绳索凹槽。瓦尾端面呈凹槽状。板瓦侧棱泥刀切痕宽约0.3厘米。板瓦长47.6、宽30~32、厚1.2~1.7厘米（图190，3；图版一五〇，2）。

Ⅲ式　标本4件。板瓦凸面饰竖直绳纹，瓦头部分抹平以后加拍篮纹。80HNTT401③:02，瓦灰色，残存瓦头部分。凸面竖直绳纹较为规整，绳径约0.4厘米，瓦头部分11厘米长拍印有篮纹。凹面瓦头部分印有席纹，并抹光。瓦残长16.5、残宽18.2、厚1.8厘米（图190，4）。

B型　标本10件。为竖直绳纹和斜绳纹交错施印的绳纹面布纹里板瓦。73HNTT002②:38，瓦灰色，略残。凸面竖直绳纹绳径0.25厘米，局部加拍斜绳纹并被抹；瓦头约9.5厘米长瓦面被压过，并加拍斜绳纹；瓦尾处3.3厘米长被抹光。凹面瓦头部分印有方格纹，距瓦头9.5厘米处有一道横向绳索压痕。瓦尾端面呈凹槽状。板瓦侧棱泥刀切痕宽约0.2厘米。板瓦长49.6、残宽28、厚1.4厘米（图191，1、2；图版一五〇，3）。

C型　标本2件。为直绳纹和素面相间排列的板瓦。80HNTT403③:03，瓦青灰色，略残。凸面所饰竖直绳纹间隔有两条宽8厘米及一条宽约3厘米的竖向刮痕，绳纹绳径0.1厘米。瓦头有4厘米长加拍有斜绳纹，瓦尾抹光部分与绳纹交界处起脊。凹面印有菱形方格纹。瓦尾端面呈凹槽状。侧棱泥刀切痕整齐，宽约0.5厘米。板瓦长40.8、宽28.5厘米（图192，1；图版一五〇，4）。

D型　标本15件。为绳纹粗细不匀、排列疏密不均的板瓦。73HNTT002②:39，瓦灰色，残存瓦头部分。凸面所饰竖直绳纹粗细不匀，绳径最粗0.3、最细0.15厘米，瓦头部分加拍规整的斜绳纹。凹面瓦头部分印有方格纹。瓦头端面较平，并压印有斜向篮纹。侧棱泥刀切痕宽约0.4厘米。瓦残长22、宽18.6、厚1.7厘米（图191，3、4）。

E型　标本57件。为绳纹排列成组的板瓦。80HNTT405②:25，瓦浅灰色，残存瓦尾部分。凸面竖直绳纹排列成组，绳径0.2厘米，每组绳纹宽3.5厘米，瓦尾3.5厘米长处被刮低并抹光。凹面距瓦尾12.9厘米有一道宽约0.9厘米的横向绳索凹槽。瓦尾端面呈凹槽状。瓦残长14、残宽10.8、厚1.2~1.5厘米（图192，2）。80HNTT402③:01，瓦灰色，残存瓦尾部分，瓦略厚。凸面规整的竖直绳纹排列成组，而且组宽不等，绳径0.2厘米，每组绳纹宽2.7~4.5厘米，瓦尾约4.5厘米长处被抹光。凹面衬垫的布纹又略被抹光。瓦尾端面呈凹槽状。瓦残长23.3、残宽26.5、厚2.4厘米（图192，3）。73HNTT004②:51，瓦灰色，残存瓦尾部分。凸面排列成组的较规矩竖直绳纹组宽5厘米，绳径0.3厘米，瓦尾2厘米长处被抹光。凹面距瓦尾14厘米处压有一道宽1.7厘米的横向绳索凹槽。瓦残长15.5、残宽12.5、厚1.5~1.7厘米（图192，4）。

（3）篮纹板瓦　在太学遗址篮纹板瓦出土数量较多，瓦的形制、质量与灵台遗址的同类

图191　太学遗址出土绳纹面布纹里板瓦（B、D型）拓本

1、2. B型（73HNTT002②:38凸、凹面）　3、4. D型（73HNTT002②:39凸、凹面）

瓦相同，主要使用于魏晋十六国时期。本报告依据板瓦凹面有无衬垫布纹印痕分为两型。

A型　篮纹面布纹里板瓦　标本370件，其中4件整瓦。凸面饰斜向篮纹；凹面主体为布纹，瓦头部分加印有方格纹。瓦头端面被削成斜平面；瓦尾端面则为圆弧状。79HNT西门T1②：19，灰褐色，整瓦。凸面篮纹不甚规则，圆弧状瓦尾略上翘。凹面距瓦尾7.5厘米处有一道约0.5厘米宽的横向绳索凹槽，近尾处还有一长方形戳印，长2.2、宽1.6、深0.2厘米，印“王□”二字。瓦长49.8、宽33~36、厚1.4~1.8厘米（图193，1；图版一五一，1）。73HNTT001②:24，瓦灰色，残存瓦头部分。凹面瓦头部分17厘米长印有方格纹，余为布纹。瓦残长25.3、残宽25.5、厚1.6厘米（图193，2、3）。73HNTT105②:31，瓦灰色，完整。

图192　太学遗址出土绳纹面布纹里板瓦（C、E型）拓本

1. C型（80HNTT403③:03）　2、3、4. E型（80HNTT405②:25、80HNTT402③:01、73HNTT004②:51）

凸面篮纹靠近瓦尾被部分抹光。瓦长40.5、宽26.4~31.5、厚1.2~1.7厘米（图193，4；图版一五一，2）。73HNTT004G2∶01，瓦灰褐色，完整。凸面斜向篮纹几乎被抹平成素面，篮纹隐约可见。瓦长40.7、宽29~31.5、厚1.6厘米。73HNTT105②∶30，瓦灰色，完整。凸面篮纹被大部分抹平；凹面布纹。瓦长42、宽28.2~30.6、厚1.4~1.6厘米。

B型　篮纹面抹光里板瓦　此类板瓦出土数量极少，仅见1件残片。80HNTT405②∶02，瓦浅灰色，瓦体较厚。凸面篮纹；凹面抹光，局部仍可看到有麻点纹；侧棱泥刀内切痕宽约0.7厘米。瓦残长30.5、残宽22、厚2.9厘米（图193，5；图版一五一，3）。

（4）素面或磨光面板瓦　一般凸面为素面，凹面则分别印有布纹或经过磨光。这类板瓦在太学遗址出土数量不是很多，本报告依据凹面的制作情况可分为两型。

图193　太学遗址出土篮纹面板瓦（A、B型）拓本

1~4. A型（79HNT西门T1②:19、73HNTT001②:24凸、凹面、73HNTT105②:31）　5. B型（80HNTT405②:02）

A型　板瓦凸面为素面，凹面为布纹。本报告根据瓦头端面平头或花头分为两式，该遗址仅见Ⅱ式。

Ⅱ式　标本4件。瓦头端面有花头。80HNTT405②:23，瓦灰色，胎厚，残存瓦头部分。凸面素面上有两道竖向压痕，贯穿瓦头；凹面饰布纹。瓦头端面特厚，达3.6厘米，并于中上部开一道凹槽，上层手捏出类似水波纹的花纹。瓦残长9.7、残宽11、厚2.6厘米。

B型　板瓦凸面为素面，凹面被磨光，仅有两件较小的残片。此类凹面被磨光的板瓦，从明堂遗址出土的同型瓦片看，主要为带水波纹花瓦头的檐头瓦。

6.筒瓦　太学遗址出土的筒瓦，主要是绳纹面布纹里筒瓦，数量较多；其次为素面布纹里筒瓦；磨光面布纹里筒瓦数量极少。其中的素面布纹里筒瓦，在质量上与在汉魏洛阳故城北魏遗址中发现的素面或磨光面布纹里筒瓦有着明显差异，可以用规格低、质量差来概括，其在时代上可能要比北魏时期略早。

（1）绳纹面布纹里筒瓦　瓦绝大部分为灰色。凸面主体纹饰为竖直绳纹，瓦尾一般拍印有斜向绳纹；凹面主要为布纹，瓦尾处多被削薄抹平，或者再加印菱形方格纹或席纹。一般情况下凹面距瓦尾2~4厘米处均有一道横向的绳索凹槽。本报告根据筒瓦凸面所饰绳纹的差异和其他特征，分为三型。

A型　为竖直绳纹筒瓦。本报告分为三式，该遗址仅见有Ⅰ、Ⅱ式。

Ⅰ式　标本252件，多为残片。凸面饰竖直绳纹，瓦面肩部和瓦尾部分被抹平，瓦尾的抹平部分还加印斜向绳纹。73HNTT002砌砖水道1∶01，凸面绳纹绳径0.2厘米，肩部抹平部分长2.6厘米，瓦尾斜绳纹较少；凹面瓦尾处印有方格纹。整瓦长38.1、径13、厚1.5厘米；瓦唇残长3.1、厚1.5、肩高0.6厘米（图194，1、2；图版一五二，1）。73HNTT002砌砖水道1∶02，凸面粗竖直绳纹规整，绳径0.2厘米，肩部被抹平3厘米，瓦尾部分和瓦尾端面皆加印有斜绳纹。整瓦长39.8、径12.8~13.6、厚1.3厘米；瓦唇残长3.8、厚1.3、肩高0.6厘米。73HNTT002砌砖水道1∶03，凸面绳纹绳径0.1厘米，肩部约3厘米被抹平，瓦尾加印有斜绳纹；凹面瓦尾处印有方格纹。整瓦长40.7、径13.6、厚1.3厘米；瓦唇长3.4、径10.2~11.6、厚1.1厘米，肩高0.8厘米。73HNTT003③b∶49，凸面绳纹绳径0.25厘米，近肩部7厘米长被刮，留有刮痕，仍隐约见绳纹。凹面瓦尾处印有篮纹。圆弧形唇，唇面局部印有绳纹。整瓦长45.6、径15.7、厚1.4厘米；唇长3.5、厚1.3、直肩高0.8厘米（图194，3、4）。73HNTT106②∶41，凸面竖直绳纹绳径0.3厘米，近肩部11厘米长被抹平。瓦尾端面印有绳纹。整瓦长51.6、径17.7、厚1.8厘米；瓦唇长4.2、残厚1.3、肩高1.3厘米（图195，1）。74HNTT203③∶01，竖直绳纹绳径0.3厘米，瓦尾端面印有绳纹。整瓦长40.4、径13.3、厚1.3厘米；圆弧形唇长3.5、厚1.3、直肩高0.7厘米。73HNTT003③b∶48，凸面粗绳纹绳径0.3厘米，距瓦尾3.9~5.6厘米有一道横向压痕。圆弧形唇，唇面部分印有绳纹。整瓦长48.8、径16、厚1.4厘米；唇长3.4、径12.6~13.6、厚1.3、直肩高0.6~1厘米（图195，2）。80HNTT303K1∶11，瓦略残，凸面竖直绳纹较粗，绳径0.3厘米，近肩部7厘米长被刮过，留有刮痕，绳纹仍隐约可见，近瓦尾处加印斜绳纹；凹面瓦尾处印有菱形方格纹。整瓦长36.4、径12.4、厚1.2厘米；圆弧形唇长3、径9.7~11.2、厚1.5厘米，直肩高0.6厘米（图195，3、4；图版一五二，2）。80HNTT303K1∶14，瓦灰褐色，略残。凸面饰规整的细竖直绳纹，绳径0.1厘米，近肩部7厘米长被刮过，并留有绳纹痕，瓦尾部分加印有斜绳纹；凹面瓦尾处印有菱形方格纹。瓦残长36.5、径13、厚1.5厘米；瓦唇残长2、厚1.8、直肩高0.7厘米（图195，5）。

Ⅱ式　标本32件，多为残片。凸面饰竖直绳纹，肩部瓦面被刮低，刮痕明显。74HNTT202②∶48，瓦唇略残。凸面竖直绳纹较为规整，绳径0.2厘米，肩部刮低部分长5.5厘米，刮痕明显，瓦尾处加印有斜绳纹；凹面瓦尾处印有菱形方格纹。瓦长38.2、径13.4、厚1.4厘米；瓦唇残长3.4、厚1.4、肩高0.6厘米（图195，6）。73HNTT003③b∶45，瓦略残。凸面竖直绳纹绳径0.4、肩部10厘米长被刮过，仍隐约见绳纹。瓦残长29.5、径16、厚1.5厘米；圆弧形唇长4.4、径11.5~13.5、厚1.5、直肩高0.9厘米。

B型　为竖直绳纹上加印斜绳纹的筒瓦。本报告依据筒瓦上的细节特征可分为两式。

Ⅰ式　标本7件。凸面所饰绳纹在肩部和瓦尾处均被抹平，瓦尾的抹平部分又加印斜向绳纹。80HNTT303K1∶15，瓦青灰色。凸面竖直绳纹绳径0.2厘米，其上零散加印斜绳纹，

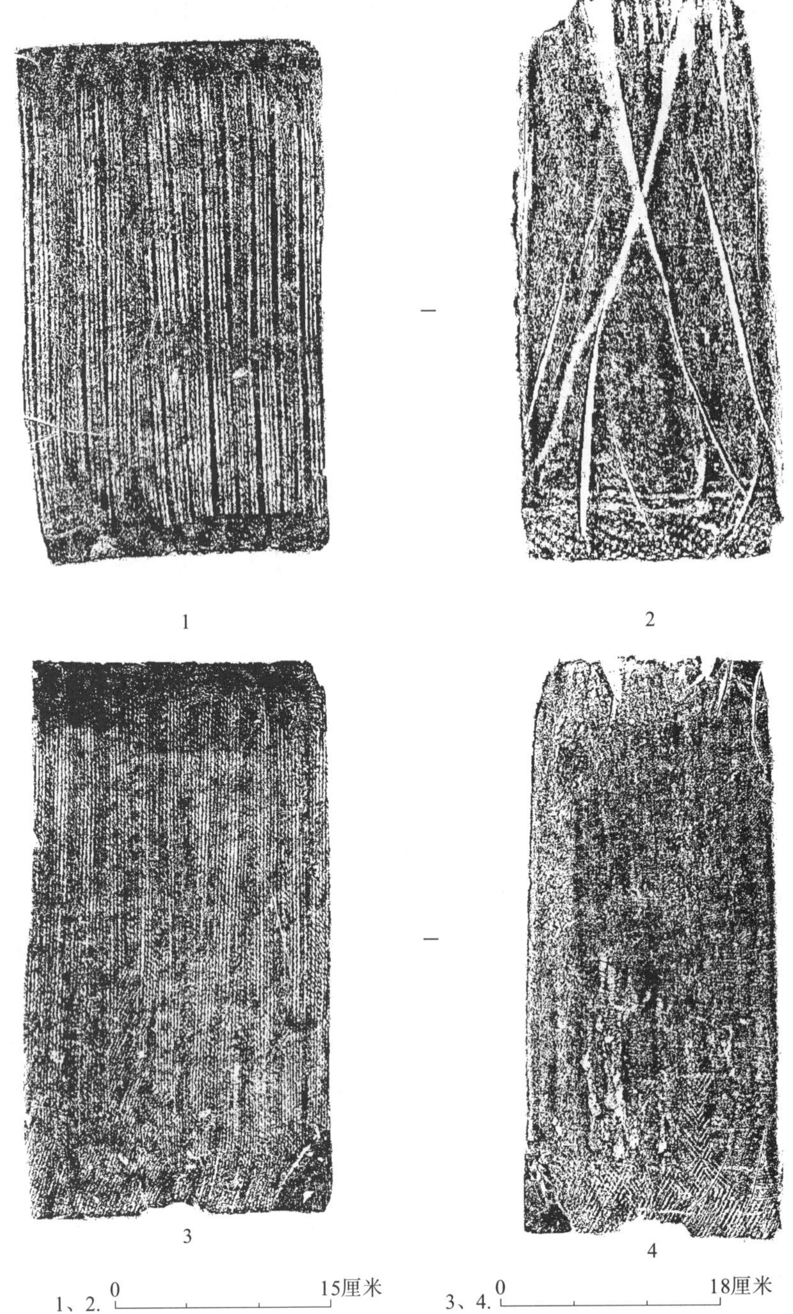

图194　太学遗址出土绳纹面布纹里筒瓦（A型Ⅰ式）拓本

1、2.73HNTT002砖砌水道1：01凸、凹面　3、4. 73HNTT003③b：49凸、凹面

肩部6.3厘米长被抹，绳纹隐约可见；凹面距瓦尾处2.9厘米处有一道横向绳索凹槽。整瓦长37.2、径12.5、厚1.3厘米；圆弧形唇长3.1、厚1.3、直肩高0.9厘米（图版一五二，3）。73HNTT003③b：46，凸面细竖直绳纹较为规整，局部加印斜绳纹，直绳纹绳径0.2厘米，肩部4厘米长被抹光，有两道横向平行划纹。瓦残长37、厚1.7、肩高0.9厘米。

Ⅱ式　标本1件（74HNTT202②：46）。凸面饰竖直绳纹并局部加印斜绳纹，肩部瓦面被刮低，刮痕明显。直绳纹较细且规整，绳径0.2厘米，肩部刮痕长6.5厘米，瓦尾处加印斜

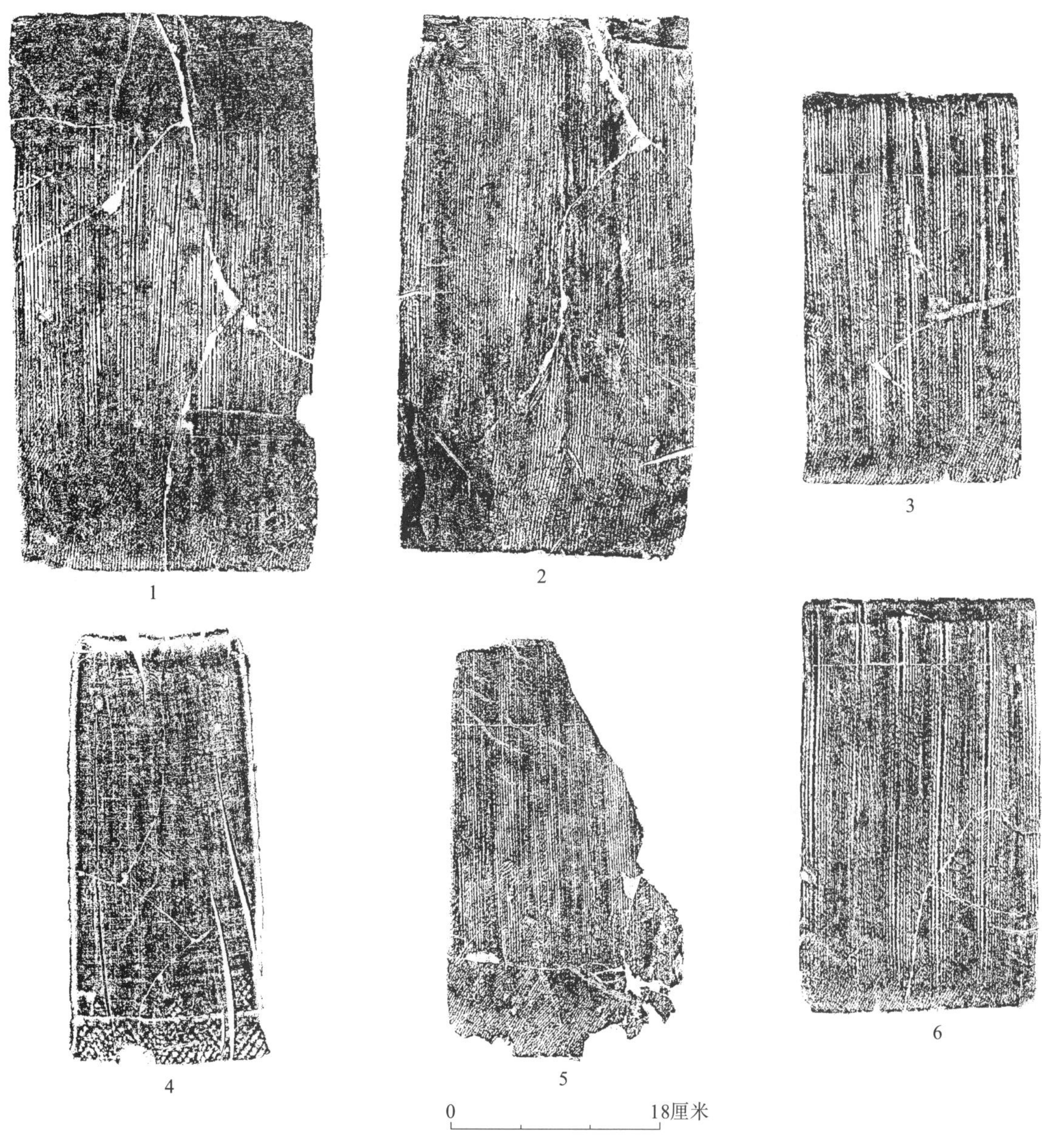

图195　太学遗址出土绳纹面布纹里筒瓦（A型）拓本

1. Ⅰ式（73HNTT106②:41）　2. Ⅰ式（73HNTT003③b:48）　3、4. Ⅰ式（80HNTT303K1:11凸、凹面）
5. Ⅰ式（80HNTT303K1:14）　6. Ⅱ式（74HNTT202②:48）

绳纹；凹面瓦尾处印有方格纹，距瓦尾约1.8厘米有一道宽1.8厘米的横向绳索凹槽。整瓦长37.1、径12.2、厚1.1厘米；瓦唇长3.5、径9~10.6、厚1.3、肩高0.6厘米（图196，1；图版一五二，4）。

C型　凸面所饰竖直绳纹排列成组。本报告分为两式，该遗址仅见Ⅰ式。

Ⅰ式　标本19件。凸面饰排列成组的竖直绳纹，肩部和瓦尾处被抹平，瓦尾的抹平部分加印斜向绳纹。73HNTT001②:22，残存瓦尾部分。凸面绳纹绳径0.2厘米，绳纹组拍印较深，组宽1.4~3厘米，组与组之间略起垄，瓦尾处加印斜绳纹；凹面距瓦尾2.6厘米处有一道宽约0.5厘米的横向绳索凹槽。瓦残长17.9、径13.1、厚1厘米（图196，2）。

图196　太学遗址出土绳纹面布纹里筒瓦（B、C型）拓本

1. B型Ⅱ式（74HNTT202②:46）　2~4. C型Ⅰ式（73HNTT001②22、73HNTT003②:61、74HNTT202②:47）

73HNTT003②:61，凸面绳纹绳径0.3厘米，每组绳纹宽2~3厘米，组间隔约0.5厘米，肩部4厘米长被抹平，瓦面局部加印有零星斜绳纹，瓦尾斜绳纹较密；凹面瓦尾处印有方格纹。瓦唇及肩部是后补上去的。瓦长38.5、径13.7、厚1.5厘米；瓦唇长3.2、厚1.5、肩高0.6厘米（图196，3）。74HNTT202②:47，凸面绳纹绳径0.15厘米，每组绳纹宽3厘米，组与组之间瓦面起垄，间隔约0.5厘米。肩部抹平部分长7厘米，仍隐约可见绳纹。瓦长38.8、径13.4、厚1.3厘米；瓦唇长3.8、厚1.2、肩高0.5厘米（图196，4；图版一五三，1）。

（2）素面或磨光面布纹里筒瓦　此类筒瓦本报告依据凸面是素面或磨光面分为两型。其中A型为素面布纹里筒瓦，太学遗址出土数量较多；B型为磨光面布纹里筒瓦，在太学遗址则极为少见。

A型　素面布纹里筒瓦。凸面均为灰色或浅灰色素面，凹面为布纹里。在该型筒瓦中，有些瓦面上印有戳印，文字均已漫漶不清。戳印以长方形或方形为主，有的印在筒瓦凸面，有的印在瓦唇凸面。本报告依据该型筒瓦唇部的差异，分为三式。

Ⅰ式　标本22件。唇部前端上翘。73HNTT102②：13，瓦灰色，瓦体较厚重，侧棱被磨光。凸面有两道竖向划痕，痕宽约0.5厘米，间隔约5厘米。圆弧形唇，略上翘，齐肩。瓦残长33.5、残径17、厚2.9~3.1厘米；瓦唇长5、厚2.1、肩高2.5厘米（图版一五三，2）。73HNTT001②：23，瓦浅灰色，瓦尾端残。瓦径15.7、厚1.9厘米；瓦唇长4、厚1.5、肩高2厘米。凸面肩部有一长方形戳印，字迹不辨。戳印长2.5、宽1.5、印痕深0.3厘米（图197，1）。

Ⅱ式　标本34件，其中整瓦1件。唇部整体凸面较平。74HNTT202②：49，瓦浅灰色，瓦唇凸面平，侧棱泥刀切痕从瓦尾端一直贯通到瓦唇端，凹面布纹褶皱痕清晰可见。整瓦长36.1、径13.5~13.8、厚1.4~1.7厘米；唇长4、厚1.2、肩高1.6厘米（图版一五三，3）。73HNTT102②：08，瓦尾端残，残长31、径13.3、厚1.7厘米；圆弧形唇径10、长4、厚1.2、肩高1.6厘米。凸面肩部有一长方形戳印，内有“王平”二字。戳印长1.6、宽1.1、深0.4厘米（图197，2）。

Ⅲ式　标本21件，其中整瓦4件。唇部下斜呈坡状，唇部两侧似有意打出残缺状。73HNTT105Z1：01，瓦灰色，侧棱泥刀切痕从瓦尾端向瓦唇端逐渐变宽。整瓦长36.6、径12.3~12.5、厚1.3~1.8厘米；唇长4.4、厚1、肩高0.9厘米（图版一五三，4）。

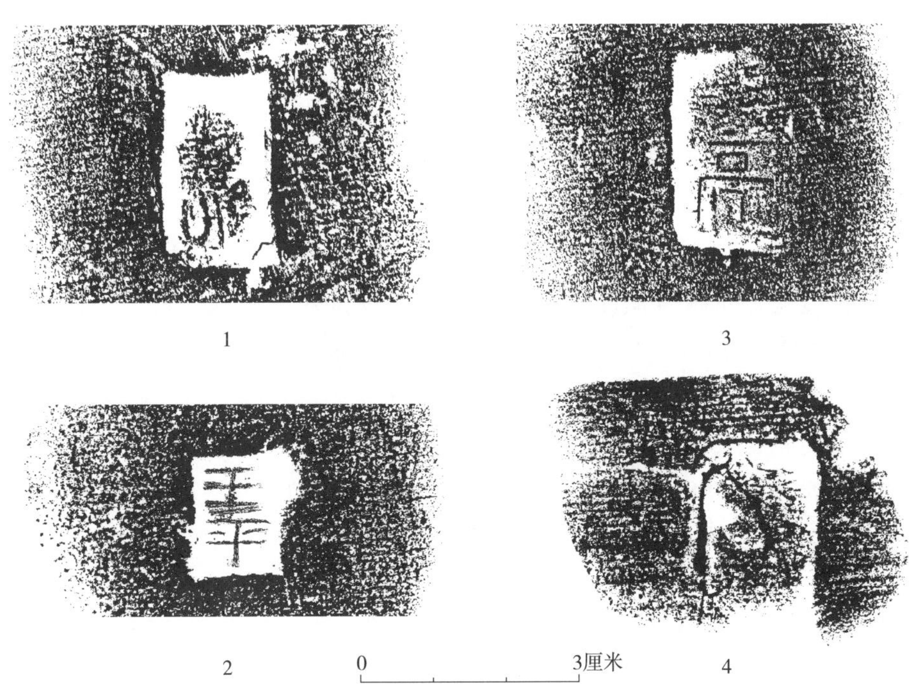

图197　太学遗址出土素面布纹里筒瓦戳印拓本

1~4. 73HNTT001②：23、73HNTT102②：08、73HNTT105②：28、73HNTT102②：10

74HNTT202②:50，瓦灰色，下斜的瓦唇前端侧面圆弧，侧棱泥刀切痕贯通整瓦。整瓦长38.5、径12.8~13.2、厚1.5~1.7厘米；唇长4.1、厚1.2、肩高1.4厘米。73HNTT102②:12，瓦灰色，略残。凹面布纹距瓦尾1.5厘米处有一道宽0.3厘米的横向绳索凹槽。瓦长39.8、径13.5~13.7、厚1.1~1.9厘米；唇长4.5、厚1、肩高1.8厘米。73HNTT102②:11，瓦灰色。整瓦长36.7、径13.5、厚1.5~1.7厘米；唇长4.6、厚1.1、肩高1.4厘米。73HNTT105②:29，瓦略残。瓦长36.7、径12.3、厚1.1~1.6厘米；唇长3.4、厚0.9、肩高1.5厘米。73HNTT005②:41，瓦略残。瓦长38.7、径13.5、厚1.4~1.9厘米；唇长3.9、厚0.9、肩高1.7厘米。73HNTT105②:28，瓦灰色，体薄形小。整瓦长33.1、径11.1、厚1.4厘米；圆弧形唇残长3、肩高1.2厘米。凸面肩部有一长方形戳印，长2.6、宽1.8、深0.2厘米，字为“師高□”（图197，3）。73HNTT102②:10，瓦残长11、厚2.1厘米；唇长4.6、肩高1.9厘米。瓦唇凸面有一长方形戳印，字迹不清。戳印长2、宽1.5、深0.1厘米（图197，4）。

B型　为磨光面布纹里筒瓦。该类筒瓦整体厚重，质密坚实，制作精致。凸面磨光，呈发亮的黝黑色或浅灰色；凹面为布纹。这类筒瓦的时代，要比A型素面布纹里筒瓦略晚，主要盛行于北魏时期。本报告依其唇部形制的差异可以分为两式，该遗址仅见Ⅰ式，而且数量极少。

Ⅰ式　筒瓦唇部凸面较平。标本1件（73HNTT005Y1:06）。瓦体厚重，残半，磨光的凸面为浅灰色，侧棱泥刀切痕宽约0.9厘米。瓦残长30、残径17、厚2.2~2.5厘米；瓦唇长5、厚1.1、肩高2厘米。

7.瓦当　太学遗址出土的建筑瓦当，主要为云纹瓦当，不仅数量较多，而且种类繁杂。这些云纹瓦当主要使用于汉晋时期，在明堂遗址较多见的北魏时期莲花纹瓦当在此却几乎不见，这种现象显然是和太学遗址的主要修建和使用时代有着密切的关系。

这些云纹瓦当整体皆为圆形，当面纹饰为模印。其当面纹饰构图与灵台等遗址的同类瓦当相同。根据各组云纹之间有无界格区分或凸棱界格直线的多少，本报告分为四型。

A型　无界格云纹瓦当。当面构图与灵台等遗址同型瓦当相同，即组成当面主体纹饰的四组云纹各自成组，云纹之间无界格区分。由于组成各组云纹卷曲线条的构图不同，或一笔构成、或中间断开，由此分为Aa、Ab型两个亚型。

Aa型　单组云纹由一条弧线一笔构成，中间迂曲部分不断笔。由于内圈凸棱和中心圆乳丁的装饰存在多种变化，本报告据此又分为五式，该遗址仅见Ⅲ式。

Ⅲ式　1件（73HNTT001②:21）。内圈凸棱外侧由短线连接有4个空心三角形镞形饰，镞尖分别指向各组云纹之间；各组云纹中心下方还各有一个小圆凸点。瓦当灰色，略残。残存面径14.4、厚2.5、边轮宽1.4厘米。当背敷泥的接痕清晰可见，敷泥最大厚度为1.3厘米，瓦当原有厚度应为1.2厘米（图198，1、2；图版一五四，1）。观察瓦当的残断面，可以大致看到瓦当在与筒瓦衔接时的工序，瓦当先制好坯后，将与筒瓦衔接的部分边轮削掉，筒瓦正好嵌入被削去的边轮部分，再在当背和筒瓦的内侧敷泥加固。

Ab型　云纹中心迂曲部分并不相连，整个云纹由三条凸起的曲线构成。以内圈凸棱与云纹之间的装饰点缀不同，本报告分为三式，该遗址仅见Ⅲ式。

Ⅲ式　3件。内圈凸棱外侧各由短线连接有四个细长的空心三角形镞形饰和四个圆形凸点，间隔分布在内圈凸棱外一周，三角形镞形饰的镞尖与外圈凸棱相接成自然界

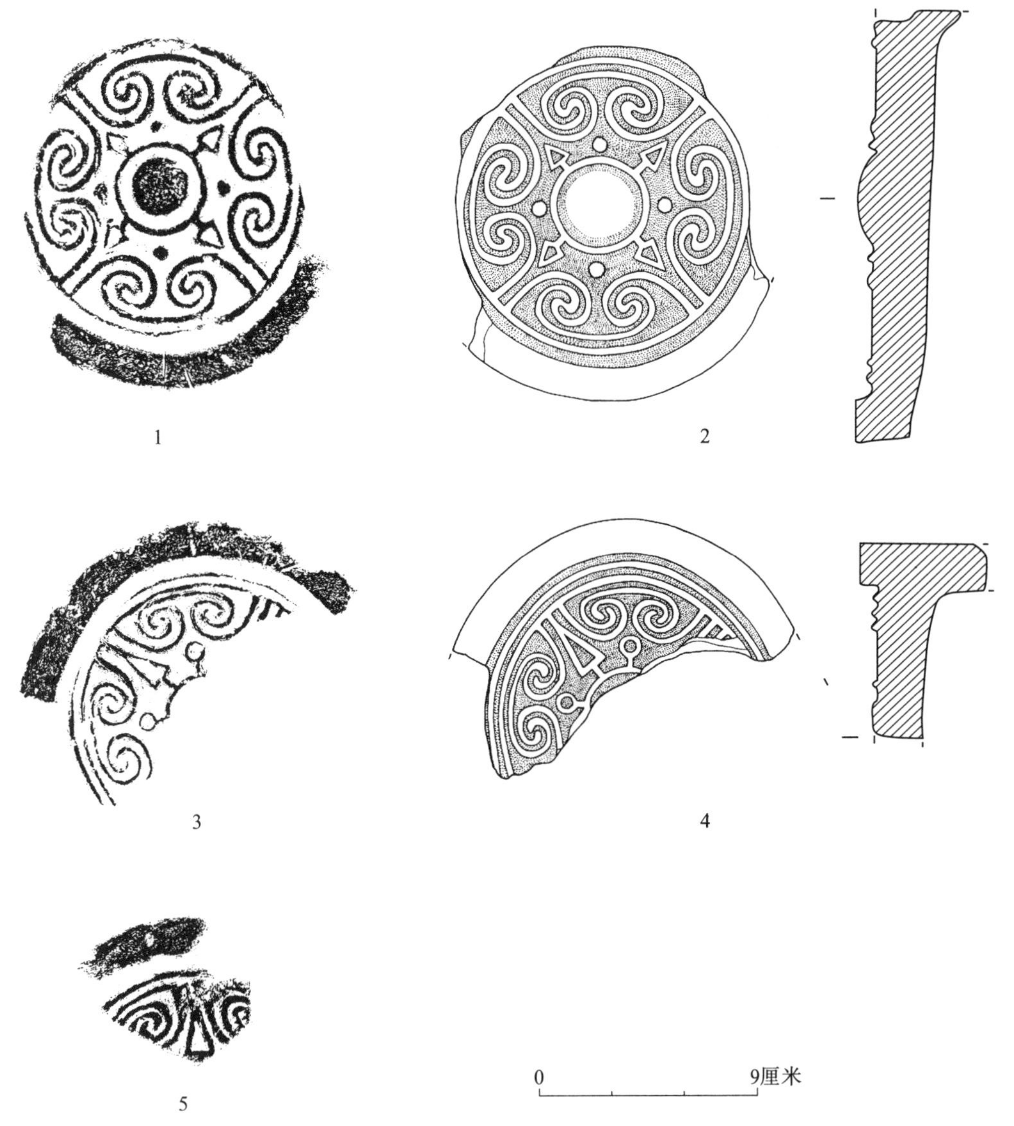

图198　太学遗址出土云纹瓦当（A型）拓本与线图

1、2. Aa型Ⅲ式（73HNTT001②:21拓本、线图）　3、4、5. Ab型Ⅲ式（80HNTT302④:42 拓本、线图、80HNTT402②:58拓本）

格。80HNTT303④:42，瓦当灰色，表面略呈青灰色，残半。残存面径13.6、厚2厘米，当背敷泥最大厚度1.1厘米，边轮宽1.6厘米；后接筒瓦残，厚1.4厘米（图198，3、4）。80HNTT402②:58，瓦当灰色，残存约1/4。残存面径6.4、厚1、边轮宽1.7厘米（图198，5）。

B型　单线界格卷云纹瓦当。瓦当整体圆形，青灰色，体量较小。当面四组卷曲较甚的涡云纹为一笔构成，各组云纹之间以单直线凸棱隔开。边轮为一周凸棱，较窄，与当面基本相平。本报告由云纹局部变化分为三式，该遗址见有Ⅰ、Ⅱ式。

Ⅰ式　2件，均残。当心为一凸起圆柱状点，再外为三周同心圆圈。80HNTT403Y2:01，瓦当略残，当背中心鼓起，有明显的切当痕迹。面径12.4、厚1.1、边轮宽0.4厘米；后接筒瓦厚1.2厘米（图199，1、2；图版一五四，2）。

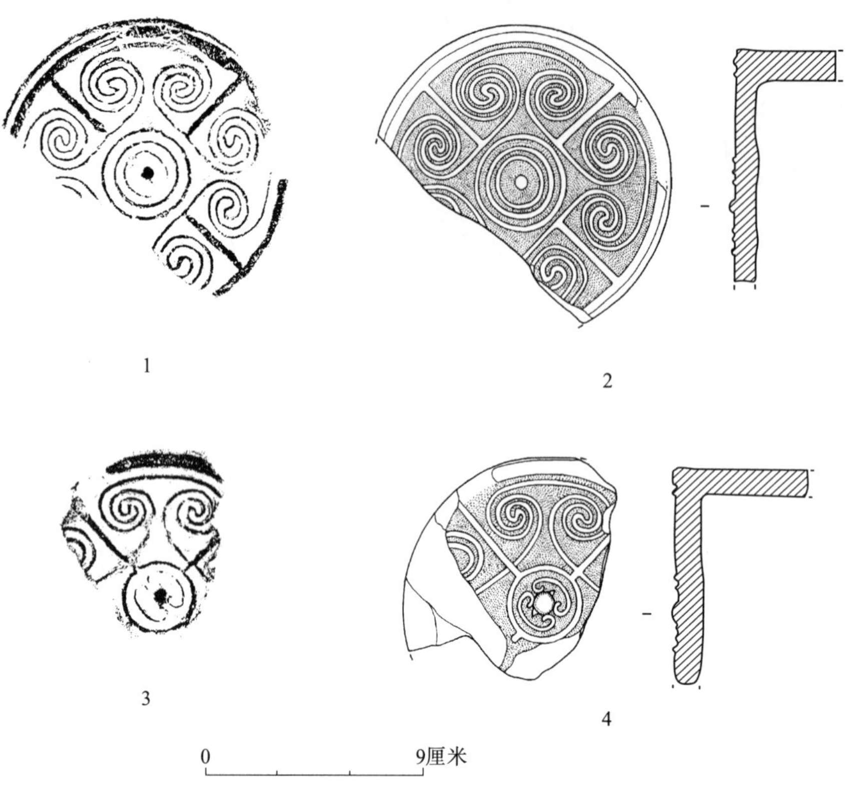

图199 太学遗址出土云纹瓦当（B型）拓本与线图

1、2. Ⅰ式（80HNTT403Y2:01拓本、线图） 3、4. Ⅱ式（80HNTT402Y1:01拓本、线图）

Ⅱ式 1件（80HNTT402Y1∶01），残存瓦当约1/4。当心略凹，中心凸起一小圆泡和两个括弧。瓦当边轮较窄，宽0.4~0.6厘米，厚1.2厘米；后接粗绳纹筒瓦厚1~1.4厘米（图199，3、4；图版一五四，3）。

C型 双线界格卷云纹瓦当。双直线凸棱将当面界格成四个部分，每部分各饰一组卷云纹，卷云纹两尾与直线凸棱相接。此类瓦当中卷云纹卷曲的程度各有差别，另外当心圆乳丁上也有不同的装饰点缀。以组成单组云纹线条的构图差异，分为Ca、Cb型两个亚型。

Ca型 组成单组卷云纹的卷曲线条由一笔构成，中间迂曲部分不断笔。本报告依据云纹周围不同的装饰点缀，又分为14式，该遗址仅见有Ⅰ、Ⅱ、XⅢ式。

Ⅰ式 4件。当面中心素面圆乳丁大而凸出，云纹卷曲程度较大，内卷的蘑菇状云纹几乎呈2个多重的圆圈，图案显得繁复，界格内较为密实。74HNTT202②∶45，瓦当灰色，完整。面径13.8、厚2.8~3、边轮宽1.5厘米；后接的筒瓦残，厚1.3厘米（图200，1、2；图版一五四，4）。

Ⅱ式 16件。云纹卷曲程度不及Ⅰ式。80HNTT303④∶40，瓦当灰色，残半。边轮宽1.5、厚2.8厘米；后接绳纹筒瓦，绳纹绳径0.3、筒瓦厚1厘米（图200，5）。80HNTT405②∶28，瓦当灰色，残存约1/3。该瓦当背面与正面相同，形成边轮凸起中央低凹现象。边轮宽1.3、厚1.2厘米（图200，6）。

XⅢ式 1件（80HNTT402Y2∶02）。内圈凸棱外侧饰有四个空心菱形镞形饰，分别正对每组云纹之间底部。瓦当灰色，边轮残。残存面径14.4、厚2.5厘米，其中当背敷泥厚约1.1厘米，边轮宽1.3厘米（图200，3、4）。

Cb型　组成单组云纹的卷曲线条由三条构成，中间迂曲部分并不相连。本报告依据云纹周围不同的装饰点缀分为7式，该遗址仅见Ⅱ、Ⅵ、Ⅶ式。

Ⅱ式　6件。各组云纹中心底部与内圈凸棱之间，各饰有一个尖部向外的三角形尖锥状凸点。73HNTT003③b∶44，瓦当灰色，残存少半，中心圆乳丁无存。边轮略高出当面。残长14、残宽6.5、厚1.4厘米，边轮宽1.1厘米（图200，7）。

Ⅵ式　1件（80HNTT303④∶41）。内圈凸棱变为一周绹索纹，云纹两端尾线并不与双直线界

图200　太学遗址出土云纹瓦当（Ca、Cb型）拓本与线图

1、2. Ca型Ⅰ式（74HNTT202②∶45拓本、线图）　3、4. Ca型ⅩⅢ式（80HNTT402Y2∶02拓本、线图）　5、6. Ca型Ⅱ式（80HNTT303④∶40拓本、80HNTT405②∶28拓本）　7. Cb型Ⅱ式（73HNTT003③b∶44拓本）

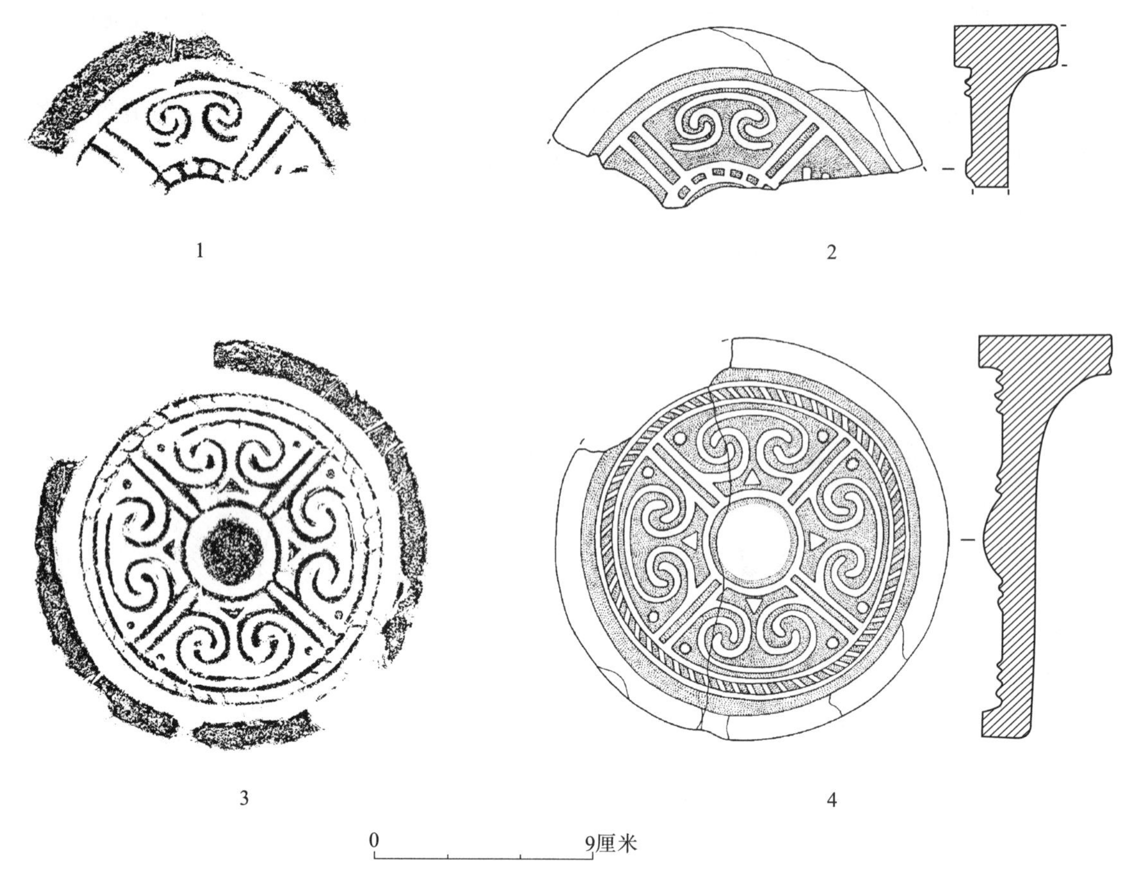

图201　太学遗址出土云纹瓦当（Cb型）拓本与线图

1、2. Ⅵ式（80HNTT303④:41拓本、线图）　3、4. Ⅶ式（73HNTT004渗坑1:01拓本、线图）

格相接。瓦当灰色，残存约1/3。残长15、残宽6.5、厚1.8厘米，边轮宽1.6厘米（图201，1、2）。

Ⅶ式　1件（73HNTT004渗坑1:01）。外圈凸棱变为一周绹索纹，各组云纹两侧上方各有一个小圆凸点，内圈凸棱外侧有4个三角形凸点分别指向各组云纹底部。瓦当灰色，表面略泛灰黄色，边轮高出当面。面径16.2、厚2.2、边轮宽1.2厘米；后接筒瓦残，瓦厚1.5厘米（图201，3、4；图版一五五，1）。

D型　三线界格卷云纹瓦当。四组云纹之间是由三条直线凸棱隔开，纹饰特征与灵台遗址同型瓦当相同。本报告依据当面纹饰的一些点缀差异分为8式，该遗址仅见Ⅱ、Ⅴ式。

Ⅱ式　16件。外圈凸棱与云纹之间有一周三角形锯齿状纹带，当心圆乳丁为素面。73HNTT001③b:06，瓦当灰色，完整。瓦当制作规整，边轮高出当面。当背平整，与筒瓦结合紧密，有一道细划线横贯当背中心，推测应该是黏结筒瓦前工匠事先做好的标识。面径14.1、厚1.9、边轮宽1.4厘米（图202，1、2；图版一五五，2）。73HNTT002H2:01，瓦当青灰色，略残。当背中部有一条横向划线，划痕上接筒瓦，线下中部有一长方形戳印，文为“師韓印”。面径16.1、厚1.9、边轮宽1.8厘米；戳印长2.6、宽1.6、深0.1厘米（图203；图版一五五，3）。74HNTT202②:44，瓦当灰色，残半。当背平整，也有一道细划线横贯当背中心。后接筒瓦脱落，从与筒瓦黏结的痕迹观察，筒瓦是直接与瓦当进行黏结的，这有别于削

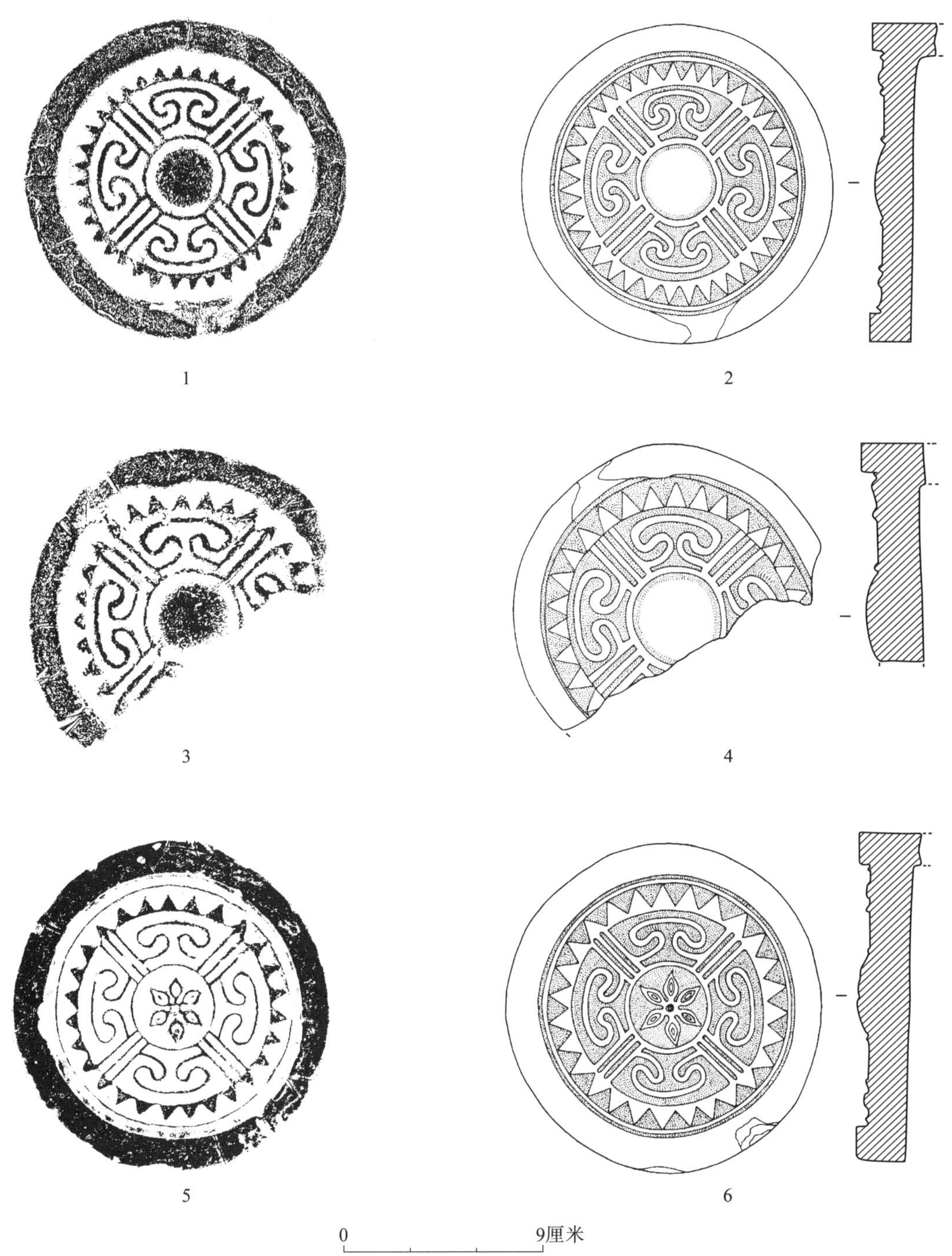

图202　太学遗址出土云纹瓦当（D型）拓本与线图

1、2. Ⅱ式（73HNTT001③b:06拓本、线图）　3、4. Ⅱ式（74HNTT202②:44拓本、线图）　5、6. Ⅴ式（73HNTT004渗坑2:01拓本、线图）

去或削薄边轮以衔接筒瓦的制法。面径14.4、厚2.5、边轮宽1.3厘米（图202，3、4）。

Ⅴ式　1件（73HNTT004渗坑2∶01）。外圈凸棱与云纹之间有一周三角形锯齿状纹带，中心圆乳丁上有六瓣花纹。当面整体做工精细，纹饰线条清晰。云纹卷曲程度较为简单，类似灵台遗址的Ca型Ⅲ式云纹瓦当。面径14.4、厚2.4、边轮宽1.2~1.5厘米（图202，5、6；图版一五五，4）。

（二）陶器

共有标本165件。绝大多数器物为泥质灰陶，也有少量黑陶、灰褐色陶等。器形有碗、盆、罐、杯、钵、瓮、甑、器盖、陶屋模型、陶丸、陶饼和陶俑等。

1.碗　51件。依口唇部等差异分为15型。

A型　共3件。侈口，尖唇。深腹稍弧，腹底收缩成平底。可分为两式。

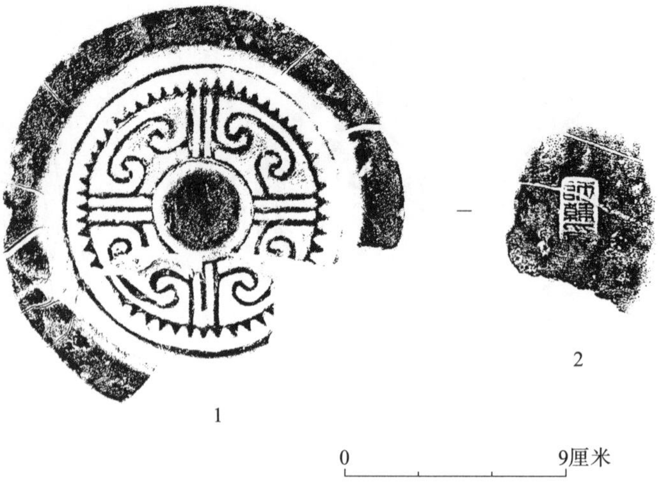

图203　太学遗址出土云纹瓦当（D型Ⅱ式）及戳印拓本

1、2. 73HNTT002H2:01正面、背面戳印

Ⅰ式　2件。73HNTT003②:66，近口部有一周阴弦纹。口径20.8、底径11.6、腹径19.6、高7.8厘米（图204，1；图版一五六，1）。

Ⅱ式　1件（80HNTT401②:14）。口沿略外折。内底中心下凹。口径12.3、底径8、高4.3厘米（图204，2；图版一五六，2）。

B型　共4件。侈口，折沿尖唇。依腹部差异分为两式。

Ⅰ式　2件。73HNTT003②:59，浅腹稍弧，腹外有压印阴弦纹数条。腹底收缩成平底。口径13、底径7.4、高4.4厘米（图204，3；图版一五六，3）。

Ⅱ式　2件。80HNTT303④:49，腹微鼓，腹部有几周瓦棱纹。内底微凹。口径9.6、底径5.6、高3.2、壁厚0.5~0.7厘米（图204，4；图版一五六，4）。

C型　共6件。尖唇。依腹部纹饰的不同分为4式。

Ⅰ式　2件。73HNTT003砖砌水池2:03，外壁近沿有一道凹弦纹。口径21、底径12、高

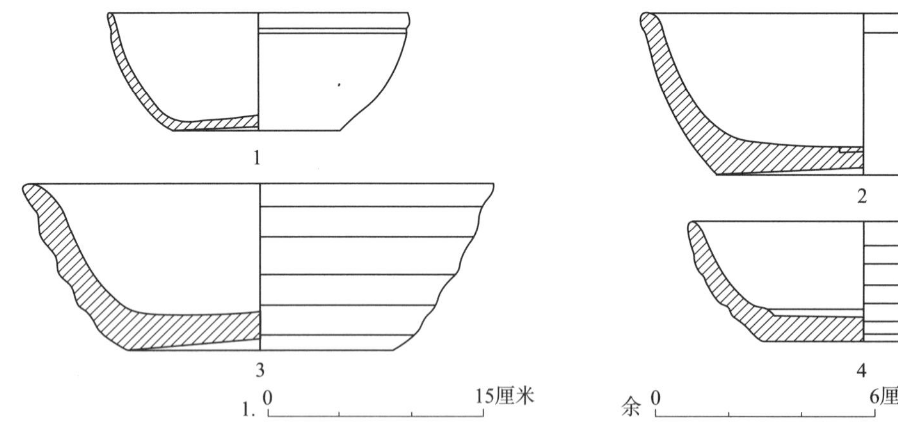

图204　太学遗址出土陶碗（A、B型）

1. A型Ⅰ式（73HNTT003②:66）　2. A型Ⅱ式（80HNTT401②:14）
3. B型Ⅰ式（73HNTT003②:59）　4. B型Ⅱ式（80HNTT303④:49）

7.8、壁厚0.6厘米（图205，1；图版一五六，5）。

Ⅱ式　1件（73HNTT004②:50）。外壁沿下有一周阴弦纹，腹部刻划有两条不平行的阴线。内壁近器底部有一周凸弦纹。口径18、底径8.8、高6.8厘米（图205，2；图版一五六，6）。

Ⅲ式　1件（74HNTT202②:36）。外壁近口部有一周阴弦纹，内壁近底部有一周凸弦纹。口径20、底径11、高7.6厘米（图205，3；图版一五六，7）。

Ⅳ式　2件。80HNTT403④:50，灰褐陶。折沿，尖唇，斜直腹，底微凹。腹部刻划"□陽"二字。口径12.6、底径7.5、高4.4、壁厚0.5~1厘米（图205，4）。

D型　共3件。敞口，尖唇。

Ⅰ式　2件。73HNTT001H101:04，口沿下有一周细阴弦纹。内壁靠近底部有一周

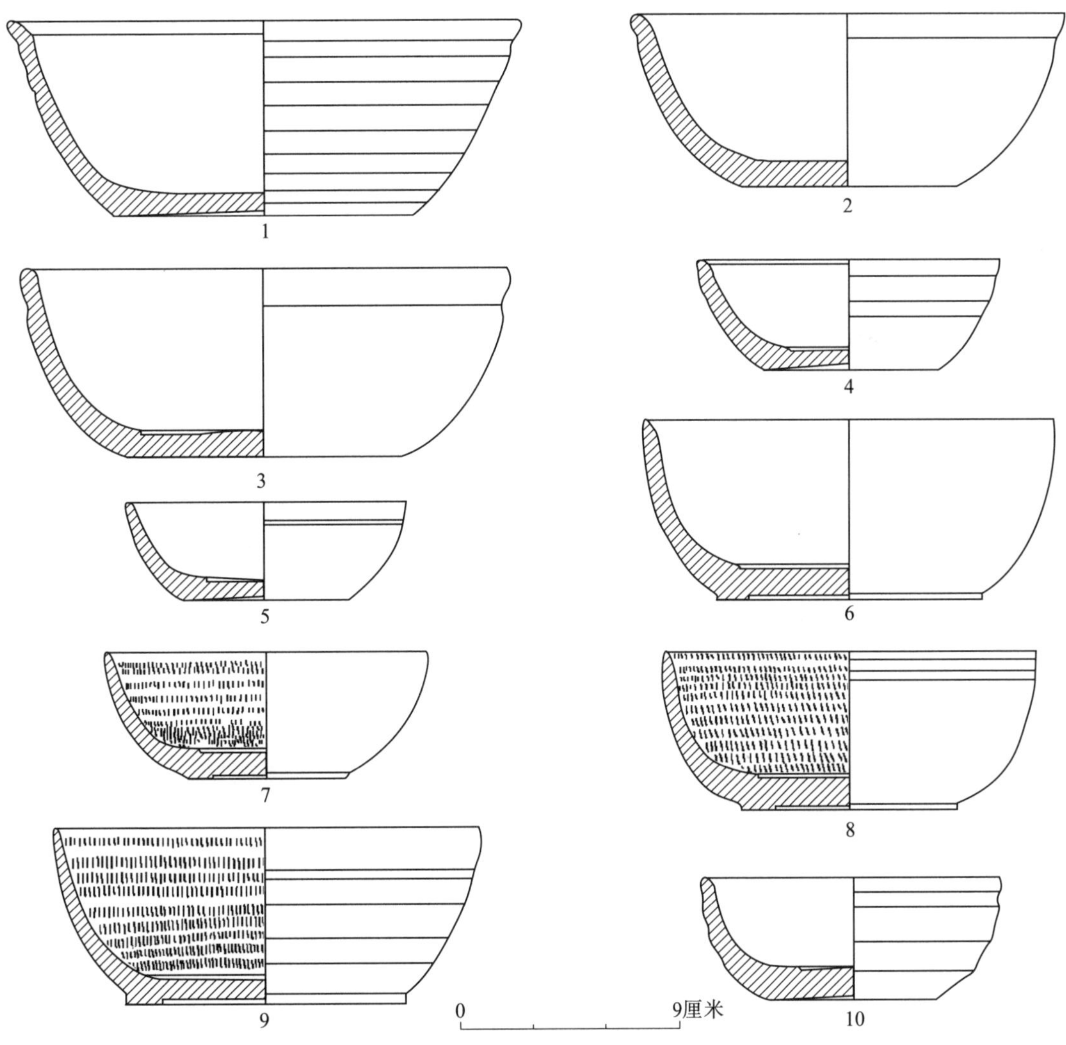

图205　太学遗址出土陶碗（C、D、E、F型）

1. C型Ⅰ式（73HNTT003砖砌水池2:03）　2. C型Ⅱ式（73HNTT004②:50）　3. C型Ⅲ式（74HNTT202②:36）　4. C型Ⅳ式（80HNTT403④:50）　5. D型Ⅰ式（73HNTT001H101:04）　6. D型Ⅱ式（73HNTT107②:38）　7. E型Ⅰ式（73HNTT003②:58）　8、9. E型Ⅱ式（73HNTT003②:57、74HNTT203③:02）　10. F型Ⅰ式（73HNTT105②:27）

凸线。壁稍弧，平底，内底中部下凹。口径11.5、底径6.8、高3.9厘米（图205，5；图版一五六，8）。

Ⅱ式 1件（73HNTT107②:38）。底内凹，外壁有假圈足。口径17、底径11、高7.2厘米；壁厚0.6、底厚0.8厘米（图205，6；图版一五七，1）。

E型 共10件。细泥灰陶或黑灰陶。侈口，尖唇，深腹稍弧，外底内凹，外壁假圈足，内底中部下凹。分为两式。

Ⅰ式 2件。73HNTT003②:58，内壁有10周短竖划纹。口径13.2、底径6.7、腹径11、高5.1厘米（图205，7；图版一五七，2）。

Ⅱ式 8件。73HNTT003②:57，外壁距口沿较近有一周阴弦纹，内壁遍饰划纹。口径15.5、底径9、腹径14.7、高6.4厘米（图205，8；图版一五七，3）。74HNTT203③:02，器形稍大。口径17.6、底径11.4、高7.1厘米（图205，9）。

F型 共6件。泥质灰陶或黑灰陶。敞口，尖唇。

Ⅰ式 4件。73HNTT105②:27，外壁唇下有一周阴弦纹，壁稍弧，近底部内凹，平底。内底中部下凹。口径12.3、底径7、高4.9厘米；壁厚0.5、底厚1厘米（图205，10；图版一五七，4）。

Ⅱ式 1件（73HNTT105③:21）。唇下外腹有0.5厘米宽的阴弦纹。口径约20、壁厚0.6厘米（图206，1）。

Ⅲ式 1件（73HNTT105③:22）。尖唇稍外侈，平底，内底中部下凹。口径13.2、底径6.9、高4.4、壁厚0.5厘米（图206，2；图版一五七，5）。

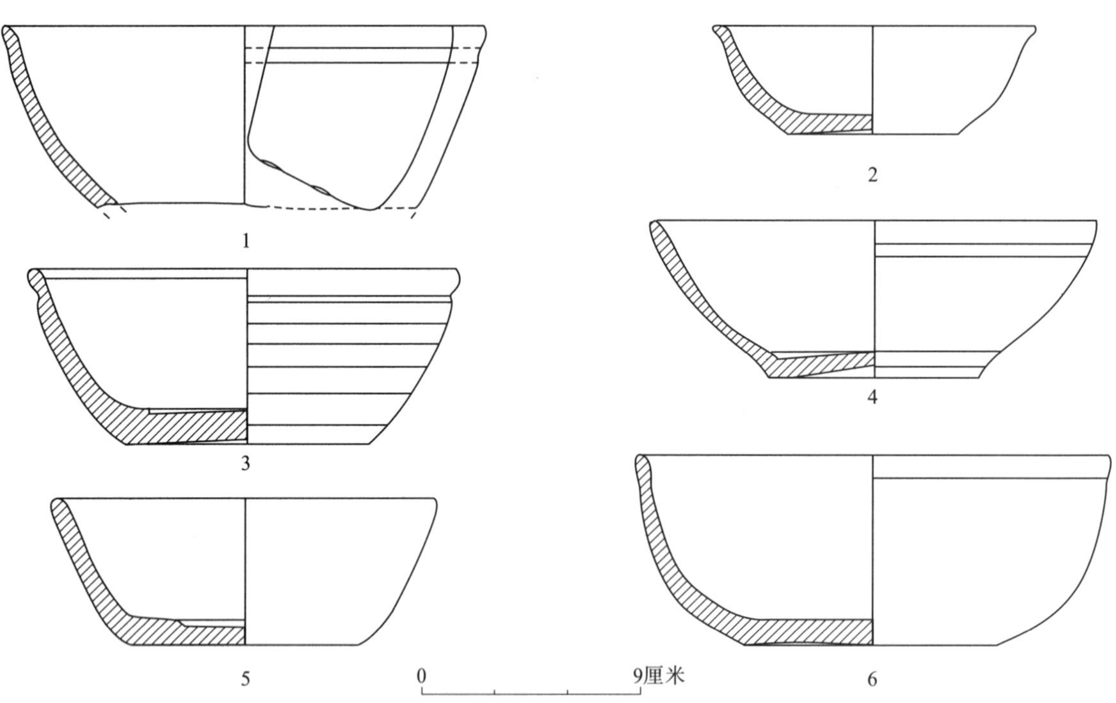

图206 太学遗址出土陶碗（F、G、H、I、J型）

1. F型Ⅱ式（73HNTT105③:21） 2. F型Ⅲ式（73HNTT105③:22） 3. G型（73HNTT004②:49） 4. H型Ⅱ式（73HNTT002H3:02） 5. I型（80HNTT402②:11） 6. J型Ⅰ式（73HNTT003砖砌水池2:04）

G型　共2件。细泥灰陶。侈口，尖唇外折，深腹稍弧，内底中部下凹。73HNTT004②:49，口沿下有阴弦纹一条，腹部有划纹3~4道。口径17.8、底径10.6、腹径15.6、高6.8厘米（图206，3；图版一五七，6）。

H型　共2件。泥质青灰陶。大口，圆唇，腹较弧，腹底收缩成小平底，外底内凹。依腹部纹饰不同分为两式。

Ⅰ式　1件（73HNTT005③a:04）。腹部有四条断续划线。口径16.6、底径9.4、高6厘米（图版一五七，7）。

Ⅱ式　1件（73HNTT002H3:02）。口微敛，其外有一周凸弦纹，外饰方格纹；外壁近唇部有阴弦纹一条。口径18.3、底径8.6、高6.3、壁厚0.6厘米（图206，4；图版一五七，8）。

I型　共4件。大口，圆唇，壁微弧。80HNTT402②:11，外壁收缩成平底，内底中部下凹。口径15.8、底径9.6、高5.8厘米（图206，5；图版一五八，1）。

J型　共2件。口微敛，圆唇，弧壁，平底。分为两式。

Ⅰ式　1件（73HNTT003砖砌水池2:04）。外底中部微内凹成假圈足。素面。口径19.3、底径约10.2、高7.5、壁厚0.6厘米（图206，6；图版一五八，2）。

Ⅱ式　1件（80HNTT402②:10）。器形稍矮、稍大，口沿下有一周阴弦纹。外底中部微内凹成假壁足，内底下凹。口径19.6、底径11.2、高7厘米（图207，1；图版一五八，3）。

K型　1件（80HNTT401②:15）。侈口，圆唇，浅腹稍弧，外壁收缩成平底，内底中部下凹。口径12、底径7.5、高4厘米（图207，2；图版一五八，4）。

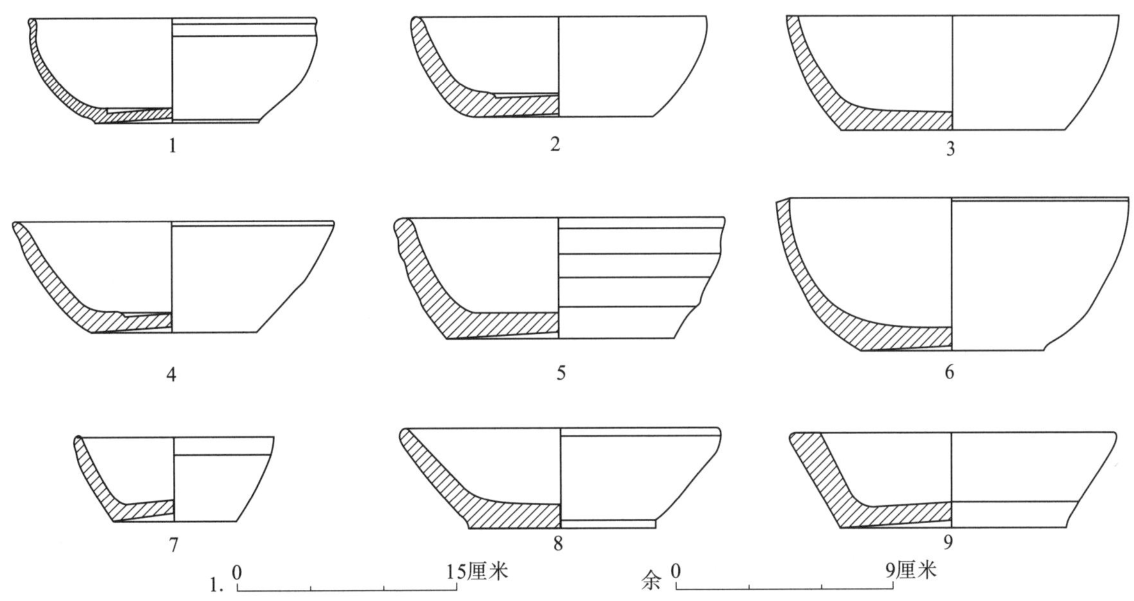

图207　太学遗址出土陶碗（J、K、L、M、N、O型）

1. J型Ⅱ式（80HNTT402②:10）　2. K型（80HNTT401②:15）　3、4. L型Ⅰ式（73HNTT106K1:16、73HNTT105③:23）　5. L型Ⅱ式（80HNTT403④:48）　6. L型Ⅲ式（73HNTT106K1:17）　7. M型（80HNTT401②:13）　8. N型（73HNTT106K1:18）　9. O型（74HNTT202②:55）

L型　共4件，灰色陶。敞口，直唇微敛，平沿。

Ⅰ式　2件。斜腹稍弧，平底。73HNTT106K1∶16，口径13.7、底径9、高4.8、壁厚0.4~0.6厘米（图207，3；图版一五八，5）。73HNTT105③∶23，器形稍矮。口径约13.2、底径约6.8、高4.4、壁厚0.5厘米（图207，4）。

Ⅱ式　1件（80HNTT403④∶48）。平沿，斜直腹，腹部有三周瓦棱纹，外底内凹。口径13.2、底径9.2、高4.8、壁厚0.7~1.1厘米（图207，5）。

Ⅲ式　1件（73HNTT106K1∶17）。平沿，腹部作弧形，外底内凹。口径14.7、底径7.6、高6厘米（图207，6；图版一五八，6）。

M型　1件（80HNTT401②∶13）。器表白色，高岭土质，轮制。方唇。口微敛，腹微弧，略显几周压纹，外底内凹。口径8.2、底径5、高3.4厘米（图207，7；图版一五八，7）。

N型　1件（73HNTT106K1∶18）。敞口微敛，方唇，浅腹，平底，外壁假圈足。口径13、底径7.6、高4厘米（图207，8；图版一五八，8）。

O型　2件。宽平沿。74HNTT202②∶55，器壁较厚，浅腹，壁斜直，腹部略有压纹，外底中部内凹。口径13.7、底径9.4、高3.8、壁厚0.7~1.5厘米（图207，9；图版一五九，1）。

2.盆　共34件。依盆口沿的差异可分为11型，又据细部差异分式。

A型　共4件。泥质红陶或灰陶。折沿，方唇。根据口沿的细部差异分为四式。

Ⅰ式　1件（73HNTT106G2∶03）。红陶。仅存口腹部残片。口微敛，腹壁下部有竖绳纹装饰。口沿直径约25、残高6.7、壁厚0.5厘米（图208，1）。

Ⅱ式　1件（73HNTT106②∶38）。红陶。仅存口腹部残片。口微敛，沿外折并向下斜，腹部有篮纹。口沿直径约27、壁厚0.6厘米（图208，2）。

Ⅲ式　1件（73HNTT104②∶05）。灰陶。仅存口沿残片。口微敛，折沿并稍向下斜，沿上有缓凸棱一条。复原口沿直径约46.5、壁厚0.5厘米（图208，3）。

Ⅳ式　1件（73HNTT106G2∶04）。黑灰色，仅存口腹部残片。折沿，侈口，方唇。口沿内有四周指甲纹。口沿直径约32、残高10.1厘米（图208，4）。

B型　共2件。细泥灰陶。尖唇，翻沿外折，深腹较直。根据口沿细部差异分为两式。

Ⅰ式　1件（73HNTT001H101∶01）。翻沿外折，腹部有两周压纹，平底。口沿直径30.3、底径14.2、高9.6厘米（图208，5；图版一五九，2）。

Ⅱ式　1件（73HNTT003③b∶67）。翻沿外弧折，腹近底部有一孔，底残。该盆被作为炉面的火盆，内有烧成红烧土颜色的炉箅。盆口沿直径45、底径26、高16.2、孔径4.5厘米（图208，6；图版一五九，3、4）。

C型　1件（74HNTT203G1∶01）。侈口，宽弧折沿外卷，圆唇，深腹斜直壁，平底。腹部饰数周瓦棱纹，口沿上有三个未钻透的孔。口沿直径47.2、底径23.2、高17.4厘米（图208，7；图版一五九，5）。

D型　共3件。泥质红陶或灰陶。大口，宽平折沿。腹浅弧度较大，外壁收缩成平底，器内底部下凹。依据唇部不同分为两式。

Ⅰ式　1件（74HNTT201②∶30）。红陶。圆唇，平沿，内底下凹。口沿直径37.5、底径21.8、高10.2厘米（图208，8；图版一五九，6）。

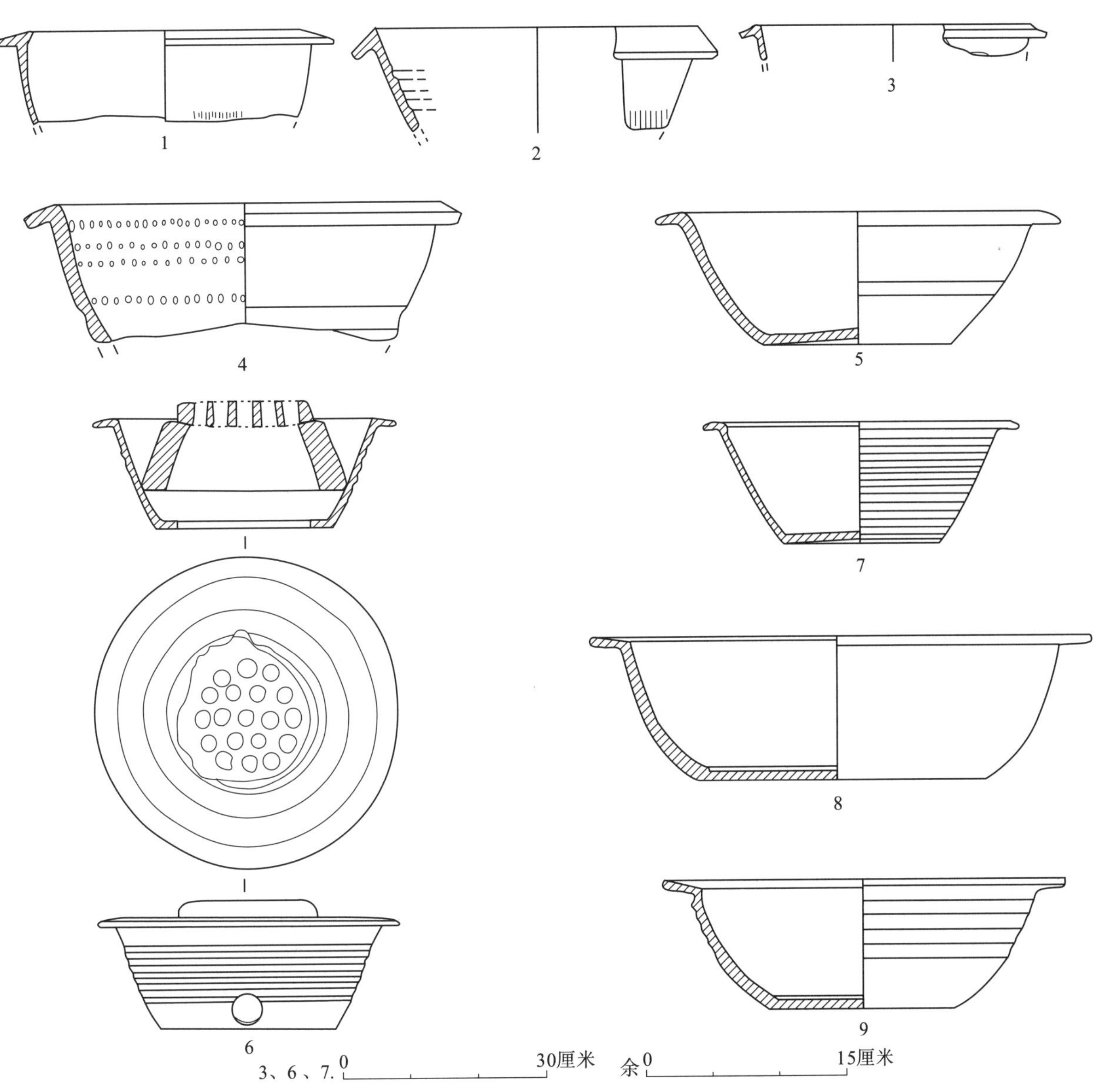

图208　太学遗址出土陶盆（A、B、C、D型）

1. A型Ⅰ式（73HNTT106G2:03）　2. A型Ⅱ式（73HNTT106②:38）　3. A型Ⅲ式（73HNTT104②:05）　4. A型Ⅳ式（73HNTT106G2:04）　5. B型Ⅰ式（73HNTT001H101:01）　6. B型Ⅱ式盆与炉灶（73HNTT003③b:67）　7. C型（74HNTT203G1:01）　8. D型Ⅰ式（74HNTT201②:30）　9. D型Ⅱ式（73HNTT001②:19）

Ⅱ式　2件。73HNTT001②:19，平折沿向内倾斜，方唇。腹部外侧有数周压纹。口沿直径30、底径13.7、高9.4厘米（图208，9；图版一五九，7）。

E型　共9件。敞口，翻沿，唇上折。分为两式。

Ⅰ式　3件。73HNTT105②:26，斜腹，腹内上部有一周凸弦纹，腹外有数周压印纹。平底。口沿直径45.4、底径25、高15.8、壁厚1~1.1厘米（图209，1；图版一五九，8）。

Ⅱ式　1件（73HNTT107②:37）。仅存口腹部残片。唇部有阴弦纹一条。口沿直径约50、壁厚1.1厘米（图209，2）。

Ⅲ式　5件。尖圆双唇上折，深腹微弧，收缩成平底。80HNTT405H3:03，腹内有一条凸

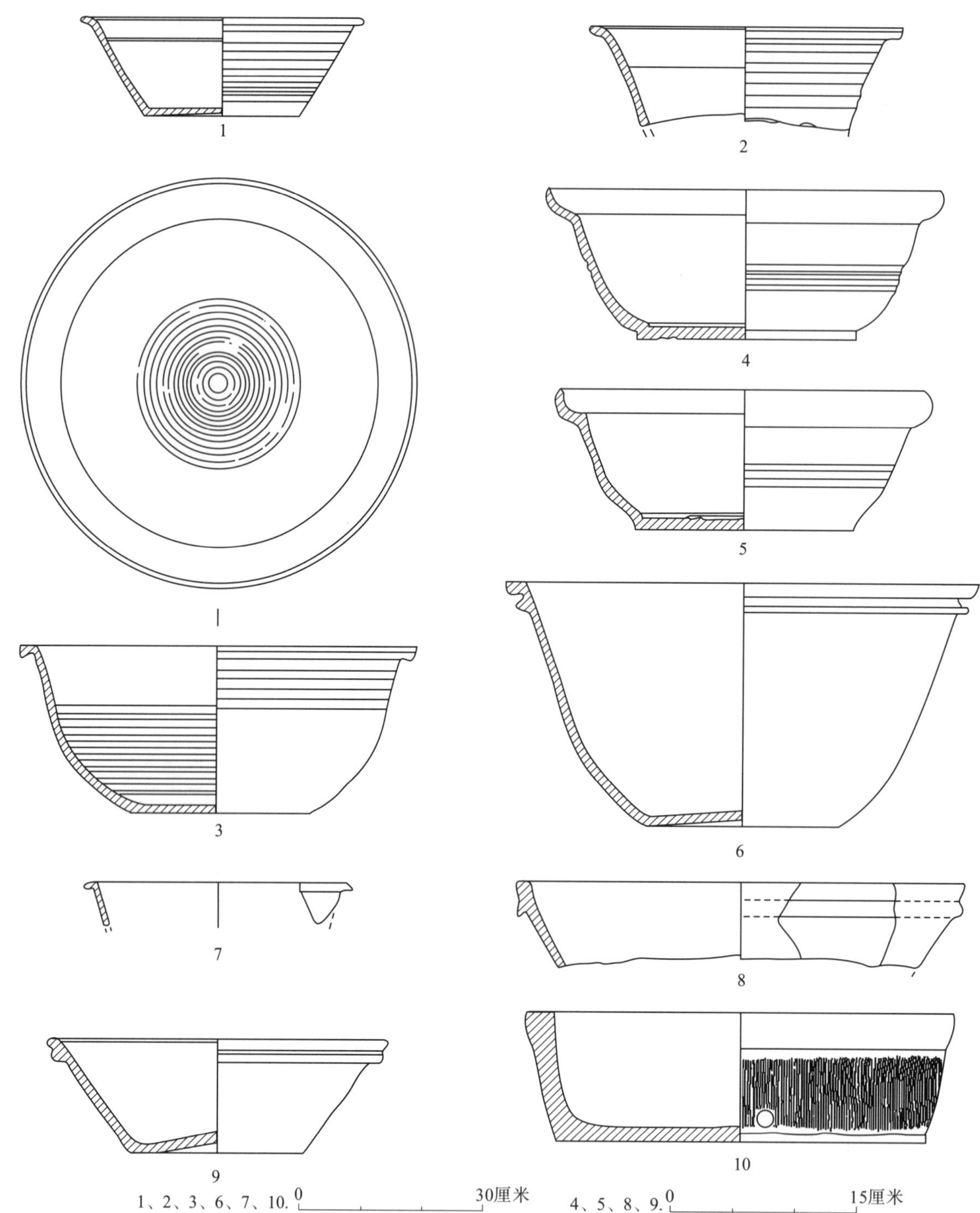

图209　太学遗址出土陶盆（E、F、G、H、I、J、K型）

1. E型Ⅰ式（73HNTT105②:26）　2. E型Ⅱ式（73HNTT107②:37）　3. E型Ⅲ式（80HNTT405H3:03）　4. F型Ⅰ式（74HNTT202②:43）　5. F型Ⅱ式（74HNTT202②:42）　6. G型（80HNTT404H1:03）　7. H型（73HNTT104②:07）　8. Ⅰ型（73HNTT104②:03）　9. J型Ⅰ式（73HNTT003②:56）　10. K型（73HNTT102②:07）

线，以下为断面成三角形的几组凸弦纹；外壁有数条阴弦纹。口沿直径64、底径30.8、高26厘米（图209，3；图版一六〇，1）。

F型　共3件。泥质红陶。沿外折内卷，尖唇，口微敛。假圈足底，内底微下凹。依据腹部不同分为2式。

Ⅰ式　2件。深腹较直。74HNTT202②:43，外腹有三周阴弦纹。口沿直径31.8、底径17.5、高11.7厘米（图209，4；图版一六〇，2）。

Ⅱ式　1件（74HNTT202②:42）。深腹较弧，下腹部有三周阴弦纹。有两条裂纹，旁边穿孔四个。口沿直径30、底径17.5、高10.8厘米（图209，5；图版一六〇，3）。

G型　共4件。唇外断面作三角形，宽平沿外折。下增凸弦纹一道。大口，腹深直，小平底。80HNTT404H1:03，口沿直径76、底径31、高38厘米（图209，6；图版一六〇，4）。

H型　1件（73HNTT104②:07）。仅存口沿部分。翻沿，唇微上折。敞口，斜壁，壁表面有瓦棱纹。壁厚1.1~1.5厘米（图209，7）。

I型　共2件。平沿，敞口，沿外壁有阴弦纹一道。73HNTT104②:03，残存口沿部分，复原口沿直径35.7、壁厚0.6厘米（图209，8）。

J型　共4件。泥质灰陶或青灰陶。侈口，斜口沿。分为两式。

Ⅰ式　1件（73HNTT003②:56）。沿外侧有阴弦纹一道，腹部略有压纹，斜壁。外底内凹。口沿直径27.5、底径13、高9、壁厚0.4~0.7厘米（图209，9；图版一六〇，5）。

Ⅱ式　3件。斜直腹，平底。73HNTT104G1:01，口沿外侧有阴弦纹一道。口沿直径64、底径32、高37.4、壁厚1.1厘米。

K型　1件（73HNTT102②:07）。手制。直口，平唇，直壁，平底。外表饰浅绳纹。近底部有一圆孔，孔径3厘米。口径69、底径59、高20.4、壁厚3厘米（图209，10；图版一六〇，6）。

3.罐　21件。依据口沿差异分为10型。

A型　共3件。为泥质灰陶和灰黄陶。翻沿。依据口部和颈部差异分为四式。

Ⅰ式　2件，其中一件仅存口沿。圆唇，敞口，敛颈深腹，小平底。73HNTT106K1:15，完整器，口部烧变形。外腹大部分有压纹。口沿直径11、腹径13.4、底径6.5、高21厘米（图210，1；图版一六一，1）。

Ⅱ式　1件（73HNTT106K1:13）。为T106南部奠基坑内东边一罐。方唇，敞口，敛颈，深腹，外腹有压纹，平底。口沿直径10.4、底径6.4、高19.2厘米（图210，2；图版一六一，2）。

Ⅲ式　1件（73HNTT106②:33）。仅存口部残片。尖唇，直颈。口沿直径约16、残高5.6、壁厚0.4厘米（图210，3）。

Ⅳ式　1件（73HNTT103③:05）。仅存口部残片。翻沿，沿内面有一周阴弦纹，尖唇，直颈。口沿片残长11.8、残高4.7厘米（图210，4）。

B型　共3件。沿外折成平沿，方唇。依据颈部差别分为两式。

Ⅰ式　2件，其中1件口沿残。敛颈，鼓腹，平底。73HNTT106K1:14，完整器。外腹大部分有压纹。口沿直径9.6、底径6.6、高18.2厘米（图210，5；图版一六一，3）。

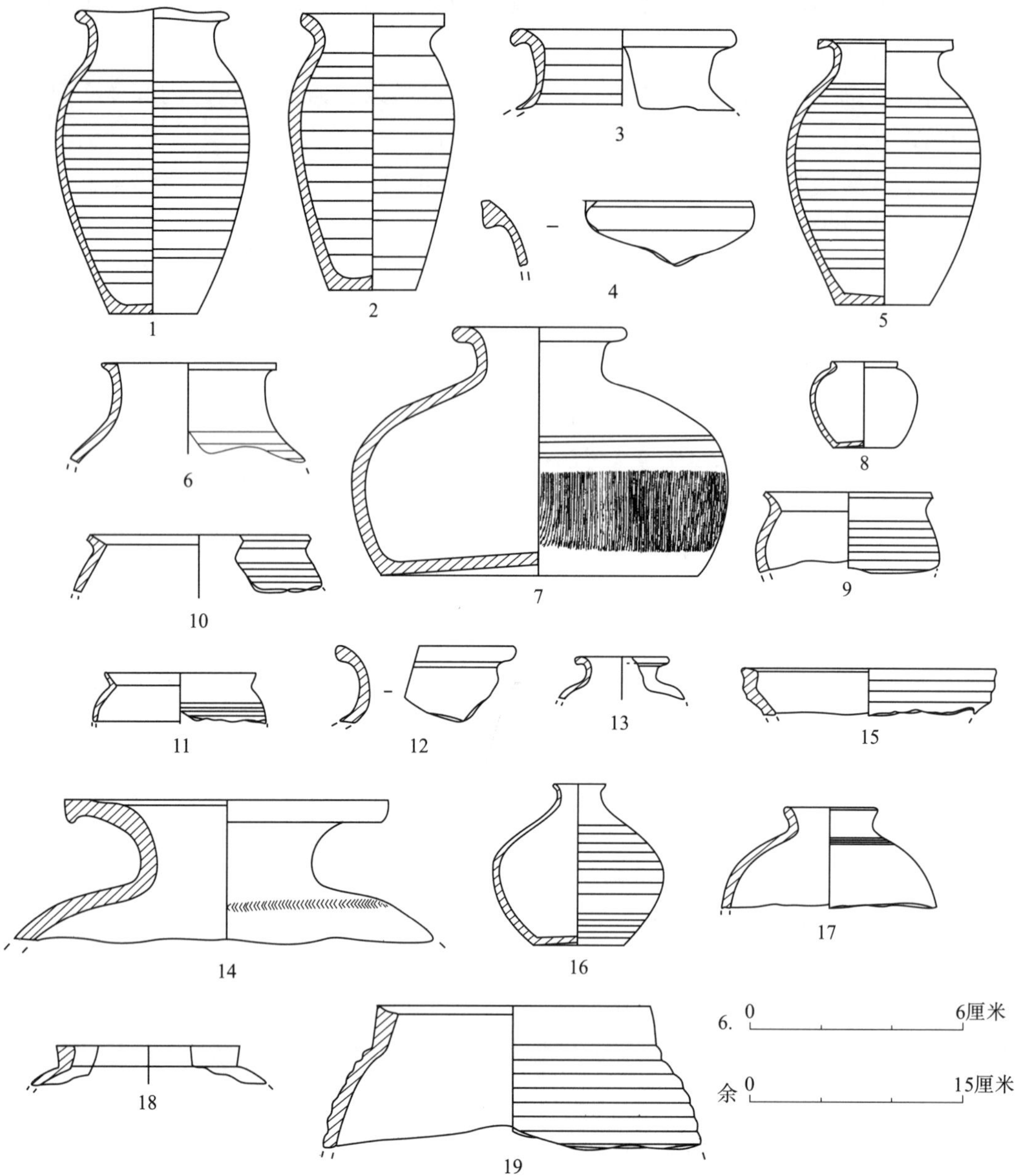

图210　太学遗址出土陶罐（A、B、C、D、E、F、G、H、I、J型）

1. A型Ⅰ式（73HNTT106K1:15）　2. A型Ⅱ式（73HNTT106K1:13）　3. A型Ⅲ式（73HNTT106②:33）　4. A型Ⅳ式（73HNTT103③:05）　5. B型Ⅰ式（73HNTT106K1:14）　6. B型Ⅱ式（73HNTT105③:19）　7. C型（73HNTT001H101:05）　8. D型（73HNTT001②:26）　9、10. E型Ⅰ式（73HNTT105③:20、73HNTT106②:35）　11. E型Ⅱ式（73HNTT106②:34）　12. F型Ⅰ式（73HNTT104②:06）　13. F型Ⅱ式（73HNTT104③:26）　14. G型（73HNTT105②Z1:03）　15. H型（73HNTT103②:12）　16. I型Ⅰ式（73HNTT106②:40）　17. I型Ⅱ式（73HNTT105②Z1:02）　18. J型Ⅰ式（73HNTT104②:11）　19. J型Ⅱ式（73HNTT107②:36）

Ⅱ式　1件（73HNTT105③:19）。唇上有一周阴弦纹，直颈。口沿直径约5、壁厚0.2厘米（图210，6）。

C型　1件（73HNTT001H101:05）。口沿弧形外卷，圆唇，小口，细短颈，大鼓腹，平底。肩部有凹弦纹两周，腹部饰有细绳纹。口沿直径12.4、腹径26.5、底径22.6、高17厘米（图210，7；图版一六一，4）。

D型　1件（73HNTT001②:26）。泥质青灰陶，器形较小。沿短而稍外斜，圆唇，敛口，鼓腹，平底。口沿直径5、底径4.3、高6厘米（图210，8；图版一六一，5）。

E型　共3件。均泥质红陶，口沿外侈。依唇部区别分为两式。

Ⅰ式　2件。方唇，鼓腹。腹部有瓦棱纹。73HNTT105③:20，仅存口腹部残片。口沿直径约12、壁厚0.55厘米（图210，9）。73HNTT106②:35，仅存口沿残片。口沿直径约16、残高4、壁厚0.4厘米（图210，10）。

Ⅱ式　1件（73HNTT106②:34）。仅存口沿和肩部残片。尖唇，鼓腹，外壁有瓦棱纹。口沿直径约11、残高3.4、壁厚0.3厘米（图210，11）。

F型　4件。均为泥质黑灰陶，卷沿。分为三式。

Ⅰ式　1件（73HNTT104②:06）。尖唇，直颈。壁厚0.7厘米（图210，12）。

Ⅱ式　2件。直颈，鼓腹。唇下阴弦纹一周。73HNTT104③:26，仅存口沿和肩部残片。口沿直径约6.5、残高3、壁厚0.8厘米（图210，13）。

Ⅲ式　1件（73HNTT002H3:01）。卷沿，沿上一条阴弦纹。直颈，颈上印篦纹一周。口沿直径11.4、颈高3.4、壁厚0.4厘米。

G型　1件（73HNTT105②Z1:03）。仅存口沿和肩部残片。折沿宽平，方唇，沿上和肩上各施印有一带状篦纹。口沿直径23.1、残高10、壁厚0.9厘米（图210，14）。

H型　1件（73HNTT103②:12）。仅存口沿。盘口，束颈。口沿外侧有两周瓦棱纹。口沿直径约18、残高3、壁厚5.5厘米（图210，15）。

I型　共2件。泥质灰陶或褐陶。直口，细颈，鼓腹。分为两式。

Ⅰ式　1件（73HNTT106②:40）。小口束颈，直口微侈，方唇。腹部有压纹数周，小平底。口径3.8、腹径12.1、底径6.5、高11厘米（图210，16；图版一六一，6）。

Ⅱ式　1件（73HNTT105②Z1:02）。仅存口腹部残片。口沿微翻，颈下有两周阴弦纹。口径6.6、残高7、壁厚0.5厘米（图210，17）。

J型　共2件。斜立口。

Ⅰ式　1件（73HNTT104②:11）。仅存口沿。斜立口略内敛，鼓腹。口径约13、残高2.7厘米（图210，18）。

Ⅱ式　1件（73HNTT107②:36）。仅存口沿和肩部残片。斜立口微敛，齐唇，斜颈，鼓腹。腹外壁有数周瓦棱纹。口径19.5、残高9.9、壁厚0.8厘米（图210，19）。

4. 提梁罐　1件（73HNTT107②:35）。器形较小。小口，尖唇，直颈，腹壁较直。肩上饰横耳，颈下有两周阴弦纹。口径2.6、高5.4、壁厚0.2厘米（图211，1）。

5.杯　1件（73HNTT105③:17）。口沿残，器形较小。手制。弧壁，平底。壁厚0.3、底厚0.6、高2.5厘米（图211，2）。

6.钵　共5件，其中3件仅存口沿。敛口，圆唇，鼓腹，平底。73HNTT003②:55，口径18.2、腹径25.2、底径14.4、高14.9厘米（图211，3；图版一六〇，7）。

7.瓮　共9件。依其口沿差异分为三型。

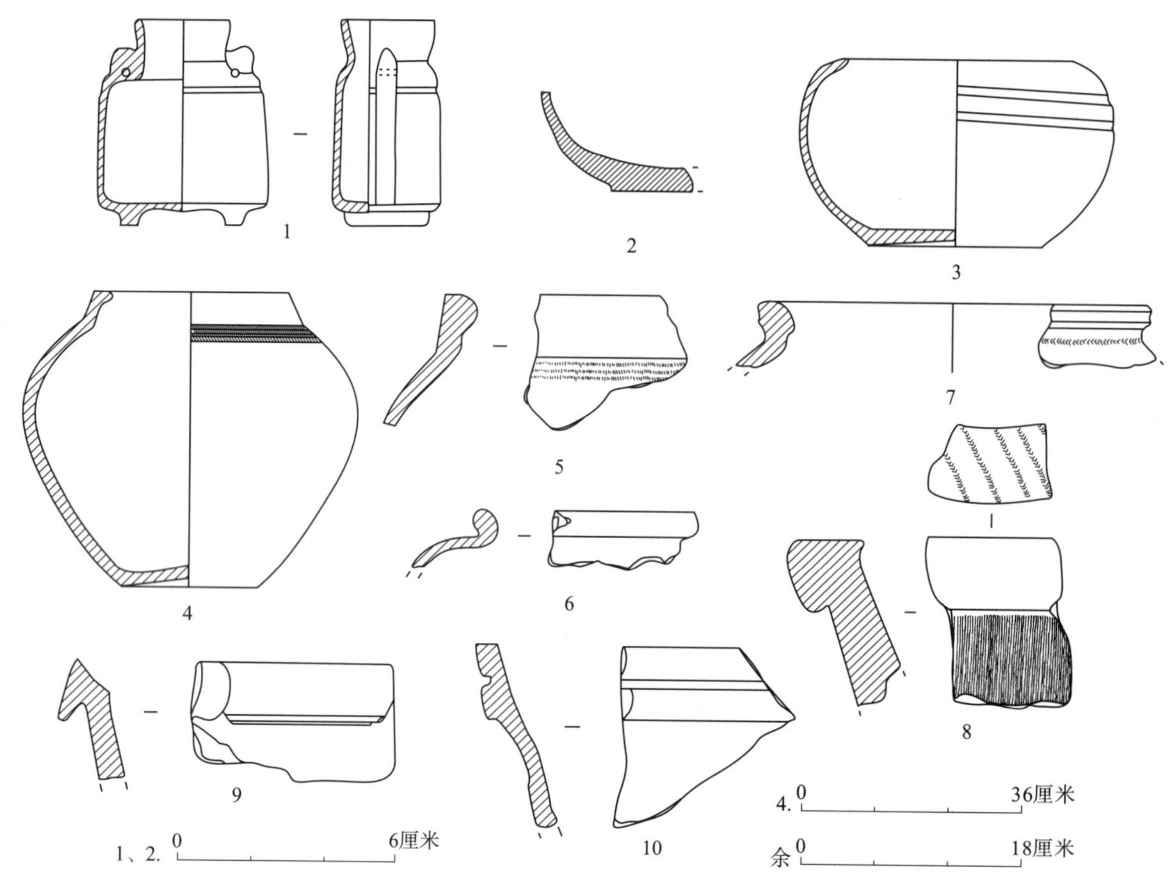

图211 太学遗址出土陶器（罐、瓮、缸、杯）

1. 提梁罐（73HNTT107②:35） 2. 杯（73HNTT105③:17） 3. 钵（73HNTT003②:55） 4. A型Ⅰ式瓮（80HNTT405H3:01） 5. A型Ⅱ式瓮（73HNTT103②:11） 6. B型瓮（73HNTT105②:25） 7. C型瓮（73HNTT104③:25） 8. A型缸（80HNTT403②:46） 9. B型缸（73HNTT103②:10） 10. C型缸（73HNTT106②:32）

A型 敛口。共7件，其中1件仅存口沿。分为两式。

Ⅰ式 5件。双唇，内卷沿。高斜领，肩较凸，腹较弧，小平底内凹。颈部饰篮纹，肩腹饰2段共4周篦纹。80HNTT405H3∶01，口径31.8、腹径55.2、底径22、高46.8厘米（图211，4；图版一六一，7）。

Ⅱ式 2件。直口，平沿。上有1条浅凹槽，唇向内卷成一圆棱。73HNTT103②∶11，颈上略有篮纹，颈下有3周印纹，壁厚1.4厘米（图211，5）。

B型 1件（73HNTT105②∶25）。仅存口沿。卷沿，敛口，圆鼓肩，表面无纹饰。壁厚0.8厘米（图211，6）。

C型 1件（73HNTT104③∶25）。仅存口沿。直口，沿内面卷曲鼓起，沿外壁呈较缓的凹槽，颈部有1周印纹。复原口径约31.5、壁厚1.4厘米（图211，7）。

8.缸 共5件，均为口沿。依其沿部变化分三型。

A型 1件（80HNTT403②∶46）。敛口，平唇，斜腹。唇下有一周凸弦纹，凸弦纹下饰斜绳纹。壁厚3.6~4厘米（图211，8）。

B型 3件。翻沿成立面，平唇，斜腹。73HNTT103②∶10，壁厚1.9厘米（图211，9）。

C型　1件（73HNTT106②:32）。侈口，重唇，平沿，斜腹。壁厚1.3~1.6厘米（图211，10）。

9.甑　共3件，均为器底残片。腹壁较直，下斜收接平底，内底中部微上凸，底面作7个圆孔。80HNTT404H1:04，底径30.5、孔径5.7~6.7厘米（图212，1）。73HNTT105③:18，斜直壁，平底，孔作圆形。底径约25、孔径3.4厘米，底厚0.7厘米。

10.器盖　共8件，其中3件残片。依其形制不同分为三型。

A型　6件。小柄作纽扣形，柄颈较细，内有1未穿透小孔。器盖较平，腹弧。子口较敛，圆唇。73HNTT001H101:02，腹部有数周压纹痕。盖最大径21.4、高6.8厘米，子口径17.6、柄径3.1、柄高1.2厘米（图212，2；图版一六二，1）。73HNTT001H101:10，柄较高大。盖最大径16.5、高6厘米，子口径13.6、柄径3.6厘米（图212，3；图版一六二，2）。

B型　1件（73HNTT001②:25）。漏斗状。敞口，平沿，弧腹。底附一锥形流，中间穿孔。流周围有2周凸弦纹，腹部饰1周三角形几何纹。腹部一侧附加一鼻形柄，柄残。口径6.6、高4.4、流径1.1厘米（图212，4；图版一六二，3）。

C型　1件（80HNTT303K1:103）。敞口，翻沿，沿有转折。盖最大径7.4、高3.2、子口

图212　太学遗址出土陶器（甑、器盖、器耳、器座）

1. 甑（80HNTT404H1:04）　2、3. A型器盖（73HNTT001H101:02、73HNTT001H101:10）　4. B型器盖（73HNTT001②:25）　5. C型器盖（80HNTT303K1:103）　6. 器座（73HNTT104②:08）　7. Ⅰ式器耳（73HNTT103夯6:01）

径6.2、盖纽径1.2厘米（图212，5）。

11.器座　1件（73HNTT104②:08）。残器。轮制兼手制。底缘有0.8厘米宽的附加堆纹1周，另有2条竖行附加堆纹，宽度相同。复原底径21、残高6.4、壁厚1.45、底厚0.6厘米（图212，6）。

12.器耳　共2件，皆为残片。轮制兼手制，依其形状分作两式。

Ⅰ式　1件（73HNTT103夯6:01）。作鸡冠形。残片宽12、耳长3.2、耳高2.2、耳孔径0.9厘米（图212，7）。

Ⅱ式　1件（73HNTT104③:24）。耳作桥形。耳表面有阴弦纹两条。耳高3.5、孔径0.5厘米（图213，1）。

13.鼎足　1件（73HNTT104②:09）。手制，泥质红陶，泥中有羼合料。残足柱形，足端显平。残高7.8、足径2.3厘米（图213，2）。

14.陶饼　共4件。灰陶或红褐陶。因制法不同分作两型。

A型　1件（73HNTT104②:15）。利用陶片敲打而成，圆形，素面。直径3.5、厚0.7厘米（图213，3；图版一六二，4）。

B型　3件。利用陶片打、磨而成。73HNTT002③b:02，略作圆形，不甚规则，表面有直绳纹。直径3.7~4.2、厚0.6~0.9厘米（图213，4；图版一六二，5）。73HNTT002③b:01，略作圆形，底平，面弧。直径2.5~2.6、厚0.8厘米（图213，5；图版一六二，6）。

15.纺轮　1件（73HNTT002③b:03）。泥质，灰色。略作半圆形，中有一穿孔。直径4.5、厚1.6~1.9厘米（图213，6；图版一六二，7）。

16.陶珠　1件（80HNTT401③:01）。手制，红陶。扁圆形，一面弧鼓，另一面略凹，稍

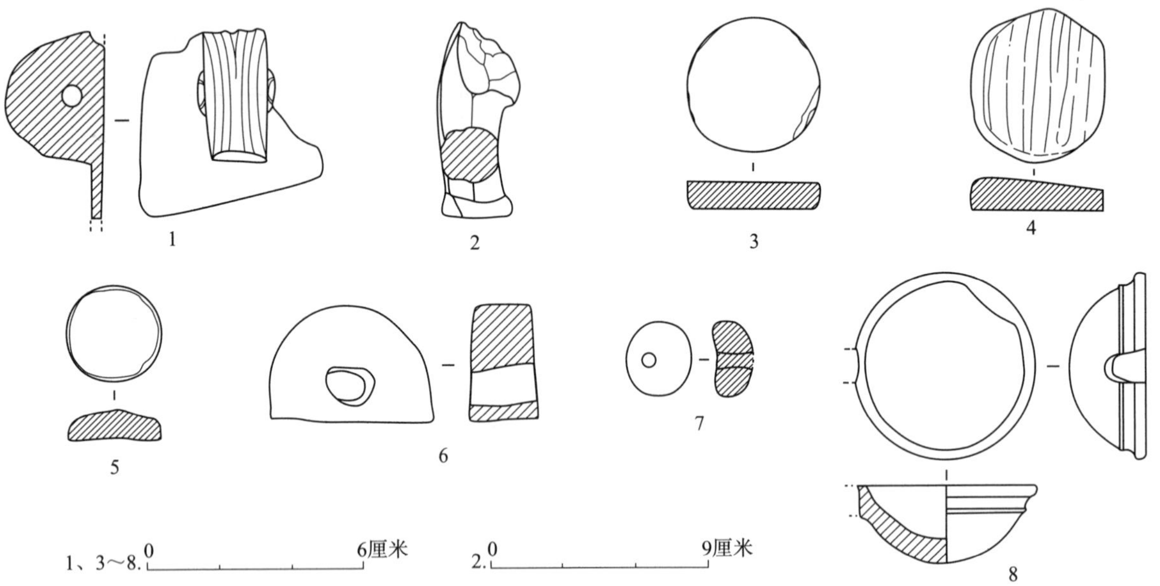

图213　太学遗址出土陶器（器耳、鼎足、饼、纺轮、珠、模型器）

1. Ⅱ式器耳（73HNTT104③:24）　2. 鼎足（73HNTT104②:09）　3. A型饼（73HNTT104②:15）　4、5. B型饼（73HNTT002③b:02、73HNTT002③b:01）　6. 纺轮（73HNTT002③b:03）　7. 珠（80HNTT401③:01）　8. 模型器（73HNTT105③:12）

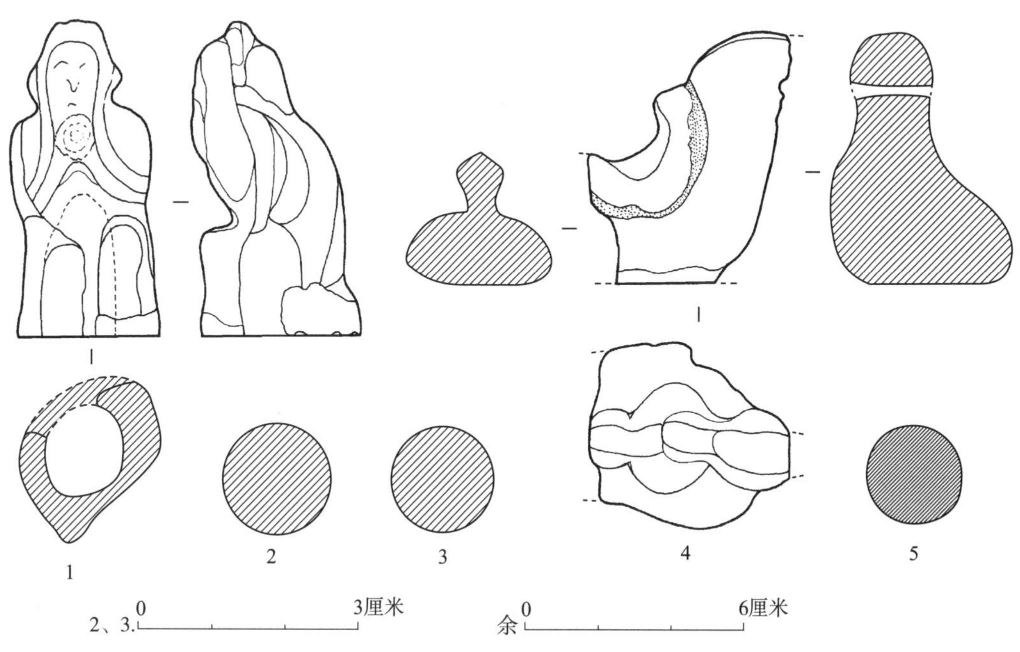

图214　太学遗址出土陶器（俑、鸟、丸）

1. 俑（73HNTT104③:03）　2、3、5. 丸（74HNTT203②:16、73HNTT104③:18、73HNTT107②:31）
4. 鸟（73HNTT104③:07）

偏中有一穿孔。直径2、厚1、孔径0.4厘米（图213，7；图版一六二，8）。

17.模型器　1件（73HNTT105③:12）。卷沿，敞口，沿下有1条凸弦纹。口沿下有一块突出于壁面，宽0.7、已残。口径5、高2.1、壁厚0.3~0.6厘米（图213，8；图版一六二，9）。

18.陶俑　1件（73HNTT104③:03）。模制，泥质红褐陶。正面向前弓背，两臂前拱，双手合掌接于口部，善跏坐，右腿残。高8.4厘米（图214，1；图版一六三，1）。

19.陶丸　15件。手制，泥质灰色或灰褐色陶，稍加烧制而成。有圆形和椭圆形两种，实心，直径1.4~2.6厘米。74HNTT203②:16，略呈圆球形，表面光滑，直径1.5厘米（图214，2）。73HNTT104③:18，圆球形，直径1.4厘米（图214，3）。73HNTT107②:31，灰褐色，略作椭圆形，随手捏制，不甚规则，直径约2.6厘米（图214，5）。

20.陶鸟　1件（73HNTT104③:07）。手制，泥质红陶。似为大鸟背负一小鸟，大鸟头部横穿一孔。高6.7厘米（图214，4；图版一六三，2）。

21.陶屋模型　1件（73HNTT004②:20）。手制，泥质灰陶。屋平面作长方形，悬山顶，屋顶呈瓦垅状。正面中间作长方形门，门两侧开圆形窗洞。屋内中心作圆孔直通屋顶。屋侧山墙刻隶书："五月廿七日｜劉矦作此｜不能好"。残长8.4、宽5.4~7.7、高7.6厘米（图215；图版一六三，3~5）。

（三）釉陶器和瓷器

仅见两件釉陶盆和一件瓷杯。

1.釉陶盆　2件。均泥质红陶，施红褐釉。73HNTT107H5:01，口沿略残，壁曲，平底略内凹。外腹壁有三周阴弦纹。口沿直径约21、高7.7、底径15、壁厚0.7厘米（图216，1）。

80HNTT403④：47，圆唇，沿作弧形内卷，腹较鼓，外底微向内凹。腹部饰有2周凸弦纹。口径28、底径18.3、高11.5、壁厚0.6~1厘米（图216，2；图版一六〇，8）。

2．瓷杯　1件（73HNTT004②：16）。青瓷，青白釉，部分口沿残。口微敛，尖唇，肩部较凸，腹较斜，小平底。腹部施有彩釉，腹底有少部分未施釉。口径4.5、高1.95、底径2.2、壁厚0.3~0.7厘米（图216，3；图版一六三，6）。

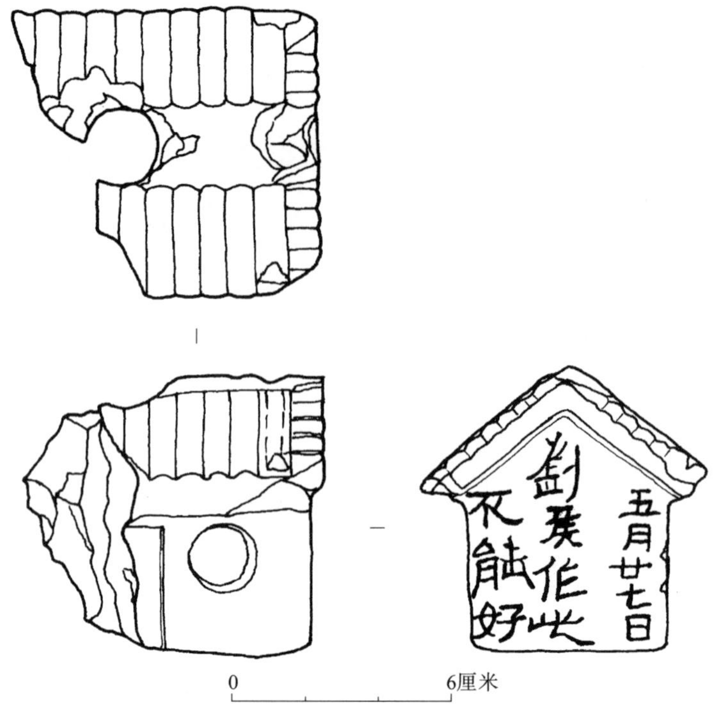

图215　太学遗址出土陶屋（73HNTT004②：20）

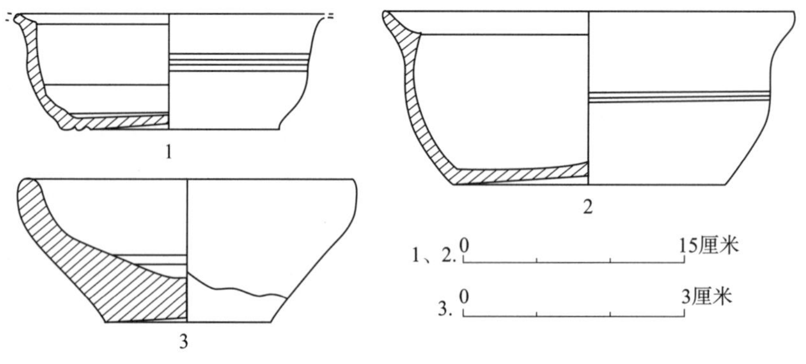

图216　太学遗址出土釉陶器、瓷器

1、2. 釉陶盆（73HNTT107H5：01、80HNTT403④：47）
3. 瓷杯（73HNTT004②：16）

（四）铜器

有铜人、带花纹或带字铜器片、铜镜残片、镦、镞、盖弓帽、钗、叉、带钩、带扣、铃、泡钉、顶针、器柄、铺首、铜环、铜饰件和饰片等。

1.铜人　2件。其中1件双臂翅膀残缺，系在龙虎滩采集。皆为范铸，裸体。正面童发、长眉、大眼。带项链，双手合十，拱于胸前。上臂各生一翼，张翼作飞状。肚脐、生殖器俱刻划出来。双腿微屈。背部有字，似“仙子”二字。73HNTT104②：01，高3.15厘米（图217，1~3；图版一六四，1、2）。73HN龙虎滩采集：01，除双臂翅膀残缺外，其余特征、大小几乎与上件完全相同（图217，4~6；图版一六四，3、4）。

2.带花纹铜器片　7件。铸造，皆为残片。73HNTT106②：04，素地，主要纹饰为条纹和索纹。残长7.2、残宽5厘米（图218，1；图版一六五，1）。73HNTT106②：08，素地，主要纹饰为涡纹和乳丁纹。残长7.4、残宽4.5厘米（图218，2；图版一六五，2）。73HNTT106②：11，地纹为细编织纹，主要纹饰为蟠螭纹图案。残长10.6、残宽2厘米（图218，3；图版一六五，3）。73HNTT106②：13，地纹为条纹和涡纹，主要纹饰呈尾状，具体形状不清。残长5.8、残宽3.6厘米（图218，4；图版一六五，4）。73HNTT106②：15，地纹不

图217　太学等遗址出土铜人

1~3. 73HNTT104②:01　4~6. 73HN龙虎滩采集:01

清，主要纹饰为编织在一起的尾状纹和残破的乳丁纹。残长4.7、残宽4.3厘米（图218，5；图版一六五，5）。73HNTT106②:17，铸出一“妇人”（头缺）侧身，裸体，以左手托乳。残高6.4、残宽5.1厘米（图218，6；图版一六六，1）。73HNTT106②:18，地纹涡纹，主要纹饰不清。残长6.4、残宽4.3厘米（图218，7）。

3.铜镜残片　共3件。铸造。依其形状差异分为两式。

Ⅰ式　2件。73HNTT108②:03，仅存一小块。镜面平坦，背面作缓坡状，沿内有一周阴弦纹。边缘稍厚，中心较薄，厚0.25~0.4厘米（图219，1）。80HNTT402②:21，仅残存镜缘一块，残呈等腰三角形，厚0.25~0.3厘米（图219，2）。

Ⅱ式　1件（73HNTT104③:19），残存一小块。镜为圆形，周边较厚，仅残存2个圆弧。镜正面平面，背面有花草图案。复原直径约15、厚0.15~0.4厘米（图219，3）。

4.带字铜器片　1件（73HNTT103②:09）。仅存一小片，略作弧形。表面有反书“全

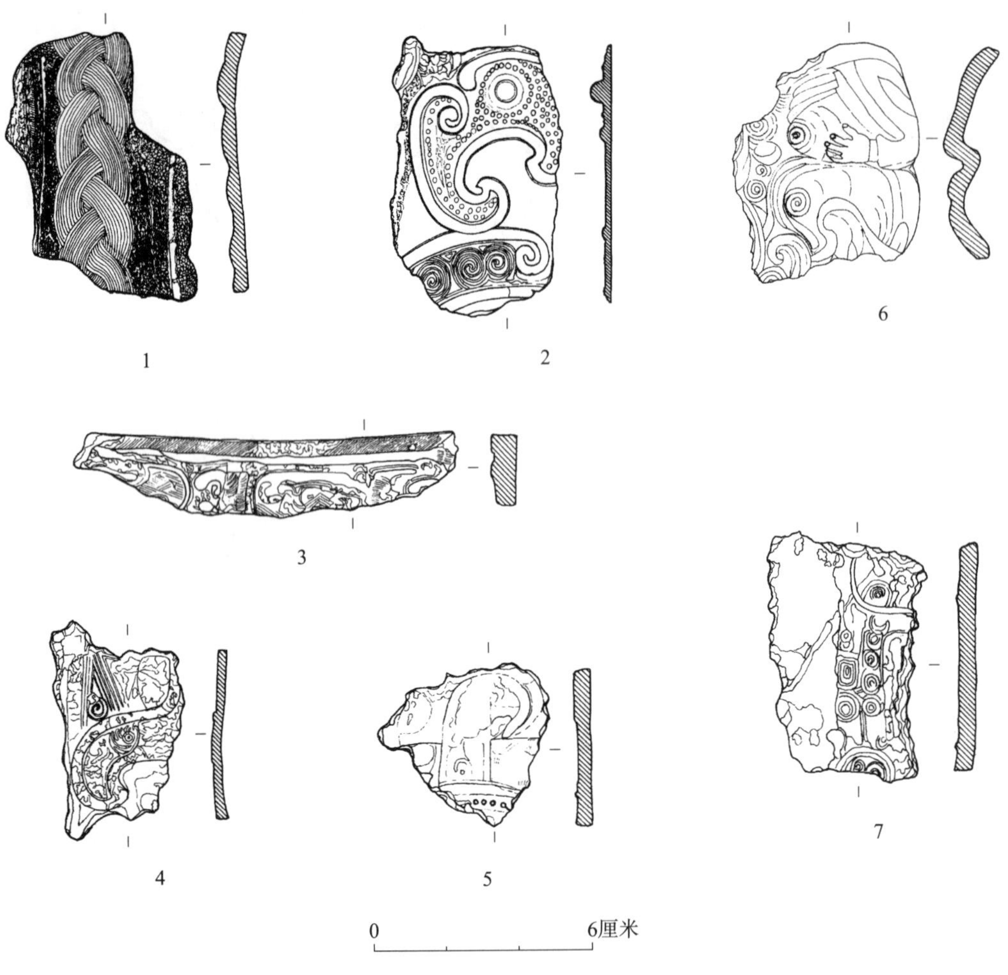

图218　太学遗址出土铜器残片

1. 73HNTT106②:04　2. 73HNTT106②:08　3. 73HNTT106②:11　4. 73HNTT106②:13　5. 73HNTT106②:15　6. 73HNTT106②:17　7. 73HNTT106②:18

市”戳记，书体为隶书。长2.3、宽1.9、厚0.1厘米（图219，4）。

5.铜泡　共2件。顶端均磨残。依形状不同分为两式。

Ⅰ式　1件（73HNTT101②:03）。上部呈大口圆柱形，下部作圆柱形向外平折。上口径1.6、内径1.3、下口径2.5、高0.7、壁厚0.1厘米（图219，5；图版一六六，2）。

Ⅱ式　1件（73HNTT005②:07）。略作草帽状，顶部已残，下卷；下部折成斜面。上口径1.04、底口径2.3、高0.6、厚0.1厘米（图219，6；图版一六六，3）。

6.镂空铜器片　1件（73HNTT103②:04）。模制。器片呈弧形，应为一小圆形器座。周边有斜线纹，内有镂空纹饰。长2.5、宽1.9、厚0.2厘米（图219，7）。

7.盖弓帽　1件（73HNTT108③:02）。残，铸造。头部略作球形，其下有两道凸棱。残长7.5厘米（图219，8；图版一六六，4）。

8.叉　1件（73HNTT107③:03）。圆锥形，似铜叉之一股。残长4.6、径0.2厘米（图219，9）。

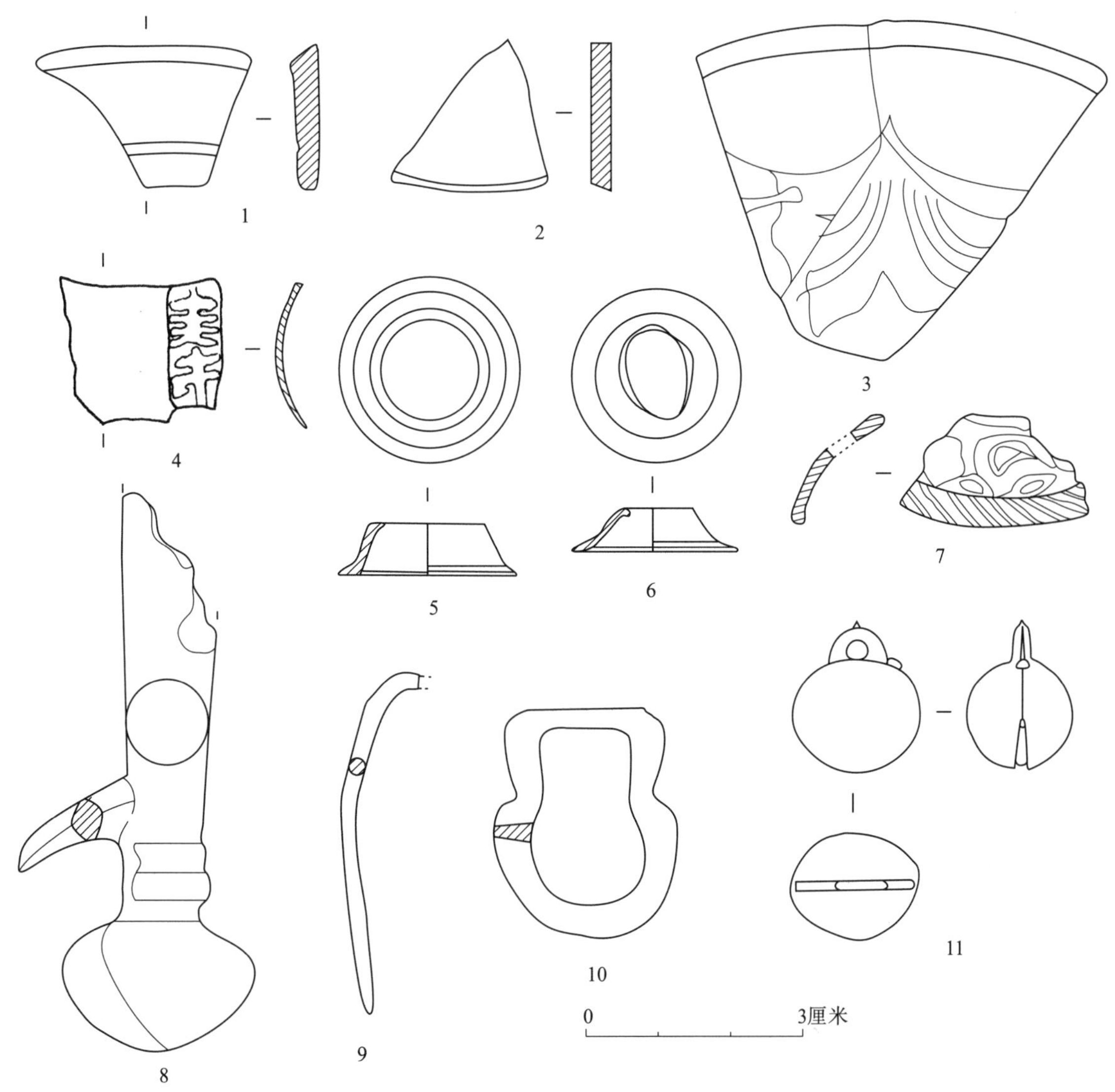

图219　太学遗址出土铜器

1. Ⅰ式铜镜残片（73HNTT108②:03）　2.Ⅰ式铜镜残片（80HNTT402②:21）　3.Ⅱ式铜镜残片（73HNTT104③:19）　4.带字铜器片（73HNTT103②:09）　5.Ⅰ式铜泡（73HNTT101②:03）　6.Ⅱ式铜泡（73HNTT005②:07）　7.镂空铜器片（73HNTT103②:04）　8.盖弓帽（73HNTT108③:02）　9.叉（73HNTT107③:03）　10.带扣（73HNTT003②:05）　11.铃（73HNTT004②:15）

9.带扣　1件（73HNTT003②:05）。铸造。整体作不规则环状，前端半圆形，后端矩形。长3.1、宽2.55、厚0.2厘米（图219，10；图版一六六，5）。

10.铃　1件（73HNTT004②:15）。铸造。铃身呈扁圆球形，铃口敛成一缝，中空，有珠，背上有半环形系。高2、径1.8厘米（图219，11；图版一六六，6）。

11.泡钉　1件（73HNTT002②:37）。器身作半圆球体，侈口折沿，尖唇，内中有垂直四棱锥形钉。口径3.7、高2.15厘米（图220，1；图版一六六，7）。

12.镦　1件（74HNTT201②:03）。铸造。呈圆锥形。长12.6、底径3.6、壁厚0.3厘米。靠底端饰一对穿孔，孔径0.6、孔内并有铁钉残屑。穿孔一侧竖刻“鲁如”二字铭文（图220，

2；图版一六七，1、2）。

13.镞 1件（73HNTT106②:09），为圆铤三棱状镞。三刃隆起，铤为圆形。镞长3.8、刃长2.7、铤径0.5~0.55厘米（图220，3；图版一六七，5）。

14.钗 共2件。铸造。依其形状分为两式。

Ⅰ式 1件（73HNTT005②:11）。粗端断面呈半圆头，细端呈圆锥形，尖部已无存。长5.45、截面径0.2~0.6厘米（图220，5）。

Ⅱ式 1件（80HNTT402②:19）。圆锥针形，略弯曲，两端残。残长9.3、截面径0.1~0.2厘米（图220，4）。

15.顶针 9件。80HNTT303④:01，面上有三条浅槽，槽内有麻点。外径1.8、宽0.52、厚0.09厘米（图220，6）。74HNTT201②:01，略残，器身为椭圆形，饰有三行阴圆点纹。外径1.8~1.95、宽0.6、厚0.1厘米（图220，7）。73HNTT004②:29，器身为椭圆形，面部有六周阴点纹，其中两边两行小点更密。外径1.7~1.9、宽0.75、厚0.08厘米（图220，8）。

16.带钩 共2件。铸造。依其形状分为两式。

Ⅰ式 1件（73HNTT004②:14）。作水禽状，长颈扁喙，回首作钩。长2.8、宽2.3、厚2.9厘米（图220，9；图版一六六，9）。

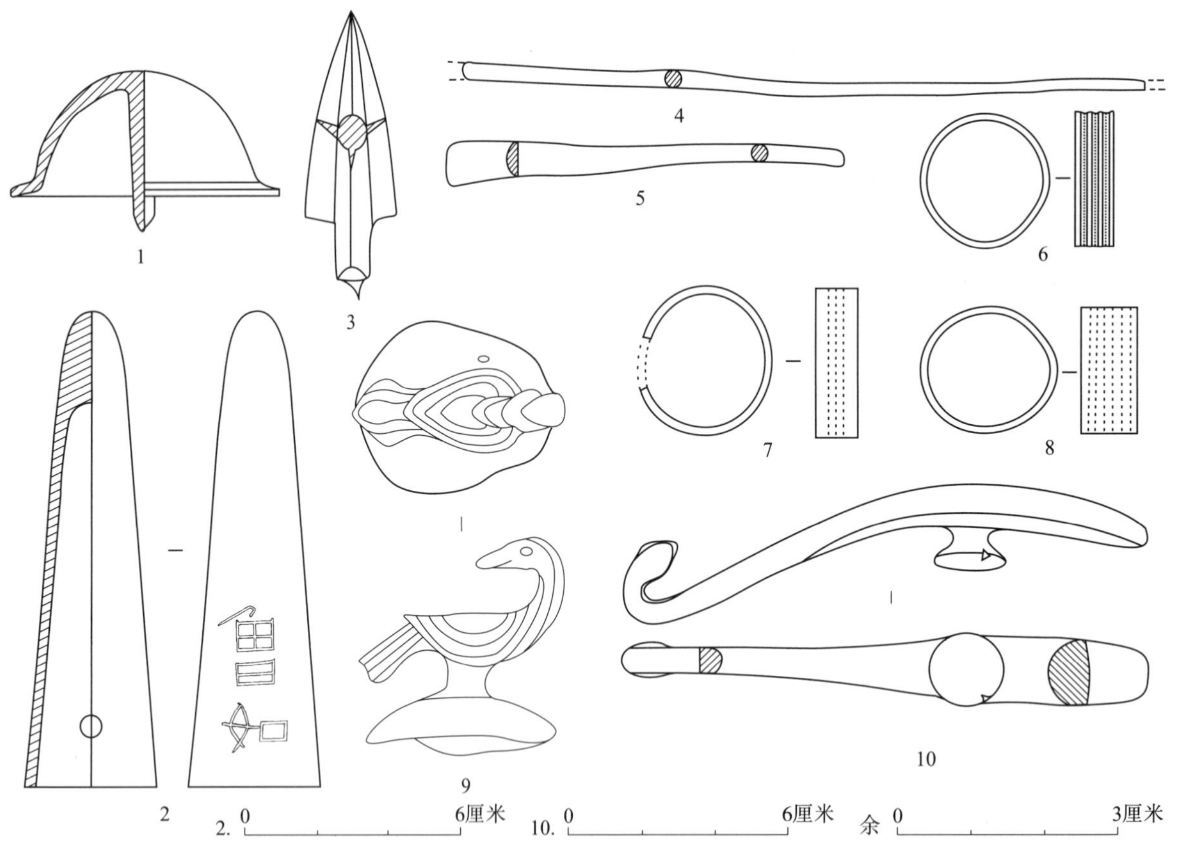

图220 太学遗址出土铜器

1. 泡钉（73HNTT002②:37） 2. 镦（74HNTT201②:03） 3. 镞（73HNTT106②:09） 4. Ⅱ式钗（80HNTT402②:19） 5. Ⅰ式钗（73HNTT005②:11） 6~8. 顶针（80HNTT303④:01、74HNTT201②:01、73HNTT004②:29） 9. Ⅰ式带钩（73HNTT004②:14） 10. Ⅱ式带钩（74HNTT203②:12）

Ⅱ式　1件（74HNTT203②:12）。作长扁形，回首作钩。长9.6、宽0.45~1.2、厚1.5厘米（图220，10；图版一六七，4）。

17.铜柄　1件（73HNTT105②:24）。环首，截面呈圆形。残长4.6厘米（图221，1；图版一六七，3）。

18.环　共6件。铸造。依其断面形状分为四式。

Ⅰ式　1件（79HNT西门T1②:05）。鎏金，截面圆形。环径2.6、截面径0.4厘米（图221，2；图版一六六，8）。

Ⅱ式　3件。孔径大小不等，截面略呈椭圆形。73HNTT105②:10，环径1.8~2.1、截面径0.1厘米（图221，3）。73HNTT001③b:03，环径1.9、截面径0.25厘米（图221，4）。

Ⅲ式　1件（73HNTT105③:02）。环径1.15~1.4、截面作半圆形，截面径0.1~0.15厘米（图221，5）。

Ⅳ式　1件（73HNTT105③:07）。环已变形，环径3.1~4.9厘米。铜丝截面作方形，截面径0.1~0.15厘米（图221，6）。

19.铜饰件　1件（79HNT西门T1②:13）。似蝙蝠状，底较平，身脊鼓，双翅薄并有花纹。长2.7、宽3.2、厚0.1~0.4厘米（图221，7）。

20.铜饰片　1件（73HNTT105②:09）。可能是钉缀在其他物体上的装饰片。残存部分略呈方形，其上穿有10个小孔（3个残）。饰片残长3.55、残宽2.6、厚0.07、孔径约0.1厘米（图

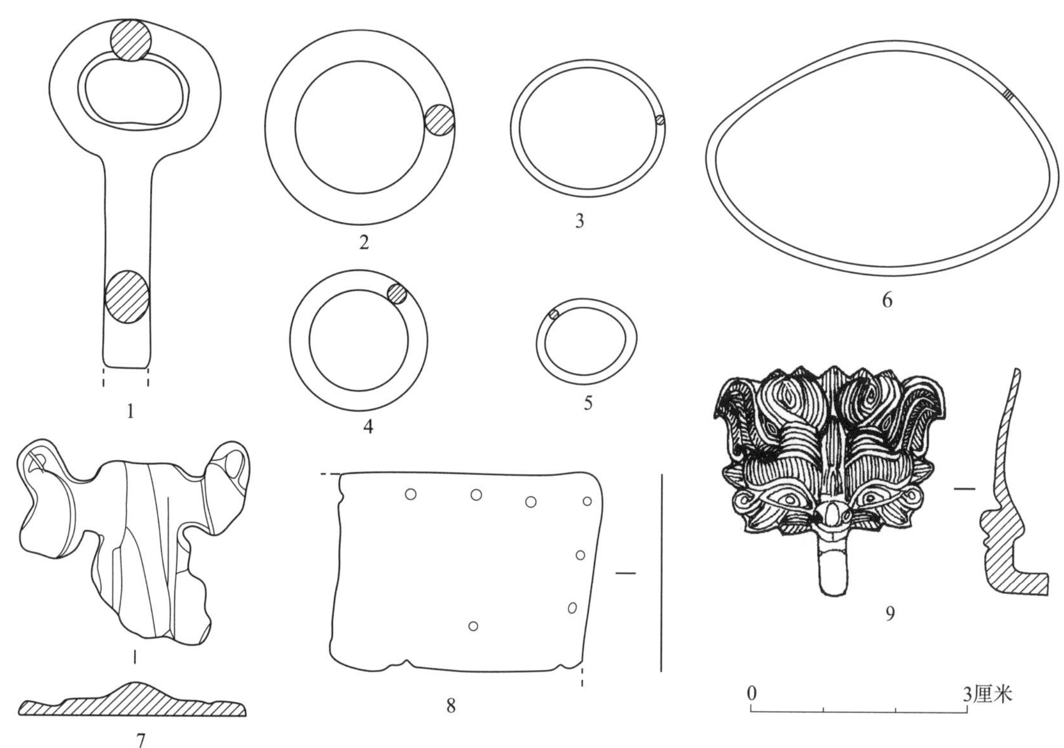

图221　太学遗址出土铜器

1. 铜柄（73HNTT105②:24）　2. Ⅰ式环（79HNT西门T1②:05）　3、4. Ⅱ式环（73HNTT105②:10、73HNTT001③b:03）　5. Ⅲ式环（73HNTT105③:02）　6. Ⅳ式环（73HNTT105③:07）　7. 铜饰件（79HNT西门T1②:13）　8. 铜饰片（73HNTT105②:09）　9. 铺首（80HNTT402②:04）

221，8）。

21.铺首　1件（80HNTT402②:04）。作兽面形，似狮面。鼻下一钩作衔环用。高3.05、宽3.2、厚0.1~0.3厘米（图221，9；图版一六六，10）。

（五）铁器

铁器共53件，有带扣、马具、铁甲片、矛、短剑、环首刀、镞、镦、凿、斧、犁、锸、环、钉、圈、鼻形器、条形器、双足器、梭形器、锥形器和棒形器等。

1.带扣　1件（73HNTT104H1:02）。前端圆形，后端矩形，在矩形一边上装一铁针。截面均作矩形。长6.5、宽3.7~4.4、厚0.4厘米（图222，1；图版一六八，8）。

2.马具　1件（73HNTT105②:07）。由四棱铁丝扭成，两头各扭成环形，中间为纽丝。长9.7厘米（图222，2；图版一六八，1）。

3.铁甲片　共4件，可分为三型。

A型　椭圆形，有似槐叶，形体较小，质薄。共3件。80HNTT403②:06，残留5个编缀孔，余锈蚀。长4.5、宽3.2、厚0.25厘米（图222，3；图版一六八，4）。

B型　1件（73HNTT005③a:02）。一端圆弧，另一端直角方形。直角边部分存有2个编缀孔，其余锈蚀。长9、宽4.5、厚0.25厘米（图222，4；图版一六八，5）。

C型　1件（73HNTT003②:69）。略作长方形，质薄，未见穿孔，可能已经锈蚀。长8、宽4.4、厚0.25厘米（图222，5；图版一六八，6）。

4.矛　1件（73HNTT001H101:06）。矛锋扁平，略作棱形，尖平。骹为半圆开口。锋交接处较细。长22.1、篙口径约3.5、矛锋宽1.6~2.1、厚0.1~0.6厘米（图222，6；图版一六八，2）。

5.剑　1件（73HNTT001③b:05）。铸造，尖部残。剑身作中间厚、两侧刃部薄，截面呈椭圆形。残长15.5、宽2.25~2.7、厚0.8厘米（图222，7）。

6.环首刀　4件。环首，直背，截面呈三角形。73HNTT107M1:01，尖部残而且上翘。残长16.9、宽1.9厘米（图222，8；图版一六九，4）。74HNTT201②:02，尖部残，环首残缺，器身刃部较薄。残长12.5、宽1.7、厚0.5~0.8厘米（图222，9）。80HNTT403Y2:04，残长7.2、宽1.05、厚0.4厘米（图222，10）。

7.镞　共18件。根据镞身断面形状，可以分为三型。

A型　14件。镞身为四棱形。74HNTT203②:14，铤为圆柱形。长9.3、镞径1.4厘米（图版一六九，12）。74HNTT202②:20，残，两端较尖。残长5.4、径1厘米（图版一六九，9）。80HNTT405②:11，镞身较长，束腰，铤略作椭圆形。长8、宽1.1、厚0.7、柄径0.7厘米（图222，11；图版一六九，10）。73HNTT105②:01，残。头横截面菱形，铤大体呈四棱形。残长7.2、头长4.5厘米（图222，12；图版一六九，11）。73HNTT105②:02，长10.3、头长4.6厘米（图222，13；图版一六九，13）。

B型　3件。镞身作三棱形。73HNTT106②:07，短脊，长铤。长11、柄径0.7厘米（图版一六九，14）。73HNTT004②:45，残。略作三棱锥形，镞后部及铤已残。长3.7、宽2.1厘米（图版一六九，8）。

C型　1件（80HNTT403Y2:05）。小柳叶形，圆铤，由铤向镞尖渐薄，呈扁形。长15.2、宽1.4、柄径0.7厘米（图版一六九，15）。

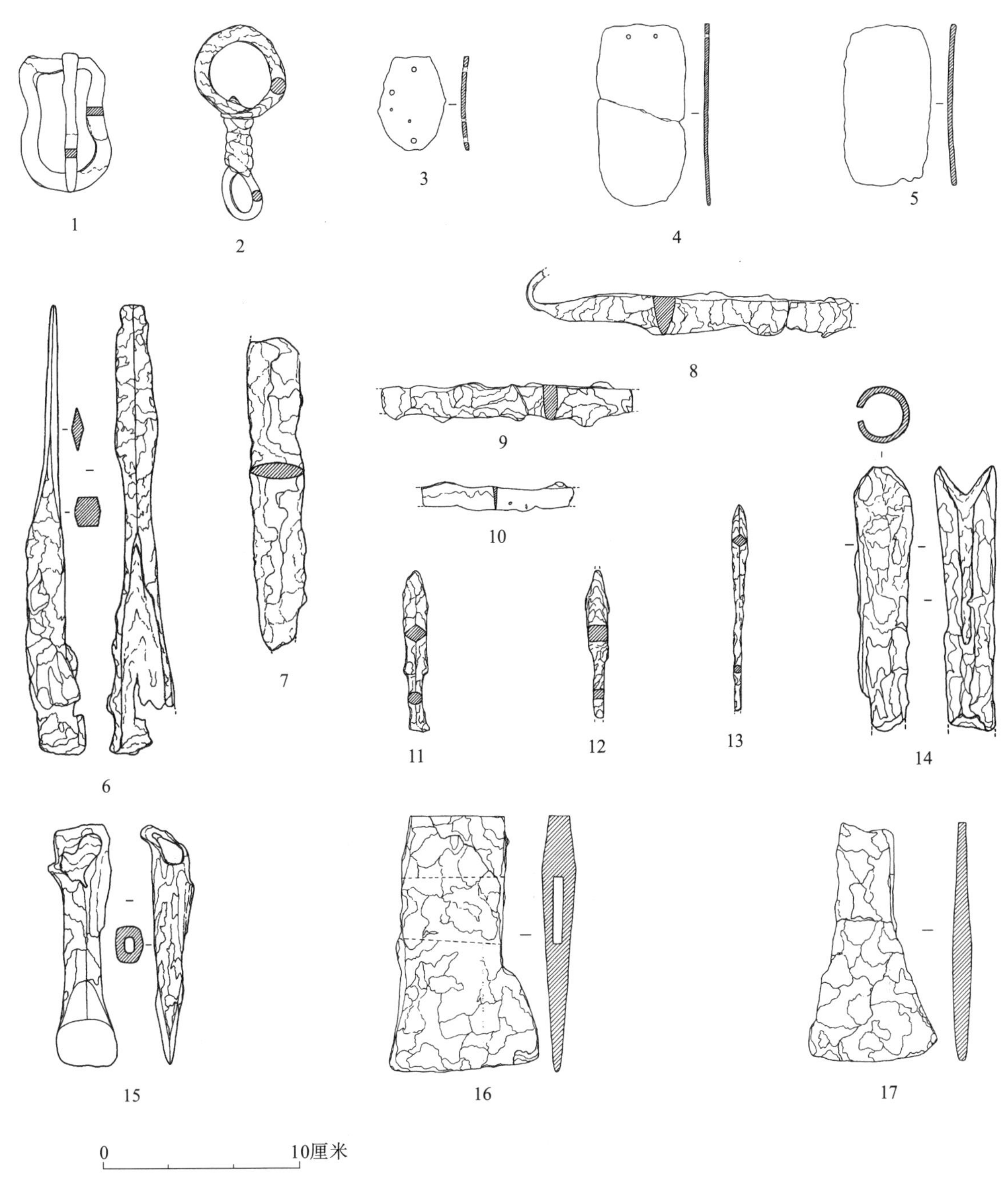

图222　太学遗址出土铁器

1. 带扣（73HNTT104H1:02）　2. 马具（73HNTT105②:07）　3. A型铁甲片（80HNTT403②:06）　4. B型铁甲片（73HNTT005③a:02）　5. C型铁甲片（73HNTT003②:69）　6. 矛（73HNTT001H101:06）　7. 剑（73HNTT001③b:05）　8~10. 环首刀（73HNTT107M1:01、74HNTT201②:02、80HNTT403Y2:04）　11~13. A型镞（80HNTT405②:11、73HNTT105②:01、73HNTT105②:02）　14. 镦（73HNTT105②:08）　15. 凿（73HNTT005②:06）　16. Ⅰ式斧（74HNTT201②:04）　17. Ⅱ式斧（74HNTT202②:39）

8.镦　2件。73HNTT105②:08，系一铁片裹成筒形，中间透空。上口呈鱼嘴形。残长13.2、外径2.8~3.2、内径2~2.2厘米（图222，14；图版一六八，3）。

9.凿　1件（73HNTT005②:06）。铸造。顶有空成銎，刃部渐压成扁形，宽刃作对称之钝角，平刃。残长12.2、宽3.2厘米（图222，15；图版一六九，1）。

10.斧　共3件。铸造。依其形状分作两式。

Ⅰ式　2件，其中一件残作有头无身。斧身呈梯形，一侧突缩变窄，横穿成銎。顶端较斧身微薄，截面成椭圆形，宽面刃作两锐角。74HNTT201②:04，长12.5、宽4.7~7.5、厚1.7厘米；穿孔长3.3、宽0.5厘米（图222，16；图版一六九，3）。

Ⅱ式　1件（74HNTT202②:39）。斧身呈梯形，上端较薄，銎残。宽面刃作对称钝角，刃部较钝。残长11.8、宽2.8~6.7、厚0.4~1厘米（图222，17）。

11.犁　共2件。铸造。依其形状不同分作两式。

Ⅰ式　1件（73HNTT005Y1:05）。截面呈圆形，銎无存。残长5.5、身径1.1厘米（图223，1）。

Ⅱ式　1件（80HNTT402H5:01）。作三角形刃，刃较锐利，銎无存。残长18、宽5.1、厚1.4~2.5厘米（图223，2；图版一六八，7）。

12.铺　1件（73HNTT002H3:07）。顶端有空成銎，銎内仍存有朽木灰，尖部成等腰三角形。长9.8、宽8.2、厚1.8~2.5厘米（图223，3；图版一六九，2）。

13.环　共3件，铸造。依其形状不同分作两型。

A型　1件（73HNTT104②:16）。环为圆形，残半。外缘略薄，截面作半圆形。环径4.2、截面径0.4~0.9厘米（图223，4）。

B型　1件（74HNTT202②:10）。环略呈方形，带有一柄。环截面方形，柄截面长方形。残长6.1、环首径4.9、截面厚0.6~1厘米（图223，5）。

14.钉　3件。锻造，皆残蚀。钉身截面成方形，钉帽略呈圆平盖。80HNTT302②:04，原应为四棱体，因锈蚀现略作圆锥体，残长10.4、钉身宽1.2厘米（图223，6；图版一六九，5）。80HNTT404②:13，残长7.6、钉身宽0.7、帽径1.9厘米（图223，7；图版一六九，7）。80HNTT402②:07，残长9.4、钉身宽0.9厘米（图223，8；图版一六九，6）。

15.圈　1件（80HNTT403Y2:03）。圆柱形。外径5.6、内径4.1、高3.8厘米（图223，9）。

16.鼻形器　1件（73HNTT003②:20）。圆形环首，一侧置有一钉，环截面略作扁圆形。长6、环径3.8~4.1、截面径1.1厘米（图223，10）。

17.条形器　1件（80HNTT402②:20）。尺条状。残长11、宽1.3、厚0.4厘米（图223，13）。

18.双足器　1件（80HNTT405②:06）。铸造。环顶，底部有2个三角形尖足。直径2.7、高2、器厚0.6厘米（图223，12）。

19.梭形器　1件（80HNTT404②:16）。呈两端尖状的梭形。长7.2、宽2.3、厚0.9~1厘米（图223，11）。

20.锥形器　2件。长锥形，截面呈扁方形。73HNTT003③b:30，长8.3、宽1.3、厚0.7厘米（图223，14）。

21棒形器　1件（80HNTT402②:06）。器身圆柱状，锈蚀较甚。残长24.5、径约1.4厘米（图223，15）。

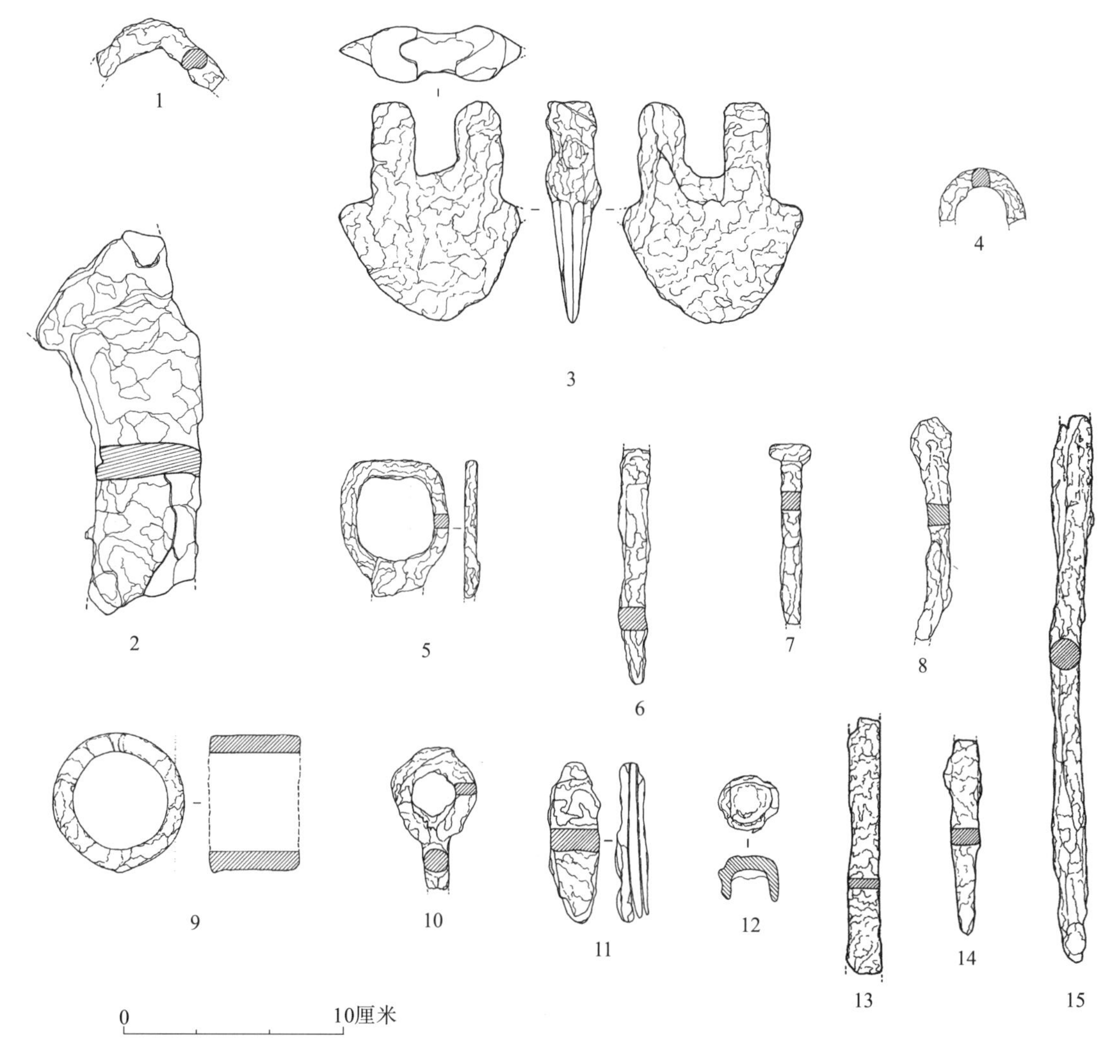

图223　太学遗址出土铁器

1.Ⅰ式犁（73HNTT005Y1：05）　2.Ⅱ式犁（80HNTT402H5：01）　3.锸（73HNTT002H3：07）　4.A型环（73HNTT104②：16）　5.B型环（74HNTT202②：10）　6~8.钉（80HNTT302②：04、80HNTT404②：13、80HNTT402②：07）　9.圈（80HNTT403Y2：03）　10.鼻形器（73HNTT003②：20）　11.梭形器（80HNTT404②：16）　12.双足器（80HNTT405②：06）　13.条形器（80HNTT402②：20）　14.锥形器（73HNTT003③b：30）　15.棒形器（80HNTT402②：06）

（六）石器　共12件。有砚、研磨器、石圆饼、纺轮、石雕制品、石饰件、刻划滑石和石片等。

1.砚　2件。青石，打、磨兼制。依形状分作两型。

A型　1件（73HNTT001H101：09）。呈圆盘形。砚面磨光，周壁及底部粗糙，砚面上凿有一个小水池。砚面径15.5、厚4.6厘米；水池长4.8、宽3.6厘米（图224，1；图版一七一，1）。

B型　1件（73HNTT001H101：08）。辟雍砚。砚面及周壁光滑，底部粗糙，砚足呈蹄形。砚面径24、高4.5、厚2.7厘米（图224，2；图版一七一，2）。

2.研磨器　共3件。打、磨兼制。据形状差异分为两式。

Ⅰ式　2件。皆青石。座呈方形，上部皆为漫圆形。73HNTT001H101：07，青灰色，略残。上部凸起呈馒头状，正中刻划一“十”字。长宽各为3.6、高2.3厘米（图224，3；图版一七〇，5、6）。73HNTT105③:04，黑灰色。座为正方形，底平。上部作圆泡状，顶面刻出柿蒂纹。长宽各为2.85、高1.8、厚0.5厘米（图224，4；图版一七〇，3、4）。

Ⅱ式　1件（74HNTT201②:20），青白花色，石质。座作矩形，上部为圆形，中间凸起呈漫圆尖状。座长3.25、宽3.1厘米；上部圆径3.1、高1.6厘米（图224，5；图版一七〇，2）。

3.圆饼　1件（73HNTT004渗坑2:02）。青白色，石质。圆饼状，表面鼓起，面上线刻4瓣草叶纹等纹饰。圆径3.5~3.6、厚1.1厘米（图224，6；图版一七〇，1）。

4.纺轮　1件（73HNTT001夯2:01）。白色滑石。呈圆饼状，中间一孔，残半。残径2.9、厚0.4、孔径0.38厘米（图224，7）。

5.雕制品　1件（73HNTT003③b:38）。上部作一球体，雕刻成莲瓣状；下部束腰，底为平座。直径0.8、高0.9厘米（图224，9）。

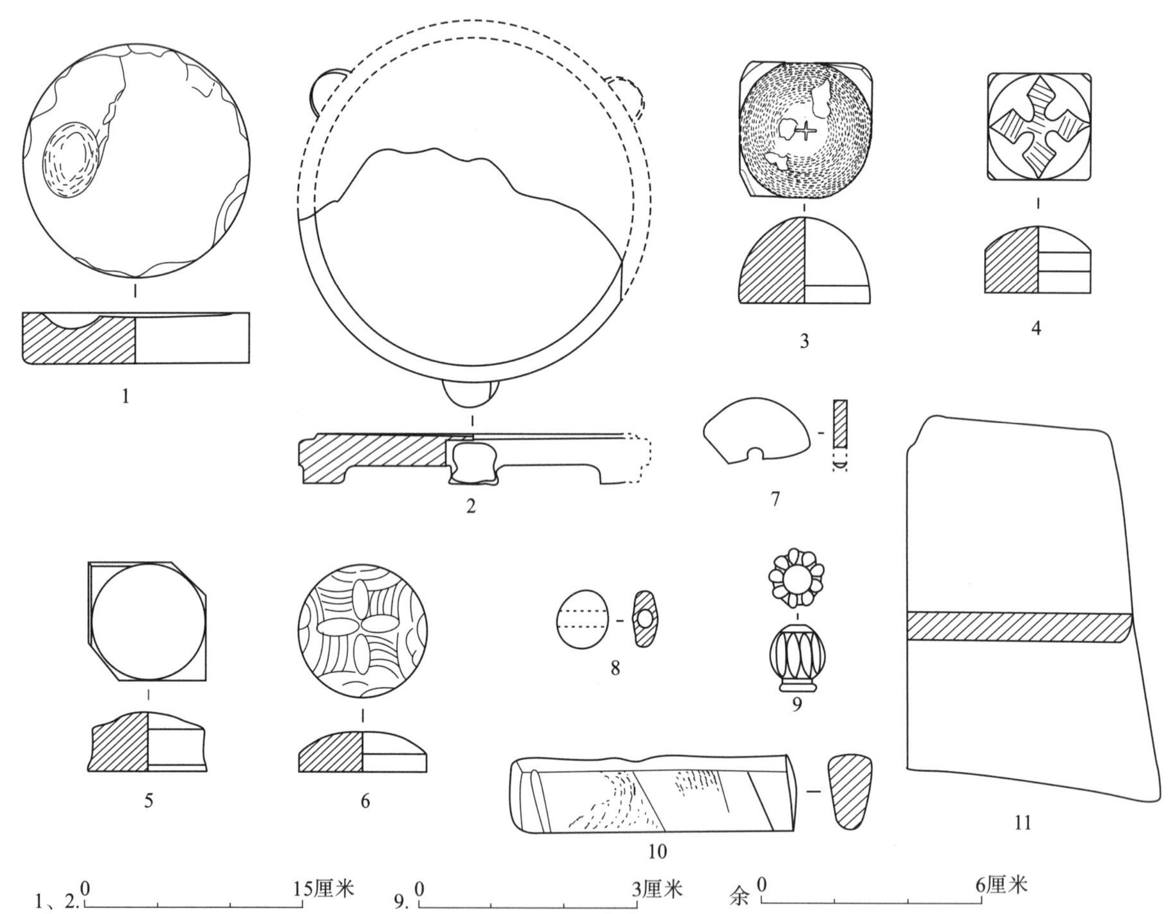

图224　太学遗址出土石器

1. A型砚（73HNTT001H101:09）　2. B型砚（73HNTT001H101:08）　3、4. Ⅰ式研磨器（73HNTT001H101:07、73HNTT105③:04）　5. Ⅱ式研磨器（74HNTT201②:20）　6. 圆饼（73HNTT004渗坑2:02）　7. 纺（73HNTT轮001夯2:01）　8. 饰件（73HNTT002②:12）　9. 雕制品（73HNTT003③b:38）　10. 刻划滑石（73HNTT003③b:31）　11. 石片（73HNTT005②:02）

6.饰件　1件（73HNTT002②:12）。白色。作扁圆状，截面略作椭圆形，有纵穿孔。长1.5、宽1.4、厚0.7厘米（图224，8）。

7.刻划滑石　1件（73HNTT003③b:31）。银白色，磨制兼刻划。长条刀状，有背且弧，刃较钝。器身有数处锯制和刻划痕迹。长5.9、宽1.5、厚0.9厘米（图224，10；图版一七一，3）。

8.石片　1件（73HNTT005②:02）。红褐色石。表面平整，呈不规则形状，一边有斜刃。长10、宽6.8、厚0.7厘米（图224，11）。

（七）骨器、琉璃器和云母片。

骨器共18件，有印章、骨匕和骨环等。琉璃器仅一件琉璃珰。

1.骨印章　1件（80HNTT402②:59）。黄白色，磨制、雕刻。长方体，中间横穿一孔，两端面上分别雕刻有篆书“王□”和“白方”字铭。长1.8、宽1、厚1、孔径0.3厘米（图225，1；图版一七一，6~8）。

2.骨匕　1件（73HNTT107④:02）。磨制。骨匕通体磨光，后端截面作矩形，前端稍薄，截面为圆角矩形。长17.3、宽0.6、厚0.3厘米（图225，8）。

3.骨环　共16件。锯、磨而成。为加工骨料，大小不一，颜色或褐或黄。依据形状不同主要可分为两型。

A型　12件，呈环状。74HNTT202②:19，正反两面均有锯或磨痕。外径长1.6~2.1、内径1~1.3、厚0.4厘米（图225，2）。73HNTT003③b:08，兽肢骨锯成。外径1.9~2.3、内径

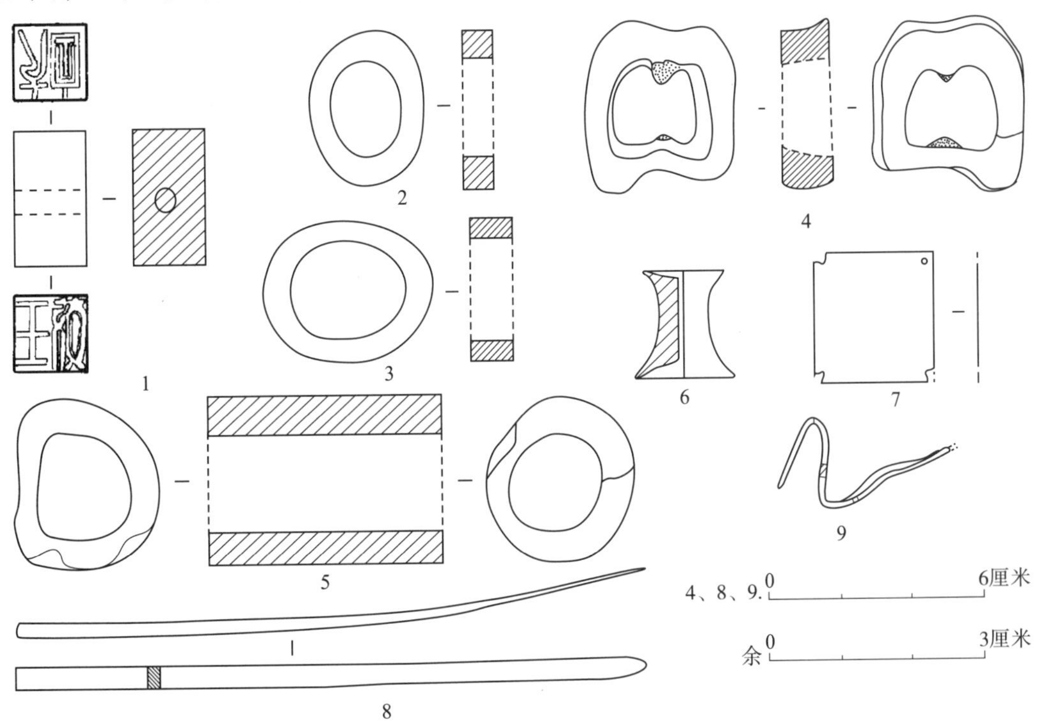

图225　太学遗址出土骨器、云母、琉璃、铅条等

1. 骨印章（80HNTT402②:59）　2、3、4. A型骨环（74HNTT202②:19、73HNTT003③b:08、73HNTT003②:53）　5. B型骨环（73HNTT002②:18）　6. 琉璃珰（80HNTT401②:201）　7. 云母片（73HNTT105②:04）　8. 骨匕（73HNTT107④:02）　9. 铅条（73HNTT001②:04）

1.3~1.6、厚0.6厘米（图225，3）。73HNTT003②:53，表面留有磨痕，且从孔内可看到骨节。直径4~4.5、内径2.2~2.5、厚1.3厘米（图225，4）。

B型　1件（73HNTT002②:18）。锯呈空心柱状，有锯痕。长3.2、径1.9~2.25、厚0.5厘米（图225，5）。

4.琉璃珰　1件（80HNTT401②:201）。淡蓝色，束腰柱状，上、下口均下凹，中间有一穿孔。上口径1.1、下口径1.35、腹径0.7、高1.4、孔径0.15厘米（图225，6；图版一七一，5）。

5.云母片　1件（73HNTT105②:04）。方形，厚如薄纸，四角各有一个针状小孔，略残。长、宽各1.7厘米（图225，7；图版一七一，4）。

（八）铅器　仅见一件铅条。

铅条　1件（73HNTT001②:04）。灰白色，已折，截面呈扁方体。展开长约8、宽0.4、厚0.1厘米（图225，9）。

（九）石经残石

石经残石共153件。皆汉石经，均为青石质地，破碎成块。石经残石的表面文字全部是用隶书写成，亦即一体石经。石经中所涉及的经文有《鲁诗》、《仪礼》、《论语》和《春秋》等，还有大量残块由于过于残碎仅存片言只字无法判读其经文所属。其中有的属于经之正文，也有不属于经之正文，而属于校记或其他内容。以下将石经残石分成能辨识属于某经者及校记、不能辨识其所属者和太学赞碑三部分予以叙述。另外还采集一件基本完整的石经碑座。

1.能辨识属于某经及校记的石经残石。

有些石经残石能够辨识出经书出处，这些经书主要为以下四种：《鲁诗》、《仪礼》、《论语》和《春秋》。

（1）《鲁诗》　共15石。

80HNTT301K1:004，字残存3行，计有整、残字共13个，其中整字10个。石残长13、残宽8.5厘米（图226，1；图版一七二，1）。为原碑之左边部，边部空白宽1.2厘米，侧面平。残文出自《鲁诗·南有嘉鱼之什》：

公有□①

至于大原文

三千师干之

（碑左边部空白）

80HNTT301K1:030，字残存5行，计有整、残字共10个，其中整字5个。石残长5.8、残宽10厘米（图226，2；图版一七二，2）。残文出自《鲁诗·鸿雁之什（黄鸟、我行其野、斯干）》：

四□②

不可

① □：为不能辨识残字。字下画横线者：为核对经文判读残字。下同。

② 此石右一行“四□”二字，与张国淦《汉石经碑图》所列该行均不相干。或鲁诗篇次与今本有异。“四□”二字疑为《鹿鸣之什》篇之“四牡”。

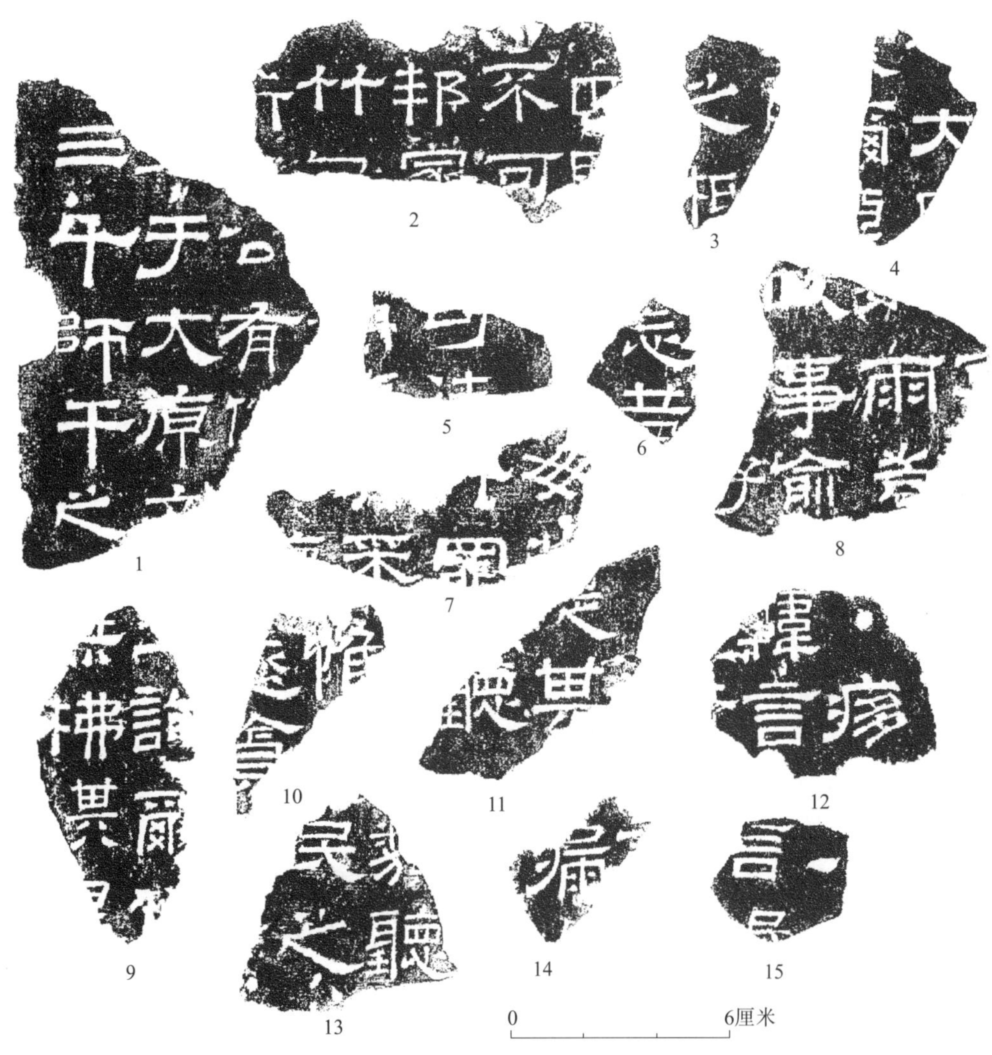

图226　太学遗址出土石经残石拓本（《鲁诗》）

1. 80HNTT301K1:004　2. 80HNTT301K1:030　3. 80HNTT303K1:075　4. 80HNTT302K1:049　5. 80HNTT301K1:029　6. 80HNTT302K1:048　7. 80HNTT301K1:019　8. 80HNTT402②:142　9. 80HNTT402②:108　10. 80HNTT403②:135　11. 80HNTT403②:123　12. 80HNTT301K1:020　13. 80HNTT301K1:014　14. 80HNTT301K1:034　15. 80HNTT301K1:036

邦家

竹<u>包</u>

<u>斯</u>□

80HNTT303K1:075，字残存2行，计有整、残字共3个，其中整字2个。石残长5、残宽2.8厘米（图226，3；图版一七三，1）。残文出自《鲁诗·节南山之什（节南山）》：

□

之秖

80HNTT302K1:049，字残存2行，计有整、残字共5个，其中整字1个。石残长6.6、残宽3厘米（图226，4；图版一七三，2）。残文出自《鲁诗·节南山之什（节南山）》：

大<u>戾</u>

茂爾惡

80HNTT301K1∶029，字残存2行，共存残字4个。石残长2.6、残宽5.1厘米（图226，5）。为原碑之右边部，边部空白宽1.7厘米，侧面平。残文出自《鲁诗·节南山之什（十月之交）》：

（碑右边部空白）

司徒

□□

80HNTT302K1∶048，字残存1行，共存残字2个。石残长4、残宽3厘米（图226，6）。残文出自《鲁诗·节南山之什（小宛）》：

念昔

80HNTT301K1∶019，字残存4行，整、残字共8个，其中整字3个。石残长3.8、残宽9.5厘米（图226，7；图版一七三，3）。为原碑之右边部，侧面平。残文出自《鲁诗·谷风之什（小明）》：

（碑右边部）

毋□

□罪

□采

之聽

80HNTT402②∶142，字残存4行，整、残字共8个，其中整字5个。石残长7.3、残宽6.5厘米（图226，8；图版一七三，4）。残文出自《鲁诗·谷风之什（无将大车、小明）》：

□

如雨豈

政事愈

好

80HNTT402②∶108，字残存2行，整、残字共9个，其中整字5个。石残长9、残宽4.3厘米（图226，9；图版一七四，1）。残文出自《鲁诗·文王之什（皇矣）》：

王詢爾仇

無拂其八皇

80HNTT403②∶135，字残存2行，整、残字共3个，其中整字2个。石残长8、残宽3厘米（图226，10；图版一七四，2）。残文出自《鲁诗·生民之什（桑柔）》：

惟

隧贪

80HNTT301K1∶014，字残存2行，整、残字共5个，其中整字3个。石残长6、残宽6厘米（图226，13；图版一七四，3）。残文出自《鲁诗·生民之什（桑柔）》：

類聽

民之未

80HNTT403②∶123，字残存2行，整、残字共3个，其中整字2个。石残长8.6、残宽3厘米

（图226，11；图版一七四，4）。残文出自《鲁诗·□之什（其十、其十二）》：

提其

聽

80HNTT301K1∶020，字残存3行，整、残字共5个，其中整字3个。石残长5、残宽7厘米（图226，12；图版一七五，1）。残文出自《鲁诗·校记》：

·瘆

韓言

□

80HNTT301K1∶034，字残存2行，整、残字共3个，其中整字1个。石残长6.2、残宽4.7厘米（图226，14）。残文出自《鲁诗·校记》：

言

漏□

80HNTT301K1∶036，字残存1行，整、残字共2个，其中整字1个。石残长3.3、残宽3.8、为原碑之右边部，边部空白宽1.5厘米，侧面光平（图226，15；图版一七五，2）。残文出自《鲁诗·校记》：

（碑右边部空白）

言婚

（2）仪礼　共47石，其中有3件为两块缀合，另有3块两面有经文。

80HNTT402②∶102，字残存1行，整、残字共2个，其中整字1个。石残长2.1、残宽2.5厘米（图227，1）。残文出自《仪礼·士昏礼》：

賓四

80HNTT301K1∶010，字残存2行，共存残字2个。石残长12.2、残宽17厘米（图227，2）。原为碑之上部，上边部空白宽10厘米，侧面平。残文出自《仪礼·士昏礼》：

北

赞

80HNTT301K1∶017，字残存3行，整、残字共7个，其中整字4个。石残长8.6、残宽6厘米（图227，3；图版一七六，1）。残文出自《仪礼·士丧礼》：

止于廟

升公卿

階①

80HNTT302K2∶055，字残存2行，共存残字3个。石残长4.5、残宽3.2厘米（图227，4）。残文出自《仪礼·士丧礼》：

命

之西

80HNTT303K1∶068，字残存2行，整、残字共5个，其中整字1个。石残长5、残宽6.2厘米

① 此石可与太学东侧新出士丧残石及《汉石经集存》三九五石黏对。见马衡：《汉石经集存》，中国科学院考古研究所编，科学出版社，1957年。以下简称《集存》。

（图227，5；图版一七六，2）。原为碑左边部，边部空白宽1厘米，侧面平。残文出自《仪礼·士丧礼》：

之門

階丈夫

（碑左边部空白）

80HNTT301②:033，字残存2行，整、残字共2个，其中整字1个。石残长4.2、残宽4.1厘米（图227，6；图版一七六，3）。原为碑之上部，上边部空白宽残。残文出自《仪礼·既夕礼》篇首：

既

既

80HNTT301K1:018，字残存4行，整、残字共16个，其中整字12个。石残长11.5、残宽11.8厘米（图227，9；图版一七六，4）。原为碑右边部，边部空白宽1厘米，侧面平。残文出自《仪礼·既夕礼》：

（碑右边部空白）

攝服其它皆

于下室·莁

□入升自

东北①

80HNTT301K1:082，字残存2行，整、残字共2个，其中整字1个。石残长1.5、残宽3.2厘米（图227，8）。残文出自《仪礼·既夕礼》：

如

冢

80HNTT301K1:027，字残存2行，中间有1行空白行，宽1.7厘米，整、残字共4个，其中整字2个。石残长6.1、残宽5.2厘米（图227，7；图版一七七，1）。残文出自《仪礼·既夕礼》篇末：

命

前辂北

（空白行）②

80HNTT301K1:022，字残存3行，整、残字共8个，其中整字4个。石残长6.5、残宽6.7厘米（图227，11；图版一七七，2）。残文出自《仪礼·士虞礼》：

食北

如初尸

如初降③

80HNTT402②:137，字残存2行，整、残字共3个，其中整字2个。石残长6.2、残宽3.2厘米（图227，10；图版一七七，3）。残文出自《仪礼·士虞礼》：

---

① 此石下接80HNTT301K1:082。

② 此石下接《集存》中三九九石。

③ 此石文字应与80HNTT301K1:003A面相邻近。

图227　太学遗址出土石经残石拓本（《仪礼》）

1. 80HNTT402②:102　2. 80HNTT301K1:010　3. 80HNTT301K1:017　4. 80HNTT302K2:055　5. 80HNTT303K1:068　6. 80HNTT301②:033　7. 80HNTT301K1:027　8. 80HNTT301K1:082　9. 80HNTT301K1:018　10. 80HNTT402②:137　11. 80HNTT301K1:022　12. 80HNTT301K1:002B面　13. 80HNTT301K1:003A面　14. 80HNTT401②:132

祭

受爵[①]

80HNTT301K1∶003A面，字残存3行，整、残字共21个，其中整字13个。石残长19.8、残宽6.4、厚16.6厘米（图227，13；图版一七八，1）。残文出自《仪礼·士虞礼》：

于中鼎升腊左胖

外北面佐食無事则

降階又鄉□降階[②]

① 有可能构成如此情况者，还可参见《昏礼图》五十八面9、10行，《乡饮酒礼图》六十九面10、11行，《燕礼图》七十二面8、9行。见张国淦《汉石经碑图》。

② 与80HNTT301K1∶003 B面相表里。

80HNTT301K1∶002B面，字残存2行，共存残字2个。石残长3、残宽4、厚16.6厘米（图227，12；图版一七九，1）。残文出自《仪礼·士虞礼》：

猶

辭[①]

80HNTT401②∶132，字残存4行，整、残字共4个，其中整字2个。石残长2.2、残宽9.1厘米（图227，14）。残文出自《仪礼·士虞礼》：

甒

敦

弔

哭

80HNTT401②∶125，字残存2行，整、残字共6个，其中整字2个。石残长8、残宽3.3厘米（图228，1）。残文出自《仪礼·特牲馈食礼》：

□即莚

荅拜祝

80HNTT303K1∶074，字残存2行，共存残字2个。石残长12、残宽5.3厘米。原为碑之下边部，残宽10.6厘米。残文出自《仪礼·特牲馈食礼》：

如

如[②]

80HNTT301K1∶009与80HNTT303K1∶071缀合而成，字残存5行，整、残字共18个，其中整字11个。石残长17.3厘米，残宽11.2厘米（图228，4；图版一七九，3）。原为碑之右边部，边部空白宽1.7厘米，侧面平。残文出自《仪礼·特牲馈食礼》：

（碑右边部空白）

壺於禁饌

饎爨在西壁

授尸卒執

墉下南

正脊

80HNTT303K1∶038，字残存2行，共存残字4个。石残长4.5、残宽3厘米（图228，2；图版一八〇，1）。残文出自《仪礼·少牢馈食礼》：

末鹽

以授

80HNTT301K1∶021A面，字残存2行，共存整字2个。石残长2.5、残宽4.6、厚16.6厘米（图228，3）。残文出自《仪礼·有司徹》：

受

西[③]

---

① 与80HNTT301K1∶002 A面相表里。

② 有可能构成如此情况者，还可参见《大射图》七十五面22、23行。见张国淦《汉石经碑图》。

③ 此石与80HNTT301K1∶021 B面相表里。

80HNTT303K1∶069，字残存2行，整、残字共3个，其中整字2个。石残长5、残宽3厘米（图版一八〇，2）。残文出自《仪礼・有司徹》：

次宾

　北

80HNTT402②∶127，字残存1行，整、残字共2个，其中整字1个。石残长3.7、残宽1.4厘米（图228，7）。残文出自《仪礼・有司徹》：

之爵

80HNTT303K1∶059，字残存3行，整、残字共5个，其中整字1个。石残长5.7、残宽2.5厘米（图228，5）。残文出自《仪礼・有司徹》：

二

以授

洗升

80HNTT402②∶128，字残存2行，整、残字共5个，其中整字1个。石残长5.4、残宽5.5厘米（图228，6）。残文出自《仪礼・有司徹》：

　方婦

坐帨手[①]

80HNTT303K1∶084，字残存1行，整、残字共2个，其中整字1个。石残长4.5、残宽2厘米（图228，8；图版一八〇，3）。残文出自《仪礼・有司徹》：

司受

80HNTT402②∶113，字残存2行，整、残字共3个，其中整字1个。石残长5.9、残宽2.2厘米（图228，9；图版一八〇，4）。残文出自《仪礼・乡饮酒礼》：

若有

　自

80HNTT303K1∶077，原为一组经碑之左边部，边部空白宽1.2厘米，侧面光。字残存1行，整、残字共2个，其中整字1个。石残长5.2、残宽3.5厘米（图228，10；图版一八〇，5）。残文出自《仪礼・乡射礼》：

羹定

（碑左边部空白）[②]

80HNTT402②∶131，字残存5行，整、残字共19个，其中整字11个。石残长13.5、残宽10厘米（图228，11；图版一八一，1）。残文出自《仪礼・乡射礼》：

　者亦曰

觶升酌散南

位三耦及眾

者先降與升

① 有可能构成如此情况者，还可参见《礼图》六十六面倒5、6行，《礼图》六十七面倒6、7行，经文均为“授婦｜坐帨手”。见张国淦《汉石经碑图》。

② 有可能构成如此情况者，还可参见《礼图》七十三面16行——大射文、《礼图》六十八面2行——乡饮酒文、《礼图》七十八面公食篇首行。

图228　太学遗址出土石经残石拓本（《仪礼》）

1. 80HNTT401②:125　2. 80HNTT303K1:038　3. 80HNTT301K1:021A面　4. 80HNTT301K1:009与80HNTT303K1:071缀合　5. 80HNTT303K1:059　6. 80HNTT402②:128　7. 80HNTT402②:127　8. 80HNTT303K1:084　9. 80HNTT402②:113　10. 80HNTT303K1:077　11. 80HNTT402②:131　12. 80HNTT301K1:011　13. 80HNTT402②:149　14. 80HNTT301K1:021B面

觶

80HNTT402②:149，字残存1行，文右尚存空白行。整、残字共2个，其中整字1个。石残长5.3、残宽5厘米（图228，13）。残文出自《仪礼·燕礼》首行：

（空白行）

之西

80HNTT301K1:011，字残存4行，文左犹存空白行。整、残字共16个，其中整字11个。石残长12.5、残宽10厘米（图228，12；图版一八一，2）。残文出自《仪礼·燕礼》篇末：

與大夫

升歌鹿

君與射则爲

燕腾爵曰臣

（篇末空白行）

80HNTT401②:104，原为碑之上边部，但因残甚，上边宽不可详知。字残存3行，整、残字共5个，其中整字2个。石残长9、残宽3.5厘米（图版一八〇，6）。残文出自《仪礼·大射礼》：

卿

北面

面北[①]

80HNTT303K1:081，原为碑之上边部，但因残甚，上边宽不可详知。字残存2行，整、残字共2个，其中整字1个。石残长4、残宽8厘米。残文出自《仪礼·大射礼》：

皆

羞

80HNTT301K1:031，字残存2行，整、残字共4个，其中整字1个。石残长4、残宽4厘米。残文出自《仪礼·大射礼》：

自□

北面

80HNTT301K1:021B面，字残存2行，整、残字共4个，其中整字2个。石残长3.5、残宽6、厚16.6厘米（图228，14）。残文出自《仪礼·大射礼》：

命□

公□[②]

80HNTT402②:138，字残存1行，共存残字2个。石残长3.2、残宽1.7厘米（图229，1）。残文出自《仪礼·大射礼》：

上少

80HNTT303K1:066，字残存2行，整、残字共2个，其中整字1个。石残长2、残宽4.1厘米（图229，2）。残文出自《仪礼·大射礼》：

以

以

80HNTT301K1:037与80HNTT303K1:079缀合而成，原在碑之上边部，上边宽10厘米，侧面平。字残存6行，整、残字共9个，其中整字5个。石残长16、残宽15厘米（图229，3；图版一八二，1）。残文出自《仪礼·大射礼》：

在

祭

设于乏

① 有可能构成如此情况者，还可参见《礼图》七十四面1、2行——大射文、文为“卿北面请腾”。

② 此石与80HNTT301K1:021A面相表里。

图229　太学遗址出土石经残石拓本（《仪礼》）

1. 80HNTT402②:138　2. 80HNTT303K1:066　3. 80HNTT301K1:037与80HNTT303K1:079缀合　4. 80HNTT303K1:061　5. 80HNTT402②:122　6. 80HNTT301K1:002A面　7. 80HNTT404②:106　8. 80HNTT302K1:046　9. 80HNTT302K1:043　10. 80HNTT301K1:003B面

其
于階
袒

80HNTT402②:122，字残存5行，整、残字共14个，其中整字6个。石残长7.6、残宽7.5厘米（图229，5；图版一八二，2）。残文出自《仪礼·大射礼》：

　　□
　射如初
弓视筭如
命拾取矢
正命[①]

80HNTT404②:106，原在碑之右边部，边部空白宽1.3厘米，侧面平。字残存2行，整、残字共5个，其中整字4个。石残长7.1、残宽6.4厘米（图229，7；图版一八三，1）。残文出

① “正命”上接《集存》四三八石。

自《仪礼·大射礼》：

（碑右边部空白）

獻士之

席下[①]

80HNTT301K1∶002A面（此石与80HNTT301K1∶021B面相表里），原在碑之右边部，右边部空白宽1厘米，侧面平。字残存3行，整、残字共7个，其中整字3个。石残长10.1、残宽7、厚16.6厘米（图229，6；图版一七九，2）。残文出自《仪礼·聘礼》：

（碑右边部空白）

堂上之

牢米百

揖[②]

80HNTT303K1∶061，字残存3行，整、残字共4个，其中整字2个。石残长3.2、残宽7.3厘米（图229，4；图版一八三，2）。残文出自《仪礼·聘礼》：

夫

賔當

辭

80HNTT301K1∶003B面（此石与80HNTT301K1∶003A面相表里），字残存3行，整、残字共10个，其中整字4个。石残长11、残宽4、厚16.6厘米（图229，10；图版一七八，2）。残文出自《仪礼·聘礼》：

□立大夫

之聘亨問大

□

80HNTT301K1∶006，字残存4行，整、残字共7个，其中整字4个。石残长6、残宽7厘米（图230，1；图版一八三，3）。残文出自《仪礼·聘礼》：

三

惟少

面蹌

□尊

80HNTT302K1∶045与80HNTT403②∶130缀合，字残存5行，整、残字共9个，其中整字5个。石残长7、残宽8厘米（图230，2；图版一八三，4）。残文出自《仪礼·聘礼》：

饔醴□

獻再拜

右房立

大[③]

80HNTT301K1∶012，原在经碑左边部，左边部空白宽1.2厘米，侧面平。字残存4行，

① 有可能构成如此情况者，还可参见《礼图》七十二面倒1、2行——燕礼文，但疑其不应与此石同。此石有可能下接《集存》四七零石。

② 此石与《集存》四四五石同居碑之右边部，后者居行首。此石左面应邻接80HNTT303K1∶061。

③ 此石右邻80HNTT301②∶006。

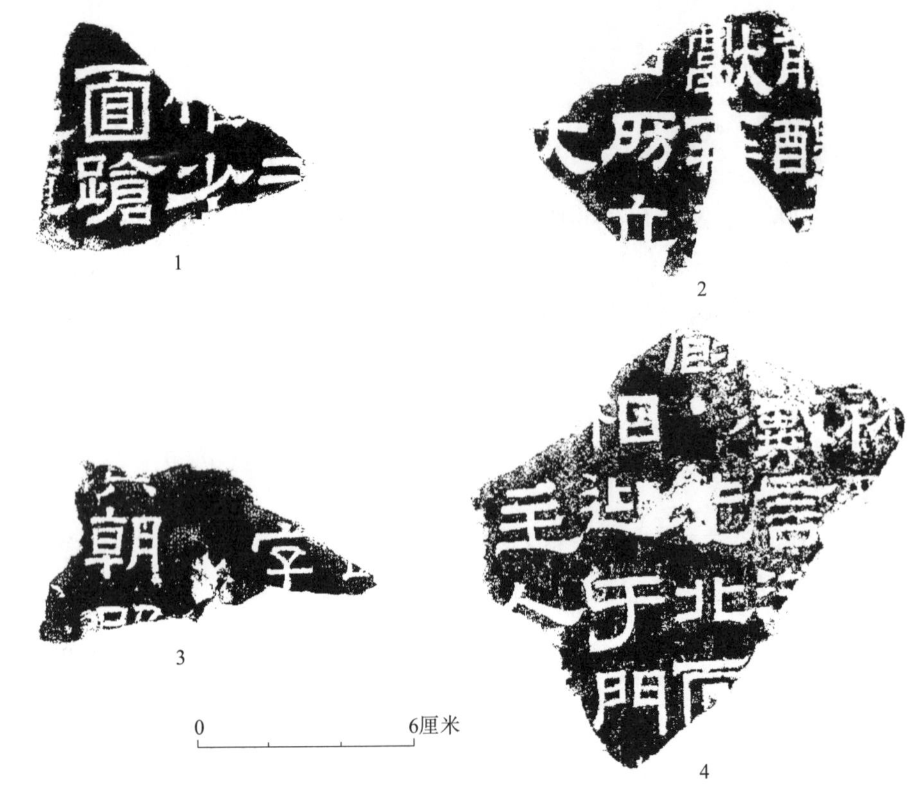

图230　太学遗址出土石经残石拓本（《仪礼》）

1. 80HNTT301K1:006　2. 80HNTT302K1:045与80HNTT403②:130缀合
3. 80HNTT301K1:012　4. 80HNTT301K1:001

内含1行空白行，宽2.5厘米。整、残字共5个，其中整字2个。石残长4.8、残宽9.3厘米（图230，3；图版一八四，1）。残文出自《仪礼·公食大夫礼》篇首：

□
字
（空白行）[①]
賓朝服
（左边部空白）

80HNTT302K1:043，字残存2行，共存残字3个。石残长4.2、残宽2.3厘米（图229，9）。残文出自《仪礼·丧服子夏传》：

嫁從
　繼

80HNTT302K1:046，字残存2行，整、残字共3个，其中整字1个。石残长4.1、残宽2.4厘米（图229，8）。残文出自《仪礼·校记》：

戴言
爵

① 空行处当为《仪礼·公食》篇题之所在。

80HNTT301K1∶001，字残存5行，整、残字共17个，其中整字14个。石残长11.8、残宽12.2厘米（图230，4；图版一八四，2）。残文出自《仪礼·（乡饮酒礼）校记》：

祝□
戴言□
爵·先北面
相迎于門
主人

（3）春秋　共2石。

80HNTT402②∶144，字残存3行，整、残字共3个，其中整字2个。石残长2.8、残宽7厘米（图231，1；图版一八五，1）。残文出自《春秋·文公》：

甯
鄭
□

80HNTT301K1∶039，字残存5行，整、残字共16个，其中整字13个。石残长11、残宽13厘米（图231，2；图版一八五，2）。残文出自《春秋·襄公》：

孫偈
盈齊高
·丗年春王
殺良甯冬
亥仲

图231　太学遗址出土石经残石拓本（《春秋》）
1. 80HNTT402②:144　2. 80HNTT301K1:039

（4）论语　共3石，黏对以后为二石。

80HNTT301K1∶025与80HNTT303K1∶065缀合而成，字残存4行，整、残字共15个，其中整字10个。石残长9.8、残宽9.4厘米（图232，1；图版一八六，1）。残文出自《论语·八佾》：

對曰夏后
君樹塞門
□曰君子
不敬臨

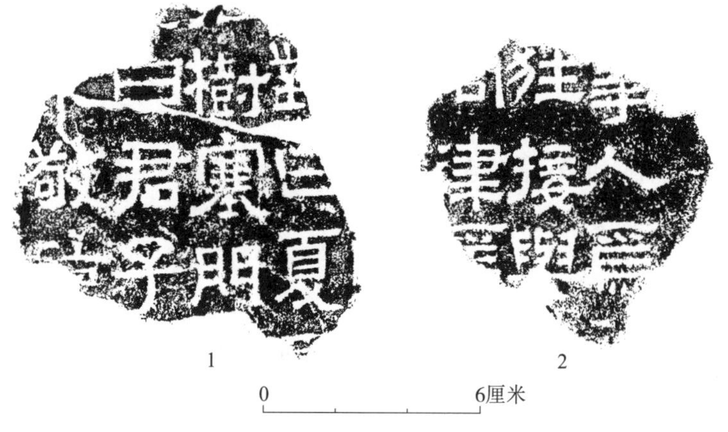

图232　太学遗址出土石经残石拓本（《论语》）
1. 80HNTT301K1:025与80HNTT303K1:065缀合　2. 80HNTT401②:124

80HNTT401②:124，字残存3行，整、残字共10个，其中整字7个。石残长8.5、残宽8厘米（图232，2；图版一八六，2）。残文出自《论语·微子》：

事人焉往

狂接與

問津焉

2.不能辨识其所属者

共83件。其中大部分残石的文字已无法辨认，有些残石虽然能够辨认个别字，但无法确定经文出处。

80HNTT301K1:005，碑心残石。石残长3.3、残宽5.6厘米（图233，1）。字残存2行，整、残字共3个，其中整字1个：

□

之禮

80HNTT301K1:008，碑心残石。石残长7.2、残宽2.5厘米（图233，2；图版一八七，1）。字残存3行，整、残字共4个，其中整字1个：

 □

足曾（？）

□

80HNTT301K1:013，碑心残石。石残长6、残宽3.5厘米（图233，3；图版一八七，2）。字残存2行，共存残字6个：

□□爵

□□□

80HNTT301②:016，碑心残石。石残长3.5、残宽7.5厘米（图233，4；图版一八七，3）。字残存2行，整、残字共4个，其中整字1个：

二□

不□

80HNTT301K1:023，碑心残石。石残长8.3、残宽2.3厘米（图233，6；图版一八七，5）。字残存2行，整、残字共5个，其中整字2个：

□□

□受歸

80HNTT301K1:024，碑心残石。石残长3.4、残宽4.8厘米（图233，5；图版一八七，4）。或为仪礼残石，字残存2行，整、残字共3个，其中整字2个：

北面

设

80HNTT301K1:026，经碑左边部残石，左边部空白宽1、侧面平。石残长2、残宽2.3厘米（图233，7）。字残存1行，共存残字1个：

従

（碑左边部空白）

图233　太学遗址出土石经残石拓本

1. 80HNTT301K1:005　2. 80HNTT301K1:008　3. 80HNTT301K1:013　4. 80HNTT301②:016　5. 80HNTT301K1:024　6. 80HNTT301K1:023　7. 80HNTT301K1:026　8. 80HNTT301K1:028　9. 80HNTT301②:032　10. 80HNTT301K1:035

80HNTT301K1:028，碑心残石。石残长1.6、残宽3.7厘米（图233，8）。字残存1行，共存残字1个：

舉

80HNTT301②:032，碑心残石。石残长1.6、残宽2厘米（图233，9）。字残存1行，共存残字1个：

□

80HNTT301K1:035，碑心残石。石残长2、残宽3.6厘米（图233，10；图版一八八，1）。字残存2行，共存残字2个：

□

擯[①]

80HNTT302②:041，碑心残石。石残长3.3、残宽2.2厘米（图234，1；图版一八八，2）。字残存1行，共存整字1个：

年

80HNTT302K1:042，碑心残石。石残长1.4、残宽4.2厘米（图234，2）。字残存2行，共存残字2个：

---

① 《集存》四三五石亦有此字。

□

□

80HNTT302K1∶044，碑心残石。石残长2、残宽6厘米（图234，3）。字残存3行，共存残字4个：

□

□□

□

80HNTT302K1∶047，碑心残石。石残长4.1、残宽1.5厘米（图234，4）。字残存1行，整、残字共2个，其中整字1个：

先生（？）

80HNTT302K2∶050，碑心残石。石残长1.6、残宽3厘米（图234，5）。字残存1行，共存残字1个：

坐

80HNTT301K1∶051，碑心残石。石残长3、残宽8.5厘米（图234，7）。字残存1行，共存残字2个。字左边有4厘米宽的空白：

彌使

（空白）

80HNTT302K2∶052，碑心残石。石残长1.9、残宽2.5厘米（图234，6）。字残存1行，共存残字1个：

□

80HNTT302K2∶053，碑心残石。石残长2.5、残宽4.6厘米（图234，8）。字残存1行，共

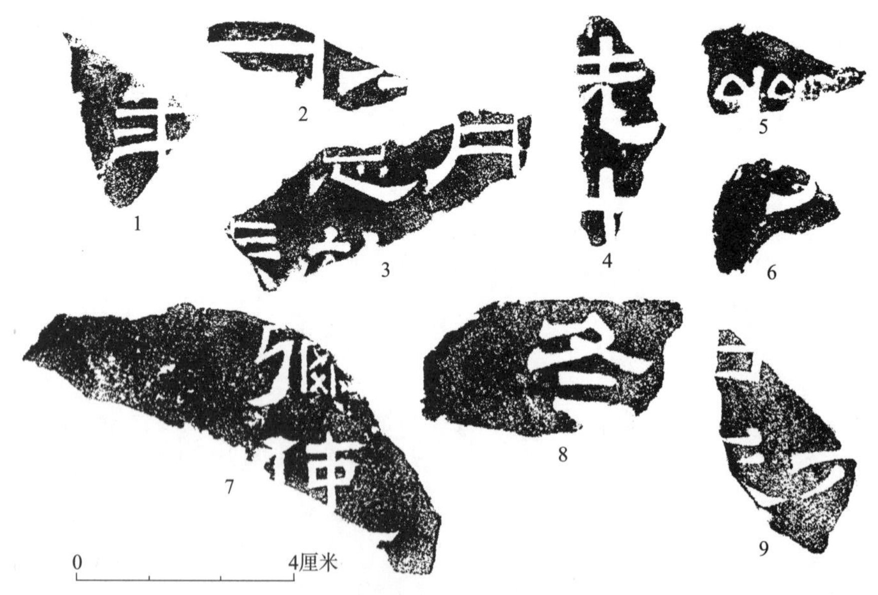

图234　太学遗址出土石经残石拓本

1. 80HNTT302②∶041　2. 80HNTT302K1∶042　3. 80HNTT302K1∶044　4. 80HNTT302K1∶047　5. 80HNTT302K2∶050　6. 80HNTT302K2∶052　7. 80HNTT301K1∶051　8. 80HNTT302K2∶053　9. 80HNTT302K2∶054

存整字1个，字左边有1.8厘米宽的空白：

冬

（空白）

80HNTT302K2:054，碑心残石。石残长4.5、残宽2.1厘米（图234，9）。字残存2行，共存残字3个：

□

□不（？）

80HNTT303K1:056，碑心残石。石残长2.8、残宽3.2厘米（图235，1）。字残存1行，共存整字1个：

西

80HNTT303K1:057，原居经碑左边部，左边空白宽1.1厘米，侧面光。石残长2.1、残宽3厘米（图235，2）。字残存1行，共存残字1个：

□

（碑左边部空白）

80HNTT303K1:058，碑心残石。石残长1.6、残宽2.7厘米（图235，3）。字残存1行，共

图235　太学遗址出土石经残石拓本

1. 80HNTT303K1:056　2. 80HNTT303K1:057　3. 80HNTT303K1:058　4. 80HNTT303K1:060
5. 80HNTT303K1:062　6. 80HNTT303K1:063　7. 80HNTT303K1:064　8. 80HNTT303K1:067

存残字1个：

無

80HNTT303K1：060，碑心残石。石残长2.2、残宽1.2厘米（图235，4）。字残存1行，共存残字1个：

□

80HNTT303K1：062，碑心残石。石残长3、残宽3.5厘米（图235，5）。字残存2行，共存残字2个：

雲

□

80HNTT303K1：063，原居经碑下边部，下边残宽5厘米。石残长7.2、残宽4.1厘米（图235，6）。字残存1行，共存整字1个：

于

80HNTT303K1：064，原居经碑右边部，右边部空白残宽1厘米，侧面光。石残长4、残宽2厘米（图235，7）。字残存1行，共存残字1个：

（碑右边部空白）

□

80HNTT303K1：067，碑心残石。石残长3、残宽4.5厘米（图235，8）。字残存2行，共存残字3个：

□

仇□

80HNTT303K1：070，碑心残石。石残长2、残宽1.8厘米。字残存2行，共存残字2个：

□

□

80HNTT303K1：072，碑心残石。石残长2.5、残宽4.8厘米（图236，1；图版一八八，5）。字残存2行，整、残字共2个，其中整字1个：

迎

□

80HNTT303K1：073，碑心残石。石残长4.9、残宽1.4厘米（图236，2）。字残存2行，共存残字2个：

牛（？）

□

80HNTT303K1：076，碑心残石。石残长1.3、残宽2厘米（图236，3；图版一八八，4）。字残存1行，共存残字1个：

觶（？）

80HNTT303K1：078，碑心残石。石残长2.2、残宽2厘米（图236，4）。字残存1行，共存残字2个：

□

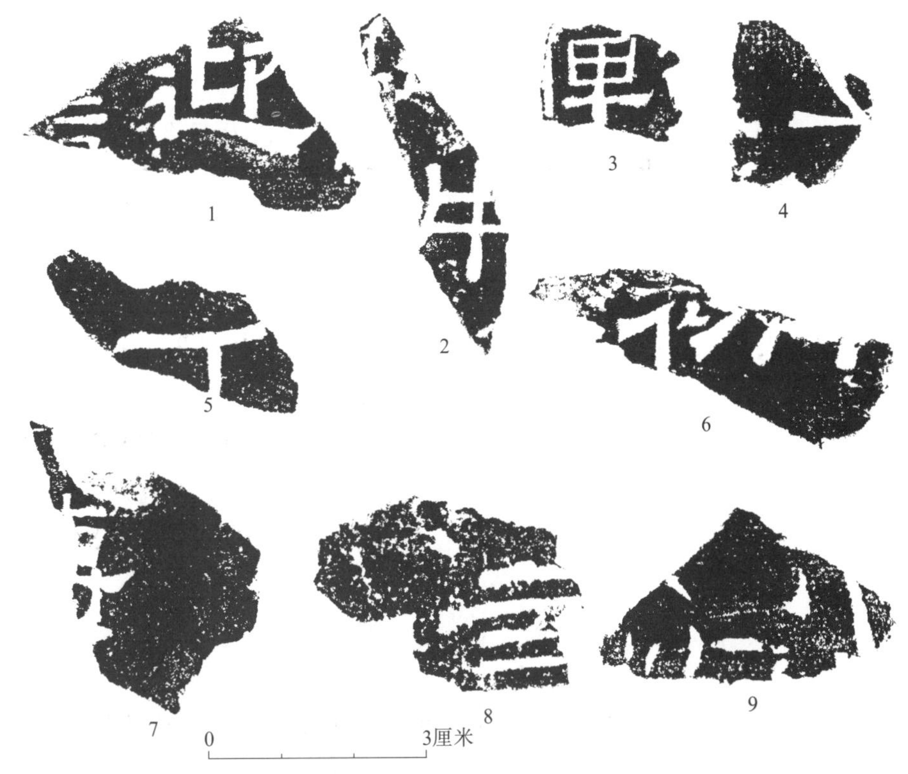

图236　太学遗址出土石经残石拓本

1. 80HNTT303K1∶072　2. 80HNTT303K1∶073　3. 80HNTT303K1∶076
4. 80HNTT303K1∶078　5. 80HNTT303K1∶080　6. 80HNTT303K1∶083
7. 80HNTT303K1∶085　8. 80HNTT303K1∶086　9. 80HNTT303K1∶087

□

80HNTT303K1∶080，碑心残石。石残长4、残宽1.5厘米（图236，5）。字残存1行，共存残字1个：

□

80HNTT303K1∶083，碑心残石。石残长1.7、残宽5.1厘米（图236，6）。字残存2行，共存残字2个：

□

初

80HNTT303K1∶085，碑心残石。石残长4.4、残宽2.6厘米（图236，7）。字残存1行，共存残字1个，字右边有1.7厘米宽的空白：

（空白）

博（？）

80HNTT303K1∶086，碑心残石。石残长2.6、残宽5厘米（图236，8）。字残存1行，共存残字1个：

言

80HNTT303K1∶087，碑心残石。石残长2.4、残宽4.2厘米（图236，9）。字残存2行，共存残字4个：

□□

□□

80HNTT303K1∶088，碑心残石。石残长6.5、残宽3.4厘米（图237，1）。字残存2行，共存残字2个：

祭

□

80HNTT303K1∶089，碑心残石。石残长2.4、残宽2.7厘米（图237，2）。字残存1行，共存残字1个：

叔

80HNTT303K1∶090，碑心残石。石残长2.5、残宽2.5厘米（图237，3；图版一八八，3）。字残存1行，共存整字1个：

飮

80HNTT303K1∶091，碑心残石。石残长1.5、残宽3厘米（图237，4）。字残存1行，共存残字1个：

□

80HNTT303K1∶092，碑心残石。石残长1.3、残宽1厘米（图237，5）。字残存1行，共存残字1个：

□

80HNTT303K1∶093，碑心残石。石残长1、残宽2.5厘米（图237，6）。字残存2行，共存残字2个：

□

□

80HNTT303K1∶094，原居经碑之左上角，上边宽已残，左边宽1.7厘米，侧面光。石残长6.5、残宽5.8厘米（图237，8）。字残存2行，整、残字共2个，其中整字1个：

天

□①

80HNTT303K1∶095，碑心残石。石残长1.3、残宽2.5厘米（图237，7）。字残存1行，共存残字1个：

□

80HNTT303K1∶096，原居经碑左边部，左边部空白宽1.2厘米，侧面平。石残长3、残宽0.9厘米（图237，9）。字残存1行，共存残字1个：

□

（碑左边部空白）

80HNTT303K1∶097，碑心残石。石残长4.7、残宽3厘米（图237，10）。字残存1行，共存残字1个：

① 字体甚小，竖径1.4、横径1.7厘米、疑为鲁诗经碑的补刻残石。

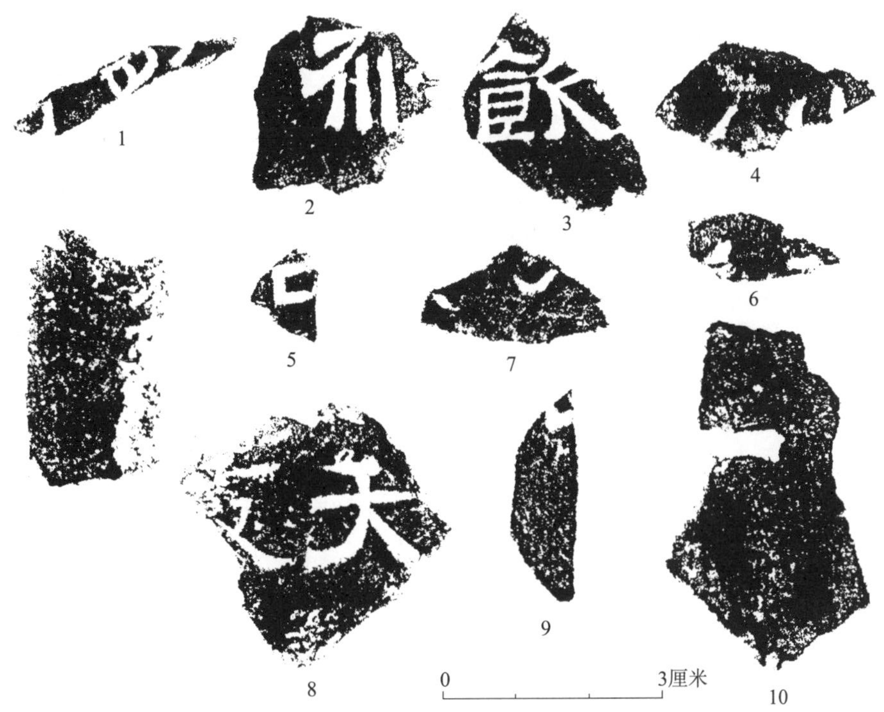

图237　太学遗址出土石经残石拓本

1. 80HNTT303K1：088　2. 80HNTT303K1：089　3. 80HNTT303K1：090　4. 80HNTT303K1：091　5. 80HNTT303K1：092　6. 80HNTT303K1：093　7. 80HNTT303K1：095　8. 80HNTT303K1：094　9. 80HNTT303K1：096　10. 80HNTT303K1：097

□

80HNTT402②：101，碑心残石。石残长2、残宽6.2厘米（图238，1）。字残存2行，共存残字3个：

不□

□

80HNTT402②：105，石残长1、残宽6厘米（图238，2）。右半空白无字，左半残存1行，共存残字1个：

（空白）

□

80HNTT402②：107，石残长5、残宽7厘米（图238，3；图版一八八，7）。左半空白无字；右半残存2行，整、残字共3个，其中整字1个：

　□

□桀

80HNTT402②：109，碑心残石。石残长2.5、残宽5.2厘米（图238，4）。字残存3行，整、残字共3个，其中整字2个：

□

氏

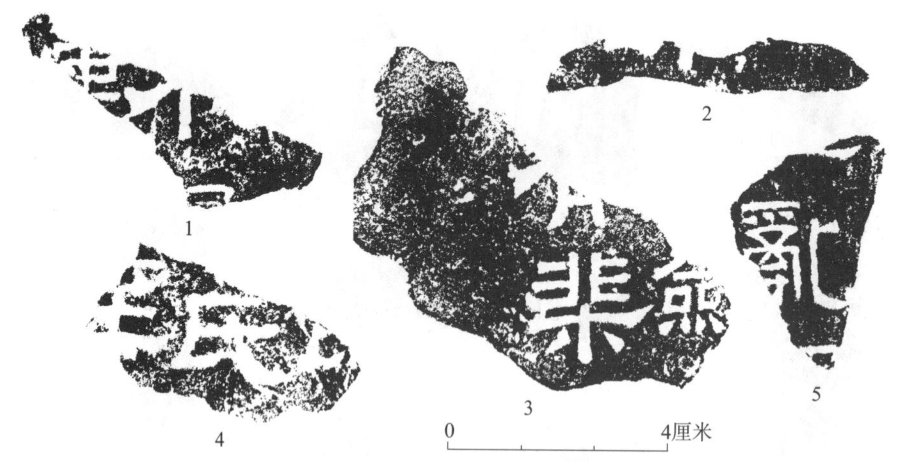

图238 太学遗址出土石经残石拓本

1. 80HNTT402②:101 2. 80HNTT402②:105 3. 80HNTT402②:107 4. 80HNTT402②:109 5. 80HNTT404②:103

至

80HNTT404②:103，碑心残石。石残长4.3、残宽2.5厘米（图238，5；图版一八八，6）。字残存1行，整、残字共3个，其中整字1个：

□亂□

80HNTT402②:110，碑心残石。石残长3、残宽3.6厘米（图239，1）。字残存2行，整、残字共3个，其中整字1个：

□

□·若

80HNTT402②:111，碑心残石。石残长2、残宽5厘米（图239，2）。字残存2行，共存残字2个：

公

□

80HNTT402②:112，碑心残石。石残长3.2、残宽0.7厘米（图239，3）。字残存1行，共存残字1个：

□

80HNTT402②:114，碑心残石。石残长1.5、残宽3.7厘米（图239，4）。字残存2行，共存残字2个：

□

□

80HNTT402②:115，碑心残石。石残长4.2、残宽3.4厘米（图239，5）。字残存1行，共存残字2个：

□□

80HNTT402②:116，碑心残石。石残长2.7、残宽1厘米（图239，6）。字残存1行，共存残字1个：

图239　太学遗址出土石经残石拓本

1. 80HNTT402②:110　2. 80HNTT402②:111　3. 80HNTT402②:112　4. 80HNTT402②:114
5. 80HNTT402②:115　6. 80HNTT402②:116　7. 80HNTT402②:117　8. 80HNTT402②:118
9. 80HNTT402②:119　10. 80HNTT402②:120　11. 80HNTT402②:121

□

80HNTT402②:117，碑心残石。石残长3.6、残宽1.6厘米（图239，7）。字残存1行，整、残字共2个，其中整字1个：

□右

80HNTT402②:118，碑心残石。石残长3.3、残宽1.7厘米（图239，8）。字残存1行，共存残字1个：

升

80HNTT402②:119，碑心残石。石残长3.9、残宽1.9厘米（图239，9）。字残存1行，整、残字共3个，其中整字1个：

□雒□

80HNTT402②:120，碑心残石。石残长1.5、残宽0.9厘米（图239，10）。字残存1行，共存残字1个：

□

80HNTT402②:121，碑心残石。石残长2、残宽2厘米（图239，11）。字残存1行，共存残字1个：

婦

80HNTT402②:126，碑心残石。石残长2.5、残宽2.3厘米（图240，1）。字残存2行，共存残字2个：

□

使

80HNTT403②:133，碑心残石。石残长3、残宽2厘米（图240，2）。字残存1行，整、残字共2个，其中整字1个：

稽首

80HNTT403②:134，碑心残石。石残长2.1、残宽3.7厘米（图240，3）。字残存2行，共存残字2个：

左

如

80HNTT403②:136，碑心残石。石残长6.6、残宽3厘米（图240，4）。字残存1行，共存残字1个：

□

80HNTT402②:139，碑心残石，字左有空白。石残长5.6、残宽4厘米（图240，5）。字残存2行，整、残字共4个，其中整字2个：

□

□故不

（空白）

80HNTT402②:140，原居经碑左边部，左边部空白宽1.5厘米。石残长4、残宽4厘米（图

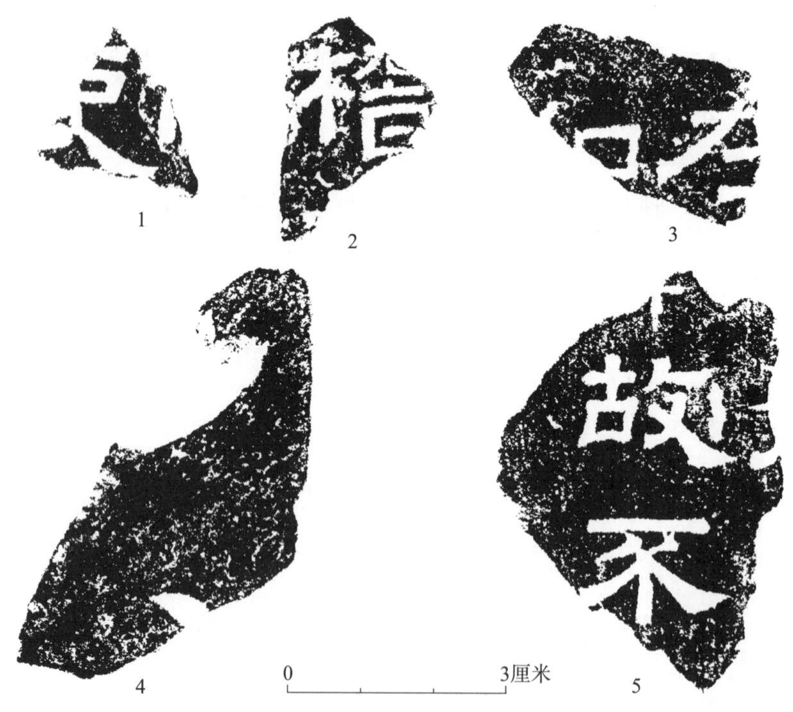

图240　太学遗址出土石经残石拓本

1. 80HNTT402②:126　2. 80HNTT403②:133　3. 80HNTT403②:134　4. 80HNTT403②:136　5. 80HNTT402②:139

241，1）。字残存2行，整、残字共3个，其中整字1个：

□

言斯

（碑左边部空白）

80HNTT402②:141，碑心残石。石残长1、残宽4厘米（图241，2）。字残存2行，共存残字2个：

□

□

80HNTT402②:143，碑心残石，字下方有空白。石残长2、残宽5.2厘米（图241，3）。字残存1行，共存残字1个：

□

80HNTT402②:145，碑心残石。石残长1.5、残宽0.9厘米（图241，4）。字残存1行，共存残字1个：

□

80HNTT402②:146，碑心残石。石残长1.6、残宽1.2厘米（图241，5）。字残存1行，共存残字1个：

□

80HNTT402②:147，碑心残石。石残长2、残宽3.2厘米（图241，6）。字残存2行，共存残字3个：

□

□章

80HNTT402②:148，碑心残石。石残长1.2、残宽3厘米（图241，7）。字残存2行，两行之间有空白，共存残字2个：

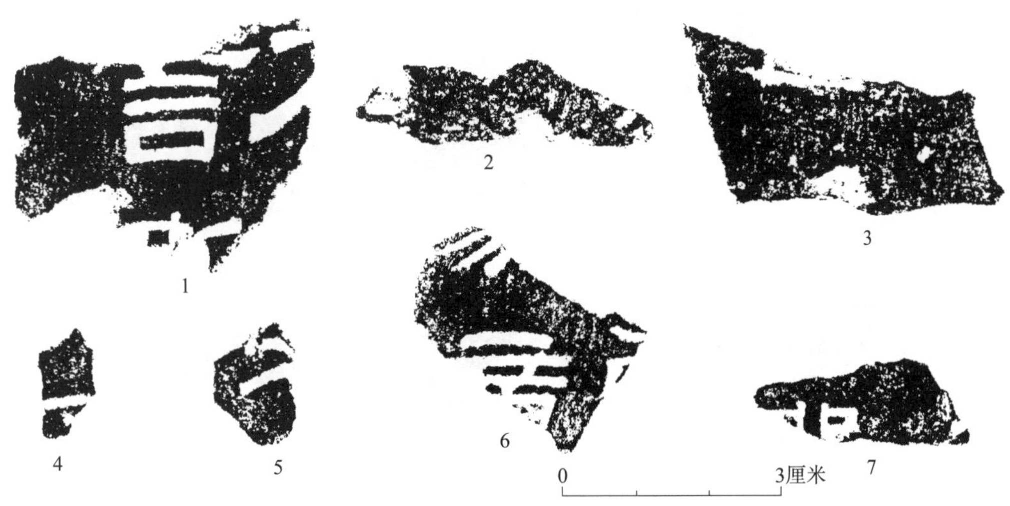

图241　太学遗址出土石经残石拓本

1. 80HNTT402②:140　2. 80HNTT402②:141　3. 80HNTT402②:143　4. 80HNTT402②:145　5. 80HNTT402②:146　6. 80HNTT402②:147　7. 80HNTT402②:148

□

（空白行）

□

80HNTT402②:150，碑心残石。石残长3.6、残宽1厘米（图242，1）。字残存1行，共存残字2个：

設于

80HNTT402②:151，碑心残石。石残长3.4、残宽1.6厘米（图242，2）。字残存1行，共存残字1个：

□

80HNTT402②:152，碑心残石。石残长5.5、残宽2.5厘米（图242，3）。字残存2行，共存残字2个：

□

□

80HNTT402③:153，碑心残石。石残长1.2、残宽2.9厘米（图242，4）。字残存2行，共存残字2个：

年

□

80HNTT402③:154，碑心残石。石残长2.4、残宽3.8厘米（图242，5）。字残存2行，共存残字2个：

□

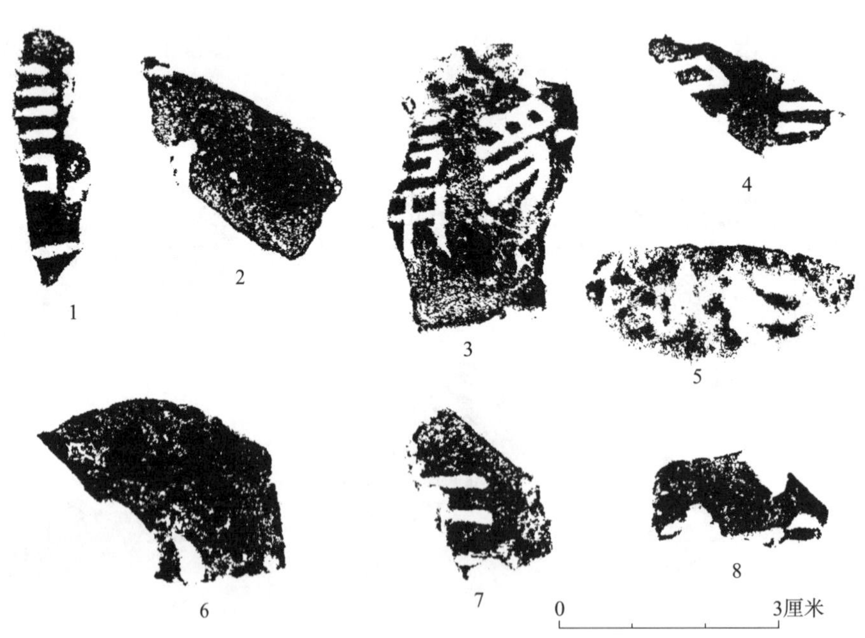

图242　太学遗址出土石经残石拓本

1. 80HNTT402②:150　2. 80HNTT402②:151　3. 80HNTT402②:152　4. 80HNTT402③:153
5. 80HNTT402③:154　6. 80HNTT402③:155　7. 80HNTT402③:156　8. 80HNTT402③:157

如

80HNTT402③:155，碑心残石。石残长3.7、残宽2.4厘米（图242，6）。字残存1行，共存残字1个：

□

80HNTT402③:156，碑心残石。石残长2.4、残宽1.5厘米（图242，7）。字残存1行，共存残字1个：

年

80HNTT402③:157，碑心残石。石残长1.4、残宽3厘米（图242，8）。字残存1行，共存残字1个：

□

3.太学赞碑　共3石。

80HNTT301K1:015，残文出自太学赞碑。石残长14.7、残宽8厘米（图243，1；图版一八九，1）。字残存3行，整、残字共12个，其中整字8个：

□□

大夫劉

以錢百萬募工

80HNTT403②:129，残文出自太学赞碑。石残长7、残宽3厘米（图243，2）。字残存2行，整、残字共4个，其中整字2个：

禮毀

不可

80HNTT301K1:007，残文出自太学赞碑。石残长2.8、残宽10厘米（图243，3；图版一八九，2）。字残存4行，内含1行空白行。整、残字共3个，其中整字2个：

丁

（空白行）

刻

□

4.石经碑座　1件（81HNT采集:01）。

基本完整，青石质。碑座长116、宽71.8、高35.3厘米；石碑凹槽宽16.5、深11厘米（图244；图版一九〇）。

（一〇）钱币

图243　太学遗址出土石经残石拓本

1. 80HNTT301K1:015　2. 80HNTT403②:129　3. 80HNTT301K1:007

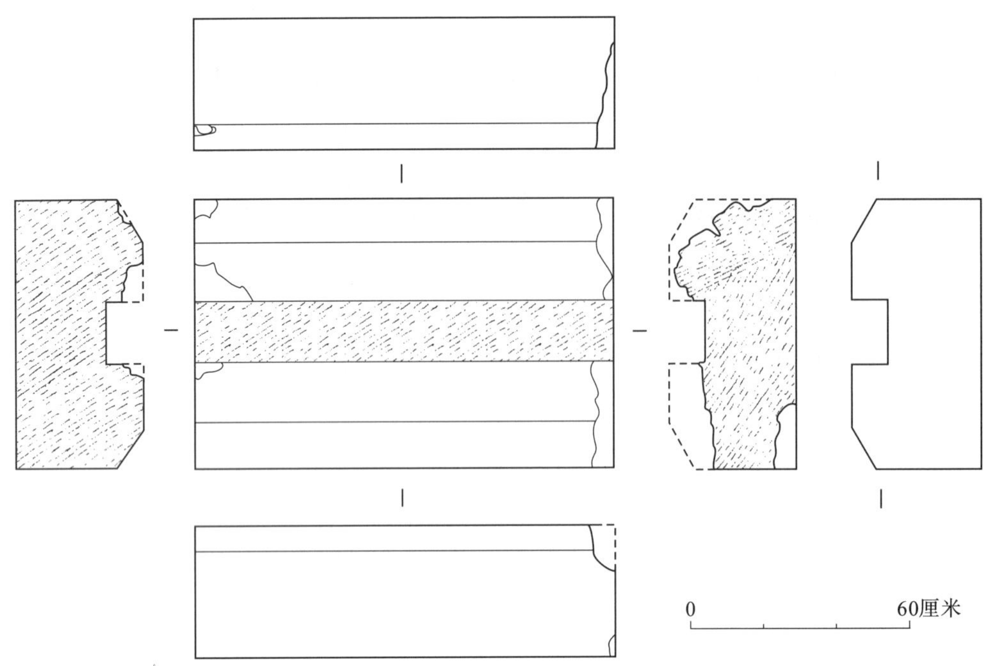

图244 太学遗址出土碑座正视、俯视、侧视及剖面图

太学遗址出土了大量的钱币，从质地上分有铜钱和铅钱。铜钱数量较多，约计393枚；铅钱仅有两枚。从钱文上分铜钱的种类较多，有半两、五铢、无字钱、货泉、大泉五十、大泉当千、太平百钱、□（直？）百等。以下分别叙述。

1.铜钱

（1）半两　2枚。80HNTT401②:01，无郭。币体略圆，肉厚适中，方穿较大，背平。钱径2.35、穿宽0.9、肉厚0.07厘米。重量2克（图245，1）。

（2）五铢　共299枚。以钱文和币体的差异可分为7型。

A型　普通五铢。共103枚。除23枚因残破或钱文不清不易辨识外，其余80枚可分为16式。

Ⅰ式　1枚（73HNTT105②:16）。笔画纤秀。“五”字瘦削，弯曲程度不大；“铢”字“金”字头较小，“朱”字旁上方折下圆折。钱径2.5、穿宽1厘米；郭宽0.1、郭厚0.1厘米。重量2.8克（图245，2）。

Ⅱ式　2枚。“五铢”两字较瘦削。“五”字弯曲程度不大；“朱”字旁上折方中带圆，略微偏斜。73HNTT106K1:03，铜色发红。钱径2.6、穿宽1.1厘米；郭宽0.2、郭厚0.1厘米。重量2.6克（图245，3）。

Ⅲ式　1枚（80HNTT303④:27）。“五”字和“朱”字同长。“五”字两竖画距离较窄，较直；“铢”字“金”字头稍大，四点小，“朱”字头方转角。钱径2.45、穿径1、郭宽0.1厘米。重量3克（图245，4）。

Ⅳ式　2枚。“五”字弯曲不大。“铢”字“金”字头较小，四点长方；“朱”字旁中画较短，上端方折。73HNTT106K1:10，铜色发红。钱径2.5、穿宽1厘米；郭宽0.1、郭厚0.15厘米。重量4克（图245，5）。

Ⅴ式　2枚。与Ⅳ式相类，“朱”字下转角稍硬，笔画较弯曲。73HNTT003③b:13，钱径

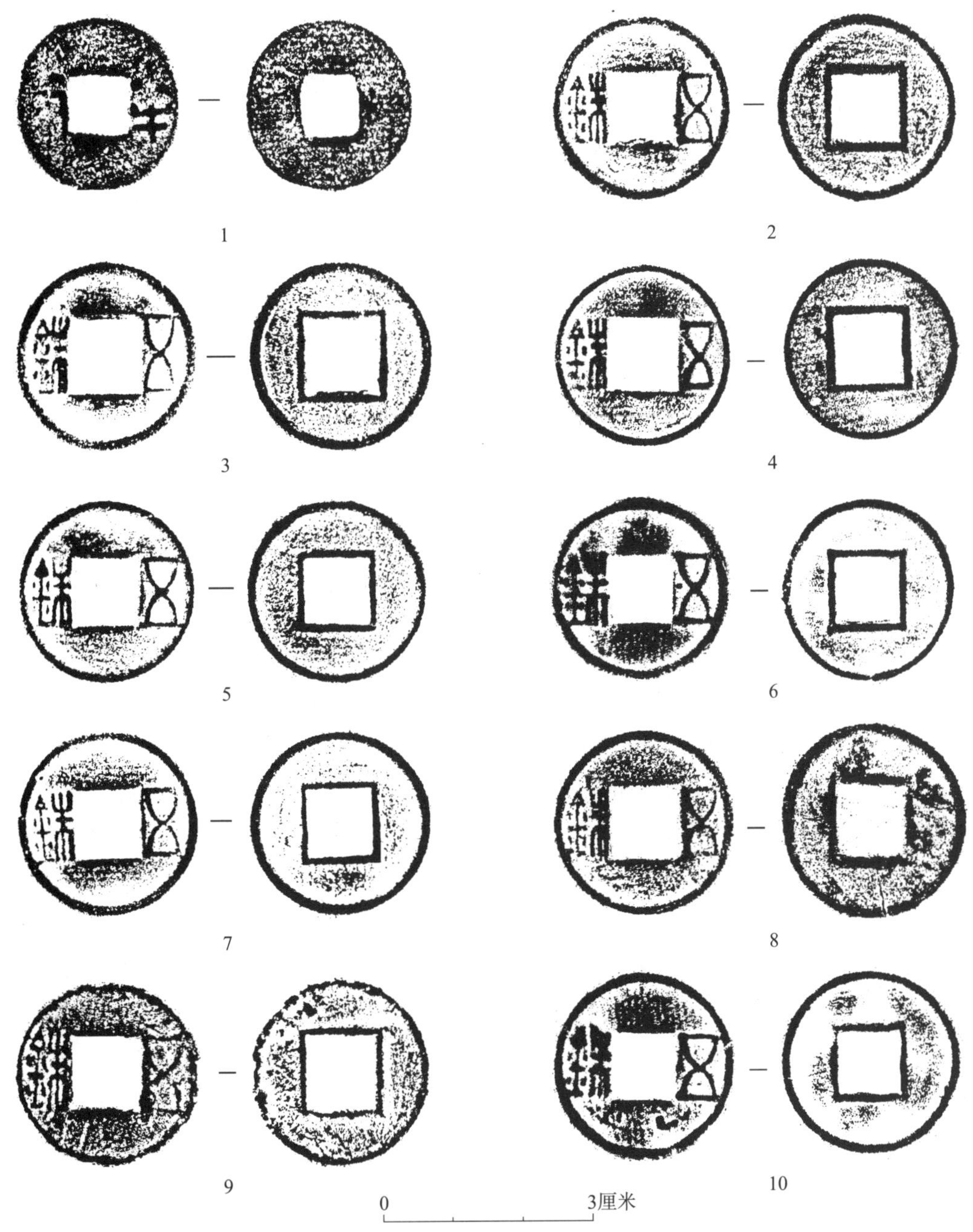

图245　太学遗址出土钱币（半两、五铢铜钱）拓本

1. 半两（80HNTT401②:01）　2. A型Ⅰ式五铢（73HNTT105②:16）　3. A型Ⅱ式五铢（73HNTT106K1:03）　4. A型Ⅲ式五铢（80HNTT303④:27）　5.A型 Ⅳ式五铢（73HNTT106K1:10）　6. A型Ⅴ式五铢（73HNTT003③b:13）　7. A型Ⅵ式五铢（73HNTT003②:49）　8. A型Ⅵ式五铢（73HNTT003③b:36）　9. A型Ⅶ式五铢（73HNTT104③:05）　10. A型Ⅷ式五铢（80HNTT303④:12）

2.5、穿宽0.9厘米；郭宽0.15、郭厚0.1厘米。重量2.5克（图245，6）。

Ⅵ式　17枚。"五"字更加开放，"铢"的"朱"字头方折。73HNTT003②:49，钱径2.52、穿宽0.9、郭宽0.12厘米。重量2.4克（图245，7）。73HNTT003③b:36，钱径2.5、穿宽0.9、郭宽0.12厘米。重量2.85克（图245，8）。

Ⅶ式　2枚。两字较开放。“五”字两竖画稍弯曲，上下两横不平行；“铢”字四点大，“朱”字头方转角、下面一横圆转角。73HNTT104③:05，钱径2.52、穿宽1、郭宽0.1厘米。重量2.55克（图245，9）。

Ⅷ式　1枚（80HNTT303④:12）。两字较开放，大小基本一致。“朱”字头稍短。外郭较宽，肉较厚。钱径2.52、穿宽0.9、郭宽0.12厘米。重量2.45克（图245，10）。

Ⅸ式　21枚。五字较宽放，“铢”字的“金”字头呈三角形，四点放长。73HNTT106K1:06，外表层铁灰色。钱径2.5、穿宽0.9厘米；郭宽0.15、郭厚0.15厘米。重量2.5克（图246，1）。

Ⅹ式　5枚。“五”字较宽放，“朱”字旁上端较短，下端较长。正、背周郭皆斜落。73HNTT106K1:11，铜色发红。钱径2.5、穿宽1厘米；郭宽0.1、郭厚0.1厘米。重量3.15克（图246，2）。

Ⅺ式　4枚。字体圆肥，“五”字较弯曲，“朱”字头上端短、下端长。73HNTT106K1:08，钱径2.5、穿宽0.9厘米；郭宽0.1、郭厚0.1厘米。重量2.3克（图246，3）。

Ⅻ式　8枚。“五”字之两竖画弯曲，“铢”字“朱”之上下皆圆转折。73HNTT106K1:04，钱径2.52、穿宽0.9厘米。重量3.3克（图246，4）。

ⅩⅢ式　5枚。“五”字较开放，“铢”字头较歪。73HNTT003③b:32，钱径2.55、穿宽0.95、郭宽0.15厘米。重量2.9克（图246，5）。

ⅩⅣ式　2枚。重文。73HNTT106K1:09，铜色为黄铜。肉面不平，有沙眼，正背周郭宽厚不等。“朱”字上端偏斜，穿上隐约有郭。钱径2.6、穿宽0.9厘米；郭宽0.1~0.2、郭厚0.1~0.2厘米。重量2.7克（图246，6）。73HNTT104③:27，钱径2.5、穿宽0.9厘米；郭宽0.1、郭厚0.15厘米。重量3克（图246，7）。

ⅩⅤ式　2枚。文字特异，“铢”字上下两端出穿郭。73HNTT002②:33，钱径2.6、穿宽0.8厘米；郭宽0.1、郭厚0.1厘米。重量3.5克（图246，8）。73HNTT001②:16，“铢”字“金”旁宽、“朱”旁窄。钱径2.5、穿宽1厘米；郭宽0.1、郭厚0.15厘米。重量2.7克（图246，9）。

ⅩⅥ式　5枚。“五”字较窄，“铢”字“朱”之上下两笔皆方转角；字体丰腴、规矩。肉较厚，穿郭较大。73HNTT004②:11，钱径2.53、穿径0.95、郭宽0.13厘米。重量2.4克（图246，10）。

B型　剪轮五铢。共131枚，分为四式。

Ⅰ式　22枚。细郭五铢。钱径2.22~2.47厘米。73HNTT005②:10，钱经磨过或压过，有线形外郭，肉较薄。钱径2.42、穿宽0.95、郭宽0.04厘米。重量1.5克（图247，1）。73HNTT003③b:16，钱经过磨边，周围尚均匀。钱径2.3、穿宽0.9、郭宽0.03厘米。重量1.9克（图247，2）。73HNTT003③b:14，钱经过磨边，外郭很窄，几乎消磨殆尽。钱径2.4、穿宽1厘米；郭宽0.05、郭厚0.1厘米。重量2.6克（图247，3）。

Ⅱ式　27枚。外郭不显。钱径1.9~2.3厘米。74HNTT201②:28，该钱肉较厚。钱径2.2、穿宽1、肉厚0.6、郭宽0.1厘米。重量1.55克（图247，4）。73HNTT003②:40，正面边缘抹斜，似原来就无周郭。钱径2.1、穿宽1、肉厚0.08厘米。重量2.3克（图247，5）。

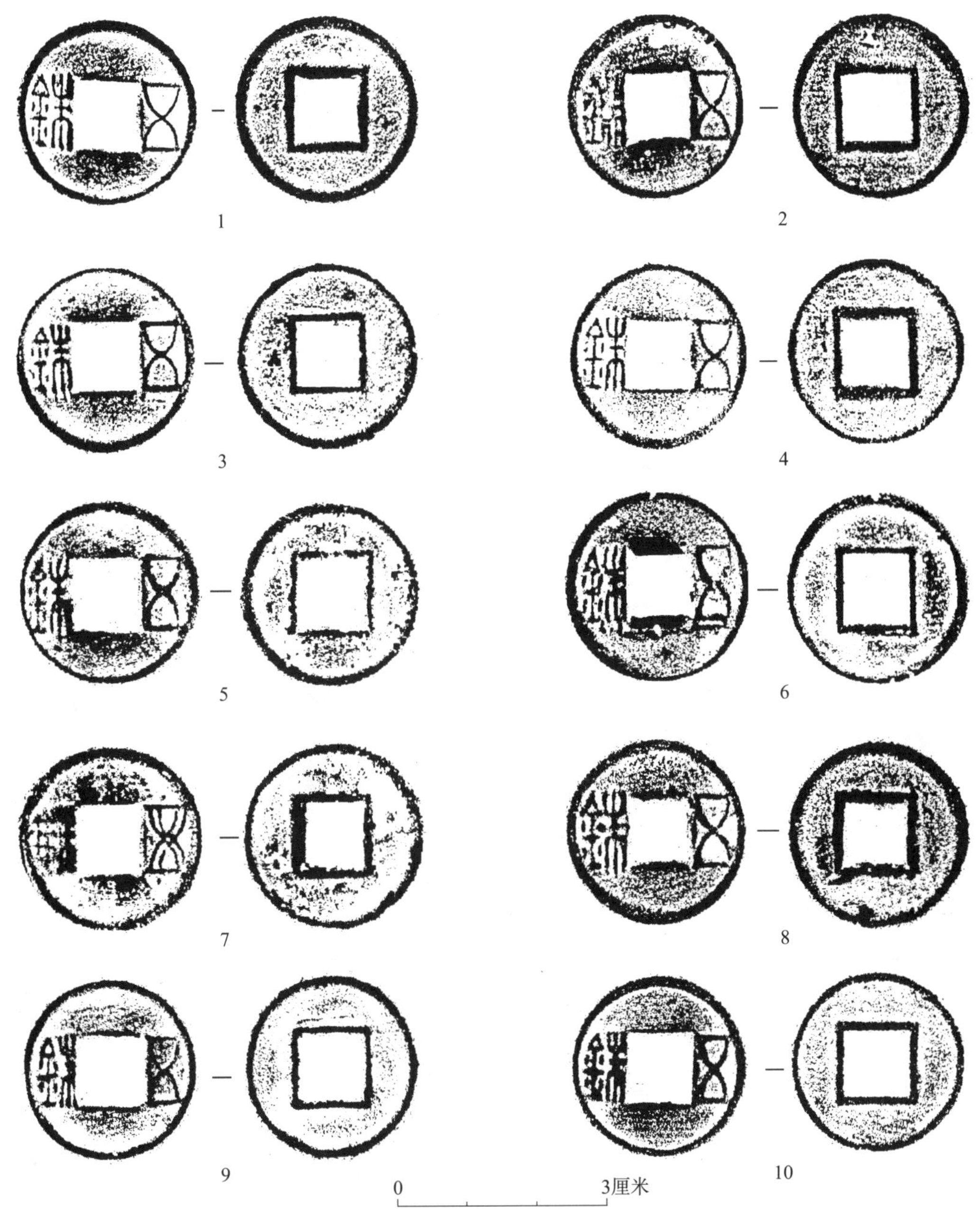

图246　太学遗址出土钱币（五铢铜钱A型）拓本

1. Ⅸ式（73HNTT106K1:06）　2. Ⅹ式（73HNTT106K1:11）　3. Ⅺ式（73HNTT106K1:08）　4. Ⅻ式（73HNTT106K1:04）　5. XⅢ式（73HNTT003③b:32）　6、7. XⅣ式（73HNTT106K1:09、73HNTT104③:27）　8、9. XⅤ式（73HNTT002②:33、73HNTT001②:16）　10. XⅥ式（73HNTT004②:11）

Ⅲ式　66枚。只留"五"字之半、"铢"字之"朱"或者一两笔。钱径1.25~1.83厘米。80HNTT405②:10，仅留"五"字之半、"铢"字之"朱"多一点，背穿郭肥大。钱径1.83、穿宽0.95厘米；肉厚0.03、穿郭宽0.15厘米。重量0.8克（图247，7）。80HNTT303④:04，钱文仅留一半，肉薄，无穿郭。钱径1.8、穿宽0.9厘米。重量0.8克。73HNTT003②:01，"铢"字比较模糊，肉较薄，背平。钱径1.5、穿径0.9厘米。重量0.55克（图247，8）。

Ⅳ式　16枚。因压平、磨光而字体消失，故无字。钱径1.3~2.3厘米。73HNTT105②:13，字

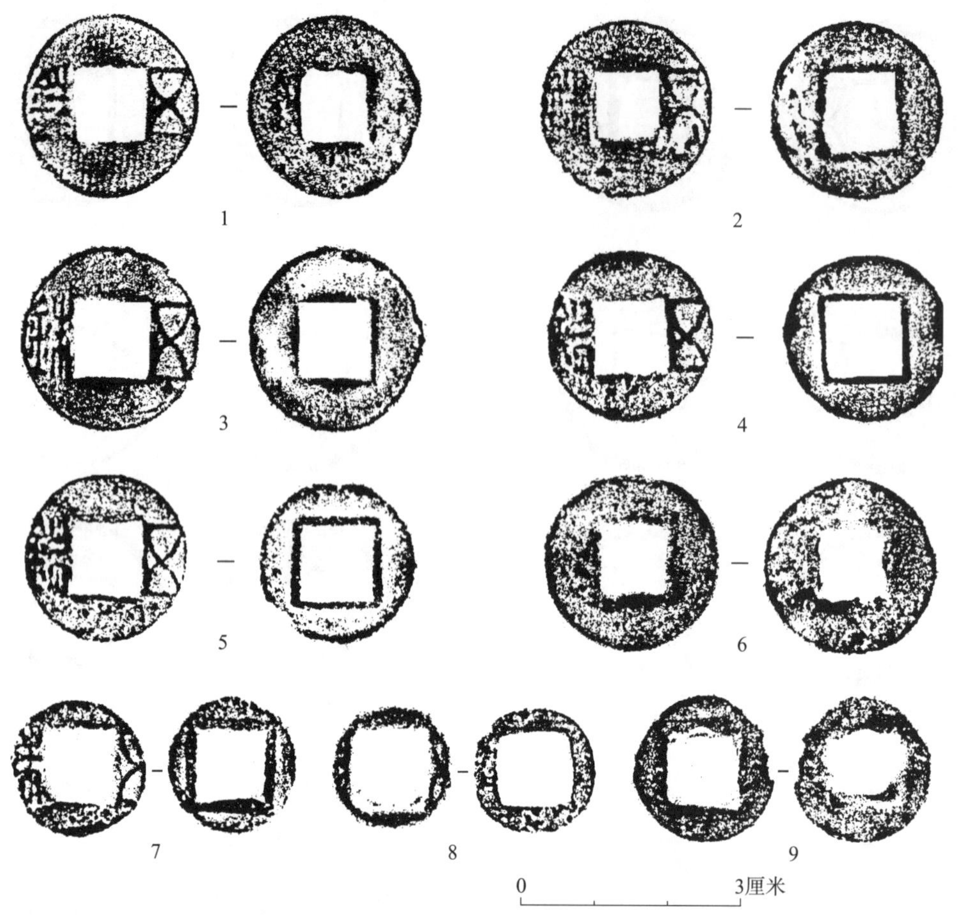

图247　太学遗址出土钱币（五铢铜钱B型）拓本

1~3. Ⅰ式（73HNTT005②:10、73HNTT003③b:16、73HNTT003③b:14）　4~5. Ⅱ式（74HNTT201②:28、73HNTT003②:40）　6、9. Ⅳ式（73HNTT105②:13、80HNTT402②:10）　7、8. Ⅲ式（80HNTT405②:10、73HNTT003②:01）

压平，肉较厚。钱径2.3、穿宽0.9厘米。重量1.65克（图247，6）。80HNTT402②:10，压且磨平，肉厚适中。钱径1.9、穿宽1、肉厚0.05厘米。重量0.65克（图247，9）。

C型　綖环五铢。共29枚。钱径2.4~2.6、中间有一大圆孔，系錾凿而成；孔的大小视钱而不同，多数钱文清楚。73HNTT002②:26，钱文各余一半。钱径2.6、郭宽0.13、肉厚0.04、孔径1.75厘米。重量2.05克（图248，1）。80HNTT404②:05，细郭。钱径2.45、肉厚0.06、孔径1.7、郭宽0.04厘米。重量1.4克（图248，2）。74HNTT202②:21，凿压得过平，连字都看不清，外郭也几乎不存在。钱径2.45、肉厚0.03、孔径1.5厘米。重量1.3克（图248，3）。

D型　记号五铢。共24枚。73HNTT107②:23，字画很浅，正面周郭低平，背周郭平而不显。"五"字两笔微曲，"朱"字旁上端不齐，且圆折。穿上一横郭。钱径2.4、郭宽0.1、郭厚0.1、穿宽0.9厘米。重量3克（图249，1）。73HNTT106②:22，铜色为红铜色。字迹纤秀，"五"字瘦削，弯曲程度不大；"金"字头较小，"朱"字旁上方折下圆折。正面穿上有横郭。钱径2.5、郭宽0.1、郭厚0.15、穿宽1厘米。重量3.9克（图249，2）。73HNTT003②:52，正面穿上横郭一道。钱径1.7、肉厚0.7、穿宽1厘米。重量1克（图249，

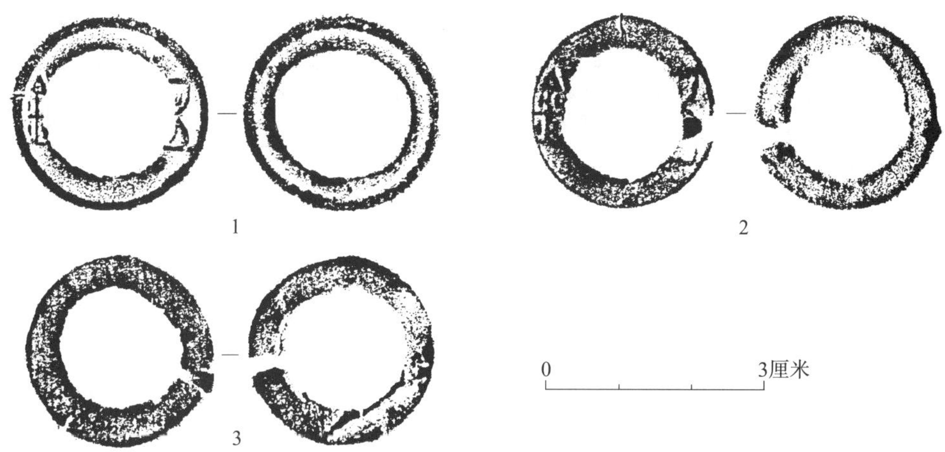

图248　太学遗址出土钱币（五铢铜钱C型）拓本

1. 73HNTT002②:26　2. 80HNTT404②:05　3. 74HNTT202②:21

3）。73HNTT103②:05，钱面穿上中部凸起一点。钱径1.6、穿宽0.95、穿郭宽0.1厘米。重量0.55克（图249，4）。74HNTT201②:12，钱面穿上中间凸起一点。钱径2.5、穿宽0.9、郭宽0.15厘米。重量3.15克（图249，5）。73HNTT003②:19，钱面穿上左上端凸起一点。钱径2.5、穿宽0.95、郭宽0.1、肉厚0.03厘米。重量2.35克（图249，6）。73HNTT004②:24，钱面穿上左上端凸起一点。钱径2.6、郭宽0.1、郭厚0.1、穿宽1厘米。重量2.2克（图249，7）。74HNTT201②:09，钱背左侧凸起2点。钱径2.25、穿宽0.9、肉厚0.08厘米。重量1.9克（图249，8）。73HNTT107②:10，面背周郭及背穿郭与肉面平，穿上阴刻有“┤”记号。钱径2.3、郭厚0.1、穿宽0.9厘米。重量1.7克（图249，9）。73HNTT005②:05，线郭[①]。背穿右侧有凸起四点记号。钱径2.3、肉厚0.07、穿宽0.9厘米。重量1.7克（图249，10）。73HNTT003夯1:01，钱面穿上凸起的横向纹线。钱径2.55、穿宽0.9、郭宽0.13厘米。重量2.8克（图250，1）。73HNTT003③b:15，钱面穿上凸有“-”符号，背面穿左侧阴刻有“≡”记号。钱径2.5、穿宽0.9厘米；郭宽0.1、郭厚0.1厘米。重量2.8克（图250，2）。73HNTT002②:02，钱面穿上有“人”字记号，背面穿右侧有“大”字记号。钱径2.5、穿宽0.9厘米；郭宽0.1、郭厚0.1厘米。重量2.7克（图250，3）。73HNTT001②:03，钱面穿之下有一凸起的一点一横记号。钱径2.55、穿宽0.9、郭宽0.15厘米。重量2.7克（图250，4）。73HNTT106②:06，颜色为红铜，穿上阴刻有“×”记号。钱径2.6、穿宽1厘米；郭宽0.15、郭厚0.1厘米。重量2.7克（图250，5）。73HNTT003②:13，钱面穿下刻有一“十”字。钱径2.5、穿宽1、郭宽0.05厘米。重量2.35克（图250，6）。73HNTT001②:12，磨郭，背面有阴刻“十”记号。钱径2.1、穿宽1、肉厚0.05厘米。重量1.7克（图250，7）。73HNTT003②:14，钱面穿上阴刻“十”字记号，背面穿右侧有“|”记号。钱径2.52、穿宽0.95、郭宽0.1厘米。重量2.8克（图250，8）。73HNTT105②:11，钱面穿上两角有阴刻的两条决文。钱径2.6、穿宽0.9厘米；郭宽0.15、郭厚0.15厘米。重量2.7克（图250，9）。80HNTT403Y2:06，背部穿郭四角有4条决文。钱径2.5、穿宽0.95、郭宽0.13厘米。重量3.4克（图250，10）。

① 也可称磨郭。

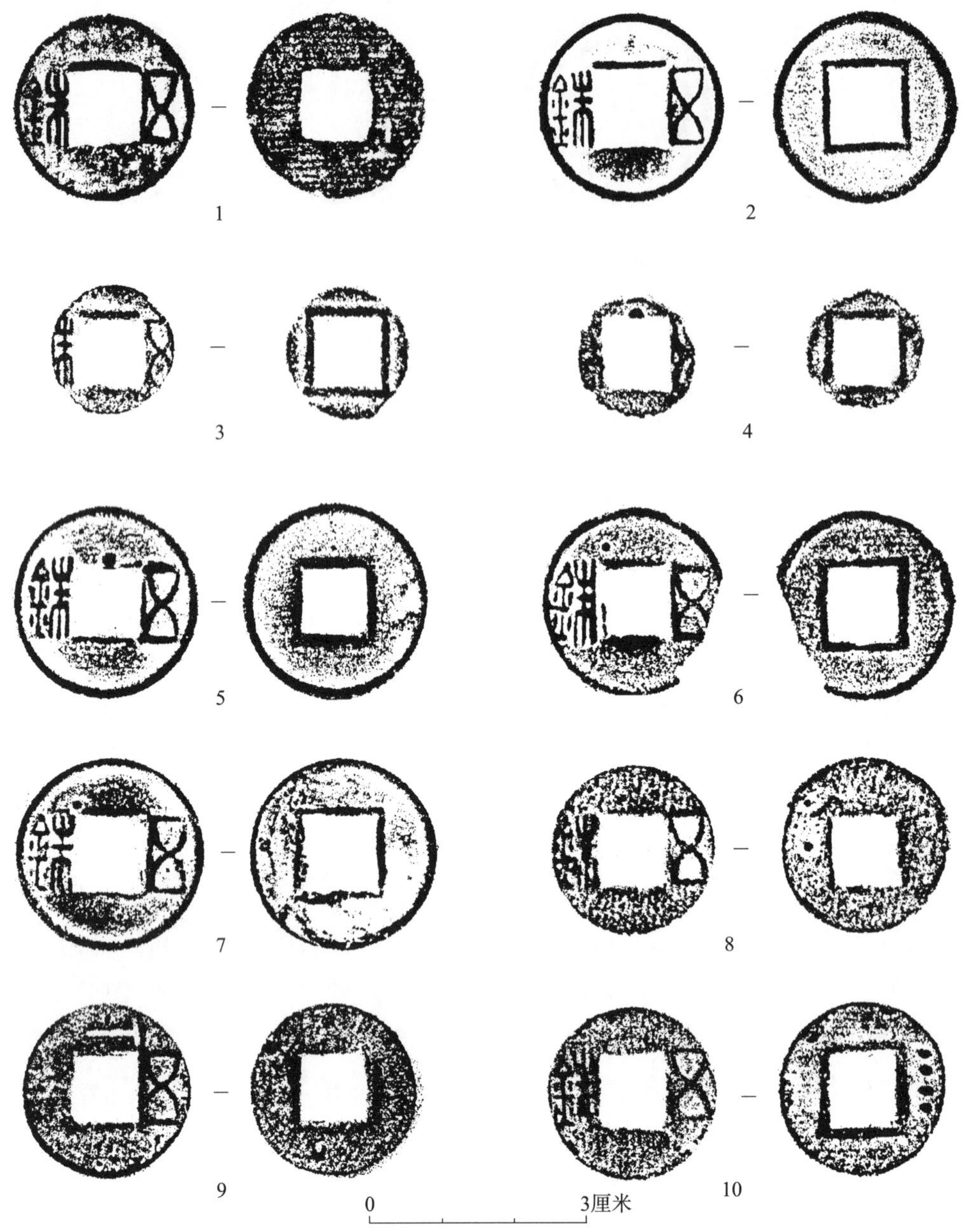

图249 太学遗址出土钱币（五铢铜钱D型）拓本

1. 73HNTT107②:23 2. 73HNTT106②:22 3. 73HNTT003②:52 4. 73HNTT103②:05
5. 74HNTT201②:12 6. 73HNTT003②:19 7. 73HNTT004②:24 8. 74HNTT201②:09
9. 73HNTT107②:10 10. 73HNTT005②:05

E型 小五铢。1枚（73HNTT005③a:01）。周郭、穿郭完整，正面穿两侧“五铢”二字尤显，但“铢”字拓片拓不出来。钱径1.2、穿宽0.4、肉厚0.1、郭宽0.1厘米。重量1克（图251，1）。

F型 五朱。7枚。无外郭，“铢”字仅存“朱”字。可以分为3式。

Ⅰ式 4枚。73HNTT003②:64，背穿无郭。钱径1.7、穿宽0.9、肉厚0.1厘米。重量1克（图251，2）。73HNTT001H101:03，钱径1.7、穿宽1厘米；肉宽仅0.3、肉厚0.1厘米。重量1

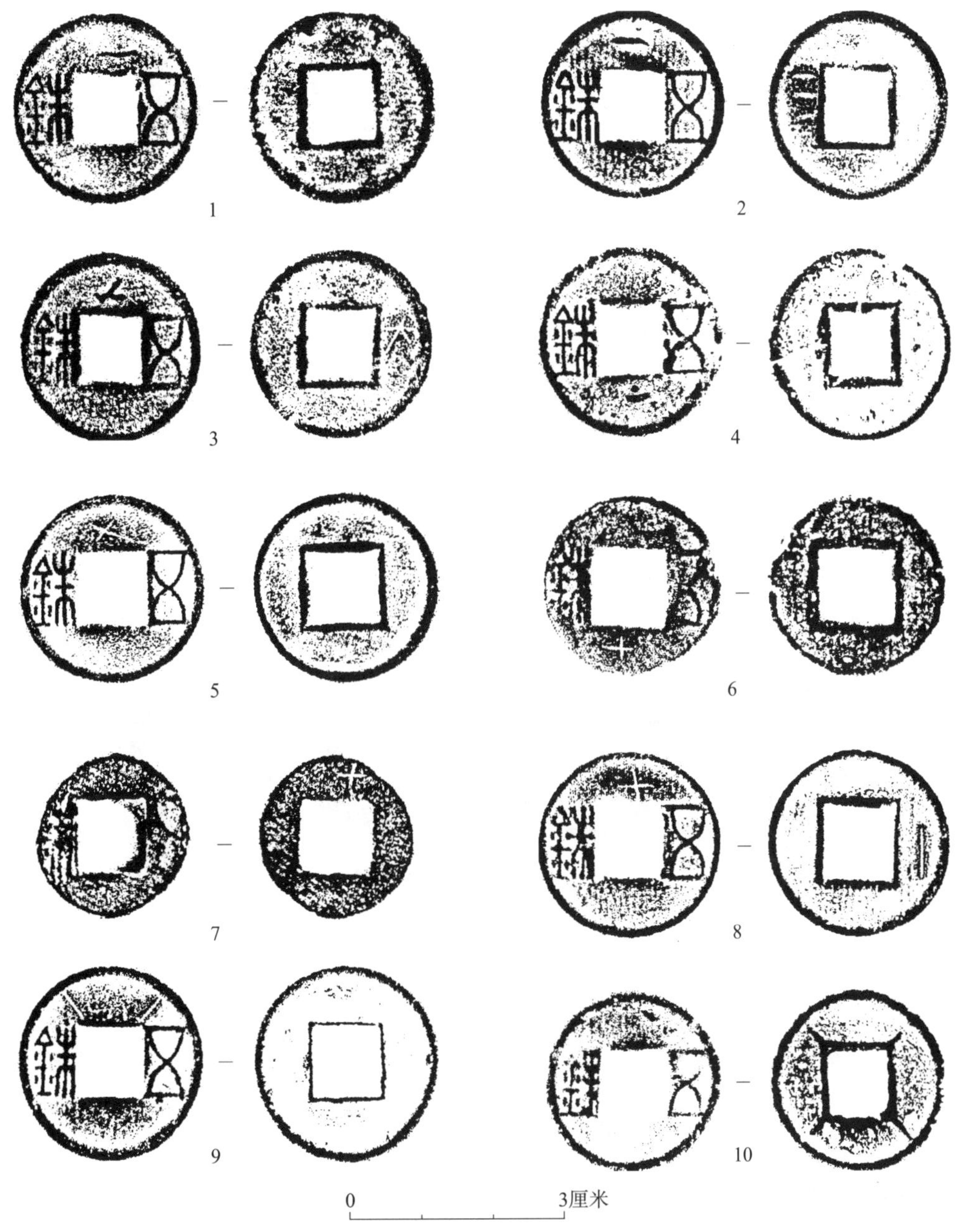

图250　太学遗址出土钱币（五铢铜钱D型）拓本

1. 73HNTT003夯1:01　2. 73HNTT003③b:15　3. 73HNTT002②:02　4. 73HNTT001②:03
5. 74HNTT106②：06　6. 73HNTT003②:13　7. 73HNTT001②:12　8. 73HNTT003②:14
9. 73HNTT105②:11　10. 80HNTT403Y2:06

克（图251，3）。

Ⅱ式　1枚（73HNTT001②:15）。背穿有郭。钱径1.6、穿宽0.9、肉厚0.08厘米。重量0.8克（图251，4）。

Ⅲ式　2枚。80HNTT401夯1:01，右侧字文不清，左边一“朱”字，穿有背郭。钱径1.6、穿宽0.7厘米；肉厚0.1、穿郭宽0.05厘米。重量0.95克（图251，5）。73HNTT003②:65，钱径较小，穿无背郭。钱径1.3、穿宽0.7、肉厚0.05厘米。重量0.5克（图251，6）。

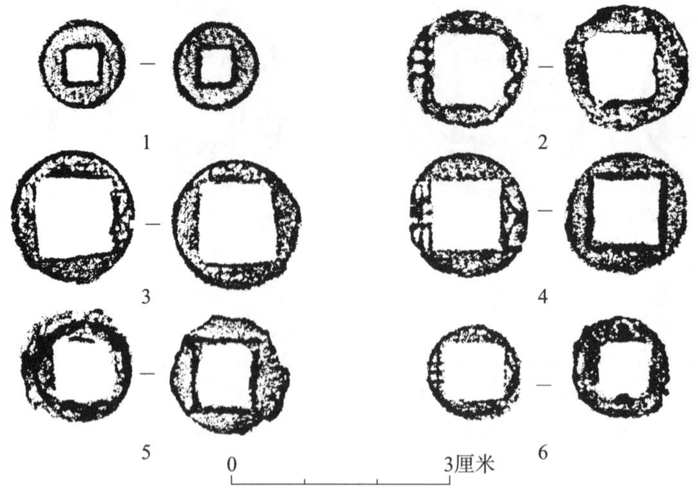

图251 太学遗址出土钱币（五铢铜钱E、F型）拓本

1. E型（73HNTT005③a:01） 2、3. F型Ⅰ式（73HNTT003②:64、73HNTT001H101:03）
4. F型Ⅱ式（73HNTT001②:15） 5、6. F型Ⅲ式（80HNTT401夯1:01、73HNTT003②:65）

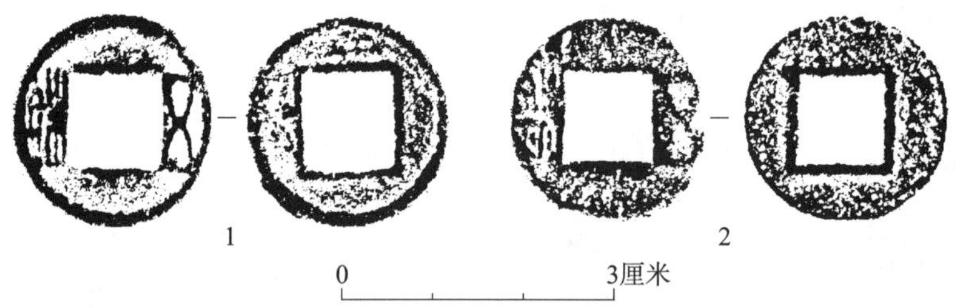

图252 太学遗址出土钱币（五铢铜钱G型）拓本

1. 73HNTT005②:01 2. 73HNTT003②:41

G型 压五压金五铢。4枚。73HNTT005②:01，钱肉较小，字画较窄。“五”字两竖划较窄、较直，“朱”字旁方转角。钱径2.2、穿宽1厘米；郭宽0.1、郭厚0.1厘米。重量2.2克（图252，1）。73HNTT003②:41，圆外郭。字迹发虚，“五”字较窄，“铢”字模糊不清。钱径2.2、穿宽0.9、郭宽0.1厘米。重量2.2克（图252，2）。根据近年的研究成果，曹魏五铢的特征之一，是五铢二字压五压金，也就是它的轮廓线叠压“五”字和“铢”字的“金”字旁。此型五铢钱币应为曹魏五铢。

（3）无字钱 共71枚。表面钱文沥损不清，大部分经过剪扎或是压平。大致可以分为三式。

Ⅰ式 16枚。明显为经剪扎或压平而无字者，这种钱俱为剪轮而无外郭。73HNTT002②:23，显系压平者。钱径2、穿宽0.9、肉厚0.05厘米。重量1.1克（图253，1）。73HNTT005②:09，剪扎而成。钱径1.8、穿宽0.85、肉厚0.08厘米。重量0.65克（图253，2）。

Ⅱ式 46枚。钱币面小，穿也小，多数有穿郭。钱径1~1.5厘米。80HNTT403②:47，穿背无郭。钱径1.65、穿宽0.75、肉厚0.08厘米。重量0.6克（图253，3）。73HNTT003②:24，为此次发现之最小钱币，穿一面有郭。钱径1.3、穿宽0.6厘米。重量0.4克（图253，4）。

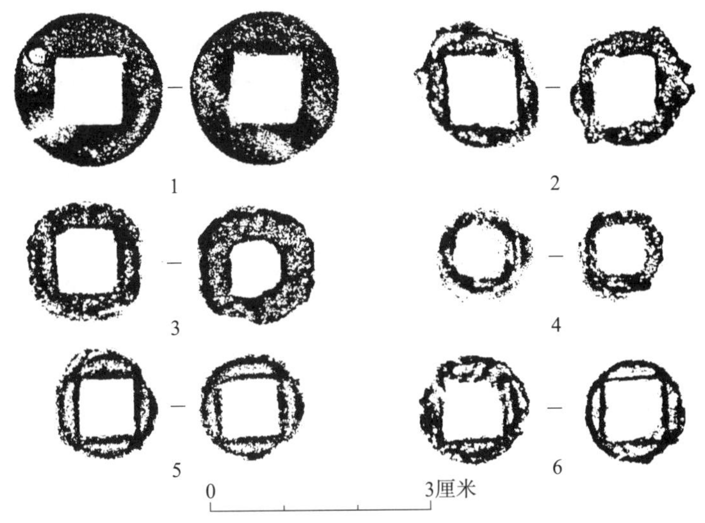

图253　太学遗址出土钱币（无字铜钱）拓本

1、2. Ⅰ式（73HNTT002②:23、73HNTT005②:09）　3、4. Ⅱ式（80HNTT403②:47、73HNTT003②:24）　5、6. Ⅲ式（80HNTT404②:21、80HNTT402②:36）

Ⅲ式　9枚。做工粗糙，钱面常有扎痕。80HNTT404②:21，边缘有一段重郭。钱径1.4、穿宽0.7、穿郭宽0.06、肉厚0.04厘米。重量0.45克（图253，5）。80HNTT402②:36，一面有扎痕。钱径1.4~1.5、穿宽0.72、穿郭宽0.06、肉厚0.07厘米。重量0.4克（图253，6）。

（4）货泉　共14枚。分为普通货泉、剪轮货泉和延环货泉三型。

A型　普通货泉。10枚。其中2枚钱文模糊不清，余8枚可分为四式。

Ⅰ式　3枚。79HNT西门T1②:11，字迹较开放。"货泉"二字较宽，"货"字头"匕"字小；"泉"字头呈圆形，"泉"字头最大径在中下部。钱径2.3、穿宽0.7、郭宽0.15厘米。重量3.35克（图254，1）。73HNTT107③:04，钱面边郭和穿郭较宽。钱径2.25、穿宽0.7厘米；郭宽0.15、郭厚0.1厘米。重量2克（图254，2）。

Ⅱ式　2枚。字迹较开放。"货泉"二字较宽，唯"货"字"匕"稍小，"泉"字头稍扁。73HNTT107②:25，钱径2.25、穿宽0.7、郭宽0.15厘米。重量3.25克（图254，3）。

Ⅲ式　2枚。73HNTT002H2:02，钱文显得拘谨。"货"字头"匕"字依然稍小，"泉"字头最大径在中下方。钱径2.3、穿宽0.7厘米；郭宽0.2、郭厚0.15厘米。重量3.4克（图254，4）。

Ⅳ式　1枚（80HNTT401②:02）。"货"字高于穿郭，"泉"字低于穿郭；"泉"字下面两点在上部外。穿上中间凸起一星。钱径2.15、穿宽0.69、郭宽0.11厘米。重量1.5克（图254，5）。

B型　剪轮货泉。2枚。73HNTT003②:25，"货泉"二字各留一半多。钱径1.8、穿宽0.8、肉厚0.1厘米。重量1.3克（图254，7）。

C型　綖环货泉。2枚。79HNT西门T1②:10，"货泉"二字均有残损，各留其少半。钱径2.3、穿宽1.5厘米；郭宽0.18、肉厚0.03厘米。重量1.85克（图254，6）。

（5）大泉五十　共5枚。依钱文差异分为三式。

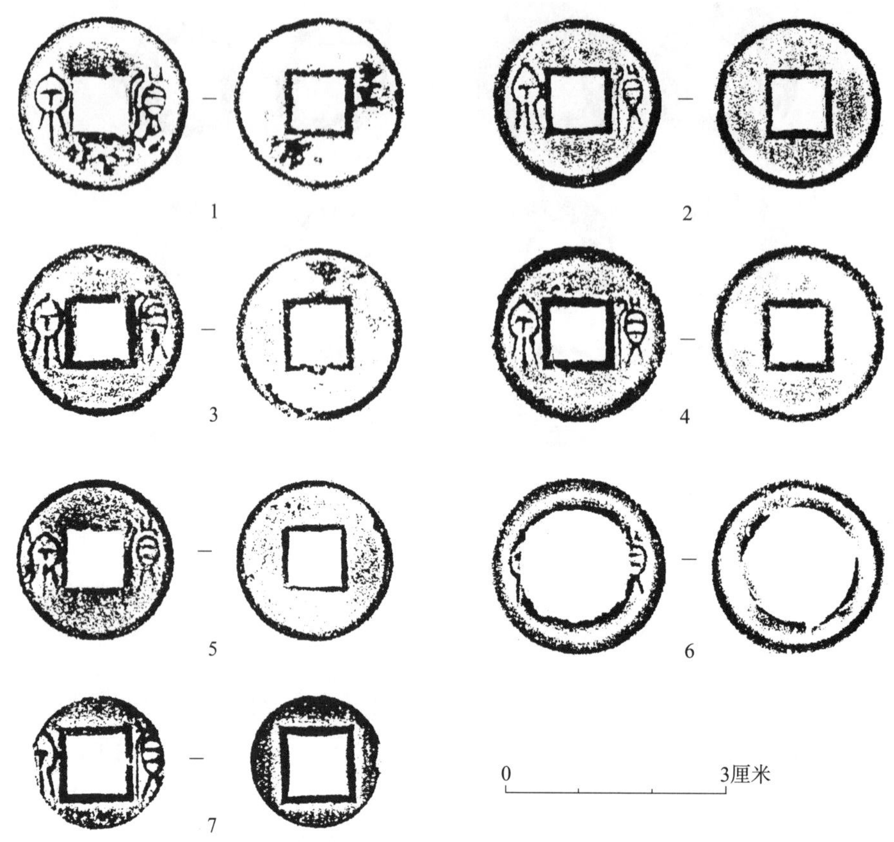

图254　太学遗址出土钱币（货泉铜钱）拓本

1、2. A型Ⅰ式（79HNT西门T1②:11、73HNTT107③:04）　3. A型Ⅱ式（73HNTT107②:25）　4. A型Ⅲ式（73HNTT002H2:02）　5. A型Ⅳ式（80HNTT401②:02）　6. C型（79HNT西门T1②:10）　7. B型（73HNTT003②:25）

Ⅰ式　2枚。外郭宽厚，郭突出较高。“大”字馒头形，“泉”字头与穿郭相连。80HNTT402②:01，钱径2.8、穿宽0.75、郭宽0.18厘米。重量8.55克（图255，1）。

Ⅱ式　1枚（79HNT西门T1②:01）。郭宽且突出较高。“大”字一横呈圆转直下，“泉”字头两笔分开且稍弯曲。钱径2.8、穿宽0.8厘米；郭宽0.18、肉厚0.1厘米。重量4.65克（图255，2）。

Ⅲ式　2枚。73HNTT109②:06，正背两面穿郭稍窄。“大”字一横折转较剧，“泉”字头两笔转弯时弯曲更甚。钱径2.7、穿宽0.8厘米；郭宽0.2、郭厚0.25厘米。重量4.7克（图255，3）。

（6）大泉当千　1枚（80HNTT404②:14）。外郭宽且突起较高，肉厚，方穿较大。钱径3.35、穿宽1.1、郭宽0.2厘米。重量11.1克（图255，4）。

（7）太平百钱　2枚。73HNTT107②:08，钱文字迹略模糊。钱面有郭，背平无郭。钱径1.7、穿宽0.75、郭宽0.1厘米。重量0.7克（图255，6）。73HNTT005②:30，钱文字迹比较模糊。无郭，肉厚适中，方穿背平。钱径1.7、穿宽0.7、肉厚0.05厘米。重量0.8克（图255，7）。

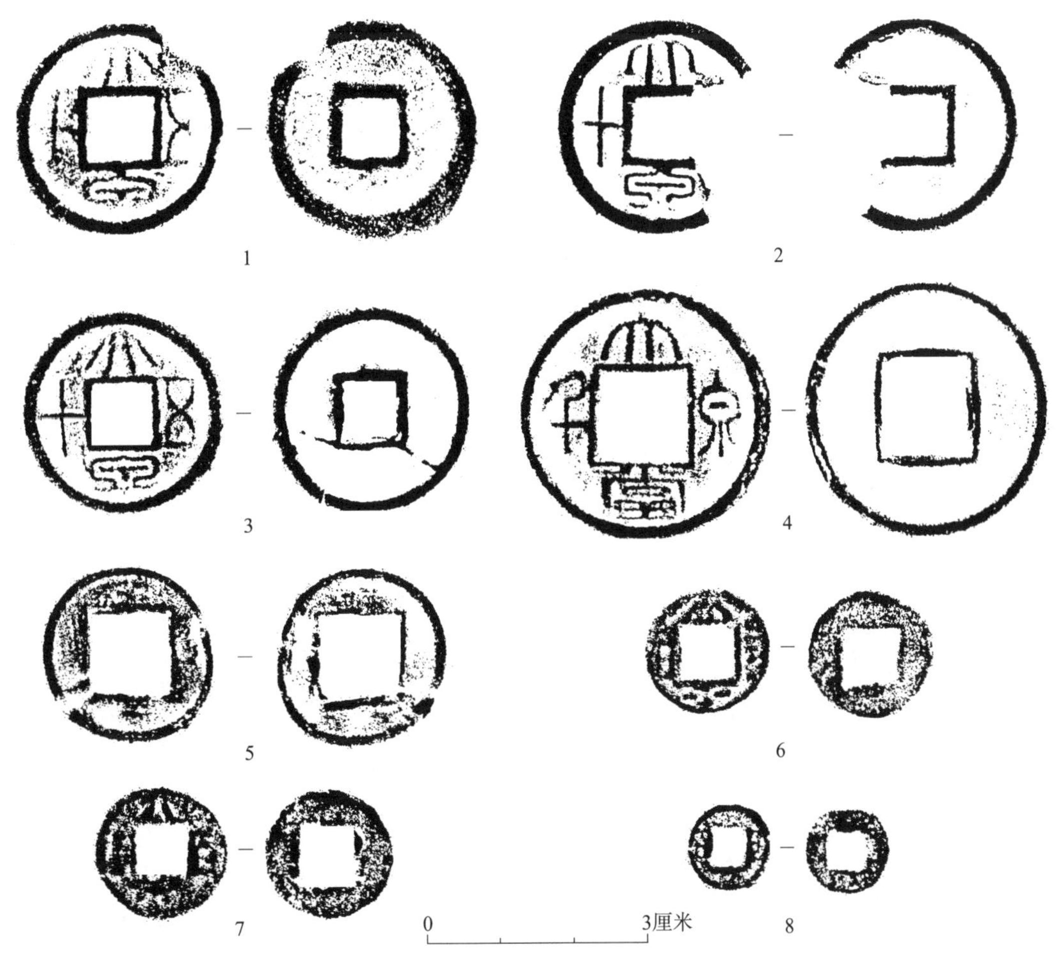

图255　太学遗址出土钱币（铜钱、铅钱）拓本

1. Ⅰ式大泉五十（80HNTT402②:01）　2. Ⅱ式大泉五十（79HNT西门T1②:01）　3. Ⅲ式大泉五十（73HNTT109②:06）　4. 大泉当千（80HNTT404②:14）　5. 铅钱（73HNTT002H3:04）　6、7. 太平百钱（73HNTT107②:08、73HNTT005②:30）　8. "□百"钱（80HNTT402②:30）

（8）"□百"　1枚（80HNTT402②:30）。体小，右边一字不清，可能为"直百"钱。面有窄细外郭，背无，肉薄，方穿，面背均有细穿郭。钱径1.12、穿宽0.47、郭宽0.04厘米。重量0.16克（图255，8）。

2.铅钱　2枚，均无字。

73HNTT002H3:04，钱较轻，有外郭，肉薄透沙孔。穿正面无郭，背面有郭。钱径2.3、穿宽1.1厘米；郭宽0.1、郭厚0.07厘米。重量1.5克（图255，5）。

二　太学西侧遗址遗物

太学西侧遗址由于只发掘一个探方，而且也不是重要的建筑基址区域，因此出土遗物数量不是很多。主要是一些砖、瓦、瓦当等建筑材料和几枚铜钱，其他遗物没有发现（附表一六，太学西侧遗址出土遗物登记表）。

（一）建筑材料

太学西侧遗址出土的建筑材料以砖、瓦和瓦当为主，由于遗址发掘面积不大，加之建筑材料比较残碎，故标本不多，以下分类叙述。

1.绳纹长方砖　本报告根据绳纹粗细差异分为A、B两型，该遗址仅见有A型。

A型　标本3件。粗绳纹长方砖。81HN太西T1L2∶01，砖灰色。一面为排列不匀的粗直绳纹；另一面为素面，平整。残长12、残宽15.5、厚5.5厘米（图256，1；图版一九一，1）。

2.绳纹面布纹里板瓦　本报告分为8型，该遗址仅见有E型。

E型　标本36件。绳纹排列成组的板瓦。81HN太西T1L2∶04，瓦灰色。凸面饰竖直绳纹，排列规整、成组；绳径约0.3、绳纹组宽约3.5厘米。中上部有竖向抹痕。板瓦残长23.5、残宽

图256　太学西侧遗址出土砖瓦拓本

1. A型绳纹长方砖（81HN太西T1L2:01）　2. E型绳纹面布纹里板瓦（81HN太西T1L2:04）
3. A型篮纹面板瓦（81HN太西T1②:05）　4. B型Ⅰ式绳纹面布纹里筒瓦（81HN太西T1G1:02）

16.5、厚1.5厘米（图256，2）。

3.篮纹板瓦　本报告依据该板瓦凹面有无衬垫布纹分为两型，该遗址仅出土有A型。

A型　标本80件。凸面饰斜向篮纹；凹面为布纹，瓦头部分加饰有方格纹。81HN太西T1②:05，瓦灰色，完整。凸面靠近瓦尾部分篮纹被抹光。瓦长48、宽33.5~36、厚1.4~1.8厘米（图256，3；图版一九一，2）。

4.绳纹面布纹里筒瓦　本报告根据筒瓦凸面所饰绳纹差异分为三型，该遗址仅见有B型。

B型　竖直绳纹加印斜绳纹的筒瓦。本报告分为两式，该遗址仅见有Ⅰ式。

Ⅰ式　标本6件。筒瓦凸面饰竖直绳纹，局部加印有斜绳纹，肩部以上和瓦尾部分绳纹被抹平，瓦尾的抹平部分也加拍斜向绳纹。81HN太西T1G1:02，瓦灰色，完整。瓦唇面呈斜坡状。肩略内收。凸面竖直绳纹绳径约0.2、近瓦唇一端被抹去长约5、但仍留有绳纹痕。瓦尾较薄，近尾端4厘米被抹平并加拍斜绳纹。凹面所饰布纹留有皱褶痕，距瓦尾4厘米处有一道横向绳索凹槽。瓦长42.2、径15~15.5、厚1~1.8厘米；唇长3.5、厚1.4、肩高0.8厘米（图256，4）。

5.素面布纹里筒瓦　出土数量不多，有瓦片标本26件，皆为本报告划分的A型，式不明。81HN太西T1L2:05，瓦青灰色。凸面素面，凹面衬垫布纹褶皱痕迹明显，侧棱泥刀切痕宽0.4厘米。筒瓦残长18.2、厚1.5、肩高1.5厘米。

6.云纹瓦当　该遗址出土的云纹瓦当数量不多，且多为本报告分类的Ca型云纹瓦当。

Ca型　为双线界格卷云纹瓦当，单组云纹由一条弧线一笔构成，中间迂曲部分不断笔。本报告依据瓦当云纹图案中的装饰点缀差异分为14式，该遗址仅见有Ⅱ、Ⅳ式。

Ⅱ式　17件。云纹中心迂曲程度较Ⅰ式简洁。81HN太西T1L2:03，瓦当灰色，略泛青，烧制火候较高，稍残。当面纹饰部分经压挤后变形。瓦当背后接绳纹筒瓦，筒瓦前端拍印斜绳纹，绳径约0.2、从筒瓦与瓦当相接的外侧，可以看到一条较为清晰的压痕，应为筒瓦与瓦当衔接的痕迹。面径12.5、厚2.9、边轮宽1.2~1.3厘米；后接筒瓦厚1.5厘米（图257，1、2；图版一九一，3）。

Ⅳ式　1件（81HN太西T1G1:01）。每组云纹的中心各加饰一个小三角形凸点，向下一角均指向中心圆乳丁。瓦当灰色，略泛青，残存一半。边轮明显高出当面，中心圆乳丁凸起。当背光滑，敷泥后抹平的手痕清晰可见。残存面径14.7、厚2.5、边轮宽1.7厘米（图257，3、4；图版一九一，4）。

（二）钱币

太学西侧遗址出土的钱币数量很少，共有5枚铜钱，为五铢和无字钱两种。

1.五铢　该遗址出土有太学遗址分类的A、B、C型五铢。

A型　普通五铢。1枚（81HN太西T1②:02）。与太学遗址A型Ⅸ式普通五铢铜钱相同。“五”字较宽放，“铢”字的“金”字头呈三角形，四点放长。钱径2.55、穿宽0.9厘米；外郭宽0.15、穿郭宽0.1厘米。重量2.2克（图258，1）。

B型　剪轮五铢。2枚。与太学遗址B型Ⅲ式剪轮五铢铜钱相同。只留“五”字之半、“铢”字之“朱”或者一两笔。81HN太西T1②:06，剪轮较少，钱文剩大半。钱径2、穿宽0.9厘米；肉厚0.07、穿郭宽0.15厘米。重量1.2克（图258，2）。81HN太西T1②:07，钱文仅余一

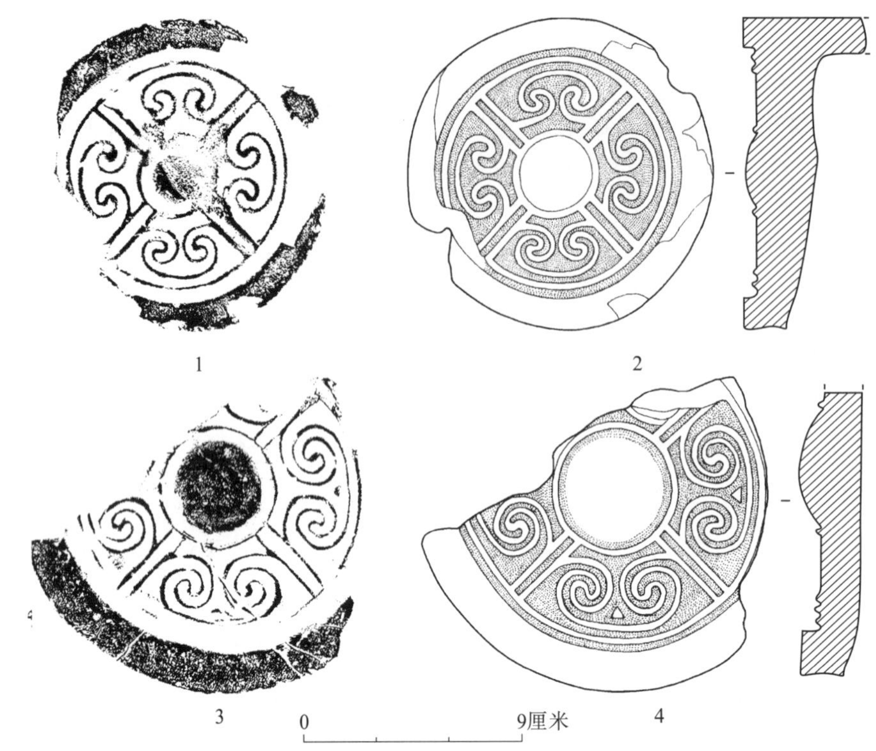

图257　太学西侧遗址出土云纹瓦当（Ca型）拓本与线图

1、2. Ⅱ式（81HN太西T1L2:03拓本、线图）　3、4. Ⅳ式（81HN太西T1G1:01拓本、线图）

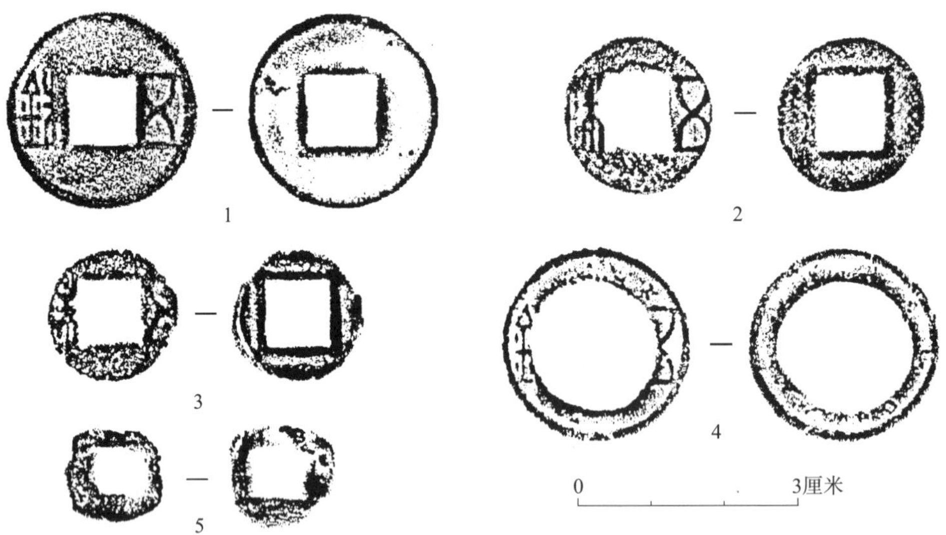

图258　太学西侧遗址出土钱币（铜钱）拓本

1. A型Ⅸ式五铢（81HN太西T1②:02）　2、3. B型Ⅲ式五铢（81HN太西T1②:06、81HN太西T1②:07）　4. C型五铢（81HN太西T1②:01）　5. Ⅱ式无字钱（81HN太西T1②:04）

半。钱径1.8、穿宽0.8厘米；肉厚0.03、穿郭宽0.1厘米。重量0.9克（图258，3）。

C型　綖环五铢。1枚（81HN太西T1②:01）。以普通五铢凿成一圆孔而成，钱文各剩一小半。钱径2.5、孔径1.7厘米；肉厚1、郭宽1.5厘米。重量1.8克（图258，4）。

2.无字钱　仅见有太学遗址分类的Ⅱ式无字铜钱。

Ⅱ式　1枚（81HN太西T1②:04）。币面较小，穿也较小，多数穿有郭。钱径1.3、穿宽0.65、肉厚0.05厘米。重量0.35克（图258，5）。

三　太学南侧遗址遗物

（一）建筑材料

太学南侧遗址出土的建筑材料以砖、瓦、瓦当等为主，其中云纹瓦当、绳纹面布纹里板瓦和筒瓦居多，几何纹方砖也有一定数量出土，同时有相当数量的绳纹面布纹里板瓦或筒瓦上带有“官”字或“南甄官瓦”字样戳印，这在一定程度上为我们判断遗址时代和性质提供了重要依据（附表一七，太学南侧遗址出土遗物登记表）。

1.素面长方砖　长方砖中该遗址仅见有素面长方砖。砖的两面俱为素面，无纹饰。本报告以砖的规格大小分为三型，该遗址仅见有C型。

C型　标本11件。为小型砖，这种砖一般长度在24.5~25.5厘米左右，宽度12~13厘米。81HN太南T3②:01，整砖，灰色。长24.8、宽12.6、厚5.7厘米。81HN太南T3②:15，砖面一面较平整，留有刮痕；另一面略粗糙。长24.7、宽12.5、厚4.4厘米。81HN太南T1②:01，长25.7、宽12.1~12.4、厚4.7~4.9厘米。

2.几何纹方砖　方砖中该遗址仅见有几何纹方砖。几何纹主题图案以“五”字纹或变体“五”字纹为主。此类方砖本报告分为三型，该遗址见有A、C型。

A型　边框内左右两侧饰五字纹带，中间模印两排直棂纹与变体方形五字纹相间排列的图案，每排三个单元，交错排列。本报告分为6式，该遗址见有Ⅱ、Ⅴ、Ⅵ式。

Ⅱ式　标本5件。具体特征见灵台遗址同型式遗物。81HN太南T3②:03，残长14.5、残宽21.4、厚4厘米（图259，1）。

Ⅴ式　标本1件（81HN太南T4②:02）。具体特征与明堂遗址同型式遗物相同。有纹饰一面砖面呈圆弧形，“五”字纹略宽短，边框较窄。残长16.5、残宽12、厚4厘米（图259，2）。

Ⅵ式　标本1件（81HN太南T1②:28）。具体特征与灵台遗址同型式遗物相同。纹饰一面砖面呈圆弧状，“五”字瘦长。残长13.6、残宽14.1、厚4.5厘米（图259，3）。

C型　边框内四边均饰“五”字纹带，其间布置两排直棂纹与变体“五”字纹相间的图案。本报告依据五字纹差异分为两式，该遗址仅见Ⅱ式。

Ⅱ式　标本1件（81HN太南T4②:03）。残损较甚，仅余周边“五”字纹。“五”字较长，两条线对角交笔，交笔处留下一个不甚规则的凸点，其上、下、左、右各有一个凸起的实心三角形。纹饰一面砖面呈圆弧形。残长17.5、残宽12.7、厚4.2厘米（图259，4）。

3.空心砖　皆为残块，均出土在地层堆积之中。主题图案以龙、虎等形象为主，由龙、虎的不同形象分为2型。

A型　空心砖中心图案为虎形，依据图案细部差异可分为两式。

Ⅰ式　12件。空心砖中心图案为虎形。空心砖上方图案为长方形框，以连续X纹加菱形点纹为隔断分隔画面，每个画面内右侧均为一棵树插在插座上；左侧是一只猛虎，虎背上方有云气纹。下方图案为圆形和菱形相间绘出图案，圆形图案内绘有七星围绕中间散射光芒的圆

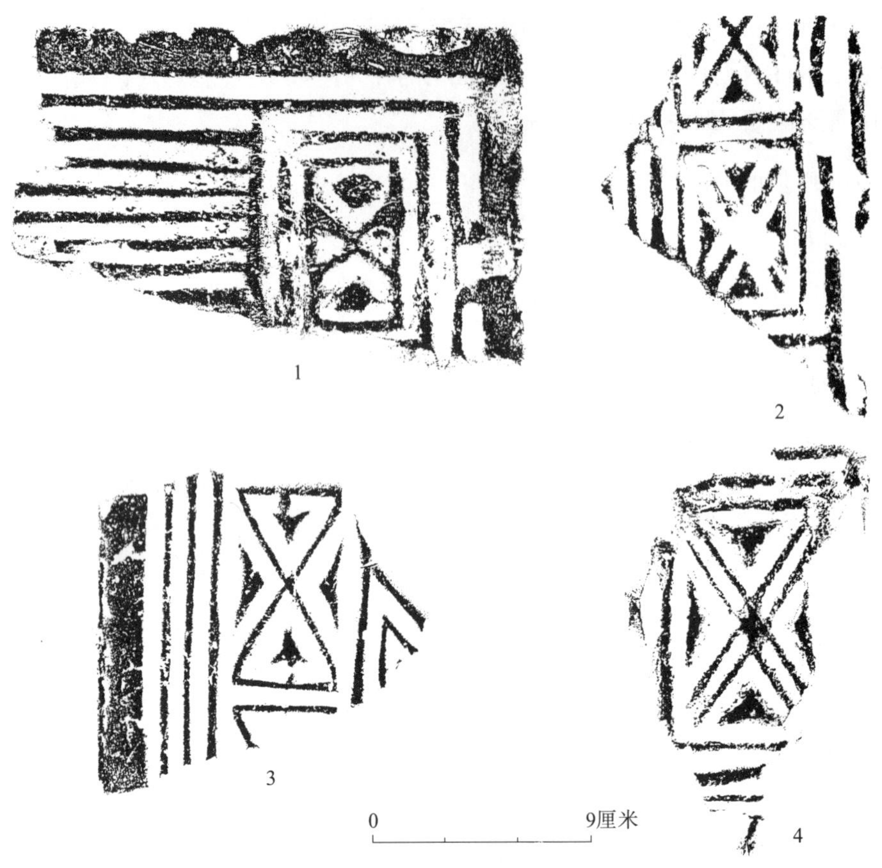

图259　太学南侧遗址出土几何纹方砖拓本

1. A型Ⅱ式（81HN太南T3②:03）　2. A型Ⅴ式（81HN太南T4②:02）
3. A型Ⅵ式（81HN太南T1②:28）　4. C型Ⅱ式（81HN太南T4②:03）

点；菱形图案则以圆形为主体，周围辅以4个内为镞形的三角状叶纹。81HN太南T1②:07，残长17、残宽11.5、厚3.4厘米（图260，1；图版一九二，1）。81HN太南T5②:02，残长16.5、残宽12.9、残厚9.3厘米（图260，2；图版一九二，2）。

Ⅱ式　6件。上方图案与Ⅰ式大致相同。下方图案为两个圆形和一个菱形相间绘出的图案，圆形图案内仍为七星围绕着中间散射光芒的圆点；菱形图案内则以五铢钱纹为主体，周围辅以四叶纹。81HN太南T1②:23，上方长方形边框内以连续X纹加菱形点纹隔断成两个画面，前一画面为一只猛虎后半部，后一画面也有似树下插座的物件。残长13.2、残宽13.5、残厚3.5厘米（图260，3；图版一九二，3）。

B型　1件（81HN太南T3②:04）。空心砖中心图案为龙形。上方长方形边框内绘一龙形图案，龙尾上扬。下方图案仅残存有模糊的圆形图案边缘。残长9.5、残宽8.3、厚3.5厘米（图260，4；图版一九二，4）。

4.板瓦　太学南侧遗址出土的板瓦，主要为绳纹面布纹里板瓦，其中部分绳纹面板瓦上拍印有带字的戳印，另外有极少量素面板瓦。

（1）绳纹面布纹里板瓦　该遗址出土的绳纹面布纹里板瓦数量较多，这类板瓦常见于汉魏洛阳故城汉晋时期的建筑遗址中，而且沿用时间较长，整个汉晋时期一直都在使用。本报

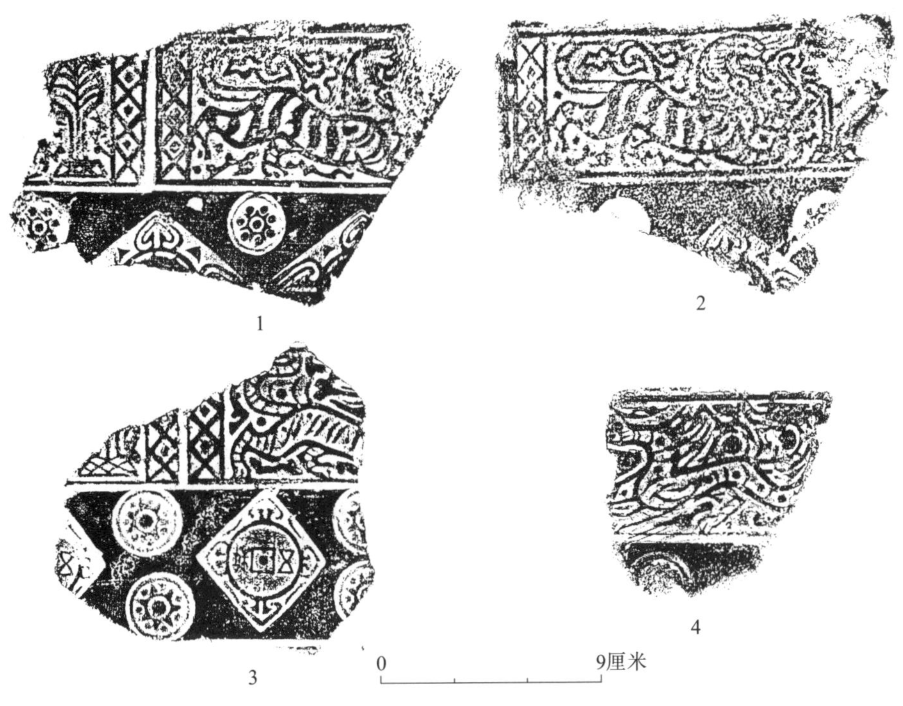

图260　太学南侧遗址出土空心砖拓本

1、2. A型Ⅰ式（81HN太南T1②:07、81HN太南T5②:02）　3. A型Ⅱ式（81HN太南T1②:23）　4. B型（81HN太南T3②:04）

告依据板瓦凸面绳纹排列的差异分为8型，该遗址见有A、B、C、E型。

A型　竖直绳纹板瓦。此型板瓦本报告分为3式，该遗址共有标本68件，见有Ⅰ、Ⅱ式，另有21件瓦片式别不明。

Ⅰ式　标本36件。板瓦凸面饰竖直绳纹，瓦头和瓦尾部分被抹平，瓦尾的抹平部分加拍斜向绳纹。81HN太南T1②:38，瓦灰色，略残，可复原。凸面粗竖直绳纹较为规整，绳径约0.4、瓦头12厘米长和瓦尾2.7厘米长被抹，瓦尾的抹光部分与瓦面绳纹交界处起脊。凹面布纹，距瓦尾9厘米处有一道宽约0.8厘米的横向绳索压痕。瓦尾端面呈凹槽状。瓦长53、宽39、厚1.5厘米（图261，1；图版一九三，1）。81HN太南T3②:05，瓦灰色。凸面规整的细竖直绳纹绳径约0.2、瓦头11厘米长和瓦尾3厘米长被抹，瓦头另有5条斜向粗工具印痕。凹面布纹下可看到泥条盘筑痕迹，泥条宽约4.5、瓦头约5厘米长加印有菱形方格纹，距瓦尾11厘米处有一道宽约1厘米的横向绳索压痕。整瓦长56、宽38.5~43.5、厚1.3~1.7厘米（图261，2；图版一九三，2）。81HN太南T2②:01，瓦灰色，残存瓦尾部分。凸面细竖直绳纹较规整，绳径约0.2、绳纹上有三道竖向刻痕，瓦尾约3.6厘米长被抹。凹面布纹，距瓦尾7~8厘米处有一道宽约0.9厘米的横向绳索压痕。瓦尾端面略呈凹槽状。瓦残长14.5、残宽25.5、厚1.3厘米（图261，3）。

Ⅱ式　标本11件。板瓦凸面饰竖直绳纹，瓦头部分加拍斜绳纹，被压平后仍可见，压平部分与绳纹面之间界限极为明显。81HN太南T1②:10，瓦青灰色，残存瓦头部分。凸面规整的竖直绳纹绳径约0.3、瓦头压平部分长12、局部印有斜绳纹。凹面距瓦尾6厘米处有一

图261 太学南侧遗址出土绳纹面布纹里板瓦（A型）拓本

1、2、3. Ⅰ式（81HN 太南T1②:38、81HN太南T3②:05、81HN太南T2②:01）

4、5、6. Ⅱ式（81HN太南T1②:10、81HN太南T1②:11、81HN太南T1②:39）

条横向绳索压痕。瓦残长17.8、残宽17、厚1.3厘米（图261，4）。81HN太南T1②:11，瓦灰色，残存瓦头部分。凸面较规整的竖直绳纹绳径约0.3、瓦头压平部分长约13、加拍有少许斜向绳纹。侧棱切痕宽约0.2厘米。瓦残长22、残宽21、厚1.7厘米（图261，5）。81HN太南T1②:39，瓦灰色，残存瓦尾部分。凸面规整的竖直绳纹绳径约0.25、瓦尾抹光处呈一道横向弧形凹槽。凹面布纹距瓦尾8.2厘米处有一道宽2厘米的横向绳索凹槽。瓦尾端面呈凹槽状。瓦残长16、残宽23、厚1.3~1.5厘米（图261，6）。

B型 标本1件（81HN太南T1②:24）。为竖直绳纹和斜绳纹交错的绳纹板瓦。瓦灰色，残半。凸面较规整的粗竖直绳纹绳径约0.3、局部加拍绳径约0.4厘米的斜绳纹；瓦头抹平部分长约8、加拍的斜绳纹较为密集。板瓦侧棱泥刀切痕宽约0.4厘米。瓦残长27、残宽31、厚1.7~2厘米（图262，1）。

C型 标本3件。为直绳纹和素面相间排列的板瓦。81HN太南T1②:15，瓦灰色，残存瓦尾部分，较薄。凸面竖直绳纹排列疏密不均，局部不太清晰，瓦尾约9厘米长被抹过。凹面距瓦尾11.5厘米处有一道宽2.5厘米的横向绳索压痕。瓦残长21.5、残宽11.5、厚1厘米（图262，2）。81HN太南T1②:29，瓦灰色，残存瓦尾部分。凸面竖直绳纹排列疏密不均，绳径粗细不匀，最粗0.4、最细0.2厘米；瓦尾8厘米长被抹平，约1.5厘米处加拍斜绳纹，靠瓦尾端突然变

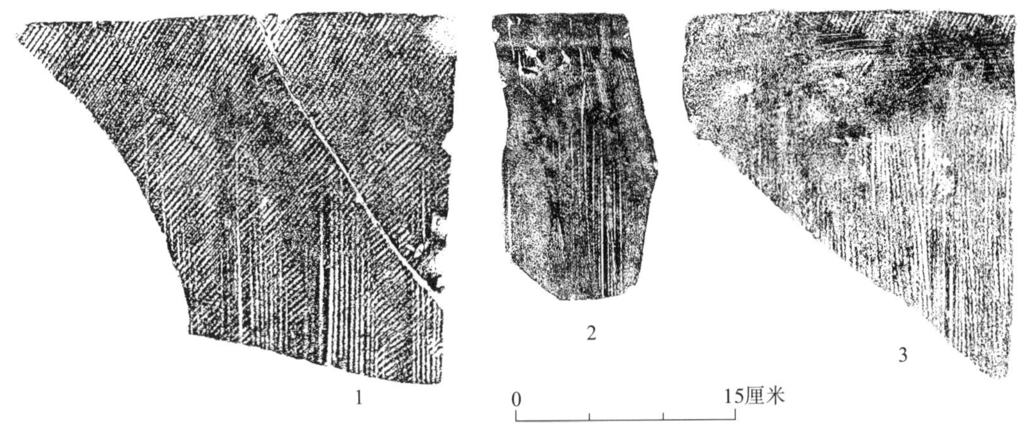

图262　太学南侧遗址出土绳纹面布纹里板瓦（B、C型）拓本

1. B型（81HN太南T1②:24）　2、3. C型（81HN太南T1②:15、81HN太南T1②:29）

薄。侧棱泥刀切痕明显，宽0.4~0.7厘米。瓦残长27、残宽24、厚1.1~1.7厘米（图262，3）。

E型　标本8件。为绳纹排列成组的板瓦。81HN太南T1②:08，瓦灰色，残存瓦头部分。凸面规整的竖直绳纹排列成组，而且组宽不等，绳径约0.2、组宽5.7~6.2厘米；瓦头9.8厘米长加拍有斜绳纹，局部被抹过。凹面瓦头3.5厘米长印有席纹。瓦头处稍薄，瓦头端平整。瓦残长14、残宽23、厚1.2~1.5厘米（图263，1、2）。81HN太南T1②:09，瓦灰色，残存瓦头部分。凸面规整的竖直绳纹排列成组，绳径约0.2、组宽约3.5、组与组间隔2厘米；瓦头部分10.5厘米长加拍有斜绳纹，局部被抹过。凹面瓦头部分5.5厘米长印有席纹。瓦残长17.5、残宽20、厚1.5~1.7厘米（图263，3、4）。81HN太南T1②:40，瓦青灰色，残存瓦尾部分。凸面规整的竖直绳纹排列成组；绳径约0.3、组宽约3.5厘米；瓦尾处约5.7厘米长被抹过，局部仍可见绳纹。凹面印有布纹，距瓦尾12.5厘米处有一道宽1.8厘米的横向绳索压痕。侧棱泥刀切痕宽约0.2厘米。瓦残长16.5、残宽18、厚1.4~1.7厘米（图263，5）。81HN太南T1②:41，瓦灰色，残存瓦尾部分。凸面规整的细竖直绳纹排列成组，绳径约0.1、组宽3.2、瓦尾约4厘米长被抹过后呈低凹弧形。凹面布纹，距瓦尾12.8厘米处有一道宽约2.3厘米的横向绳索压痕。瓦尾端面亦略呈凹槽状。瓦残长23、残宽14.5、厚1.2~1.5厘米（图263，6）。

（2）带戳印与压印文字绳纹板瓦　绳纹面布纹里板瓦中，还有一些带戳印和压印出文字的板瓦残片，由于残片较碎无法分型，故在此另行叙述。

带戳印板瓦　共8件。能辨识字文的有“南甄官瓦”、“官”、“回”和反文“官”字等戳印。

“南甄官瓦”戳印　4件。板瓦凸面为绳纹，凹面饰布纹，戳印皆在凸面绳纹之上。81HN太南T1②:34，印文清楚。瓦残长11、残宽12.6、厚1.5厘米；戳印长3.8、宽1.7~1.9、深0.2厘米（图264，1、2）。

“官”字戳印　2件。“官”字为正文，字较规整，戳印在板瓦凹面。81HN太南T3②:13，瓦残长12、残宽10、厚1.8厘米；戳印长3、宽2、深0.1厘米（图264，3）。

反文“官”字戳印　1件（81HN太南T3②:14）。“官”字为反文，字也比较规整，戳印在板瓦凹面。瓦残长12.5、残宽13.5、厚1.7厘米；戳印长3、宽2厘米（图264，4）。

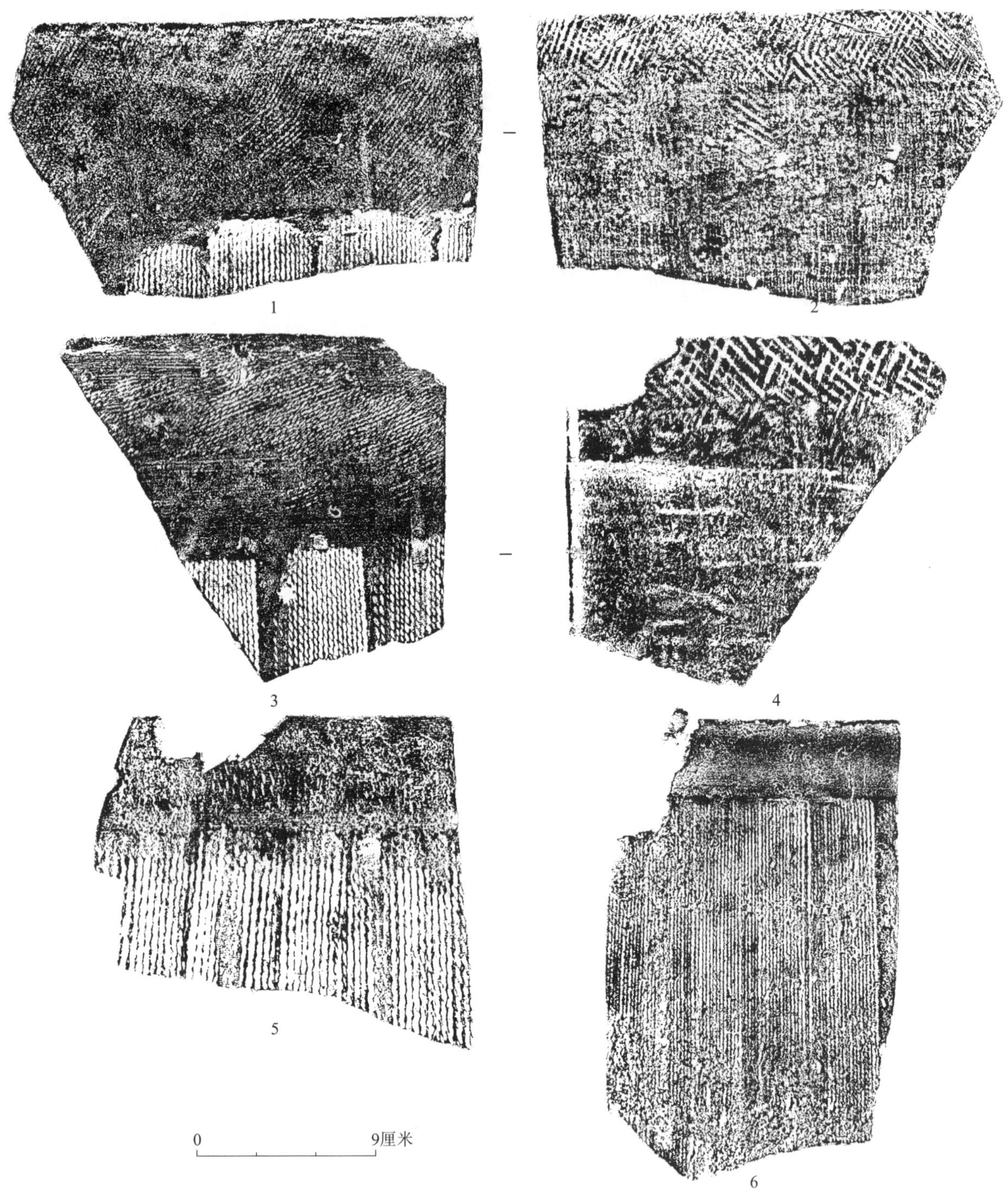

图263 太学南侧遗址出土绳纹面布纹里板瓦（E型）拓本

1、2. 81HN太南T1②:08凸、凹面 3、4. 81HN太南T1②:09凸、凹面 5. 81HN太南T1②:40 6. 81HNT太南T1②:41

“回”字纹戳印。1件（81HN太南T2②:02）。板瓦凸面饰排列规整的竖粗绳纹，凹面饰布纹。在凹面上印一个边长7.5厘米的方形外框，中心有长3.2、宽3.1厘米的方形凸起，似一“回”字。板瓦残长12.2、残宽9、厚1.3厘米。

压印文字板瓦 共19件。板瓦凸面为粗绳纹，凹面印有布纹。压印文字皆在板瓦凹面，

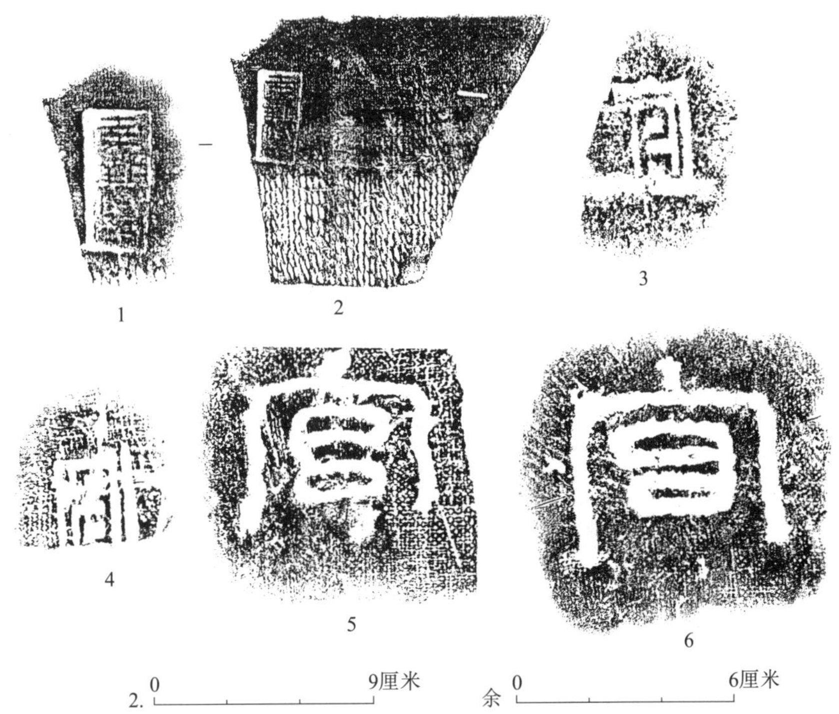

图264　太学南侧遗址出土绳纹面布纹里板瓦戳印拓本

1、2. “南甄官瓦”戳印（81HN太南T1②:34）　3、5. “官”字戳印（81HN太南T3②:13、81HN太南T1H2②:01）　4、6. 反文“官”字戳印（81HN太南T3②:14、81HN太南T1②:33）

为绳索或条状物件压印成隶书“官”字或反文“官”字。“官”字的大小不同，小的约2.5厘米见方，大的最宽在6.7厘米以上。正文8件，反文9件，2件不清，绝大多数不完整。81HN太南T1H2②:01，正文“官”字。瓦残长12.5、残宽10、厚1.7厘米；印文长、宽各约5厘米（图264，5；图版一九六，1）。81HN太南T1②:33，反文“官”字。瓦残长25.8、残宽18.3、厚1.7厘米；印长、宽各约5.4厘米（图264，6；图版一九六，2）。

（3）素面板瓦　板瓦的凸面为素面，无纹饰。本报告依据素面板瓦凹面是布纹里或磨光里而分为两型，该遗址仅见A型。

A型　板瓦凸面为素面，凹面为布纹。本报告根据瓦头端面平头或花头分为两式，该遗址仅见Ⅱ式。

Ⅱ式　标本2件。为单层花头素面布纹里板瓦。81HN太南T2H1:01，瓦红色，略残。凸面为素面，瓦头部分捏为波浪纹，瓦尾平齐。凹面饰布纹。侧棱泥刀内切痕宽0.6厘米。瓦长36.1、宽27、厚1.6~2.2厘米（图版一九三，3）。

5.筒瓦　在太学南侧遗址所见的筒瓦，皆为绳纹面布纹里筒瓦，瓦大部分为灰色，亦有少量呈红色。筒瓦凸面整体纹饰为竖直绳纹，瓦尾一般还加拍有斜行绳纹；凹面主要为布纹，瓦尾部分则多印有菱形方格纹或席纹。部分绳纹筒瓦上还有“南甄官瓦”和“官”字戳印。

（1）绳纹面布纹里筒瓦　本报告依据瓦面绳纹差异分为三型。

A型　竖直绳纹筒瓦。本报告分为三式，该遗址仅见有Ⅰ式。

Ⅰ式　标本55件。筒瓦凸面饰竖直绳纹，肩部以上和瓦尾部分被抹平，瓦尾的抹平部分还加拍有斜向绳纹。81HN太南T2②:10，瓦唇平面呈斜坡状。凸面绳纹绳径约0.2、局部加拍斜绳纹及零散划痕，近瓦唇处约9厘米长被抹光。凹面布纹距瓦尾约3厘米有一道宽0.3~0.6厘米的横向绳索压痕。整瓦长49.3、径15.8~15.9、厚1.4~1.7厘米；唇长3.7、厚1.4、肩高约0.5厘米（图265，1）。81HN太南T3②:16，瓦唇平面呈斜坡状，肩略内收。凸面规整的竖直绳纹绳径约0.4、近瓦唇处约6.5厘米长被抹过。整瓦长46.4、径14.5~15.4、厚1~1.5厘米；瓦唇长3.8、厚0.9~1.2、肩高0.5厘米（图265，2）。81HN太南T1②:42，瓦唇平面呈坡状，肩部略内收。凸面较规整的粗竖绳纹绳径约0.3、近瓦唇部约4.5厘米长被抹过，局部仍留有绳纹痕。凹面瓦尾处加印有篮纹。整瓦长45.9、径15.2~15.4、厚1.1~1.5厘米；瓦唇长3.5、径11.2~13.2、肩高1.1厘米（图265，3、4；图版一九三，4）。81HN太南T1②:52，筒瓦一端接云纹瓦当，瓦当残，图案同Cb型Ⅰ式云纹瓦当。凸面较规整的细竖绳纹绳径约0.15、瓦面上有一道长28、宽0.2厘米的竖向刻痕，瓦面接瓦当处被抹过，略低。整瓦长49.5、径15.2~17、厚1.2~1.7厘米；瓦唇长3.3、厚1.2、肩高0.9厘米（图266，1；图版一九三，5）。81HN太南T2②:06，筒瓦一端所接云纹瓦当残半，图案同Cb型Ⅰ式云纹

图265　太学南侧遗址出土绳纹面布纹里筒瓦（A型Ⅰ式）拓本
1. 81HN太南T2②:10　2. 81HN太南T3②:16　3、4. 81HN太南T1②:42凸、凹面

瓦当。凸面绳纹规整，绳径约0.25、接瓦当处约9厘米长被抹过。瓦脊中部有一圆形瓦钉孔，已残。筒瓦侧棱被削平后磨光。瓦残长37.9、径16.3~16.6、厚1.6厘米。81HN太南T2②:05，凸面饰粗竖绳纹，绳纹拍印较浅，绳径约0.25、瓦面中部有一直径1厘米的穿孔。筒瓦侧棱被削平。瓦残长30、径16.2、厚1.5厘米；瓦唇残长约3.8、肩略内收，高0.9厘米。81HN太南T1②:17，凸面饰较规整的粗竖绳纹，近瓦唇局部被抹过，绳纹不太清晰，瓦面中部有一直径2.1厘米的穿孔。瓦残长36、径15.3、厚1.6厘米；瓦唇残长约4.1、肩高0.8厘米（图266，2；图版一九三，6）。

图266　太学南侧遗址出土绳纹面布纹里筒瓦（A、B型）拓本

1. A型Ⅰ式（81HN太南T1②:52）　2. A型Ⅰ式（81HN太南T1②:17）　3、4. B型Ⅰ式（81HN太南T2②:03、81HN太南T1②:45）　5. B型Ⅱ式（81HN太南T1②:47）

B型　竖直绳纹加印斜绳纹的筒瓦。本报告分为两式。

Ⅰ式　标本2件。筒瓦凸面饰竖直绳纹，肩部以上和瓦尾部分被抹平，瓦尾的抹平部分加拍有斜行绳纹。81HN太南T2②:03，瓦灰色，完整。凸面较规整的粗竖直绳纹绳径0.15、瓦面大部分加拍有斜绳纹。瓦长50.3、径16.5~16.8、厚1.6~1.9厘米；瓦唇长4.3、厚1.2、肩高1.4厘米（图266，3；图版一九三，7）。81HN太南T1②:45，瓦灰色，残存瓦尾部分。筒瓦凸面饰规整的粗竖直绳纹，局部加拍有斜绳纹，瓦尾约11厘米长被抹过，略呈低凹的弧形槽。瓦残长31.5、径15.7~16、厚1.1~1.4厘米（图266，4）。

Ⅱ式　标本2件。筒瓦凸面饰竖直绳纹，肩部以上被刮低，刮痕明显。81HN太南T1②:47，瓦灰色，瓦尾部分残。瓦唇平面呈坡状，肩略内收。凸面较规整的竖直绳纹绳径0.3、局部加拍有斜绳纹；近瓦唇部约7.4厘米长被刮过，并留有刮痕，并加印有斜绳纹。瓦残长18、残宽12、厚1.5~1.6厘米；瓦唇长3.6、厚1.5、高0.8厘米（图266，5）。

C型　竖直绳纹排列成组的筒瓦。本报告分为两式，该遗址仅见Ⅰ式。

Ⅰ式　标本12件。筒瓦凸面所饰竖直绳纹排列成组，肩部以上和瓦尾部分被抹平，瓦尾的抹平部分加拍有斜向绳纹。81HN太南T1②:46，瓦灰色。瓦唇平面呈坡状，肩部内收。凸面饰规整的细竖绳纹，排列成组，绳径约0.2、绳纹组宽5~6、组与组之间瓦面起脊，近瓦唇部约6厘米长被抹过。整瓦长48.2、径15.7~16.8、厚1.2~1.5厘米；瓦唇长3.5、厚1.2、肩高0.6厘米（图267，1；图版一九三，8）。81HN太南T3②:06，凸面绳纹规整，拍印较浅，绳径约0.15、组宽4.5厘米；近瓦唇部7.2厘米长被抹过，但仍留有绳纹痕；瓦尾约6.5厘米长也被抹过，加饰有斜绳纹和三道抹痕。瓦长47.6、径15.5~16.5、厚1.2~1.6厘米；瓦唇长3.5、唇

图267　太学南侧遗址出土绳纹面布纹里筒瓦（C型Ⅰ式）拓本

1. 81HN太南T1②:46　2. 81HNT太南T2②:04　3. 81HN太南T1②:44

厚1.6、肩高1厘米。81HN太南T2②:04，瓦灰色。凸面绳纹拍印较浅，且排列成组，绳径约0.25、绳纹组宽3.2~3.5、组与组之间瓦面起脊。瓦残长35、径15.8~16.2、厚1.2~1.4厘米；唇长4.5、厚1.2、肩高0.6厘米（图267，2）。81HN太南T1②:44，瓦红色。凸面竖直绳纹排列成组，绳径约0.2、绳纹组宽2.5~3.5厘米。筒瓦侧棱有磨平的痕迹。瓦残长28.5、残宽15、厚1.2~1.3厘米；唇长4.2、厚1.2、肩高0.8厘米（图267，3）。

（2）带戳印绳纹面筒瓦　绳纹筒瓦上发现的戳印印文有三种，分别为“南甄官瓦”、“官”、反文“官”字戳印，均戳印在筒瓦凸面绳纹上。

“南甄官瓦”戳印　共4件。81HN太南T3②:35，戳印长方形，内有“南甄官瓦”4字，印文模糊，略可辨认。筒瓦残长19.3、宽11.5、厚1.6厘米；戳印长4.5、宽1.9、深0.3厘米（图268，1）。

反文“官”字戳印　1件（81HN太南T3②:17）。戳印在筒瓦肩部，长方形，印文为反文“官”字。筒瓦残长10、宽12、厚1.2厘米；戳印长2.5、宽1.8、深0.3厘米（图268，2；图版一九六，3）。

“官”字戳印　共4件。81HN太南T3②:07，筒瓦凸面饰较规整的竖绳纹，瓦尾加印有斜绳纹。戳印在近瓦尾处绳纹上，长方形，印文为正文“官”字。瓦残长16.8厘米；戳印长4.3、宽2.5、深0.1厘米（图268，3、4；图版一九六，4）。

6.瓦当　太学南侧遗址出土的瓦当主要为云纹瓦当，另外还见到极少量文字瓦当，这些瓦当主要为东汉时期所使用。

（1）云纹瓦当　太学南侧遗址出土的云纹瓦当数量较多，主要有本报告分类的A、C、D型。

A型　无界格云纹瓦当。本报告依据此型瓦当组成云纹的线条中间有无断笔，分为两个亚型，该遗址仅见有Aa型。

Aa型　单组云纹由一条弧线一笔构成，中间迂曲部分不断笔。本报告分为8式，该遗址见有Ⅰ、Ⅱ、Ⅴ式。

Ⅰ式　5件。内圈凸棱以及中心圆乳丁上无任何装饰。81HN太南T1②:48，瓦当灰色，边轮微高于当面，当背因敷泥而中部略鼓起。面径15.7、厚2.8、边轮宽1.6厘米；后接绳纹筒瓦

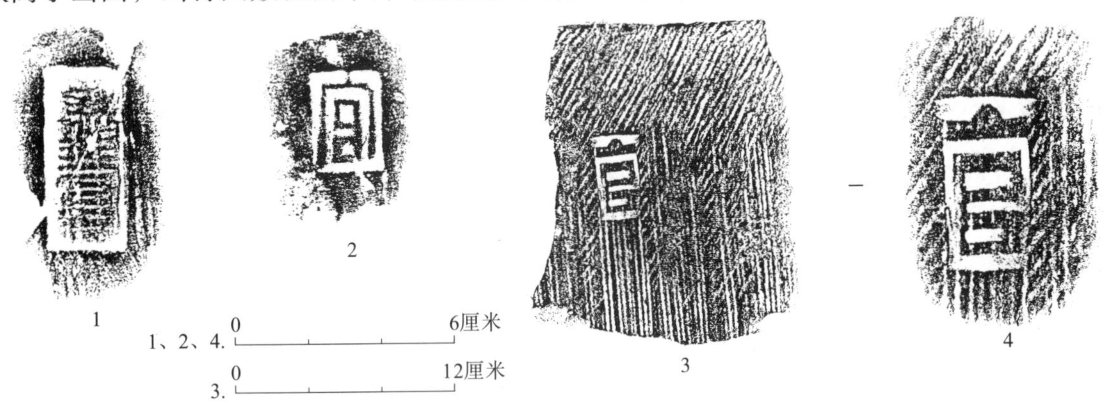

图268　太学南侧遗址出土绳纹面布纹里筒瓦戳印拓本

1.“南甄官瓦”戳印（81HN太南T3②:25）　2.反文“官”字戳印（81HN太南T3②:17）
3、4.“官”字戳印（81HN太南T3②:07）

残，厚约1.2厘米（图269，1、2）。

Ⅱ式　1件（81HN太南T2②:07）。内周凸棱外侧饰8个小尖状锥点，锥尖向外散射，分别指向各组云纹中心以及组与组之间。瓦当灰色，略残，边轮较宽，当心云纹整体图案变小。面径15、厚2.8、边轮宽2.3厘米；后接绳纹筒瓦残，瓦厚约1.2厘米（图269，3、4；图版一九四，1）。

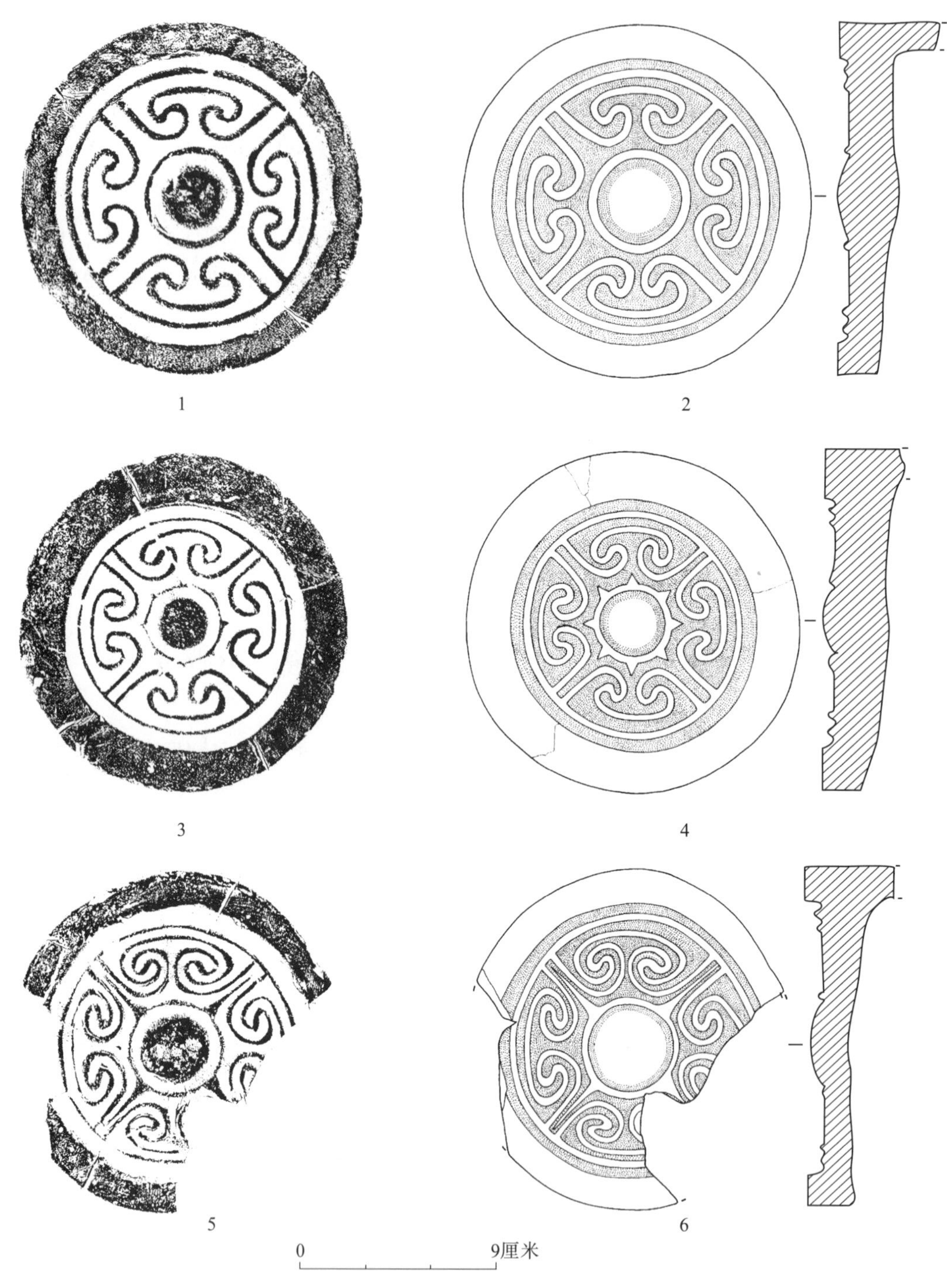

图269　太学南侧遗址出土云纹瓦当（Aa型）拓本与线图

1、2. Ⅰ式（81HN太南T1②:48）　3、4. Ⅱ式（81HN太南T2②:07）　5、6. Ⅴ式（81HN太南T1②:25）

Ⅴ式　2件。内圈凸棱外接有四个细长的尖锥状线条，尖端插入每组云纹之间，几近外圈凸棱。81HN太南T1②:25，瓦当青灰色，略残，边轮明显高出当面。面径14.9、厚2、边轮宽1.6厘米；后接绳纹筒瓦残，厚约1.1厘米（图269，5、6；图版一九四，2）。

C型　双线界格卷云纹瓦当。本报告依据此类瓦当云纹中间有无断笔，分为两个亚型。

Ca型　单组云纹由一条弧线一笔构成，中间迂曲部分不断笔。本报告依据不同瓦当云纹图案中的不同装饰点缀分为14式，该遗址见有Ⅱ、Ⅳ、Ⅹ、ⅩⅢ式。

Ⅱ式　15件。云纹中心迂曲程度较Ⅰ式简洁。81HN太南T1②:12，瓦当灰色，制作规整。面径15.8、厚2.9、边轮宽1.6厘米；后接绳纹筒瓦残，绳径约0.1、瓦厚约1.4厘米（图270，1、2；图版一九四，3）。81HN太南T3②:12，在瓦当背面偏下部有一长方形戳印，内印“□仲”二字，仲前一字似应为“左”字的反文。瓦当面径14、厚2.7、边轮宽1.6厘米；戳印长3.4、宽2.3、深0.2厘米（图270，3、4；图版一九四，4）。

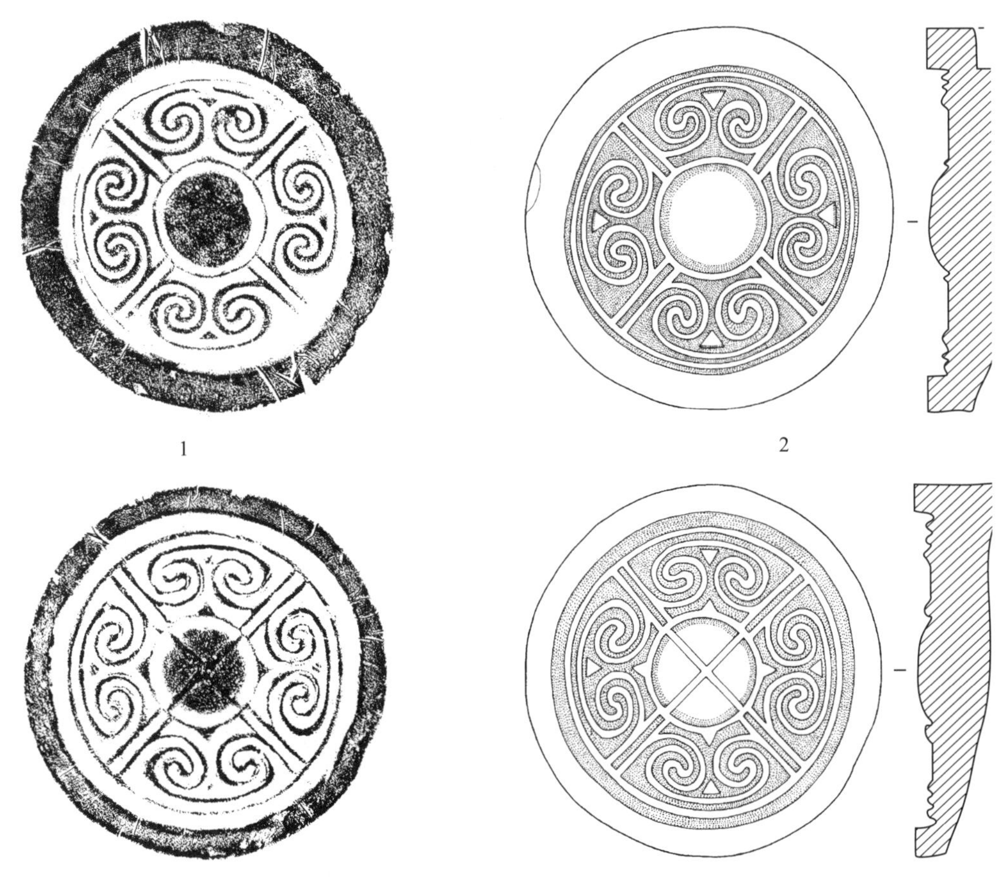

图270　太学南侧遗址出土云纹瓦当（Ca型Ⅱ式）拓本与线图

1、2. 81HN太南T1②:12拓本、线图　3、4. 81HN太南T3②:12正面、背面戳印拓本

Ⅳ式　2件。每组云纹中间加饰一个小三角形凸点，向下一角均指向中心圆乳丁。81HN太南T1②:49，瓦当灰色，边轮明显高出当面，中心圆乳丁凸起。面径15.4、厚2.9、边轮宽1.8厘米。从当背观察，部分边轮背后被削薄约0.5厘米以衔接筒瓦，然后在结合部敷泥加固（图271，1、2；图版一九五，1）。

Ⅹ式　1件（81HN太南T3②:11）。每组云纹中部各有一个小三角形凸点；当心圆乳丁上有十字相交2条直线；内圈凸棱外则饰有四个尖状锥点，分别正对每朵云纹底部中心。瓦当灰色，边轮较窄而且高出当面。面径14.8、厚2.9、边轮宽1.2厘米（图271，3、4；图版一九五，2）。

ⅩⅢ式　21件。内圈凸棱外侧饰有四个空心菱形镞形饰，分别正对每组云纹底部中间。

图271　太学南侧遗址出土云纹瓦当（Ca型）拓本与线图

1、2. Ⅳ式（81HN太南T1②:49）　3、4. Ⅹ式（81HN太南T3②:11）　5、6. ⅩⅢ式（81HN太南T1②:13）

81HN太南T1②:13。瓦当灰色，当面图案制作精致。面径15.9、厚2.5、边轮宽1.5厘米；后接绳纹筒瓦厚约1厘米（图271，5、6；图版一九五，3）。

Cb型　整个云纹由三条凸起的曲线构成，云纹中心迂曲部分并不相连。本报告依据云纹图案的装饰点缀差异分为7式，该遗址仅见有Ⅰ式。

Ⅰ式　39件。内圈凸棱以及中心圆乳丁部分无任何装饰。81HN太南T2②:08，瓦当灰色，制作规整。面径16.4、厚2.9、边轮宽1.4厘米；后接筒瓦残，厚约1.4厘米（图272，1、2；图版一九五，4）。

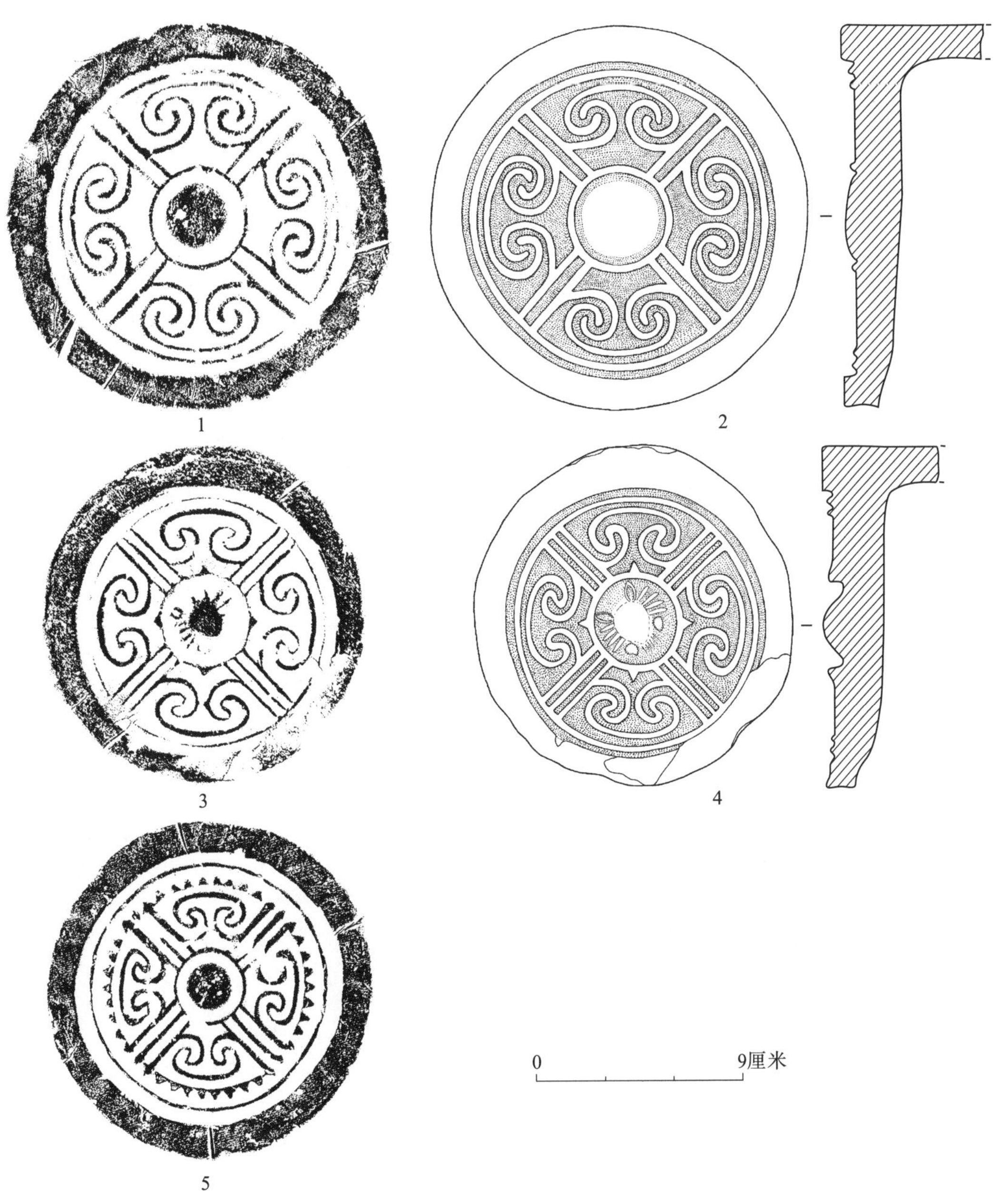

图272　太学南侧遗址出土云纹瓦当（Cb、D型）拓本与线图

1、2. Cb型Ⅰ式（81HN太南T2②:08拓本、线图）　3、4. D型Ⅰ式（81HN太南T1②:14拓本、线图）　5. D型Ⅱ式（81HN太南T1②:50拓本）

D型　三线界格卷云纹瓦当。本报告依据云纹图案装饰细节的差异分为四式，该遗址仅见有Ⅰ、Ⅱ式。

Ⅰ式　1件（81HN太南T1②:14）。瓦当灰色。当心内圈凸棱内为圆形凹窝，内凸起一兽头，兽头形象已然漫漶不清。内圈凸棱较细，圈外饰有四个凸起的小三角形尖锥，锥尖分别正对每组云纹的底部中心。面径14、厚2.6、边轮宽1.9厘米；后接筒瓦残，厚约1.3厘米（图272，3、4；图版一九五，5）。

Ⅱ式　3件。外圈凸棱与云纹图案之间有一周锯齿状纹带。81HN太南T1②:50，瓦当灰色。面径14.4、厚2.5、当背敷泥最厚达1.7、边轮宽1.4厘米（图272，5）。

（2）文字瓦当　太学南侧遗址的文字瓦当仅见到一种，瓦当正面模印“大吉”二字。

大吉瓦当　2件。瓦当形体较大，均为灰色。边轮高出当面，边轮与当面文字之间有一周较粗的凸棱。当面中部竖向排列“大吉”二字，两侧分别有一变体“五”字。81HN太南T1②:32，边轮略残。残存面径16、复原面径16.8、厚2.6、当背敷泥最厚1.5、边轮宽1.2~1.3厘米（图273，1、2；图版一九五，6）。81HN太南T2②:28，瓦当灰色，略残。面径17.3、厚2.8、边轮宽1.2~1.6厘米（图273，3、4）。从瓦当边轮残断处可以观察到瓦当制作的大致程序，即圆当制成以后，将其边轮部分切掉以与筒瓦衔接，然后在瓦当背后敷泥黏合加固。

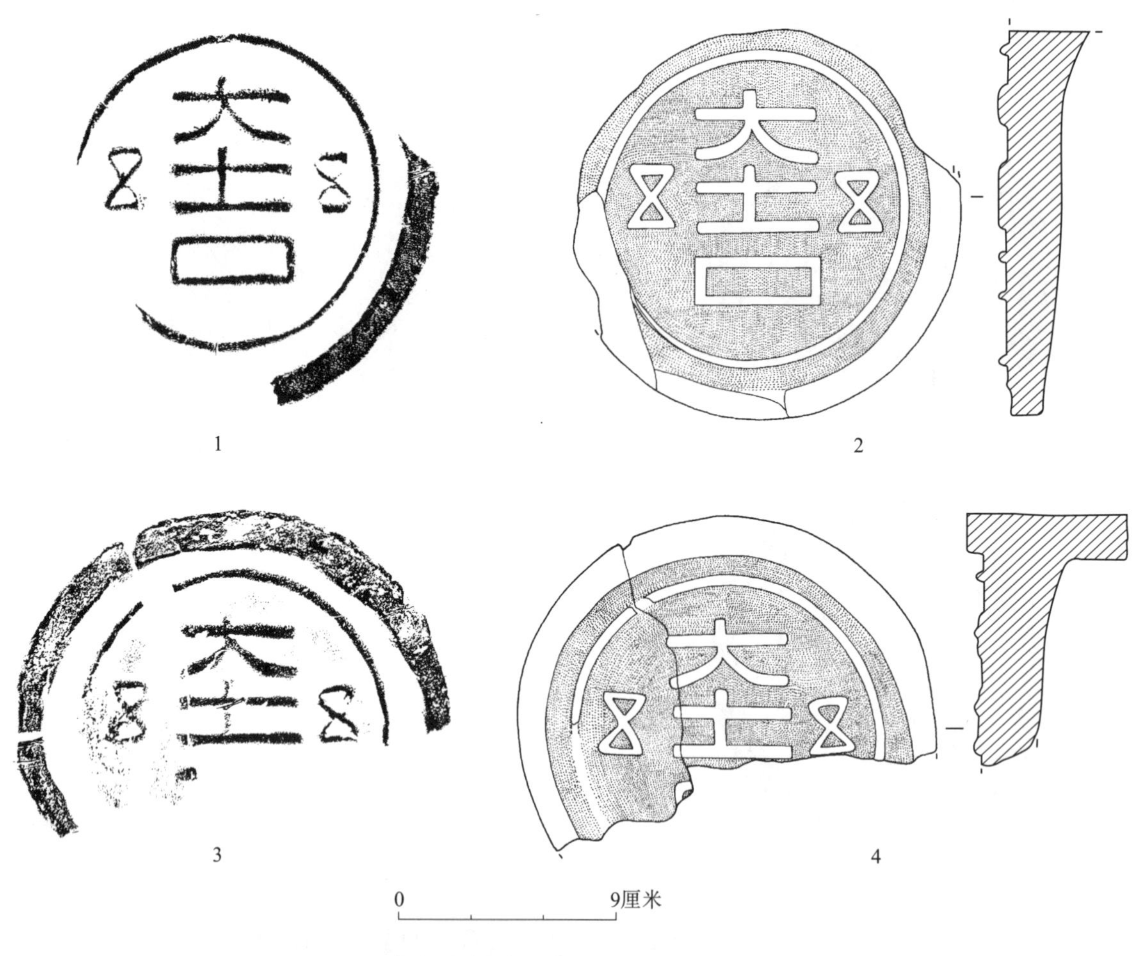

图273　太学南侧遗址出土大吉瓦当拓本与线图

1、2. 81HN太南T1②:32　3、4. 81HN太南T2②:28

图274　太学南侧遗址出土钱币（五铢铜钱）拓本

1. 剪轮五铢（81HN太南T2②:10）　2. 记号五铢（81HN太南T2②:09）

7.红烧土坯　2件。均残，被火烧成砖红色，表面有熏黑的痕迹。81HN太南T1②:51，残长7、宽14.5、厚8厘米。

（二）钱币

共2枚。均为五铢铜钱，分别为剪轮五铢和记号五铢。

1.剪轮五铢　1枚（81HN太南T2②:10）。同太学遗址之铜质钱币B型Ⅲ式剪轮五铢。剪轮较多，钱文仅存一半。钱径1.8、穿宽0.9、穿郭宽0.1、肉厚0.05厘米（图274，1）。

2.记号五铢　1件（81HN太南T2②:09）。五字较宽放，“铢”字的“金”字头呈三角形，四点放长。穿下有一圆点。钱径2.5、穿宽0.9厘米；穿郭宽0.07、外郭宽0.08厘米（图274，2）。

第七节　小　结

通过对汉魏洛阳故城太学及其附近遗址的发掘与整理研究，对这座重要的官家学府不同时期的建筑规模、平面布局形制、建造与沿用时代，都有了一个大致基本的认识。下面根据考古勘探与发掘中发现的一些遗迹现象和出土遗物的特点，对这些建筑遗址的建造与沿用时代进行初步讨论。

一

首先，我们综合考古勘探与发掘解剖获得的资料整体来看，现保存比较完整的晚期太学院落遗址，应该就是魏晋以降至北魏时期的太学遗址。但这座院落遗址，显然是在前代太学的基础上修建起来的。如我们在晚期太学院墙西门下面就曾发掘解剖到早期的夯土建筑基址，在院落的西北部、东南部和中部也都发现一些早期建筑的遗迹，这些极有可能就是魏晋时期或者早于魏晋时期的太学建筑遗迹。尤其是在晚期太学院落的东部，勘探与发掘到的一条早期南北向道路L4，时代明显较早，不仅走向与晚期太学东墙存在一定角度，而且它是从晚期太学南墙的下面穿过继续向南延伸，是明显被晚期太学南墙打破并叠压的早期道路遗迹，极有可能是更早的东汉太学的遗迹。当然，东汉太学残存的遗迹显然还不止这些，在晚期太学东南角东墙外侧发现的排房基址下面，还发现了两座汉代的烧窑，排房铺垫的地面中还夹杂有大量的汉代石经残石，这些显然也都是东汉太学留下的遗迹。

此外，我们在晚期太学院落的西面，还勘探并试掘了称之为太学西侧遗址的部分建筑遗迹。这一片区域遍布着与晚期太学院落内相似的夯土建筑遗迹，而且据当地农民反映，以往在此耕地时也曾发现过长条状的排房基址。但由于这个区域过去曾经是盗挖石经残石的地方，有关建筑遗迹被破坏得极为严重，在试掘探沟内残存遗迹保存也不好，仅见有一些早晚不同时期的零散夯土、路土和砖砌沟槽等遗迹，因此对这处遗址的建筑与沿用时代、遗址范围和形制布局，均还不能搞得很清楚。但整体来看，它应该是一处与早期的东汉和魏晋以降太学都有一定关系的建筑遗址。

由此来看，在太学遗址的发掘中，目前发现的保存较为完整的晚期院落遗址，显然应该是魏晋以降至北魏时期的太学遗址；而在晚期太学院落内以及超出院落东西范围外发现的早期建筑遗迹，则说明它应该是较早的东汉或魏晋时期太学的遗迹与范围；至于我们称之为太学西侧的遗址，由于也曾发现过长条状的排房基址，而且位置范围又与文献记载的魏晋时期国子学有一定关系①，因此我们推测这里有可能就是魏晋国子学的遗址。

勘探和发掘的太学南侧遗址，在晚期太学院落南面约100米处。据勘探资料，该遗址也有一组比较完整的院落。遗址南部因早年被取土下挖，地势较低，南界已不清除；遗址的其余三面，皆有夯土筑造的围墙；院内则至少有三座夯土建筑基址，发掘的是其中西南面的一座。根据发掘的建筑遗迹与遗物情况，其夯土殿基建筑时代明显较早，大约建造使用于东汉时期，魏晋时期可能仍有一些沿用。这座遗址显然也是一座官家遗址，但是性质目前还不清楚。

二

其次，我们由太学及其附近遗址出土的遗物来观察，以判定这些建筑遗址的建造与沿用时代。

晚期太学院落遗址出土的遗物，除了大量的不同时期砖、瓦、瓦当等建筑材料，还有数量较多的日用生活陶质器皿、钱币和一些铜、铁、石等小件器物，此外在院落东墙外排房的地面垫土中还有数量不少的汉代石经残石出土。

太学院落遗址出土的砖类制品，数量较多，种类也较为丰富，主要有素面方砖、几何纹方砖、素面长方砖、席纹长方砖、绳纹长方砖、异形砖和加工砖制品等多种。数量最多的是素面长方砖，其中C型小型砖有103件、B型中型砖有25件、A型大型砖有10件；其次是绳纹长方砖，A型有35件、B型有12件；还有几何纹方砖14件、席纹长方砖和素面方砖各4件、异形砖2件、加工门窝砖7件、加工凿孔砖2件、加工带凿窝砖1件和带榫窝砖1件等。

这些砖类制品在遗址的出土地点较为广泛，使用时代也比较复杂，既有汉晋时期的素面或席纹砖，也有北魏时期的绳纹长方砖，表明这处遗址的建筑基址自汉代修建至北魏一直都在沿用的状况。

太学院落遗址出土的建筑瓦片，数量也比较多，出土时多已为碎片，完整的瓦极为少见。种类主要有绳纹面手捏里板瓦、绳纹面布纹里板瓦和筒瓦、篮纹面布纹里板瓦、素面或

① 《旧唐书·归崇敬传》："晋武帝亦作明堂、辟雍、灵台，亲临辟雍，行乡饮酒之礼。又别立国子学，以殊士庶"；《晋书·简文三子传》："元显弃船退屯国子学堂。明日，列阵于宣阳门外……"；《南齐书·礼志上》："晋初太学生三千人，既多猥杂，惠帝时欲辨其泾渭，故元康三年始立国子学，官品第五以上得入国学。天子去太学入国学，以行礼也。太子去太学入国学，以齿让也。太学之与国学，斯是晋世殊其士庶，异其贵贱耳"；《宋书·百官志》："晋初复置国子学，以教生徒，而隶属太学焉"；《太平御览·学校》引"《述征记》曰：太学在国子学东二百步。"

磨光面布纹里筒瓦、素面或磨光面板瓦等。其中，绳纹面布纹里板瓦片数量最多，有A、B、C、D、E五型，A型有682件、B型有10件、C型有2件、D型有15件、E型有57件；其次是篮纹面板瓦片，有A、B两型，A型有370件、B型仅有1件；再其次是绳纹面布纹里筒瓦片，有A、B、C三型，A型有284件、B型有8件、C型有19件；再次是素面或磨光面布纹里筒瓦片，分为A、B两型，A型素面布纹里筒瓦片有77件、B型磨光面布纹里筒瓦片仅有1件；此外还有少量绳纹面手捏里板瓦片和素面或磨光面板瓦片，前者有21件，后者A型素面布纹里板瓦片有4件、B型素面磨光里板瓦片有2件。

上述这些瓦片，数量比较多的分别是绳纹面布纹里板瓦片、篮纹面板瓦片和绳纹面布纹里筒瓦片。其中的绳纹面布纹里板瓦和筒瓦，为汉代至魏晋时期一直使用；而篮纹面板瓦，则主要出现和使用在魏晋十六国时期，除了在汉魏洛阳故城大量发现以外，据邺城发掘队的前负责人介绍，此类瓦片也出土于邺城十六国时期的地层中。显然，这些瓦片的大量使用，是和上述时期对太学建筑较大规模的修造和使用有关的。值得注意的是在B型篮纹面板瓦片中，凹面饰有麻点纹又被磨光的现象，似乎与北魏以及以后的素面磨光里板瓦有些渊源。

遗址中出土的素面或磨光面筒瓦和板瓦片，总体来看数量不是很多。其中的黑磨光面瓦片，是北魏时期比较典型的遗物，但在太学遗址出土不是很多。数量较多的素面布纹里筒瓦，和通常在汉魏洛阳故城北魏时期建筑基址中见到的同类瓦片有明显差异，可以用规格低、质量差来概括。根据邺城的发掘情况，此类素面布纹里筒瓦的使用时间，在十六国和北魏时期都有。太学遗址出土的素面布纹里筒瓦片，极有可能要早于北魏时期，约在魏晋至十六国时期之际就已经开始使用。

在太学遗址中，还出土有少量绳纹面手捏里板瓦片。这些瓦片具有明显的早期特点，应为战国秦汉时期的用瓦。可能在东汉建造太学之前，这里就已经建造有一些房舍建筑。

太学院落遗址出土的建筑瓦当，主要为云纹瓦当，不仅数量多，而且种类繁杂。其中的A型云纹瓦当，本报告分为Aa和Ab两个亚型，分别有1件和3件；B型云纹瓦当有3件；C型云纹瓦当也有Ca和Cb两个亚型，分别有21件和8件；D型云纹瓦当，Ⅱ式有16件，Ⅴ式有1件。

根据以往的研究成果，太学遗址出土的云纹瓦当，除B型云纹瓦当可能是战国秦汉时期使用的瓦当外，其他主要都是东汉至魏晋时期的建筑瓦当。如Aa型和Ab型云纹瓦当，是属于东汉前期的瓦当；数量较多的Ca型和Cb型云纹瓦当，延续使用时间较长，大致自东汉早期至东汉晚期一直使用；D型Ⅱ式和Ⅴ式云纹瓦当，则是魏晋时期大量使用的瓦当。而在明堂遗址比较多见的北魏时期莲花纹瓦当，在此却几乎不见。这种现象，应该是和太学建筑遗址的主要修建和使用时代密切相关。

太学遗址发掘出土的石经残石，全部出于晚期太学院落东南部墙外排房基址的铺垫地面堆积中，据统计有153块，全部为东汉石经。其中，能识别其为某经者70例：《鲁诗》15例、《仪礼》50例（有经石47块，其中有三块两面有字）、《春秋》2例、《论语》3例及其校记；不能识别其为某经者83例；明确其为赞碑者3例。这些石经残石虽然都属于东汉石经，但由地层堆积和出土时碑石皆已成为破碎的残块来观察，其出土地点似乎已不是原来置放石经碑石的原位。它们有可能是作为普通的碎石料和地层堆积土，从别处运来铺垫魏晋至北魏时期修建的房基地面的，但其原来置放碑石的地方当不会距此很远。

太学院落遗址出土的日用生活类器物，主要是一些陶碗、盆、罐、杯、钵、瓮、甑、器盖、陶屋、陶丸、陶饼和陶俑等陶器类制品，还有少量的釉陶器和青瓷器，以及一些铜、铁、石质小件器物等。这些器物中，除了少量的陶、瓷器时代特点较明显，如碗底部使用假圈足或者内底中部有一个圆形区域凹下者，为北魏时期常见到的器形特点；其他多数器物的时代特点都不很显著，但应该也都是汉魏时期比较常见而且延续使用较长的器物。

太学院落遗址出土的钱币，数量也比较多。从质地上分有铜钱和铅钱二类；而铜钱由钱文上分则种类较多，主要有半两、五铢、无字钱、货泉、大泉五十、大泉当千、太平百钱、直（？）百等。由钱文和币体的差异，上述钱币多数又可以分成若干不同的型式。如五铢有299枚，可分为A、B、C、D、E、F、G七型。其中A型普通五铢103枚，又可分为16式；B型剪轮五铢131枚，分为四式；C型綖环五铢29枚；D型记号五铢24枚；E型是小五铢，仅见1枚；F型为“铢”字缺少金字边的“五朱”钱，有7枚，分为三式；G型压五压金五铢，有4枚。无字钱有71枚，也可以分为三式。货泉有14枚，分为A、B、C三型。其中A型普通货泉10枚，分为四式；B型剪轮货泉2枚；C型綖环货泉2枚。大泉五十有5枚，分为3式。此外，还有半两2枚、大泉当千1枚、太平百钱2枚、直（？）百钱1枚。铅钱仅有2枚无字钱。

在上述钱币中，一般的五铢（A、B、C、D、E型五铢）都是汉代五铢（汉代及两汉之间的新所铸），而没有较晚的其他五铢，如陈五铢、隋五铢等发现；其他钱币中，货泉、大泉五十或者太平百钱属于东汉末或三国初的钱币①，大泉当千是吴大帝赤乌元年始铸②，曹魏压五压金五铢（G型五铢）、五朱（F型五铢）、直百钱则都是三国时期的铸币③等。这些显然都是早于北魏以前的钱币，但由于魏晋及南北朝时期各代铸币不多，而杂用古钱，所以这些钱币的使用年代，也可能越出两汉和魏晋的时间范围。

由上述遗物，我们不难看出，晚期太学院落的最晚时代非北魏时期莫属。至于发掘清理和解剖出土的建筑材料和其他遗物中，还有许多的东汉和魏晋时期遗物，则表明它们是与该遗址中发现的早期东汉和魏晋时期太学建筑遗迹相对应的。即在晚期太学院落遗址的下面，则可能还存在着东汉、曹魏和西晋时期的早期太学建筑遗迹。

太学西侧遗址的遗物，因为发掘面积不大，出土的数量和种类都不是很多，主要有一些砖、瓦、瓦当等建筑材料和几枚铜钱。在建筑材料中，有A型绳纹长方砖3件、E型绳纹面布纹里板瓦36件、B型绳纹面布纹里筒瓦6件、篮纹面布纹里板瓦80件、素面布纹里筒瓦26件、Ca型云纹瓦当18件等。铜钱主要是五铢钱，有A、B、C三型，A型普通五铢1枚、B型剪轮五铢2枚、C型綖环五铢1枚；另外还有1枚无字钱。

这些遗物中，绳纹面布纹里板瓦和筒瓦是汉晋时期一直沿用的建筑瓦件；数量较多的篮纹面布纹里板瓦，则也是典型的魏晋十六国时期遗物；至于素面布纹里筒瓦，和太学遗址出土的同类瓦片较为相似，应该也是魏晋十六国和北魏时期都使用的瓦件；绳纹长方砖则是典型的北魏时期遗物；出土的几枚铜钱，也是汉晋时期一直沿用到北朝时期的钱币。如此来看，太学西侧遗址出土遗物的时代，是和发掘与解剖大致推测的该遗址时代基本相吻合的。即该遗址的建筑修建与沿用时代比较复杂，汉晋至北魏时期均存在着不同规模的修筑与沿用。

① 国家文物局《中国古钱谱》编撰组编：《中国古钱谱》，文物出版社，1989年。
② 同上。
③ 同上。

太学南侧遗址出土的遗物，由于发掘的建筑基址规模较大，残存的建筑材料也比较丰富，而且遗物的时代特点也相对比较单纯。遗物主要有素面长方砖、几何纹方砖、空心砖、绳纹面布纹里板瓦和筒瓦、云纹瓦当，还有少量文字瓦当、素面布纹里板瓦和铜钱。

其中，素面长方砖仅有C型小型砖，有11件。几何纹方砖见有A、C二型，A型有7件、C型有1件。空心砖也有A、B二型，A型有18件、B型有1件。绳纹面布纹里板瓦，见有A、B、C、E四型，A型有68件、B型有1件、C型有3件、E型有8件。其中带有“南甄官瓦”戳印的4件、“官”字戳印的2件、反文“官”字戳印的1件、“回”字纹戳印的1件、压印正文或反文“官”字的19件。绳纹面布纹里筒瓦，见有A、B、C三型，A型有55件、B型有4件、C型有12件。其中带有“南甄官瓦”和“官”字戳印的各4件、反文“官”字戳印的1件。素面板瓦，仅见A型Ⅱ式带有单层花头的素面布纹里板瓦片，有2件。云纹瓦当见有A、C、D三型，A型仅有Aa亚型，有8件；C型有Ca和Cb两个亚型，各有39件；D型有4件。文字瓦当只有大吉瓦当，有2件。铜钱为五铢钱，为剪轮五铢和记号五铢各1枚。

上述遗物中，除了出土于晚期灰坑中的2件A型Ⅱ式素面布纹里花头板瓦，可能是属于北魏时期外，其余出土在建筑基址废弃堆积中的砖瓦类制品和铜钱，主要都是东汉与魏晋时期遗物。如其中的C型素面小型长方砖、几何纹方砖和带几何文图案的空心砖块，都是典型的东汉时期砖类制品，但后代仍有可能继续沿用；数量较多的绳纹面布纹里板瓦和筒瓦，也主要都是东汉和魏晋时期盛行使用的建筑瓦件，尤其是其中一些瓦片带有“南甄官瓦”和“官”字戳印，说明它们应该是与当时甄官署管辖下的官营砖瓦作坊有关，表明这一建筑的性质与皇家有着密切的关系；大吉文字瓦当、Aa型云纹瓦当和数量较多的Ca和Cb型云纹瓦当，也都是典型的东汉时期瓦当；D型云纹瓦当，则明显是魏晋时期的建筑瓦件。

由此来看，太学南侧遗址的主要建筑时代明显为东汉时期，魏晋时期可能仍有修缮与沿用，它应该是一处与辟雍或太学等礼制建筑有一定关系的官家建筑遗址。

第五章　结　语

灵台、明堂、辟雍和太学，都是中国古代都城礼制建筑中的一个重要组成部分，而且是一组性质功用比较相近的礼制建筑。其中灵台主要是观天象、望云气、察祥瑞、兴祭祀和执掌四时节气的场所；明堂是帝王告朔行令、祭天享祖的场所；辟雍是帝王行礼乐、宣德化、释奠孔子的场所；太学则是当时都城中的重要官家学府。上述建筑均与中国古代帝王的祭祀活动有关，而且之间的关系也很密切，其中灵台、明堂和辟雍还被称为“三雍”①或“三雍宫”②，地位非常重要。

“帝王之义，莫大承天；承天之序，莫重于郊祀。”③在中国的封建帝国时代，祭祀天地先祖的礼制活动，是帝王们统治天下的一件大事，是天子与天地神灵相通的一种表现形式，也为中国古代所特有。“国之大事，在祀与戎。”帝王们把祭告天地六宗群神，当作与战争齐等的大事来看待，显示了它在皇权中的重要地位。

礼制建筑的发掘与研究，作为考古学研究中的一个重要课题和方面，虽然以往有关此类建筑遗址也曾有过一些发掘，但总体来说或者资料不太完整，或者因某种原因尚未全面整理发表，整体的综合研究受到一定的限制。尤其在已经考古发掘过的明堂和辟雍建筑遗址中，它们在不同时期的都城中，既都有着共同的特征，又都具有着一些自己的独特鲜明特点和神秘性。如西汉长安城王莽时期修建的明堂和辟雍，是分立还是合在一起使用，究竟是明堂还是辟雍，不仅文献记载语焉不详，而且目前的考古资料也不能完全证实④，文献资料中的位置排序也有很大差别⑤。北魏太和年间在平城修建的明堂⑥，则是明堂、辟雍和灵台三者功用合一的建筑⑦。唐代洛阳武则天时期建造的明堂⑧，是在洛阳宫城的中心正殿位置处兴建，是一座具有明显“宫庙合一”特点的祭天与布政殿堂⑨。这些都与汉魏洛阳故城发掘的灵台、明堂、辟雍和太学遗址有异。

---

① 《后汉书·儒林列传上》：“中元元年，初建三雍。明帝即位，亲行其礼。天子始冠通天，衣日月，备法物之驾，盛清道之仪，坐明堂而朝群后，登灵台以望云物，袒割辟雍之上，尊养三老五更”；《后汉书·桓荣传》：“永平二年，三雍初成，拜荣为五更。”李贤注：“三雍，宫也，谓明堂、灵台、辟雍。《后汉书音义》曰：‘皆叶天人雍和之气为之，故谓三雍。’”

② 《汉书·景十三王传》：“武帝时，献王来朝，献雅乐，对三雍宫及诏策所问三十余事。”注应劭曰：“辟雍、明堂、灵台也。雍，和也，言天地君臣人民皆和也”；《旧唐书·归崇敬传》：“后汉光武立明堂、辟雍、灵台，谓之三雍宫。”

③ 《后汉书·祭祀志上》：注《黄图》载元始仪最悉，曰：“元始四年，宰衡莽奏曰：‘帝王之义，莫大承天；承天之序，莫重于郊祀。’”

④ 唐金裕：《西安西郊汉代建筑遗址发掘报告》，《考古学报》1959年2期；王世仁：《明堂形制初探》，《中国文化研究集刊》第4期，复旦大学出版社，1987年；中国社会科学院考古研究所：《西汉礼制建筑遗址》，文物出版社，2003年。

⑤ 《长安志》、《长安志图》、《唐两京城坊考》三书认为明堂在东，辟雍居中，太学在西；《两京新记》只标辟雍在东，太学在西；《雍录》标明堂在东，辟雍居中，大社在西；《汉唐都城图》标辟雍在东，明堂居中，太学在西。

⑥ 王银田、曹臣明、韩生存：《山西大同市北魏平城明堂遗址1995年的发掘》，《考古》2001年3期；刘俊喜、张志忠：《北魏明堂辟雍遗址南门发掘简报》，《山西省考古学会论文集（三）》，山西古籍出版社，2000年。

⑦ ［北魏］郦道元：《水经注·漯水》：“明堂上圆下方，四周十二户九室而不为重隅也。……加灵台于其上，下则引水为辟雍，水侧结石为塘，事准古制，是太和中所经建也。”

⑧ 中国社会科学院考古研究所洛阳唐城队存资料，待发表。

⑨ 姜波：《汉唐都城礼制建筑研究》，文物出版社，2003年。

通过对汉魏洛阳故城的此类礼制建筑遗址进行考古勘察与发掘整理研究，我们不仅对这个时期的灵台、明堂、辟雍和太学等礼制建筑布局特点有了一个基本的认识，而且也对它们的建造与重修沿用时代有了与文献记载基本符合的大致判定。概括来说：东汉洛阳城南郊的灵台、明堂、辟雍和太学建筑是同时存在并且各自分立的，它们显然都是作为各自一个单体建筑在都城的礼制建筑群中出现的；而魏晋时期，这四组建筑则可能都有沿用而且得到重修，尤其西晋时还在东汉太学基础上又新立国子学，形成了二学并立的局面；北魏时期则只将汉晋时期的明堂和太学进行了恢复，另在城内新建了国子学，而汉晋时期的辟雍旧基则不再修复，灵台则遭到废弃改作他用。上述这些做法，都是有别于其他城址所发现的同类礼制建筑，代表着礼制建筑制度一个重要的发展变化阶段。

正是由于这一时期的礼制建筑形制布局与变化特点极为重要，它在中国古代礼制建筑的发展过程中承担着重要的一个环节，本发掘报告的重要意义由此也可见一斑。

第一节　关于灵台遗址的讨论

一　灵台遗址的定名

关于该灵台遗址，1954年阎文儒先生踏察汉魏洛阳故城遗址时即已经发现。虽然其位于今洛河以南，但根据实地考察古洛河还应该在该高台遗址的南面，因此当时初步推测可能就是东汉的灵台遗址。[①]

有关汉魏洛阳故城的灵台位置，在文献中是有诸多记载的。

如《后汉书·光武帝纪》注引《汉官仪》曰："明堂去平城门二里所，天子出，从平城门，先历明堂，乃至郊祀。"

《后汉书·桓谭列传》："其后有诏会议灵台所处。"注引"杨衒之《洛阳记》曰'平昌门直南，大道东是明堂，大道西是灵台'也。"

《玉海》引《洛阳记》："平昌门南直大道，东是明堂，大道西是灵台。"[②]

《河南志》引陆机《洛阳记》："灵台在洛阳南，去城三里"。[③]

《洛阳伽蓝记·城南》："景明寺……在宣阳门外一里御道东。"又"大统寺在景明寺西，……东有秦太上公二寺，在景明南一里。……寺东有灵台一所，基址虽颓，犹高五丈余，即是汉光武帝所立者。"

《晋书·天文志》："（太微）其西南角外三星曰明堂，天子布政之宫。明堂西三星曰灵台，观台也，主观云物，察符瑞，候灾变也。"

我们根据20世纪60年代初期汉魏洛阳故城遗址的勘探平面实测图[④]，此高台遗址正位于该城的南墙外约一千米，即南墙宣阳门外大道的东侧、平城门外大道的西侧，位置正与上述文献记载的东汉灵台相符合。而且20世纪30年代和60年代，还在此灵台高台遗址东面朱圪垱岗上村以东，分别发现了"大晋龙兴皇帝三临辟雍皇太子又再莅之盛德隆熙之颂"碑和碑

① 阎文儒：《洛阳汉魏隋唐城址勘查记》，《考古学报》第9册，1955年。
② 《玉海·卷162》。
③ ［清］徐松：《河南志·魏城阙古迹》引。
④ 中国科学院考古研究所洛阳工作队：《汉魏洛阳城初步勘查》，《考古》1973年4期。

座，由此也确定了汉晋辟雍的位置。随后在70年代至80年代，辟雍、灵台和明堂等遗址都分别进行了考古发掘，结果证实它们的位置都与有关的文献记载相符合。如明堂隔开阳门外大道在辟雍的西南部，上述灵台高台基址隔平城门外大道在明堂的西面。如此来看，上述《汉官仪》、《洛阳记》、《洛阳伽蓝记》、《晋书》等记载都是基本正确的。

二　灵台的历史沿革

汉魏洛阳故城的灵台，据文献记载始建于东汉光武帝建武中元元年（56年），曹魏、西晋时亦沿用汉旧灵台，西晋末年遭战火毁坏，北魏时期基址改作他用。

关于东汉灵台的记载很多，例如《后汉书·光武帝纪》："中元元年，……是岁，初起明堂、灵台、辟雍，及北郊兆域。"《后汉书·明帝纪》："永平二年春正月辛未，宗祀光武皇帝于明堂……事毕，升灵台。"在明、章、和、顺诸帝纪中，有关此类活动的记述还有很多。

据记载，东汉灵台还是太史令掌管下的机构，掌守灵台的官员为灵台丞一人。据《汉官（仪）》记载："灵台待诏四十二（一）人，其十四人候星，二人候日，三人候风，十二人候气，三人候晷景，七人候钟律。一人舍人。"① 东汉著名的科学家张衡，自汉安帝元初二年（115年）至永宁元年（120年），又汉顺帝永建元年（126年）至阳嘉二年（133年），曾先后两次出任太史令十四年，直接领导了灵台的天文观象工作，并亲自设计和制造了浑天仪和候风地动仪，写出了《浑天仪》、《灵宪》等天文著作。毫无疑问，灵台正是张衡观测天象进行科学实验的场所。

据有关记载，曹魏和西晋时期也都沿用了汉旧灵台。

如《宋书·礼志》记载："魏文帝黄初二年正月，郊祀天地明堂。是时魏都洛京，而神祇兆域明堂灵台，皆因汉旧事。"②

同书还记载，西晋太康五年（284年），也曾修作明堂、辟雍、灵台。③

另外，陆机在《洛阳记》中也说："灵台在洛阳南，去城三里"。又曰："辟雍在灵台东，相去一里，俱魏所徙。"④ 戴延之《西征记》曰："洛城南有平昌门，道东辟雍坛，去灵台三里，俱是魏武帝所立，高七丈。"⑤

由此可知，曹魏和西晋灵台应该是沿用了东汉灵台的，汉魏晋三朝的灵台实为一体，据调查勘探在汉魏洛阳故城南郊，除此以外没有其他的高台基址能够与其相符合。

关于北魏时期灵台的状况，根据文献记载并结合考古资料，汉晋时期的灵台此时已经废弃不用了。如《水经注·谷水》记载："谷水又迳灵台北，望云物也。汉光武所筑，高六丈，方二十步。世祖尝宴于此台。……亦谏议大夫第五子陵之所居。伦少子也，以清正，洛阳无主人，乡里无田宅，寄止灵台，或十日不炊。……永建中卒。"《洛阳伽蓝记·城南》则记载："秦太上公二寺，……寺东有灵台一所，基址虽颓，犹高五丈余，即是汉光武帝所立者。汝南王复造砖浮图于灵台之上"。

① 《后汉书·百官志二》刘昭注引。
② 《宋书·礼志三》。
③ 《宋书·礼志一》："太康五年，修作明堂、辟雍、灵台。"
④ ［清］徐松：《河南志·魏城阙古迹》引。
⑤ 《太平御览》卷五三四《辟雍》引。

上述记载清楚地说明，灵台在十六国时期及以后作为礼制建筑已经完全废弃了，而北魏时期在上面修造有砖佛塔则将基址更加改作他用了。遗址中出土的建筑材料等遗物种类以及所具有的时代特点，对这些文献资料也都是充分的印证。如建筑材料中的砖、瓦和瓦当，主要为东汉和魏晋时期遗物，表明这座高台建筑的主体形制结构，应该是在东汉时期建造形成，魏晋时期仍然有所修缮与沿用。而北魏时期的建筑材料等遗物虽然较为少见，但由于在高台基址上还有零星残存，尤其是高台上还曾发现有北魏时期的砖雕佛像，更是与灵台在北魏时期废弃及改作他用的状况有一定关系。此外，在灵台中心高台上发现的带台阶的晚期甬道，高台东面发现的晚期柱槽遗迹，高台南面出土的大量北魏时期砖瓦建筑材料，也都有可能是北魏时期将灵台改作他用残存的建筑遗迹。总之，考古发掘资料是可以与有关文献记载相印证的。

三 东汉至西晋灵台的建筑形制布局

关于灵台的建筑形制布局，通过勘探与发掘可以获得其遗址全貌。其中间是一座巍峨的多层高台式建筑，高台的四面周围有夯土院墙。其中东、西面的院墙保存较好，勘探时在西墙和东墙中段正对中心高台位置处、东墙北段正对高台北侧勘探的道路遗迹位置处、东墙南段朱圪垱岗上村至大郊寨村的东西向车道北面不远处，夯土墙基上各发现一处砖石遗迹或砖瓦堆积。由所在位置判断，这些都有可能就是记载中灵台的门址遗迹。据《后汉书·光武帝纪》李贤注引《汉宫阁疏》曰："灵台高三丈，十二门。"另《后汉书·祭祀志》记载，章帝时曾为"灵台十二门作诗，各以其月祀而奏之。"[①]由此来看，灵台的周围院墙是有十二个门的，四面每面三座门。上述几处似门址的遗迹，极有可能就是西墙北起第二门、东墙北起第一、第二和第三门的遗迹。考古勘察的遗迹情况与有关的文献记载基本吻合。

灵台中心的高台建筑基址，平面整体为正方形，以最外侧散水为界约为49.5米见方，是一座需要依附中间方形土台的周围四面修筑有两层房舍的高台建筑。

据记载，灵台高台顶部"上平无屋，望气显著"[②]。其中心高台最顶部台面上不设殿堂而为平顶，显然是便于架设仪器观望云气星象。关于灵台高台的高度，文献记载中主要有两种：《汉宫阁疏》为"高三丈"；《水经注·谷水》为"高六丈，方二十步"。若按照东汉一尺等于0.236米计算，三丈等于7.08米，六丈等于14.16米。而考古发掘的现存高台，仍高于当时地面上约8.6米，是明显大于三丈的。又根据《洛阳伽蓝记》记载："基址虽颓，犹高五丈余"。按照后魏中尺约为0.2797米计算，五丈约合今13.99米，与汉代的六丈高度相当，只因高台颓废可能略有残损，与实际尺度也是大致相符合的。此高台自北朝末年城址废弃以后，至今经历了将近1400年的自然与人为残损，现存高台自然是要比原来高台低出不少。因此上述"高三丈"的说法明显不符合，"高六丈"的说法是存在可能的。另外，根据考古发掘的遗迹情况，上述《水经注》关于灵台"方二十步"的记载，可能是"二十丈"之误。"二十丈"按照汉代尺度即为47.2米，考古发掘实测的灵台中心建筑包含散水为49.5米，减去两面散水各自1.2米宽，最外侧第一层平台上回廊以内的基址即为47.1米见方，正合汉代的

① 《后汉书·祭祀志中》："章帝即位，元和二年正月，诏曰：'……其议增修群祀宜享祀者。'……四月，还京都。……又为灵台十二门作诗，各以其月祀而奏之。

② 《太平御览》卷五三四《灵台》："《五经通义》曰：王者受命而起，立灵台，所以灵台何以为在于中国之南也，附近辟雍，依仁宫也。灵台制度奈何？师说之，积土崇增，其高九仞，上平无屋。高九仞者，极阳之数，上平无屋。……望气显著。"

二十丈。

根据发掘遗迹，灵台中心高台周围四面有上下两层平台，用以修建殿堂房舍。其中围绕在高台最外侧即最底层平台上的建筑，为一周进深与面阔开间都不大的回廊建筑，其进深1.9~2米，面阔开间皆为2.65米。回廊地面铺砌有方砖，前檐用大长方砖包砌台边，前檐立柱安置在台边包砖内侧，后墙立柱则安置在高约1.86米的第二层平台夯土边壁内侧。台边包砖外侧是河卵石铺砌的散水，散水外侧还砌筑有方便排水的砖砌浅沟槽。在高台四面回廊的中间，都有一座自高台周围地面通上第二层殿堂台面的坡道，坡道残长3.5、宽5.1米。由坡道外侧均还发现一组柱槽遗迹来分析，该灵台的四面坡道下应该各有一座门亭式的建筑。第二层平台上的殿堂建筑，由残存的柱础分布来看，其进深和面阔开间都较为宽敞。每面的复原面阔皆应至少7间，每间面阔宽度约5.3~5.4米；进深长度不能确定，但由北面残存的第二层台面南北最长可达7.95~8米判断，其进深间距至少也为5.4米。该层平台的殿堂地面，均由素面小长方砖以斜向“人”字形铺砌。由于第二层平台上殿堂的柱间均未见隔墙的痕迹，其四面殿堂极有可能也都是通敞的。在第二层平台四面殿堂围绕的中间，即正方形的夯土高台，其顶部表面周缘虽然也零星发现有一些柱槽，但通过观察它们显然不是建筑殿堂的承重立柱。理由有二：一是这些柱槽的木柱埋设深度虽然达到2米以上，但柱槽底部均没有承重础石；二是这些柱槽的数量较少，而且仅在高台的周缘呈单排零星发现，排列间距也远近不一，远远构不成类似殿堂建筑有序排列的完整间架柱网。但由于它们均出现在中间方形夯土台四面靠近边缘的相近位置处，而且每面都有残存，其分布显然也存在着一定的规律。我们推测这些柱槽可能与中间方形夯土台上起观测作用的立杆设施有关，这也符合文献记载的灵台顶部“上平无屋”的形制结构。

由残存遗迹来看，灵台第二层平台殿堂建筑的四面墙壁上，原来可能涂抹有不同的颜色。如南面可能为红色，东面为青色，西面为白色，北面可能是黑色。这极有可能是按照不同的方位，有意分别施不同颜色的粉，这种做法应该与当时崇拜四灵的习俗有关。

在高台西侧第二层平台殿堂建筑的内侧，还向中间方形夯土台内侧加辟有两间内室。两间内室之间以夯土墙相隔，房室进深约2米，地面铺砌方砖，后壁无立柱，内室与外侧的殿堂建筑之间也以夯土墙隔开。这种特殊形制的房室设施，作法比较特别。是否与《晋书·天文志》中记载的“作铜浑天仪于密室中”的密室有关呢？值得我们去关注。

由于高台顶部被晚期扰乱破坏的较为严重，在高台基址上没有发现能够确切证明是自第二层殿堂通至台顶的坡道或踏步，因此这也是目前考古发掘不能解决的问题。但是从清理的某些遗迹现象来观察，我们还是可以对登台坡道或踏步做出大致的位置推测。由于在第二层殿堂内，围绕中间方形高台的东北角、西北角和东南角均残存有部分夯土壁面，而且不见有任何登台设施的遗迹，因此在上述三个角上设置登台设施的可能性不大。唯一的登台位置只能在高台的西南角，而且存在两种可能：一种是在已经残损的高台西南角登台，坡道或踏步自第二层平台西侧殿堂内C16础石的北面由西向东登台；另一种可能是在第二层平台西侧殿堂内侧的S2内室中由北向南设置登台设施，至S2内室南端转而向东。在S2内室南部曾经清理发现大量的木炭和铁钉，它们是否就是架设登台步梯的残存物呢？应值得我们考虑。另外，在中间方形高台上的东半部，曾经发掘清理出一条晚期甬道。当然也有一种可能，就是这条晚期甬道及南端的地下房舍，是在原来的登台坡道或踏步上进行改造深挖形成。只是现存的甬道南端因向地下开挖较深，原来的登台遗迹也已经被破坏无存而无法得到证实罢了。如果情况确实如此，这条甬道在南端都有可能和前面推测的两条登台坡道或踏步的东端相连接，经此甬道向北再转折向西继续登台。

第二节　关于明堂遗址的讨论

一　明堂遗址的定名

关于该明堂遗址，1962年在对汉魏洛阳故城遗址进行全面勘探时即已经发现[①]。遗址位于该城南郊的古洛河北岸，是一座具有方形院落和中心圆形台基的大型建筑遗址。

有关汉魏洛阳故城明堂的位置，在文献中也有诸多的记载。

如《汉官仪》："明堂去平城门二里所，天子出，从平城门，先历明堂，乃至郊祀。"[②]

《水经注·谷水》："谷水又迳灵台北，……谷水又东迳平昌门南，故平门也。又迳明堂北，汉光武中元元年立，寻其基构，上圆下方，九室重隅，十二堂。"

《后汉书·桓谭列传》："其后有诏会议灵台所处。"注引"杨衔之《洛阳记》曰'平昌门直南，大道东是明堂，大道西是灵台'也。"

《洛阳记》："平昌门南直大道，东是明堂，大道西是灵台。"[③]

《洛阳伽蓝记·城南》："至我正光中，造明堂于辟雍之西南，上圆下方，八牕四闼。"

《河南志·后魏城阙古迹》："明堂。宣武八年诏建，孝明正光中始成，在辟雍之西南，上圆下方，八窗八闼。"

综合以上记载的情况来看，汉魏洛阳故城的明堂北距大城南墙正门平城门约两华里，在平城门（汉代曰平城门，魏晋和北魏时称平昌门）外大道的东侧，西面隔道是灵台，东北面则是辟雍。

考古发掘的这座明堂遗址，位置正位于勘探发现的平城门外大道与开阳门外大道之间，北面距大城南墙（被洛河改道所冲毁，具体位置不能准确定位）约1000米左右，西面隔平城门外大道是勘察确定的汉晋灵台遗址，东面隔开阳门外大道略偏北是出土有"西晋辟雍碑"并经过勘察确定的汉晋辟雍遗址，正与文献记载的明堂位置相互印证。而且考古发掘的该遗址中心建筑，还是一座圆形围廊环绕中间方形殿堂的大型殿台建筑，其特殊的形制显然与记载的明堂中心建筑"寻其基构，上圆下方"大致相符合。

上述种种迹象显示，这座遗址毫无疑问就是文献记载的东汉至北魏时期明堂。

二　明堂的历史沿革

汉魏洛阳故城南郊的明堂，与灵台、辟雍一样也始建于东汉光武帝建武中元元年。至东

① 中国科学院考古研究所洛阳工作队：《汉魏洛阳城初步勘查》，《考古》1973年4期。
② 《后汉书·光武帝纪》注引。
③ 《玉海》卷一六二引《洛阳记》。

汉明帝永平二年，始于明堂祭天配祖，并且始服冠冕衣裳。东汉后代帝王，也都遵依此礼宗祀明堂。这在众多文献中，均有记载。

如《后汉书·光武帝纪》记载："中元元年，……是岁，初起明堂、灵台、辟雍，及北郊兆域。"

《水经注·谷水》："谷水又东迳平昌门南，故平门也。又迳明堂北，汉光武中元元年立。"

《资治通鉴》："中元元年，……是岁，起明堂，灵台，辟雍。"①

《汉书·礼乐志》："世祖受命中兴，拨乱反正，改定京师于土中。即位三十年，四夷宾服，百姓家给，政教清明，乃营立明堂、辟雍。显宗即位，躬行其礼，宗祀光武皇帝于明堂，养三老五更于辟雍，威仪既盛美矣。"②

《后汉书·祭祀志》："（光武中元元年）是年初营北郊，明堂、辟雍、灵台未用事。……明帝即位，永平二年正月辛未，初祀五帝于明堂，光武帝配。……奏乐如南郊。卒事，遂升灵台，以望云物。"③

《后汉书·显宗孝明帝纪》："（永平）二年春正月辛未，宗祀光武皇帝于明堂，帝及公卿列侯始服冠冕、衣裳、玉佩、絇屦以行事。礼毕，登灵台。"

《后汉书·儒林列传》："中元元年，初建辟雍。明帝即位，亲行其礼。天子始冠通天，衣日月，备法物之驾，盛清道之仪，坐明堂而朝群后，登灵台以望云物，袒割辟雍之上，尊养三老五更。"④

《后汉书·肃宗孝章帝纪》："（建初）三年春正月己酉，宗祀明堂。礼毕，登灵台，望云物。大赦天下。"

《后汉书·孝和帝纪》："（永元）五年春正月乙亥，宗祀五帝于明堂，遂登灵台，望云物。大赦天下。"

《后汉书·顺帝纪》："（永和元年春正月）己巳，宗祀明堂，登灵台，改元永和，大赦天下。"

《后汉书·顺帝纪》："汉安元年春正月癸巳，宗祀明堂，大赦天下。改元汉安。"

由此来看，东汉一代在明堂的宗祀活动和制度，是基本一直延续下来的。

根据有关文献记载，东汉的明堂在三国时期是仍然存在的，而且自曹魏以至西晋这座建筑均一直得到了重修与沿用。

如《宋书·礼志》："魏文帝黄初二年正月，郊祀天地明堂。是时魏都洛京，而神祇兆域明堂灵台，皆因汉旧事。"

《晋书·礼志上》："魏文帝即位，用汉明堂而未有配。明帝太和元年，始宗祀文帝于明堂，齐王亦行其礼。"又曰："晋初以文帝配，后复以宣帝，寻复还以文帝配，其余无所变革。"

《晋书·礼志上》还记载："魏明帝太和元年正月丁未，郊祀武帝以配天，宗祀文帝于明堂以配上帝。于是时，二汉郊禋之制具存，魏所损益可知。……自正始以后，终魏世不复

---

① 《资治通鉴·汉纪三六》。
② 《汉书·礼乐志二》。
③ 《后汉书·祭祀志中》。
④ 《后汉书·儒林列传上》。

郊祀。”“（泰始二年）二月丁丑，郊祀宣皇帝以配天，宗祀文皇帝于明堂以配上帝。”

由上述记载来看，曹魏时期东汉的郊禋建筑具存，其宗祀活动虽然在内容上会有一些变化，但仍然“用汉明堂”，“皆因汉旧事”。显然这是由于东汉、曹魏和西晋时代较为接近，而且其政权更迭均是通过禅让的形式和平完成的，前朝的主要建筑大都仍然基本完好地保存着，因此新的朝代无需对这类建筑进行大的改变或另行新建，基本都是因循旧基对其进行重修后继续使用。显而易见，曹魏和西晋时期是仍然沿用并且重修了东汉的明堂建筑，考古发掘解剖的遗迹情况可以对其进行印证。

有关北魏时期对明堂的营建，文献中也有一些记载，但似乎存在着一些争议。

如《魏书·礼志二》：“（熙平二年十二月）初，世宗永平、延昌中，欲建明堂。而议者或云五室，或云九室，频属年饥，遂寝。至是复议之，诏从五室，及元乂执政，遂改营九室。值乱世不成，宗配之礼，迄无所设。”

《河南志·后魏城阙古迹》：“明堂。宣武八年诏建，孝明正光中始成，在辟雍之西南。上圆下方，八窗四闼。”

上述记载说明，北魏在世宗和肃宗时期，对明堂的重建在朝廷中是曾经议论多次的，究竟是“五室”或者“九室”，就争议了相当长的时间。更为重要的是，究竟重修与否？是否建成？在上述两条记载中则存在着截然相反的结论：一说值乱世不成，宗配之礼迄无所设；另一说正光年间始成。显然，这在考古发掘这座建筑遗址以前，也是一个难解之谜。

在文献记载中，我们还可以找到一条间接证明北魏时明堂可能已经存在或者修建的材料。据《魏书·肃宗纪》记载：“（正光五年九月）乙亥，帝幸明堂，饯宝夤等。”这条记载似乎说明，在正光五年这座明堂建筑应该是存在的。

即使如此，我们仅凭文献材料仍然无法确切地证实北魏时期明堂究竟是否已经重建或者修建完成，但通过考古发掘资料却能够轻而易举解决这个问题。即北魏时期在汉晋原址上确实曾经重修了这座明堂建筑，而且可能主要的工程已经竣工，只是个别工作未能全部完成罢了。由考古发掘的北魏时期建筑遗迹和残存的砖瓦等遗物，对此可以充分证明。

三　东汉至北魏明堂的建筑形制布局

关于该明堂的建筑形制，结合在遗址范围进行的勘探与发掘工作，其整体范围和基本布局形制还是大致清楚的。其中间为一座台基直径60余米的大型圆形主体建筑，四面（北面已不存）60~100米处各布置一组（座）附属建筑，再外围四面（北面已不存）则围绕有夯土院墙。

明堂的院落整体大致为方形，东西415、南北400余米（残）。在南墙正中还试掘发现了可能是南门的建筑遗迹。虽然院墙其他三面的门址未曾发现，但由《太平御览》引蔡邕《明堂月令记》曰：“明堂之门，北门称闱”[①]等记载来看，该明堂院落四面均有门应是没有疑问的。

在明堂中心圆形建筑基址的四面外侧60~100米位置处，除北面因修筑洛河河堤可能遗迹早已被破坏外，其余三面均勘探发现有一组（座）长条状夯土基址。经过对比测算，显然它们应该是对称分布在中心圆形主体建筑四面的附属建筑。因均未进行试掘，这些附属建筑基

① 《太平御览》卷一八四《闱》。

址的具体建造与使用时代尚不明确，其具体形制与性质也不清楚，有待以后进一步的勘查发掘。至于该明堂中心圆形建筑的外围是否存在环水①，就目前掌握的考古资料还未曾发现。究竟是由于它属于干沟性质勘探不易发现②，还是因为北魏修建明堂时因人力资金投入有限而工程未及全部完工③，或者是根本就不存在，也都还有待以后的工作来证实。

明堂中心的大型圆形夯土建筑台基，由于早期的建筑遗迹早已经被晚期修补改造的建筑基址破坏或叠压，因此东汉和魏晋时期的明堂基址仅存地下基础，其平面形制已经无据可考。现仅能根据残存遗迹，对北魏时期重修的明堂平面形制做一些大致复原探讨。

从残存遗迹来看，现存明堂夯土地基厚2.2~2.5米，地上台基复原镶包石条后的直径约为62.8米，台基镶包石条至少为三层，至少高0.6米。在这座圆形台基上目前残存的建筑遗迹，主要是一些大中小型柱槽、大型与中型沙坑、石片散乱铺砌的地面等，显然它们都应该是北魏重修明堂时留下的遗迹。由于该圆形夯土台基现存高度基本已与今地面相平，台基中部原来较高的建筑基址早已被破坏得荡然无存，因此台基上残存的础槽、沙坑和石片地面等遗迹皆分布在圆形台基的外围，而且是呈内方外圆的形状极有规律的组合排列。由这些残存遗迹分布情况，我们仍可以推测出这座圆形基址原来较高的中部应该是方形的高台式基座，据研究复原该方形基座的边长至少为37米。如此，这座北魏时期的明堂中心建筑，在平面上整体应该是“内方外圆”的形制，这也正与《明堂大道录》引《淮南子・十二纪》注“青阳者，明堂也。中方外圆，通达四出”的记载相符合。至于该明堂台基外缘直径62.8米，中心高台边长超过37米，则又与《大戴礼记・盛德》④、蔡邕《明堂论》⑤和《三辅黄图》⑥等记载的关于明堂制度的尺度比较接近，上述三处文献皆记载明堂“堂方百四十四尺”、“屋圜径二百一十六尺”，按照北魏1尺约等于今米制27.9~29.6厘米⑦，取中间尺度即分别为大约41米和62米。考古发现的实际遗迹，是与文献记载可以大致相符合的。

由北魏明堂台基上排列在中间方形高台周围的柱槽和沙坑的分布情况来观察，大型柱槽共围绕在中间方形高台外侧有56列，大型沙坑则为28个。从56列柱槽的排列来看，每列最多为6个，最少有3个。因此作为完整圆形环绕在中心台基外围的柱槽，每列只有3个，也即环绕有三排。从平面布置上看这三排柱槽显然可以在圆形台基的外围构成两圈圆形围廊，也可以

① 《太平御览》卷五三三《明堂》引李尤《明堂铭》曰：“布政之宫，上圆下方，体则天地，在国之阳，窗闼四设，流水洋洋。顺节行化，各居其房。春恤幼孤，夏进贤良，秋厉威武，冬谨关梁”。

② 《后汉书・光武帝纪》：“（建武中元元年）是岁，初起明堂、灵台、辟雍，及北郊兆域。”注《汉官仪》曰：“明堂四面起土作堑，上作桥，堑中无水。”

③ 《资治通鉴・梁纪五》：“（天监十八年五月）魏以任城王澄为司徒，京兆王继为司空。……太后好佛，营建诸寺，无复穷已。……魏自永平以来，营明堂、辟雍，役者多不过千人，有司复借以修寺及供它役，十余年竟不能成。”《魏书・源子恭传》：“正光元年，为行台左丞，……转为起部郎。明堂、辟雍并未建就，子恭上书曰：‘……永平之中，始创雉构，基趾草昧，迄无成功。……虽有缮作之名，终无就功之实。’”《魏书・礼志二》：“初，世宗永平、延昌中，欲建明堂。而议者或云五室，或云九室，频属年饥，遂寝。至是复议之，诏从五室。及元叉执政，遂改营九室。值世乱不成，宗配之礼，迄无所设。”

④ ［清］惠栋：《明堂大道录・明堂制度》引《大戴礼记・盛德》：“其宫方三百步。堂方百四十四尺，坤之策也。屋圜径二百一十六尺，乾之策也。太庙明堂方三十六丈。通天屋径九丈，阴阳九六之变；圜盖方载，六九之道。八门以象八卦，九室以象九州，十二宫以应十二辰。三十六户七十二牖，以四户八牖乘九室之数也。……通天屋高八十一尺，黄钟九九之实也。二十八柱列于四方，亦七宿之象也。堂高三尺，以应三统。四乡五色者，各象其形。外博二十四丈，应节气也。”

⑤ 《全上古三代秦汉三国六朝文・全后汉文》卷八十蔡邕《明堂论》：“明堂者，天子太庙。……其制度之数，各有所依。堂方一百四十四尺，坤之策也。屋圆，屋径二百一十六尺，乾之策也。太庙明堂方三十六丈。通天屋径九丈，阴阳九六之变也。圆盖，方载，六九之道也。八达以象八卦，九室以象九州，十二宫以应十二辰。三十六户，七十二牖，以四户八牖乘九室之数也。……通天屋高八十一尺，黄钟九九之实也。二十八柱列于四方，亦七宿之象也。堂高三丈，以应三统。四乡五色者象其行。外广二十四丈，应一岁二十四气。”中华书局，1958年。

⑥ 《隋书・宇文恺传》：“奏《明堂议表》曰：……《黄图》曰：‘堂方百四十四尺，法坤之策也，方象地。屋圆楣径二百一十六尺，法乾之策也，圆象天。天室九宫，法九州。太室方六丈，法阴之变数。十二堂法十二月。三十六户法极阴之变数，七十二牖法五行所行日数。八达象八风，法八卦。通天台径九尺，法乾以九覆六。高八十一尺，法黄钟九九之数。二十八柱象二十八宿。堂高三尺，土阶三等，法三统。堂四向五色，法四时五行。……水阔二十四丈，象二十四气。’”

⑦ 国家计量总局、中国历史博物馆、故宫博物院：《中国古代度量衡图集》，文物出版社，1984年。

说是两重围廊。结合文献记载，由上述56列柱槽外围的3个柱槽构成的两重围廊，也可能就是文献中所说的“重廊”[①]。而28个大型沙坑，均匀布置在第二重围廊的4个大型柱槽之间，也可能与文献记载的“二十八柱以象宿”[②]中的二十八柱有关。

关于这28个大沙坑和56列柱槽的关系，由于这些大沙坑皆均匀排列在第二圈和第三圈柱槽的4个柱槽之间，位置与间距排列正适当中，而且绝无打破叠压关系，这些现象表明它们皆应为同一个时期即北魏时期残存的建筑遗迹。至于这些大沙坑的实际用途，目前还无法确定。从它的分布位置和大小规格来看，如果单纯作为柱础来使用比较令人疑惑。主要原因有二：其一，这些大沙坑是与56列大柱槽中的第二圈和第三圈柱槽位置相重复的，而且上述大柱槽本身的规格也不小，约0.7~0.9米见方，在其中的4个大柱槽中间再安置一个承重柱础，显然没有必要；其二，这些大沙坑的残存沙坑痕迹，长宽皆在2.4~2.8米之间，个别范围较大可达3米以上，面积达到6~7平方米，作为柱础则显得体量过大。我们在北魏洛阳永宁寺发掘的体量巨大、高度100米左右的九层木塔的础石，也不过才1.1~1.2米见方[③]。以此明堂建筑的高度和体量来考量，前述排列密集的大柱槽的规格大小，是完全可以承载的。这28个大沙坑除了承重，可能还有着另外的用途，或许是与二十八宿有关的大型建筑构件有关?

56列柱槽中，每列除去外圈的3个柱槽，其余柱槽分布在中间方形高台的四面与外圈围廊柱槽的内侧之间。每面又分别可以组成三个范围较大的建筑空间，四面共有12个。由于建筑空间内皆不见柱槽，是否原来也是高台，柱槽已经被破坏掉？还是本身没有柱槽，属于开间略大的堂室或者通往中间方形高台的慢道或踏步？现均已无法断定。

关于桓谭《新论·正经第九》记载的明堂“为四面堂，各从其色，以仿四方”[④]。在解剖的明堂中心圆形台基东面汉晋时期地层堆积中，确也曾出土一些彩色墙皮的碎块。但由于这些墙皮除了主要是天蓝色和粉蓝色的，也有少量红色和黑色墙皮。蓝色墙皮还可以与东面的青色相联系，少量红色和黑色墙皮也可能是被晚期重修明堂时扰乱到一起的。虽然现在还没有确切证据说明这些墙皮就与记载的明堂四面“各从其色，以仿四方”有关，但它们显然是与东汉或魏晋时期建造的早期明堂建筑有关的残存遗迹。

总而言之，这座明堂基址总的建筑特点，是一座由圆形重廊环绕着中间方形殿堂的多层台阁式建筑。其圆形台基的外围有两圈围廊；重廊内侧较高的方形殿台外围还应设有12间殿堂，每面3间，即分别为文献记载的“青阳、明堂、总章、玄堂”[⑤]太庙及左、右个；方形殿台中部还有5间或9间宫室，即所谓的“五室”或“九室”，其中间的宫室称为“太室”，也即“通天屋”，其下部方形，顶部应是圆盖，即所谓的“圆盖方载”、“上圆下方”。其总体建筑形制，显然是按照汉长安城明堂的基本尺度和形式来设计建造，其形制和模式虽然经过众儒们的争议讨论而加以引申并有一些变化，但还是大致遵循了“室以祭天，堂以布政”的明堂制度。

① 《太平御览》卷一八五《廊》引《周书·作雒篇》曰：“凡五宫明堂，咸有重廊”。
② 《魏书·卷72·贾思伯传》：“肃宗时……于时议建明堂，多有同异。思伯上议曰，……且蔡邕论明堂之制云：‘堂方一百四十尺，象坤之策；屋圆径二百一十六尺，象乾之策；方六丈，径九丈，象阳阴九六之数；九室以象九州；屋高八十一尺，象黄钟九九之数；二十八柱以象宿；外广廿四丈以象气。’”
③ 中国社会科学院考古研究所：《北魏洛阳永宁寺1979~1994年考古发掘报告》，中国大百科全书出版社，1996年。
④ 桓谭：《新论》，上海人民出版社，1977年。
⑤ 《太平御览》卷五三三《明堂》引《礼记·明堂阴阳录》曰：“明堂之制，周旋以水。水行左旋，以象天。内有太室，象紫宫。南出明堂，象太微。西出总章，象五潢。北出玄堂，象营室。东出青阳，象天市。”

第三节　关于辟雍遗址的讨论

一　辟雍遗址的定名

本报告一开头前言和第三章中，均曾提到该遗址在20世纪30年代初出土之辟雍碑（附图一、二）。该碑系西晋咸宁四年为颂扬晋武帝及皇太子（晋惠帝）亲临辟雍行礼的盛德而立，其碑身完整，失座。实测碑高3.1、宽1.12、厚0.27米。碑首六龙纠结，碑额题曰“大晋隆兴皇帝三临辟雍皇太子又再莅之盛德隆熙之颂”。碑正面刻颂词，碑文30行，行55字，共约1516字。记录了晋武帝司马炎即位后设立学官，重兴太学，始行乡饮酒、乡大射之礼，四年内三次亲临辟雍及皇太子司马衷又亲临辟雍太学的史实。背面刻奉诏诣辟雍之官员和参与辟雍行礼之博士、礼生及门人、弟子、散生的籍贯姓名，有人名408人。所有文字皆为隶书。

这次发掘出土的碑座，石质与碑身接近，人像题名也为隶书，其字体乃至某些字偏旁的特殊写法（如“亻”旁），都与碑文一致，显然同碑身有密切关系。碑座顶部凹槽，长1.13、宽0.286、深0.176米，其长、宽比碑身之宽、厚略大，插入碑身非常合适，进一步证明今日出土之碑座和昔日出土之碑身正是一通石碑的两个组成部分。

此辟雍碑因碑座的出土而恢复了原状，它不仅为我们提供了碑在遗址的准确地点，而且使我们能够有把握地将遗址确定为辟雍遗址。

二　辟雍的历史沿革

汉魏洛阳故城辟雍的营建，据文献记载为东汉光武帝建武中元元年（56年）[①]；明帝即位，始于永平二年（59年）三月亲临辟雍行大射礼[②]，十月初行养老礼[③]。自此以至魏晋，历代都曾在辟雍行礼，历史文献及碑刻中留下了不少这方面的记载。西晋末年，王室南迁，中原陷入长期混乱，洛阳城饱受战争摧残，辟雍湮没无闻。待北魏拓跋氏入主中原，再次以洛阳为都城，虽有重建辟雍之议，而实际“并未建就”。[④]

以上便是汉魏洛阳故城辟雍历史沿革的梗概。然而，事实并不如此简单。如果认真查对一下有关辟雍位置及营造者的历史记载，就会发现其中仍有一些与辟雍历史沿革有关的问题存在。

古文献里，涉及汉魏洛阳故城辟雍位置及营造者的著述，主要有《东京赋》、《汉官仪》、《洛阳记》、《西征记》、《洛阳伽蓝记》、《元河南志》等。兹将有关文句转录于下：

张衡《东京赋》曰：“左制辟雍，右立灵台。”[⑤]（此系就辟雍、灵台与宫殿的相对位置而言，无法据以了解它们的确切位置）。

应劭《汉官仪》：“明堂去平城门二里所。”又曰：“辟雍去明堂三百步。”[⑥]

---

① 《后汉书·光武帝纪》：“（中元元年）是岁，初起明堂、灵台、辟雍，及北郊兆域。”

② 《后汉书·显宗孝明帝纪》：“（永平二年）三月，临辟雍，初行大射礼。”《后汉书·礼仪志上》：“明帝永平二年三月，上始帅群臣躬养三老、五更于辟雍。行大射之礼。”

③ 《后汉书·显宗孝明帝纪》：“（永平二年）冬十月壬子，幸辟雍，初行养老礼。”

④ 《魏书·源子恭传》：“正光元年，……转为起部郎。明堂、辟雍并未建就。”

⑤ 《后汉书·祭祀志中》注引。

⑥ 《后汉书·光武帝纪》李贤注引。

陆机《洛阳记》曰："灵台在洛阳南，去城三里。" 又曰："辟雍在灵台东，相去一里，俱魏所徙。"①

戴延之《西征记》曰："洛城南有平昌门，道东辟雍坛，去灵台三里，俱是魏武帝所立。"②

杨衒之《洛阳伽蓝记》秦太上公寺条："寺东有灵台一所，……即是汉光武所立者。灵台东（有）辟雍，是魏武所立者。至我正光中，造明堂于辟雍之西南。"③

《河南志·后魏城阙古迹》："宣阳门外一里，御道东曰利民里。里内有灵台旧基，汉光武建者。东有辟雍，魏武建者。"

勘对这些记载，可以看出历代文献有一些共同之处：即自东汉以来，辟雍、明堂、灵台三雍分立；辟雍在东汉平城门（魏晋称平昌门）外御道东，灵台在御道西；辟雍距灵台较远，约一至三里，距明堂较近，才三百步。据此，我们可以大致了解到辟雍在洛阳城南的大体位置。但需要进一步弄清的是：其一，辟雍距灵台一里还是三里？辟雍在明堂北还是东北？其二，晋以后文献《洛阳记》、《洛阳伽蓝记》和《河南志》，均以为辟雍为"魏所徙"或"魏武所立"，别无异词，似乎魏晋同东汉辟雍不在一地，事实是否如此?

前一个问题，比较容易解决。所谓距灵台一里或者三里，都是晋人的记述，人同时代而异词，其中必有一误。所谓在明堂北还是东北，二说均起自北魏及其以后，自然是指魏晋辟雍与明堂的相对位置而言。而今，汉晋灵台、汉至北魏明堂二遗址都已发掘，本遗址又因有辟雍碑出土可以确定无疑地当做魏晋辟雍。这样，只要通过实测灵台、明堂、辟雍三遗址的相对位置及距离，便可决定上述各说的是与非。据本报告第三章第二节"辟雍遗址的勘探"所述：辟雍距灵台约750米；明堂在辟雍西，稍偏南，而遗址相距约350米。这些实测资料与辟雍"去灵台三里"、明堂在"辟雍之西南"的记载比较一致。因此，我们认为戴延之和杨衒之所记方位是比较可信的。

至于后一个问题，也可以说是魏晋辟雍是否沿用东汉辟雍旧基的问题。对这个问题，单凭文献记载不容易说得清楚，必须同实地考察结合起来进行分析。首先，应该肯定，如另有东汉辟雍遗址，它一定在平城门外大道以东三里（晋里）的范围内。多年来，我们在这一带做过不少考古调查，除太学、明堂、辟雍遗址外，并未见其他堪与这些遗址相比拟的大型建筑遗迹。那么，会不会出现因洛河改道而被冲毁的可能呢？完全不会。因为洛河改从今河道东流是北魏以后的事情，如果今河道附近另有东汉辟雍遗址，《洛阳伽蓝记》、《水经注》等书是会提到的，这些书上却只字未提。况且，从城市布局来看，今洛河一带与灵台的位置相比太靠北，东汉时是不大可能在这里营建辟雍的。因此我们认为，另有一处东汉辟雍遗址的可能性几乎是不存在的。

既然不可能找出另一处东汉辟雍遗址，东汉辟雍又确实存在，便只有以本报告所指之辟雍遗址当之。这样看，既同《东京赋》"左制辟雍，右立灵台"的文义相符，又与《汉官仪》所谓"辟雍去明堂三百步"的记载合契，和汉代文献毫无牴牾。

① ［清］徐松：《河南志·魏城阙古迹》引。
② 《太平御览》卷五三四《辟雍》引。
③ ［北魏］杨衒之：《洛阳伽蓝记·城南》。

如果以为上述理由还不足以说明辟雍遗址即东汉至魏晋辟雍的话，那么，还可以从遗址本身找到证据。其一，无论四面之夯土阙基，还是辟雍中心殿基，夯土质量都很好，土质纯净，夯打坚实，绝非征战不息的曹魏时代之所为，更不是魏晋太学所见之劣质夯土所能比，而应是东汉旧基。其二，如前所述，辟雍所出遗物，包含了大量汉代遗物，从砖、瓦、瓦当、陶器，一直到钱币，比比皆是，真正能定为魏晋遗物的倒是少数。若非东汉旧基，怎么会有那么多东汉建筑材料遗弃于此呢？

至于为什么陆机、戴延之等将辟雍说成是魏所徙或魏武帝所立，具体原因当然不可尽知。但从他们将汉光武“所立”、“所筑”之灵台，也和辟雍一起，写作“俱魏所徙”或“魏武帝所立”来看，很可能是由于灵台、辟雍遭东汉末年战乱破坏，已成废墟，而魏武帝时得以重建或改建的缘故。《洛阳伽蓝记》、《元河南志》所谓辟雍“是魏武所立者”云云，只是因袭陆、戴的说法而已。

关于辟雍的历史沿革，还有一点需要提及。从辟雍遗址上烧灶的分布及其地层关系看，辟雍曾经遭到两次大的破坏。这两次破坏发生在何时呢？我们推测，第一次破坏可能发生于东汉末年，即董卓移都长安并大烧洛阳宫室之际。遗址中四面阙台、门屏基址和中心殿基，应是遭第一次破坏前辟雍建筑的遗迹。第二次破坏可能发生在西晋灭亡之际。遗址中心殿址残存地上台基底部四周之贴砖、殿北门址东西门房台基，或为遭第二次破坏前魏晋修补改建辟雍建筑留下的遗迹。至于殿北门址北侧的小房址，无疑是第二次破坏以后所出现的临时住房的遗存，恐与辟雍本身并无什么联系。

三　东汉至西晋辟雍的建筑形制布局

辟雍之设，起源甚古，《礼记·礼统》曾追溯至夏商周三代，云“夏天子曰重屋，……殷天子曰庙，……周天子曰辟雍。”[①] 但缺乏实证。

关于辟雍之制，古文献记载颇多，兹择其要者转录于下：

《礼记·礼统》：“辟雍之制奈何？《王制》曰，辟雍圆如璧，雍以水，内如覆外如偃盘也。”[②]

桓谭《新论·正经》曰：“王者作圆池如璧形，实水其中，以圜雍之，故曰辟雍。”[③]

李尤《辟雍铭》曰：“惟王所建，方中圆外，清流四匝，荡涤浊秽。”[④]

班固《辟雍诗》曰：“乃流辟雍，辟雍汤汤；圣皇莅止，造舟为梁。”[⑤]

这些著作，多出自东汉人之手。由此可以想见，当时理想的辟雍布局大体是：其中心建筑或建筑群呈方形，即所谓方中；环中心建筑作圆池如璧形，实水其中，即所谓圆外；四面门外约无桥梁之设，故而圣皇莅止，造舟为梁。

汉魏洛阳故城辟雍遗址的基本布局，似与文献记载有所同也有所不同。遗址四面立阙，南、北双阙之间的距离与东、西双阙之间的距离相同，使辟雍中心建筑群在外观上呈方形，这岂不是方中！然由前述对辟雍环水的钻探和解剖发掘得知，此辟雍遗址的环水却不呈圆

① 《太平御览》卷五三四《辟雍》引《礼记·礼统》。
② 同①。
③ 桓谭：《新论》，上海人民出版社，1977年。
④ 《太平御览》卷五三四《辟雍》引李尤《辟雍铭》。
⑤ 《后汉书·班固列传》引《辟雍诗》。

形，而与方形接近，明显与文献记载的传统模式不符。这也许是历史上辟雍建筑形式的一个少见特殊个例。

如前所述，辟雍遗址四面双阙之内，均有一长条形建筑基址。从发掘的两处来看，该建筑基址一般宽3米余，其上原有宽1米多的夯筑土壁，夹壁立壁柱，壁面抹白灰墙皮。基址中部，均向双阙方向伸出两块左右相对的夯土，其上残存有柱槽遗迹，而左右两块夯土之间有路土通过。如果复原其基本结构，应是正中设带屋顶之门道、两侧墙壁用砖瓦短椽覆顶的建筑，大约与后世正中设门之影壁相似。因之，我们在报告中称之为门屏。《后汉书·礼仪志》在叙述养三老五更时，有云："其日，乘舆先到辟雍礼殿，御坐东厢，遣使者安车迎三老、五更。天子迎于门屏，交礼……"这里所说的门屏，或许即指这种建筑。

辟雍遗址的另一个引人注意处，是北面具备车道，而中心殿址周围及中心殿址与南面双阙之间却不具车道，只有人行道路。为什么呢？《汉官仪》有曰："车驾临辟雍，从北门入。"[①] 连天子的大驾车辆都要从北门入，文武百官及其他人等更不敢驱车入南门了，这大概即是造成上述现象的内在原因。

看来，辟雍的建筑布局同有关礼仪有密切关系。

四 辟雍行礼的演变

辟雍是朝廷"行礼乐宣德化"的场所，皇帝亲临辟雍行礼则是其行礼乐宣德化的主要形式。在辟雍行那些礼呢？

据《后汉书》记载："明帝即位，永平二年三月临辟雍，初行大射礼。同年十月始亲帅群臣养三老五更于辟雍，初行养老礼。永平八年临辟雍养三老五更。"[②]

"和帝永元十四年三月，临辟雍，飨射。"[③]

"顺帝阳嘉元年三月，临辟雍飨射。二年冬十月，行礼辟雍。"[④]

"灵帝熹平六年冬十月，临辟雍（行礼与否史无明文）。"[⑤]

记载表明，东汉朝于辟雍所行礼为飨礼、养三老五更和大射礼三种。

曹魏沿用东汉礼仪，按理也应有辟雍行礼之事，惜史书无征。《三国会要》载有高贵乡公甘露二年天子亲帅群司行养老之礼一事，但地点在太学，不在辟雍。[⑥] 同书还记载有甘露二年五月帝幸辟雍一事，然不记行礼与否，而云会命群臣赋诗。[⑦] 于辟雍会命群臣赋诗，大概也算一种宣德化的特殊形式。

西晋于辟雍行礼，见于《晋书》的共三次，即《礼志》所载"武帝泰始六年十二月（本纪作十一月），帝临辟雍，行乡饮酒之礼。……咸宁三年，惠帝元康九年，复行其礼。"[⑧]

这些记载给人一种印象，似乎晋代在辟雍只行飨礼。但辟雍遗址所出辟雍碑提供的资料表明，事实并非如此。据碑文，武帝泰始三年至咸宁四年，曾五次于辟雍行礼：泰始三年十

① 《后汉书·光武帝纪》李贤注引。
② 《后汉书·显宗孝明帝纪》。
③ 《后汉书·孝和孝殇帝纪》。
④ 《后汉书·孝顺孝冲孝质帝纪》。
⑤ 《后汉书·孝灵帝纪》。
⑥ 《三国会要》卷一五《典学》："魏高贵乡公甘露二年，天子亲帅群司行养老之礼于太学。"《晋书·礼志下》："及魏高贵乡公甘露二年，天子亲帅群司行养老之礼。"此条未载行礼地点。
⑦ 《三国志·魏书·三少帝纪》："（高贵乡公甘露二年）五月辛未，帝幸辟雍，会命群臣赋诗。"
⑧ 《晋书·礼志下》。

月始行乡饮酒乡射礼；泰始六年正月（刘）熹（段）溥等又奏行大射礼；同年十月行乡饮酒礼；咸宁三年冬十一月行乡饮酒礼；咸宁四年二月行大射礼。这五次行礼，其中两次见于《晋书》（泰始六年、咸宁三年行乡饮酒礼。泰始六年的一次，《晋书》本纪、礼志系于十一月或十二月，皆误），其余三次史书失载。如将碑文与史书所记合并计算，西晋一代于辟雍行礼共六次，分别行乡饮酒礼和行大射礼。可见，西晋在辟雍所行之礼同东汉一样是飨礼和大射礼。此外，魏晋时期在辟雍所行礼仪中，也应有养老礼，不知什么原因，上述史书均未留下记载。

上述史实证明，自汉至晋礼仪制度是一脉相承的。

汉晋时期，治经学者学派对立，各家对经典的解释大相径庭。治礼大家中，东汉马融、郑玄所传之业与西晋王肃之学多所相左，但在辟雍行礼却同时采用了这两种对立的学说。辟雍碑碑文载，当时于辟雍行乡饮酒礼及大射礼是“马、郑、王三家之义并时而施”；碑阴所列行礼人员名单，又将“典行郑大射礼博士”、行“郑大射礼生”与“典行王乡饮酒礼博士”、行“王乡饮酒礼生”截然分开，足见行大射礼系从郑玄之义，而行乡饮酒礼则依王肃之学。辟雍碑的这些记载，既可以帮助我们了解当时所行之礼的具体仪式，又能够使我们看到经学学派之争的某些情势。

除行养老、飨、射礼外，汉魏之世还在辟雍释奠孔子。不过就一些记载来看，汉、魏两代孔子的地位似有差别。如《后汉书》中记载：“明帝永平二年三月，上始帅群臣躬养三老、五更于辟雍。郡、县、道行乡饮酒礼于学校，皆祀圣师周公、孔子，牲以犬。”[①] 在此，显系同祀周孔而非独祀孔子，以文义推之，是时周公为先圣，孔子为先师。另据《晋书·礼志》记载：“魏齐王正始二年二月，帝讲《论语》通，五年五月，讲《尚书》通，七年十二月，讲《礼记》通，并使太常释奠，以太牢祠孔子于辟雍，以颜回配。”[②] 在此，以太牢独祀孔子，可见魏世孔子的地位较汉世为尊。辟雍碑碑座孔子像题名为“先圣泥父”，无疑晋世已尊孔子为先圣。由此看来，是否早在魏末孔子已获得先圣的尊号了呢？

入晋，自泰始以后释奠祀孔改在太学举行，这是一大变化，对后世颇有影响。由此使我们联想到辟雍碑碑座上被铲掉的孔子及其门人像。当时，孔子既有先圣之尊，刻好后的像又铲掉，似非偶然举动，应与现行礼仪有关。那么，是否正是由于释奠改于太学、将孔子等人像刻于辟雍不再合乎时宜始有铲像之举呢？

除以上四点之外，有关辟雍碑所记当时太学情况，顾廷龙先生早已做过周密研究并已发表了研究成果[③]，在此不再重复。

第四节　关于太学遗址的讨论

我们发掘汉魏洛阳故城的太学遗址，虽说没有考察得十分清楚，但其中还是获得了一些重要的收获。下面依据考古勘探与发掘资料并结合文献，分别对太学遗址的定名、建造与沿用时代、形制布局以及出土的石经，分别进行一些讨论。

① 《后汉书·礼仪志上》。
② 《晋书·礼志上》。
③ 顾廷龙：《〈大晋龙兴皇帝三临辟雍皇太子又再莅之盛德隆熙之颂〉跋》，《燕京学报》第10期，民国二十年（1931年）。

一　太学遗址的定名

关于太学遗址，以往曾经出土有大量的汉石经残石。这些石经，据记载是在东汉灵帝熹平四年（公元175年）由蔡邕等奏求正定六经文字，并由蔡邕亲自书丹于石碑，使工匠雕刻，树立于东都太学前。① 自隋唐以后，原碑湮没无闻，不可迹寻。至宋代，始发现有《诗》、《书》、《礼》、《公羊》和《论语》五经残石面世，共2167字，收录于洪适《隶释》、《隶续》二书中。至20世纪20至30年代，在河南洛阳东偃师朱圪垱村附近，又有该石经较多的残石出土，引起当时学术界的极大注意，使人们也逐渐寻找到了东汉太学故址的大致位置。② 尤其马衡先生在1923年冬曾亲临汉魏洛阳故城南郊的朱圪垱岗上村考察，“见所谓太学遗址者，已沦为丘墟，仅有碑趺十余，呈露于瓦砾丛中而已，然按其方位，与《洛阳记》、《水经注》、《洛阳伽蓝记》诸书所载正相符合，知北宋及近代之所出者，皆在汉魏立碑之故处。”③ 太学遗址的方位基本得到了确认。20世纪70~80年代，据我所许景元先生在此考古调查统计，在当地仍存有石经碑座大约14方，而且还对收集的传出土于当地的部分“熹平石经”进行了研究。④ 与此同时，对这座遗址的考古勘探和发掘工作也正式开展，在这里先后发现了多处长条状排房校舍以及形制布局完整的围墙院落。由此，则完全证实了汉魏洛阳故城南郊太学的位置。

此外在历史文献中，关于汉、魏、晋、北魏洛阳太学的位置，也有一些比较明确的记载，与上述考察的太学位置基本上相吻合。其有关的记载主要有以下几条。

如《洛阳记》曰：太学在洛阳城南开阳门外，讲堂长十丈，广二丈。堂前石经四部。⑤

《洛阳伽蓝记·城南》：“报德寺，高祖孝文皇帝所立也，为冯太后追福，在开阳门外三里。开阳门御道东有汉国子学堂。”此“汉国子学堂”，按所述文字理解，当包括太学和国子学在内。

而经过实地考察测量，该太学遗址也正位于残存的洛阳城南约一千余米处，其定名为太学遗址明显是与文献记载相符合的。

二　太学的历史沿革

关于汉魏洛阳故城东汉、曹魏、西晋和北魏太学的始建及沿用增修变化，文献中有明确的记载。

如《后汉书·光武帝》曰：“（建武五年十月）初起太学。车驾还宫，幸太学，赐博士弟子各有差。”⑥《述征记》曰：“学堂里有太学讃碑，记曰，建武二十七年（51年）立太学堂。”⑦ 又《水经注·谷水》载，据汉顺帝阳嘉元年（132年）太学所立碑文云：建武

① 《后汉书·孝灵帝纪》：“（熹平）四年春三月，诏诸儒正五经文字，刻石立于太学门外。”《后汉书·蔡邕传》：“熹平四年，……奏求正定六经文字。灵帝许之，邕乃自书丹于碑，使工镌刻立于太学门外。于是后儒晚学，咸取正焉。及碑始立，其观者及摹写者，车乘日千余辆，填塞街陌。”

② 范邦瑾：《两块未见著录的〈熹平石经·诗〉残石的校释及缀接》，《文物》1986年5期。

③ 马衡：《汉石经集存》编辑后记，中国科学院考古研究所编辑，科学出版社，1957年。

④ 许景元（中国社会科学院考古研究所）：《新出熹平石经〈尚书〉残石考略》，《考古学报》1981年2期。

⑤ 《后汉书·蔡邕传》注引《洛阳记》曰：“太学在洛城南开阳门外，讲堂长十丈，广二丈。堂前石经四部。”《后汉书·光武帝纪》注引陆机《洛阳记》曰：“太学在洛阳城故开阳门外，去宫八里，讲堂长十丈，广三丈。”

⑥ 《后汉书·光武帝纪》。

⑦ 《太平御览》卷五三四《学校》：“《述征记》曰：太学在国子学东二百步。学堂里有太学讃碑，记曰：建武二十七年立太学堂。永建六年制下府缮治并立诸生房舍千余间。阳嘉元年毕刊于碑。”

二十七年造太学，年积毁坏，永建六年（131年）九月，诏书修太学，刻石记年，用作工徒十一万二千人，阳嘉元年八月作毕。此次，并立诸生房舍千余间。至是，游学增盛，至三万多人[①]。熹平四年（175年）汉灵帝乃诏诸儒正定五经，刊于石碑。是为汉一体石经，即熹平石经。

魏晋之世，皆以禅让得天下，大的制度多依旧例，学校也不例外。《魏略》曰："至黄初元年（220年）之后，新主乃复，始扫除太学之灰炭，补旧石碑之缺坏，备博士之员录，依汉甲乙以考课。申告州郡，有欲学者，皆遣诣太学。"五年（224年），"太学始开，有弟子数百人。至太和、青龙中，中外多事，人怀避就。虽性非解学，多求诣太学。太学诸生有千数……。弟子本亦避役，竟无能习学，冬来春去，岁岁如是。"[②]《水经注·谷水》："魏正始中，又立古、篆、隶三字石经。"此亦曰正始石经。晋亦如此。咸宁四年（278年）立于辟雍的"大晋龙兴皇帝三临辟雍皇太子又再莅之盛德隆熙之颂"碑称："文皇帝……靡开大学，广延群生，天下鳞萃，迳方墓训，东越于海，西及流沙，并时集至，万有余人。"

其时，除了太学之外，还有国子学。潘岳《闲居赋》云："两学齐列，双宇如一，右延国胄，左纳良逸。"[③]说得是二学并建之状。《述征记》曰，太学在国学东二百步。正说明两者之间的关系。我们在第四章第四节中，所述1981年秋对太学西侧遗址的发掘，曾传为太学石经碑座出土处，这里或者就是魏晋国子学的遗迹。况在其北部的窑场复耕时，曾在堤南坯场处耕地，犁出数排如同太学房舍那样的长条形房基，东西宽才五六米，南北长却有数十米，北自堤边、南至东西向小路仍未见尽头。

北魏迁洛以后，创建二学的情况与上述略有不同。据《魏书》记载：北魏迁洛之前夕，孝文帝即在太和十七年（493年）"（九月）庚午，幸洛阳，周巡故宫基趾。帝顾谓侍臣曰：'晋德不修，早倾宗祀，荒毁至此，用伤朕怀。'遂咏《黍离》之诗，为之流涕。壬申，观河桥，幸太学，观石经。"[④]至宣武帝延昌元年（512年）都是屡建屡停，不见有所成功。先是于正始元年（504年）"十有一月戊午，诏曰：'古之哲王，创业垂统，安民立化，莫不崇遵胶序，开训国胄，昭宣三礼，崇明四术，使道畅群邦，风流万宇。自皇基徙构，光宅中区，军国务殷，未遑经建，靖言思之，有惭古烈。可敕有司依汉魏旧章，营缮国学。'"后于"正始四年（公元506年）六月己丑朔，诏曰：'……朕纂承鸿绪，君临宝历，思模圣规，述遵先志，今天平地宁，方隅无事，可勅有司准访前式，置国子，立太学，树小学于四门。'"大概由于进度太慢，于是又于延昌元年夏四月"丁卯，诏曰：'迁京嵩县，年将二纪，虎闱阙唱演之音，四门绝讲诵之业，博士端然，虚禄岁祀，贵游之胄，叹同子衿，靖言念之，有兼惭慨。可严勅有司，国子学孟冬使成，太学、四门明年暮春令就。'"[⑤]正光元年（520年）春正月大约国学建成，故发诏曰："有司可豫缮国学，图饰圣贤，置官简牲，择吉备礼。"以于仲阳，释典孔颜。正光二年二月"癸亥，车驾幸国子学，讲孝经。三月庚

① 《后汉书·儒林列传上》："自安帝览政，薄于艺文，……学舍穨敝，鞠为园蔬。……顺帝感翟酺之言，乃更修黉宇，凡所造构二百四十房，千八百五十室。本初元年，梁太后诏曰：'大将军下至六百石，悉遣子就学……。'自是游学增盛，至三万余生。"《后汉书·党锢列传》："初，桓帝为蠡吾侯，受学于甘陵周福，及帝即位，擢福为尚书。……党人之议，自此始矣。……因此流言转入太学，诸生三万余人。"

② 《三国志·魏书·王肃传》注引《魏略》。

③ 《晋书·潘岳传》。

④ 《魏书·高祖纪》。

⑤ 《魏书·世宗宣武帝纪》。

午，帝幸国子学祠孔子，以颜渊配。”[①] 但神龟元年（518年）崔光“表曰：‘……今求遣国学博士一人，堪任干事者，专主周视，驱禁田牧，制其践秽，料阅碑牒所失次第，量阙补缀。’诏曰：‘此乃学者之根源，不朽之永格，垂范将来，宪章之本，便可一依公表。’光乃令国子博士李郁与助教韩神固、刘燮等勘校石经，其残缺者，计料石功，并字多少，欲补治之。于后，灵太后废，遂寝。”[②]

另据《魏书·刘芳传》：“芳表曰：‘夫为国家者，罔不崇儒遵道，学校为先，……《洛阳记》：国子学官与天子宫对，太学在开阳门外。案《学记》云：‘古之王者，建国亲民，教学为先。’郑氏注云：‘内则设师保以教，使国子学焉，外则有太学、庠序之官。’由斯而言，国学在内，太学在外，明矣。……臣愚谓：今既徙县崧瀍，皇居伊洛，宫阙府寺，佥复故趾，至于国学，岂可舛替？校量旧事，应在宫门之左。至如太学，基所炳在，仍旧营构。……今太学故坊，基趾宽旷，四郊别置，相去辽阔，检督难周。计太学坊并作四门，犹为太广。以臣愚量，同处无嫌。……’从之”。这段记载说明，在北魏时期国子学和太学是分置的。其中国子学在城内阊阖宫门前左侧，即《洛阳伽蓝记》所记载的司徒府南面、宗正寺北面[③]；而太学仍沿用了东汉太学故地。至于四门学，则可能不再修建。

三 太学的建筑形制布局

由上述文献所述，汉魏洛阳故城北魏时期的太学，显然是在东汉、曹魏和西晋时期的太学旧址上修建的。

作为一种校舍，必然有其独特的建筑样式和建筑。从晚期太学的建筑遗迹来看，它四周有围墙和门址，院落内有生员房舍、澡堂和布局规整的道路。围墙是由夯土筑造而成，门址则在每面院墙的中心位置，一条东西向道路和一条南北向道路分别贯穿四面院门，并在院落的中心处交汇成十字街。学校以内则有规律的安排布置生员房舍，其长条状房舍排列大都井然有序，动辄长达数十米，有钻探资料显示其布局比较密集，每栋房子的间隔约5米左右。在太学院落中心十字街东南部廊庑庭院基址的房舍内，还发现有可能是具有特殊用途的浴室，其浴池保存较好，而且具有两个时期的池底，显然有一定的沿用关系。

从现有考察资料并结合文献资料来判断，这座校舍最晚时期也是现存布局最完整的建筑院落，无疑当属于北魏时期；其次，在北魏时期太学校舍的下面，则明显还存在魏晋时期以及更早时期的建筑基址和道路遗迹。可见，晚期太学院落和校舍，是北魏在东汉至魏晋时期太学的基础上修建起来的，它很有可能也就是魏晋以降的太学遗址，而且所用地址可能就是原先东汉校址的东部。至于太学西侧遗址，曾传为太学石经碑座出土处，遗址上也曾发现有如同晚期太学房舍那样的长条形房基，而且魏晋时期的建筑遗迹和遗物在此也大量存在。根据文献中“两学齐列”，“太学在国学东二百步”等关于二学位置的记载，这里或许就是魏晋国子学的校舍遗迹。

关于早期的东汉太学范围，除了晚期太学院落，极有可能还包括太学西侧遗址和晚期太学院落东墙外发现的部分长排房基址，只是仅凭现有考察资料尚不能准确界定它的确切范围

① 《魏书·肃宗孝明帝纪》。
② 《魏书·崔光传》。
③ ［北魏］杨衒之：《洛阳伽蓝记·城内》：“司徒府南有国子学，内有孔丘像，颜渊问仁、子路问政在侧。国子南有宗正寺。”

和基本形制。

四 太学遗址出土的石经

在出土的石经残石中，我们发现有一些被人为破坏的痕迹。如有的残石，被铁錾截出了斜面；有的残石则在近边缘处，划出一条较规则的圆弧线。前述崔光表云："如闻往者刺史临州，多构图寺，道俗诸用，稍有发掘，基蹠泥灰，或出于此。"[①] 那些破坏痕迹，或许正是此类人所为。显然，这些碑石是在被有计划地錾凿切割改作他用时遗弃的渣石，从别处运来和碎砖瓦堆积一起用来铺垫晚期建筑的地面。

这次发掘出土的153块残石经中，全部为汉石经。其中，能识别其为某经者有《鲁诗》、《仪礼》、《春秋》、《论语》及其校记等，还有几例能够明确其为赞碑者。这些残石有的属于碑心石而文字能上下或左右对接；有的属于碑之上、下、左、右边部石，对碑的陈列方式和复原碑的高度、宽度有一定参考意义。证明古文献中，关于石碑是以一个经为单位骈罗相接。碑的高度或许差距不大，而据有左、右边部残石出土的一些经碑来看，各碑原载文字行数颇不一致，碑与碑之间至有相差数行的，可知经碑可能宽窄不一。张国淦著《汉石经碑图》是迄今为止我国学者复原汉石经的唯一专著，据之与这次出土的残石经对照，发现其中有不少与实物相左处，最为明显的是在《汉石经碑图》中，《仪礼·丧服》篇有大段传文，而汉石经《仪礼》所据经本《丧服》篇是无传文的。

① 《魏书·崔光传》。

附图一

辟雍碑正面拓本

附图二

辟雍碑背面拓本

附表一

灵台遗址出土遗物登记表

器物名称	型式	标本器号	质地	插图号	图版号
铜镜		74HNLM1:03	铜	28，1	三二，1
铜兽		74HNLM1:08	铜	28，2	三二，2
铜棋子		74HNLM1:04	铜	28，3	三二，3、4
铜牌饰		74HNLM1:09	铜	28，4	三二，5
铜瑱		74HNLM1:05	铜	28，5	
铜瑱		74HNLM1:06	铜	28，6	三二，6
铜瑱		74HNLM1:07	铜	28，7	三二，7
瓷盂		74HNLM1:01	瓷	28，8	三三，1
瓷盘		74HNLM1:02	瓷		
铁刀		74HNLM1:10	铁		
瓷碗		75HNLM2:02	瓷	30，1	三三，2
瓷碗		75HNLM2:03	瓷	30，3、4	三三，3
釉陶钵		75HNLM2:01	陶	30，2	三三，4
铁钉		75HNLM3:04	铁		
铁钉		75HNLM3:05	铁		
素面长方砖	A	75HNLT19②:10	陶		
素面长方砖	B	75HNLT2②:13	陶		
素面长方砖	B	75HNLT2②:09	陶	32，1	三四，1
素面长方砖	C	79HNL柱西8:03	陶		
素面长方砖	C	75HNLT18②:16	陶	32，2	三四，2
素面长方砖	C	75HNLT2②:08	陶		
素面长方砖	C	75HNLT2②:101	陶		
席纹长方砖	A	78HNLT23②b:12	陶	32，3	三四，3
席纹长方砖	C	75HNLT2②:07	陶	32，4	三四，4
绳纹长方砖	A	75HNLT3③:01	陶	33，1	三五，1
绳纹长方砖	A	78HNLT24②:03	陶	33，2	
绳纹长方砖	A	79HNLT33G1:01	陶	33，3	
绳纹长方砖	A	75HNLT18②:51	陶	33，4	

（续附表一）

器物名称	型式	标本器号	质地	插图号	图版号
素面方砖	A	79HNLH12:07	陶		
素面方砖	A	79HNL柱W8:03	陶		
素面方砖	A	78HNLT24②:01	陶		
素面方砖	B	75HNLT14④:14	陶	34，1	三五，2
素面方砖	B	79HNLH2:01	陶	34，2、3	三五，3、4
几何纹方砖	AⅡ	75HNLT14④:17	陶	35，1	三六，1
几何纹方砖	AⅡ	79HNL柱西8:02	陶		
几何纹方砖	AⅡ	79HNL 柱W8:02	陶		
几何纹方砖	AⅢ	79HNL柱西4:01	陶	35，2	三六，2
几何纹方砖	AⅣ	75HNLT15②:02	陶	35，3	
几何纹方砖	AⅣ	75HNLH21:02	陶		
几何纹方砖	AⅥ	75HNLT18②:14	陶	35，4	三六，3
几何纹方砖	CⅡ	75HNLT15②:03	陶	35，5	三七
绳纹面布纹里板瓦	AⅠ	79HNL柱W7:01	陶	36，1	三八，1
绳纹面布纹里板瓦	AⅠ	79HNLH12:02	陶	36，2	
绳纹面布纹里板瓦	AⅡ	75HNLT14④:04	陶	36，3、4	三八，2
绳纹面布纹里板瓦	AⅢ	75HNLT2②:01	陶	37，1、2	
绳纹面布纹里板瓦	AⅢ	75HNLT15④:05	陶	37，3	三八，3
绳纹面布纹里板瓦	B	79HNLH12:08	陶		
绳纹面布纹里板瓦	D	75HNLT14④:02	陶	37，4	三八，4
绳纹面布纹里板瓦	D	75HNLT14④:05	陶	37，5、6	
绳纹面布纹里板瓦	E	79HNL柱W7:02	陶	38，1、2	
绳纹面布纹里板瓦	E	74HNLS2:01	陶	38，3	三八，5
绳纹面布纹里板瓦	E	75HNLT15④:01	陶	38，4	三八，6
篮纹面布纹里板瓦	A	75HNLT14④:08	陶	39，1、2	
素面布纹里板瓦	AⅡ	78HNLT23②b:04	陶	40，1	
素面布纹里板瓦	AⅡ	78HNLT23②b:05	陶	40，2	
素面磨光里板瓦	BⅠ	78HNLT23②b:06	陶	40，3	
绳纹面布纹里筒瓦	AⅠ	79HNLH4:04	陶	41，1	
绳纹面布纹里筒瓦	AⅠ	75HNLT18②:03	陶	41，2	三九，1
绳纹面布纹里筒瓦	AⅠ	75HNLT14④:09	陶	41，3、4	
绳纹面布纹里筒瓦	AⅠ	74HNLS2:03	陶	41，6	
绳纹面布纹里筒瓦	AⅡ	75HNLT15④:07	陶	41，5	三九，2
绳纹面布纹里筒瓦	AⅢ	75HNLT18②:04	陶	41，7	三九，3

（续附表一）

器物名称	型式	标本器号	质地	插图号	图版号
绳纹面布纹里筒瓦	BⅠ	75HNLT9③:01	陶	42，1、2	三九，4
绳纹面布纹里筒瓦	BⅠ	75HNLT18②:05	陶		
绳纹面布纹里筒瓦	BⅡ	75HNLT12②:01	陶	42，3	三九，5
绳纹面布纹里筒瓦	BⅡ	75HNLT2②:03	陶		
绳纹面布纹里筒瓦	CⅠ	79HNLH12:04	陶	42，4	
绳纹面布纹里筒瓦	CⅠ	74HNLS2:02	陶		三九，6
磨光面布纹里筒瓦	BⅠ	78HNLT23②b:13	陶		
磨光面布纹里筒瓦	BⅡ	75HNLH22:06	陶		
磨光面布纹里筒瓦	BⅡ	78HNLT23②b:01	陶		
磨光面布纹里筒瓦	B不明式	75HNLH24:02	陶		
云纹瓦当	AaⅠ	78HNL T21②:01	陶	43，1、2	
云纹瓦当	AaⅡ	75HNLT18②:08	陶	43，3、4	
云纹瓦当	AaⅣ	78HNL T21②:02	陶	43，5、6	
云纹瓦当	BⅢ	75HNLT15④:10	陶	44，1	四〇，1
云纹瓦当	BⅢ	75HNLT18②：09	陶	44，2、3	四〇，2
云纹瓦当	CaⅠ	78HNL T21②:03	陶	46，5	
云纹瓦当	CaⅡ	75HNLT19②:04	陶	45，1、2	四〇，3
云纹瓦当	CaⅢ	75HNLT9③:02	陶	45，3、4	四〇，4
云纹瓦当	CaⅤ	78HNLT21②:04	陶	45，5、6	
云纹瓦当	CaⅨ	78HNLT21②:06	陶	46，1、2	四〇，5
云纹瓦当	CaⅪ	79HNLT32②:01	陶	46，3、4	四〇，6
云纹瓦当	CaⅩⅣ	75HNLT15②:01	陶	46，6、7	四一，1
云纹瓦当	CbⅠ	75HNLT19②:05	陶	47，1	
云纹瓦当	CbⅢ	75HNLT19②:07	陶	47，3、4	
云纹瓦当	DⅡ	75HNLT14④:11	陶	47，2	
云纹瓦当	DⅡ	75HNLT14④:12	陶	47，5、6	四一，2
莲花纹瓦当	A	78HNLT23②b:11	陶	48	四一，3
红烧土坯		75HNLT18②:49	土		四二，1
红烧土坯		75HNLT18②:50	土		四二，2
红烧土坯		75HNLT18②:17	土		
涂彩墙皮		75HNLT4采:08	白灰		四二，5
涂彩墙皮		75HNLT4采:07	白灰		四二，4
涂彩墙皮		75HNLT4采:09	白灰		四二，6
涂彩墙皮		75HNLT12采:06	白灰		

（续附表一）

器物名称	型式	标本器号	质地	插图号	图版号
涂彩墙皮		75HNLT12采:05	白灰		
涂彩墙皮		75HNLT12采:04	白灰		
涂彩墙皮		75HNLT12采:03	白灰		
涂彩墙皮		75HNLT15采:01	白灰		
涂彩墙皮		75HNLT15采:02	白灰		四二，3
竹节泥背		74HNLS1:07	泥		四二，7
竹节泥背		74HNLS1:08	泥		四二，8
竹节泥背		74HNLS1:09	泥		四二，9
竹节泥背		74HNLS1:10	泥		四二，10
秸秆泥背		74HNLS1:11	泥		
秸秆泥背		74HNLS1:12	泥		四二，11
秸秆泥背		74HNLS1:13	泥		
陶水管道		75HNLT18②:18	陶	49	
陶罐	A	74HNLS1:01	陶	50，1	四三，1
陶罐	B	75HNLH22:02	陶	50，5	
陶罐	B	78HNLT22②:03	陶	50，4	
陶罐	B	78HNLT22②:04	陶	50，2	
陶罐	B	78HNLT22②:05	陶	50，3	
陶罐	C	75HNLT2②:10	陶	50，7	
陶罐	C	75HNLH22:01	陶	50，6	
陶瓮	A	75HNLT15④:11	陶	50，8	
陶瓮	B	78HNLT22②:06	陶	50，9	
陶瓮	B	78HNLT22②:07	陶	50，10	
陶瓮	C	75HNLH21:01	陶	50，11	
陶盆	A	74HNLS2:09	陶	50，14	
陶盆	A	79HNLT32②:02	陶	50，13	
陶甑		74HNLS2:10	陶	50，17	四三，2、3
陶盆	B	78HNLT22②:09	陶	50，15	
陶豆盘		74HNLS2:11	陶	50，16	
青瓷壶		75HNLH24:01	瓷	50，12	
铁甲片	AⅠ	75HNLT19②:28	铁	51，1	四四，1
铁甲片	AⅠ	75HNLT18②:54	铁	51，2	四四，2
铁甲片	AⅠ	75HNLT19②:31	铁	51，3	四四，3
铁甲片	AⅠ	75HNLT17②:03	铁	51，4	四四，4

（续附表一）

器物名称	型式	标本器号	质地	插图号	图版号
铁甲片	AⅡ	75HNLT18②:62	铁	51，5	四四，5
铁甲片	AⅡ	75HNLT18②:20	铁	51，6	四四，6
铁甲片	AⅡ	75HNLT19②:50	铁	51，7	四四，7
铁甲片	AⅢ	75HNLT18②:59	铁	51，8	四四，8
铁甲片	AⅢ	75HNLT19②:38	铁	51，9	四四，9
铁甲片	AⅢ	75HNLT19②:17	铁	51，10	四四，10
铁甲片	AⅣ	75HNLT19②:18	铁	51，11	四四，11
铁甲片	AⅣ	75HNLT19②:19	铁	51，12	四四，12
铁甲片	AⅣ	75HNLT19②:34	铁	51，13	四四，13
铁甲片	BⅠ	75HNLT19②:20	铁	52，1	四五，1
铁甲片	BⅠ	75HNLT19②:21	铁	52，2	四五，2
铁甲片	BⅠ	75HNLT18②:25	铁	52，3	四五，3
铁甲片	BⅡ	75HNLT19②:23	铁	52，4	四五，4
铁甲片	BⅡ	75HNLT19②:25	铁	52，5	四五，5
铁甲片	BⅡ	75HNLT19②:41	铁	52，6	四五，6
铁甲片	BⅢ	75HNLT18②:30	铁	53，1	四五，7
铁甲片	BⅢ	75HNLT18②:31	铁	53，2	四五，8
铁甲片	BⅣ	75HNLT18②:32	铁	53，3	四五，9
铁甲片	BⅣ	75HNLT19②:36	铁		
铁甲片	BⅤ	75HNLT18②:33	铁	53，4	四六，1
铁甲片	BⅤ	75HNLT18②:35	铁	53，5	四六，2
铁甲片	C	75HNLT18②:36	铁	53，6	四六，3
铁钩		75HNLT18②:42	铁	54，1	四六，4
铁灯盏		75HNLH25:01	铁	54，2	四六，5
铁镢		74HNLS1:03	铁	54，3	四六，6
铁锛		75HNLT18②:69	铁	54，4	四六，7
铁蒺藜		75HNLT18②:44	铁	54，5	四七，1
铁圈		75HNLT18②:39	铁	54，7	四八，4
铁圈		75HNLT18②:40	铁	54，6	四七，3
铁圈		75HNLT18②:41	铁	54，8	四七，5
铁刀		75HNLT19②:11	铁	54，9	四七，2
铁刀		75HNLT19②:12	铁	54，10	四七，6
铁条		75HNLT19②:15	铁	54，11	
铁钉		75HNLT18②:37	铁		四八，3

（续附表一）

器物名称	型式	标本器号	质地	插图号	图版号
铁钉		75HNLT19②:46	铁	55，1	四八，1
铁钉		75HNL柱C5:01	铁	55，2	四八，2
铁钉		75HNLT19②:44	铁	55，3	
铁钉		75HNLT18②:65	铁	55，4	
铁钉		75HNLT19②:32	铁	55，5	四八，4
铁镞		75HNLT19②:13	铁	56，1	四八，5
铁镞		75HNLT19②:14	铁	56，2	
铁镞		75HNLT18②:43	铁	56，3	四八，6
铜镞		75HNLT18②:47	铜	56，4	四八，7
铜镞		74HNLS1:04	铜	56，5	四八，8
石臼		74HNLS1:02	石		四八，9
西汉五铢铜钱		74HNLS1:05	铜	57，1	
东汉五铢铜钱		75HNLT15④:13	铜	57，2	
东汉五铢铜钱		75HNLT18②:70	铜	57，3	
货泉铜钱		75HNLT15③:01	铜	57，4	
货布铜钱		74HNLS1:06	铜	57，5	
剪轮五铢铜钱		75HNLT19②:57	铜	57，6	
剪轮五铢铜钱		75HNLT19②:58	铜	57，7	
剪轮五铢铜钱		75HNLT19②:59	铜	57，8	
剪轮五铢铜钱		75HNLT14④:18	铜	57，9	
常平五铢铜钱		75HNLT14③:01	铜	57，10	

附表二

明堂中心建筑基址大型柱槽登记表

（单位：米）

<table>
<tr><th rowspan="3">柱槽编号</th><th colspan="8">柱　槽　情　况</th><th rowspan="3">备　注</th></tr>
<tr><th rowspan="2">形状</th><th rowspan="2">长 宽</th><th rowspan="2">深度</th><th rowspan="2">包　含　物</th><th colspan="4">柱　洞　情　况</th></tr>
<tr><th>位置</th><th>圆径</th><th>深度</th><th>包 含 物</th></tr>
<tr><td>1A</td><td>方形</td><td>1×0.9</td><td>0.35
不底</td><td></td><td></td><td></td><td></td><td></td><td></td></tr>
<tr><td>1B</td><td>方形</td><td>1×0.9</td><td>0.5</td><td></td><td></td><td></td><td></td><td></td><td>西部被DSK1打破</td></tr>
<tr><td>1C</td><td>方形</td><td>0.84×0.8</td><td>0.6</td><td>素面板瓦片与花头板瓦片、绳纹面板瓦片等</td><td></td><td></td><td></td><td></td><td></td></tr>
<tr><td>1D</td><td>方形</td><td>0.96×0.95</td><td>0.44</td><td></td><td>中间</td><td>0.32</td><td>0.24</td><td></td><td></td></tr>
<tr><td>1E</td><td>方形</td><td>0.9×0.9</td><td>0.55</td><td></td><td>偏南</td><td>0.3</td><td>0.25</td><td></td><td></td></tr>
<tr><td>1F</td><td>方形</td><td>1×1</td><td>0.4
不底</td><td>素面布纹里板瓦片、陶盆口沿片等</td><td></td><td></td><td></td><td></td><td></td></tr>
<tr><td>2A</td><td>方形</td><td>0.96×0.84</td><td>0.52</td><td></td><td>偏北</td><td>0.3</td><td>0.2</td><td></td><td></td></tr>
<tr><td>2B</td><td>方形</td><td>1×1</td><td>0.3
不底</td><td></td><td></td><td></td><td></td><td></td><td>被晚期坑打破</td></tr>
<tr><td>2C</td><td>方形</td><td>0.9×0.9</td><td>0.47</td><td></td><td></td><td></td><td></td><td></td><td></td></tr>
<tr><td>3A</td><td>方形</td><td>0.9×0.85</td><td>0.75</td><td></td><td></td><td></td><td></td><td></td><td></td></tr>
<tr><td>3B</td><td>方形</td><td>0.8×0.8</td><td>0.5</td><td></td><td></td><td></td><td></td><td></td><td></td></tr>
<tr><td>3C</td><td>方形</td><td>0.9×0.9</td><td>0.65</td><td></td><td></td><td></td><td></td><td></td><td></td></tr>
<tr><td>4A</td><td>方形</td><td>0.9×0.9</td><td>0.4
不底</td><td></td><td>偏北</td><td>0.33</td><td>0.1
不底</td><td></td><td></td></tr>
<tr><td>4B</td><td>方形</td><td>0.9×0.96</td><td>0.31
不底</td><td></td><td>中间</td><td>0.35</td><td>0.17
不底</td><td></td><td>东南角被DSK2打破</td></tr>
<tr><td>4C</td><td>方形</td><td>0.9×0.9</td><td>0.5</td><td></td><td>中间</td><td>0.3</td><td>0.35</td><td></td><td></td></tr>
<tr><td>4D</td><td>方形</td><td>0.86×0.8</td><td>0.7</td><td></td><td></td><td></td><td></td><td></td><td>东南角被扰乱坑打破</td></tr>
<tr><td>4E</td><td>方形</td><td>0.9×0.9</td><td>0.54</td><td></td><td></td><td></td><td></td><td></td><td>东北角被扰乱坑打破</td></tr>
<tr><td>5A</td><td>方形</td><td>0.9×0.82</td><td>0.5</td><td></td><td>中间</td><td>0.3</td><td>0.2</td><td></td><td></td></tr>
<tr><td>5B</td><td>方形</td><td>0.9×0.85</td><td>0.36
不底</td><td>烧土坯块等</td><td>偏北</td><td>0.3</td><td>0.2
不底</td><td></td><td></td></tr>
<tr><td>5C</td><td>方形</td><td>0.9×0.86</td><td>0.5</td><td></td><td>中间</td><td>0.3</td><td>0.25</td><td></td><td></td></tr>
<tr><td>5D</td><td>方形</td><td>0.8×0.8</td><td>0.55</td><td></td><td></td><td></td><td></td><td></td><td></td></tr>
</table>

（续附表二）

柱槽编号	柱槽情况								备注
	形状	长宽	深度	包含物	柱洞情况				
					位置	圆径	深度	包含物	
5E	方形	0.9×0.9	0.6						
6A	方形	0.8×0.9	0.3 不底		中间	0.22	0.15 不底		
6B	方形	0.9×1	0.4 不底		中间	0.3	0.2 不底		东南角被DSK3打破
6C	方形	0.9×0.9	0.5						
7A	方形	0.9×0.9	0.4 不底		中间	0.3	0.2 不底		
7B	方形	0.8×0.8	0.5		中间	0.3	0.2		
7C	方形	0.8×0.8	0.65						
7D	方形	0.75×0.75	0.65						
8A	长方形	1×0.8	0.63		中间	0.3	0.4		
8B	方形	0.7×0.7	0.36 不底		中间	0.3	0.16 不底		
8C	方形	0.8×0.8	0.43		中间	0.3	0.2		
8D	长方形	1.3×0.8	0.4						
9A	方形	0.9×0.86	0.56		中间	0.3	0.25		
9B	方形	0.9×0.8	0.36		中间	0.23	0.26		
9C	方形	0.95×0.9	0.5					木炭灰粒1块	
10A	方形	0.8×0.75	0.68						
10B	方形	0.95×0.9	0.7		中间	0.3	0.53		
10C	方形	0.8×0.75	0.5		中间	0.3	0.2		
11A	方形	0.8×0.8	0.4 不底						西北角被扰乱坑打破
11B	方形	0.79×0.78	0.58		偏北	0.25	0.2		
11C	方形	0.8×0.75	0.55		中间	0.45	0.4		
11D	方形	0.8×0.8	0.35						
12A	方形	0.85×0.85	0.65						
12B	方形	0.8×0.8	0.3						
12C	方形	0.65×0.62	0.5						
12D	方形	0.83×0.75	0.5						
13A	长方形	1×0.6	0.5						
13B	方形	0.9×0.9	0.5						
13C	长方形	0.9×0.75	0.53		西北角	0.23	0.13		

（续附表二）

柱槽编号	柱槽情况								备注
	形状	长宽	深度	包含物	柱洞情况				
					位置	圆径	深度	包含物	
14A	方形	0.85×0.8	0.3		中间	0.2	0.2		
14B	方形	0.86×0.86	0.75		中间	0.35	0.15		
14C	方形	0.83×0.8	0.3		中间	0.45	0.1		西南角被DSK7打破
14D	方形	0.76×0.76	0.3						
14F	方形	0.85×0.85	0.4						
15A	方形	0.93×0.93	0.3		中间	0.25	0.2		
15B	方形	0.8×0.8	0.5						南部被扰乱坑打破
15C	方形	0.9×0.85	0.6		中间	0.3	0.2		西北角被近代墓打破
15D	方形	0.9×0.86	0.35						西北角被近代墓打破
15E	方形	0.8×0.9	0.6		中间	0.3	0.3		
15F	方形	0.9×0.8	0.53		中间	0.3	0.26		
16A	方形	0.96×1	0.32		中间	0.23	0.16		
16B	方形	0.8×0.8	0.3						南部被近代墓打破
16C	方形	0.72×0.7	0.3						
16D	方形	0.7×0.7	0.3						东北角被扰乱坑打破
17A	方形	0.78×0.8	0.4		中间	0.25	0.2		
17B	方形	0.9×0.87	0.75		中间	0.3	0.3		南部被DSK 9打破
17C	方形	0.9×0.9	0.35		中间	0.3	0.25		西南角被DSK 9打破
17D	方形	0.95×0.95	0.3		偏北	0.3	0.3		
18A	方形	0.75×0.7							压水渠下,未清理完全
18B		0.7×?							压水渠下未全清理
18C									压水渠下未清理
18D									压水渠下未清理
18E									压水渠下未清理
19A	方形	0.8×0.84	0.56						
19B	方形	0.84×0.86	0.58	素面和绳纹面瓦片等					槽内南壁有二层台
19C	长方形	0.75×0.87	0.67	素面和绳纹面瓦片等					
19D	方形	0.82×0.78	0.83		中间	0.36	0.15		柱洞为椭圆形
19E	方形	0.96×0.98	0.88	素面花头板瓦片等	中间	0.4	0.58		柱洞略呈方形
20A	方形	0.71×0.78	0.7						
20B	方形	0.76×0.76	0.5						
20C	方形	0.73×0.74	0.26						

（续附表二）

柱槽编号	柱槽情况								备注
	形状	长宽	深度	包含物	柱洞情况				
					位置	圆径	深度	包含物	
21A	方形	0.81×0.83	0.5	素面和绳纹面瓦片等					
21B	方形	0.82×0.83	0.71	素面板、筒瓦片等	中间	0.39	0.39		柱洞为椭圆形
21C	方形	0.83×0.86	0.69	素面板瓦片等	中间		0.18		柱洞被DSK11打破，不成形状
21D	方形	0.76×0.73	0.6	素面和花头板瓦片等	中间	0.35	0.1		
22A	方形	0.85×0.83	0.55	素面板瓦片					
22B	方形	0.67×0.7	0.53	素面和绳纹面板瓦片、残砖等	中间	0.3	0.13		柱洞为不规则形
22C	方形	0.8×0.8	0.65	素面板、筒瓦片，绳纹面板瓦片等	偏西	0.32	0.22		
22D	方形	0.81×0.8	0.84	素面板、筒瓦片和花头板瓦片等					
23A	方形	0.81×0.87	0.56	素面板、筒瓦片和花头板瓦片等	中间	0.34	0.41		
23B	方形	0.76×0.77	0.63	素面板、筒瓦片等	中间	0.31	0.2		
23C	长方形	0.72×0.9	0.81	素面板、筒瓦片和花头板瓦片等	中间偏南	0.4	0.49	底铺一层小石子	南部被DSK12打破
24A	方形	0.82×0.82	0.73	素面板瓦片等	中间	0.28	0.57		
24B	方形	0.72×0.77	0.72	素面板、筒瓦片等	中间偏东	0.4	0.49	底铺一层小石子	北部被DSK12打破
24C	方形	0.8×0.8	0.67	素面板瓦片等	中间	0.3	0.51	底铺一层小石子	
25A	方形	?×0.75	0.6	碎瓦片等	中间	0.4	0.27		东壁被近代墓打破
25B	方形	0.85×0.8	0.7	素面板瓦片等	中间偏南	0.4	0.6	底铺一层小石子	东北角被DSK13打破
25C	方形	0.8×0.83	0.7	素面和绳纹面板瓦片等	中间偏北	0.34	0.58	底铺一层小石子	东南角被DSK13打破
25D	方形	0.75×0.82	0.62	素面板、筒瓦片和花头板瓦片等	中间偏北	0.4	0.47	底铺一层小石子	
26A	长方形	0.8×0.95	0.77	素面板瓦片，绳纹面板、筒瓦片，瓷片，铁块等	中间	0.26	0.58	底铺一层小石子	
26B	方形	?×1.05	0.6	素面板瓦片等	中间	0.45	0.35	底铺一层小石子	东壁被近代墓、西壁被DSK13打破
26C	方形	0.78×0.82	0.58	素面筒瓦片等	中间	0.28	0.46		西南角被DSK13打破
26D	长方形	0.78×0.9	0.56	素面和绳纹面板瓦片等	中间偏北	0.4	0.36	底铺一层小石子	
27A	方形	0.76×0.8	0.78	残砖等	中间偏北	0.35	0.46		
27B	方形	0.85×0.93	0.76	素面板、筒瓦片，绳纹面板瓦片，陶片等	中间	0.32	0.63		东北角被DSK14打破

（续附表二）

柱槽编号	柱槽情况				柱洞情况				备注
	形状	长宽	深度	包含物	位置	圆径	深度	包含物	
27C	方形	0.92×0.83	0.35	碎瓦片等	中间	0.33	0.1		
28A	方形	0.9×0.92	0.7	素面板瓦片、陶片等					
28B	方形	0.8×0.8	0.9	素面和绳纹面瓦片、陶片、残砖等	中间	0.4	0.9	底铺一层小石片	西北角被DSK14打破
28C	长方形	0.75×0.87	0.82	绳纹面板瓦片等	中间	0.33	0.82	底铺一层小石片	西南角被DSK14打破
28E	长方形	0.7×0.93	0.88	素面板、筒瓦片和花头板瓦片，陶片，铁钉等	中间	0.32	0.55	底铺一层小石片	
28F	长方形	0.86×1	0.8	素面和绳纹面板瓦片等	中间	0.4	0.8	底铺一层小石片	
29A	方形	0.8×0.75	0.7		中间	0.27	0.4		
29B	方形	0.7×0.75	0.75	素面和绳纹面板瓦片	中间偏西	0.25	0.63	底铺一层小石片	
29C	方形	0.7×0.75	0.83	素面板瓦片，绳纹面板、筒瓦片等	中间	0.3	0.59	底铺一层小石片	东南角被DSK15打破
29D	方形	0.83×0.83	0.83	素面板瓦片等	中间	0.37	0.83	底铺一层小石片	
29E	方形	0.9×0.9	0.86		中间偏南	0.34	0.5	底铺一层小石片	
29F	长方形	0.8×1	0.84	素面板瓦片、五铢铜钱1枚等	中间偏南	0.4	0.65	底铺一层小石片	
30A	方形	0.82×0.9	0.82	素面板、筒瓦片，绳纹面板瓦片等	中间	0.35	0.58		
30B	方形	0.85×0.85	0.85		中间	0.4	0.62		北部被DSK15打破
30C	方形	0.83×0.83	0.78	素面板、筒瓦片等	中间	0.3	0.62		西南角被DSK15打破
31A		0.65×?	0.2						南部被晚期坑打破
31B	方形	0.9×0.85	0.85		中间偏东	0.3	0.58		北部被DSK16打破
31C	方形	0.85×0.9	0.85	碎瓦片等	中间	0.3	0.59		东南角被DSK16打破
32~34									压于现代建筑下,未清理
35A		?×0.8		少量碎瓦片等	中间	0.4			西部被现代建筑占压
35B		?×0.93			中间偏东	0.35			西部被现代建筑占压
35C		?×0.92							西部被现代建筑占压
35D									西部被现代建筑占压,北部被扰坑打破
36A	方形	0.77×0.8		素面和绳纹面板瓦片等	中间	0.34			
36B	方形	0.83×0.84		绳纹面板瓦片、陶片等	中间	0.36			北部被DSK18打破
36C	方形	0.9×0.88							

（续附表二）

柱槽编号	柱槽情况								备注
	形状	长宽	深度	包含物	柱洞情况				
					位置	圆径	深度	包含物	
36D	方形	0.84×0.78			中间	0.47			
37A	长方形	1×0.8		素面板瓦片，绳纹面板、筒瓦片，残几何纹方砖等	中间偏西	0.37			
37B	长方形	0.95×0.8			中间偏东	0.4			
37C	方形	0.85×0.89			中间	0.39		底铺一层小石片	东部被DSK19打破
38A	?	0.96×?							西北部被扰乱坑打破
38B	梯形	0.9×0.8		素面板瓦片、绳纹面筒瓦片等	中间偏南	0.36			
38C	方形	0.81×0.81			中间	0.36			
39A	方形	0.75×0.77		素面板、筒瓦片和花头板瓦片等	中间偏北	0.4			
39B	方形	0.77×0.81		素面板、筒瓦片，绳纹面板瓦片等	中间	0.45			
39C	长方形	1.09×0.75		素面板、筒瓦片等	中间偏西	0.46			
39D	方形	0.75×0.79		素面板瓦片等	中间	0.35			
40A	方形	0.85×0.92	0.92	素面板、筒瓦片，陶片等	中间	0.4			
40B	长方形	0.92×0.8		素面板瓦片等	中间	0.46			
40C	方形	0.77×0.7		素面板、筒瓦片等	中间	0.45			
40D	方形	0.86×0.78		素面板瓦片、陶片等	中间偏西	0.43			
41A	方形	0.68×0.75	0.8	碎瓦片等	中间	0.35	0.8		
41B	方形	0.8×0.8	0.9	碎瓦片等	中间	0.32	0.9		
41C	方形	0.78×0.8	0.8	碎瓦片等	中间偏北	0.62×0.3	0.8		柱洞为椭圆形
42A	方形	0.78×0.8	0.83	碎瓦片等	中间偏西	0.35	0.83		
42B	方形	0.75×0.75	0.8	碎瓦片等					西南角被DSK21打破
42C									被现代红薯窖破坏
42D	长方形	0.82×0.7	0.95	碎瓦片等	中间偏南	0.75×0.4	0.95		柱洞为椭圆形
42E	方形	0.75×0.8	0.8	碎瓦片等	中间	0.32	0.8		
43A	长方形	0.6×0.75	0.38	碎瓦片等					
43B	方形	0.75×0.77	0.9	碎瓦片等	中间	0.37	0.9		西北角被DSK22打破
43C	方形	0.8×0.7	0.95	碎瓦片等	中间	0.45	0.95		东北角被DSK22打破
43D	长方形	0.74×0.87	0.96	碎瓦片等	中间偏东	0.34	0.96		
43E	方形	0.78×0.78	0.93	碎瓦片等	中间	0.3	0.93		

（续附表二）

柱槽编号	柱槽情况								备注
	形状	长宽	深度	包含物	柱洞情况				
					位置	圆径	深度	包含物	
44A	方形	0.7×0.8	0.78	碎瓦片等	中间偏北	0.32	0.78		
44B	方形	0.73×0.75	1.1	碎瓦片等	中间	0.38	1.1		西南角被DSK22打破
44C	方形	0.8×0.7	0.9	碎瓦片和楔形砖块1等	中间偏北	0.75×0.4	0.9		柱洞为椭圆形
45A	长方形	0.5×0.7	0.8	碎瓦片等	中间	0.3	0.8		
45B	长方形	0.82×0.7	0.82	碎瓦片等					西北角被DSK23打破
45C	方形	0.8×0.76	0.88	碎瓦片等					
46A	方形	0.7×0.75	0.75	碎瓦片等	中间				有柱洞痕迹
46B	方形	0.8×0.74	0.9	碎瓦片等					西南角被DSK23打破
46C	方形	0.85×0.8	0.95	碎瓦片等					东南角被DSK23打破
46D	方形	0.75×0.7	1	碎瓦片等	中偏东南	0.6×0.5	1		柱洞为椭圆形
46E	方形	0.8×0.8	0.8	碎瓦片等	中间	0.3	0.8		
47A	长方形	0.65×0.78	0.8	碎瓦片等	中间偏东	0.35×0.4	0.8		柱洞为椭圆形
47B	方形	0.84×0.82	0.85	碎瓦片等	中间	0.32	0.85		西北角被DSK24打破
47C	方形	0.77×0.77	0.8	碎瓦片等	中间	0.35	0.8		
47D	方形	0.67×0.75	0.85	碎瓦片等					
47E		0.75×?	0.81	碎瓦片等					南部被近代墓打破
48A	方形	0.62×0.7	0.45	碎瓦片等	中间	0.34	0.45		
48B	方形	0.7×0.7	0.85	碎瓦片等	中间	0.34	0.85		
48C	方形	0.75×0.77	0.45	碎瓦片等					
49A	方形	0.8×0.7	0.72	碎瓦片等	中偏西北	0.35	0.72		
49B	方形	0.85×0.8	0.8	碎瓦片等					
49C	方形	0.75×0.7	0.85	碎瓦片等					
49D		0.8×?	0.57	碎瓦片等					南部被近代墓打破
50A	长方形	0.6×0.75	0.75	碎瓦片等	中间偏南	0.35	0.75		西壁被近代墓打破
50B	方形	0.75×0.8	0.82	碎瓦片等	中间	0.32	0.82		西南角被DSK25打破
50C	方形	0.8×0.7	0.72	碎瓦片等	中间	0.32	0.72		东南角被DSK25打破
50D	方形	0.7×0.7	0.82	碎瓦片等	中间	0.32	0.82		
51A	方形	0.76×0.8	1.02	碎瓦片等	中间偏南	0.32	1.02		
51B	方形	0.8×0.75	0.6	碎瓦片等	中间	0.32	0.6		
51C		0.9×?	0.4	碎瓦片等					南部与西北角被近代墓打破

（续附表二）

柱槽编号	柱槽情况								备注
	形状	长宽	深度	包含物	柱洞情况				
					位置	圆径	深度	包含物	
52A	长方形	0.75×0.64	0.74	碎瓦片等	中间偏东	0.32	0.74		
52B	方形	0.8×0.75	0.68	碎瓦片等	中偏东北	0.32	0.68		东南角被DSK26打破
52C	方形	0.8×0.75	0.8	碎瓦片等	中偏东南	0.28	0.8		东部被DSK26打破
53A	方形	0.75×0.75	0.76		中间偏东	0.32	0.76		
53B	方形	0.75×0.7	0.65		中间	0.32	0.65		西南角被DSK27打破
53C	方形	0.8×0.7	0.68		中间	0.32	0.68		
53D	方形	0.7×0.7	0.67		中间偏西	0.24×0.3	0.67		柱洞为椭圆形
54A	长方形	0.81×0.7	0.8		中偏西南	0.23	0.8		
54B	方形	0.8×0.75	0.75		中偏西南	0.3	0.75		东南角被DSK27打破
54C	方形	0.8×0.72	0.65		中间偏西	0.32	0.65		东北角被DSK27打破
54D	方形	0.8×0.75	0.64		中间	0.32	0.64	底部垫2块石片	
55A	方形	0.8×0.74	0.7		中间	0.32	0.7		
55B	长方形	0.7×0.82	0.74		中间	0.32	0.74		西部被DSK28打破
55C	方形	0.6×0.6	0.24						
56A	方形	0.8×0.76	0.62		中间	0.32	0.62		
56B	方形	0.8×0.8	0.65		中间偏南	0.25	0.65		东南角被DSK28打破
56C	方形	0.75×0.7	0.62		中偏西南	0.32	0.62		
56D	长方形	0.72×0.83	0.65		中间	0.34×0.5	0.65		柱洞为椭圆形
56F	方形	0.7×0.77	0.62						
18a	方形	0.88×0.9	未清到底	素面板瓦片，绳纹板、筒瓦片，素面砖块1，铁钉1等	中间	0.37	未清到底	绳纹面瓦片、陶片等	
19a	长方形	1×0.9	未清到底	素面和绳纹面板瓦片等	偏西	0.3	未清到底	绳纹板瓦片等	柱洞为椭圆形
20a	方形	0.8×0.85	未清到底	绳纹面板瓦片等	偏北	0.3	未清到底	绳纹瓦片等	柱洞为椭圆形
21a	方形	0.8×0.75	1.1	素面筒瓦片，绳纹面板、筒瓦片，“延年益寿”瓦当					
22a	方形	0.89×0.8	未清到底	素面板、筒瓦片，绳纹面板、筒瓦片，素面砖块1等	偏东北	0.45	未清到底	几何纹砖块1等	柱洞为椭圆形
23a	方形	0.8×0.82	未清到底	碎石片等					
24a	方形	0.9×0.88	未清到底	素面板瓦片，绳纹面板、筒瓦片，莲花瓦当，陶片等	偏东北	0.5	未清到底		柱洞为椭圆形

（续附表二）

柱槽编号	柱槽情况								备注
	形状	长宽	深度	包含物	柱洞情况				
					位置	圆径	深度	包含物	
25a	方形	0.75×0.75	1.2	绳纹面瓦片，红烧土坯等	中间	0.4	1.2	素面筒瓦片等	
26a	方形	0.85×0.8	1.1		中间	0.38	1.1	绳纹面筒瓦片等	
27a	方形	0.8×0.78	1	绳纹面板、筒瓦片，素面砖块1，红烧土坯1等					
28a	方形	1.1×1.1	未清到底	素面和绳纹面板瓦片等	中间偏东	0.35	未清到底		
29a	长方形	0.85×1	未清到底	素面板瓦和花头板瓦片，绳纹板、筒瓦片、素面砖块等	中间偏北	0.4	未清到底		柱洞为椭圆形
30a	方形	0.87×0.95	未清到底	素面板瓦片，绳纹面瓦片等	中间	0.6	未清到底		
31a		？×0.95	未清到底						西部被扰乱坑破坏
35a	方形	0.9×0.9	未清到底	绳纹面板、筒瓦片等					
36a	长方形	0.85×0.95	未清到底	素面板瓦片，绳纹面瓦片等	中间	0.5	未清到底	绳纹面板瓦片等	
37a	方形	0.9×0.9	未清到底	素面板、筒瓦片，绳纹面筒瓦片，红烧土坯1					
38a		？×？	未清到底						被近代墓打破
39a	长方形	0.97×0.86	未清到底	素面板瓦片，绳纹面布纹里板、筒瓦片等	中间	0.4	未清到底		柱洞为椭圆形
40a	方形	0.85×0.8	未清到底	素面板、筒瓦片，绳纹面板、筒瓦片等	中间	0.3	未清到底	素面和绳纹面瓦片等	柱洞为椭圆形
41a	方形	0.85×0.85	未清到底	素面板、筒瓦片，绳纹面板、筒瓦片，素面砖块等	中间偏西	0.45	未清到底	素面和绳纹面瓦片等	柱洞为椭圆形
43a	长方形	0.75×0.85	未清到底	素面瓦片、绳纹面板瓦片、素面砖块、陶片等	中间偏西	0.4	未清到底	素面和绳纹面瓦片等	柱洞为不规则形
44a	方形	0.85×0.85	未清到底	素面板瓦片，素面砖块等	中间偏西	0.33	未清到底	素面瓦片等	柱洞为椭圆形
45a	长方形	0.8×0.95	未清到底	素面板、筒瓦片，绳纹面板瓦片，陶片，素面砖块等	中间	0.4	未清到底	素面板、筒瓦片等	柱洞为不规则形
46a	长方形	0.8×0.9	未清到底	素面和绳纹面板、筒瓦片等	中间偏南	0.32	未清到底		柱洞为椭圆形

（续附表二）

柱槽编号	柱槽情况								备注
	形状	长宽	深度	包含物	柱洞情况				
					位置	圆径	深度	包含物	
47a	方形	0.84×0.85	未清到底	素面和绳纹面板瓦片等	中间	0.35	未清到底		柱洞为椭圆形
48a	长方形	0.8×0.9	1.1	素面板瓦片，绳纹面板、筒瓦片，河卵石，铁钉等	中间	0.3	1.1	素面板瓦片等	柱洞为椭圆形
49a	长方形	0.85×0.95	未清到底	素面瓦片，绳纹面板瓦片等					
50a	长方形	0.85×1.05	未清到底	素面板瓦片，绳纹面板、筒瓦片，红烧土坯等	偏东北角	0.4	未清到底	素面和绳纹面板瓦片等	柱洞为不规则形
51a	长方形	0.95×0.85	1.1	素面和绳纹面瓦片、云纹瓦当、陶片、残铁块、砖块等					
52a	长方形	0.85×0.95	未清到底	素面和绳纹面瓦片、陶片、绳纹砖块、铁片等					
53a	长方形	0.97×0.75	未清到底	素面和绳纹面板、筒瓦片，莲花瓦当，河卵石等	中间偏西	0.35	未清到底		
54a	方形	0.9×0.95	未清到底	素面和绳纹面板、筒瓦片，素面砖块等	中间偏西	0.3	未清到底	素面板、筒瓦片等	柱洞为椭圆形
55a	长方形	1×0.9	未清到底	素面板瓦片和花头板瓦片等	中间	0.3	未清到底		
56a	方形	1×0.96	未清到底	素面筒瓦片、绳纹板瓦片、陶片、铁片等	中间偏西	0.35	未清到底		柱洞为椭圆形

附表三

明堂中心建筑基址大型柱槽横向列间距登记表

（单位：米）

间距 排号	a—a		A—A		B—B		C—C		D—D		E—E		F—F	
	柱槽	柱洞	柱槽	柱洞	柱槽	柱洞	柱槽	柱洞	柱槽	柱洞	柱槽	柱洞	柱槽	柱洞
1–2			2.1	2.95	1.8	2.6	2.05	2.8						
2–3			2.4	3.3	2.4	3.2	1.8	2.5						
3–4			1.85	2.7	1.8	2.6	2.1	2.9						
4–5			2.8	3.6	2.5	3.6	2.6	3.4	1.6	2.3	1.4	2.25		
5–6			2	2.7	1.8	2.6	1.6	2.4						
6–7			3.2	4.1	3	3.9	2.5	3.4						
7–8			2.5	3.2	2.2	2.8	2.2	2.9	1.7	2.6				
8–9			3.4	4.3	3.2	4.1	2	3.2						
9–10			2.4	3.2	1.9	2.6	2	3						
10–11			4	4.7	3.3	4.05	1.9	2.7						
11–12			1.75	2.55	1.7	2.4	1.9	2.5	1.1	1.7				
12–13			3.5	4.3	3.3	4.1	2.9	3.7						
13–14			2.2	3.1	1.7	2.5	1.9	2.7						
14–15			2.6	3.5	3	3.8	2.3	3.1	2	2.9			1.6	2.4
15–16			2.3	3.1	2.25	2.9	2.1	2.8	2.5	3.1				
16–17			2.4	3.3	2.4	3.2	2	3	1.9	2.5				
17–18			2.1	2.9	?	2.8	?	?						
18–19	2.5	3.3	2.16	2.95	2.4	3.2	1.95	2.8						
19–20	1.6	2.4	1.8	2.6	1.5	2.35	2.07	2.85						
20–21	4	4.8	3.3	4.15	3.25	3.95	2.55	3.4	1.17	1.95				
21–22	2.6	3.3	2.36	3.15	2	2.8	1.7	2.55						
22–23	4.7	5.5	3.83	4.65	3.42	4.17	2.43	3.5						
23–24	3.15	4	2.78	3.7	2.55	3.35	2.05	2.8						
24–25	3.5	4.2	3.3	3.9	2.5	3.45	1.75	2.7						
25–26	2.4	3	2	2.6	1.65	2.55	1.53	2.3	1.37	2.15				

（续附表三）

间距 排号	a—a		A—A		B—B		C—C		D—D		E—E		F—F	
	柱槽	柱洞	柱槽	柱洞	柱槽	柱洞	柱槽	柱洞	柱槽	柱洞	柱槽	柱洞	柱槽	柱洞
26–27	3.85	4.65	3.64	4.2	3.2	4	2.57	3.55						
27–28	1.6	2.63	1.7	2.5	1.85	2.7	1.93	2.75						
28–29	3.1	3.85	2.83	3.65	2.65	3.25	2.18	3			1.73	2.75	1.69	2.9
29–30	1.9	2.75	1.97	2.7	1.9	2.85	2.18	2.98						
30–31	2.6	3.25	2.15	2.9	2.19	3.15	1.9	2.75						
31–32	?	?	?	?										
32–33	?	?	?	?										
33–34	?	?	?	?										
34–35	?	?	?	?										
35–36	3.8	4.6	3.35	4.25	3.25	4	2.7	3.45	1.7	2.5				
36–37	5	5.85	4.22	4.95	2.85	3.9	2.6	3.5						
37–38	3.5	4.4	3	4.3	3.5	4.2	2.2	3.02						
38–39	3.3	4.2	3.05	4	2.65	3.6	1.55	2.4						
39–40	3.8	4.5	2.52	3.35	2.3	3	2.1	2.75	1.4	2.1				
40–41	2.8	3.45	2.9	3.7	2.3	3.3	2.7	3.7						
41–42			1.7	2.15	1.9	2.75	2.2	2.9						
42–43			2.73	3.5	2.8	3.75	1.9	2.7	1.72	2.6	1.55	2.45		
43–44	2.3	3	2.15	3.15	1.83	2.65	2.07	3.03						
44–45	2.4	3.3	2.1	2.75	2.05	2.8	1.56	2.22						
45–46	1.8	2.6	1.7	2.5	1.75	2.6	1.73	2.5						
46–47	2.8	3.7	2.75	3.55	2.85	3.2	2.32	3.15	1.67	2.4	1.35	2.2		
47–48	2.8	3.55	2.37	3.1	1.93	2.75	2.38	3.2						
48–49	1.9	2.7	2.04	2.95	2.55	3.25	2.1	2.95						
49–50	2.75	3.7	2.78	3.45	2.65	3.35	2.25	3.05	1.02	1.7				
50–51	5.2	6.2	3.7	4.5	3.2	4.08	2	2.65						
51–52	3.1	4	2.4	3.1	2.05	2.8	2.05	2.8						
52–53	4.1	5	3.9	4.85	3.12	4.03	2.32	3.2						
53–54	2.3	3.1	1.95	3.05	1.73	2.6	1.58	2.65	1.22	2.13				
54–55	3.55	4.3	3.44	4.3	3.65	4.35	3.28	3.9						
55–56	2	3.1	1.27	2.13	1.4	2.18	1.48	2.4						
56–1			2.6	3.5	2.7	3.4	2.2	3	1.8	2.6			1.2	2

（注：柱槽间距，为相邻两个柱槽边壁之间的距离。柱洞间距，柱槽内有柱洞者，间距为柱洞中心点之间的距离；无柱洞者以柱槽中心点之间的距离统计）

附表四

明堂中心建筑基址大型柱槽进深排间距登记表

（单位：米）

间距 排号	a—A		A—B		B—C		C—D		D—E		E—F	
	柱槽	柱洞	柱槽	柱洞	柱槽	柱洞	柱槽	柱洞	柱槽	柱洞	柱槽	柱洞
1			1.3	2.2	1.5	2.2	1.3	2.2	1.3	2.3	1.3	2.25
2			1.4	2.3	1.8	2.6						
3			1.3	2.2	1.5	2.4						
4			1.1	2	1.8	2.6	2.5	3.4	1.8	2.6		
5			1.6	2.3	1.7	2.6	1.9	2.6	1.7	2.6		
6			1.2	2	1.8	2.8						
7			1.75	2.4	2	2.7	1.8	2.6				
8			1.2	2.05	1.6	2.1	1.8	2.6				
9			1.5	2.3	1.9	2.7						
10			1.7	2.4	1.6	2.5						
11			1.2	1.9	1.6	2.3	1.4	2.2				
12			1.6	2.3	1.9	2.6	1.5	2.4				
13			1.2	1.9	1.9	2.6						
14			1.8	2.7	1.4	2.1	1.6	2.5	D–F 2.2	D–F 3.2		
15			1.3	2.1	1.8	2.5	1.5	2.4	1.5	2.2	1.1	1.9
16			1.4	2.2	1.5	2.3	1.8	2.5				
17			1.25	2	1.7	2.3	1.3	2.3				
18	1.67	2.3	1.04	1.8	1.3	2						
19	1.55	2.4	1.86	2.7	1.95	2.75	1.4	2.2	1.47	2.35		
20	1.65	2.4	1.15	1.95	2.05	2.8						
21	1.7	2.5	1.8	2.55	1.55	2.3	1.8	2.6				
22	1.7	2.4	1.05	1.85	1.75	2.45	1.7	2.65				
23	1.75	2.5	1.05	1.8	1.75	2.5						
24	1.6	2.4	1.5	2.3	1.9	2.75						
25	1.85	2.5	1.37	2	1.45	2.45	1.6	2.45				
26	1.7	2.5	1.7	2.7	1.55	2.4	1.75	2.85				
27	2	2.75	1.25	2.05	2.13	2.9						
28	1.9	2.75	1.2	2.15	1.86	2.75	C–E 2.53	C–E 3.35			1.27	2.2

（续附表四）

间距 排号	a—A		A—B		B—C		C—D		D—E		E—F	
	柱槽	柱洞	柱槽	柱洞	柱槽	柱洞	柱槽	柱洞	柱槽	柱洞	柱槽	柱洞
29	1.7	2.4	1.45	2.2	1.55	2.3	1.78	2.7	1.07	1.75	1	2
30	1.8	2.6	1.35	2.35	1.55	2.3						
31	2	2.9	1.5	2.25	1.45	2.3						
32	?	?	?	?								
33	?	?	?	?								
34	?	?	?	?								
35	1.65	2.4	0.8	1.6	1.75	2.65	3.6	4.3				
36	1.85	2.5	1.05	1.85	1.65	2.5	1.4	2.25				
37	2	2.7	1.85	2.75	0.95	1.8						
38	2	2.7	2.7	?	1.35	2.25						
39	1.6	2.4	0.8	1.45	1.7	2.75	1.4	2.25				
40	1.75	2.5	1.4	2.3	2.3	3.1	1.61	2.45				
41	1.4	2	1.2	2.05	1.24	2.15						
42			1.65	2.35	1.85	2.75	1.3	2.1	1.75	2.55		
43	1.9	2.4	1.05	2.85	1.97	2.85	1.83	2.55	2.65	3.5		
44	1.9	2.6	1.5	2.35	2.13	2.85						
45	1.8	2.5	1.27	2.05	2.16	2.6						
46	1.9	2.6	1.25	2.05	1.83	2.7	2.2	3	2.13	2.85		
47	1.9	2.6	1.85	2.7	1.35	2.25	1.35	2.15	2.3	3.15		
48	1.7	2.4	1.4	2.25	1.88	2.7						
49	2	2.8	2.37	3.15	1.42	2.25	1.65	2.45				
50	2.1	3	0.65	1.6	1.7	2.45	1.8	2.5				
51	1.7	2.4	1.47	2.35	1	2						
52	2	2.6	1.43	2.2	1.3	2.2						
53	2.1	2.9	1	1.78	1.54	2.34	1.76	2.55				
54	2.1	3	1.54	2.4	1.8	2.65	2.12	3				
55	1.65	2.5	1	1.9	2.1	2.85						
56	1.85	2.6	1.5	2.5	2.05	2.75	1.3	1.95	D-F 2.55	D-F 3.28		

（注：柱槽间距，为相邻两个柱槽边壁之间的距离。柱洞间距，柱槽内有柱洞者，间距为柱洞中心点之间的距离；无柱洞者以柱槽中心点之间的距离统计）

附表五

明堂中心建筑基址大型柱槽出土遗物登记表

（单位：片/块/件）

柱槽＼类别		板瓦					筒瓦				瓦当		砖		其他					
		素面磨光里	素面布纹里	绳纹面布纹里	绳纹面麻点里	素面磨光里花头瓦	素面素里	素面布纹里	绳纹面布纹里	绳纹面麻点里	莲花纹	云纹	素面	几何纹	陶器片	瓷器片	五铢钱	铁器	加工石块	土坯块
1	C		1	3		1														
	F		8												1					
5	B																			2
19	B	2	2	1																
	C	2	1	1				1												
	E	1																		
21	A	2	1	3																
	B	33	33					12												
	C	9	8																	
	D	4	2																	
22	A	1	7																	
	B	2	14	1				2					1							
	C	10		10				10												
	D	20	21					12												
23	A	12	9					7												
	B	8	15					3												
	C	27	52					9												
24	A	2	1																	
	B	1	5					3												
	C		1																	
25	B	4	6																	
	C		1	1																
	D	3	2					1												
26	A		1	2					1							1		块 2		
	B		2																	
	C							1												
	D		1	2																
27	A												1							
	B	3		5				2							2					

（续附表五）

类别 / 柱槽		板瓦					筒瓦				瓦当		砖		其他					
		素面磨光里	素面布纹里	绳纹面布纹里	绳纹面麻点里	素面磨光里花头瓦	素面素里	素面布纹里	绳纹面布纹里	绳纹面麻点里	莲花纹	云纹	素面	几何纹	陶器片	瓷器片	五铢钱	铁器	加工石块	土坯块
28	A	1	1																	
	B	4	2	3				4					1		2					
	C			4																
	E	1	1					3							1			钉 1		
	F	1		1																
29	B		2	1																
	C		1	4					1											
	D		1																	
	F	1															1			
30	A	2	1	8				3												
	C	3						1												
31	A																			
	C	1																		
36	A	1		3																
	B			3											1					
37	A	2		3				1						1						
38	B	4	2						1											
39	A	4	9			1		1												
	B	1	4	1				2												
	C	4	4					1												
	D		1																	
40	A	9	1					1							3					
	B	3																		
	C	4	3					1												
	D	2	3												2					
41	A	3	1					2					1							
	B	1	1																	
42	A		4						1				1							
	B	1	2																	
	D	5	20	3				1												
	E	1	7				1													
43	B		3					1												
	C	3	2	2							1									
44	A			1															1	
	B	2		3				1					1							
	C	1	2					1												

（续附表五）

柱槽 \ 类别		板瓦					筒瓦				瓦当		砖		其他					
		素面磨光里	素面布纹里	绳纹面布纹里	绳纹面麻点里	素面磨光里花头瓦	素面素里	素面布纹里	绳纹面布纹里	绳纹面麻点里	莲花纹	云纹	素面	几何纹	陶器片	瓷器片	五铢钱	铁器	加工石块	土坯块
45	B	2	3					1												
	C	1	6	2									2							
46	A		2																	
	B		6																	
46	C	35	3					7												
	D	8	7	1			4		1											
47	B	2	3					3	2				1							
	C		1																	
	D	4	6					2												
48	B	1	2					1			1									
49	A	10	2	3				4	1											
	B	1	4	3				7												
50	A	7	4	2					2		1									
	B	1	1						1				1							
	C	3	1	1				1												
	D	2	1	1					1				1						钉 1	
51	A	11	18		1			7			1									
	B					1														
52	A	3	2	1																
	B	3	3					1												
	C		3	4						1										
53	A	1		1				2												
	B		2	1									1							
	C	1						2												
	D			2																
54	A	2	1	1				2			3									
	C		1	2																
	D	3		3				2												
55	B	2		1				4												
	C	1		1																
56	A	1		6				1							1					
	B			1									1							
	C			1																

附表六

明堂中心建筑基址中、小型柱槽登记表

（单位：米）

柱槽编号	柱槽情况					柱槽间距	
	位置	柱槽类型与形状	柱槽尺寸	柱槽内包含物	柱洞形状与尺寸	坑壁间距	中心间距
东一1	柱槽38C西侧0.3米处。口部被一层晚期夯土叠压	小型 长方形	长0.45 宽0.34、深0.15		方形 边长0.34 深0.13		
东一2	柱槽39D西略偏南0.3米处	中型 长方形	长0.48 宽0.54 深未到底	绳纹面板瓦片2、河卵石3	圆形 径0.4米	1.7	2.15
东一3	柱槽39D西略偏北0.3米处。口部被一层晚期夯土叠压	小型 方形	长0.5 宽0.33 深0.25	绳纹面板瓦片7、几何纹砖块1、素面砖块1、河卵石19	长方形 长0.3 宽0.26 深0.09	0.2	0.7
东一4	柱槽42E正西0.55米处。口部被一层晚期夯土叠压	小型 方形	长0.4 宽0.35 深0.13			7.3	7.7
东一5	柱槽43E西南0.6米处	中型 长方形	长0.5 宽0.4 深0.38	素面板瓦片1、筒瓦片1，绳纹面板瓦片1		0.95	1.3
东一6	柱槽43E西北1.3米处，略偏于东一5至东一7南北线东侧，西侧紧接ZSK4	小型 椭圆形	长0.48 宽0.37 深未到底			2.5	3
东一7	柱槽43E西北2米处，ZSK4东北角处	中型 长方形	边长0.47 深0.37	素面板瓦片1，素面砖块1		0.15	0.6
东一8	柱槽43E西北侧2.9米处。口部被一层晚期夯土叠压	小型 长方形	长0.46 宽0.37 深0.15			0.5	0.95
东一9	柱槽46E西南侧1.9米处	小型 长方形	长0.45 宽0.38 深0.23			2.1	2.4
东一10	柱槽46E西南1.4米处，略偏于东一9至东一11南北线东侧，紧邻东一9，西侧接ZSK5	中型 方形	长0.5 宽0.45 深未清理			东北角相连	0.5
东一11	柱槽46E西南侧0.5米处	中型 长方形	长0.67 宽0.43 深0.25	碎石片5、绳纹面板瓦片5、素面砖块5、河卵石4	圆形 径0.4 深0.1米	0.9	1.35
东一12	柱槽47E西北侧1.1米处，略偏于东一11至东一13南北线东侧，西侧紧接ZSK6	中型 方形	长0.64 宽0.6 深0.28			3.75	4.3
东一13	柱槽48C正西5.1米处。口部被一层晚期夯土叠压	小型 长方形	长0.4 宽0.33 深0.3	绳纹面板瓦片5、素面砖块2、河卵石6		1.3	1.8
东一14						1.65	1.95

（续附表六）

柱槽编号	柱槽情况					柱槽间距	
	位置	柱槽类型与形状	柱槽尺寸	柱槽内包含物	柱洞形状与尺寸	坑壁间距	中心间距
东一14	柱槽49D西南侧0.8米处。口部被一层晚期夯土叠压	小型 方形	边长0.35 深0.3	绳纹面板瓦片3、素面砖块2、青石块1、河卵石7		0.3	0.85
东一15	柱槽49D正西0.35米处，略偏于东一14至东一16南北线东侧，西侧紧接ZSK7	中型 长方形	长0.65 宽0.45 深0.27			1.8	2.25
东一16	柱槽50D西北侧0.4米处。口部被一层晚期夯土叠压	小型 长方形	长0.4 宽0.35 深0.27	绳纹面板瓦片2、素面砖块3、河卵石2		0.1	0.5
东一17	柱槽50D西北侧0.55米处	中型 方形	边长0.6 深未到底			1.95	2.35
东一18	柱槽51C西侧1米处。口部被一层晚期夯土叠压	小型 方形	长度不明 宽 0.33 深0.13			1.1	1.5
北一1	柱槽52C西南侧0.55米处。槽底有鹅卵石	小型 方形	边长0.4 深0.3	绳纹面板瓦片1、铁甲片2		1.35	1.8
北一2	柱槽53D东南侧0.6米处	小型 长方形	长0.5 宽0.3 深0.2	碎瓦片		1.2	1.65
北一3	柱槽53D西南侧0. 67米处	中型 方形	边长0.42 深0.27	素面板瓦片2、筒瓦片2，绳纹面板瓦片3		1	1.3
北一4	柱槽54D西南侧0. 5米处	小型 长方形	长0.47 宽0.32 深0.25	河卵石1、陶片3		15.8	16.2
北一5	柱槽4E西南侧0. 7米处	中型 长方形	长0.5 宽0.42 深0.3	河卵石1		4.8	5.2
北一6	柱槽6C南侧5.1米处	小型 方形	长0.42 宽0.38 深未到底	绳纹面板瓦片4、河卵石2		2.1	2.7
北一7	柱槽7D正南0.3米处，略偏于北一6至北一8东西线北侧	中型 长方形	长0.9 宽0.54 深0.2			1.7	2.5
北一8	柱槽8D正南0.1米处	中型 长方形	长0.6 宽0.5 深未到底	南侧有黄砂		4.05	4.7
西一1							

（续附表六）

柱槽编号	柱槽情况					柱槽间距	
	位置	柱槽类型与形状	柱槽尺寸	柱槽内包含物	柱洞形状与尺寸	坑壁间距	中心间距
西一1	柱槽10C东南0.6米处，略偏于西一3至西一5南北线西侧	中型 方形	边长0.43 深0.05	绳纹面瓦片2、素面砖块2、河卵石5		3.4	4
西一2	柱槽12D东南0.7米处，略偏于西一3至西一5南北线西侧	中型 方形	边长0.42 深0.2			2.6	3
西一3	柱槽13C东侧5.4米处	小型 方形	边长0.23 深0.1			1.7	2.05
西一4	柱槽14F正东0.3米处	中型 长方形	长0.5 宽0.4 深0.15	绳纹面瓦片1、河卵石1		4.6	5.2
西一5	柱槽16D正东5米处	中型 长方形	长0.85 宽0.4 深0.25			8.1	8.8
西一6	柱槽19E东南0.45米处，略偏于西一3至西一7南北线西侧。口部被晚期夯土叠压	中型 长方形	长0.67 宽0.46 深0.28			1.05	1.5
西一7	柱槽20C东南侧5.1米处	小型 长方形	长0.5 宽0.42 深0.29	绳纹面板瓦片4		1.2	1.65
西一8	柱槽21D东北侧1. 4米处	中型 长方形	长0.57 宽0.5 深0.3	河卵石1		1	1.6
西一9	柱槽21D正东0. 6米处	中型 长方形	长0.63 宽0.52 深0.17			2.2	2.75
西一10	柱槽22D东南侧0. 52米处	中型 长方形	长0.53 宽0.45 深0.29	素面磨光里板瓦片1，素面布纹里板瓦片2、筒瓦片1		1.9	2.2
西一11	柱槽23C正东0.36米处。口部被一层晚期夯土叠压	小型 长方形	长0.5 宽0.35 深未到底	绳纹面板瓦片1、红石块2		2.5	3.3
南一1	柱槽25D西北侧0.15米处。	中型 长方形	长1 宽0.63 深0.3	素面板瓦片1、较大石块1		3.95	4.6
南一2	柱槽26D东北侧1.33米处。	小型 圆形	直径0.32 深0.33	绳纹面板瓦片1、河卵石4		2.1	2.8
南一3	柱槽28F西偏北1米处，略偏于南一1至南一4东西线南侧	中型 不规则方形	长0.95 宽0.9 深0.2			0.45	1.1
南一4							

（续附表六）

柱槽编号	柱槽情况					柱槽间距	
	位　置	柱槽类型与形状	柱槽尺寸	柱槽内包含物	柱洞形状与尺寸	坑壁间距	中心间距
南一4	柱槽28F西北侧0.45米处。口部被一层晚期夯土叠压	小型 长方形	长0.42 宽0.36 深0.28	绳纹面板瓦片1、河卵石1			
						1.05	1.5
南一5	柱槽29F西北侧0.13米处，西南角打破柱槽28F	中型 长方形	长1.2 宽0.6 深0.35	素面磨光里板瓦片12，素面布纹里板瓦片4、筒瓦片8			
						2.4	3
南一6	柱槽29F东北1.1米处，略偏于南一1至南一7东西线南侧	中型 方形	边长0.8 深0.35	素面板瓦片3、筒瓦片2，绳纹面板瓦片1，陶片1	圆形 直径0.35 深0.07米		
						1.25	1.7
南一7	柱槽30C北侧偏东7米处。	中型 长方形	长0.55 宽0.45 深0.39	绳纹面板瓦片2、河卵石2、素面砖块1			
						2.15	2.65
南一8	柱槽31C北侧6.6米处，略偏于南一1至南一9东西线南侧	中型 方形	边长0.55 深0.3	绳纹面板瓦片1、河卵石1			
						12.6	13.05
南一9	柱槽36D北侧偏东0.3米处。	中型 长方形	长0.66 宽0.53 深0.3	素面板瓦片2	中部有柱洞		
						1.65	2.1
南一10	柱槽37C正北0. 2米处。口部被一层晚期夯土叠压	中型 方形	长度不明 宽0.5 深未到底				
						1.1	1.55
东一1							
东二1	柱槽44C西南2.9米，43D西北1.6米处，西面正对东一6和ZSK4，距东一6中心3.2米。	中型 方形	边长0.5 深0.4				
						4	4.5
东二2	柱槽45C西偏北3米，46D南偏西1.1米处，西面正对东一10和ZSK5，距东一10中心3.3米。	小型 长方形	长0.43 宽0.35 深0.3				
						5.2	5.55
东二3	柱槽47D北偏西1米，48C西偏南2.2米处，西正对东一12和ZSK6，距东一12中心3.35米。	小型 长方形	长0.45 宽0.38 深0.29				
西二1	柱槽14D北面0.3米，13C东南侧1.7米处，东面距西一排柱槽外线3.2米。	中型 方形	边长0.5 深0.2	几何纹砖块1			
						4.9	5.35
西二2	柱槽15E西南侧1米，16D东北1.1米处，东面距西一排柱槽外线3.2米。	小型 长方形	长0.55 宽0.3 深0.2				
						4.1	4.5
西二3	柱槽17D东偏南0.8米处，东面距西一排柱槽外线3.15米。	小型 长方形	长0.55 宽0.38 深0.38				

附表七

明堂中心建筑基址大型沙坑登记表

（单位：米）

沙坑编号	砂坑情况				沙坑间距	
	位置	形状	长、宽、深	遗物	坑壁间距	中心间距
DSK1	柱槽1B、1C、2B、2C之间	不规则椭圆形	长2、宽1.8、深0.2			
					4	6.05
DSK2	柱槽3B、3C、4B、4C之间	不规则椭圆形	长2.6、宽2.2、深0.1			
					3.8	6.05
DSK3	柱槽5B、5C、6B、6C之间	不规则圆角方形	长2.8、宽2.2、深0.15			
					3.8	6.05
DSK4	柱槽7B、7C、8B、8C之间	不规则椭圆形	长3.9、宽2.2、深0.1			
					4	6.1
DSK5	柱槽9B、9C、10B、10C之间	椭圆形	长2.4、宽2.1、深0.13			
					4	6.1
DSK6	柱槽11B、11C、12B、12C之间	不规则圆角长方形	长2.7、宽1.9、深0.12			
					4	6.3
DSK7	柱槽13B、13C、14B、14C之间	不规则圆形	直径2.6、深0.15			
					3.4	5.8
DSK8	柱槽15B、15C、16B、16C之间	不规则椭圆形	长3.4、宽2.3、深0.1			
					3.6	5.85
DSK9	柱槽17B、17C、18B、18C之间	不规则圆角长方形	长度不明、宽3.5、深0.15			
					?	6.1
DSK10	柱槽19B、19C、20B、20C之间	圆角方形	长2.45、宽2、深0.12	三棱体铜镞1枚		
					3.8	6.2
DSK11	柱槽21B、21C、22B、22C之间	圆形	直径2.2、深0.18	碎瓦片		
					3.6	6.1
DSK12	柱槽23B、23C、24B、24C之间	圆角长方形	长3.05、宽2.3、深0.25	瓷片1		
					2.7	6.1
DSK13	柱槽25B、25C、26B、26C之间	圆角方形	长2.65、宽2.45、深0.3	素面磨光里板瓦片10，素面布纹里板瓦片8、筒瓦片4，素面砖块1		
					3.7	6.25
DSK14	柱槽27B、27C、28B、28C之间	圆角方形	长2.95、宽2.35、深0.3	素面磨光里板瓦片9，素面布纹里板瓦片8、筒瓦片3，绳纹面板瓦片1		
					2.7	5.75
DSK15	柱槽29B、29C、30B、30C之间	圆角长方形	长3.3、宽2.4、深0.24	素面磨光里板瓦片5、素面布纹里筒瓦片2、绳纹面板瓦片1、云纹瓦当1、素面砖块1		
					2.4	?
DSK16						

（续附表七）

沙坑编号	砂坑情况				沙坑间距	
	位置	形状	长、宽、深	遗物	坑壁间距	中心间距
DSK16	柱槽31B、31C、32B、32C之间		长度不明、宽2.45、深0.3	素面磨光里板瓦片2		
					?	?
DSK17	柱槽33B、33C、34B、34C之间					
					?	?
DSK18	柱槽35B、35C、36B、36C之间	圆角长方形	长2.8、宽2、深0.2	素面磨光里板瓦片1、绳纹面板瓦片1、较大石块1		
					3.3	6.1
DSK19	柱槽37B、37C、38B、38C之间	圆角长方形	长3.2、宽2.15、深0.55	素面磨光里板瓦片38、花头板瓦片1，素面布纹里板瓦片10、筒瓦片10，几何纹砖块1、素面砖块1、加工石块5		
					3.6	6.1
DSK20	柱槽39B、39C、40B、40C之间	圆角长方形	长3.08、宽1.95、深0.56	素面磨光里板瓦片45、花头板瓦片4，素面布纹里板瓦片27、筒瓦片22，绳纹面板瓦片3，素面砖块3		
					3.5	6.3
DSK21	柱槽41B、41C、42B、42C之间	方形	长2.5、宽2.3、深0.45			
					3.5	6.05
DSK22	柱槽43B、43C、44B、44C之间	圆角方形	长2.85、宽2.85、深0.5	素面磨光里板瓦片6、素面布纹里板瓦片8、绳纹面板瓦片4、加工石块2		
					3	5.6
DSK23	柱槽45B、45C、46B、46C之间	圆角方形	长2.75、宽2.5、深0.25	素面磨光里板瓦片10，素面布纹里板瓦片77、筒瓦片11，绳纹面板瓦片7，素面砖块5		
					3.4	6
DSK24	柱槽47B、47C、48B、48C之间	圆角方形	长2.9、宽2.6、深0.2	素面磨光里板瓦片30、花头板瓦片3，素面布纹里板瓦片28、筒瓦片18，绳纹面板瓦片4，素面砖块3		
					4	6.2
DSK25	柱槽49B、49C、50B、50C之间	方形	长2.6、宽2.2、深0.3	素面磨光里板瓦片42、花头板瓦片3，素面布纹里板瓦片22、筒瓦片11，绳纹面板瓦片15，陶片9，素面砖块2		
					3.5	6.1
DSK26	柱槽51B、51C、52B、52C之间	圆形	直径2.6、深0.2	素面磨光里板瓦片45、筒瓦片14，素面布纹里板瓦片56、筒瓦片2，绳纹面板瓦片5		
					3.6	6
DSK27	柱槽53B、53C、54B、54C之间	圆角方形	长2.5、宽2.37、深0.2	素面磨光里板瓦片26、花头板瓦片3，素面布纹里板瓦片5，绳纹面板瓦片3、筒瓦片1，青瓷片1，几何纹砖块1		
					3.7	6.5
DSK28	柱槽55B、55C、56B、56C之间	不规则方形	长2.91、宽2.5、深0.15	素面磨光里板瓦片4、素面布纹里板瓦片1、绳纹面板瓦片4		
					3.1	5.6
DSK1						

附表八

明堂中心建筑基址中型沙坑登记表

（单位：米）

<table>
<tr><th rowspan="2">沙坑编号</th><th colspan="4">沙　坑　情　况</th><th colspan="2">沙坑间距</th></tr>
<tr><th>位 置</th><th>形状</th><th>长、宽、深</th><th>遗　物</th><th>坑壁间距</th><th>中心间距</th></tr>
<tr><td rowspan="2">ZSK2</td><td rowspan="2">柱槽40D西侧0.2米处</td><td rowspan="2">长方形</td><td rowspan="2">长1.7、宽1.25、深0.15</td><td rowspan="2">素面磨光里板瓦片26、花头板瓦片3，素面布纹里板瓦片17、筒瓦片2，加工石块4</td><td></td><td></td></tr>
<tr><td rowspan="2">8.9</td><td rowspan="2">10.1</td></tr>
<tr><td rowspan="2">ZSK4</td><td rowspan="2">柱槽43E西北侧0.9米处</td><td rowspan="2">长方形</td><td rowspan="2">长1.5、宽1.2、深0.1</td><td rowspan="2"></td></tr>
<tr><td rowspan="2">3.7</td><td rowspan="2">5</td></tr>
<tr><td rowspan="2">ZSK5</td><td rowspan="2">柱槽40D西侧0.2米处</td><td rowspan="2">长方形</td><td rowspan="2">长1.5、宽1.3、深0.1</td><td rowspan="2"></td></tr>
<tr><td rowspan="2">4.3</td><td rowspan="2">5.5</td></tr>
<tr><td rowspan="2">ZSK6</td><td rowspan="2">柱槽40D西侧0.2米处</td><td rowspan="2">长方形</td><td rowspan="2">长1.5、宽1.1、深0.1</td><td rowspan="2"></td></tr>
<tr><td rowspan="2">3.2</td><td rowspan="2">4.8</td></tr>
<tr><td rowspan="2">ZSK7</td><td rowspan="2">柱槽40D西侧0.2米处</td><td rowspan="2">长方形</td><td rowspan="2">长1.5、宽1、深0.06</td><td rowspan="2"></td></tr>
<tr><td></td><td></td></tr>
</table>

附表九

明堂中心建筑基址台基外围柱槽出土遗物登记表

（单位：片/块/件）

柱槽＼类别		素面磨光里瓦		素面布纹里瓦		绳纹面布纹里瓦		瓦当			砖类				其他			
		板瓦	花头板瓦	板瓦	筒瓦	板瓦	筒瓦	文字	云纹	莲花纹	素面	几何纹	土坯	河卵石	石块	陶片	铁片	铁钉
18a	柱槽	1				7	1				1							1
	柱洞					1										3		
19a	柱槽	1				2												
	柱洞					4												
20a	柱槽					4												
	柱洞					2												
21a	柱槽				1	1	1	1										
	柱洞																	
22a	柱槽			2	2	16	5				1							
	柱洞											1						
23a	柱槽																	
	柱洞																	
24a	柱槽			3		15	3			1						3		
	柱洞																	
25a	柱槽					1	1											
	柱洞				1													
26a	柱槽																	
	柱洞						1											
27a	柱槽					1	1				1		1					
	柱洞																	
28a	柱槽			1		4												
	柱洞																	
29a	柱槽	1	1			11	1				1							
	柱洞																	
30a	柱槽	1		1		3	1											
	柱洞																	
31a	柱槽																	
	柱洞																	
35a	柱槽					40	5											
	柱洞																	
36a	柱槽	1		3		10	2											
	柱洞					3												

（续附表九）

柱槽＼类别		素面磨光里瓦		素面布纹里瓦		绳纹面布纹里瓦		瓦当			砖类				其他			
		板瓦	花头板瓦	板瓦	筒瓦	板瓦	筒瓦	文字	云纹	莲花纹	素面	几何纹	土坯	河卵石	石块	陶片	铁片	铁钉
37a	柱槽	1		7	3		1						1					
	柱洞																	
38a	柱槽																	
	柱洞																	
39a	柱槽	1		14		10	5											
	柱洞																	
40a	柱槽	2		4	1	12	3											
	柱洞	2		3		1												
41a	柱槽			2	1	30	17				1							
	柱洞	1		1		8	3											
43a	柱槽	4	1	4	5	2					3					1		
	柱洞			1		3												
44a	柱槽	4		1							1							
	柱洞	1		2	1													
45a	柱槽			9	2	1					2					1		
	柱洞			3	2													
46a	柱槽	2		3	2	9	5											
	柱洞																	
47a	柱槽	3		5		1												
	柱洞																	
48a	柱槽	2		3		1	2							1				1
	柱洞			1														
49a	柱槽	5		13	3	8												
	柱洞																	
50a	柱槽	2		2		9	1						1					
	柱洞			1		4												
51a	柱槽	1		1		56	12		1		1				2	4	1	4
	柱洞																	
52a	柱槽			4		14	4				3					2	1	
	柱洞																	
53a	柱槽	12	2	21	10	4	1			1				2				
	柱洞																	
54a	柱槽	4		5	2	1	1				1							
	柱洞			1	5													
55a	柱槽	1	1															
	柱洞																	
56a	柱槽				2	15										3	1	
	柱洞																	

附表一〇

明堂遗址出土遗物登记表

器物名称	型式	标本器号	质地	插图号	图版号
素面长方砖	A	78HNMT3Ⅱ区:06	陶		
素面长方砖	C	79HNMJ10③:11	陶		
素面长方砖	C	78HNMJ8③:02	陶		
素面长方砖	C	79HNMJ10③:08	陶		
绳纹长方砖	B	79HNM柱52a:01	陶	76，1	
素面方砖	A	79HNMJ3②:12	陶		
素面方砖	A	78HNMT4②:22	陶		
几何纹方砖	AⅡ	78HNM柱西二1:01	陶	76，2	
几何纹方砖	AⅤ	78HNMDSK27:01	陶	76，3	
绳纹面布纹里板瓦	AⅠ	78HNMJ6②:01	陶		
绳纹面布纹里板瓦	AⅠ	79HNMJ3②:14	陶		
绳纹面布纹里板瓦	AⅡ	78HNMJ8H1:05	陶	77，1	七一，1
绳纹面布纹里板瓦	B	79HNMJ10③:06	陶	77，2	
绳纹面布纹里板瓦	E	78HNMJ8H1:06	陶	77，3	
绳纹面布纹里板瓦	E	79HNMJ10③:10	陶	77，4	
绳纹面布纹里板瓦	A	78HNMJ8H2:01	陶	78，1	七一，2
素面布纹里板瓦	AⅠ	78HNMT6②:03	陶		
素面布纹里板瓦	AⅠ	78HNMT5②:01	陶		七一，3
素面布纹里板瓦	AⅠ	78HNMT4②:13	陶		
素面布纹里板瓦	AⅠ	78HNMT4②:14	陶		
素面布纹里板瓦	AⅡ	78HNMT4外L1:01	陶		
素面布纹里板瓦	AⅡ	78HNMT3Ⅳ区②:04	陶		
素面磨光里花头板瓦	BⅠ	78HNMT5②:02	陶	79，1	七一，4、5
带字素面磨光里板瓦	BⅠ	78HNMT4②:18	陶	78，3	七二，4
带字素面磨光里板瓦	BⅠ	78HNMT4②:17	陶	78，2	七二，1、2、3
带字素面磨光里板瓦	BⅠ	78HNMT4②:19	陶	78，4	七三，1
素面磨光里花头板瓦	BⅡ	78HNMT6②:11	陶	79，3	七三，2、3
素面磨光里花头板瓦	BⅡ	78HNM柱21B:01	陶	79，2	七三，4

（续附表一〇）

器物名称	型式	标本器号	质地	插图号	图版号
素面磨光里板瓦	B不明式	78HNMT5②:03	陶		七四，1
绳纹面布纹里筒瓦	AⅠ	78HNMJ8H2:08	陶		
绳纹面布纹里筒瓦	AⅠ	78HNMJ8H2:09	陶		
绳纹面布纹里筒瓦	AⅡ	78HNMJ6③:04	陶	80，1	
绳纹面布纹里筒瓦	AⅢ	79HNMJ9③:01	陶	80，2	七四，2
绳纹面布纹里筒瓦	BⅠ	78HNMJ8H1:07	陶	80，4	
绳纹面布纹里筒瓦	CⅠ	79HNMJ10③:13	陶	80，6	
绳纹面布纹里筒瓦	CⅠ	79HNMJ3②:10	陶	80，3	
绳纹面布纹里筒瓦	CⅡ	78HNMJ8H2:04	陶	80，5	七四，3
磨光面布纹里筒瓦	BⅡ	78HNMT3Ⅳ区②:03	陶		
磨光面布纹里筒瓦	BⅡ	79HNMJ10③:14	陶		七五，1
磨光面布纹里筒瓦	BⅡ	78HNMT4②:20	陶		七五，2
磨光面布纹里筒瓦	BⅡ	78HNM柱东一15:01	陶		七五，3
磨光面布纹里筒瓦	BⅡ	78HNM柱15F:01	陶		
带戳印磨光面布纹里筒瓦	BⅡ	79HNM柱29a:02	陶	78，6	
带戳印磨光面布纹里筒瓦	BⅡ	79HNM柱24a:01	陶	78，5	
云纹瓦当	AaⅡ	78HNMJ8H1:10	陶	81，1、2	
云纹瓦当	AaⅣ	78HNMJ5③:01	陶	81，3、4	
云纹瓦当	CaⅡ	78HNMJ8H1:11	陶	82，1、2	七六，1
云纹瓦当	CaⅡ	78HNMJ8H4:01	陶	81，5	
云纹瓦当	CaⅡ	79HNMJ10③:07	陶	82，3、4	
云纹瓦当	CaⅦ	78HNMJ4③:01	陶	81，6	七六，2
云纹瓦当	CaⅧ	78HNMJ8H2:06	陶	82，5、6	七六，3
延年益寿瓦当		78HNMJ8H5:01	陶	83	七七，1
莲花纹瓦当	BⅠ	78HNMT6②:08	陶	84，1	七七，2
莲花纹瓦当	BⅠ	78HNMT6②:01	陶	84，3、4	
莲花纹瓦当	BⅠ	78HNMT6②:10	陶	84，2	
莲花纹瓦当	BⅡ	78HNMT1②:01	陶	84，5、6	七七，3
红烧土坯		78HNMDSK5:02	土		
红烧土坯		78HNMDSK5:01	土		
天蓝彩墙皮		79HNMJ2③:09	土		彩版四，5
天蓝彩墙皮		79HNMJ2③:10	土		彩版四，6
天蓝彩墙皮		79HNMJ2③:11	土		彩版四，10
天蓝彩墙皮		79HNMJ2③:12	土		彩版四，7

（续附表一〇）

器物名称	型式	标本器号	质地	插图号	图版号
天蓝彩墙皮		79HNMJ2③:13	土		彩版四，8
天蓝彩墙皮		79HNMJ2③:18	土		彩版四，9
红彩墙皮		79HNMJ2③:14	土		彩版四，4
红彩墙皮		79HNMJ2③:15	土		彩版四，2
红彩墙皮		79HNMJ2③:16	土		彩版四，1
红彩墙皮		79HNMJ2③:17	土		彩版四，3
天蓝彩墙皮		79HNMT4②:15	土		
彩色墙皮		79HNMJ2③:03	土		
红彩墙皮		79HNMJ2③:06	土		
白色墙皮		79HNMT4②:24	土		
陶罐	A	78HNMT1L1:01	陶	85，1	
陶罐	B	78HNMJ6H1:04	陶	85，2	
陶碗	A	78HNMJ6③:07	陶	85，3	
陶碗	B	78HNMT1L1:02	陶	85，4	
陶豆盘		78HNMJ6夯1:01	陶	85，5	
陶环		78HNMT3Ⅱ区②:07	陶		
陶丸		79HNMJ11夯土:01	陶		
铁甲片	A	78HNMT3Ⅱ区②:09	铁	86，1	七八，1
铁甲片	A	78HNMT3Ⅱ区②:10	铁	86，2	七八，2
铁甲片	B	78HNMJ6②:02	铁	86，3	七八，3
铁钉		79HNM柱18a:01	铁	86，4	
铁钉		78HNM柱48A:01	铁	86，6	
铁钉		78HNMJ6②:03	铁		
铁钉		78HNMJ6②:04	铁	86，5	
铁锛		78HNM柱56A:01	铁	86，7	
铁铧尖		78HNMT3Ⅱ区②:01	铁	86，9	七八，4
铁片		78HNMT5夯土:01	铁	86，11	
铁“V”字形器		78HNM柱26A:01	铁	86，10	
铁块		78HNM柱26A:02	铁	86，8	
铜镞		78HNMDSK10:01	铜	86，12	七八，5
铜器残片		79HNMJ12夯土:01	铜		
铜渣		78HNM北部夯土采:01	铜		
铅器		78HNM北部夯土采:02	铅		
石构件		78HNM柱46A:01	石		

附表一一

辟雍中心大型殿址残存坑槽登记表

（单位：米）

方位	编号	座　标	大　小			形状	附　　注
			东西	南北	深度		
殿台东缘	东1	距上层台基东南角6.4米	0.8	0.8	0.32	方形	填土黄褐色，较硬，内杂许多白灰墙皮残块
	东2	南距东1约1.08米	0.8	0.7	0.3	方形	填土黄色，内含乱夯土块及白灰墙皮残块
	东3	南距东2约0.4米	0.7	1.25	0.2	长方形	填土黄色，稍硬
	东4	南距东3约9.25米	0.7	0.8	0.5	近方形	填土黄褐色，内含乱夯土块
殿台南缘	南1	距上层台基东南角24.5米	0.54	0.86	0.34	长方形	填土黄褐色
	小柱1	在殿基南缘南1西北角	0.27	0.47	0.19	长方形	填土黄褐色，内含碎砖瓦块，似经夯。坑底垫A型素面长方砖1块，砖长0.4、宽0.25、厚0.12厘米。
	南2	东距南1约0.5米	0.63	0.5	0.3	近方形	填土黄褐色，密实。出残素面方砖及筒瓦头。
	南3	东距南2约7.9米	0.43～0.58	0.8	0.7	长方形	填土黄褐色，内杂少许涂红彩白灰墙皮残块及碎绳纹瓦片
	小柱2	在殿基南缘南3东北角	0.62	0.56	0.18	近方形	内有础石1块，石方形，四周不甚整齐，表面粗糙，大小0.38×0.36×0.09厘米。
	南4	东距南3约3.2米	0.8	0.5	0.7	长方形	填土黄褐色。
殿台西缘	西1	南距上层台基西南角4米	0.84	0.64	0.73	长方形	填土深黄色，稍松，内含大量白灰墙皮及少量绳纹瓦片
	小柱3	在殿基西缘西1东北0.3米	0.35	0.4	?	长方形	填土黄色
殿台北缘	北1	距上层台基东北角8.4米	0.8	0.7	0.3	近方形	填土黄色

附表一二

辟雍北侧门屏东、西门房台基柱础登记表

（单位：米）

编号	位　置	质 料	大　小			附　注
			长	宽	厚	
础1	东门房基西南角	青石	0.89	0.86	0.2	
础2	西距础1约1.3米	青石	0.2~0.37	0.36~0.42	0.14	
础3	西距础2约1.5米	青石	0.19~0.39	0.32~0.35	0.12	
础4	西门房基东南角	青石	0.88	0.88	0.17	
础5	西门房基西南角	青石	0.54	残0.32	0.12	残半
础6	西门房基东北角	红砂石	?	?	?	风化过甚
础7	西门房基东缘，距东南角约2米	A型素面长方砖	0.47	0.25	0.11	其上重叠1块C型素面长方砖
础8	西门房基南缘，距东南角1.15米	A型素面长方砖	0.47	0.25	0.11	其上重叠1块C型素面长方砖
础9	西门房基南缘，距础8约1.5米	C型素面长方砖	0.25	0.125	0.05	为2块C 型素面长方砖重叠
础10	西门房基南缘，距础9约1.35米	青石	0.6	0.56	0.1	础石上横置1块C型素面长方砖
础11	西门房基南缘，距础10约0.16米	青石	0.6	0.6	0.1	础石上横置1块C型素面长方砖
础12	西门房基西缘，距础5约2.32米	A型素面长方砖	0.23	0.23	0.11	残半

附表一三

辟雍遗址A区灶坑登记表

（单位：米）

编号	形状	腹径	腹深	火门宽	火道长	全长	烟道	出土遗物
殿址西XZ1	圆形	0.56	0.23	0.28	0.2	1.2	已坏	几何纹和素面方砖、粗绳纹面瓦片、小陶碗片
XZ2	椭圆形	0.51	0.23	0.3	0.24	0.96	已坏	
XZ3	椭圆形	0.56	0.18	0.18	0.23	1.1	已坏	
XZ4	圆形	0.27	0.09	0.31	0.24	0.77	已坏	素面方砖、C型素面长方砖、绳纹面筒瓦片
XZ5	圆形	0.42	0.15	0.18	0.23	0.63	已坏	绳纹面板瓦和筒瓦片、B型素面长方砖
XZ6	椭圆形	0.58	0.27	0.37	0.3	残1	已坏	几何纹方砖、绳纹面板瓦和筒瓦片、陶碗片
XZ7	圆形	0.3	0.29	0.22	0.24	0.58	已坏	
XZ8	椭圆形	0.58	0.23	0.23	0.16	残1.07	已坏	绳纹面板瓦和筒瓦片、A型素面长方砖
XZ9	圆形	0.53	0.22	0.18	残0.25	残1.02	已坏	
XZ10	圆形	0.28	0.08	已坏	已坏	0.39	已坏	
XZ11	圆形	0.66	0.25	0.22	0.34	残1	已坏	几何纹方砖、A型素面长方砖、陶盆片
XZ12	圆形	0.56	0.36	0.3	0.42	1.58	径0.19	
XZ13	圆形	0.56	0.28	已坏	已坏	0.93残	已坏	几何纹方砖、绳纹面板瓦和筒瓦片、陶盆和碗残片
XZ14	圆形	0.39	0.1	已坏	已坏	不详	已坏	
XZ15	圆形	0.54	0.2	已坏	已坏	残0.63	已坏	
XZ16	圆形	0.5	0.22	0.23	0.44	残0.98	已坏	
殿址东DZ1	圆形	0.59	0.14	0.3	0.16	0.86	已坏	
DZ2	椭圆形	0.5	0.26	已坏	已坏	残0.65	已坏	素面和几何纹方砖残块
DZ3	椭圆形	0.44	0.2	已坏	已坏	残0.6	已坏	
殿址南NZ1	椭圆形	0.51	0.23	0.33	0.2	1	残径0.18	绳纹面板瓦和筒瓦片、素面小方砖
NZ2	圆形	0.4	0.24	0.27	0.25	0.9	已坏	灶底出素面方砖2、残几何纹方砖1

（续附表一三）

编号	形状	腹径	腹深	火门宽	火道长	全长	烟道	出土遗物
殿址西北 BZ1	圆形	0.56	0.19	0.28	0.31	残1.04	已坏	几何纹方砖、绳纹面筒瓦片、陶器腹片
BZ2	椭圆形	1.08	0.25	已坏	已坏	残1.27	已坏	几何纹方砖、云纹瓦当、异形素面砖、陶盆和甑片、猪牙等
BZ3	圆形	0.45	0.17	0.16	0.3	残0.87	已坏	绳纹面瓦片、陶盆口沿、铁钉
BZ4	圆形	0.57	0.185	0.3	0.31	残1.1	已坏	A型席纹长方砖、几何纹方砖、绳纹面板瓦和筒瓦片
BZ5	圆形	0.7	0.23	0.34	残0.52	残1.45	已坏	几何纹方砖、C型素面长方砖、绳纹面板瓦片
BZ6	椭圆形	0.45	0.19	0.26	0.45	残0.96	已坏	几何纹和素面方砖、绳纹面板瓦片、陶盆和碗口沿
BZ7	椭圆形	0.49	0.23	0.28	不详	残0.74	已坏	绳纹面板瓦和筒瓦片、瓦当、A型席纹长方砖、几何纹方砖、陶盆和碗口沿
BZ8	圆形	0.52	0.17	0.33	0.38	残0.9	已坏	
BZ9	圆形	0.41	0.215	0.14	不详	残0.6	已坏	厚绳纹面瓦片、C型素面长方砖
BZ10	圆形	0.58	0.26	已坏	已坏	残0.73	已坏	
BZ11	圆形	0.43	0.13	0.22	残0.2	残0.67	已坏	绳纹面板瓦和筒瓦片、陶盆片
BZ12	椭圆形	0.28	0.17	0.19	残0.22	残0.61	已坏	
BZ13	圆形	0.32	0.11	已坏	不详	不详	已坏	
BZ14	圆形	0.47	0.35	不详	0.43	不详	已坏	细绳纹面板瓦片、几何纹方砖、C型素面长方砖块
BZ15	圆形	0.54	0.35	0.41	0.2	1.4	梯形 0.11×0.17	C型素面长方砖、瓦当、木炭灰、兽牙
殿址东北 BZ16	椭圆形	0.53	0.3	0.32	0.3	1.15	已坏	
BZ17	椭圆形	0.5	0.2	0.28	0.4	残1	已坏	素面和几何纹方砖
BZ18	圆形	0.63	0.27	已坏	已坏	残0.8	椭圆10×15	C型素面长方砖1块
BZ19	椭圆形	0.52	0.16	0.3	不详	残0.8	已坏	残几何纹方砖
BZ20	圆形	0.5	0.23	0.26	0.23	0.92	已坏	灶膛内填白灰残块
BZ21	圆形	0.55	0.25	0.17	0.19	残0.75	已坏	
BZ22	圆形	0.62	0.21	已坏	已坏	不详	已坏	
BZ23	圆形	0.67	已坏	已坏	已坏	残0.92	椭圆 0.1×0.19	
BZ24	圆形	0.66	0.18	已坏	已坏	不详	已坏	
BZ25	圆形	0.45	已坏	0.23	0.17	残0.62	已坏	

附表一四

辟雍遗址出土遗物登记表

器物名称	型式	标本器号	质地	插图号	图版号
素面长方砖	A	81HNBJ2G1上部填土:01	陶		
素面长方砖	B	72HNBAXZ5:01	陶	102，1	九六，1
素面长方砖	B	81HNBJ2②:03	陶		
素面长方砖	C	72HNBAT10G2:05	陶		九六，2
素面长方砖	C	81HNBJ2G1铺底砖:02	陶	102，2	
席纹长方砖	A	72HNBABZ4:01	陶	102，3	九六，3
席纹长方砖	A	72HNBAT23②:01	陶	102，4	九六，4
素面方砖	A	72HNBA殿基包砖:01	陶		九七，1
素面方砖	A	72HNBA殿基包砖:02	陶		
“張堅”戳印素面方砖	A	72HNBAXZ1:01	陶	110，1	
几何纹方砖	AⅠ	72HNBAXZ13:02	陶	103，1	九七，2
几何纹方砖	AⅡ	72HNBAXZ13:01	陶	103，2	
几何纹方砖	AⅡ	72HNBA殿基包砖:03	陶	103，3	九七，3
几何纹方砖	AⅣ	72HNBAT24H1:01	陶	103，4	九七，4
几何纹方砖	AⅣ	72HNBABZ4:02	陶		
几何纹方砖	AⅤ	72HNBA殿基台阶铺地砖:01	陶	103，6	九七，5
几何纹方砖	AⅥ	72HNBA殿基包砖:04	陶	103，5	
几何纹方砖	B	72HNBAT10②:01	陶	104，1	
几何纹方砖	CⅠ	72HNBA殿基北侧贴砖:01	陶	104，2	九七，6
几何纹方砖	CⅡ	72HNBAT20G1:01	陶	104，3	
砖制品	A	72HNBABZ2:01	陶		九八，1
砖制品	B	72HNBABZ2:02	陶		九八，2
砖制品	C	72HNBABZ2:03	陶		九八，3
砖制品	D	72HNBA殿基包砖:05	陶		九八，4
砖制品	E	72HNBAT17G3:01	陶		九八，5
绳纹面手捏里板瓦		81HNBJ2②:04	陶	105	
绳纹面布纹里板瓦	AⅠ	72HNBAT15②:16	陶		
绳纹面布纹里板瓦	AⅠ	72HNBAT22②:03	陶		

（续附表一四）

器物名称	型式	标本器号	质地	插图号	图版号
绳纹面布纹里板瓦	AⅡ	72HNBAT18~20②:03	陶	106，1	
绳纹面布纹里板瓦	AⅢ	72HNBAT18~20②:01	陶	106，2	九九，1
绳纹面布纹里板瓦	A	72HNBAT18~20②:02	陶	106，3	九九，2
绳纹面布纹里板瓦	A	72HNBAT15②:03	陶	106，4	九九，3
绳纹面布纹里板瓦	A	72HNBAT20G1:03	陶	106，5	九九，4
绳纹面布纹里板瓦	B	72HNBAT17②:02	陶		
绳纹面布纹里板瓦	B	81HNBJ2G1:19	陶		
绳纹面布纹里板瓦	D	72HNBAT22②:01	陶	107，1	
绳纹面布纹里板瓦	D	72HNBAT24H2:01	陶	107，2	九九，5
绳纹面布纹里板瓦	D	72HNBAT23②:05	陶	107，3	
绳纹面布纹里板瓦	E	72HNBAT15②:02	陶	107，4、5	九九，6
绳纹面布纹里板瓦	E	72HNBAT18~20②:18	陶	107，6、7	
“南甄官瓦”戳印板瓦	AⅠ	72HNBAT15③:01	陶		
“南甄官瓦”戳印板瓦	E	72HNBAT18~20②:12	陶	108，1、2	
“左枚”戳印板瓦	AⅠ	72HNBAT18~20②:13	陶	108，3	一〇〇，1
“向節”戳印板瓦	AⅡ	72HNBAT10②:07	陶	108，4	一〇〇，2
“向節”戳印板瓦	AⅡ	72HNBAT10②:17	陶		
字迹不清戳印板瓦	B	72HNBAT10②:16	陶		
字迹不清戳印板瓦	A	72HNBAT15②:08	陶		
“趙”字板瓦片	A	72HNBAT20G1:04	陶	108，5	
“杜軍”字板瓦片	A	72HNBAT23②:06	陶	108，6	一〇〇，3
“呂長”字板瓦片	A	72HNBAT18~20②:14	陶	108，7	一〇〇，4
“南甄官瓦”字板瓦片	A	72HNBAT25②:01	陶	108，8	一〇〇，5
“官”字板瓦片	A	72HNBAT18~20②:24	陶	108，9	
绳纹面布纹里筒瓦	AⅠ	72HNBAT23②:02	陶	109，1	
绳纹面布纹里筒瓦	AⅠ	72HNBAT10②:02	陶		
绳纹面布纹里筒瓦	AⅡ	72HNBAT18~20②:07	陶	109，2	
绳纹面布纹里筒瓦	AⅢ	72HNBAT17②:01	陶	109，3	
绳纹面布纹里筒瓦	BⅠ	72HNBAT18~20②:06	陶	109，4、5	
绳纹面布纹里筒瓦	BⅠ	72HNBAT15②:04	陶	109，6	
绳纹面布纹里筒瓦	CⅠ	72HNBAT10②:15	陶		
绳纹面布纹里筒瓦	CⅠ	72HNBAT17②:02	陶		
绳纹面布纹里筒瓦	CⅡ	72HNBAT10②:03	陶	109，7	
“南甄官瓦”戳印筒瓦	AⅠ	72HNBAT15②:09	陶	110，2	

（续附表一四）

器物名称	型式	标本器号	质地	插图号	图版号
“南甄官瓦”戳印筒瓦	AⅠ	72HNBAT15②:10	陶	110，3、4、5	
云纹瓦当	AaⅠ	72HNBAT18~20②:08	陶	111，1、2	一〇一，1
云纹瓦当	AaⅣ	72HNBAT16②:01	陶	111，3、4	一〇一，2
云纹瓦当	AbⅠ	72HNBAT23②:03	陶	112，1	一〇一，3
云纹瓦当	AbⅡ	72HNBAT15②:06	陶	112，2、3	一〇一，4
云纹瓦当	CaⅠ	72HNBAT23~25F1:01	陶	113，1、2	一〇一，5
云纹瓦当	CaⅠ	72HNBAT10②:04	陶		
云纹瓦当	CaⅠ	72HNBAT15②:11	陶	113，3、4	
云纹瓦当	CaⅡ	72HNBAT15②:12	陶	114，1	
云纹瓦当	CaⅡ	72HNBAT10②:08	陶	113，5、6	一〇一，6
云纹瓦当	CaⅢ	72HNBAT17G3:02	陶	114，3、4	
云纹瓦当	CaⅤ	72HNBAT15②:16	陶	114，2	一〇二，1
云纹瓦当	CaⅥ	72HNBAT11②:03	陶	115，1、2	一〇二，2
云纹瓦当	CaⅨ	72HNBAT18~20②:09	陶	115，3、4	一〇二，3
云纹瓦当	CaⅪ	72HNBAT11②:02	陶	116，1、2	一〇二，4
云纹瓦当	CaⅫ	72HNBAT17G3:03	陶	116，3、4	
云纹瓦当	CbⅠ	72HNBAT23②:04	陶	117，1、2	
云纹瓦当	CbⅠ	72HNBAT24②:06	陶	117，3、4	一〇三，1
云纹瓦当	CbⅡ	72HNBAT23~25F1:02	陶	118，1	一〇三，2
云纹瓦当	CbⅢ	72HNBAT10②:05	陶	117，5、6	一〇三，3
云纹瓦当	CbⅣ	72HNBAT18~20②:10	陶	118，4、5	一〇三，4
云纹瓦当	CbⅤ	72HNBAT10②:06	陶	118，2、3	一〇三，5
云纹瓦当	DⅠ	72HNBAT18~20②:11	陶	119，1、2	
云纹瓦当	DⅢ	72HNBAT15②:07	陶	119，3、4	
云纹瓦当	DⅣ	81HNBJ2G1南部扰土中:01	陶	119，5、6	一〇三，6
陶碗	AⅠ	72HNBAT24H3:02	陶	120，1	一〇四，1
陶碗	AⅡ	81HNBJ2G1:16	陶	120，2	一〇四，2
陶碗	AⅢ	72HNBAT23②:08	陶	120，3	
陶碗	AⅢ	81HNBJ2G1:15	陶	120，4	一〇四，3
陶碗	B	81HNBJ2G1:13	陶	120，5	一〇四，4
陶碗	B	72HNBAT23②:09	陶	120，6	
陶碗	C	81HNBJ2G1:14	陶	120，7	一〇四，5
陶碗	D	72HNBAT3②:01	陶	120，8	
陶罐	A	72HNBAT23~25F1:04	陶	121，2	一〇五，1

（续附表一四）

器物名称	型式	标本器号	质地	插图号	图版号
陶罐	A	72HNBAT24H1:02	陶	121，1	
陶罐	B	72HNBAT24H3:01	陶	121，3	一〇五，2
陶罐	C	72HNBAT24H4:01	陶	121，4	一〇五，3
陶罐口沿残片		81HNBJ2G1:12	陶	121，6	
陶罐口沿残片		72HNBAT23②:07	陶	121，5	
陶盆	AⅠ	72HNBAT16②:02	陶	122，1	
陶盆	AⅡ	81HNBJ2G1:08	陶	122，2	
陶盆	BⅠ	81HNBJ2G1:06	陶	122，3	一〇五，4
陶盆	BⅡ	81HNBJ2G1:07	陶	122，4	
陶盆	BⅢ	81HNBJ2G1:02	陶	122，5	一〇五，5
陶盆	CⅠ	81HNBJ2G1:01	陶	122，6	一〇六，1
陶盆	CⅡ	81HNBJ2G1:03	陶	122，7	一〇六，2
陶盆	D	72HNBBT2阙基上:01	陶	122，8	
陶盆	D	72HNBBT2阙基上:02	陶	122，9	一〇六，3
陶盆	E	81HNBJ2G1:04	陶	123，1	一〇六，4
陶盆	E	81HNBJ2G1:05	陶	123，2	
陶盆	F	81HNBJ2G1:09	陶	123，3	一〇六，5
陶盆	GⅠ	72HNBAT10②:09	陶	123，4	一〇六，6
陶盆	GⅡ	81HNBJ2G1:10	陶	123，5	一〇六，7
陶盆	H	81HNBJ2G1:11	陶	123，6	一〇六，8
陶瓮		72HNBAT17③:01	陶	124，1	
器盖		72HNBAT21②:04	陶	124，2	
器盖		72HNBAT1②:03	陶	124，3	
椎形器		72HNBAT18~20②:25	陶	124，5	
草拌泥制品		81HNBJ2G1:17	陶	124，4	
铜圈		72HNBAT1②:02	铜	125，3	
铜钗		72HNBAT18~20②:15	铜	125，1	一〇七，1
铜顶针		72HNBAT25②:02	铜	125，4	一〇七，3
铜顶针		72HNBAT24②:02	铜	125，5	一〇七，4
铜环		72HNBAT24②:03	铜	125，6	一〇七，5
铜带钩		72HNBAT15②:13	铜	125，2	一〇七，2
残鸟头饰		72HNBAT18~20②:16	铜	125，7	
铁环		72HNBAT6②:01	铁	126，10	一〇八，8
铁环		72HNBAT18~20②:17	铁	126，11	

（续附表一四）

器物名称	型式	标本器号	质地	插图号	图版号
铁矛		72HNBAT19②:01	铁	126，3	一〇七，8
环首刀		72HNBAT21②:02	铁	126，9	一〇八，5
铁镞		72HNBAT25②:03	铁	126，13	
铁杈		72HNBAT25②:04	铁	126，14	一〇八，7
铁镜		72HNBAT25②:05	铁	126，1	一〇七，6
鼻形铁器		72HNBAT24②:01	铁	126，12	一〇八，6
不知名铁器		72HNBAT24②:05	铁	126，4	一〇七，9
铁钉		72HNBAT23②:19	铁	126，8	一〇八，1
铁钉		72HNBAT18~20②:31	铁	126，6	一〇八，2
铁钉		72HNBAT10②:14	铁	126，5	一〇八，3
铁钉		72HNBAT18~20②:32	铁	126，7	一〇八，4
铁斧		81HNBJ2G1:18	铁	126，2	一〇七，7
玉片		72HNBAT15②:14	玉石	127，1	一〇八，9
石臼		72HNBAT23②:10	石	127，2	一〇八，10
碑座		72HNBAT3K1:01	石	128；129	
五铢铜钱	AⅠ	72HNBAT22②:02	铜	130，1	
五铢铜钱	AⅡ	72HNBAT16②:07	铜	130，2	
五铢铜钱	AⅢ	72HNBAT23~25F1:06	铜	130，3	
五铢铜钱	AⅣ	72HNBAT10②:13	铜	130，4	
五铢铜钱	AⅤ	72HNBAT18~20②:26	铜	130，5	
五铢铜钱	AⅥ	72HNBAT23②:11	铜	130，6	
五铢铜钱	AⅦ	72HNBAT23~25F1:09	铜	130，7	
五铢铜钱	AⅧ	72HNBAT24H3:03	铜	130，8	
五铢铜钱	AⅨ	72HNBAT24H3:04	铜	130，9	
五铢铜钱	AⅩ	72HNBAT24H3:05	铜	130，10	
五铢铜钱	AⅪ	72HNBAT13②:01	铜	131，1	
五铢铜钱	AⅫ	72HNBAT23②:12	铜	131，2	
五铢铜钱	AⅩⅢ	72HNBAT18~20②:27	铜	131，3	
五铢铜钱	AⅩⅣ	72HNBAT23~25F1:07	铜	131，4	
剪轮五铢铜钱	BⅠ	72HNBAT23②:16	铜	132，1	
剪轮五铢铜钱	BⅠ	72HNBAT23②:18	铜		
剪轮五铢铜钱	BⅡ	72HNBAT15②:15	铜	132，2	
剪轮五铢铜钱	BⅢ	72HNBAT23②:15	铜	132，3	
记号五铢铜钱	C	72HNBAT23②:13	铜	133，4	

（续附表一四）

器物名称	型式	标本器号	质地	插图号	图版号
记号五铢铜钱	C	72HNBAT23~25F1:08	铜	133，2	
记号五铢铜钱	C	72HNBAT18~20②:28	铜	133，5	
记号五铢铜钱	C	72HNBAT18~20②:29	铜	133，3	
记号五铢铜钱	C	72HNBAT17G3:04	铜	133，1	
缒环铜钱		72HNBAT23②:20	铜		
货泉铜钱	Ⅰ	72HNBAT3②:02	铜	134，1	
货泉铜钱	Ⅱ	72HNBAT23②:14	铜	134，2	
货泉铜钱	Ⅲ	72HNBAT7②:01	铜	134，3	
货泉铜钱	Ⅲ	72HNBAT3②:03	铜	134，4	
货泉铜钱	Ⅳ	72HNBAT23②:17	铜	134，5	
大泉五十铜钱		72HNBAT3②:04	铜	134，6	
铁钱		72HNBAT18~20②:30	铁		
大口尊		72HNBBT3:02	陶	135，1	
大口尊		72HNBBT3:01	陶		
圜底罐		72HNBBT3:04	陶	135，2	
澄滤器		72HNBBT1:01	陶	135，3	
豆		72HNBBT2:05	陶	135，4	
卜骨		72HNBBT1:03	骨		

附表一五

太学遗址出土遗物登记表

器物名称	型式	编号	质地	插图号	图版号
素面长方砖	A	80HNTT402②:53	陶		
素面长方砖	A	80HNTT402②:54	陶		
素面长方砖	A	80HNTT402②:55	陶		
素面长方砖	B	80HNTT303K1:06	陶		一四六，1
素面长方砖	B	74HNTT202②:53	陶		
素面长方砖	B	73HNTT107④:10	陶		
素面长方砖	C	73HNTT002②:44	陶		一四六，2
素面长方砖	C	74HNTT202②:54	陶		
素面长方砖	C	73HNTT106G2:05	陶		
席纹长方砖	A	74HNTT202②:52	陶	186，1	
席纹长方砖	A	80HNTT402②:56	陶	186，2	
席纹长方砖	A	80HNTT402③:04	陶	186，3	
席纹长方砖	B	80HNTT402②:57	陶	186，4	一四六，3
绳纹长方砖	A	73HNTT102②:09	陶	187，1	
绳纹长方砖	A	73HNTT003②:63	陶	187，2	一四六，4
绳纹长方砖	A	73HNTT003②:62	陶	187，3	
绳纹长方砖	B	73HNTT004渗坑1:02	陶	187，4	一四七，1
素面方砖	A	73HNTT107④:09	陶		一四七，2
几何纹方砖	AⅡ	73HNTT004②:52	陶	188，1	一四七，3
几何纹方砖	AⅡ	80HNTT402②:52	陶	188，2	
几何纹方砖	AⅤ	73HNTT004G2:02	陶	188，3	一四七，4
素面扇形砖		80HNTT405②:22	陶		一四七，5
绳纹异形砖		73HNTT001②:20	陶		一四七，6
绳纹异形砖		73HNTT102②:14	陶		
绳纹异形砖		74HNTT203②:17	陶		
绳纹异形砖		80HNTT405②:20	陶		
绳纹异形砖		80HNTT405②:21	陶		
门窝砖	AⅠ	80HNTT402③:02	陶		

（续附表一五）

器物名称	型式	编号	质地	插图号	图版号
门窝砖	AⅠ	80HNTT405②:29	陶		一四八，1
门窝砖	AⅡ	73HNTT001②:18	陶		一四八，2
门窝砖	AⅢ	74HNTT202②:41	陶		一四八，3
门窝砖	AⅣ	73HNTT002②:42	陶		一四八，4
门窝砖	B	73HNTT002②:43	陶		一四八，5
门窝砖	B	73HNTT004②:53	陶		
凿孔砖	Ⅰ	74HNTT201②:31	陶		一四八，6
凿孔砖	Ⅱ	73HNTT003②:68	陶		一四九，1
带凿窝砖		74HNTT202②:40	陶		一四九，2
带榫窝砖		73HNTT002②:40	陶		一四九，3
绳纹面手捏里板瓦		80HNTT402③:03	陶	189，1、2	
绳纹面手捏里板瓦		80HNTT402③:06	陶	189，3、4	
绳纹面手捏里板瓦		80HNTT402③:07	陶	189，5、6	
绳纹面布纹里板瓦	AⅠ	74HNTT202②:51	陶	190，1	
绳纹面布纹里板瓦	AⅠ	73HNTT003砖砌水道1:01	陶	190，2	一五〇，1
绳纹面布纹里板瓦	AⅡ	73HNTT105③:24	陶	190，3	一五〇，2
绳纹面布纹里板瓦	AⅢ	80HNTT401③:02	陶	190，4	
绳纹面布纹里板瓦	B	73HNTT002②:38	陶	191，1、2	一五〇，3
绳纹面布纹里板瓦	C	80HNTT403③:03	陶	192，1	一五〇，4
绳纹面布纹里板瓦	D	73HNTT002②:39	陶	191，3、4	
绳纹面布纹里板瓦	E	80HNTT405②:25	陶	192，2	
绳纹面布纹里板瓦	E	80HNTT402③:01	陶	192，3	
绳纹面布纹里板瓦	E	73HNTT004②:51	陶	192，4	
篮纹板瓦	A	79HNT西门T1②:19	陶	193，1	一五一，1
篮纹板瓦	A	73HNTT001②:24	陶	193，2、3	
篮纹板瓦	A	73HNTT004G2:01	陶		
篮纹板瓦	A	73HNTT105②:31	陶	193，4	一五一，2
篮纹板瓦	A	73HNTT105②:30	陶		
篮纹板瓦	B	80HNTT405②:02	陶	193，5	一五一，3
素面布纹里花头板瓦	AⅡ	80HNTT405②:23	陶		
绳纹面布纹里筒瓦	AⅠ	73HNTT002砖砌水道1:01	陶	194，1、2	一五二，1
绳纹面布纹里筒瓦	AⅠ	73HNTT002砖砌水道1:02	陶		
绳纹面布纹里筒瓦	AⅠ	73HNTT002砖砌水道1:03	陶		
绳纹面布纹里筒瓦	AⅠ	73HNTT106②:41	陶	195，1	

（续附表一五）

器物名称	型式	编号	质地	插图号	图版号
绳纹面布纹里筒瓦	AⅠ	74HNTT203③:01	陶		
绳纹面布纹里筒瓦	AⅠ	73HNTT003③b:49	陶	194，3、4	
绳纹面布纹里筒瓦	AⅠ	73HNTT003③b:48	陶	195，2	
绳纹面布纹里筒瓦	AⅠ	80HNTT303K1:11	陶	195，3、4	一五二，2
绳纹面布纹里筒瓦	AⅠ	80HNTT303K1:14	陶	195，5	
绳纹面布纹里筒瓦	AⅡ	74HNTT202②:48	陶	195，6	
绳纹面布纹里筒瓦	AⅡ	73HNTT003③b:45	陶		
绳纹面布纹里筒瓦	BⅠ	80HNTT303K1:15	陶		一五二，3
绳纹面布纹里筒瓦	BⅠ	73HNTT003③b:46	陶		
绳纹面布纹里筒瓦	BⅡ	74HNTT202②:46	陶	196，1	一五二，4
绳纹面布纹里筒瓦	CⅠ	73HNTT003②:61	陶	196，3	
绳纹面布纹里筒瓦	CⅠ	73HNTT001②:22	陶	196，2	
绳纹面布纹里筒瓦	CⅠ	74HNTT202②:47	陶	196，4	一五三，1
素面布纹里筒瓦	AⅠ	73HNTT102②:13	陶		一五三，2
素面布纹里筒瓦	AⅠ	73HNTT001②:23	陶	197，1	
素面布纹里筒瓦	AⅡ	74HNTT202②:49	陶		一五三，3
素面布纹里筒瓦	AⅡ	73HNTT102②:08	陶	197，2	
素面布纹里筒瓦	AⅢ	73HNTT105Z1:01	陶		一五三，4
素面布纹里筒瓦	AⅢ	74HNTT202②:50	陶		
素面布纹里筒瓦	AⅢ	73HNTT102②:12	陶		
素面布纹里筒瓦	AⅢ	73HNTT102②:11	陶		
素面布纹里筒瓦	AⅢ	73HNTT105②:29	陶		
素面布纹里筒瓦	AⅢ	73HNTT005②:41	陶		
素面布纹里筒瓦	AⅢ	73HNTT105②:28	陶	197，3	
素面布纹里筒瓦	AⅢ	73HNTT102②:10	陶	197，4	
磨光面布纹里筒瓦	BⅠ	73HNTT005Y1:06	陶		
云纹瓦当	AaⅢ	73HNTT001②:21	陶	198，1、2	一五四，1
云纹瓦当	AbⅢ	80HNTT303④:42	陶	198，3、4	
云纹瓦当	AbⅢ	80HNT402②:58	陶	198，5	
云纹瓦当	BⅠ	80HNTT403Y2:01	陶	199，1、2	一五四，2
云纹瓦当	BⅡ	80HNTT402Y1:01	陶	199，3、4	一五四，3
云纹瓦当	CaⅠ	74HNTT202②:45	陶	200，1、2	一五四，4
云纹瓦当	CaⅡ	80HNTT405②:28	陶	200，6	
云纹瓦当	CaⅡ	80HNTT303④:40	陶	200，5	

（续附表一五）

器物名称	型式	编号	质地	插图号	图版号
云纹瓦当	CaXⅢ	80HNTT402Y2:02	陶	200，3、4	
云纹瓦当	CbⅡ	73HNTT003③b:44	陶	200，7	
云纹瓦当	CbⅥ	80HNTT303④:41	陶	201，1、2	
云纹瓦当	CbⅦ	73HNTT004渗坑1:01	陶	201，3、4	一五五，1
云纹瓦当	DⅡ	73HNTT001③b:06	陶	202，1、2	一五五，2
云纹瓦当	DⅡ	73HNTT002H2:01	陶	203	一五五，3
云纹瓦当	DⅡ	74HNTT202②:44	陶	202，3、4	
云纹瓦当	DⅤ	73HNTT004渗坑2:01	陶	202，5、6	一五五，4
陶碗	AⅠ	73HNTT003②:66	陶	204，1	一五六，1
陶碗	AⅡ	80HNTT401②:14	陶	204，2	一五六，2
陶碗	BⅠ	73HNTT003②:59	陶	204，3	一五六，3
陶碗	BⅡ	80HNTT303④:49	陶	204，4	一五六，4
陶碗	CⅠ	73HNTT003砖砌水池2:03	陶	205，1	一五六，5
陶碗	CⅡ	73HNTT004②:50	陶	205，2	一五六，6
陶碗	CⅢ	74HNTT202②:36	陶	205，3	一五六，7
陶碗	CⅣ	80HNTT403④:50	陶	205，4	
陶碗	DⅠ	73HNTT001H101:04	陶	205，5	一五六，8
陶碗	DⅡ	73HNTT107②:38	陶	205，6	一五七，1
陶碗	EⅠ	73HNTT003②:58	陶	205，7	一五七，2
陶碗	EⅡ	73HNTT003②:57	陶	205，8	一五七，3
陶碗	EⅡ	74HNTT203③:02	陶	205，9	
陶碗	FⅠ	73HNTT105②:27	陶	205，10	一五七，4
陶碗	FⅡ	73HNTT105③:21	陶	206，1	
陶碗	FⅢ	73HNTT105③:22	陶	206，2	一五七，5
陶碗	G	73HNTT004②:49	陶	206，3	一五七，6
陶碗	HⅠ	73HNTT005③a:04	陶		一五七，7
陶碗	HⅡ	73HNTT002H3:02	陶	206，4	一五七，8
陶碗	I	80HNTT402②:11	陶	206，5	一五八，1
陶碗	JⅠ	73HNTT003砖砌水池2:04	陶	206，6	一五八，2
陶碗	JⅡ	80HNTT402②:10	陶	207，1	一五八，3
陶碗	K	80HNTT401②:15	陶	207，2	一五八，4
陶碗	LⅠ	73HNTT106K1:16	陶	207，3	一五八，5
陶碗	LⅠ	73HNTT105③:23	陶	207，4	
陶碗	LⅡ	80HNTT403④:48	陶	207，5	

（续附表一五）

器物名称	型式	编号	质地	插图号	图版号
陶碗	LⅢ	73HNTT106K1:17	陶	207，6	一五八，6
陶碗	M	80HNTT401② :13	陶	207，7	一五八，7
陶碗	N	73HNTT106K1:18	陶	207，8	一五八，8
陶碗	O	74HNTT202②:55	陶	207，9	一五九，1
陶盆	AⅠ	73HNTT106G2:03	陶	208，1	
陶盆	AⅡ	73HNTT106②:38	陶	208，2	
陶盆	AⅢ	73HNTT104②:05	陶	208，3	
陶盆	AⅣ	73HNTT106G2:04	陶	208，4	
陶盆	BⅠ	73HNTT001H101:01	陶	208，5	一五九，2
陶盆	BⅡ	73HNTT003③b:67	陶	208，6	一五九，3、4
陶盆	C	74HNTT203G1:01	陶	208，7	一五九，5
陶盆	DⅠ	74HNTT201②:30	陶	208，8	一五九，6
陶盆	DⅡ	73HNTT001②:19	陶	208，9	一五九，7
陶盆	EⅠ	73HNTT105②:26	陶	209，1	一五九，8
陶盆	EⅡ	73HNTT107②:37	陶	209，2	
陶盆	EⅢ	80HNTT405H3:03	陶	209，3	一六〇，1
陶盆	FⅠ	74HNTT202②:43	陶	209，4	一六〇，2
陶盆	FⅡ	74HNTT202②:42	陶	209，5	一六〇，3
陶盆	G	80HNTT404H1:03	陶	209，6	一六〇，4
陶盆	H	73HNTT104②:07	陶	209，7	
陶盆	I	73HNTT104②:03	陶	209，8	
陶盆	JⅠ	73HNTT003②:56	陶	209，9	一六〇，5
陶盆	JⅡ	73HNTT104G1:01	陶		
陶盆	K	73HNTT102②:07	陶	209，10	一六〇，6
陶罐	AⅠ	73HNTT106K1:15	陶	210，1	一六一，1
陶罐	AⅡ	73HNTT106K1:13	陶	210，2	一六一，2
陶罐	AⅢ	73HNTT106②:33	陶	210，3	
陶罐	AⅣ	73HNTT103③:05	陶	210，4	
陶罐	BⅠ	73HNTT106K1:14	陶	210，5	一六一，3
陶罐	BⅡ	73HNTT105③:19	陶	210，6	
陶罐	C	73HNTT001H101:05	陶	210，7	一六一，4
陶罐	D	73HNTT001②:26	陶	210，8	一六一，5
陶罐	EⅠ	73HNTT105③:20	陶	210，9	
陶罐	EⅠ	73HNTT106②:35	陶	210，10	

（续附表一五）

器物名称	型式	编号	质地	插图号	图版号
陶罐	EⅡ	73HNTT106②:34	陶	210，11	
陶罐	FⅠ	73HNTT104②:06	陶	210，12	
陶罐	FⅡ	73HNTT104③:26	陶	210，13	
陶罐	FⅢ	73HNTT002H3:01	陶		
陶罐	G	73HNTT105②Z1:03	陶	210，14	
陶罐	H	73HNTT103②:12	陶	210，15	
陶罐	IⅠ	73HNTT106②:40	陶	210，16	一六一，6
陶罐	IⅡ	73HNTT105②Z1:02	陶	210，17	
陶罐	JⅠ	73HNTT104②:11	陶	210，18	
陶罐	JⅡ	73HNTT107②:36	陶	210，19	
提梁罐		73HNTT107②:35	陶	211，1	
陶杯		73HNTT105③:17	陶	211，2	
陶钵		73HNTT003②:55	陶	211，3	一六○，7
陶瓮	AⅠ	80HNTT405H3:01	陶	211，4	一六一，7
陶瓮	AⅡ	73HNTT103②:11	陶	211，5	
陶瓮	B	73HNTT105②:25	陶	211，6	
陶瓮	C	73HNTT104③:25	陶	211，7	
陶缸	A	80HNTT403②:46	陶	211，8	
陶缸	B	73HNTT103②:10	陶	211，9	
陶缸	C	73HNTT106②:32	陶	211，10	
陶甑		80HNTT404H1:04	陶	212，1	
陶甑		73HNTT105③:18	陶		
陶器盖	A	73HNTT001H101:02	陶	212，2	一六二，1
陶器盖	A	73HNTT001H101:10	陶	212，3	一六二，2
陶器盖	B	73HNTT001②:25	陶	212，4	一六二，3
陶器盖	C	80HNTT303K1:103	陶	212，5	
陶器座		73HNTT104②:08	陶	212，6	
陶器耳	Ⅰ	73HNTT103夯6:01	陶	212，7	
陶器耳	Ⅱ	73HNTT104③:24	陶	213，1	
陶鼎足		73HNTT104②:09	陶	213，2	
陶饼	A	73 HNTT104②:15	陶	213，3	一六二，4
陶饼	B	73HNTT002③b:02	陶	213，4	一六二，5
陶饼	B	73HNTT002③b:01	陶	213，5	一六二，6
陶纺轮		73HNTT002③b:03	陶	213，6	一六二，7

（续附表一五）

器物名称	型式	编号	质地	插图号	图版号
陶珠		80HNTT401③:01	陶	213，7	一六二，8
模型器		73HNTT105③:12	陶	213，8	一六二，9
陶丸		74HNTT203②:16	陶	214，2	
陶丸		73HNTT104③:18	陶	214，3	
陶丸		73HNTT107②:31	陶	214，5	
陶鸟		73HNTT104③:07	陶	214，4	一六三，2
陶俑		73HNTT104③:03	陶	214，1	一六三，1
陶屋		73HNTT004②:20	陶	215	一六三，3~5
陶炉灶		73HNTT003③b:67	陶	208，6	一五九，3、4
釉陶盆		73HNTT107H5:01	陶	216，1	
釉陶盆		80HNTT403④:47	陶	216，2	一六〇，8
瓷杯		73HNTT004②:16	瓷	216，3	一六三，6
铜人		73HNTT104②:01	铜	217，1~3	一六四，1、2
铜人		73HN龙虎滩采集:01	铜	217，4~6	一六四，3、4
带花纹铜器片		73HNTT106②:04	铜	218，1	一六五，1
带花纹铜器片		73HNTT106②:08	铜	218，2	一六五，2
带花纹铜器片		73HNTT106②:11	铜	218，3	一六五，3
带花纹铜器片		73HNTT106②:13	铜	218，4	一六五，4
带花纹铜器片		73HNTT106②:15	铜	218，5	一六五，5
带花纹铜器片		73HNTT106②:17	铜	218，6	一六六，1
带花纹铜器片		73HNTT106②:18	铜	218，7	
铜镜残片	Ⅰ	73HNTT108②:03	铜	219，1	
铜镜残片	Ⅰ	80HNTT402②:21	铜	219，2	
铜镜残片	Ⅱ	73HNTT104③:19	铜	219，3	
带字铜器片		73HNTT103②:09	铜	219，4	
铜泡	Ⅰ	73HNTT101②:03	铜	219，5	一六六，2
铜泡	Ⅱ	73HNTT005②:07	铜	219，6	一六六，3
镂空铜器片		73HNTT103②:04	铜	219，7	
盖弓帽		73HNTT108③:02	铜	219，8	一六六，4
铜叉		73HNTT107③:03	铜	219，9	
铜带扣		73HNTT003②:05	铜	219，10	一六六，5
铜铃		73HNTT004②:15	铜	219，11	一六六，6
铜泡钉		73HNTT002②:37	铜	220，1	一六六，7
铜镦		74HNTT201②:03	铜	220，2	一六七，1、2

（续附表一五）

器物名称	型式	编号	质地	插图号	图版号
铜镞		73HNTT106②:09	铜	220，3	一六七，5
铜钗	Ⅰ	73HNTT005②:11	铜	220，5	
铜钗	Ⅱ	80HNTT402②:19	铜	220，4	
铜顶针		80HNTT303④:01	铜	220，6	
铜顶针		74HNTT201②:01	铜	220，7	
铜顶针		73HNTT004②:29	铜	220，8	
铜带钩	Ⅰ	73HNTT004②:14	铜	220，9	一六六，9
铜带钩	Ⅱ	74HNTT203②:12	铜	220，10	一六七，4
铜柄		73HNTT105②:24	铜	221，1	一六七，3
铜环	Ⅰ	79HNT西门T1②:05	铜	221，2	一六六，8
铜环	Ⅱ	73HNTT105②:10	铜	221，3	
铜环	Ⅱ	73HNTT001③b:03	铜	221，4	
铜环	Ⅲ	73HNTT105③:02	铜	221，5	
铜环	Ⅳ	73HNTT105③:07	铜	221，6	
铜饰件		79HNT西门T1②:13	铜	221，7	
铜饰片		73HNTT105②:09	铜	221，8	
铜铺首		80HNTT402②:04	铜	221，9	一六六，10
铁带扣		73HNTT104H1:02	铁	222，1	一六八，8
铁马具		73HNTT105②:07	铁	222，2	一六八，1
铁甲片	A	80HNTT403②:06	铁	222，3	一六八，4
铁甲片	B	73HNTT005③a:02	铁	222，4	一六八，5
铁甲片	C	73HNTT003②:69	铁	222，5	一六八，6
铁矛		73HNTT001H101:06	铁	222，6	一六八，2
铁剑		73HNTT001③b:05	铁	222，7	
环首刀		73HNTT107M1:01	铁	222，8	一六九，4
环首刀		74HNTT201②:02	铁	222，9	
环首刀		80HNTT403Y2:04	铁	222，10	
铁镞	A	74HNTT203②:14	铁		一六九，12
铁镞	A	74HNTT202②:20	铁		一六九，9
铁镞	A	80HNTT405②:11	铁	222，11	一六九，10
铁镞	A	73HNTT105②:02	铁	222，13	一六九，13
铁镞	A	73HNTT105②:01	铁	222，12	一六九，11
铁镞	B	73HNTT004②:45	铁		一六九，8
铁镞	B	73HNTT106②:07	铁		一六九，14

（续附表一五）

器物名称	型式	编号	质地	插图号	图版号
铁镞	C	80HNTT403Y2:05	铁		一六九，15
铁镦		73HNTT105②:08	铁	222，14	一六八，3
铁凿		73HNTT005②:06	铁	222，15	一六九，1
铁斧	Ⅰ	74HNTT201②:04	铁	222，16	一六九，3
铁斧	Ⅱ	74HNTT202②:39	铁	222，17	
铁犁	Ⅰ	73HNTT005Y1:05	铁	223，1	
铁犁	Ⅱ	80HNTT402H5:01	铁	223，2	一六八，7
铁锸		73HNTT002H3:07	铁	223，3	一六九，2
铁环	A	73HNTT104②:16	铁	223，4	
铁环	B	74HNTT202②:10	铁	223，5	
铁钉		80HNTT302②:04	铁	223，6	一六九，5
铁钉		80HNTT404②:13	铁	223，7	一六九，7
铁钉		80HNTT402②:07	铁	223，8	一六九，6
铁圈		80HNTT403Y2:03	铁	223，9	
铁鼻形器		73HNTT003②:20	铁	223，10	
铁条形器		80HNTT402②:20	铁	223，13	
铁双足器		80HNTT405②:06	铁	223，12	
铁梭形器		80HNTT404②:16	铁	223，11	
铁锥形器		73HNTT003③b:30	铁	223，14	
铁棒形器		80HNTT402②:06	铁	223，15	
铅条		73HNTT001②:04	铅	225，9	
石砚	A	73HNTT001H101:09	石	224，1	一七一，1
石砚	B	73HNTT001H101:08	石	224，2	一七一，2
石研磨器	Ⅰ	73HNTT001H101:07	石	224，3	一七〇，5、6
石研磨器	Ⅰ	73HNTT105③:04	石	224，4	一七〇，3、4
石研磨器	Ⅱ	74HNTT201②:20	石	224，5	一七〇，2
石圆饼		73HNTT004渗坑2:02	石	224，6	一七〇，1
石纺轮		73HNTT001夯2:01	石	224，7	
石雕制品		73HNTT003③b:38	石	224，9	
石饰件		73HNTT002②:12	石	224，8	
刻划滑石		73HNTT003③b:31	石	224，10	一七一，3
石片		73HNTT005②:02	石	224，11	
骨印章		80HNTT402②:59	骨	225，1	一七一，6~8
骨匕		73HNTT107④:02	骨	225，8	

（续附表一五）

器物名称	型式	编号	质地	插图号	图版号
骨环	A	74HNTT202②:19	骨	225，2	
骨环	A	73HNTT003③b:08	骨	225，3	
骨环	A	73HNTT003②:53	骨	225，4	
骨环	B	73HNTT002②:18	骨	225，5	
琉璃珰		80HNTT401②:201		225，6	一七一，5
云母片		73HNTT105②:04		225，7	一七一，4
石经残石		80HNTT301K1:004	石	226，1	一七二，1
石经残石		80HNTT301K1:030	石	226，2	一七二，2
石经残石		80HNTT303K1:075	石	226，3	一七三，1
石经残石		80HNTT302K1:049	石	226，4	一七三，2
石经残石		80HNTT301K1:029	石	226，5	
石经残石		80HNTT302K1:048	石	226，6	
石经残石		80HNTT301K1:019	石	226，7	一七三，3
石经残石		80HNTT402②:142	石	226，8	一七三，4
石经残石		80HNTT402②:108	石	226，9	一七四，1
石经残石		80HNTT403②:135	石	226，10	一七四，2
石经残石		80HNTT301K1:014	石	226，13	一七四，3
石经残石		80HNTT403②:123	石	226，11	一七四，4
石经残石		80HNTT301K1:020	石	226，12	一七五，1
石经残石		80HNTT301K1:034	石	226，14	
石经残石		80HNTT301K1:036	石	226，15	一七五，2
石经残石		80HNTT402②:102	石	227，1	
石经残石		80HNTT301K1:010	石	227，2	
石经残石		80HNTT301K1:017	石	227，3	一七六，1
石经残石		80HNTT302K2:055	石	227，4	
石经残石		80HNTT303K1:068	石	227，5	一七六，2
石经残石		80HNTT301②:033	石	227，6	一七六，3
石经残石		80HNTT301K1:018	石	227，9	一七六，4
石经残石		80HNTT301K1:082	石	227，8	
石经残石		80HNTT301K1:027	石	227，7	一七七，1
石经残石		80HNTT301K1:022	石	227，11	一七七，2
石经残石		80HNTT402②:137	石	227，10	一七七，3
石经残石		80HNTT301K1:003A面	石	227，13	一七八，1
石经残石		80HNTT401②:132	石	227，14	

（续附表一五）

器物名称	型式	编号	质地	插图号	图版号
石经残石		80HNTT301K1:002B面	石	227，12	一七九，1
石经残石		80HNTT401②:125	石	228，1	
石经残石		80HNTT303K1:074	石		
石经残石		80HNTT301K1:009与 80HNTT303K1:071缀合	石	228，4	一七九，3
石经残石		80HNTT303K1:038	石	228，2	一八〇，1
石经残石		80HNTT301K1:021A面	石	228，3	
石经残石		80HNTT303K1:069	石		一八〇，2
石经残石		80HNTT402②:127	石	228，7	
石经残石		80HNTT303K1:059	石	228，5	
石经残石		80HNTT402②:128	石	228，6	
石经残石		80HNTT303K1:084	石	228，8	一八〇，3
石经残石		80HNTT402②:113	石	228，9	一八〇，4
石经残石		80HNTT303K1:077	石	228，10	一八〇，5
石经残石		80HNTT402②:131	石	228，11	一八一，1
石经残石		80HNTT402②:149	石	228，13	
石经残石		80HNTT301K1:011	石	228，12	一八一，2
石经残石		80HNTT401②:104	石		一八〇，6
石经残石		80HNTT303K1:081	石		
石经残石		80HNTT301K1:031	石		
石经残石		80HNTT301K1:021B面	石	228，14	
石经残石		80HNTT402②:138	石	229，1	
石经残石		80HNTT303K1:066	石	229，2	
石经残石		80HNTT301K1:037与 80HNTT303K1:079缀合	石	229，3	一八二，1
石经残石		80HNTT402②:122	石	229，5	一八二，2
石经残石		80HNTT404②:106	石	229，7	一八三，1
石经残石		80HNTT301K1:002A面	石	229，6	一七九，2
石经残石		80HNTT303K1:061	石	229，4	一八三，2
石经残石		80HNTT301K1:003B面	石	229，10	一七八，2
石经残石		80HNTT301K1:006	石	230，1	一八三，3
石经残石		80HNTT302K1:045与 80HNTT403②:130缀合	石	230，2	一八三，4
石经残石		80HNTT301K1:012	石	230，3	一八四，1
石经残石		80HNTT302K1:043	石	229，9	
石经残石		80HNTT301K1:001	石	230，4	一八四，2

（续附表一五）

器物名称	型式	编号	质地	插图号	图版号
石经残石		80HNTT302K1:046	石	229，8	
石经残石		80HNTT402②:144	石	231，1	一八五，1
石经残石		80HNTT301K1:039	石	231，2	一八五，2
石经残石		80HNTT301K1:025与 80HNTT303K1:065缀合	石	232，1	一八六，1
石经残石		80HNTT401②:124	石	232，2	一八六，2
石经残石		80HNT301K1:005	石	233，1	
石经残石		80HNTT301K1:008	石	233，2	一八七，1
石经残石		80HNTT301K1:013	石	233，3	一八七，2
石经残石		80HNTT301②:016	石	233，4	一八七，3
石经残石		80HNTT301K1:023	石	233，6	一八七，5
石经残石		80HNTT301K1:024	石	233，5	一八七，4
石经残石		80HNTT301K1:026	石	233，7	
石经残石		80HNTT301K1:028	石	233，8	
石经残石		80HNTT301②:032	石	233，9	
石经残石		80HNTT301K1:035	石	233，10	一八八，1
石经残石		80HNTT302②:041	石	234，1	一八八，2
石经残石		80HNTT302K1:042	石	234，2	
石经残石		80HNTT302K1:044	石	234，3	
石经残石		80HNTT302K1:047	石	234，4	
石经残石		80HNTT302K2:050	石	234，5	
石经残石		80HNTT301K1:051	石	234，7	
石经残石		80HNTT302K2:052	石	234，6	
石经残石		80HNTT302K2:053	石	234，8	
石经残石		80HNTT302K2:054	石	234，9	
石经残石		80HNTT303K1:056	石	235，1	
石经残石		80HNTT303K1:057	石	235，2	
石经残石		80HNTT303K1:058	石	235，3	
石经残石		80HNTT303K1:060	石	235，4	
石经残石		80HNTT303K1:062	石	235，5	
石经残石		80HNTT303K1:063	石	235，6	
石经残石		80HNTT303K1:064	石	235，7	
石经残石		80HNTT303K1:067	石	235，8	
石经残石		80HNTT303K1:070	石		
石经残石		80HNTT303K1:072	石	236，1	一八八，5

（续附表一五）

器物名称	型式	编号	质地	插图号	图版号
石经残石		80HNTT303K1:073	石	236，2	
石经残石		80HNTT303K1:076	石	236，3	一八八，4
石经残石		80HNTT303K1:078	石	236，4	
石经残石		80HNTT303K1:083	石	236，6	
石经残石		80HNTT303K1:080	石	236，5	
石经残石		80HNTT303K1:085	石	236，7	
石经残石		80HNTT303K1:086	石	236，8	
石经残石		80HNTT303K1:087	石	236，9	
石经残石		80HNTT303K1:088	石	237，1	
石经残石		80HNTT303K1:089	石	237，2	
石经残石		80HNTT303K1:090	石	237，3	一八八，3
石经残石		80HNTT303K1:091	石	237，4	
石经残石		80HNTT303K1:092	石	237，5	
石经残石		80HNTT303K1:093	石	237，6	
石经残石		80HNTT303K1:094	石	237，8	
石经残石		80HNTT303K1:095	石	237，7	
石经残石		80HNTT303K1:096	石	237，9	
石经残石		80HNTT303K1:097	石	237，10	
石经残石		80HNTT402②:101	石	238，1	
石经残石		80HNTT404②:103	石	238，5	一八八，6
石经残石		80HNTT402②:105	石	238，2	
石经残石		80HNTT402②:107	石	238，3	一八八，7
石经残石		80HNTT402②:109	石	238，4	
石经残石		80HNTT402②:110	石	239，1	
石经残石		80HNTT402②:111	石	239，2	
石经残石		80HNTT402②:112	石	239，3	
石经残石		80HNTT402②:114	石	239，4	
石经残石		80HNTT402②:115	石	239，5	
石经残石		80HNTT402②:116	石	239，6	
石经残石		80HNTT402②:117	石	239，7	
石经残石		80HNTT402②:118	石	239，8	
石经残石		80HNTT402②:119	石	239，9	
石经残石		80HNTT402②:120	石	239，10	
石经残石		80HNTT402②:121	石	239，11	

（续附表一五）

器物名称	型式	编号	质地	插图号	图版号
石经残石		80HNTT402②:126	石	240，1	
石经残石		80HNTT403②:133	石	240，2	
石经残石		80HNTT403②:134	石	240，3	
石经残石		80HNTT403②:136	石	240，4	
石经残石		80HNTT402②:139	石	240，5	
石经残石		80HNTT402②:140	石	241，1	
石经残石		80HNTT402②:141	石	241，2	
石经残石		80HNTT402②:143	石	241，3	
石经残石		80HNTT402②:145	石	241，4	
石经残石		80HNTT402②:146	石	241，5	
石经残石		80HNTT402②:147	石	241，6	
石经残石		80HNTT402②:148	石	241，7	
石经残石		80HNTT402②:150	石	242，1	
石经残石		80HNTT402②:151	石	242，2	
石经残石		80HNTT402②:152	石	242，3	
石经残石		80HNTT402③:153	石	242，4	
石经残石		80HNTT402③:154	石	242，5	
石经残石		80HNTT402③:155	石	242，6	
石经残石		80HNTT402③:156	石	242，7	
石经残石		80HNTT402③:157	石	242，8	
石经残石		80HNTT301K1:015	石	243，1	一八九，1
石经残石		80HNTT403②:129	石	243，2	
石经残石		80HNTT301K1:007	石	243，3	一八九，2
石经碑座		80HNT采集:01	石	244	一九〇
半两铜钱		80HNTT401②:01	铜	245，1	
五铢铜钱	AⅠ	73HNTT105②:16	铜	245，2	
五铢铜钱	AⅡ	73HNTT106K1:03	铜	245，3	
五铢铜钱	AⅢ	80HNTT303④:27	铜	245，4	
五铢铜钱	AⅣ	73HNTT106K1:10	铜	245，5	
五铢铜钱	AⅤ	73HNTT003③b:13	铜	245，6	
五铢铜钱	AⅥ	73HNTT003②:49	铜	245，7	
五铢铜钱	AⅥ	73HNTT003③b:36	铜	245，8	
五铢铜钱	AⅦ	73HNTT104③:05	铜	245，9	
五铢铜钱	AⅧ	80HNTT303④:12	铜	245，10	

（续附表一五）

器物名称	型式	编号	质地	插图号	图版号
五铢铜钱	AⅨ	73HNTT106K1:06	铜	246，1	
五铢铜钱	AⅩ	73HNTT106K1:11	铜	246，2	
五铢铜钱	AⅪ	73HNTT106K1:08	铜	246，3	
五铢铜钱	AⅫ	73HNTT106K1:04	铜	246，4	
五铢铜钱	AⅩⅢ	73HNTT003③b:32	铜	246，5	
五铢铜钱	AⅩⅣ	73HNTT106K1:09	铜	246，6	
五铢铜钱	AⅩⅣ	73HNTT104③:27	铜	246，7	
五铢铜钱	AⅩⅤ	73HNTT002②:33	铜	246，8	
五铢铜钱	AⅩⅤ	73HNTT001②:16	铜	246，9	
五铢铜钱	AⅩⅥ	73HNTT004②:11	铜	246，10	
剪轮五铢铜钱	BⅠ	73HNTT005②:10	铜	247，1	
剪轮五铢铜钱	BⅠ	73HNTT003③b:16	铜	247，2	
剪轮五铢铜钱	BⅠ	73HNTT003③b:14	铜	247，3	
剪轮五铢铜钱	BⅡ	74HNTT201②:28	铜	247，4	
剪轮五铢铜钱	BⅡ	73HNTT003②:40	铜	247，5	
剪轮五铢铜钱	BⅢ	80HNTT405②:10	铜	247，7	
剪轮五铢铜钱	BⅢ	73HNTT003②:01	铜	247，8	
剪轮五铢铜钱	BⅢ	80HNTT303④:04	铜		
剪轮五铢铜钱	BⅣ	73HNTT105②:13	铜	247，6	
剪轮五铢铜钱	BⅣ	80HNTT402②:10	铜	247，9	
綖环五铢铜钱	C	73HNTT002②:26	铜	248，1	
綖环五铢铜钱	C	80HNTT404②:05	铜	248，2	
綖环五铢铜钱	C	74HNTT202②:21	铜	248，3	
记号五铢铜钱	D	73HNTT107②:23	铜	249，1	
记号五铢铜钱	D	73HNTT106②:22	铜	249，2	
记号五铢铜钱	D	73HNTT003②:52	铜	249，3	
记号五铢铜钱	D	73HNTT103②:05	铜	249，4	
记号五铢铜钱	D	74HNTT201②:12	铜	249，5	
记号五铢铜钱	D	73HNTT003②:19	铜	249，6	
记号五铢铜钱	D	73HNTT004②:24	铜	249，7	
记号五铢铜钱	D	74HNTT201②:09	铜	249，8	
记号五铢铜钱	D	73HNTT107②:10	铜	249，9	
记号五铢铜钱	D	73HNTT005②:05	铜	249，10	
记号五铢铜钱	D	73HNTT003夯1:01	铜	250，1	

（续附表一五）

器物名称	型式	编号	质地	插图号	图版号
记号五铢铜钱	D	73HNTT003③b∶15	铜	250，2	
记号五铢铜钱	D	73HNTT002②∶02	铜	250，3	
记号五铢铜钱	D	73HNTT001②∶03	铜	250，4	
记号五铢铜钱	D	73HNTT106②∶06	铜	250，5	
记号五铢铜钱	D	73HNTT003②∶13	铜	250，6	
记号五铢铜钱	D	73HNTT001②∶12	铜	250，7	
记号五铢铜钱	D	73HNTT003②∶14	铜	250，8	
记号五铢铜钱	D	73HNTT105②∶11	铜	250，9	
记号五铢铜钱	D	80HNTT403Y2∶06	铜	250，10	
小五铢铜钱	E	73HNTT005③a∶01	铜	251，1	
五朱铜钱	FⅠ	73HNTT003②∶64	铜	251，2	
五朱铜钱	FⅠ	73HNTT001H101∶03	铜	251，3	
五朱铜钱	FⅡ	73HNTT001②∶15	铜	251，4	
五朱铜钱	FⅢ	73HNTT003②∶65	铜	251，6	
五朱铜钱	FⅢ	80HNTT401夯1∶01	铜	251，5	
压五压金五铢铜钱	G	73HNTT005②∶01	铜	252，1	
压五压金五铢铜钱	G	73HNTT003②∶41	铜	252，2	
无字铜钱	Ⅰ	73HNTT002②∶23	铜	253，1	
无字铜钱	Ⅰ	73HNTT005②∶09	铜	253，2	
无字铜钱	Ⅱ	80HNTT403②∶47	铜	253，3	
无字铜钱	Ⅱ	73HNTT003②∶24	铜	253，4	
无字铜钱	Ⅲ	80HNTT404②∶21	铜	253，5	
无字铜钱	Ⅲ	80HNTT402②∶36	铜	253，6	
货泉铜钱	AⅠ	79HNT西门T1②∶11	铜	254，1	
货泉铜钱	AⅠ	73HNTT107③∶04	铜	254，2	
货泉铜钱	AⅡ	73HNTT107②∶25	铜	254，3	
货泉铜钱	AⅢ	73HNTT002H2∶02	铜	254，4	
货泉铜钱	AⅣ	80HNTT401②∶02	铜	254，5	
剪轮货泉铜钱	B	73HNTT003②∶25	铜	254，7	
綖环货泉铜钱	C	79HNT西门T1②∶10	铜	254，6	
大泉五十铜钱	Ⅰ	80HNTT402②∶01	铜	255，1	
大泉五十铜钱	Ⅱ	79HNT西门T1②∶01	铜	255，2	
大泉五十铜钱	Ⅲ	73HNTT109②∶06	铜	255，3	
大泉当千铜钱		80HNTT404②∶14	铜	255，4	

（续附表一五）

器物名称	型式	编号	质地	插图号	图版号
太平百钱铜钱		73HNTT107②:08	铜	255，6	
太平百钱铜钱		73HNTT005②:30	铜	255，7	
“□百”铜钱		80HNTT402②:30	铜	255，8	
铅钱		73HNTT002H3:04	铅	255，5	

附表一六

太学西侧遗址出土遗物登记表

器物名称	型式	编号	质地	插图号	图版号
绳纹长方砖	A	81HN太西T1L2:01	陶	256，1	一九一，1
绳纹面布纹里板瓦	E	81HN太西T1L2:04		256，2	
篮纹板瓦	A	81HN太西T1②:05		256，3	一九一，2
绳纹面布纹里筒瓦	BⅠ	81HN太西T1G1:02		256，4	
素面布纹里筒瓦	A不明式	81HN太西T1L2:05			
云纹瓦当	CaⅡ	81HN太西T1L2:03		257，1、2	一九一，3
云纹瓦当	CaⅣ	81HN太西T1G1:01		257，3、4	一九一，4
五铢铜钱	AⅨ	81HN太西T1②:02		258，1	
剪轮五铢铜钱	BⅢ	81HN太西T1②:06		258，2	
剪轮五铢铜钱	BⅢ	81HN太西T1②:07		258，3	
綖环五铢铜钱	C	81HN太西T1②:01		258，4	
无字铜钱	Ⅱ	81HN太西T1②:04		258，5	

附表一七

太学南侧遗址出土遗物登记表

器物名称	型式	编号	质地	插图号	图版号
素面长方砖	C	81HN太南T3②:01	陶		
素面长方砖	C	81HN太南T3②:15	陶		
素面长方砖	C	81HN太南T1②:01	陶		
几何纹方砖	AⅡ	81HN太南T3②:03	陶	259，1	
几何纹方砖	AⅤ	81HN太南T4②:02	陶	259，2	
几何纹方砖	AⅥ	81HN太南T1②:28	陶	259，3	
几何纹方砖	CⅡ	81HN太南T4②:03	陶	259，4	
空心砖	AⅠ	81HN太南T1②:07	陶	260，1	一九二，1
空心砖	AⅠ	81HN太南T5②:02	陶	260，2	一九二，2
空心砖	AⅡ	81HN太南T1②:23	陶	260，3	一九二，3
空心砖	B	81HN太南T3②:04	陶	260，4	一九二，4
绳纹面布纹里板瓦	AⅠ	81HN太南T1②:38	陶	261，1	一九三，1
绳纹面布纹里板瓦	AⅠ	81HN太南T3②:05	陶	261，2	一九三，2
绳纹面布纹里板瓦	AⅠ	81HN太南T2②:01	陶	261，3	
绳纹面布纹里板瓦	AⅡ	81HN太南T1②:10	陶	261，4	
绳纹面布纹里板瓦	AⅡ	81HN太南T1②:11	陶	261，5	
绳纹面布纹里板瓦	AⅡ	81HN太南T1②:39	陶	261，6	
绳纹面布纹里板瓦	B	81HN太南T1②:24	陶	262，1	
绳纹面布纹里板瓦	C	81HN太南T1②:15	陶	262，2	
绳纹面布纹里板瓦	C	81HN太南T1②:29	陶	262，3	
绳纹面布纹里板瓦	E	81HN太南T1②:08	陶	263，1、2	
绳纹面布纹里板瓦	E	81HN太南T1②:09	陶	263，3、4	
绳纹面布纹里板瓦	E	81HN太南T1②:40	陶	263，5	
绳纹面布纹里板瓦	E	81HN太南T1②:41	陶	263，6	
“南甄官瓦”戳印板瓦		81HN太南T1②:34	陶	264，1、2	
“官”字戳印板瓦		81HN太南T3②:13	陶	264，3	
反文“官”字戳印板瓦		81HN太南T3②:14	陶	264，4	

（续附表一七）

器物名称	型式	编号	质地	插图号	图版号
“回”字纹戳印板瓦		81HN太南T2②:02	陶		
压印文字板瓦		81HN太南T1H2②:01	陶	264，5	一九六，1
压印文字板瓦		81HN太南T1②:33	陶	264，6	一九六，2
素面布纹里板瓦	AⅡ	81HN太南T2H1:01	陶		一九三，3
绳纹面布纹里筒瓦	AⅠ	81HN太南T2②:10	陶	265，1	
绳纹面布纹里筒瓦	AⅠ	81HN太南T3②:16	陶	265，2	
绳纹面布纹里筒瓦	AⅠ	81HN太南T1②:42	陶	265，3、4	一九三，4
绳纹面布纹里筒瓦	AⅠ	81HN太南T1②:52	陶	266，1	一九三，5
绳纹面布纹里筒瓦	AⅠ	81HN太南T2②:06	陶		
绳纹面布纹里筒瓦	AⅠ	81HN太南T2②:05	陶		
绳纹面布纹里筒瓦	AⅠ	81HN太南T1②:17	陶	266，2	一九三，6
绳纹面布纹里筒瓦	BⅠ	81HN太南T2②:03	陶	266，3	一九三，7
绳纹面布纹里筒瓦	BⅠ	81HN太南T1②:45	陶	266，4	
绳纹面布纹里筒瓦	BⅡ	81HN太南T1②:47	陶	266，5	
绳纹面布纹里筒瓦	CⅠ	81HN太南T1②:46	陶	267，1	一九三，8
绳纹面布纹里筒瓦	CⅠ	81HN太南T3②:06	陶		
绳纹面布纹里筒瓦	CⅠ	81HN太南T2②:04	陶	267，2	
绳纹面布纹里筒瓦	CⅠ	81HN太南T1②:44	陶	267，3	
“南甄官瓦”戳印筒瓦		81HN太南T3②:35	陶	268，1	
“官”字戳印筒瓦		81HN太南T3②:07	陶	268，3、4	一九六，4
反文“官”字戳印筒瓦		81HN太南T3②:17	陶	268，2	一九六，3
云纹瓦当	AaI	81HN太南T1②:48	陶	269，1、2	
云纹瓦当	AaⅡ	81HN太南T2②:07	陶	269，3、4	一九四，1
云纹瓦当	AaⅤ	81HN太南T1②:25	陶	269，5、6	一九四，2
云纹瓦当	CaⅡ	81HN太南T1②:12	陶	270，1、2	一九四，3
云纹瓦当	CaⅡ	81HN太南T3②:12	陶	270，3、4	一九四，4
云纹瓦当	CaⅣ	81HN太南T1②:49	陶	271，1、2	一九五，1
云纹瓦当	CaⅩ	81HN太南T3②:11	陶	271，3、4	一九五，2
云纹瓦当	CaⅩⅢ	81HN太南T1②:13	陶	271，5、6	一九五，3
云纹瓦当	CbI	81HN太南T2②:08	陶	272，1、2	一九五，4
云纹瓦当	DI	81HN太南T1②:14	陶	272，3、4	一九五，5
云纹瓦当	DⅡ	81HN太南T1②:50	陶	272，5	
大吉瓦当		81HN太南T1②:32	陶	273，1、2	一九五，6

（续附表一七）

器物名称	型式	编号	质地	插图号	图版号
大吉瓦当		81HN太南T2②:28	陶	273，3、4	
红烧土坯		81HN太南T1②:51			
剪轮五铢铜钱		81HN太南T2②:10		274，1	
记号五铢铜钱		81HN太南T2②:09		274，2	

附表一八

汉魏洛阳故城南郊礼制建筑遗址出土瓦当型式数量登记表

（单位：件）

类	型	亚型	式	灵台遗址	明堂遗址	辟雍遗址	太学遗址	太学西侧遗址	太学南侧遗址	合计
云纹瓦当	A型	Aa型	Ⅰ	4		1			5	10
			Ⅱ	1	1				1	3
			Ⅲ				1			1
			Ⅳ	1	2	4				7
			Ⅴ						2	2
		Ab型	Ⅰ			1				1
			Ⅱ			1				1
			Ⅲ				3			3
	B型		Ⅰ				2			2
			Ⅱ				1			1
			Ⅲ	5						5
	C型	Ca型	Ⅰ	1		13	4			18
			Ⅱ	11	11	27	16	17	15	97
			Ⅲ	1		3				4
			Ⅳ					1	2	3
			Ⅴ	1		6				7
			Ⅵ			1				1
			Ⅶ		1					1
			Ⅷ		1					1
			Ⅸ	4		6				10
			Ⅹ						1	1
			Ⅺ	3		3				6
			Ⅻ			1				1
			XⅢ				1		21	22
			XⅣ	1						1
		Cb型	Ⅰ	5		11			39	55
			Ⅱ			9	6			15
			Ⅲ	2		1				3
			Ⅳ			1				1
			Ⅴ			1				1
			Ⅵ				1			1
			Ⅶ				1			1
	D型		Ⅰ			1			1	2
			Ⅱ	4			16		3	23
			Ⅲ			3				3
			Ⅳ			1				1
			Ⅴ				1			1
莲花纹瓦当	A型			3						3
	B型		Ⅰ		24					24
			Ⅱ		2					2
文字瓦当					1				2	3
合　计				47	43	95	53	18	92	348

附表一九

汉魏洛阳故城南郊礼制建筑遗址出土瓦当型式图表

类	型	亚型	式	灵台遗址	明堂遗址	辟雍遗址	太学遗址	太学西侧遗址	太学南侧遗址
云纹瓦当	A型	Aa型	Ⅰ	78HNLT21②:01		72HNBAT18-20②:08			81HN太南T1②:48
			Ⅱ	75HNLT18②:08	78HNMJ8H1:10				81HN太南T2②:07
			Ⅲ				73HNTT001②:21		

（续附表一九）

类	型	亚型	式	灵台遗址	明堂遗址	辟雍遗址	太学遗址	太学西侧遗址	太学南侧遗址
云纹瓦当	A型	Aa型	Ⅳ	 78HNLT21②:02	 78HNMJ5③:01	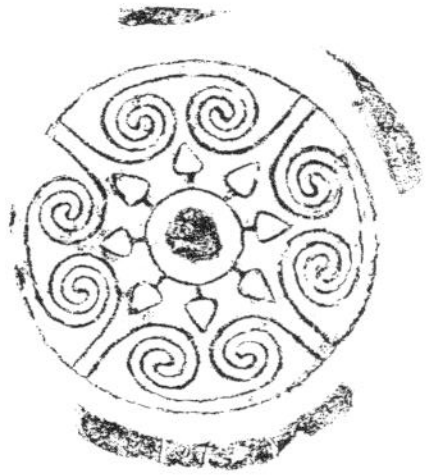 72HNBAT16②:01			
			Ⅴ						 81HN太南T1②:25
		Ab型	Ⅰ			 72HNBAT23②:03			

（续附表一九）

类	型	亚型	式	灵台遗址	明堂遗址	辟雍遗址	太学遗址	太学西侧遗址	太学南侧遗址
云纹瓦当	A型	Ab型	Ⅱ			 72HNBAT15②:06			
			Ⅲ				 80HNTT302④:42		
	B型		Ⅰ				 80HNTT403Y2:01		
			Ⅱ				 80HNTT402Y1:01		

（续附表一九）

类	型	亚型	式	灵台遗址	明堂遗址	辟雍遗址	太学遗址	太学西侧遗址	太学南侧遗址
云纹瓦当	B型		Ⅲ	72HNLT15④:10					
	C型	Ca型	Ⅰ	78HNLT21②:03		72HNBAT23–25F1:01	74HNTT202②:45		
			Ⅱ	75HNLT19②:04	78HNMJ8H1:11	72HNBAT15②:12	80HNTT303④:40	81HN太西T1L2:03	81HN太南T1②:12

（续附表一九）

类	型	亚型	式	灵台遗址	明堂遗址	辟雍遗址	太学遗址	太学西侧遗址	太学南侧遗址
云纹瓦当	C型	Ca型	Ⅲ	75HNLT9③:02		72HNBAT17G3:02			
			Ⅳ					81HN太西T1G1:01	81HN太南T1②:49
			Ⅴ	78HNLT21②:04		72HNBAT15②:16			

（续附表一九）

类	型	亚型	式	灵台遗址	明堂遗址	辟雍遗址	太学遗址	太学西侧遗址	太学南侧遗址
云纹瓦当	C型	Ca型	Ⅵ			72HNBAT11②:03			
			Ⅶ		78HNMJ4③:01				
			Ⅷ		78HNMJ8H2:06				

（续附表一九）

类	型	亚型	式	灵台遗址	明堂遗址	辟雍遗址	太学遗址	太学西侧遗址	太学南侧遗址
云纹瓦当	C型	Ca型	Ⅸ	78HNLT21②：06		72HNBAT18-20②：09			
			Ⅹ						81HN太南T3②：11
			Ⅺ	79HNLT32②：01		72HNBAT11②：02			

（续附表一九）

类	型	亚型	式	灵台遗址	明堂遗址	辟雍遗址	太学遗址	太学西侧遗址	太学南侧遗址
云纹瓦当	C型	Ca型	Ⅻ			72HNBAT17G3:03			
			XⅢ				80HNTT402Y2:02		81HN太南T1②:13
			XⅣ	75HNLT15②:01					
		Cb型	Ⅰ	75HNLT19②:05		72HNBAT24②:06			81HN太南T2②:08

（续附表一九）

类	型	亚型	式	灵台遗址	明堂遗址	辟雍遗址	太学遗址	太学西侧遗址	太学南侧遗址
云纹瓦当	C型	Cb型	Ⅱ			72HNBAT23-25F1：02	73HNTT003③b：44		
			Ⅲ	75HNLT19②：07		72HNBAT10②：05			
			Ⅳ			72HNBAT18-20②：10			

（续附表一九）

类	型	亚型	式	灵台遗址	明堂遗址	辟雍遗址	太学遗址	太学西侧遗址	太学南侧遗址
云纹瓦当	C型	Cb型	Ⅴ			72HNBAT10②:06			
			Ⅵ				80HNTT303④:41		
			Ⅶ				73HNTT004渗坑1:01		
	D型		Ⅰ			72HNBAT18-20②:11			81HN太南T1②:14

（续附表一九）

类	型	亚型	式	灵台遗址	明堂遗址	辟雍遗址	太学遗址	太学西侧遗址	太学南侧遗址
云纹瓦当	D型		Ⅱ	75HNLT14④:11			73HNTT001③b:06		81HN太南T1②:50
			Ⅲ			72HNBAT15②:07			
			Ⅳ			81HNBJ2G1南部扰土中:01			
			Ⅴ				73HNTT004渗坑2:01		

（续附表一九）

类	型	亚型	式	灵台遗址	明堂遗址	辟雍遗址	太学遗址	太学西侧遗址	太学南侧遗址
莲花瓦当	A型			78HNLT23②b:11					
	B型		I		78HNMT6②:01				
			II		78HNMT1②:01				
文字瓦当					78HNMJ8H5:01				81HN太南T1②:32

汉魏石经研究目录

一、本目录据《中国考古学文献目录1900～1949》、《中国考古学文献目录1949～1966》、《中国考古学文献目录1971～1982》、《中国考古学文献目录1983～1990》、《战国秦汉史论著索引》、《战国秦汉史论著索引续编》、《战国秦汉史论著索引三编》、《汉石经论语残字集证·参考书目》、《魏三体石经古文辑证·参考文献》、上海图书馆藏书目录、国家图书馆藏书目录编制，未能尽核原作。

二、清代作品以作者生年排序。民国之后作品，以发表时间先后排序。同一作者有多篇论述，第一篇按发表时间排序，之后不同年作品均系之于后。

三、同一作品有多种版本时，仅列常见版本。

1.【清】陈鳣：《石经说》，上海合众图书馆，1944年抄本。
2.【清】陈雪峰：《熹平石经残字》，石印本。
3.【清】冯登府:《汉石经考异》，广东学海堂清，道光九年。
4.【清】冯登府:《《石经补考》，《续修四库全书》1995年。
5.【清】冯登府:《魏石经考异》，鸿宝斋，光绪十七年。
6.【清】顾炎武：《石经考》，《影印文渊阁四库全书》1986年。
7.【清】桂馥：《历代石经略》，《续修四库全书》1995年。
8.【清】杭世骏：《石经考异》，《影印文渊阁四库全书》1986年。
9.【清】李兆洛:《石经考》，维风堂，咸丰元年。
10.【清】刘传莹:《汉魏石经考》，《续修四库全书》1995年。
11.【清】马国翰:《三字石经尚书》、《三字石经春秋》，《玉函山房辑佚书》，1883年。
12.【清】彭元瑞：《石经考文提要》，南昌胡氏退庐《豫章丛书》1917年。
13.【晴】瞿中溶:《汉石经考异补正》，《续修四库全书》1994年。
14.【清】万斯同：《石经考》，《续修四库全书》1994年。
15.【清】万斯同：《汉魏石经考》，《续修四库全书》1994年。
16.【清】万中立:《汉熹平石经遗字》，1902年石印本。
17.【清】翁方纲：《汉石经残字考》，《续修四库全书》1995年。
18.【清】孙星衍：《魏三体石经残字考》，四川尊经书局《石经汇函》，光绪十六年。
19.【清】朱百度:《魏三体石经释》，上海图书馆藏抄本。
20. 阿维越：《汉熹平石经》，上海神州国光，1931年。

21. 白坚:《汉石经残字集》，1930年。
22. 白坚:《魏正始三体石经五碑残石记》，白氏与石居，1937年。
23. 曹喜琛：《<熹平石经>的刊刻——我国汉代一次别具特色的文献公布》，《北京档案》1998年9期。
24. 陈子怡：《熹平石经后记正伪考》，《女师大学术季刊》1930年1期。
25. 陈子怡：《证汉熹平石经后记正伪考内的自行更正》，《女师大学术季刊》1931年1期。
26. 陈乃乾：《魏正始石经残字》，陈氏慎初堂，1923年。
27. 陈宗彝：《汉熹平石经残字》，《续修四库全书》，1994年。
28. 范邦瑾：《两块未见著录的<熹平石经·诗>残石的校释与缀接》，《文物》1986年5期。
29. 范邦瑾：《上海市博物馆藏熹平石经<周易>残石》，《文物天地》1988年4期。
30. 范邦瑾：《<熹平石经>的尺寸及刻字行数补证》，《文物》1988年1期。
31. 范邦瑾：《一块现存最大的<熹平石经>残石考释》，《考古与文物》1990年1期。
32. 方国瑜：《汉石经<鲁诗·小雅>二石读校记》，《师大国学丛刊》1930年1期。
33. 方若：《旧雨楼汉石经残石记》，铅印本。
34. 冯作民：《熹平石经”简考》，《联合报》1962年11月30日。
35. 关百益:《汉石经残字谱》，河南博物馆，1922年。
36. 何辉：《考证<熹平石经>》，《学术界》2005年5期。
37. 胡光炜：《文于二氏所藏汉熹平石经<周易>残石校定记》，《国风半月刊》1934年2期。
38. 胡小雪：《熹平石经在中国书法史上的地位》，《图书与情报》1988年1期。
39. 黄美瑛：《汉石经诗经残字集证》，文史哲出版社，1979年。
40. 京光：《魏<三体石经尚书春秋>残石》，《书法丛刊》1981年2期。
41. 季旭升：《从<孔子诗论>与熹平石经谈<小雅·都人士>首章的版本问题》，《河北师范大学学报（哲学社会科学版）》2006年3期。
42. 贾桂荣：《历代石经研究资料集刊》，北京图书馆出版社，2005年。
43. 黄洁：《<熹平石经>与汉末的政治、文化规范》，《中国文化研究》2005年3期。
44. 孔方牧：《汉石经残字证异》，东方文化会图书馆传抄本。
45. 李健永：《东汉蔡邕书熹平石经》，《文物天地》1982年4期。
46. 李兴才：《印刷术的发明于熹平石经》，《中国一周》1964年总第731期。
47. 刘安国：《西安市出土的“正始三体石经”残石》，《人文杂志》1957年3期。
48. 刘节：《汉熹平石经<周易>残字跋》，《燕京学报》1932年11月。
49. 刘民等：《<熹平石经>考》，《淮北煤师院学报》1995年2期。
50. 刘起釪：《<尚书>与历代“石经”》，《史学史研究》1983年3期、1984年1期。
51. 刘文献：《汉石经仪礼残字证集》，嘉新水泥公司文化基金会，1969年。
52. 陆肇兴：《三体石经》，有正书局，1924年。
53. 吕振端：《汉石经论语残字集证》，雪兰莪潮州八邑会馆学术出版基金，1975年。
54. 吕振端：《魏三体石经残字集证》，学海出版社，1981年。
55. 吕振端：《汉石经公羊传残字集证》，新加坡文化研究会，1985年。

56. 罗福颐：《汉熹平石经概说》，《文博》1987年5期。
57. 罗振玉:《汉石经残字跋尾》，《北平图书馆月刊》1928年2、3期。
58. 罗振玉:《汉熹平石经残字集录续补》，《辽居杂著乙编》，1933年石印本。
59. 罗振玉:《汉熹平石经残字集录（增订本）》，《贞松老人遗稿乙集》，1943年。
60. 罗振玉:《魏三字石经尚书残石》，《续修四库全书》1994年。
61. 马衡:《汉熹平石经<论语>尧曰篇残字跋》，《国学季刊》1923年3期。
62. 马衡:《集拓新出汉魏石经残字》，金溪周康元拓本，1927年。
63. 马衡:《集拓新出汉魏石经残字序》，《新晨报·文化特刊》1928年1月2日、10月14日。
64. 马衡:《集拓新出汉魏石经残字目》，《新晨报·文化特刊》1928年11月25日、12月30日。
65. 马衡:《汉熹平石经<周易>残字跋》，《北大国学馆月刊》1929年2期。
66. 马衡:《汉石经概述》，《考古学报》第10期，1955年。
67. 马衡:《汉石经集存》，科学出版社，1957年。
68. 毛礼锐：《汉代太学考略》，《北京师范大学学报（社会科学版）》1962年4期。
69. 潘良桢：《论称“蔡邕<石经>三体书”不能作为<题卫夫人〈笔阵图〉后>辨伪的证据》，《复旦学报（社会科学版）》1995年3期。
70. 钱玄同:《读汉石经<周易>残字而论及今文<易>的篇数问题》，《北大国学馆月刊》1929年2期。
71. 邱德修：《魏石经古文释形考述》，学生书局，1977年。
72. 邱德修：《魏石经初撢》，学海出版社，1978年。
73. 邱德修：《汉熹平石经的新发现及其价值（上）》，《“国立编译馆”馆刊》1990年1期。
74. 邱德修：《汉熹平石经的新发现及其价值（下）》，《“国立编译馆”馆刊》1990年2期。
75. 屈万里：《汉魏石经残字校录》，1934年。
76. 屈万里：《汉石经<周易>为梁丘氏考（跋张溥泉先生藏汉熹平石经<周易>残石）》，《国立中央图书馆馆刊（复刊）》1947年1期。
77. 屈万里：《汉石经周易残字集证》，《“中央研究院”史语所专刊》，1961年。
78. 屈万里：《汉石经尚书残字集证》，《“中央研究院”史语所专刊》，1963年。
79. 屈万里：《旧雨楼藏汉石经残字辨伪》，《书目季刊》1967年1期。
80. 屈万里：《汉魏石经残字》，联经出版公司，1985年。
81. 荣厚：《汉熹平石经残字校记》，《同声》1943年4期。
82. 邵友诚：《<汉石经集存>（马衡先生遗著）》，《考古通讯》1958年4期。
83. 施安昌：《汉熹平石经与八分书》，《故宫博物院馆刊》1989年4期。
84. 史鉴：《汉末政教与熹平石经》，《语文建设》1995年9期。
85. 孙次舟：《论魏三体石经古文之来源并及两汉经古文写本的问题》，《齐大国学季刊》新第一卷，1939年。
86. 孙海波：《魏三字石经集录四卷附附录补遗别录》，考古学社，1937年。

87. 孙海波：《增订三体石经辨误》，《水东全集》，艺文印书馆，1975年。
88. 孙启治：《未凿本<正始石经>残石》，《图书馆杂志》1999年11期。
89. 田野：《魏三体石经在长安出土》，《文物参考资料》1957年9期。
90. 王国维:《魏石经考》，《观堂集林》，河北教育出版社，2001年。
91. 王国维:《魏正始石经残字考、附录》，《王国维遗书（六）》，上海古籍出版社，1983年。
92. 王国维:《隶释所录魏石经碑图》，《海宁王静安先生遗书》，1940年。
93. 王继祥：《汉熹平石经的镌刻及其意义》，《图书馆学研究》1991年2期。
94. 王树元：《<汉石经诗经残字集证>序》，《大陆杂志》1966年2期。
95. 王锡范：《我所知道的汉“熹平石经”石碑》，（台北）《新生报》1963年12月4日。
96. 王献唐：《汉魏石经残字叙》，北平《华北日报·图书副刊》1935年5月13、20、27日。
97. 王献唐：《新出汉熹平<春秋>石经校记》，《说文月刊》1942年8期。
98. 王小航:《续补三题石经时代辨误》，1916年。
99. 王照:《三体石经时代辨误》，1925年。
100. 王照:《增订三体石经时代辨误》，《水东集初编》，1930年。
101. 王竹林、许景元：《洛阳近年出土的汉石经》，《中原文物》1988年2期。
102. 文素松：《汉熹平周易石经残碑录》，萍乡文素松思简楼，1930年。
103. 瓮闿远：《石经—最早的版本书》，《文汇报》1957年3月24日。
104. 吴宝炜:《魏三体石经录》，1923年石印版。
105. 吴承仕：《新出土伪熹平石经<尚书>残碑疏证》，《国学丛编》1932年5期。
106. 吴维孝:《新出汉魏石经考》，文瑞楼书局，1927年。
107. 下中邦彦：《书道全集（三）》，平凡社，1954年。
108. 肖东发等：《汉魏石经辨》，《东方文化》1995年4期。
109. 谢凌：《<熹平石经>中国第一部官定经本》，《四川文物》1999年2期。
110. 许景元：《新出熹平石经<尚书>残石考略》，《考古学报》1981年2期。
111. 徐庆：《石经考》，全国图书馆文献缩微中心，1993年。
112. 阎孝慈：《<大风歌碑>与<三体石经>》，《徐州师范学院学报》1989年4期。
113. 杨宝镛:《石经传本汇考》，《龙渊炉斋金石丛书》本。
114. 杨建辉：《熹平石经中<周易>体例的臆定》，《文博》1988年3期。
115. 杨九铨：《东汉熹平石经平议》，《文史哲》2000年1期。
116. 杨丽君：《汉魏石经比较研究》，《现代语文（语言研究版）》2006年4期。
117. 杨昶：《汉石经<鲁诗>残碑校史一则》，《文献》2006年3期。
118. 佚名：《望云草堂藏汉熹平石经目录》，上海图书馆藏抄本。
119. 俞复：《洛阳先后出土正始三体石经记》，上海文明书局，1924年。
120. 余祥森：《汉石经汇考》，《真知学报》1943年1期。
121. 跃进：《一场早该结束的争论——熹平石经是三种字体吗？》，《文物天地》1984年4期。

122. 曾昭聪：《中国古代的石经及其文献学价值》，《华夏文化》2002年1期。
123. 章炳麟:《新出三体石经考》，《章太炎全集（七）》，上海人民出版社，1999年。
124. 张国淦：《历代石经考》第一编，燕京大学国学研究所，1930年。
125. 张国淦：《汉石经碑图》，关东印书馆，1931年。
126. 张国淦：《汉石经碑图叙例》，《国闻周报》1931年6～10期。
127. 张国淦：《汉石经考提纲（附影本）》，《河北第一博物院半月刊》1932年1期。
128. 赵立伟：《历代三体石经研究状况概观》，《聊城大学学报（社会科学版）》2006年2期。
129. 赵立伟：《魏三体石经古文辑证》，社科文献出版社，2007年。
130. 赵立伟、宁登国：《魏三体石经历代著录考》，《图书馆理论与实践》2008年2期。
131. 赵立伟：《论三体石经<尚书>异文的类型及价值》，《山东教育学院学报》2008年4期。
132. 张千卫：《<汉魏石经>考论》，《洛阳师范学院学报》2006年3期。
133. 赵铁寒：《读熹平石经残碑记》，《大陆杂志》1955年5期。
134. 赵铁寒：《汉熹平石经残石》，《艺坛》1968年5期。
135. 赵振华、王学春：《谈偃师焦村魏石经<尚书·无逸>残石》，《古籍整理研究学刊》2005年 5期。

后　记

一部考古报告的整理编写是一项繁杂浩大的工作，付出的时间和精力远远超出原来的想象。

本报告涉及的考古资料都是20多年前获得的，由于当时的发掘者大都年事已高，或者已经离开人世，因此相关资料的梳理较为困难。但无论如何，在课题组全体同仁的共同努力下，报告终于完成了，感觉如释重负。只是让关心并期待着这部报告早日面世的先生们久等了，在此深表歉意！

本报告的具体分工如下：钱国祥总体负责本报告的召集和组织工作，并主要承担报告的前言、第一章、第二章、第三章第一、七节、第四章第一、二、七节、第五章第一、二节的撰写；段鹏琦主要承担第三章、第四章、第五章第三、四节的撰写；郭晓涛主要承担第一章至第二章出土遗物部分、第三章至第四章出土建筑材料部分的整理与初稿撰写；肖淮雁主要承担第一章至第四章部分出土遗物的整理和一些技术性工作。报告统稿由钱国祥负责。冯承泽、刘震伟和刘国强等负责遗址测绘和摄影；张亚斌、肖淮雁和王治军等负责遗物摄影；钱国祥、郭松波和王向阳等负责插图线图绘制；张德清负责拓本拓制；王治军负责照片冲扩；钱国祥、郭晓涛和王向阳等负责图版与图表电脑制作及编排。

本报告由黄展岳和刘庆柱等先生审阅。我所《考古》杂志社编辑张静、顾智界和科技中心李淼参与了本报告的前期策划与后期文稿、线图和图版的修定工作。汉唐研究室的刘瑞和刘涛对本报告的后期文稿及文献资料校对也提供了很多帮助。特别要提到的是，本报告的英文提要是在曹楠同志帮助下聘请美国哈佛大学人类学系的李润权博士在百忙之中给予翻译。

在报告整理编写过程中，对本报告给予帮助和支持的领导和同事还有很多，如前所长徐苹芳、刘庆柱，现所长王巍、党委书记兼副所长齐肇业、副所长白云翔和陈星灿，科研处处长丛德新、副处长巩文，汉唐研究室前主任安家瑶、现主任朱岩石等，都对本报告的完成给予了很多关心和支持。

此外，还要感谢国家文物局、河南省文物局、洛阳市文物局的领导和相关部门，他们对汉魏洛阳故城遗址的考古工作给予了一贯支持，对本课题报告的整理编写和出版也提供了很大帮助。

文物出版社的蔡敏、杨冠华先生，为本报告的高质量出版付出了精心工作。

在此，对所有为本报告作出贡献或给予支持的单位和先生、同事们一并表示衷心地感谢！

编　者

2009年11月于洛阳

Report on the 1962-1992 Excavations of the Imperial Ceremonial Sites Located in the Southern Outskirts of Han-Wei Archaic Luoyang City

(Abstract)

The ruins of Archaic Luoyang City of Han–Wei era, located about 15 kilometers east of the downtown district of modern Luoyang City, is one of the most significant capital sites in ancient China. Geographically, the urban site is situated in the center of Yi–Luo Basin（伊洛河盆地）, to the south of Mang Mountains（邙山）, and to the north of the old course of Luo River （洛河）. According to textual records and archaeological data, the Archaic Luoyang City was continuously occupied for seventeen centuries, since Western Zhou when it was erected, to early Tang when it was sacked and eventually abandoned. During this long occupation history, it served as the imperial capital or state capital five times for the dynasties of Eastern Zhou, Eastern Han, Cao Wei, Western Jin, and finally Northern Wei.

This report concerns the excavations of four imperial ceremonial sites of Archaic Luoyang City. Heavenly terrace（灵台）, bright hall（明堂）, royal house of music（辟雍）, and royal institute of learning（太学）were important state ceremonial facilities of imperial China. They comprised a set of structures specialized for major state rituals. The heavenly terrace was mainly used for celestial observation, calendar and almanac management, as well as auspicious event monitoring. The bright hall was where the emperors promulgated imperial decrees and conducted ceremonies commemorating the heaven and royal ancestors. The royal house of music, as its name suggests, was specialized for the performance of musical rituals; yet it was also the stage for a host of cultural activities, such as promotion of moral education and sacrificial offering to Confucius. Finally, the royal institute of learning was the official school of teaching, learning and research in the imperial capital. These structures facilitated a set of interrelated state ceremonies vital to the legitimization of imperial power. Among them, heavenly terrace, bright hall and music house were sometimes collectively referred to "the three houses（三雍）" or "the three palaces（三宫）."

All ruins of the above imperial ceremonial sites of Han–Wei Archaic Luoyang City are located on the north shore of the old course of Luo River, about 1000 meters to the south of the southern circumferential wall of the urban center (the south wall had been destroyed when Luo River changed its course) . They are organized in an approximate linear order. The westernmost site is that of heavenly terrace. To its east and demarcated by the royal boulevard leading to the Gate of Urban Peace（平城门）is the site of bright hall. Continue east and cross the royal boulevard leading to the Gate of the Sun

（阳门）sits the site of royal house of music. Finally, the site of royal institute of learning is located to the northeast of music house. The Luoyang Team of Institute of Archaeology, Chinese Academy of Sciences（the forbearer of the Team for Luoyang Han–Wei City of Institute of Archaeology, Chinese Academy of the Social Sciences）had conducted thorough survey on these sites as early as 1960s. It was then followed by a series of excavations during the 1970s, early 1980s and 1990s. Four decades of archaeological works yielded invaluable information about the chronology and relatively complete plans of these imperial ceremonial facilities.

In 1972, the royal house of music was the first of the four imperial ceremonial sites being excavated. The exact identity of the site was gradually established through a series of findings. In the 1930s a stone tablet dated to the fourth year of Hanning（咸宁）reign of Western Jin Dynasty was recovered in the site. The tablet was inscribed with a passage entitling "Epilogue in commemoration of the eminent honor of the Royal House of Music regarding the three visits of Emperor Longxing（龙兴）and two visits of the Crowned Prince of Great Jin." The base of this stone tablet was recovered during the archaeological survey of 1960s. The 1972 excavation further confirmed that the base of the tablet was located just south of the foundation of the main building of the site. We can now conclude the exact identity of the site in question, that is, the royal house of music of dynastic China. Moreover, the findings also suggest that during the Eastern Han and Wei–Jin Dynasties the bright hall and music house were actually two independent ceremonial facilities in the capital of Luoyang. This is extremely important to the study of the ceremonial institution of "the three houses" in ancient China.

Following the excavation and the confirmation of the location of the site of royal house of music, the Luoyang Team started in 1973 an extensive campaign at the site of royal institute of learning dated from Eastern Han to Northern Wei. Ruins of the institute distribute in the north–eastern fringe of the music house site. In the past, numerous stone canons of the Han and Wei times had been yielded in this area, hinting the site's location. Excavation at the site continued intermittently for the next eight years and finally concluded in 1981. The campaign entails excavation at three spatially discrete but interrelated areas: the late phase of the institute, the western locality and the southern locality.

Excavations of the platform mound situates in the center of the heavenly terrace site started in 1974–1975. First, two inner chambers located in the west side of the platform mound were excavated. It was followed by a full–coverage excavation of the platform mound. Finally, to supplement the information of the site's plan, several architectural features located in the periphery of the platform mound were excavated in 1978–1979.

Finally, in 1978 and 1979, the Luoyang Team started a large–scale campaign at the bright hall site. The work included excavation of all the building structures located in the center of the site and a test excavation of the foundation of the south gate of the bright hall's court.

The above archaeological works provide important information regarding the chronologies of construction and usage, the morphologies of foundations and plans of all four imperial ceremonial facilities of Archaic Luoyang City. They provide critical data for the study of imperial ceremonial institution of ancient China.

Archaeological reconnaissance indicates that with exception in the north, the court of heavenly terrace was bounded by perimeter walls built with rammed earth method in the other three sides. The remaining plan of the court approximates a square. The north–south perimeter measures 230 meters and the east–west perimeter measures 232 meters, which makes 5.3 hectares total area. A high platform mound stands in the center of the court. A square ring of runoff lining, which measures 49.5 meters on each side, defines the dimensions of the mound structure. The remaining height of the mound is 8.2 to 8.4 meters. The preserved rammed earth on the platform top is considerably leveled. No architectural remain was seen on the top during the campaign; however, two tiers of wooden structures were built around the mound. They differed in elevation by 1.86 meters and were connected with graded paths and staircases. Scores of foundation stones, post troughs and brick–lined flooring of halls and room blocks were revealed in each level of construction. The material remains and the textual data suggest that the mound of heavenly terrace was erected no later than Eastern Han and continued in use during the Wei–Jin times. It was then converted into a monastery during the Northern Wei era.

Like the heavenly terrace, the bright hall has rammed–earth walls built on three sides, that is, the east, west and south sides, of the court's perimeters. The plan of the court approximates a square. The east–west perimeter measures 415 meters and the north–south perimeter measures 400 meters, which makes about 16 hectares total area. A large circular rammed–earth foundation, apparently the foundation of the main structure of the complex, is located in the center of the court. Excavations indicate that the many layers of rammed earth of the foundation cumulate to 2.2 to 2.5 meters thick. The circular structure has a diameter of 62.8 meters and three layers of stone slabs line its circumference. It is estimated that the foundation rose about 0.6 meters above ground level when it was in use. The remaining architectural features on this round platform include post troughs and sand pits of various sizes, and occupation floors randomly lined with stone flakes. The associated material remains indicate that it is the ruins of the Northern Wei when the bright hall was rebuilt. The mound has been heavily weathered that it is almost reduced to the present ground level. Architectural features located in the center and higher parts of the foundation have been completely destroyed; wherein, remains of construction can still be seen on the periphery of the complex. They show a regular rectangular pattern on the inside and a round pattern on the outside. Therefore, the plan of the main structure in the bright hall site is characterized by a square structure nests in a circular one. This is consistent with the written documentation in Mingtang Dadao Lu（明堂大道）, which cross references with the notes in the Shier Ji（十二纪）chapter of Huainan Zi（淮南子）: “Qingyang is bright hall. It is square inside and round outside, which facilitates reaching out in all directions.” The archaeological revealed square inner structure has perimeters of 37 meters and the diameter of the circular outer structure measures 62.8 meters. Such dimensions are consistent with that of several classic sources, such as the Great Virtue（盛德）chapter of Dadai Liji（大戴礼记）, Cai Yong's（蔡邕）Mingtang Lun（明堂论）and Sanfu Huangtu（三辅黄图）. They maintain that “the square hall measures 144 feet on each side,” and “the diameter of the outer circle is 216 feet." Based on one foot of the Northern Wei measuring system approximately equals to 27.9 to 29.6 centimeters of the metric system. Using the mean, they are converted into about 41 and 62 meters respectively. It is intriguing that the dimensions of archaeological features approximate the dimensions of that documented in the textual records. In addition, test excavations in the center and peripheral of the bright hall's foundation indicate that remains of rammed earth and other architectural features dated to Eastern Han and Wei-Jin era lie underneath the Northern Wei occupation floor. It is very likely that the bright hall of Northern Wei was built on the ruins of the bright halls of Eastern Han and Wei-Jin. We can conclude that the site is the location where the bright halls stood from Eastern Han to Northern Wei, as described in the written documents.

Archaeological reconnaissance indicates that the royal house of music of Archaic Luoyang City was a large complex situated on the north and faced the south. Both the north-south and east-west perimeters measure 165 meters. A pair of equal-sized towers was constructed on each side of the square complex. They measure about 19 to 22 meters long and 11 to 12 meters wide. The pair distances about 13 to 14 meters from each other. With the exception of the north, an elongated earthen gate shadow is located on the inner side about 11 to 12 meters away from the paired towers. They are 41 to 45 meters long and 3 to 8 meters wide. A large rammed-earth foundation stands in the center but slightly skews to the north of the complex, and the axis of the paired towers of the north and the south runs right through its middle. Apparently, the foundation was where the main hall of the complex once stood. The rectangular foundation measures 46 meters from east to west, and 32 to 33 meters form north to south. Sub-surface reconnaissance and test excavations reveal that a waterway was dug to enclose the site. The conduit originates from the north, although its terminus has been eroded by the Luo River and cannot be identified. The four to five meter-wide channel runs from north to south for 180 meters; it then splits into an east course and a west course at about 156 meters north of the main hall's foundation. The two courses continue for about 180 meters and both turn south for about 400 meters. They then become increasingly difficult to follow. After the split, both courses maintain a width of three to four meters, but some sections narrow to less than two meters. Although the complete length and origin of the waterway are not clear, the present findings suggests that it deviates from the traditional plan of royal music house that the surrounding conduit is being described as "a circular water course shapes like a disc." In any event, the archaeological findings allow us to see the basic plan of the royal house of music of Han-Wei Archaic Luoyang City.

The rectangular court of royal institute of learning measures 156 meters from east to west and 220 meters from north to south. It is the occupation of the royal institute of the late phase starting from the Wei-Jin era. Remains of the perimeter walls are basically connected regardless years of weathering. Gaps on the walls indicate gate structures in the center sections of the east, west and north walls. The south gate, if there is one, could not be located because of heavy erosion. Subsurface reconnaissance both inside and outside the enclosed court reveal several east-west and north-south boulevards, and the architectural foundations of a number of large halls and rows of chambers. There are also indications that these features overlap features of earlier times, probably the remnants of the royal institute of Eastern Han. However, the present sub–surface reconnaissance cannot accurately determine the dimensions of the Eastern Han complex because of its tremendous size. For instance, remains of rows of chambers were found in a locality about 300 meters to the west of the late royal institute site, which is directly north of the site of music house. It could very well be the site of another school or that of the early royal institute. Moreover, a large–scale complex comprises of sizable buildings and courtyards were found in an area 100 meters south of the late royal institute site. They are referred to royal institute south locality in this report. These structures were erected during Eastern Han, and likely continued to be in use to the Wei–Jin period. They are probably the ruins of an imperial office for cultural or scholarly affairs. Presently, it is difficult to accurately name this structure.

"Among the imperial concerns, nothing surpasses sustaining the heaven; and ceremonial observances are the most important heavenly affairs." During feudal China, heavenly and ancestral rituals of the state were critical ceremonies of the ruling class. They symbolized a unique characteristic of the political structure of ancient China that supreme rulers were believed to be endowed with special ability to communicate with heaven and the supernatural. Moreover, "ceremonies and warfare are critical state affairs." The head of state viewed ceremonies commemorating the heaven and royal ancestors were as important as warfare, suggesting the importance of ceremonial observance in maintaining imperial authority.

The period under study is a time when the imperial ceremonial facilities underwent significant changes in form and plan. The present excavation report is an invaluable source of information for studying the development of imperial ritual facilities in ancient China.

1. 外景之一（南—北）

2. 外景之二（北—南）

彩版一　汉魏洛阳故城南郊灵台遗址现状外景（2005年拍摄）

1. 灵台高台基址夯土层及晚期隧道口（南—北）

2. 明堂遗址现状外景（北—南）

彩版二　汉魏洛阳故城南郊灵台、明堂遗址（2005年拍摄）

1. 辟雍遗址现状外景（西北—东南）

2. 太学遗址现状外景（西—东）

彩版三　汉魏洛阳故城南郊辟雍、太学遗址（2005年拍摄）

1 2

3 4

1~4. 红彩墙皮（79HNMJ2③:16、15、17、14）

5 6 7

8 9 10

5~10. 天蓝彩墙皮（79HNMJ2③:09、10、12、13、18、11）

彩版四　明堂遗址出土涂彩墙皮

图版一　灵台中心建筑基址发掘前外景（南—北）

1. 外景之一（北—南）

2. 外景之二（东—西）

图版二　灵台中心建筑基址发掘前外景

1. 灵台中心高台西南角被破坏状况（西南—东北）

2. 灵台中心高台南侧晚期隧道口

图版三　灵台中心建筑基址发掘前外景

1. T21排水沟石盖板（东—西）

2. T21排水沟石盖板（西—东）

3. T22排水沟石盖板（南—北）

图版四　灵台院落东北部排水沟遗迹

1. 高台西南侧（南—北）

2. 高台西北侧（西北—东南）

图版五　灵台中心建筑基址发掘现场

图版六　灵台中心建筑基址高台北侧全景（北—南）

1. 第一层平台廊房与中间坡道（西北—东南）

2. 第一层平台中间坡道西壁包砖（西—东）

图版七　灵台中心建筑基址高台北侧

1. 第一层平台西廊房（北—南）

2. 第一层平台西廊房台基前檐包砖及外侧散水（东北—西南）

图版八　灵台中心建筑基址高台北侧

1. 第一层平台西廊房B4础石与壁槽（北—南）

2. 第一层平台西廊房地面上铁甲片（北—南）

图版九　灵台中心建筑基址高台北侧

1. 第一层平台东廊房及外侧散水（东—西）

2. 第一层平台东廊房后壁贴瓦片壁面（北—南）

图版一〇　灵台中心建筑基址高台北侧

1. 第一层平台东廊房及外侧散水（北—南）

2. 第一层平台东廊房后壁B6础石（北—南）

图版一一　灵台中心建筑基址高台北侧

1. 第一层平台东廊房后壁B8础石（北—南）

2. B8础石上刻划符

图版一二　灵台中心建筑基址高台北侧

1. 第一层平台西廊房外侧散水（西—东）

2. 第一层平台西廊房外侧散水近景（西—东）

图版一三　灵台中心建筑基址高台北侧

1. 北侧门亭柱础（北—南）

2. 北侧门亭北1柱础（北—南）

3. 西侧门亭柱础（东—西）

图版一四　灵台中心建筑高台北侧、西侧门亭柱础

1. 东北角（东北—西南）

2. 西北角（北—南）

图版一五　灵台中心建筑高台北侧第二层殿堂

1. 后壁多层墙皮（北—南）

2. 后壁贴瓦片壁面（北—南）

图版一六　灵台中心建筑高台北侧第二层殿堂

1. 后壁C2柱础壁槽（北—南）

2. 后壁C3柱础壁槽（北—南）

图版一七　灵台中心建筑高台北侧第二层殿堂

1. 后壁C4柱础壁槽（北—南）

2. 后壁C5柱础壁槽（北—南）

图版一八　灵台中心建筑高台北侧第二层殿堂

1. 铺砖地面（东—西）

2. 铺砖地面（东—西）

图版一九　灵台中心建筑高台北侧第二层殿堂

图版二〇　灵台中心建筑基址高台东侧全景（东—西）

1. 铺砖残迹与C7础石与柱槽（东—西）

2. C7础石及刻字（东—西）

图版二一　灵台中心建筑高台东侧第二层殿堂

1. 殿堂地面及础石、柱槽（东南—西北）

2. C14础石及柱槽（南—北）

图版二二　灵台中心建筑高台南侧第二层殿堂

图版二三　灵台中心建筑基址高台西侧全景（西南—东北）

1. 高台西南角（西—东）

2. 第二层殿堂内侧S1、S2房室（西南—东北）

图版二四　灵台中心建筑基址高台西侧

1. 第二层殿堂东墙与C19础石（西—东）

2. 第二层殿堂东墙及铺砖地面（北—南）

图版二五　灵台中心建筑基址高台西侧

1. 第二层殿堂内侧S1房室（北—南）

2. S1房室后壁包砖壁面（西—东）

图版二六　灵台中心建筑基址高台西侧

1. S1房室铺砖地面下早期柱槽（西—东）

2. S1房室内早期柱础Z9（西—东）

图版二七　灵台中心建筑高台西侧第二层殿堂

1. S2房室全景（南—北）

2. S2西墙与C18础石（南—北）

图版二八　灵台中心建筑高台西侧第二层殿堂

图版二九　灵台中心建筑高台西侧第二层殿堂S2房室内早期柱槽Z7（南—北）

1. 甬道之一（南—北）

2. 甬道之二（北—南）

图版三〇　灵台中心建筑高台上晚期甬道

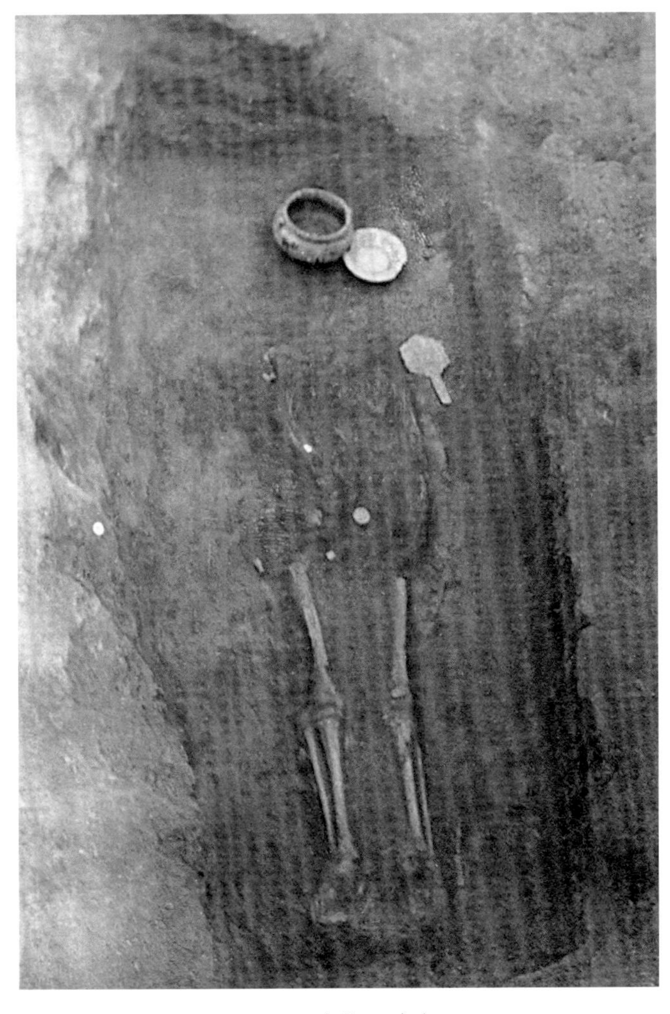

1. M1（北—南）

2. M3（东—西）

3. M2（南—北）

图版三一　灵台中心建筑遗址上晚期墓葬

1. 镜（74HNLM1∶03）

2. 兽（74HNLM1∶08）

3. 棋子正面（74HNLM1∶04）

4. 棋子背面（74HNLM1∶04）

5. 牌饰（74HNLM1∶09）

6. 瑱（74HNLM1∶06）

7. 瑱（74HNLM1∶07）

图版三二　灵台遗址晚期墓葬（M1）出土铜器

1. 瓷盂（74HNLM1：01）

2. 瓷碗（75HNLM2：02）

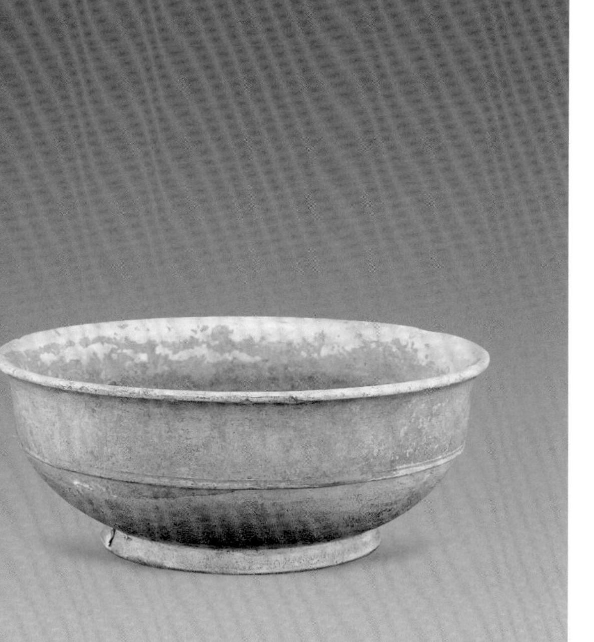

3. 瓷碗（75HNLM2：03）

4. 黑釉陶钵（75HNLM2：01）

图版三三　灵台遗址晚期墓葬（M1、M2）出土器物

1. B型素面长方砖（75HNLT2②：09）

2. C型素面长方砖（75HNLT18②：16）

3. A型席纹长方砖（78HNLT23②b：12）

4. C型席纹长方砖（75HNLT2②：07）

图版三四　灵台遗址出土长方砖

1. A型绳纹长方砖（75HNLT3③：01）

2. B型素面方砖（75HNLT14④：14）

3. B型素面方砖（79HNLH2：01）正面

4. B型素面方砖（79HNLH2：01）背面

图版三五　灵台遗址出土方砖

1. A型Ⅱ式（75HNLT14④：17）

2. A型Ⅲ式（79HNL柱西4：01）

3. A型Ⅵ式（75HNLT18②：14）

图版三六　灵台遗址出土几何纹方砖

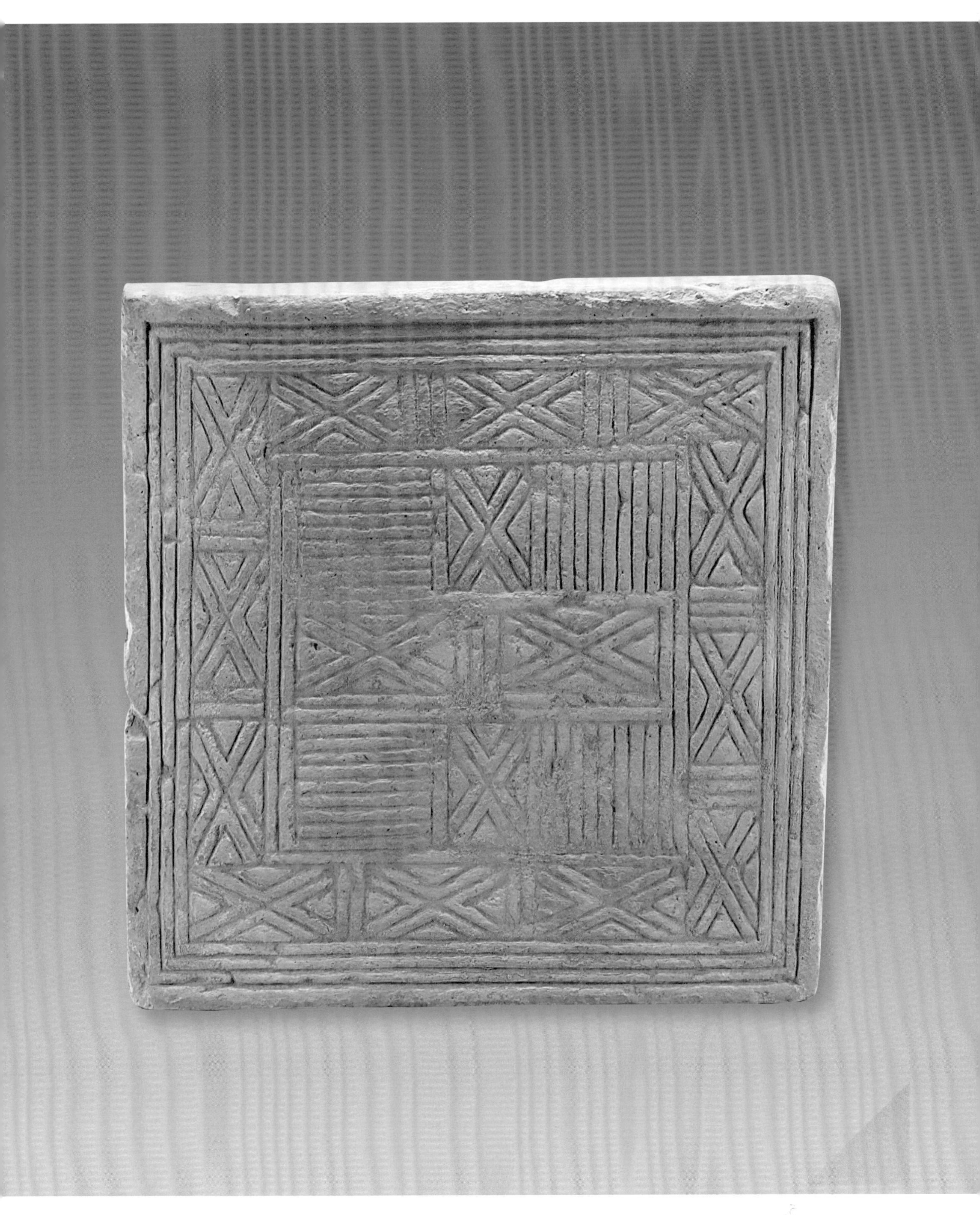

图版三七　灵台遗址出土C型Ⅱ式几何纹方砖（75HNLT15②：03）

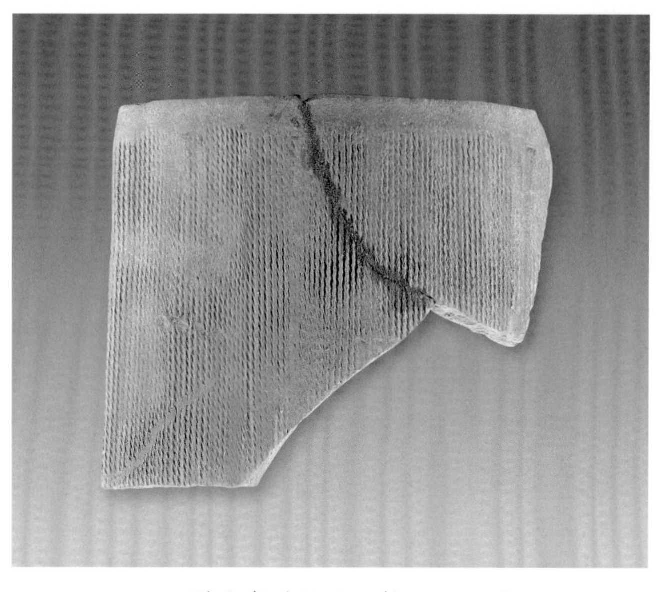
1. A型Ⅰ式（79HNL柱W7：01）

2. A型Ⅱ式（75HNLT14④：04）

3. A型Ⅲ式（75HNLT15④：05）

4. D型（75HNLT14④：02）

5. E型（74HNLS2：01）

6. E型（75HNLT15④：01）

图版三八　灵台遗址出土绳纹面布纹里板瓦

1. A型Ⅰ式（75HNLT18②：03）

2. A型Ⅱ式（75HNLT15④：07）

3. A型Ⅲ式（75HNLT18②：04）

4. B型Ⅰ式（75HNLT9③：01）

5. B型Ⅱ式（75HNLT12②：01）

6. C型Ⅰ式（74HNLS2：02）

图版三九　灵台遗址出土绳纹面布纹里筒瓦

1. B型Ⅲ式（75HNLT15④：10）

2. B型Ⅲ式75HNLT18②：09）

3. Ca型Ⅱ式（75HNLT19②：04）

4. Ca型Ⅲ式（75HNLT9③：02）

5. Ca型Ⅸ式（78HNLT21②：06）

6. Ca型Ⅺ式（79HNLT32②：01）

图版四〇　灵台遗址出土云纹瓦当

1. Ca型XIV式云纹瓦当（75HNLT15②：01）

2. D型Ⅱ式云纹瓦当（75HNLT14④：12）

3. A型莲花瓦当（78HNLT23②b：11）

图版四一　灵台遗址出土瓦当

1. 红烧土坯（75HNLT18②：49）

2. 红烧土坯（75HNLT18②：50）

3~6. 青蓝色粉彩墙皮（75HNLT15采：02、T4采：07、T4采：08、T4采：09）

7~10. 竹节泥背（74HNLS1：07、08、09、10）

11. 秸杆泥背（74HNLS1：12）

图版四二　灵台遗址出土土坯、墙皮、泥背

1. A型罐（74HNLS1：01）

2. 甑（74HNLS2：10）

3. 甑（74HNLS2：10）俯视

图版四三　灵台遗址出土陶器

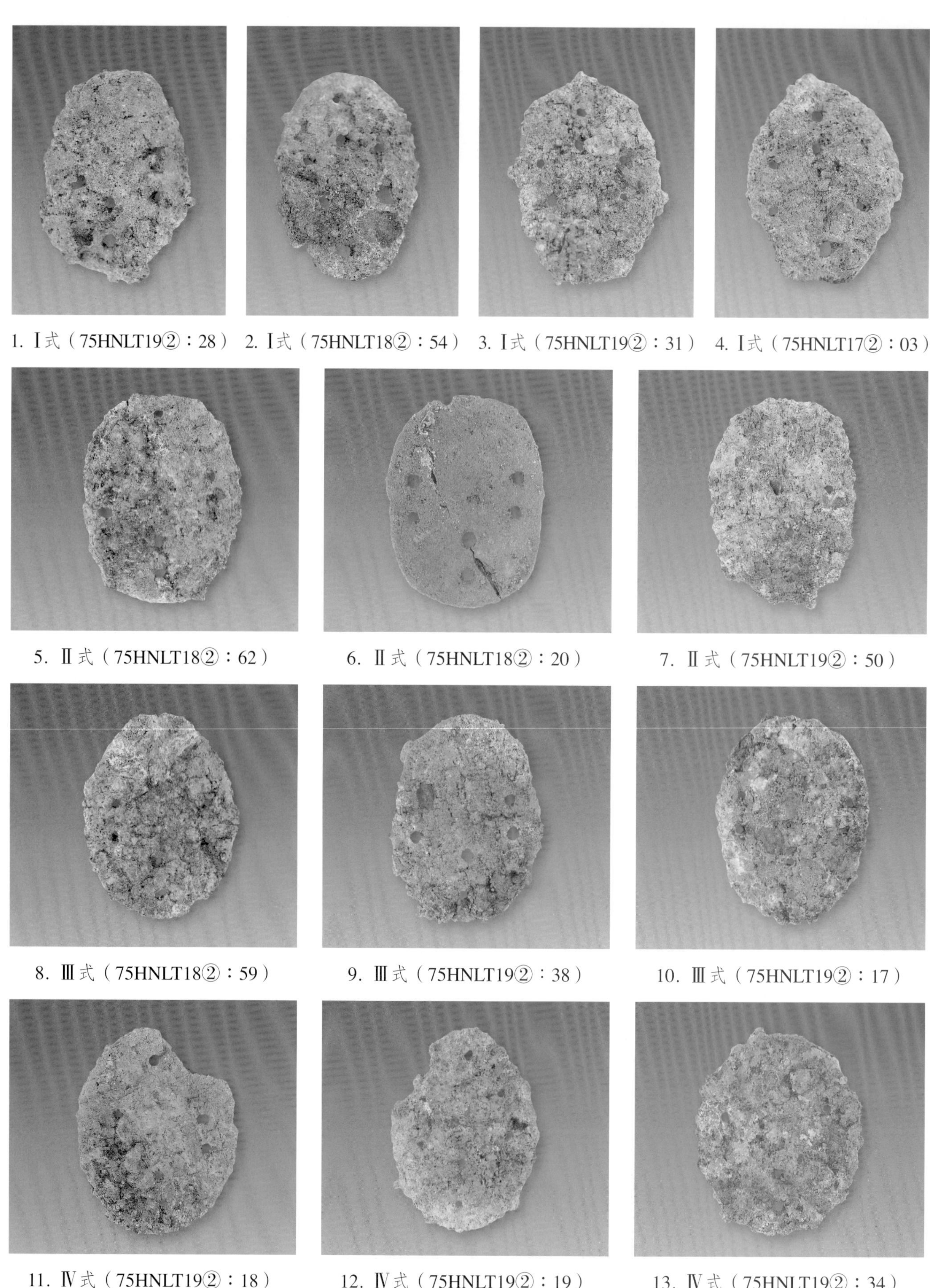

1. Ⅰ式（75HNLT19②：28） 2. Ⅰ式（75HNLT18②：54） 3. Ⅰ式（75HNLT19②：31） 4. Ⅰ式（75HNLT17②：03）

5. Ⅱ式（75HNLT18②：62） 6. Ⅱ式（75HNLT18②：20） 7. Ⅱ式（75HNLT19②：50）

8. Ⅲ式（75HNLT18②：59） 9. Ⅲ式（75HNLT19②：38） 10. Ⅲ式（75HNLT19②：17）

11. Ⅳ式（75HNLT19②：18） 12. Ⅳ式（75HNLT19②：19） 13. Ⅳ式（75HNLT19②：34）

图版四四　灵台遗址出土A型铁甲片

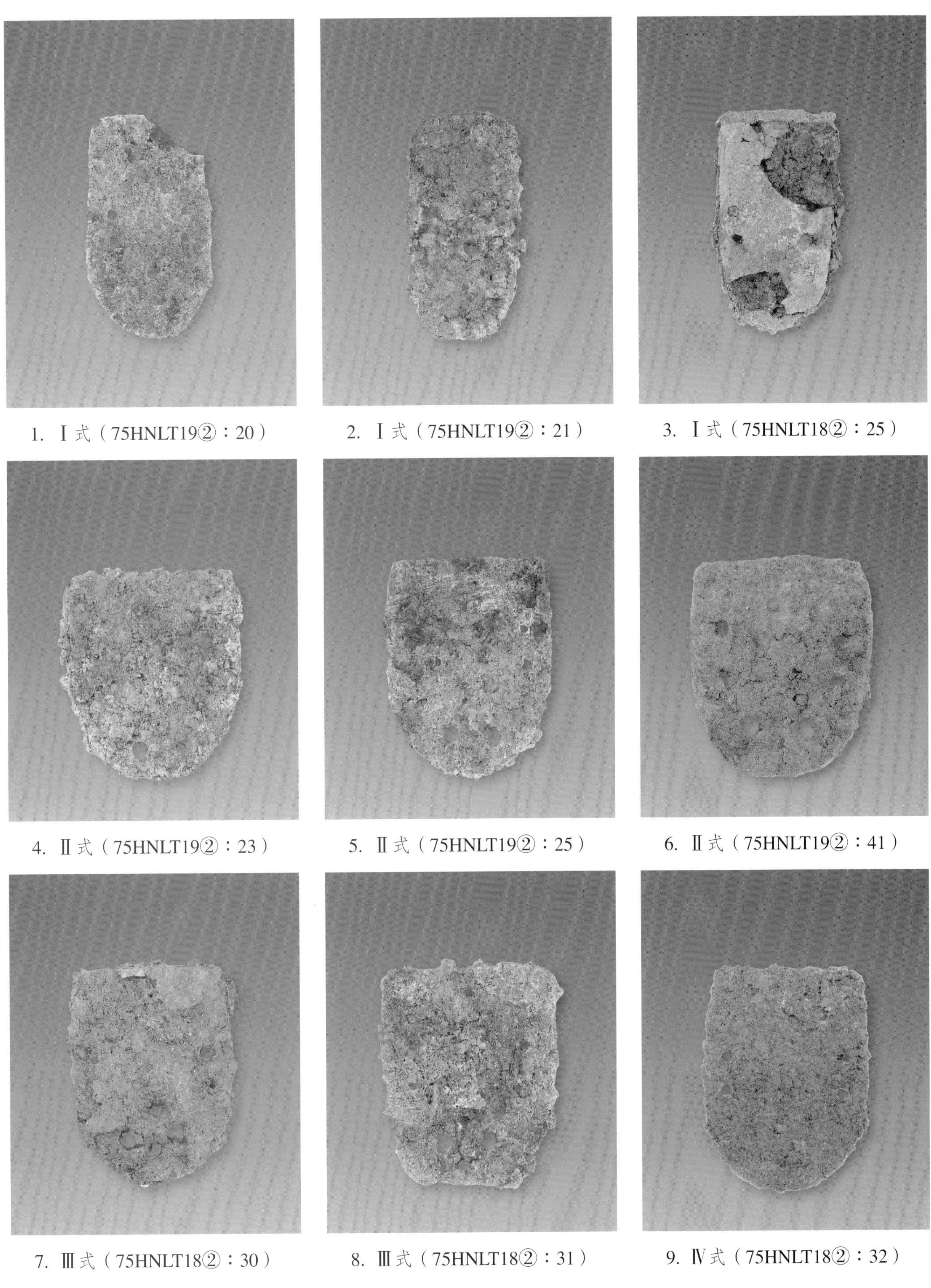

1. Ⅰ式（75HNLT19②：20）

2. Ⅰ式（75HNLT19②：21）

3. Ⅰ式（75HNLT18②：25）

4. Ⅱ式（75HNLT19②：23）

5. Ⅱ式（75HNLT19②：25）

6. Ⅱ式（75HNLT19②：41）

7. Ⅲ式（75HNLT18②：30）

8. Ⅲ式（75HNLT18②：31）

9. Ⅳ式（75HNLT18②：32）

图版四五　灵台遗址出土B型铁甲片

1. B型Ⅴ式铁甲片（75HNLT18②：33）

2. B型Ⅴ式铁甲片（75HNLT18②：35）

3. C型铁甲片（75HNLT18②：36）

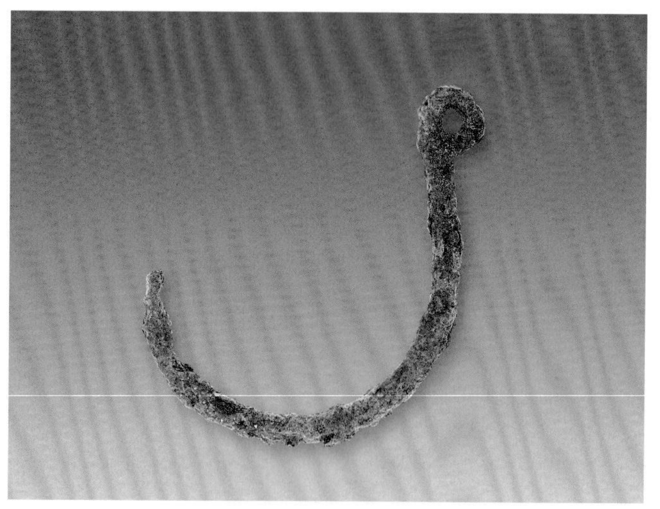

4. 钩（75HNLT18②：42）

5. 灯盏（75HNLH25：01）

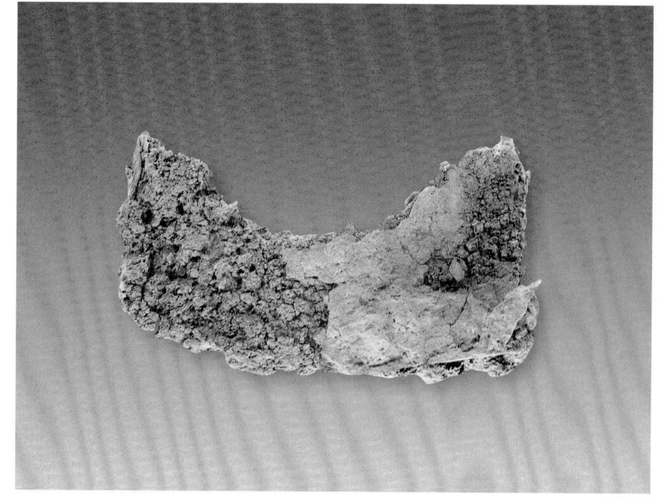

6. 镢（74HNLS1：03）

7. 锛（75HNLT18②：69）

图版四六　灵台遗址出土铁器

1. 蒺藜（75HNLT18②：44）

2. 刀（75HNLT19②：11）

3. 圈（75HNLT18②：40）

4. 圈（75HNLT18②：39）

5. 圈（75HNLT18②：41）

6. 刀（75HNLT19②：12）

图版四七　灵台遗址出土铁器

1~4. 铁钉（75HNLT19②：46、柱C5：01、T18②：37、T19②：32）

5、6. 铁镞（75HNL T19②：13、T18②：43）

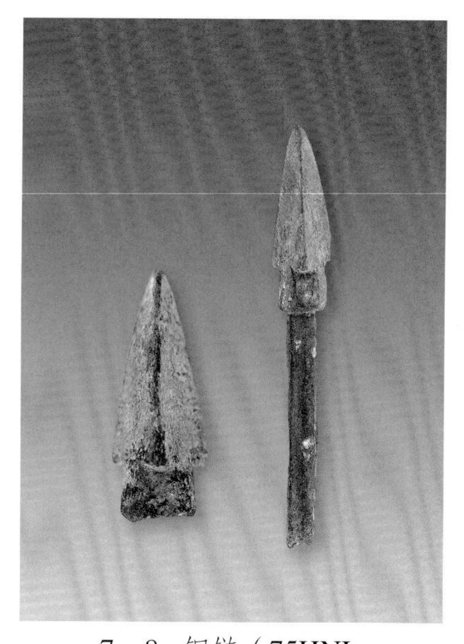

7、8. 铜镞（75HNL T18②：47、74HNLS1：04）

9. 石臼（74HNLS1：02）

图版四八　灵台遗址出土铁、铜、石器

1. T3开工发掘（西北—东南）

2. T4开工发掘（西南—东北）

图版四九　明堂中心建筑基址发掘现场

1. T5遗迹清理（西—东）

2. T6遗迹清理（东北—西南）

图版五〇　明堂中心建筑基址发掘现场

1. 高空摄影（西南—东北）

2. 高空摄影（南—北）

图版五一　明堂中心建筑基址拍摄现场

图版五二　明堂中心建筑基址西北角T3全景（东北—西南）

图版五三　明堂中心建筑基址东北角T4及西南角T5全景（东北—西南）

1. 东北角T4全景（西北—东南）

2. 西南角T5全景（北—南）

图版五四　明堂中心建筑基址

1. 西南角T5全景（西南—东北）

2. 东南角T6全景（东北—西南）

图版五五　明堂中心建筑基址

1. 台基2A-6A柱槽及外侧包石沟槽（东—西）

2. 台基上1D柱槽与柱洞（北—南）

图版五六　明堂中心建筑基址

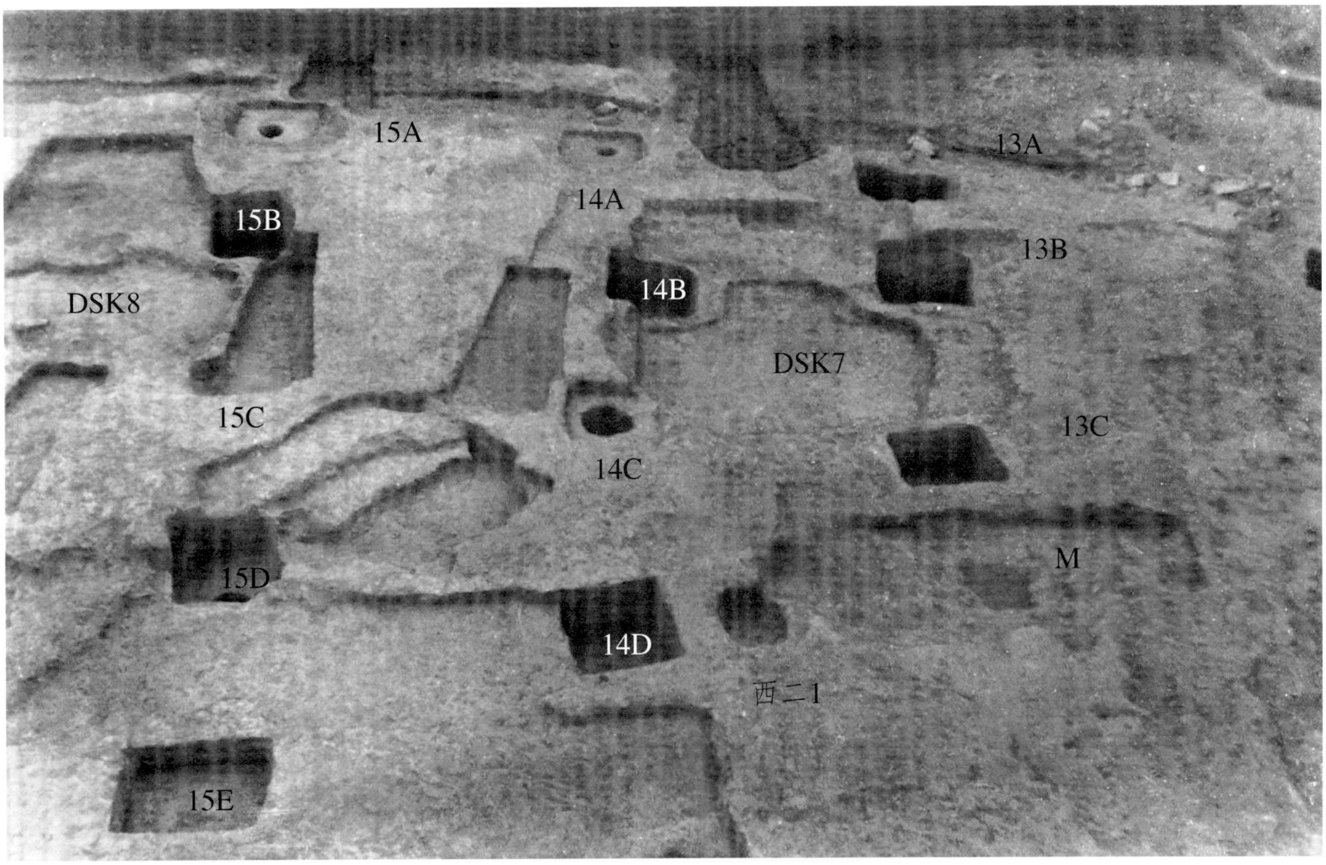

1. 台基上大沙坑DSK7及周围柱槽（东—西）

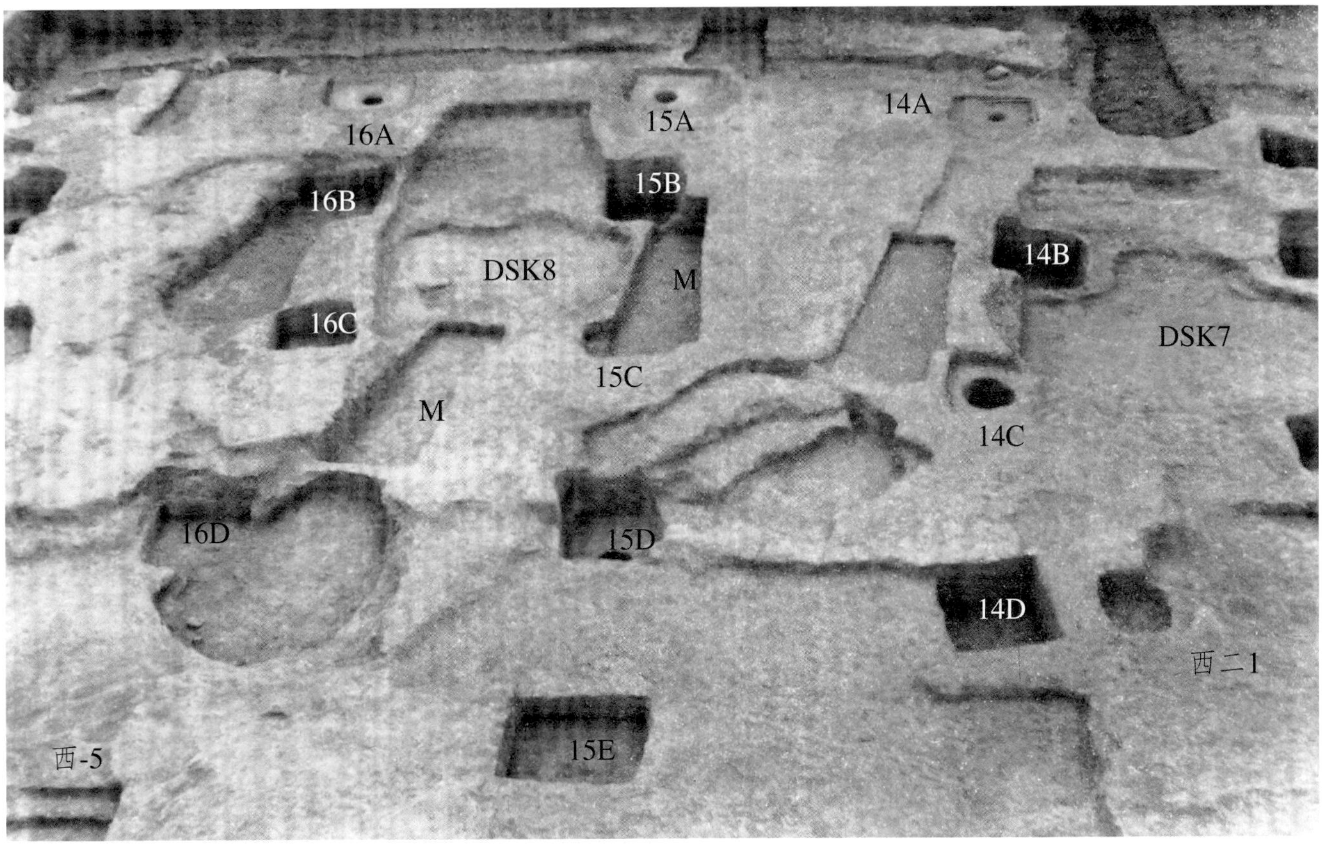

2. 台基上大沙坑DSK8及周围柱槽（东—西）

图版五七　明堂中心建筑基址

DSK10
DSK11
DSK12
DSK13
DSK14
DSK15

1. 台基上大沙坑DSK10~15及周围柱槽（东南—西北）

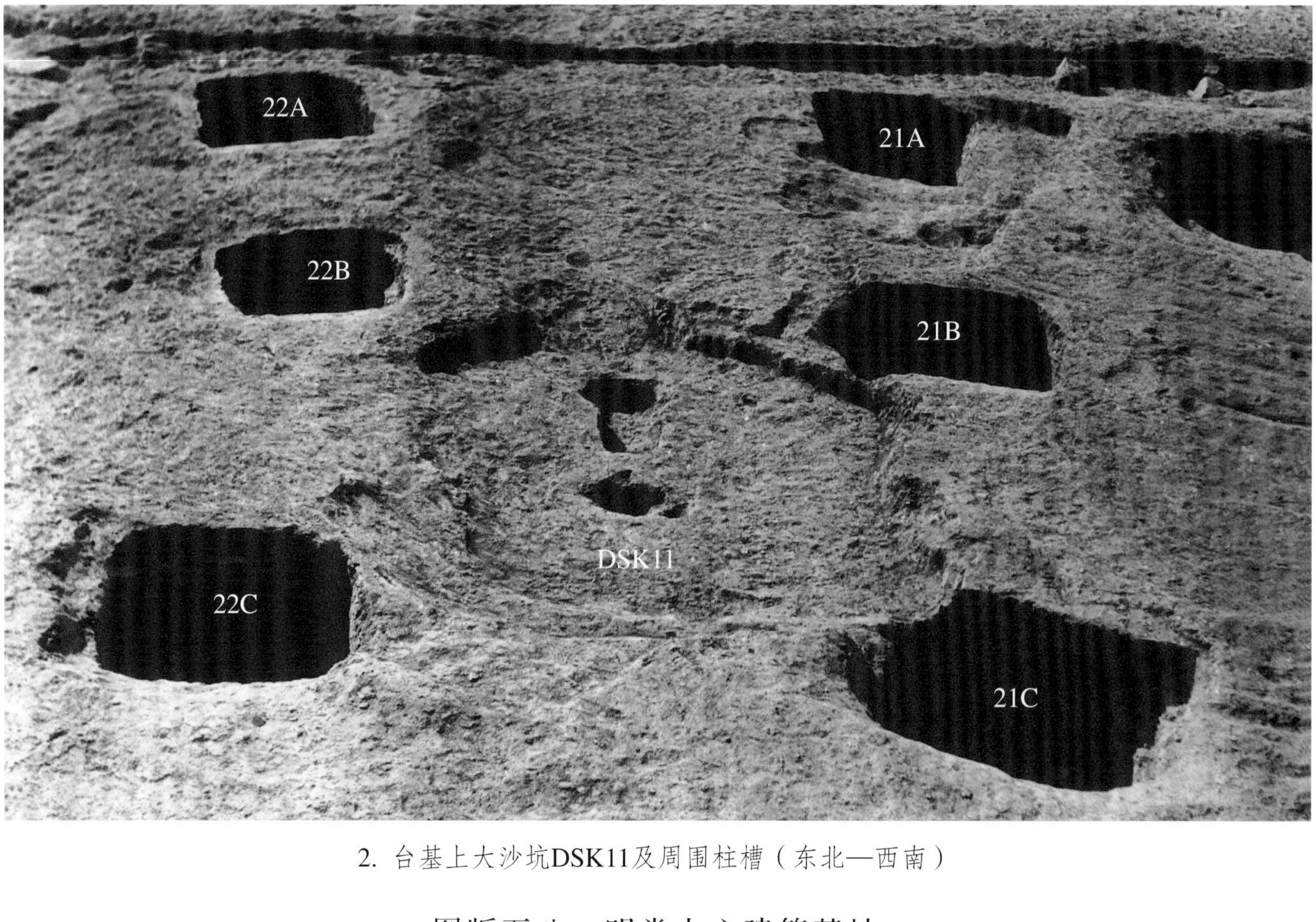

22A
21A
22B
21B
DSK11
22C
21C

2. 台基上大沙坑DSK11及周围柱槽（东北—西南）

图版五八　明堂中心建筑基址

1. 台基上大沙坑DSK12及周围柱槽（东北—西南）

2. 台基上大沙坑DSK13及周围柱槽（北—南）

图版五九　明堂中心建筑基址

1. 台基上大沙坑DSK14及周围柱槽（北—南）

2. 台基上大沙坑DSK15及周围柱槽（北—南）

图版六〇　明堂中心建筑基址

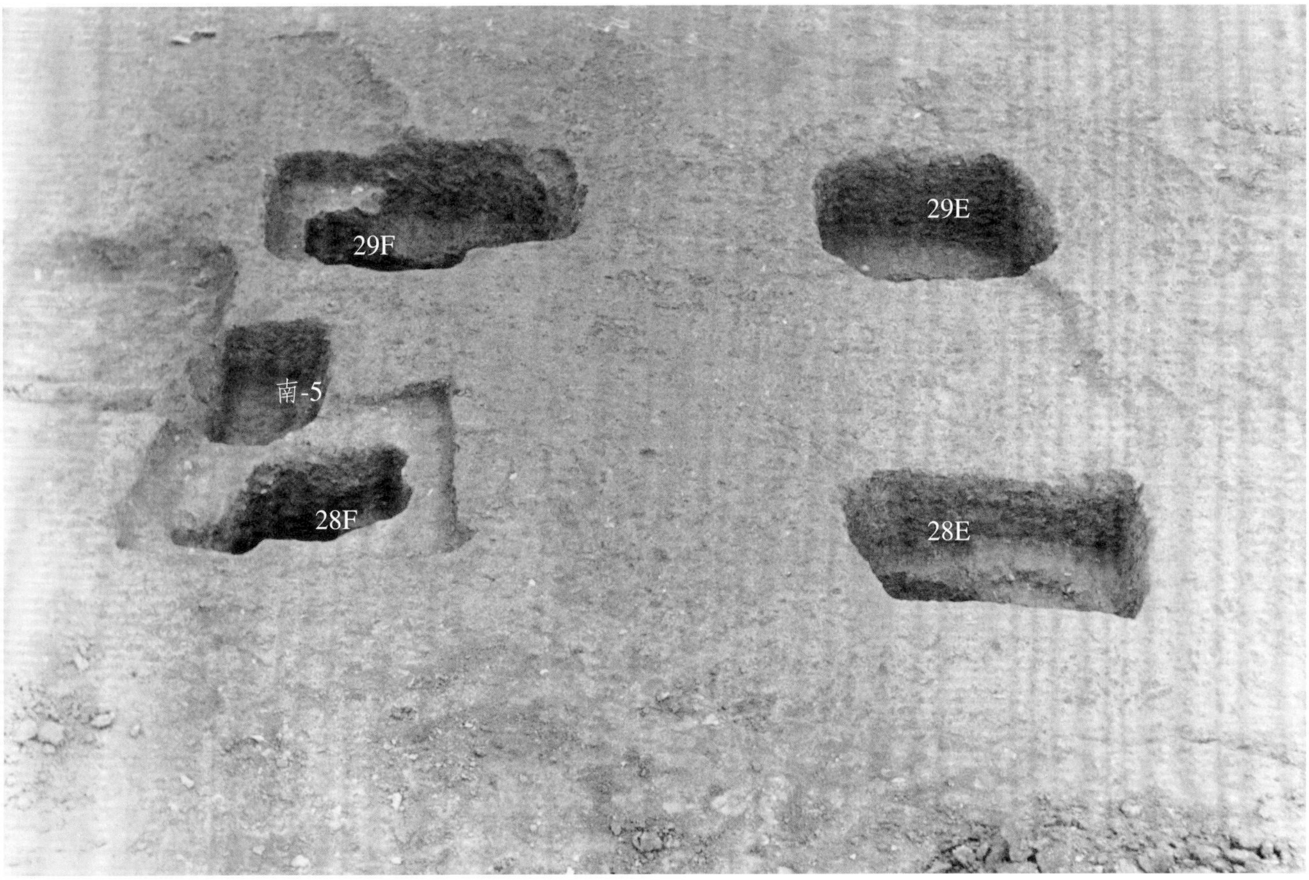

1. 台基上28E、28F、29E、29F柱槽（西—东）

2. 台基上29F柱槽（西—东）

3. 台基上29E柱槽（西—东）

图版六一　明堂中心建筑基址

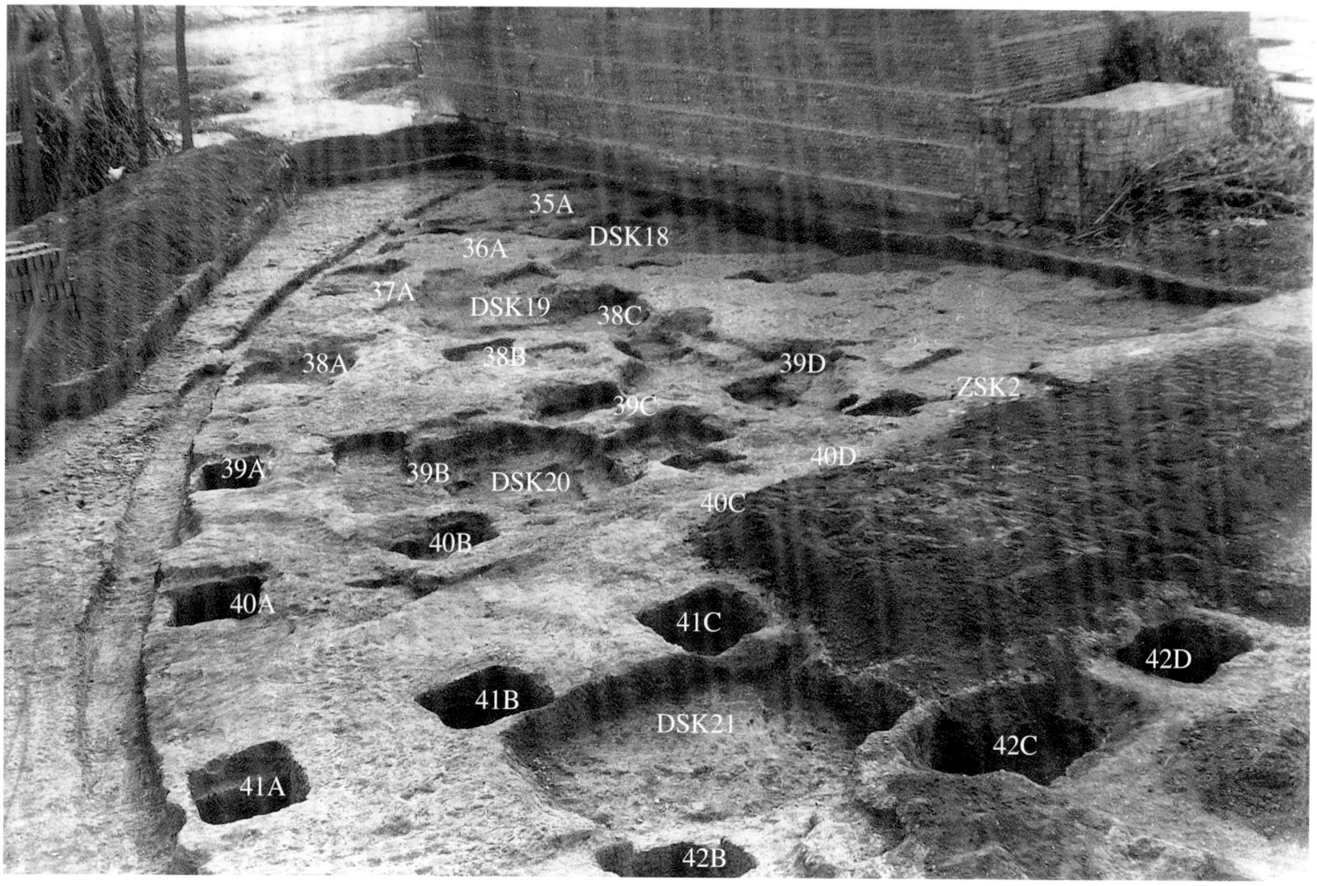

1. 台基上大沙坑DSK18~21及周围柱槽（东北—西南）

2. 台基上36A-41A柱槽外侧包石沟槽与地面（西南—东北）

图版六二　明堂中心建筑基址

36A

1. 台基上36A柱槽外侧包边石条（南—北）

2. 台基上38A柱槽外侧包边石条（西北—东南）

图版六三　明堂中心建筑基址

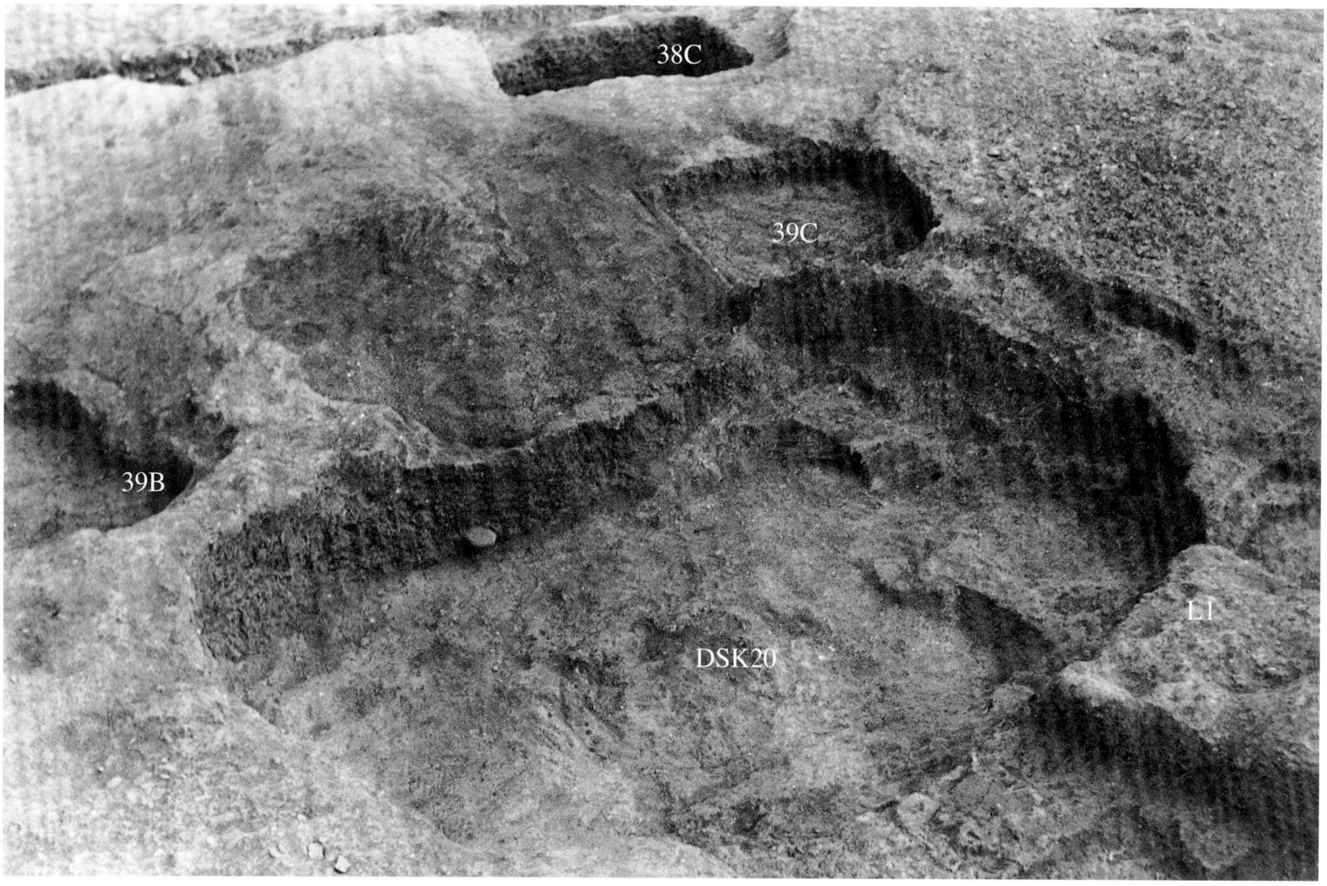

1. 台基上大沙坑DSK20及周围柱槽（东南—西北）

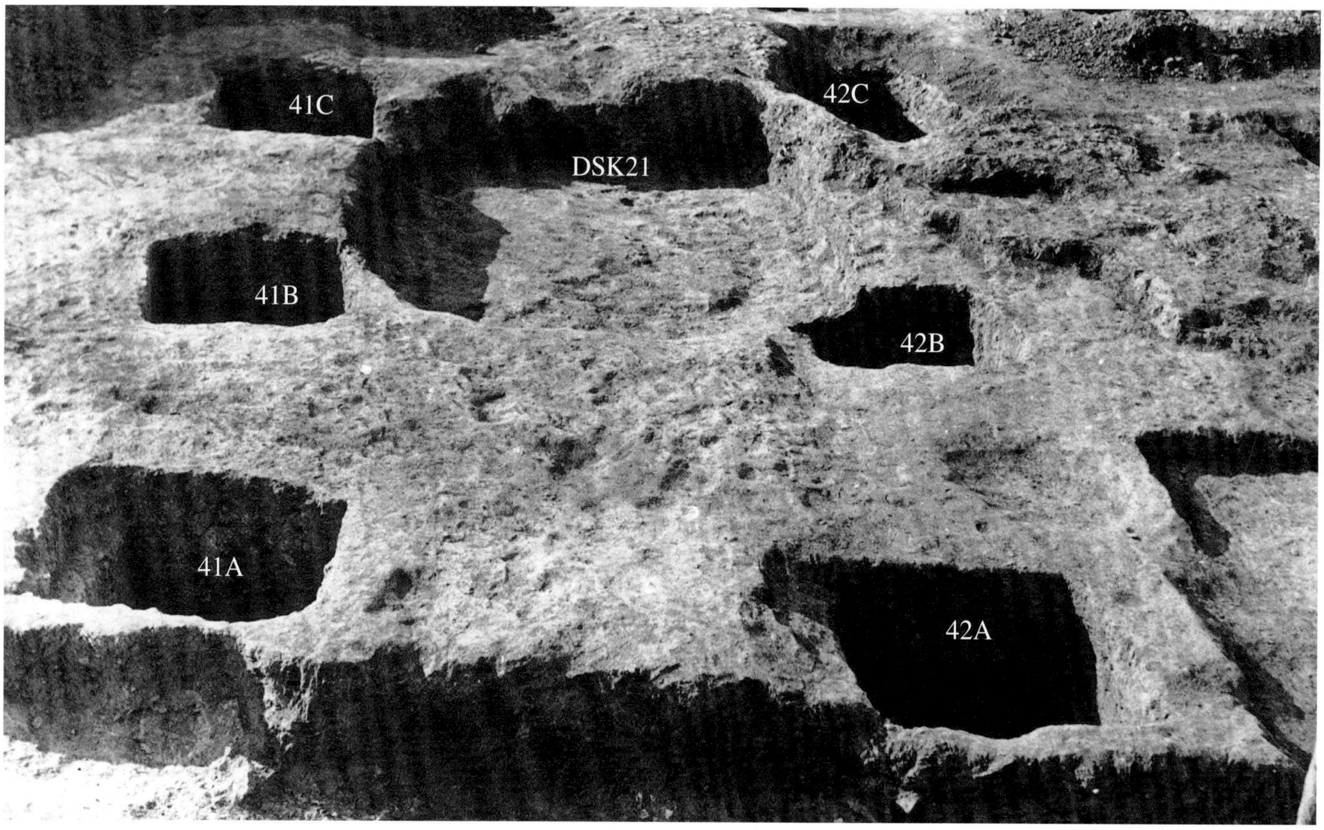

2. 台基上大沙坑DSK21及周围柱槽（东—西）

图版六四　明堂中心建筑基址

1. 台基上大沙坑DSK21~26周围柱槽及外侧包石沟槽（北—南）

2. 台基上大沙坑DSK25~28周围柱槽及外侧包石沟槽（东—西）

图版六五　明堂中心建筑基址

1. 台基上51A柱槽外侧包石沟槽与石片地面（西南—东北）

2. 台基上53A、54A柱础外侧包石沟槽与石片地面（东—西）

图版六六　明堂中心建筑台基外侧包石沟槽与地面

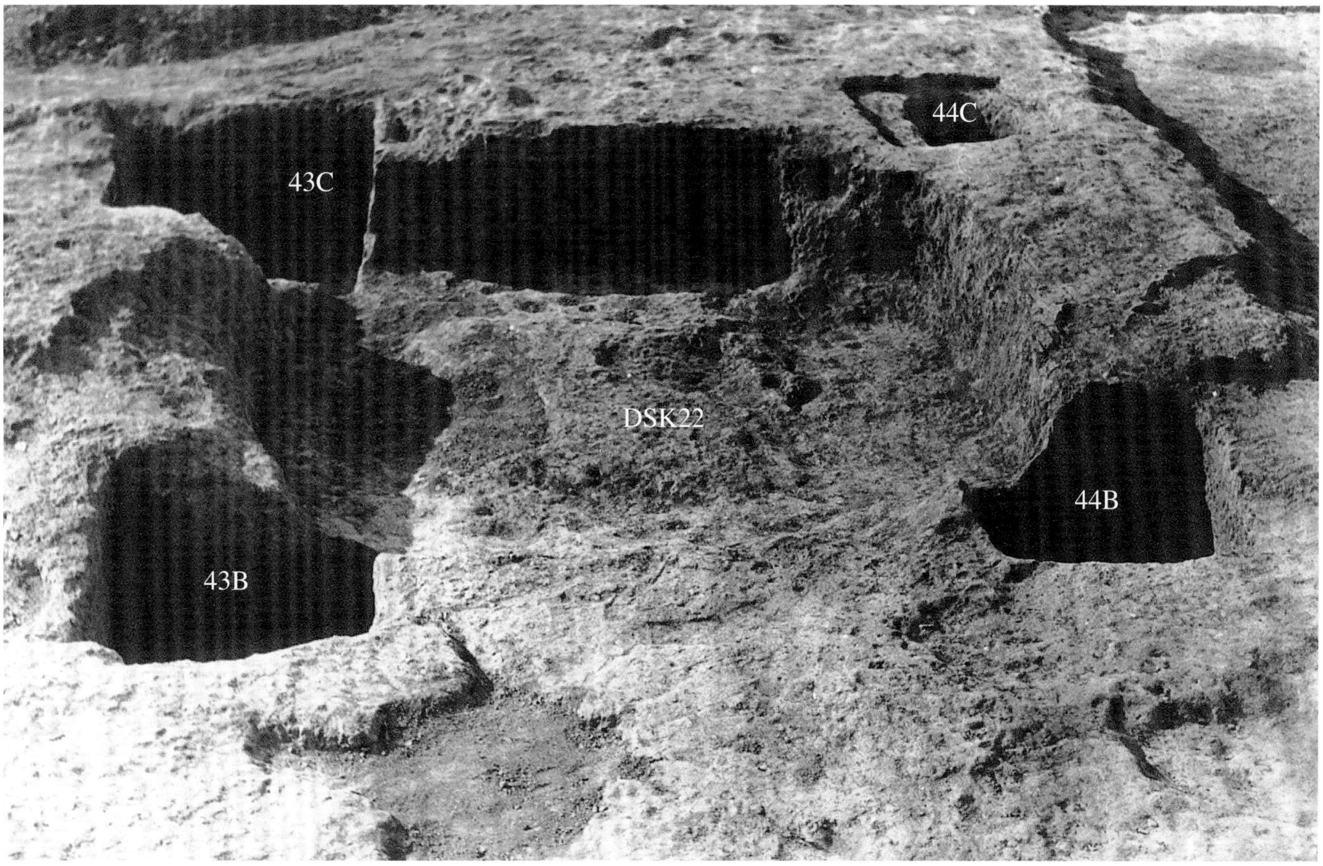

1. 台基上大沙坑DSK22及周围柱槽（东—西）

2. 台基上大沙坑DSK23及周围柱槽（东—西）

图版六七　明堂中心建筑基址

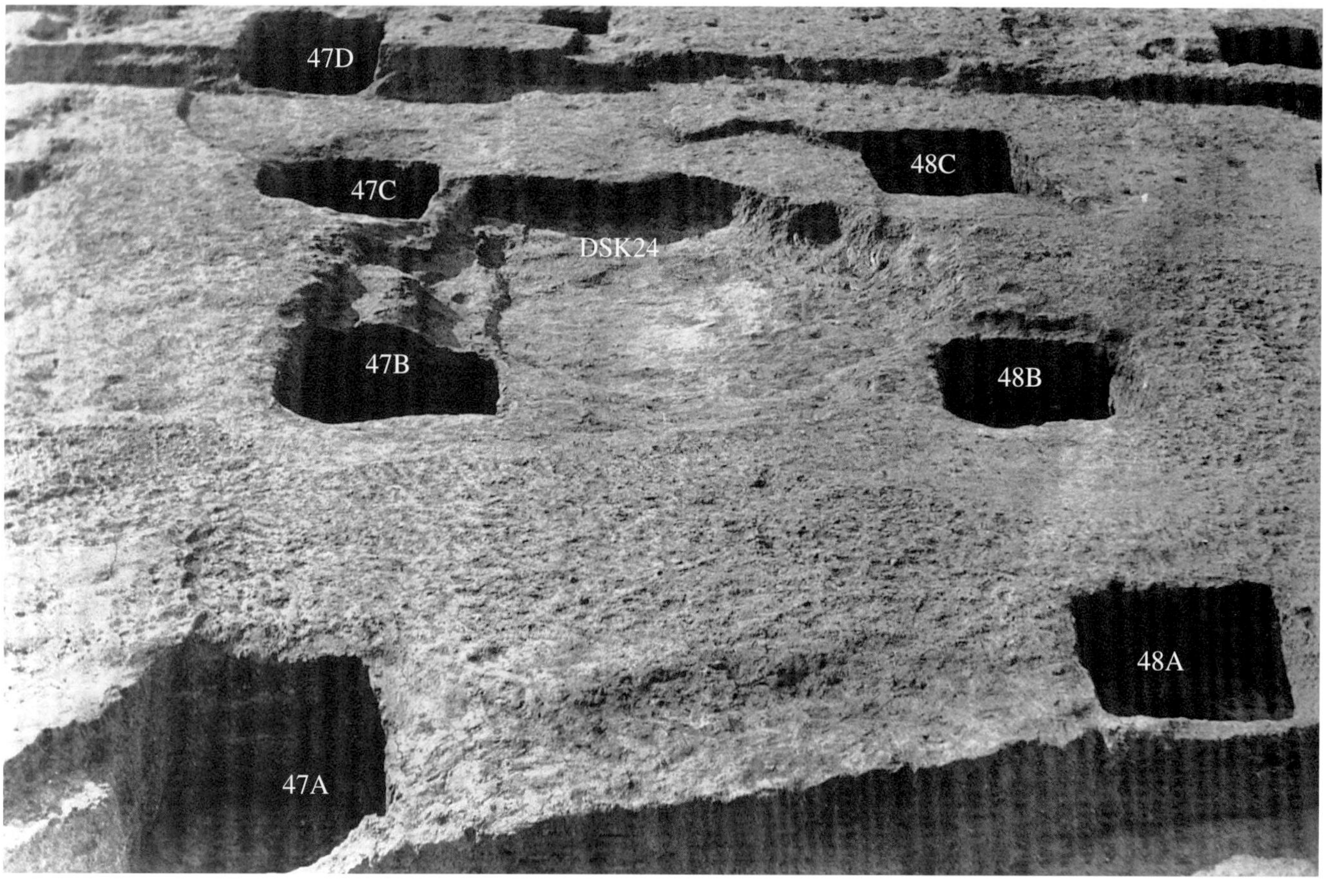

1. 台基上大沙坑DSK24及周围柱槽（东—西）

2. 台基上大沙坑DSK25及周围柱槽（东—西）

图版六八　明堂中心建筑基址

1. 台基上大沙坑DSK26及周围柱槽（东北—西南）

2. 台基上大沙坑DSK27及周围柱槽（东北—西南）

图版六九　明堂中心建筑基址

55C
56C
DSK28
55B
56B
55A
56A

1. 台基上大沙坑DSK28及周围柱槽（北—南）

2. 台基周围出土包边石条复原组合示例

图版七〇　明堂中心建筑基址

1. A型Ⅱ式绳纹面板瓦（78HNMJ8H1：05）

2. A型绳纹面板瓦“南甄官瓦”戳印（78HNMJ8H2：01）

3. A型Ⅰ式素面布纹里板瓦（78HNMT5②：01）

4. B型Ⅰ式素面磨光里板瓦（78HNMT5②：02）

5. B型Ⅰ式素面磨光里板瓦瓦头（78HNMT5②：02）

图版七一　明堂遗址出土板瓦

1. B型Ⅰ式（78HNMT4②：17）

2. 带字板瓦（78HNMT4②：17）

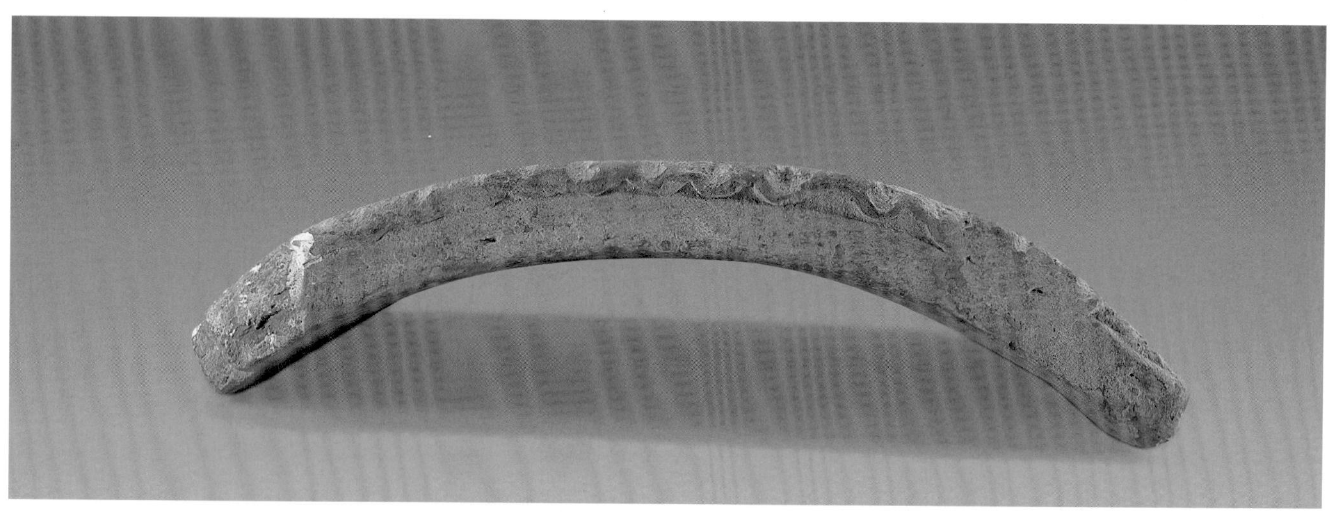

3. B型Ⅰ式板瓦瓦头（78HNMT4②：17）

4. B型Ⅰ式板瓦瓦头（78HNMT4②：18）

图版七二　明堂遗址出土素面磨光里板瓦

1. 带字板瓦（78HNMT4②：19）

2. B型Ⅱ式（78HNMT6②：11）

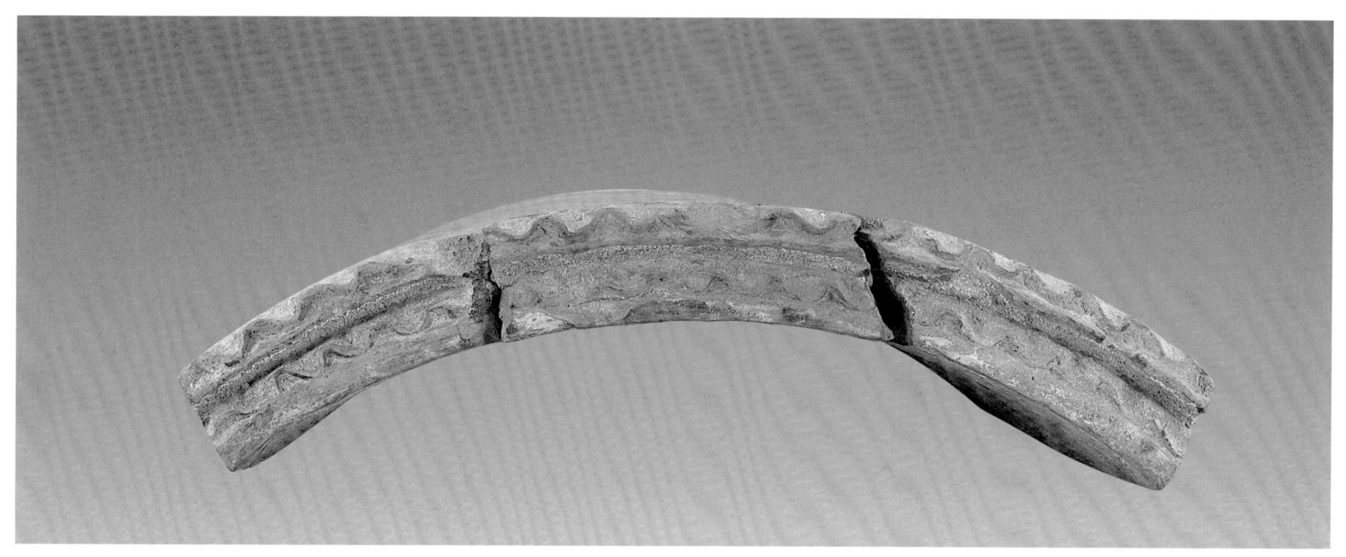

3. B型Ⅱ式板瓦瓦头（78HNMT6②：11）

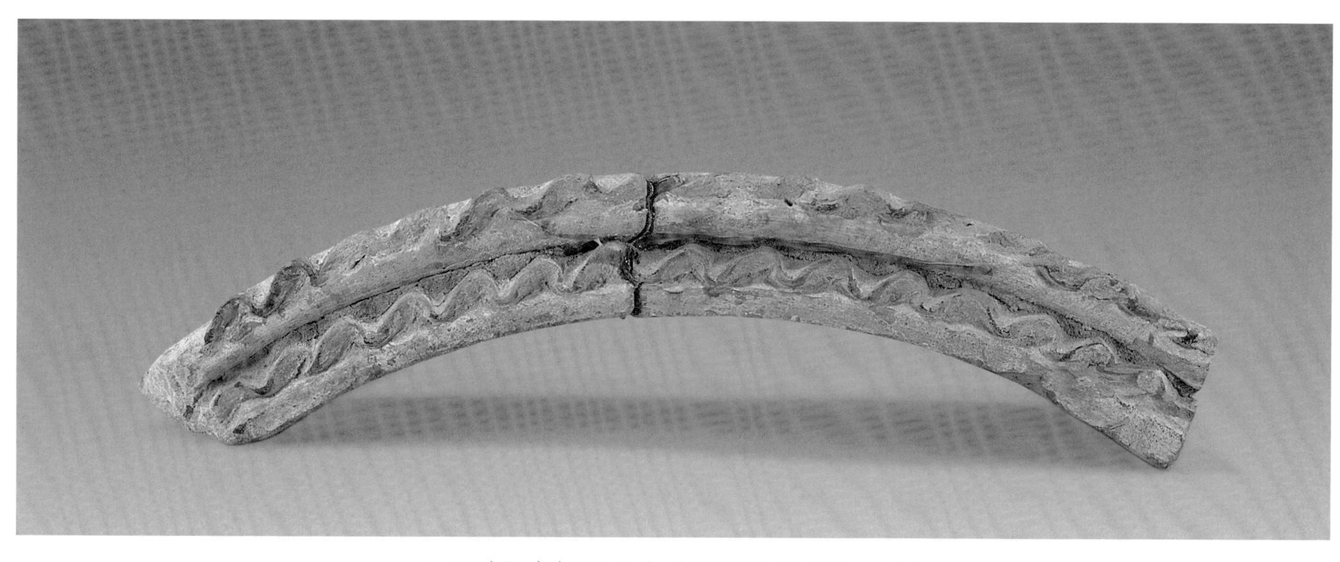

4. B型Ⅱ式板瓦瓦头（78HNM柱21B：01）

图版七三　明堂遗址出土素面磨光里板瓦

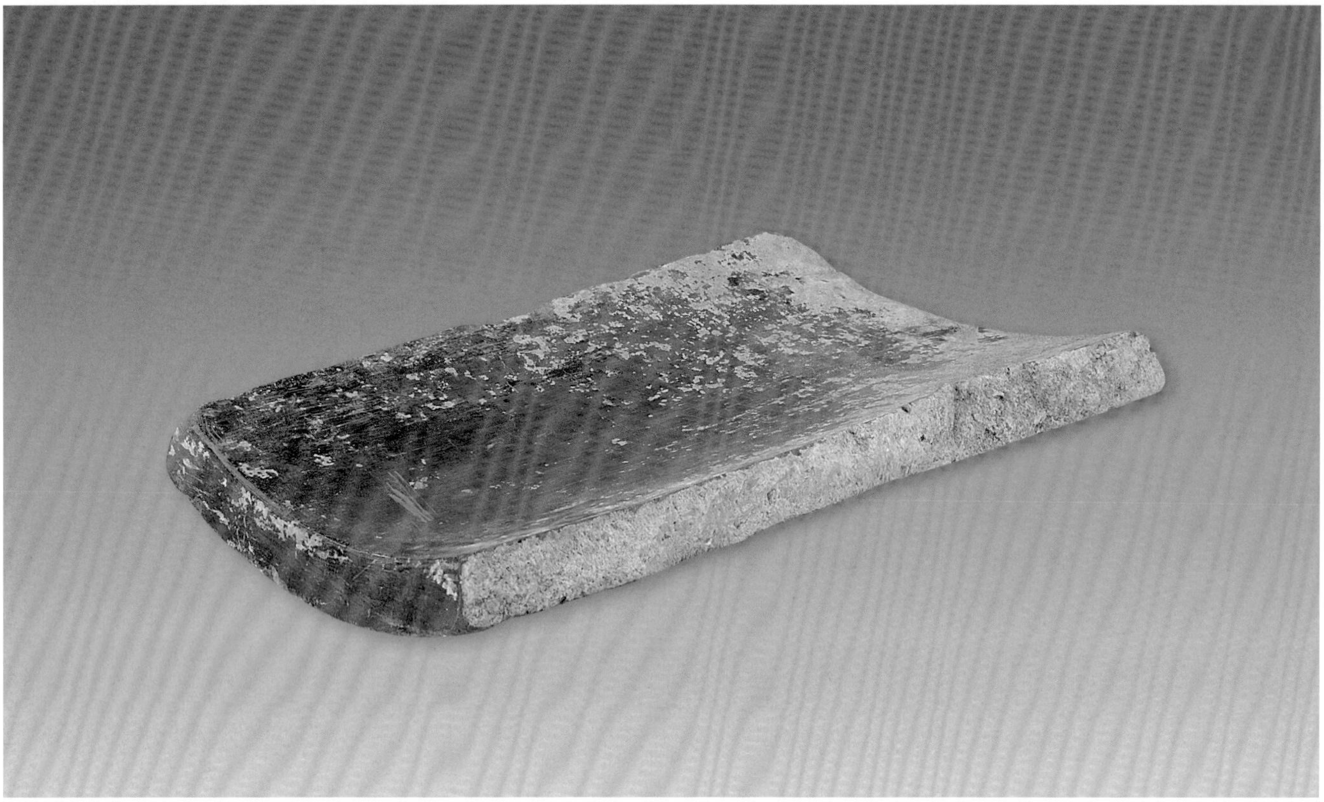

1. B型素面磨光里板瓦（78HNMT5②：03）

2. A型Ⅲ式绳纹面筒瓦（79HNMJ9③：01）

3. C型Ⅱ式绳纹面筒瓦（78HNMJ8H2：04）

图版七四　明堂遗址出土板瓦、筒瓦

1. B型Ⅱ式（79HNMJ10③：14）

2. B型Ⅱ式（78HNMT4②：20）

3. B型Ⅱ式（78HNM柱东一15：01）

图版七五　明堂遗址出土磨光面布纹里筒瓦

1. Ca型Ⅱ式（78HNMJ8H1：11）

2. Ca型Ⅶ式（78HNMJ4③：01）

3. Ca型Ⅷ式（78HNMJ8H2：06）

图版七六　明堂遗址出土云纹瓦当

1. 延年益寿文字瓦当（78HNMJ8H5：01）

2. B型Ⅰ式莲花纹瓦当（78HNMT6②：08）

3. B型Ⅱ式莲花纹瓦当（78HNMT1②：01）

图版七七　明堂遗址出土文字瓦当、莲花纹瓦当

1. A型铁甲片（78HNMT3Ⅱ区②：09）

2. A型铁甲片（78HNMT3Ⅱ区②：10）

3. B型铁甲片（78HNMJ6②：02）

4. 铁犁铧尖（78HNMT3Ⅱ区②：01）

5. 铜镞（78HNMDSK10：01）

图版七八　明堂遗址出土铁、铜器

图版七九　辟雍碑正面

图版八〇　辟雍碑背面

图版八一　辟雍A区中心建筑基址全景（北—南）

1. 开工发掘（西南—东北）

2. 台基西北角包砖残迹（西—东）

图版八二　辟雍A区中心建筑基址

1. 台基北壁G3包砖沟槽及北侧G6大型沟槽（西—东）

2. 台基南壁G5包砖沟槽（西—东）

图版八三　辟雍A区中心建筑基址

1. 台基东壁G4包砖沟槽（南—北）

2. 台基西壁G1包砖沟槽与G2沟槽（南—北）

图版八四　辟雍A区中心建筑基址

1. 台基夯土表面犁沟痕迹（南—北）

2. 台基夯土表面圆形夯窝

图版八五　辟雍A区中心建筑基址

1. 殿北门址全景（东—西）

2. 殿北早期门屏基址西段残迹（西南—东北）

图版八六　辟雍A区殿北门址

1. 辟雍A区殿北门址西侧门房台基F1（南—北）

2. F1台基东壁包砖残迹（东—西）

图版八七　辟雍A区殿北门址

1. 殿北门址中间门道及车辙（西—东）

2. 门道东侧残存础石（北—南）

图版八八　辟雍A区殿北门址

1. 沟槽之一（东—西）

2. 沟槽之二（西—东）

图版八九　辟雍A区殿北东西向大型沟槽

1. 台基南侧辟雍碑座出土状况（南—北）

2. 辟雍碑座正面

图版九〇　辟雍A区中心建筑基址出土石构件

1. 辟雍碑座临摹绘图

2. 台基南侧积石坑K2及出土碑座现状（东—西）

图版九一　辟雍A区中心建筑基址出土石构件

1. 台基西侧灶群（南—北）

2. 台基东北部灶群（西—东）

图版九二　辟雍A区中心建筑基址

图版九三　辟雍B区南侧双阙及门屏基址全景（东北—西南）

1. 开工发掘（东—西）

2. 南侧门屏建筑基址（东—西）

图版九四　辟雍B区南侧门屏基址

图版九三　辟雍B区南侧双阙及门屏基址全景（东北—西南）

1. 开工发掘（东—西）

2. 南侧门屏建筑基址（东—西）

图版九四　辟雍B区南侧门屏基址

图版一一〇　太学院落西北部排房基址（T001~T005）（西—东）

1. 太学院墙西门基址（东—西）

2. 太学院落西北部（T001~T005）开工发掘（西南—东北）

图版一〇九　太学遗址

1. 铁钉（72HNBA T23②：19）

2. 铁钉（72HNBA T18~20②：31）

3. 铁钉（72HNBA T10②：14）

4. 铁钉（72HNBA T18~20②：32）

5. 铁环首刀（72HNBA T21②：02）

6. 铁鼻形器（72HNBA T24②：01）

7. 铁杈（72HNBA T25②：04）

8. 铁环（72HNBA T6②：01）

9. 玉片（72HNBAT15②：14）

10. 石臼（72HNBAT23②：10）

图版一〇八　辟雍遗址出土器物

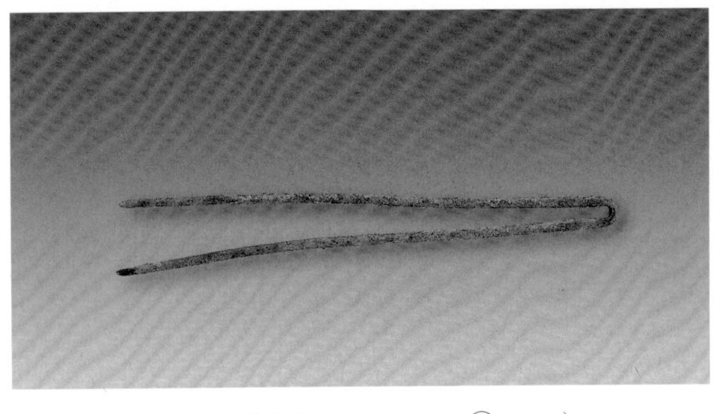

1. 铜钗（72HNBAT18~20②：15）

2. 铜带钩（72HNBAT15②：13）

3. 铜顶针（72HNBAT25②：02）

4. 铜顶针（72HNBAT24②：02）

5. 铜环（72HNBAT24②：03）

6. 铁镜（72HNBAT25②：05）

7. 铁斧（81HNBJ2G1：18）

8. 铁矛（72HNBAT19②：01）

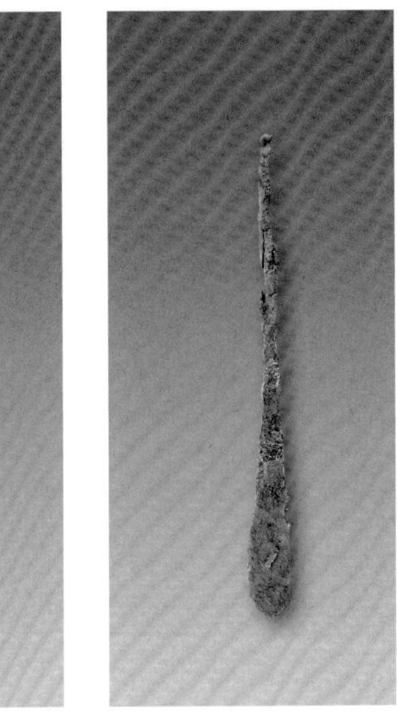

9. 铁不知名器（72HNBAT24②：05）

图版一〇七　辟雍遗址出土器物

1. C型Ⅰ式（81HNBJ2G1：01）

2. C型Ⅱ式（81HNBJ2G1：03）

3. D型（72HNBBT2阙基上：02）

4. E型（81HNBJ2G1：04）

5. F型（81HNBJ2G1：09）

6. G型Ⅰ式（72HNBAT10②：09）

7. G型Ⅱ式（81HNBJ2G1：10）

8. H型（81HNBJ2G1：11）

图版一〇六　辟雍遗址出土陶盆

1. A型罐（72HNBAT23~25F1：04）

2. B型罐（72HNBAT24H3：01）

3. C型罐（72HNBAT24H4：01）

4. B型Ⅰ式盆（81HNBJ2G1：06）

5. B型Ⅲ式盆（81HNBJ2G1：02）

图版一〇五　辟雍遗址出土陶器

1. A型Ⅰ式（72HNBAT24H3：02）

2. A型Ⅱ式（81HNBJ2G1：16）

3. A型Ⅲ式（81HNBJ2G1：15）

4. B型（81HNBJ2G1：13）

5. C型（81HNBJ2G1：14）

图版一〇四　辟雍遗址出土陶碗

1. Cb型Ⅰ式（72HNBAT24②：06）

2. Cb型Ⅱ式（72HNBAT23~25F1：02）

3. Cb型Ⅲ式（72HNBAT10②：05）

4. Cb型Ⅳ式（72HNBAT18~20②：10）

5. Cb型Ⅴ式（72HNBAT10②：06）

6. D型Ⅳ式（81HNBJ2G1南部扰土中：01）

图版一〇三　辟雍遗址出土云纹瓦当

1. Ca型Ⅴ式（72HNBAT15②：16）

2. Ca型Ⅵ式（72HNBAT11②：03）

3. Ca型Ⅸ式（72HNBAT18~20②：09）

4. Ca型Ⅺ式（72HNBAT11②：02）

图版一〇二　辟雍遗址出土云纹瓦当

1. Aa型Ⅰ式（72HNBAT18~20②：08）

2. Aa型Ⅳ式（72HNBAT16②：01）

3. Ab型Ⅰ式（72HNBAT23②：03）

4. Ab型Ⅱ式（72HNBAT15②：06）

5. Ca型Ⅰ式（72HNBAT23~25F1：01）

6. Ca型Ⅱ式（72HNBAT10②：08）

图版一〇一　辟雍遗址出土云纹瓦当

1. “左枚”戳印（72HNBAT18~20②：13）

2. “向節”戳印（72HNBAT10②：07）

3. “杜軍”刻字（72HNBAT23②：06）

4. “呂長”刻字（72HNBAT18~20②：14）

5. “南甄官瓦”戳印（72HNBAT25②：01）

图版一〇〇　辟雍遗址出土绳纹面布纹里板瓦戳印与压印文字

1. A型Ⅲ式（72HNBAT18~20②：01）

2. A型（72HNBAT18~20②：02）

3. A型（72HNBAT15②：03）

4. A型（72HNBAT20G1：03）

5. D型（72HNBAT24H2：01）

6. E型（72HNBAT15②：02）

图版九九　辟雍遗址出土绳纹面布纹里板瓦

1. A型（72HNBABZ2：01）

2. B型（72HNBABZ2：02）

3. C型（72HNBABZ2：03）

4. D型（72HNBA殿基包砖：05）

5. E型（72HNBAT17G3：01）

图版九八　辟雍遗址出土砖制品

1. A型素面方砖（72HNBA殿基包砖：01）

2. A型Ⅰ式几何纹方砖（72HNBAXZ13：02）

3. A型Ⅱ式几何纹方砖（72HNBA殿基包砖：03）

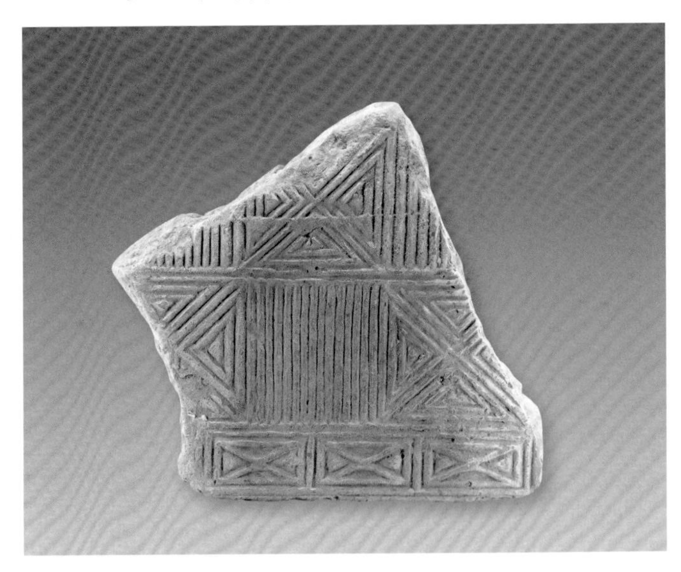

4. A型Ⅳ式几何纹方砖（72HNBAT24H1：01）

5. A型Ⅴ式几何纹方砖（72HNBA殿基台阶铺地砖：01）

6. C型Ⅰ式几何纹方砖（72HNBA殿基北侧贴砖：01）

图版九七　辟雍遗址出土方砖

1. B型素面长方砖（72HNBAXZ5：01）

2. C型素面长方砖（72HNBAT10G2：05）

3. A型席纹长方砖（72HNBABZ4：01）

4. A型席纹长方砖（72HNBAT23②：01）

图版九六　辟雍遗址出土长方砖

1. 环水砖券涵洞（南—北）

2. 环水砖券涵洞顶部（东—西）

图版九五　辟雍遗址北面环水主干道

图版一一一　太学院落西北部排房基址（T001～T005）（东—西）

1. T003F1S11础石及柱槽（南—北）

2. T004F1前檐砖墙（东南—西北）

图版一一二　太学院落西北部排房基址

1. T003 F1柱1础石上立置筒瓦（南—北）

2. T004排水沟G1、G2（西—东）

图版一一三　太学院落西北部排房基址

G1

渗坑1

1. T004排水沟G1与渗坑1

2. T003F1地面下火炉口部（北—南）

图版一一四　太学院落西北部排房基址

1. T005烧瓦窑址Y1窑门与窑室（北—南）

2. T005烧瓦窑址Y1窑膛与窑门（南—北）

图版一一五　太学院落西北部排房基址

1. T003H6灶坑（北—南）

2. T003J2早期车路（东—西）

图版一一六　太学院落西北部排房基址

1. T001F1地面下砖砌水池1与盖石

2. T001F1地面下砖砌水池1与砖砌水道1（东—西）

图版一一七　太学院落西北部排房基址

1. T003F1地面下瓦片路面与砖砌水池2（东—西）

2. T003F1地面下砖砌水池2与砖砌水池3

图版一一八　太学院落西北部排房基址

1. T002F1地面下砖砌水道1西段（东—西）

2. T002F1地面下砖砌水道1东段（西—东）

图版一一九　太学院落西北部排房基址

1. T003F1地面下砖砌水道2盖砖（东—西）

2. T003F1地面下砖砌水道2沟槽（西—东）

图版一二〇　太学院落西北部排房基址

1. T101~T106开工发掘（西北—东南）

2. T104~T105发掘清理（东—西）

图版一二一　太学院落东南部墙垣与墙外排房基址

1. T108晚期太学围墙东南角（东—西）

2. T102F2夯土墙基（西—东）

图版一二二　太学院落东南部墙垣与墙外排房基址

1. T109夯土墙基与路面（南—北）

2. T107夯土墙基与地面（南—北）

图版一二三　太学院落东南部墙垣与墙外排房基址

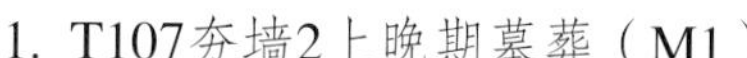

1. T107夯墙2上晚期墓葬（M1）

2. T106房基（夯2、G2）（北—南）

图版一二四　太学院落东南部墙垣与墙外排房基址

1. T106西部砖瓦堆积

2. T105灶坑Z1（东—西）

图版一二五　太学院落东南部墙垣与墙外排房基址

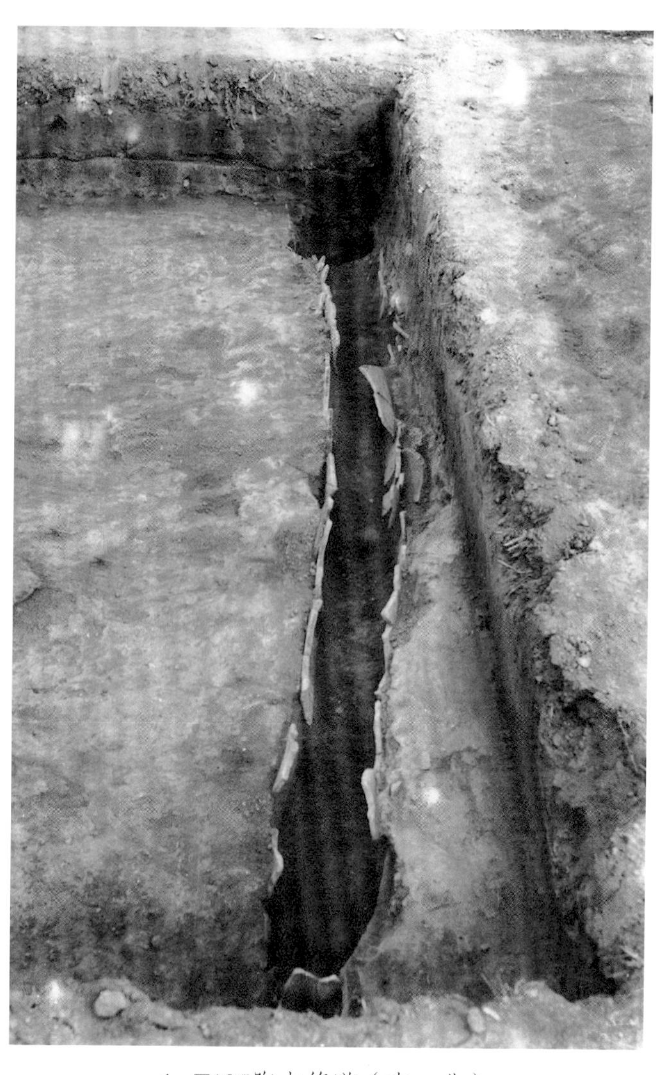

1. T105陶水管道（南—北）

2. T108太学围墙下早期车路（东—西）

图版一二六　太学院落东南部墙垣与墙外排房基址

1. T104~T105早期南北向车路与夯4窄墙（北—南）

2. T103~T104早期夯土墙基（夯6）与排水沟槽（G1）（北—南）

图版一二七　太学院落东南部墙垣与墙外排房基址

1. T104~T105早期太学砖墙与车路（北—南）

2. T104早期太学砖墙（西—东）

图版一二八　太学院落东南部墙垣与墙外排房基址

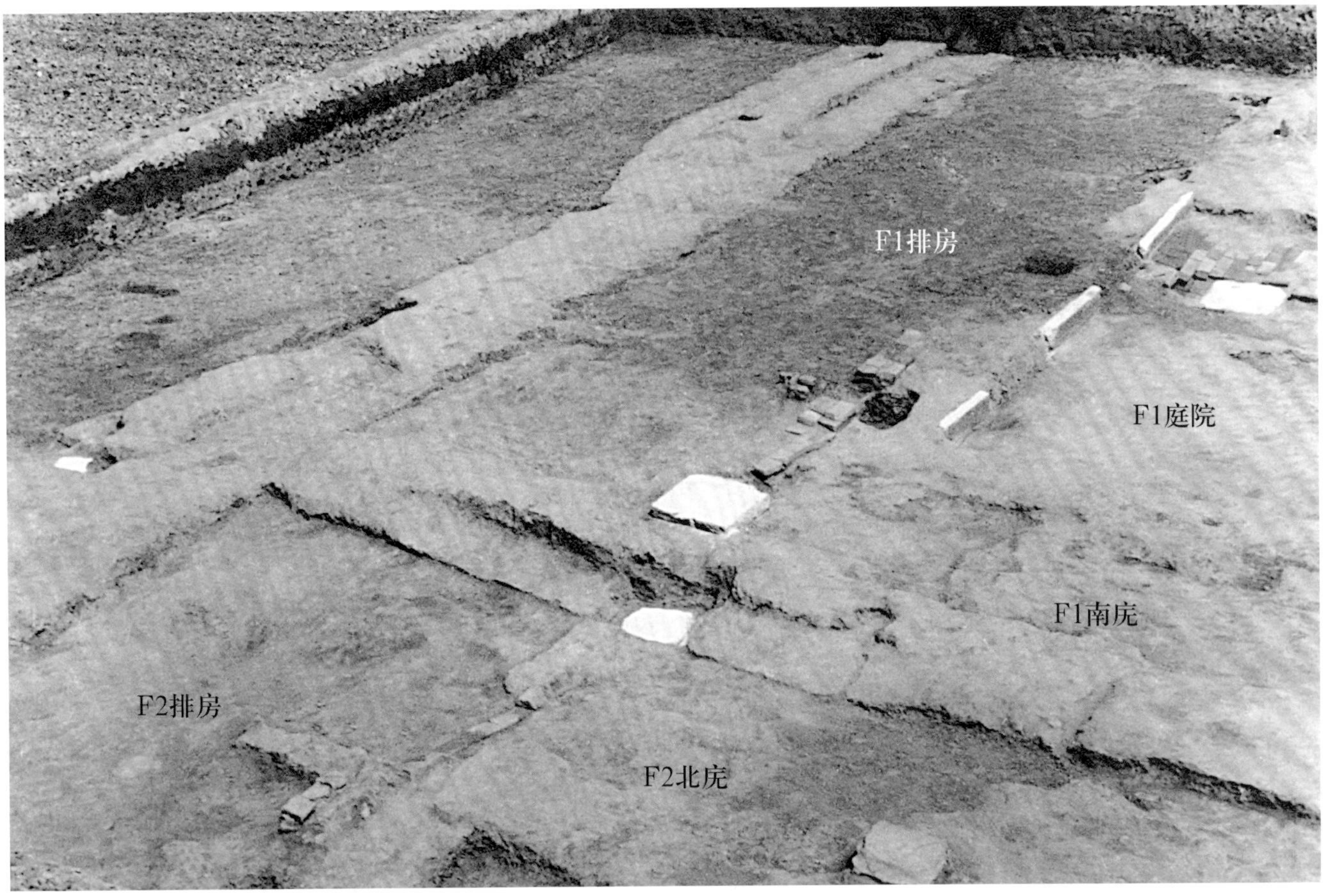

F1排房

F1庭院

F1南庑

F2排房

F2北庑

1. T201~T203F1~F2廊庑庭院基址（东北—西北）

2. T203F1西侧排房后墙柱槽及柱洞X2（北—南）

图版一二九 太学院落中部廊庑庭院基址

条石道拦椽前基台

1. T202~T203F1西侧排房内圆形水池（东南—西北）

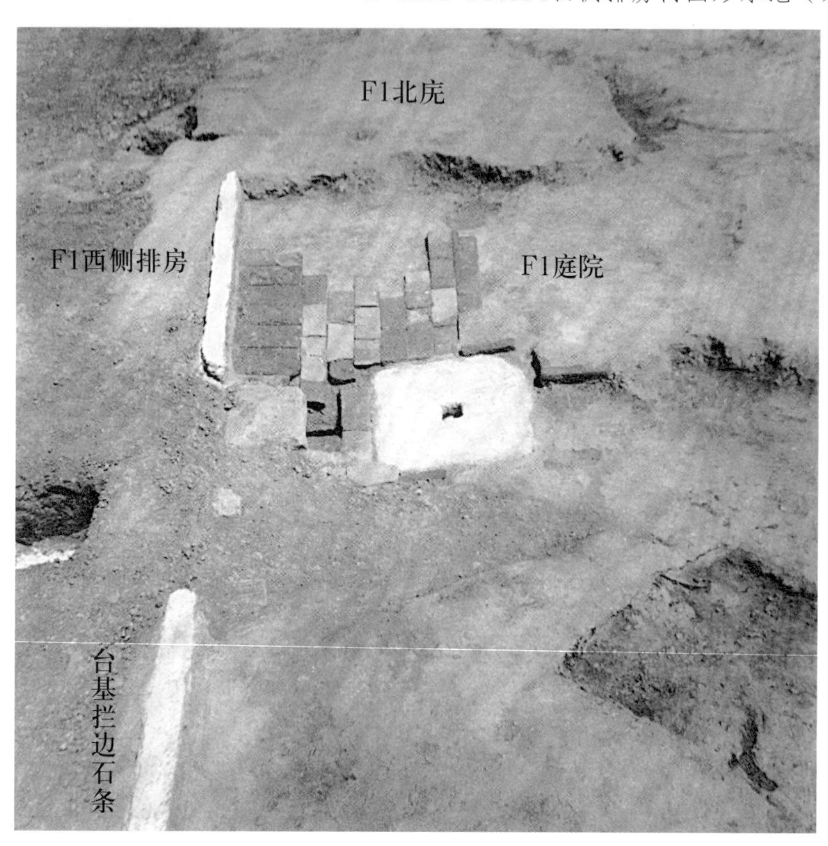

2. T202F1庭院内铺地砖与西侧排房台基前缘拦边石条（南—北）

图版一三〇　太学院落中部廊庑庭院基址

1. 圆形水池早、晚两期池底（南—北）

2. T202F1庭院内砖砌方形水池（西—东）

图版一三一　太学院落中部廊庑庭院基址

1. T203西侧排房后墙外砖砌水槽G1北段（南—北）

2. T203西侧排房后墙外砖砌水槽G1南段（南—北）

图版一三二　太学院落中部廊庑庭院基址

图版一三三　太学院落东南角外T301K1石经残石出土场景

1. T401~T405排房基址（西—东）

2. T405排房前檐砖墙与铺砖散水（西—东）

图版一三四　太学院落东南角外排房基址

1. Y1（东—西）

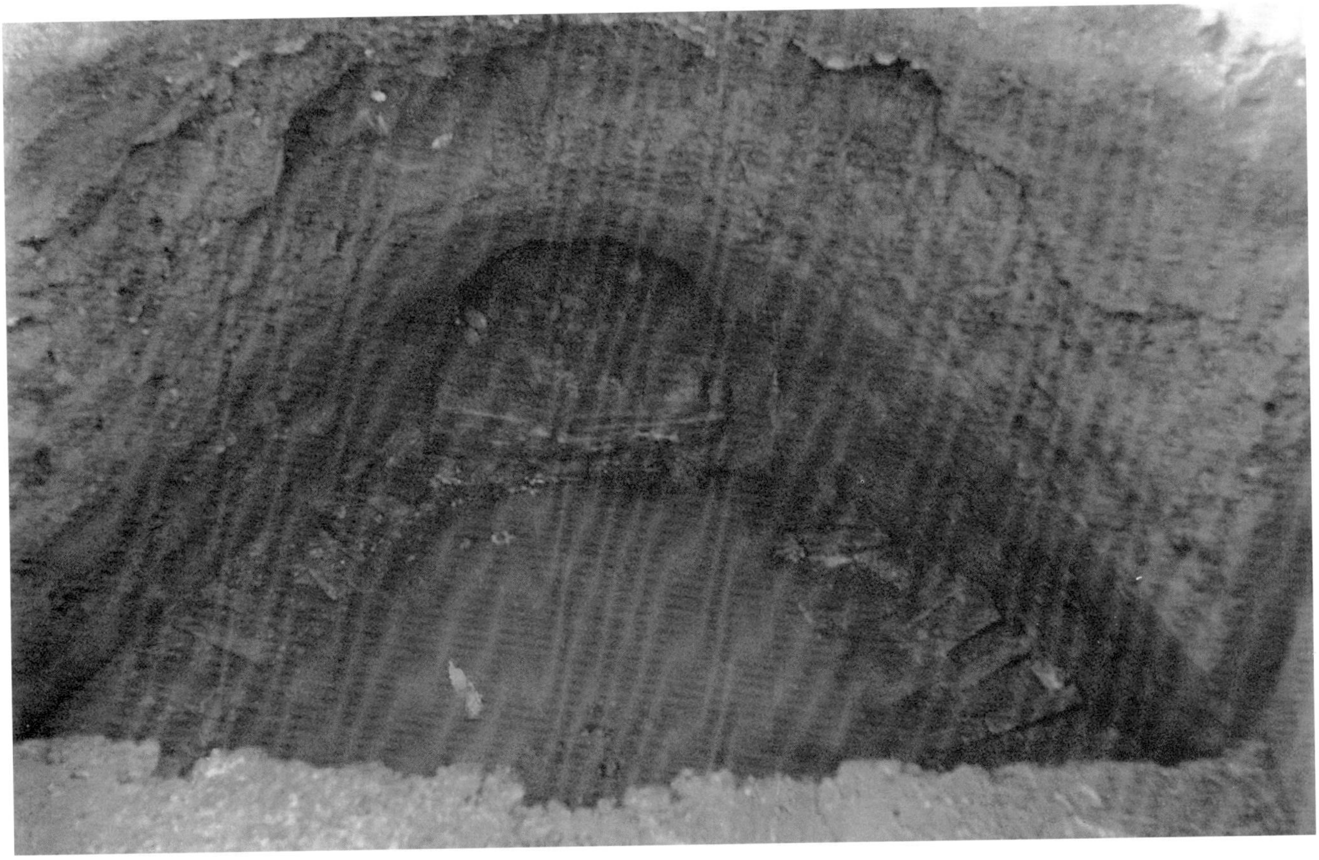

2. Y1火膛（北—南）

图版一三五　太学院落东南角外排房基址上T402早期烧窑Y1

1. T402早期烧窑Y1窑室后壁（南—北）

2. T403早期烧窑Y2火膛与窑门（西—东）

图版一三六　太学院落东南角外排房基址上早期烧窑

1. 口部盖石（北—南）

2. 口部砌砖（东—西）

图版一三七　太学院落东南角外排房基址上T401早期水井（井1）

1. T1发掘外景（西—东）

2. G1沟槽（南—北）

图版一三八　太学西侧遗址

1. G1沟槽底部铺砖痕（南—北）

2. 底部残存铺砖（西—东）

图版一三九　太学西侧遗址G1沟槽

1. 发掘外景（西—东）

2. 遗迹清理（西—东）

图版一四〇　太学南侧遗址

图版一四一　太学南侧遗址大型殿堂基址全景（东南—西北）

1. 台基东北角（东—西）

2. 北侧散水及边壁包砖（东—西）

图版一四二　太学南侧遗址F1殿堂

1. 台基北侧散水边壁包砖（北—南）

2. 东侧漫道与踏步（南—北）

图版一四三　太学南侧遗址F1殿堂

1. F1殿堂东侧北面踏步铺砖（东—西）

夯土墙

铺砖散水痕迹

2. F2廊房后墙外侧散水拦边立砖（南—北）

图版一四四　太学南侧遗址

图版一四五　太学南侧遗址F1殿堂台基北部与F2廊房（东—西）

1. B型素面长方砖（80HNTT303K1：06）

2. C型素面长方砖（73HNTT002②：44）

3. B型席纹长方砖（80HNTT402②：57）

4. A型绳纹长方砖（73HNTT003②：63）

图版一四六　太学遗址出土长方砖

4. B型绳纹长方砖（73HNTT004渗坑1：02）

2. A型素面方砖（73HNTT107④：09）

3. A型Ⅱ式几何纹方砖（73HNTT004②：52 ）

4. A型Ⅴ式几何纹方砖（73HNTT004G2：02）

5. 素面扇形砖（80HNTT405②：22）

6. 绳纹异形砖（73HNTT001②：20）

图版一四七　太学遗址出土长方、扇形、异形砖

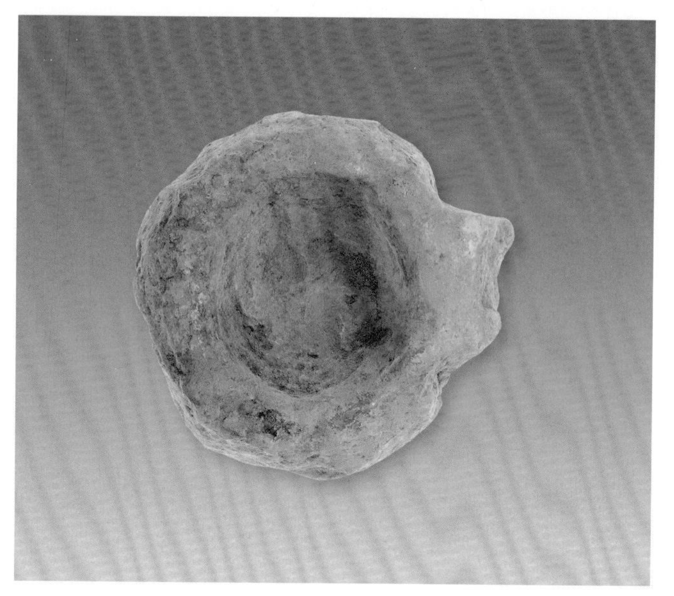

1. A型Ⅰ式门窝砖（80HNTT405②：29）

2. A型Ⅱ式门窝砖（73HNTT001②：18）

3. A型Ⅲ式门窝砖（74HNTT202②：41）

4. A型Ⅳ式门窝砖（73HNTT002②：42）

5. B型门窝砖（73HNTT002②：43）

6. Ⅰ式凿孔砖（74HNTT201②：31）

图版一四八　太学遗址出土砖制品

1. Ⅱ式凿孔砖（73HNTT003②：68）

2. 带凿窝砖（74HNTT202②：40）

3. 带榫窝砖（73HNTT002②：40）

图版一四九　太学遗址出土砖制品

1. A型Ⅰ式（73HNTT003砖砌水道1：01）

2. A型Ⅱ式（73HNTT105③：24）

3. B型（73HNTT002②：38）

4. C型（80HNTT403③：03）

图版一五〇　太学遗址出土绳纹面布纹里板瓦

1. A型（79HNT西门T1②：19）

2. A型（73HNTT105②：31）

3. B型（80 HNTT405②：02）

图版一五一　太学遗址出土篮纹面板瓦

1. A型Ⅰ式（73HNTT002砌砖水道1：01）

2. A型Ⅰ式（80HNTT303K1：11）

3. B型Ⅰ式（80HNTT303K1：15）

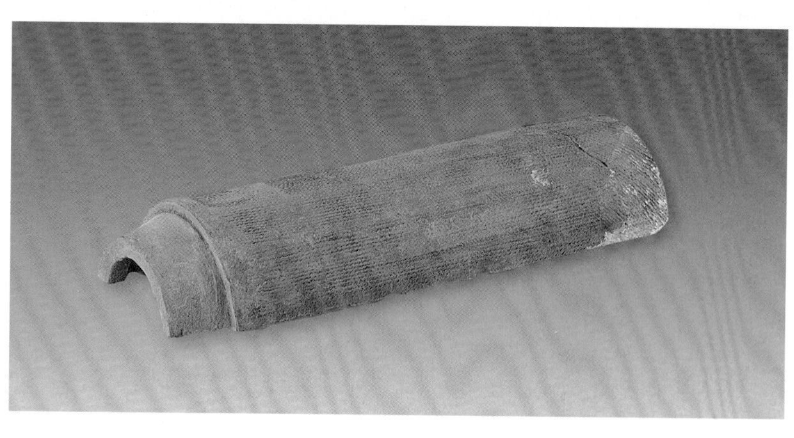

4. B型Ⅱ式（74HNTT202②：46）

图版一五二　太学遗址出土绳纹面布纹里筒瓦

1. C型Ⅰ式绳纹面筒瓦
（74HNTT202②：47）

2. A型Ⅰ式素面筒瓦
（73HNTT102②：13）

3. A型Ⅱ式素面筒瓦
（74HNTT202②：49）

4. A型Ⅲ式素面筒瓦
（73HNTT105Z1：01）

图版一五三　太学遗址出土筒瓦

1. Aa型Ⅲ式（73HNTT001②：21）

2. B型Ⅰ式（80HNTT403Y2：01）

3. B型Ⅱ式（80HNTT402Y1：01）

4. Ca型Ⅰ式（74HNTT202②：45）

图版一五四　太学遗址出土云纹瓦当

1. Cb型Ⅶ式（73HNTT004渗坑1：01）

2. D型Ⅱ式（73HNTT001③b：06）

3. D型Ⅱ式（73HNTT002H2：01）

4. D型Ⅴ式（73HNTT004渗坑2：01）

图版一五五　太学遗址出土云纹瓦当

1. A型Ⅰ式（73HNTT003②：66）

2. A型Ⅱ式（80HNTT401②：14）

3. B型Ⅰ式（73HNTT003②：59）

4. B型Ⅱ式（80HNTT303④：49）

5. C型Ⅰ式（73HNTT003砖砌水池2：03）

6. C型Ⅱ式（73 HNTT004②：50）

7. C型Ⅲ式（74HNTT202②：36）

8. D型Ⅰ式（73HNTT001H101：04）

图版一五六　太学遗址出土陶碗

1. D型Ⅱ式（73HNTT107②：38）

2. E型Ⅰ式（73HNTT003②：58）

3. E型Ⅱ式（73HNTT003②：57）

4. F型Ⅰ式（73HNTT105②：27）

5. F型Ⅲ式（73HNTT105③：22）

6. G型（73HNTT004②：49）

7. H型Ⅰ式（73HNT T005③a：04）

8. H型Ⅱ式（73HNT T002H3：02）

图版一五七　太学遗址出土陶碗

1. I型（80HNTT402②：11）

2. J型Ⅰ式（73 HNTT003砖砌水池2：04）

3. J型Ⅱ式（80 HNTT402②：10）

4. K型（80HNTT401②：15）

5. L型Ⅰ式（73HNTT106K1：16）

6. L型Ⅲ式（73HNTT106K1：17）

7. M型（80HNTT401②：13）

8. N型（73HNTT106K1：18）

图版一五八　太学遗址出土陶碗

1. O型碗（74HNTT202②：55）

2. B型Ⅰ式盆（73HNTT001H101：01）

3. B型Ⅱ式盆与炉灶（73HNTT003③b：67）

4. 炉灶内红烧土炉箅（73HNTT003③b：67）

5. C型盆（74HNTT203G1：01）

6. D型Ⅰ式盆（74HNTT201②：30）

7. D型Ⅱ式盆（73HNTT001②：19）

8. E型Ⅰ式盆（73HNTT105②：26）

图版一五九　太学遗址出土陶器

1. E型Ⅲ式盆（80HNTT405H3：03）

2. F型Ⅰ式盆（74HNTT202②：43）

3. F型Ⅱ式盆（74HNTT202②：42）

4. G型盆（80HNTT404H1：03）

5. J型Ⅰ式盆（73HNTT003②：56）

6. K型盆（73HNTT102②：07）

7. 钵（73HNTT003②：55）

8. 釉陶盆（80HNTT403④：47）

图版一六〇　太学遗址出土器物

1. A型Ⅰ式罐（73HNTT106K1：15）

2. A型Ⅱ式罐（73HNTT106K1：13）

3. B型Ⅰ式罐（73HNTT106K1：14）

4. C型罐（73HNTT001H101：05）

5. D型罐（73HNTT001②：26）

6. I型Ⅰ式罐（73HNTT106②：40）

7. A型Ⅰ式瓮（80HNTT405H3：01）

图版一六一　太学遗址出土陶器

1. A型器盖（73HNTT001H101：02）

2. A型器盖（73HNTT001H101：10）

3. B型器盖（73HNTT001②：25）

4. A型饼（73HNTT104②：15）

5. B型饼（73HNTT002③b：02）

6. B型饼（73HNTT002③b：01）

7. 纺轮（73HNTT002③b：03）

8. 珠（80HNTT401③：01）

9. 模型器（73HNTT105③：12）

图版一六二　太学遗址出土陶器

1. 陶俑（73HNTT104③：03）

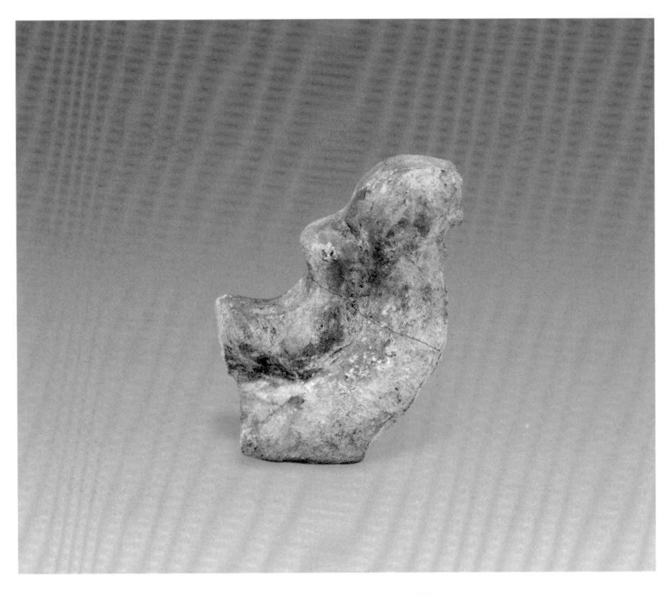

2. 陶鸟（73HNTT104③：07）

3. 陶屋（73HNTT004②：20）背面

4. 陶屋（73HNTT004②：20）侧面

5. 陶屋（73HNTT004②：20）俯视

6. 瓷杯（73HNTT004②：16）

图版一六三　太学遗址出土器物

1. （73HNTT104②：01）正面

2. （73HNTT104②：01）背面

3. （73HN龙虎滩采集：01）正面

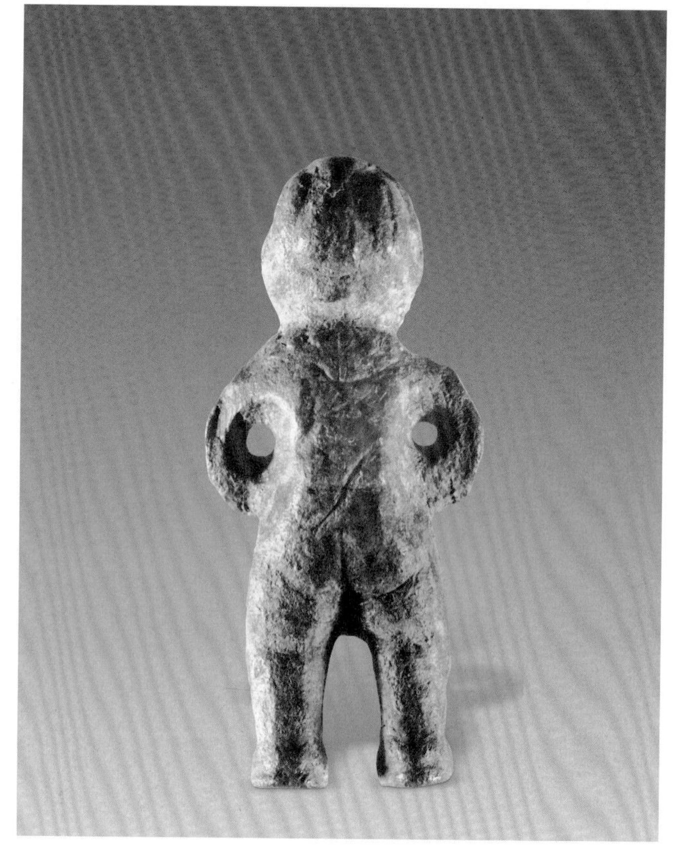

4. （73HN龙虎滩采集：01）背面

图版一六四　太学等遗址出土铜人

1. 73HNTT106②：04

2. 73HNTT106②：08

3. 73HNTT106②：11

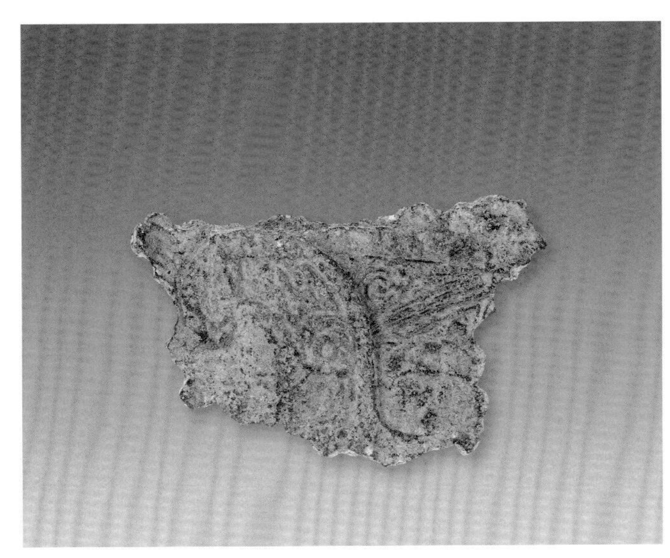

4. 73HNTT106②：13

5. 73HNTT106②：15

图版一六五　太学遗址出土带花纹铜器残片

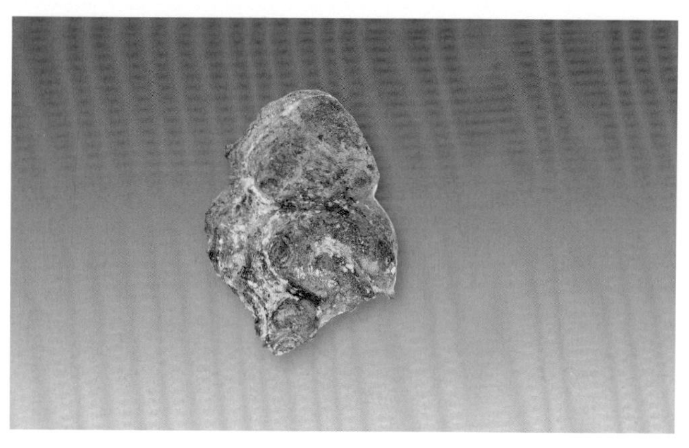

1. 带花纹片（73HNTT106②：17）

2. Ⅰ式泡（73HNTT101②：03）

3. Ⅱ式泡（73HNTT005②：07）

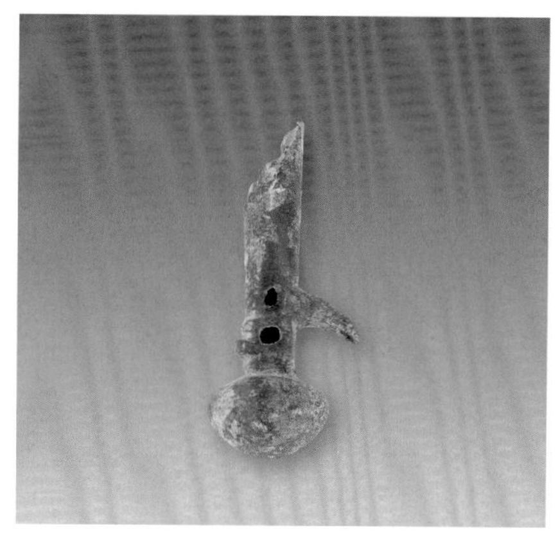

4. 盖弓帽（73HNTT108③：02）

5. 带扣（73HNTT003②：05）

6. 铃（73HNTT004②：15）

7. 泡钉（73HNTT002②：37）

8. Ⅰ式环（79HNT西门T1②：05）

9. Ⅰ式带钩（73HNTT004②：14）

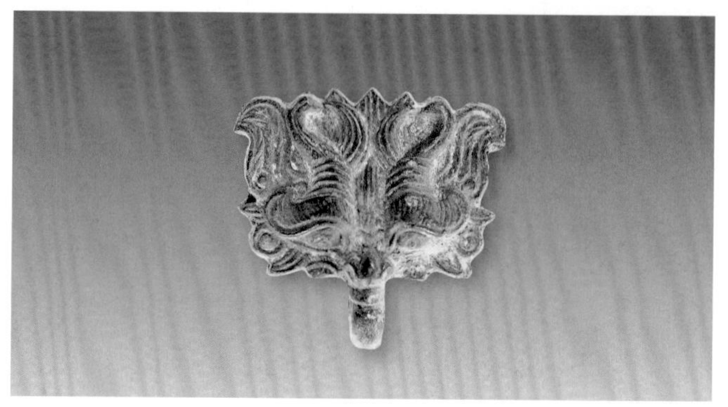

10. 铺首（80HNTT402②：04）

图版一六六　太学遗址出土铜器

1. 镦（74HNTT201②：03）

2. 镦上刻字“鲁如”

3. 柄（73HNTT105②：24）

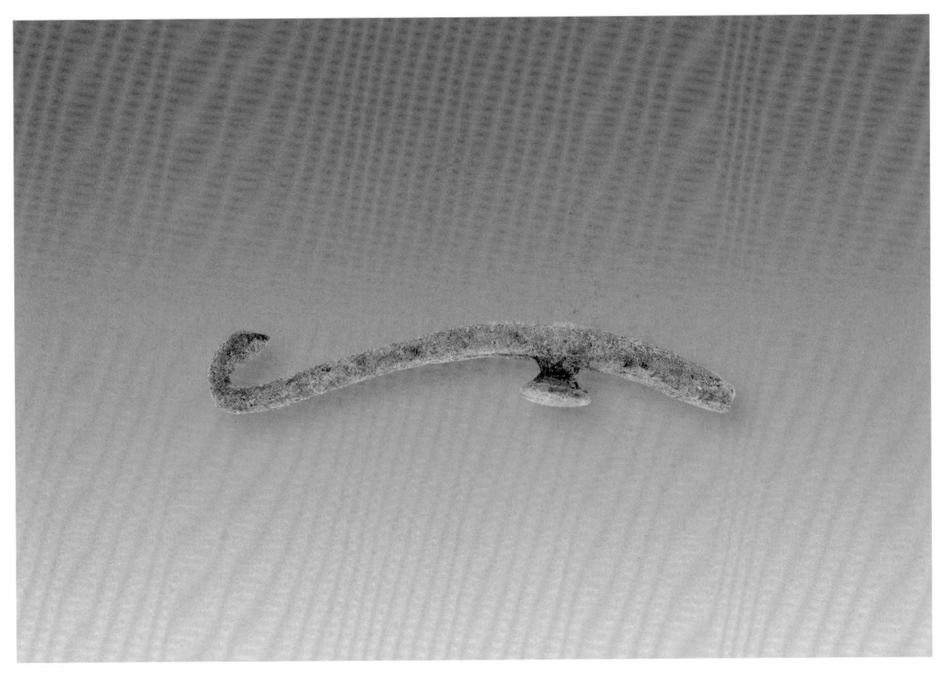

4. Ⅱ式带钩（74HNTT203②：12）

5.镞（73HNTT106②：09）

图版一六七　太学遗址出土铜器

1. 马具（73HNTT105②：07）

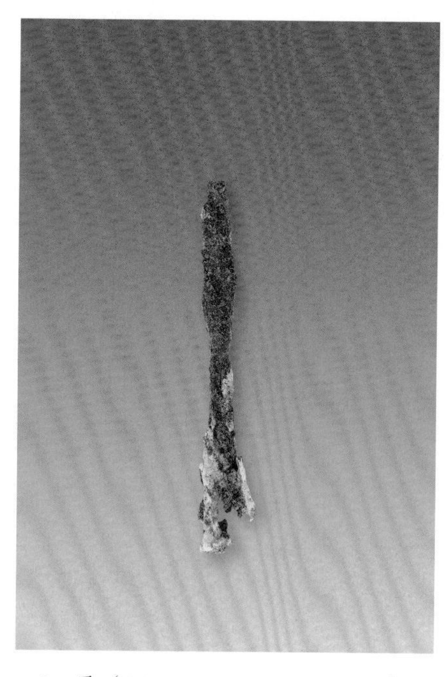
2. 矛（73HNTT001H101：06）

3. 镦（73 HNTT105②：08）

4. A型甲片（80HNTT403②：06）

5. B型甲片（73HNTT005③a：02）

6. C型甲片（73HNTT003②：69）

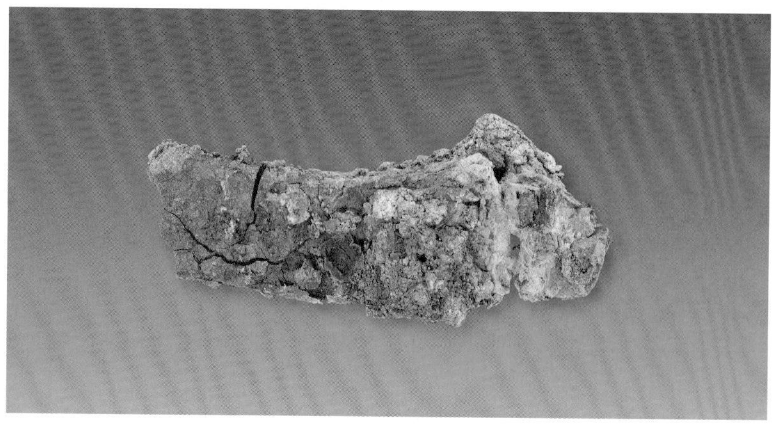
7. Ⅱ式犁（80HNTT402H5：01）

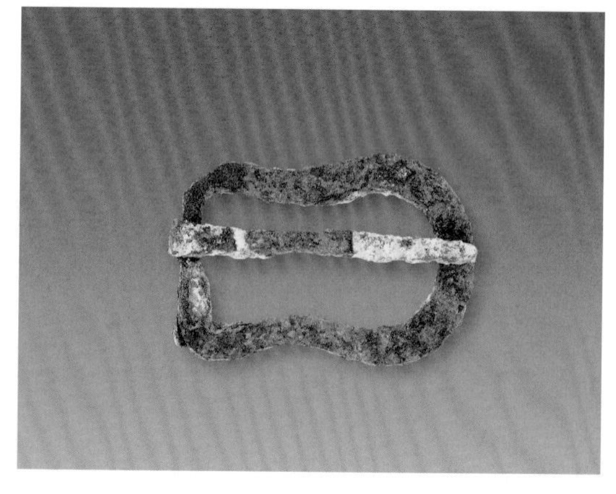
8. 带扣（73HNTT104H1：02）

图版一六八　太学遗址出土铁器

1. 凿（73HNTT005②：06）

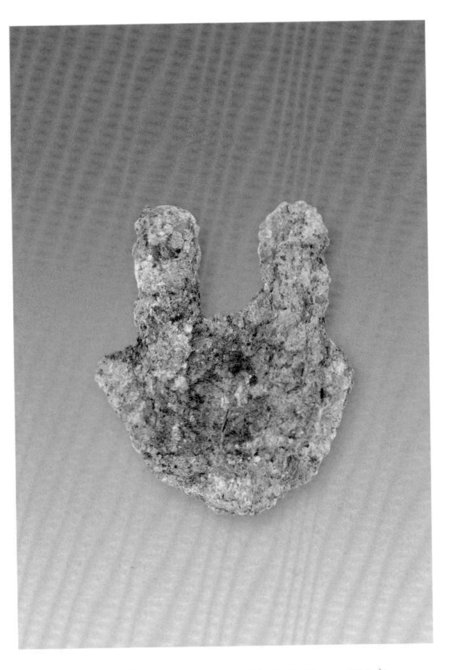

2. 臿（73HNTT002H3：07）

3. Ⅰ式斧（74HNTT201②：04）

4. 环首刀（73HNTT107 M1：01）

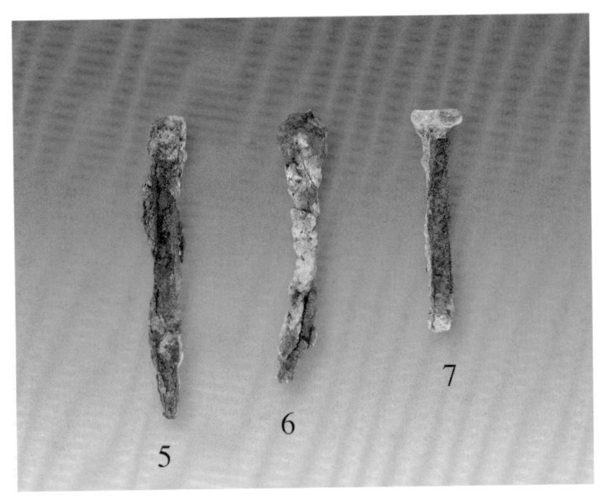

5~7. 钉（80HNTT302②：04、80HNT T402②：07、80HNT T404②：13）

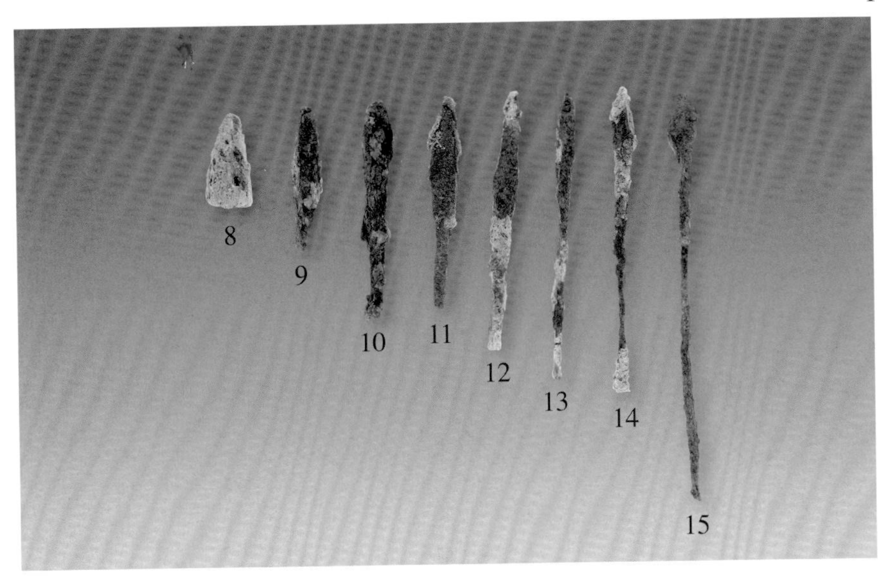

8、14. B型镞（73HNTT004②：45、73HNTT106②：07） 9~13. A型镞（74HNTT202②：20、80HNT T405②：11、73HNTT105②：01、74HNTT203②：14、73HNT T105②：02） 15. C型镞（80HNT T403Y2：05）

图版一六九 太学遗址出土铁器

1. 圆饼（73HNTT004渗坑2：02）

2. Ⅱ式研磨器（74HNTT201②：20）

3. Ⅰ式研磨器（73HNTT105③：04）侧视

4. Ⅰ式研磨器（73HNTT105③：04）俯视

5. Ⅰ式研磨器（73HNTT001H101：07）侧视

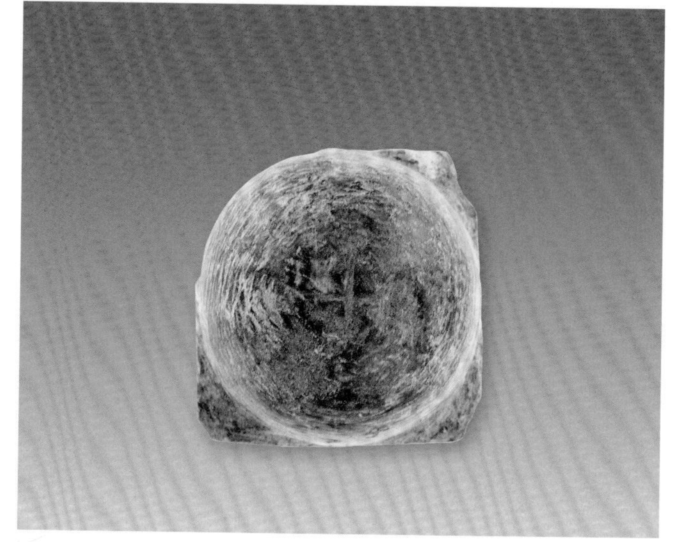

6. Ⅰ式研磨器（73HNTT001H101：07）俯视

图版一七〇　太学遗址出土石器

1. A型石砚（73HNTT001H101：09）

2. B型石砚（73HNTT001H101：08）

3. 刻划滑石（73HNTT003③b：31）

4. 云母片（73HNTT105②：04）

5. 琉璃珰（80HNTT401②：201）

6. 骨质印章（80HNTT402②：59）侧面

7. 骨质印章（80HNTT402②：59）A面

8. 骨质印章（80HNTT402②：59）B面

图版一七一　太学遗址出土器物

1. 80HNTT301K1：004

2. 80HNTT301K1：030

图版一七二　太学遗址出土石经残块（《鲁诗》篇）

1. 80HNTT303K1：075

2. 80HNTT302K1：049

3. 80HNTT301K1：019

4. 80HNTT402②：142

图版一七三　太学遗址出土石经残块（《鲁诗》篇）

1. 80HNTT402②：108

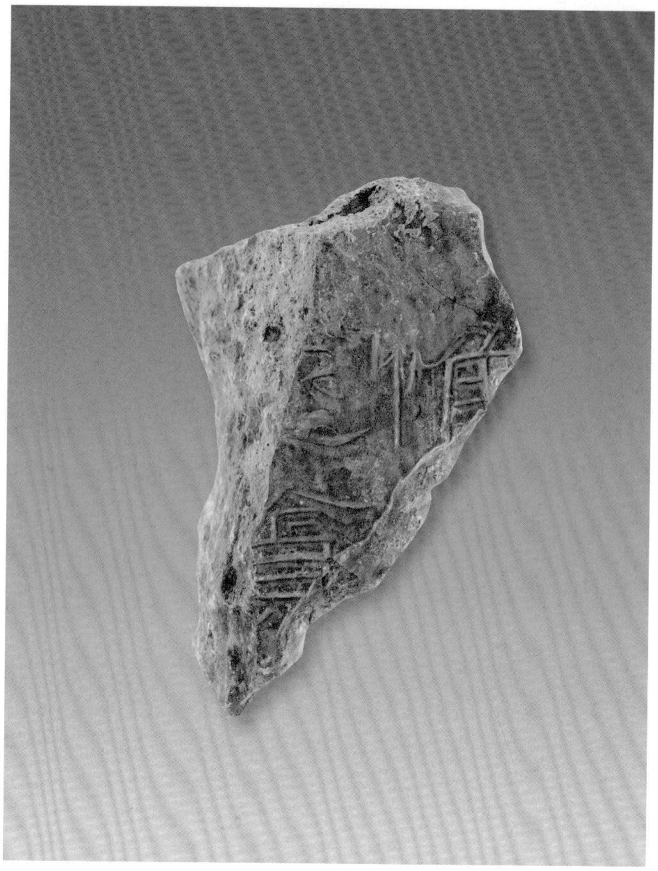

2. 80HNTT403②：135

3. 80HNTT301K1：014

4. 80HNTT403②：123

图版一七四　太学遗址出土石经残块（《鲁诗》篇）

1. 80HNTT301K1：020

2. 80HNTT301K1：036

图版一七五　太学遗址出土石经残块（《鲁诗》篇）

1. 80HNTT301K1：017

2. 80HNTT303K1：068

3. 80HNTT301②：033

4. 80HNTT301K1：018

图版一七六　太学遗址出土石经残块（《仪礼》篇）

1. 80HNTT301K1：027

2. 80HNTT301K1：022

3. 80HNTT402②：137

图版一七七　太学遗址出土石经残块（《仪礼》篇）

1. （80HNTT301K1：003）A面

2. （80HNTT301K1：003）B面

图版一七八　太学遗址出土石经残块（《仪礼》篇）

1. （80HNTT301K1：002）B面

2. （80HNTT301K1：002）A面

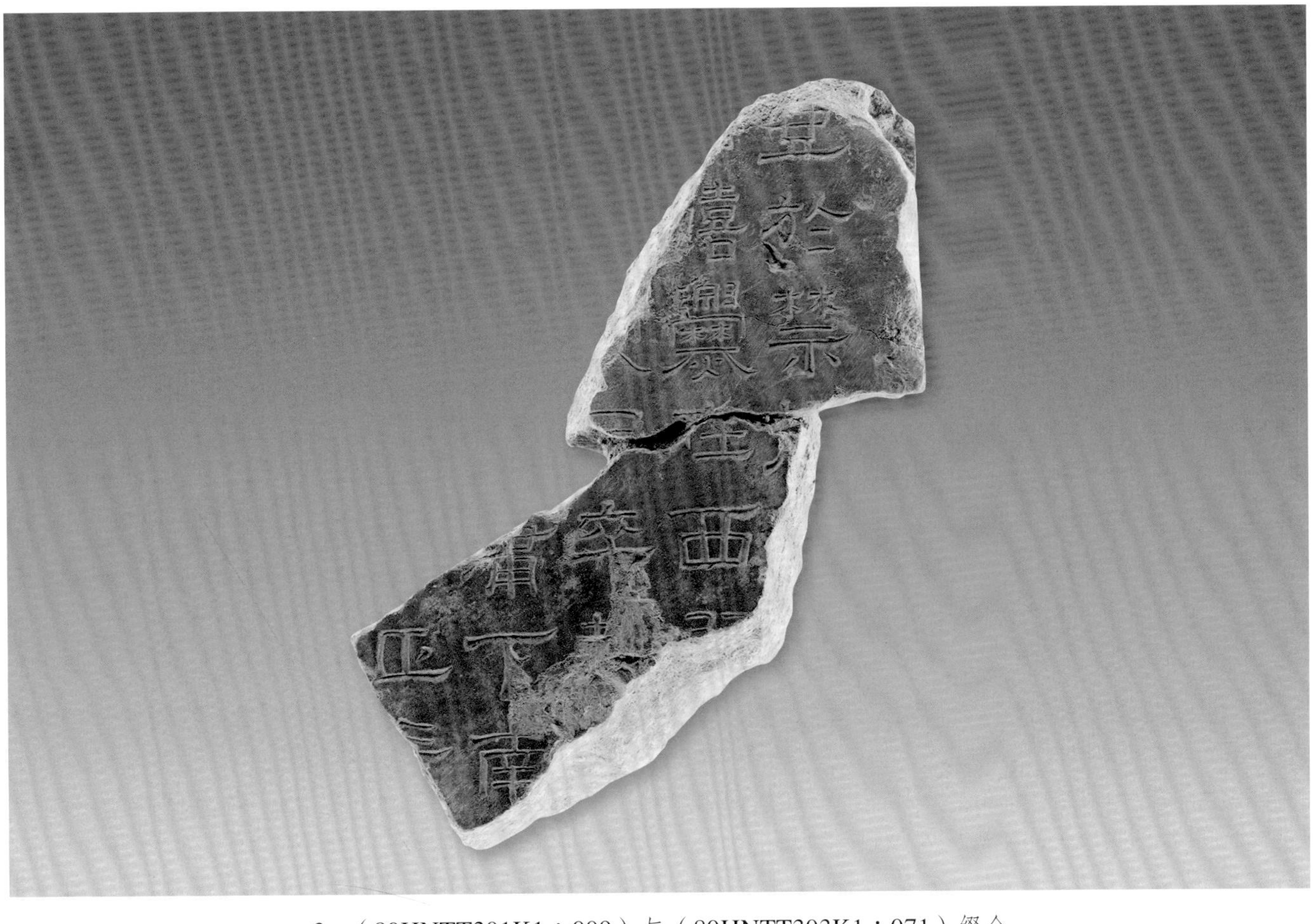

3. （80HNTT301K1：009）与（80HNTT303K1：071）缀合

图版一七九　太学遗址出土石经残块（《仪礼》篇）

1. 80HNTT303K1：038

2. 80HNTT303K1：069

3. 80HNTT303K1：084

4. 80HNTT402②：113

5. 80HNTT303K1：077

6. 80HNTT401②：104

图版一八〇　太学遗址出土石经残块（《仪礼》篇）

1. 80HNTT402②：131

2. 80HNTT301K1：011

图版一八一　太学遗址出土石经残块（《仪礼》篇）

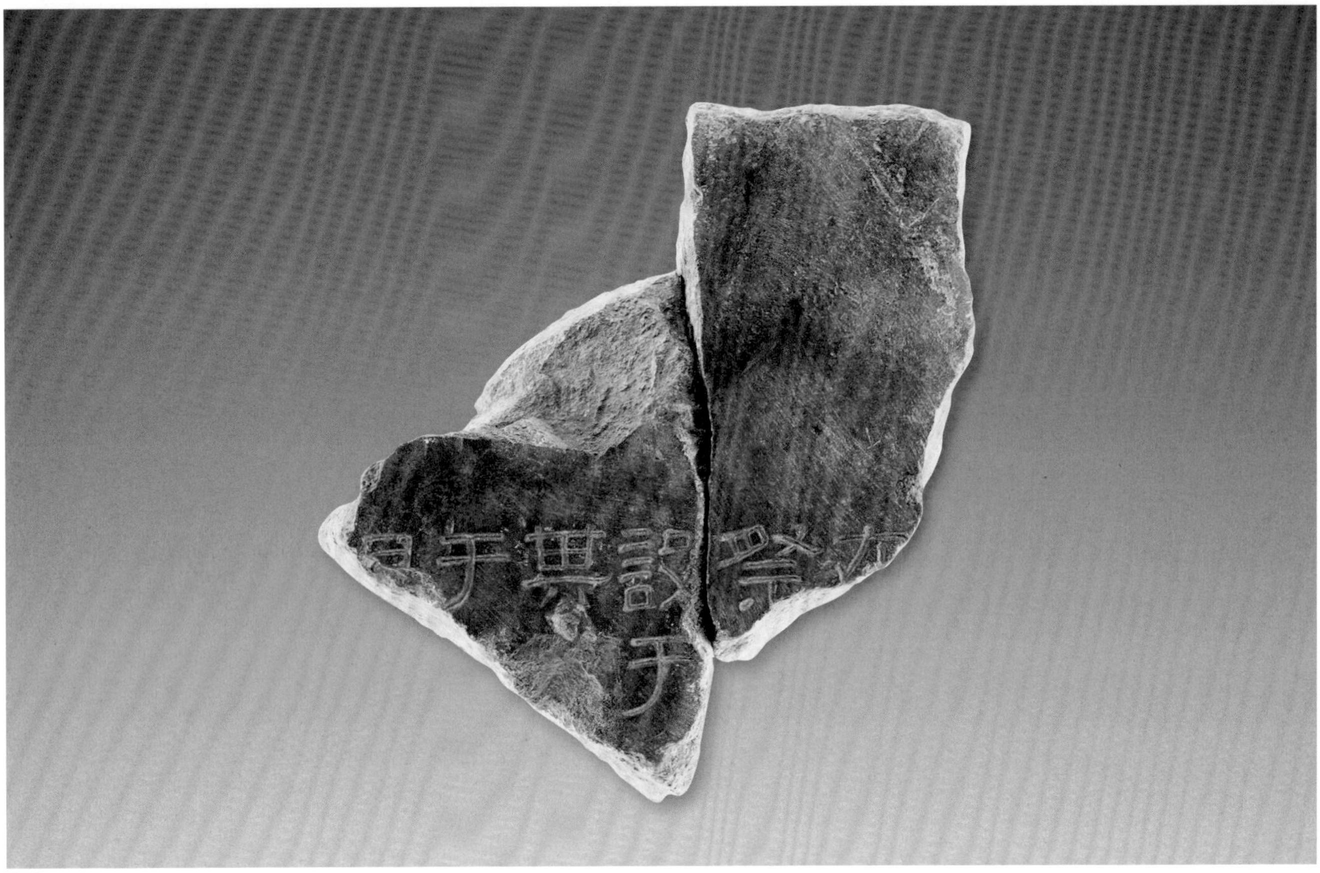

1. （80HNTT301K1：037）与（80HNTT303K1：079）缀合

2. 80HNTT402②：122

图版一八二　太学遗址出土石经残块（《仪礼》篇）

1. 80HNTT404②：106

2. 80HNTT303K1：061

3. 80HNTT301K1：006

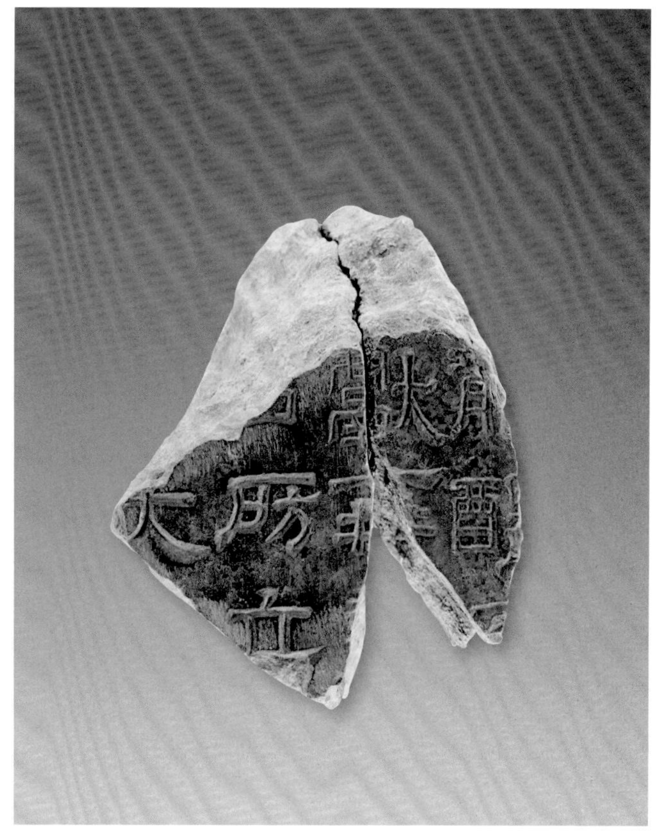

4. （80HNTT302K1：045）与（80HNTT403②：130）缀合

图版一八三　太学遗址出土石经残块（《仪礼》篇）

1. 80HNTT301K1：012

2. 80HNTT301K1：001

图版一八四　太学遗址出土石经残块（《仪礼》篇）

1. 80HNTT402②：144

2. 80HNTT301K1：039

图版一八五　太学遗址出土石经残块（《春秋》篇）

1. （80HNTT301K1：025）与（80HNTT303K1：065）缀合

2. 80HNTT401②：124

图版一八六　太学遗址出土石经残块（《论语》篇）

1. 80HNTT301K1：008

2. 80HNTT301K1：013

3. 80HNTT301②：016

4. 80HNTT301K1：024

5. 80HNTT301K1：023

图版一八七　太学遗址出土石经残块（无属）

1. 80HNTT301K1：035

2. 80HNTT302②：041

3. 80HNTT303K1：090

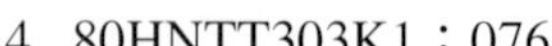

4. 80HNTT303K1：076

5. 80HNTT303K1：072

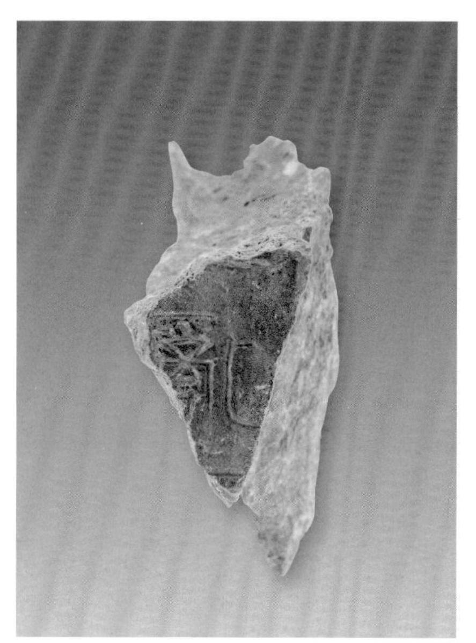

6. 80HNTT404②：103

7. 80HNTT402②：107

图版一八八　太学遗址出土石经残块（无属）

1. 80HNTT301K1：015

2. 80HNTT301K1：007

图版一八九　太学遗址出土石经残块（太学赞碑）

1. 正面（80HNT采集：01）

2. 侧面（80HNT采集：01）

图版一九〇　太学遗址出土石经碑座

1. A型绳纹长方砖（81HN太西T1L2：01）

2. A型篮纹板瓦（81HN太西T1②：05）

3. Ca型Ⅱ式云纹瓦当（81HN太西T1L2：03）

4. Ca型Ⅳ式云纹瓦当（81HN太西T1G1：01）

图版一九一　太学西侧遗址出土砖、瓦、瓦当

1. A型Ⅰ式（81HN太南T1②：07）

2. A型Ⅰ式（81HN太南T5②：02）

3. A型Ⅱ式（81HN太南T1②：23）

4. B型（81HN太南T3②：04）

图版一九二　太学南侧遗址出土空心砖残块

1. A型Ⅰ式绳纹板瓦（81HN太南T1②：38）

2. A型Ⅰ式绳纹板瓦（81HN太南T3②：05）

3. A型Ⅱ式素面板瓦（81HN太南T2H1：01）

4. A型Ⅰ式绳纹筒瓦（81HN太南T1②：42）

5. A型Ⅰ式绳纹筒瓦（81HN太南T1②：52）

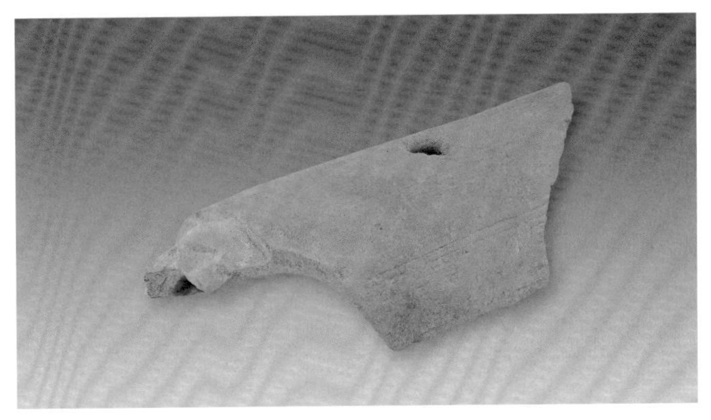
6. A型Ⅰ式绳纹筒瓦（81HN太南T1②：17）

7. B型Ⅰ式绳纹筒瓦（81HN太南T2②：03）

8. C型Ⅰ式绳纹筒瓦（81HN太南T1②：46）

图版一九三　太学南侧遗址出土板瓦、筒瓦

1. Aa型Ⅱ式（81HN太南T2②：07）

2. Aa型Ⅴ式（81HN太南T1②：25）

3. Ca型Ⅱ式（81HN太南T1②：12）

4. 瓦当背面（81HN太南T3②：12）

图版一九四　太学南侧遗址出土云纹瓦当

1. Ca型Ⅳ式云纹瓦当（81HN太南T1②：49）

2. Ca型Ⅹ式云纹瓦当（81HN太南T3②：11）

3. Ca型XIII式云纹瓦当（81HN太南T1②：13）

4. Cb型Ⅰ式云纹瓦当（81HN太南T2②：08）

5. D型Ⅰ式云纹瓦当（81HN太南T1②：14）

6. 大吉瓦当（81HN太南T1②：32）

图版一九五　太学南侧遗址出土瓦当

1. 正文“官”字（81HN太南T1H2②：01）

2. 反文“官”字（81HN太南T1②：33）

3. 反文“官”字（81HN太南T3②：17）

4. 正文“官”字（81HN太南T3②：07）

图版一九六　太学南侧遗址出土瓦片“官”字印戳